Autoren
Kap. 1: Prof. Dr. Karl-Heinz Bauersfeld
Kap. 2: Prof. Dr. Karl-Heinz Bauersfeld
Kap. 3: Prof. Dr. Karl-Heinz Bauersfeld, Prof. Dr. paed. habil. Gerd Schröter
Kap. 4: Dr. Wolfgang Lohmann, Prof. Dr. paed. habil. Gerd Schröter,
Dr. Peter Löffler
Kap. 5: Prof. Dr. paed. habil. Gerd Schröter
Kap. 6: Dr. Manfred Scholich
Kap. 7: Dr. Wolfgang Lohmann
Kap. 8: Dr. Gudrun Lenz, Dr. sc. paed. Manfred Losch
Kap. 9: Dr. Werner Fritzsch

An der Erarbeitung waren weiterhin beteiligt:
S. Dähne, Dr. G. Fritzsche, J. Olek, M. Preußger, W. Viertler

Karl-Heinz Bauersfeld · Gerd Schröter u. a.

# Grundlagen der Leichtathletik

**Das Standardwerk für Ausbildung und Praxis**

Sportverlag Berlin

Die Deutsche Bibliothek – CIP-Einheitsaufnahme

**Grundlagen der Leichtathletik** : das Standardwerk für
Ausbildung und Praxis / Karl-Heinz Bauersfeld ; Gerd Schröter
u. a. [III.: Marita Behring...]. – 4., vollst. überarb. und
erw. Aufl. – Berlin : Sportverl., 1992
    ISBN 3–328–00536–6
NE: Bauersfeld, Karl-Heinz; Schröter, Gerd

ISBN 3-328-00536-6

© Sport und Gesundheit Verlag GmbH, Berlin 1992
Vierte, vollständig überarbeitete und erweiterte Auflage
Einbandgestaltung: Theodor Bayer-Eynck
Illustrationen: Marita Behring / Gunter Fritzsche / Birgit Werwigk / Gisela Klein
Printed in Germany 1992
Satz: IBV Satz- und Datentechnik GmbH, Berlin
Druck und Bindung: Graphischer Großbetrieb Pößneck GmbH
Ein Mohndruck-Betrieb

# Inhaltsverzeichnis

# Abkürzungsverzeichnis

| | | | | | |
|---|---|---|---|---|---|
| a. A. | – | allgemeine Ausdauer | MT | – | Maximaltest |
| ABT | – | Aufbautraining | MW | – | Maximalwert |
| AKoÜ | – | allgemeine Koordinationsübung | MZA | – | Mittelzeitausdauer |
| AKÜ | – | allgemeine Konditionsübung | OS | – | Olympische Spiele |
| AST | – | Anschlußtraining | P | – | Pause |
| AVA | – | allgemeine vielseitige Ausbildung | S | – | Schnelligkeit |
| AVÜ | – | allgemeine vorbereitende Übung | SA | – | Schnelligkeitsausdauer |
| DL | – | Dauerlauf | SK | – | Schnellkraft |
| DLM | – | Dauerleistungsmethode | SKÜ | – | spezielle Konditionsübung |
| eIM | – | extensive Intervallmethode | SSA | – | Sprintschnelligkeitsausdauer |
| EM | – | Europameisterschaft | STÜ | – | spezielle Technikübung |
| FS | – | Fahrtspiel | SVA | – | spezielle vielseitige Ausbildung |
| GA | – | Grundlagenausdauer | SVÜ | – | spezielle vorbereitende Übung |
| GLT | – | Grundlagentraining | Te | – | Technik |
| GÜ | – | Grundübung | TE | – | Trainingseinheit |
| HLT | – | Hochleistungstraining | TL | – | Tempolauf |
| I | – | Intensität | Tu | – | Turnen |
| iDL | – | intensiver Dauerlauf | TWL | – | Tempowechsellauf |
| iIM | – | intensive Intervallmethode | U | – | Umfang |
| IM | – | Intervallmethode | Ü | – | Übung |
| JTP | – | Jahrestrainingsplan | ÜP | – | Übergangsperiode |
| K | – | Kraft | VP | – | Vorbereitungsperiode |
| KA | – | Kraftausdauer | w | – | weiblich |
| KG | – | Körpergewicht | W | – | Wiederholung |
| KrTr | – | Kreistraining | WK | – | Wettkampf |
| KSP | – | Körperschwerpunkt | WKG | – | Wettkampfgerät |
| KSÜ | – | komplexe Spezialübung | WKM | – | Wettkampfmethode |
| KZA | – | Kurzzeitausdauer | WKÜ | – | Wettkampfübung |
| LZA | – | Langzeitausdauer | WM | – | Wiederholungsmethode |
| m | – | männlich | WP | – | Wettkampfperiode |
| MAZ | – | Makrozyklus | WR | – | Weltrekord |
| MEZ | – | Mesozyklus | W/S | – | Wiederholung pro Serie |
| MIZ | – | Mikrozyklus | wsA | – | wettkampfspezifische Ausdauer |

# Vorwort

Das vorliegende Lehrbuch beabsichtigt, aus dem umfangreichen und vielfältigen Erkenntnisbestand die grundsätzlichen Aussagen zur Sportart Leichtathletik, zur Technik und Methodik der Disziplinen und zu wesentlichen trainingsmethodischen Zusammenhängen komprimiert und geordnet darzulegen.

Es zielt auf die Vermittlung eines Grundwissens zur Sportart, wie es Sportstudenten, Sportlehrer, Trainer und Übungsleiter benötigen. Als Lehrbuch orientiert es auf die leichtathletische Grundausbildung von Sportstudenten. Die vermittelten Fakten, Zusammenhänge und Gesetzmäßigkeiten sind gleichzeitig Grundlage für die Aus- und Weiterbildung von Übungsleitern.

Die Lehrabsicht – gezielte Aneignung des Grundwissens zur Theorie und Methodik des Trainings in der Leichtathletik – bestimmt Inhalt und Gestaltungsweise des Buches.

Dementsprechend wird zwar der zusammenhängende Überblick über das Lehrgebiet vermittelt, andererseits aber auf die vollständige bzw. detaillierte Behandlung solcher Sachgebiete verzichtet, die Ergänzungs- oder Spezialwissen darstellen (zum Beispiel Probleme des Schulsports, Hochleistungstraining) bzw. Gegenstand der Fortbildungen sind. Einige Abschnitte tragen betont exemplarischen Charakter.

Die Absicht, grundlegende Kenntnisse und Einsichten zu vermitteln, prägt auch die Darstellungsweise des Inhalts und die pädagogische Führung beim Kenntniserwerb. Grundwissen wird in Übersichten, Zusammenfassungen und Merksätzen sowie durch typografische Mittel hervorgehoben. Durch die inhaltliche Darstellungsweise und durch zusätzliche, lernorientierende Maßnahmen wird der Lesende angeregt, die Fakten aus den Gesetzmäßigkeiten heraus abzuleiten und zu begründen. Das verlangt ständiges Mitdenken und schöpferisches Durchdringen des Stoffs, gibt andererseits jedoch auch genügend Anregungen zum weiterführenden Studium und zu selbständigen Überlegungen. Die Studienaufgaben verweisen auf inhaltliche Querverbindungen, auf besonders zu beachtende Gesichtspunkte, dienen aber auch – im Interesse eines sicheren Wissenserwerbs – der zusammenfassenden Wiederholung und Eigenkontrolle.

# 1. Entwicklung des Trainings- und Wettkampfsystems

*Das Studium der Theorie und Methodik des Trainings in der Leichtathletik schließt ein, die Entwicklung dieser Sportart, ihres Wettkampfsystems, der Leistungen und ihrer Prognose in Grundzügen zu kennen.*

## 1.1. Zur Herausbildung der Sportart

Leichtathletische Übungen und Wettkämpfe sind seit Jahrhunderten fester Bestandteil von Körperkultur und Sport.

Von ihrer Nutzung in der Urgesellschaft über die Herausbildung als Sportart im Verlaufe des 19. Jahrhunderts hinweg bis zur Gegenwart ist ihre spezifische Funktion stets in engem Zusammenhang mit der gesellschaftlichen Entwicklung zu sehen.

● In der *Frühzeit der Menschheitsgeschichte* waren Gehen, Laufen, Springen und Werfen grundlegende Bewegungsformen. Da sie die Sicherung des Lebens beeinflußten, bestand sehr bald die Notwendigkeit, sie zu üben.

Der Lauf und der Wurf als wichtigste Voraussetzungen für eine erfolgreiche Jagd gehörten zu den ersten gezielten Körperübungen. Das verdeutlichen bekannte Höhlenmalereien, Felszeichnungen und Heldensagen.

● In Verbindung mit den ständig wachsenden Anforderungen der Umwelt, vor allem auch mit dem sich spezialisierenden Arbeitsprozeß, entwickelten sich die ersten leichtathletikähnlichen Wettkampfformen.

Das hatte auch die erste soziale Anerkennung der Sieger zur Folge; der Wert der Körperübungen erhöhte sich.

● In den Sklavenhalterstaaten des *Altertums* waren Körperübungen Privileg besonders der herrschenden Klassen und dienten der Machterhaltung. Der militärische Aspekt verstärkte sich. Die Wettkämpfe wurden vorrangig zur Förderung und Überprüfung der körperlichen Leistungsfähigkeit der Krieger genutzt.

● Die *Olympischen Spiele der Antike* waren Höhepunkte der Entwicklung der Körperkultur des Altertums. In ihren Wettkampfformen findet man Vorläufer heutiger leichtathletischer Wettkampfdisziplinen, wie z. B.
– den Lauf über eine Stadionlänge,
– den Lauf über 24 Stadionlängen,
– den Fünfkampf, bestehend aus Diskuswurf, Sprung, Speerwurf, Lauf und Ringkampf.

● Chroniken und Darstellungen aus dem *Mittelalter* beschreiben und zeigen vielfältige Formen volkstümlicher Übungen der Bürger und Bauern, die als Wettkämpfe im Lauf, Lauf über Hindernisse, Weit- oder Hochsprung, Stabsprung, Steinwerfen bei Volksfesten ausgetragen wurden. Diese volkstümlichen Übungen wurden auch zur Vorbereitung der Knappen auf die Ritterspiele genutzt und bei großen Hoffesten und Turnieren wettkampfmäßig ausgetragen.

● Mit dem Aufschwung des *Bürgertums am Ende des 18. Jahrhunderts* fand auch eine Belebung der Körperkultur statt. So nahmen z. B. im System der Körpererziehung der deutschen Philanthropen (Basedow, Vieth, GutsMuths) Laufen, Springen, Werfen einen bedeutenden Platz ein.

GutsMuths beschreibt bereits 1793 in seinem Buch „Gymnastik für die Jugend" die Technik einzelner Leichtathletik-Disziplinen und gibt Hinweise zur Methodik des Übens.

● Die *Herausbildung der Wettkampfsportart* Leichtathletik begann in der 2. Hälfte des 19. Jahrhunderts *in England.*

Das erste von einem Verein organisierte Leichtathletikmeeting fand 1864 in London statt. So wurde das Mutterland des Sports auch die Wiege der Leichtathletik. Bald strahlte die Entwicklung der „Athletics" von dort auf den alten und den neuen Kontinent aus.

● Mit dem ersten öffentlichen Wettkampf im Sommer *1880 in Hamburg* (der Hamburger Sport-Club von 1880 organisierte auf der Pferderennbahn Hamburg-Horn Laufwettbewerbe um einen „Großen Preis von Hamburg") hielt der leichtathletische Wettkampfsport seinen *Einzug in Deutschland.*

Für die Spielsportarten war Leichtathletik bereits damals „Ergänzungssportart" im Trainingsleben, aber auch zusätzliche Wettkampfform. Anfangs war sie noch an andere Sportarten gekoppelt, vor allem an die „englischen Ballspiele" Kricket, Rugby und Fußball, aber auch den Radsport. So war z. B. der Innenraum von Radrennbahnen oftmals Austragungsort erster Leichtathletik-Wettkämpfe.

Als wesentliche *Meilensteine der weiteren Entwicklung der Wettkampf-Leichtathletik* sollen exemplarisch folgende Eckpunkte hervorgehoben werden:

● Das Veranstaltungsprogramm der I. Olympischen Spiele der Neuzeit 1896 enthielt Wettkämpfe in 12 leichtathletischen Disziplinen.

● 1898 wurde in Berlin die „Deutsche Sportbehörde für Athletik" (BSBfA) gegründet. Sie trug ab dem gleichen Jahr Deutsche Meisterschaften aus und führte Rekordlisten. 1921 erfolgte ihre Umbenennung zur „Deutschen Sportbehörde für Leichtathletik" (DSB). 1901 wurde der Arbeiter-Turner-Bund (ATB) gegründet. Beide Organisationen nahmen wesentlichen Einfluß auf die Entwicklung der Sportart Leichtathletik in Deutschland.

● Die internationale Entwicklung der Sportart Leichtathletik dokumentiert sich darin, daß 1912 Delegierte aus 17 Ländern (12 aus Europa, einer aus Afrika, vier aus Übersee) die Bildung der International Amateur Athletic Federation (IAAF) beschlossen. Im Jahre 1913 erfolgte in Berlin ihre Gründung.

● Mit deutlichem zeitlichem Abstand gegenüber den Männern wuchs die Beliebtheit der Leichtathletik bei Frauen und Mädchen. Erst 1914 wurde die Damen-Leichtathletikabteilung beim TV 1860 München gegründet. Etwa ab 1920 fand die Frauenleichtathletik einen festen Platz im Übungs- und Wettkampfbetrieb. 1928 wurde die Frauenleichtathletik in das olympische Programm aufgenommen.

> Die Verbreitung und Herausbildung der Sportart Leichtathletik erfolgte um die Jahrhundertwende. In Deutschland gewinnt sie zunehmend Einfluß ab 1920.

● Mit der Herausbildung der Sportart Leichtathletik entstanden gleichzeitig auch erste Publikationen zur Leichtathletik. So erschien bereits 1885 das erste deutschsprachige Leichtathletiklehrbuch „Handbuch des Athletik-Sports" von Victor Silberer.

▶ Aufgabe:
Vergleichen Sie Publikationen zu leichtathletischen Aussagen aus unterschiedlichem Zeitabschnitt, wie z. B.
GutsMuths: Gymnastik für die Jugend, 1973
Silberer: Handbuch des Athletik-Sports, 1885
Doerry: Leichte Athletik, 1904
Loges: Volkstümliche Übungen Leichtathletik, 1921
Waitzer: Trainingskunde, 1937
Hoke: Handbuch der Leichtathletik, 1951
Schmolinsky: Leichtathletik, 1966.

## 1.2. Zur Entwicklung des Wettkampfsystems

Die englische Leichtathletik beeinflußte wesentlich die Entwicklung des Wettkampfsystems und der Wettkampfregeln. Das spiegelt sich u. a. heute noch im Maß- und Gewichtsystem sowie in der Terminologie wider. Englische Studenten und Kaufleute nahmen auch direkt Einfluß auf die Entwicklung der Leichtathletik und ihres Wettkampfsystems in zahlreichen Ländern und insbesondere in Deutschland.

Ein besonderer Meilenstein in der Entwicklung des Wettkampfsystems war der 3. Kongreß der IAAF im Jahre 1914. Auf diesem Kongreß wurden die Internationalen Wettkampfregeln beschlossen. Es erfolgte eine Normierung der Sportgeräte, und der Weltrekord wurde als offizielle Bezeichnung eingeführt.

1990 werden Welt- und Europarekorde in folgenden Disziplinen geführt: (Tab. 1 u. 2)

Die internationale Entwicklung des leichtathletischen Wettkampfsystems verdeutlicht ihre Einbindung in die Olympischen Spiele der Neuzeit. Waren es bei den I. Olympischen Spielen der Neuzeit 1896 12 Disziplinen, so sind es bereits bei den II. Olympischen Spielen 1900 in Paris 23 Disziplinen, die allerdings nur den Männern offenstanden.

88 Jahre später enthält das Programm der Olympischen Spiele im Jahre 1988 24 Männer- und 18 Frauendisziplinen.

Gegenüber den erstmals 1928 im olympischen Programm ausgetragenen fünf Frauendisziplinen (100 m, 800 m, Hochsprung, Diskuswurf, 4 × 100 m) wird im weiblichen Bereich eine gewaltige Entwicklung deutlich. Auffällig ist, daß alle 1928 ausgetragenen Disziplinen auch 1988 noch im olympischen Programm enthalten sind.

*Tabelle 1: Leichtathletische Disziplinen, in denen Welt- und Europarekorde geführt werden*
(Wettbewerbe, in denen nur Deutsche Rekorde geführt werden, sind in Klammern angegeben; die Rekorde im Gehen beziehen sich nur auf Bahnwettbewerbe)

| Männer | Frauen | Junioren* | Juniorinnen* |
|---|---|---|---|
| 100 m | 100 m | 100 m | 100 m |
| 200 m | 200 m | 200 m | 200 m |
| 400 m | 400 m | 400 m | 400 m |
| 800 m | 800 m | 800 m | 800 m |
| 1 000 m | 1 000 m | 1 500 m | 1 500 m |
| 1 500 m | 1 500 m | (3 000 m) | 3 000 m |
| 1 Meile | 1 Meile | 5 000 m | (5 000 m) |
| 2 000 m | 2 000 m | 10 000 m | 10 000 m |
| 3 000 m | 3 000 m | | |
| 5 000 m | 5 000 m | | |
| 10 000 m | 10 000 m | | |
| 20 000 m | 20 000 m | | |
| 1 Stunde | 1 Stunde | | |
| 25 000 m | 25 000 m | | |
| 30 000 m | 30 000 m | | |
| 110 m Hürden | 100 m Hürden | 110 m Hürden | 100 m Hürden |
| 400 m Hürden | 400 m Hürden | 400 m Hürden | 400 m Hürden |
| 3 000 m Hindernis | | (2 000 m Hindernis) | |
| | | 3 000 m Hindernis | |
| 4×100-m-Staffel | 4×100-m-Staffel | 4×100-m-Staffel | 4×100-m-Staffel |
| 4×200-m-Staffel | 4×200-m-Staffel | | |
| 4×400-m-Staffel | 4×400-m-Staffel | 4×400-m-Staffel | 4×400-m-Staffel |
| (3×1 000-m-Staffel) | (3×800-m-Staffel) | (3×1 000-m-Staffel) | (3×800-m-Staffel) |
| 4×800-m-Staffel | 4×800-m-Staffel | | |
| 4×1 500-m-Staffel | | | |
| (10 000 m Gehen) | 5 000 m Gehen | 10 000 m Gehen | 5 000 m Gehen |
| 20 000 m Gehen | 10 000 m Gehen | | |
| 2 Stunden Gehen | (20 000 m Gehen) | | |
| 30 000 m Gehen | | | |
| 50 000 m Gehen | | | |
| Hochsprung | Hochsprung | Hochsprung | Hochsprung |
| Stabhochsprung | | Stabhochsprung | |
| Weitsprung | Weitsprung | Weitsprung | Weitsprung |
| Dreisprung | Dreisprung □ | Dreisprung | Dreisprung □ |
| Kugelstoß | Kugelstoß | Kugelstoß | Kugelstoß |
| Diskuswurf | Diskuswurf | Diskuswurf | Diskuswurf |
| Hammerwurf | | Hammerwurf | |
| Speerwurf | Speerwurf | Speerwurf | Speerwurf |
| (Int. Fünfkampf) | Siebenkampf | (Fünfkampf) | (Vierkampf) |
| (Mannschafts-fünfkampf) × | (Mannschafts-siebenkampf) × | (Mannschafts-fünfkampf) + | (Mannschafts-vierkampf) + |
| Zehnkampf | | Zehnkampf | Siebenkampf |
| (Mannschafts-zehnkampf) × | | (Mannschafts-zehnkampf) × | (Mannschafts-siebenkampf) × |

\* = entsprechen der DLV-Jugendklasse
× = 3 Teilnehmer je Mannschaft
+ = 5 Teilnehmer je Mannschaft
□ = z. Zt. nur Welt- und Europarekorde

| Männer | Frauen |
|---|---|
| 50 m* | 50 m* |
| 60 m | 60 m |
| 200 m | 200 m |
| 400 m | 400 m |
| 50 m Hürden* | 50 m Hürden* |
| 60 m Hürden | 60 m Hürden |
| 800 m | 800 m |
| 1 000 m | 1 000 m |
| 1 500 m | 1 500 m |
| 1 Meile* | 1 Meile* |
| 3 000 m | 3 000 m |
| 5 000 m | 5 000 m |
| 5 000 m Gehen | 3 000 m Gehen |
| 4×200-m-Staffel | 4×200-m-Staffel |
| 4×400-m-Staffel | 4×400-m-Staffel |
| 4×800-m-Staffel | 4×800-m-Staffel |
| Hochsprung | Hochsprung |
| Stabhochsprung | |
| Weitsprung | Weitsprung |
| Dreisprung | Dreisprung □ |
| Kugelstoß | Kugelstoß |
| Fünfkampf | Fünfkampf |
| Siebenkampf | |

\* = keine DLV-Rekorde
□ = z. Zt. nur Welt- und Europarekorde

*Erläuterung: In den Wettbewerben, die vorstehend nicht aufgeführt sind, werden keine Rekorde geführt, sondern lediglich Bestleistungen registriert.*

Die meisten der zwischen 1896 und 1912 ausgetragenen Männerdisziplinen sind auch heute noch im Wettkampfprogramm. Solche Disziplinen wie 200-m-Hürdenlauf, 2500-m-Hindernislauf, 4000-m-Hindernislauf, Cross Country, 5000-m-Mannschaftslauf, Hochsprung und Weitsprung aus dem Stand, Mannschafts-Tauziehen, Kugelstoßen, Diskuswerfen, Speerwerfen rechts- wie linkshändig konnten sich als olympische Disziplin nicht behaupten.

Die Olympischen Spiele sind auch in der Leichtathletik zum alle vier Jahre wiederkehrenden Höhepunkt des Wettkampfgeschehens geworden. Darüber hinaus umfaßt das internationale Wettkampfgeschehen eine kaum überblickbare Menge und Vielfalt von Wettbewerben.

Besonders im Verlaufe der letzten Jahrzehnte erweiterte sich das Wettkampfprogramm beträchtlich – vor allem begründet durch die wachsende Popularität der Leichtathletik und eine zunehmende Kommerzialisierung des Sports insgesamt. Auf den jährlichen internationalen Kalenderkonferenzen gibt es zunehmend Schwierigkeiten, das Wettkampfgeschehen im Interesse der internationalen und nationalen Föderationen, der jeweiligen Wettkampforganisatoren und nicht zuletzt der Sportler ausgewogen zu organisieren. (Tab. 3)

Zum **internationalen Wettkampfprogramm** gehören z. Zt. u. a.:
- Olympischen Spiele
- Welt- und Kontinentalmeisterschaften
  in den Stadiondisziplinen
  in der Halle
  in den Straßenlaufwettbewerben
  im Cross
- Cup-(Pokal-)Wettbewerbe für Auswahlmannschaften
  als Weltcup (fünf Kontinentalauswahlmannschaften, zwei Nationalmannschaften aus EC, USA)
  als Europacup „Bruno Zauli"
  als Europacup im Mehrkampf
  als Europacup für 23jährige (ab 1992)
  als Weltcup im Marathon und Gehen
- Cupwettbewerbe für Clubmannschaften
- Länderkämpfe
- Internationale Meetings wie z. B.: der Grand-Prix-Serie, der IAAF, der EAA

Hinzu kommen regionale Meisterschaften (wie Balkan- oder Mittelmeerspiele), Landesmeisterschaften u. a. m.

Neben der Ausweitung des internationalen Wettkampfgeschehens ist die Tendenz zu verzeichnen, sich um die Aufnahme weiterer Frauendisziplinen (Dreisprung, Stabhochsprung, Hammerwurf, Hindernislauf) zu bemühen.

Tabelle 3: *Überblick über den zeitlichen Rahmen vorgesehener internationaler Meisterschaften und Cups in der Leichtathletik* (Stand 1991)

| Wettbewerb | 1990 | 1991 | 1992 | 1993 | 1994 | 1995 | 1996 |
|---|---|---|---|---|---|---|---|
| Olympische Spiele | | | ● | | | | ● |
| Weltmeisterschaften | | ● | | ● | | ● | |
| Hallen-WM | | ● | | ● | | ● | |
| Cross-WM | ● | ● | ● | | | | |
| Straßen-WM/ Halbmarathon- | ● | ● | ● | ● | ● | ● | ● |
| Jun.-WM | ● | | ● | | | | |
| Weltcup | | | ● | | | | |
| WC Marathon | | ● | | ● | | | |
| WC Gehen | ● | | ● | | | | |
| Grand Prix | ● | ● | ● | ● | ● | ● | ● |
| Europa-Meistersch. | ● | | | ● | | | |
| Hallen-EM | ● | | | ● | ● | | |
| Junioren-EM | | ● | | ● | | | |
| Europa-Cup | | ● | | ● | | | |
| EC-Mehrkampf | | ● | | ● | | | |
| EC bis 23 Jahre | | | ● | | ● | | |

## Eckpunkte der Entwicklung in Deutschland

**1880** – erster öffentlicher Leichtathletikwettkampf in Hamburg mit den Disziplinen 100 y, 120 y mit Vorgabe, englische Meile

**1890** – I. Internationale Athletikwettkämpfe in Berlin in den Disziplinen: 100 y, 220 y, 880 y, 1 Meile, Kricketballwurf, Hochsprung, Weitsprung

**1891** – Wettkämpfe über 440 y Hürden und Hammerwurf; Hürdenwettkämpfe gibt es schon ab 1880 in Deutschland über Strecken von 100 m – 120 m mit 4 bis 10 Hürden und einer Hürdenhöhe zwischen 1,00 m und 1,06 m

**1895** findet man Staffelläufe über 5 × 100 m und 4 × 100 m

**1905/06** – Mehrkämpfe, zunächst vor allem Dreikampf und Fünfkampf, ab 1911 auch Zehnkampf

**1910** erscheinen im Wettkampfprogramm: 400 m Hürden, 3000-m-Hindernislauf, 5000 m, 7500 m, Querfeldeinläufe, Waldläufe, Straßenläufe über 10 bis 25 km, Bahngehen, Staffelwettbewerbe 4 × 100 m, 10 × 100 m, 3 × 1000 m, Schwedenstaffel (400 m – 300 m – 200 m – 100 m), Olympische Staffel (800 m – 200 m – 200 m – 400 m)

**1919** – im Meisterschaftsprogramm des DSBfA werden erstmals Wettkämpfe über 5000 m, 10 000 m und die 4 × 100-m-Staffel ausgetragen; 1921 folgt die 3 × 1000-m-Staffel; 1926 die 4 × 1500-m-Staffel; 1927 der Hammerwurf und 1931 der Dreisprung

**1920** enthält das Meisterschaftsprogramm des DSBfA die Frauenwettbewerbe 100 m, 4 × 100 m, Weitsprung und Kugelstoß; ihnen folgen 1922 Hochsprung, Diskuswurf und Speerwurf; 1927 der 800-m-Lauf und 1929 der 200-m-Lauf sowie die 80 m Hürden.

> In der deutschen Leichtathletik hat sich das Grundsystem der Wettkämpfe Mitte der zwanziger Jahre herausgebildet.

1990 umfaßt das Wettkampfprogramm des Deutschen Leichtathletik-Verbandes folgende Disziplinen:

*Tabelle 4: Übersicht über das Wettkampfprogramm des DLV*

**A Wettkämpfe**

Wettkämpfe können nur in den unter C aufgeführten Einzelwettbewerben durchgeführt werden.

Mehrkämpfe und Staffeln können für alle Altersklassen aus den jeweiligen Einzelwettbewerben beliebig zusammengestellt werden.

**B Meisterschaften/Bestenkämpfe**

Deutsche Meisterschaften werden in den Klassen Männer, Frauen, Junioren, Juniorinnen, Senioren, Seniorinnen, männliche und weibliche Jugend A und B ausgetragen; für Schüler M 15 und M 14 und Schülerinnen W 14 und W 13 in den Mehrkämpfen sowie in der DSMM.

Bis zur LV-Ebene können Meisterschaften für Schüler M 15 und M 14 und Schülerinnen W 14 und W 13, Bestenkämpfe in den übrigen Klassen ausgetragen werden.

**C Einzelwettbewerbe, Staffeln, Mehrkämpfe**

In den fett gedruckten Wettbewerben können Meisterschaften – wie unter B dargelegt – ausgetragen werden:

**Männer**

*Lauf:* **100, 200, 400, 800,** 1 000, **1 500,** 1 Meile = 1609,34, 2 000, 3 000, **5 000, 10 000 m** und längere Strecken sowie 1 Stunde; **25 km, Marathon** = 42,195 km und **100 km.**

*Hürden:* **80 und 100 m** (nur für Senioren). **110, 400 m.**

*Hindernis:* **3 000 m.**

*Staffeln:* **4×100,** 4×200, **4×400, 4×800, 3×1 000, 4×1 500 m.**

*Gehen:* **10 000 m** bis 50 000 m sowie 1 und 2 Stunden; **10, 20** und **50 km.**

*Sprung:* **Hoch, Stabhoch, Weit, Drei.**

*Stoß/Wurf:* **Kugel,** Stein, **Diskus, Hammer, Speer** und Schleuderball.

*Mehrkampf:* **Fünfkampf:** Weit, Speer, 200 m Diskus, 1 500 m in dieser verbindlichen Reihenfolge an einem Tag.

**Zehnkampf:** 1. Tag
100 m, Weit, Kugel, Hoch, 400 m
2. Tag
110 m Hürden, Diskus, Stabhoch, Speer, 1 500 m
in dieser verbindlichen Reihenfolge.

*Crosslauf:* **Mittelstrecke, Langstrecke.**

*Berglauf:* **5 bis 15 km.**

**Frauen**

*Lauf:* **100, 200, 400, 800,** 1 000, **1 500,** 1 Meile = 1609,34 m, **3 000, 5 000, 10 000 m** und längere Strecken; **15 km, Marathon** = 42,195 km und **100 km.**

*Hürden:* **80** (nur für Seniorinnen), **100, 400 m.**

*Staffeln:* **4×100,** 4×200, **4×400, 3×800, 4×800 m.**

*Gehen:* **5 000 m** bis 20 000 m; **5, 10** und 20 km.

*Sprung:* **Hoch, Stabhoch, Weit.**

*Stoß/Wurf:* **Kugel, Diskus, Speer,** Schleuderball.

*Mehrkampf:* **Fünfkampf:** 100 bzw. 80 m Hürden, Hoch, Kugel, Weit, 800 m
in dieser verbindlichen Reihenfolge.

**Siebenkampf:** 1. Tag
100 m Hürden, Hoch, Kugel, 200 m
2. Tag
Weit, Speer, 800 m
in dieser verbindlichen Reihenfolge.

*Crosslauf:* **Mittelstrecke, Langstrecke.**

*Berglauf:* **5 bis 15 km.**

**Junioren und Juniorinnen/Senioren und Seniorinnen**

Für diese Klassen gilt grundsätzlich das vorstehende Programm der Männer und Frauen

**Männliche Jugend A**

*Lauf:* **100, 200, 400, 800,** 1 000, **1 500, 3 000, 5 000,** 10 000 m, Straßenstrecken von 10 km, **15 km** bis Marathon = 42,195 km.

*Hürden:* **110 m** (0,991 m/9,14 m), **400 m** (0,914 m/35 m).

*Hindernis:* **2 000,** 3 000 m.

*Staffeln:* **4×100, 4×400, 3×1 000 m.**

*Gehen:* 5 000 m und **10 000 m** Bahn, Straßenstrecken von 5 bis 50 km.

*Sprung:* **Hoch, Stabhoch, Weit, Drei.**

*Stoß/Wurf:* **Kugel** (6,25 kg), **Diskus** (1,75 kg), **Hammer** (6,25 kg), **Speer** (800 g).

**Weibliche Jugend A**

*Lauf:* **100, 200, 400, 800, 1 500, 3 000, 5 000 m,** Straßenstrecken von 10 km, **15 km** bis Marathon = 42,195 km.

*Hürden:* **100 m** (0,84 m/8,50 m), **400 m** (0,762 m/35 m).

*Staffeln:* **4×100, 4×400, 3×800 m.**

*Gehen:* 3 000 m und **5 000 m** Bahn, Straßenstrecken von 3 bis 10 km.

*Sprung:* **Hoch, Stabhoch, Weit.**

*Stoß/Wurf:* **Kugel** (4,00 kg), **Diskus** (1,00 kg), **Speer** (600 g).

*Mehrkampf:* Dreikampf: 100 m, Weit, Kugel.

| | | |
|---|---|---|
| *Mehrkampf:* | Dreikampf: | 100 m, Weit, Kugel. |
| | **Fünfkampf:** | 100 m, Weit, Kugel, Hoch, 400 m in dieser verbindlichen Reihenfolge an einem Tag. |
| | **Zehnkampf:** | 1. Tag wie Fünfkampf 2. Tag 110 m Hürden, Diskus, Stabhoch, Speer, 1 500 m in dieser verbindlichen Reihenfolge. |

*Crosslauf:* **Mittelstrecke, Langstrecke** (3 000 bis 10 000 m).
*Berglauf:* **5−15 km.**

| | | |
|---|---|---|
| *Vierkampf:* | | 100 m Hürden, Hoch, Kugel, 200 m in dieser verbindlichen Reihenfolge an einem Tage. |
| **Siebenkampf:** | | 1. Tag wie Vierkampf 2. Tag Weit, Speer, 800 m in dieser verbindlichen Reihenfolge. |

*Crosslauf:* **Mittelstrecke, Langstrecke** (2 000 m bis 7 500 m).
*Berglauf:* **5−15 km.**

---

### Männliche Jugend B

| | |
|---|---|
| *Lauf:* | **100,** 200, **300, 800,** 1 000, **1 500, 3 000,** 5 000 m, Straßenstrecken von **7,5** bis 25 km. |
| *Hürden:* | **110 m** (0,914 m/8,90 m), **300 m** (0,84 m/35 m). |
| *Hindernis:* | **2 000 m.** |
| *Staffeln:* | **4×100, 3×1 000 m.** |
| *Gehen:* | **5 000 m** und 10 000 m Bahn, Straßenstrecken von 5 bis 20 km. |
| *Sprung:* | **Hoch, Stabhoch, Weit, Drei.** |
| *Stoß/Wurf:* | **Kugel** (5,00 kg), **Diskus** (1,50 kg), **Hammer** (5,00 kg), **Speer** (600 g). |

| *Mehrkampf:* | Dreikampf | 100 m, Weit, Kugel |
|---|---|---|
| | **Blockmehrkämpfe:** | |
| | Sprint/Sprung: | 100 m, 110 m Hürden, Weit, Hoch, Speer. |
| | Lauf: | 100 m, 110 m Hürden, Weit, Hoch, 1 000 m. |
| | Wurf: | 100 m, 110 m Hürden, Weit, Kugel, Diskus. |
| | **Fünfkampf:** | 100 m Weit, Kugel, Hoch, 300 m. |
| | **Zehnkampf:** | 1. Tag wie Fünfkampf 2. Tag 110 m Hürden, Diskus, Stabhoch, Speer, 1 500 m. |

*Crosslauf:* **Mittelstrecke, Langstrecke** (3 000 m bis 8 000 m).
*Berglauf:* **5−15 km.**

### Weibliche Jugend B

| | |
|---|---|
| *Lauf:* | **100,** 200, **300, 800, 1 500, 3 000 m,** Straßenstrecken von **7,5 km** bis 25 km. |
| *Hürden:* | **100 m** (0,762 m/8,50 m), **300 m** (0,762 m/35 m). |
| *Staffeln:* | **4×100, 3×800 m.** |
| *Gehen:* | **3 000 m** und 5 000 m Bahn, Straßenstrecken von 3 bis 10 km. |
| *Sprung:* | **Hoch, Stabhoch, Weit.** |
| *Stoß/Wurf:* | **Kugel** (4,00 kg), **Diskus** (1,00 kg), **Speer** (600 g), Ball (200 g) |

| *Mehrkampf:* | Dreikampf | 100 m, Weit, Kugel. |
|---|---|---|
| | **Blockmehrkämpfe:** | |
| | Sprint/Sprung: | 100 m, 100 m Hürden, Weit, Hoch, Speer. |
| | Lauf: | 100 m, 100 m Hürden, Weit, Hoch, 800 m. |
| | Wurf: | 100 m, 100 m Hürden, Weit, Kugel, Diskus. |
| | **Siebenkampf:** | 1. Tag 100 m Hürden, Hoch, Kugel, 100 m. 2. Tag Weit, Speer, 800 m. |

*Crosslauf:* **Mittelstrecke, Langstrecke** (1 500 bis 5 000 m).
*Berglauf:* **5−15 km.**

---

### Schüler M 15 und M 14 = Schüler A

| | |
|---|---|
| *Lauf:* | **75, 1 000,** 2 000, **3 000 m,** Straßenstrecken von **5 km** bis 15 km. |
| *Hürden:* | **80 m** (0,84 m/8,60 m). |
| *Staffeln:* | **4×75, 3×1 000 m.** |
| *Gehen:* | **3 000 m** und 5 000 m Bahn, Straßenstrecken von 3 bis 10 km. |
| *Sprung:* | **Hoch, Stabhoch, Weit, Drei.** |
| *Stoß/Wurf:* | **Kugel** (4,00 kg), **Diskus** (1,00 kg), **Hammer** (4,00 kg), **Speer** (600 g), Ball (200 g). |

### Schülerinnen W 14 und W 13 = Schülerinnen A

| | |
|---|---|
| *Lauf:* | **75, 800,** 2 000 m, Straßenstrecken von **5 km** bis 15 km. |
| *Hürden:* | **80 m** (0,762 m/8,00 m). |
| *Staffeln:* | **4×75, 3×800 m.** |
| *Gehen:* | **3 000 m** und 5 000 m Bahn, Straßenstrecken von 3 bis 5 km. |
| *Sprung:* | **Hoch, Stabhoch, Weit.** |
| *Stoß/Wurf:* | **Kugel** (3,00 kg), **Diskus** (750 g), **Speer** (400 g), Ball (200 g). |

| *Mehrkampf:* | Dreikampf | 75 m, Weit, Ball (200 g). |
|---|---|---|
| | **Vierkampf:** | 75 m, Weit, Hoch, Kugel. |

**Blockmehrkämpfe:**

| Sprint/Sprung: | 75 m, 80 m Hürden, Weit, Hoch, Speer. |
|---|---|
| Lauf: | 75 m, 80 m Hürden, Weit, Hoch, 1 000 m. |
| Wurf: | 75 m, 80 m Hürden, Weit, Kugel, Diskus. |
| **Achtkampf:** | 1. Tag |
| | 80 m Hürden, Weit, Kugel, Hoch |
| | 2. Tag |
| | Diskus, Stabhoch, Speer, 1 000 m. |

| *Waldlauf:* | **2 000 m bis 5 000 m.** |
|---|---|

### Schüler M 13 und M 12 = Schüler B

| *Lauf:* | 50, 1 000, 2 000, 3 000 m, Straßenstrecken von 5 bis 10 km. |
|---|---|
| *Hürden:* | 60 m (0,762 m/8,00 m). |
| *Staffeln:* | 4×50 m, 3×1 000 m. |
| *Gehen:* | 2 000 m Bahn, Straßenstrecken von 2 bis 5 km. |
| *Sprung:* | Hoch, Stabhoch, Weit. |
| *Stoß/Wurf:* | Kugel (3,00 kg), Diskus (1,00 kg), Hammer (3,00 kg), Speer (400 g), Ball (200 g). |
| *Mehrkampf:* | Dreikampf  50 m, Weit, Ball (200 g). |
| | Vierkampf:  50 m, Weit, Hoch, Ball (200 g). |

Blockmehrkämpfe:

| Sprint/Sprung: | 50 m, 60 m Hürden, Weit, Hoch, Speer. |
|---|---|
| Lauf: | 50 m, 60 m Hürden, Weit, Hoch, 1 000 m. |
| Wurf: | 50 m, 60 m Hürden, Weit, Kugel, Diskus. |

| *Waldlauf:* | 1 500 m bis 4 000 m. |
|---|---|

### Schüler M 11 und M 10 = Schüler C

| *Lauf:* | 50, 1 000, 2 000 m, Straßenstrecken von 5 bis 10 km. |
|---|---|
| *Staffeln:* | 4×50m, 3×1 000 m. |
| *Gehen:* | 1 000 m Bahn, Straßenstrecken von 1 bis 3 km. |
| *Sprung:* | Hoch, Weit. |
| *Wurf:* | Schlagball (80 g). |
| *Mehrkampf:* | Dreikampf:  50 m, Weit, Schlagball (80 g). |
| | Vierkampf:  50 m, Weit, Hoch, Schlagball (80 g). |
| *Waldlauf:* | 1 200 m bis 3 000 m. |

### Schüler M 9, M 8 und jünger = Schüler D

| *Lauf:* | 50 m, Straßenstrecken von 3 bis 5 km. |
|---|---|
| *Staffeln:* | 4×50 m. |
| *Sprung:* | Weitsprung. |
| *Wurf:* | Schlagball (80 g). |
| *Mehrkampf:* | Dreikampf:  50 m, Weit, Schlagball (80 g). |
| *Waldlauf:* | 1 000 m bis 1 500 m. |

| *Mehrkampf:* | Dreikampf | 75 m, Weit, Ball (200 g). |
|---|---|---|
| | **Vierkampf:** | 75 m, Weit, Hoch, Kugel. |

**Blockmehrkämpfe:**

| Sprint/Sprung: | 75 m, 80 m Hürden, Weit, Hoch, Speer. |
|---|---|
| Lauf: | 75 m, 80 m Hürden, Weit, Hoch, 800 m. |
| Wurf: | 75 m, 80 m Hürden, Weit, Kugel, Diskus. |

| *Waldlauf:* | **1 500 bis 4 000 m.** |
|---|---|

### Schülerinnen W 12 und W 11 = Schülerinnen B

| *Lauf:* | 50, 800, 2 000 m, Straßenstrecken von 5 bis 10 km. |
|---|---|
| *Hürden:* | 60 m (0,762 m/7,50 m). |
| *Staffeln:* | 4×50 m, 3×800 m. |
| *Gehen:* | 2 000 m Bahn, Straßenstrecken von 2 bis 3 km. |
| *Sprung:* | Hoch, Stabhoch, Weit. |
| *Stoß/Wurf:* | Kugel (3,00 kg), Diskus (750 g), Speer (400 g), Schlagball (80 g). |
| *Mehrkampf:* | Dreikampf  50 m, Weit, Schlagball (80 g). |
| | Vierkampf:  50 m, Weit, Hoch, Schlagball (80 g). |

Blockmehrkämpfe:

| Sprint/Sprung: | 50 m, 60 m Hürden, Weit, Hoch, Speer. |
|---|---|
| Lauf: | 50 m, 60 m Hürden, Weit, Hoch, 800 m. |
| Wurf: | 50 m, 60 m Hürden, Weit, Kugel, Diskus. |

| *Waldlauf:* | 1 200 m bis 3 000 m. |
|---|---|

### Schülerinnen W 10 und W 9 = Schülerinnen C

| *Lauf:* | 50, 800, 2 000 m, Straßenstrecken von 5 bis 10 km. |
|---|---|
| *Staffeln:* | 4×50 m, 3×800 m. |
| *Gehen:* | 1 000 m Bahn, Straßenstrecken von 1 bis 3 km. |
| *Sprung:* | Hoch, Weit. |
| *Wurf:* | Schlagball (80 g). |
| *Mehrkampf:* | Dreikampf  50 m, Weit, Schlagball (80 g). |
| | Vierkampf:  50 m, Weit, Hoch, Schlagball (80 g). |
| *Waldlauf:* | 1 000 m bis 2 000 m. |

### Schülerinnen W 8 und jünger = Schülerinnen D

| *Lauf:* | 50 m, Straßenstrecken von 3 bis 5 km. |
|---|---|
| *Staffeln:* | 4×50 m. |
| *Sprung:* | Weitsprung. |
| *Wurf:* | Schlagball (80 g). |
| *Mehrkampf:* | Dreikampf  50 m, Weit, Schlagball (80 g). |
| *Waldlauf:* | 1 000 m bis 1 500 m. |

▶ Aufgabe:

Vertiefen Sie durch entsprechendes Quellenstudium Ihren Einblick in die Entwicklung des Wettkampfsystems, und bilden Sie sich eine Meinung über Ursachen für Veränderungen im Wettkampfsystem.

## 1.3. Ursachen der Leistungsentwicklung

Dem heutigen hohen Entwicklungsniveau im Sport allgemein und in der Leichtathletik speziell liegt die Anwendung erkannter Gesetzmäßigkeiten, praktisch erfolgreich erprobter, zunehmend wissenschaftlich begründeter Entwicklungs- und Trainingsprinzipien zugrunde.

> Werden erkannte Gesetzmäßigkeiten, Entwicklungsbedingungen und Trainingsprinzipien beim Aufbau sportlicher Leistungen mißachtet, so kommt es zur Leistungsstagnation.

Die Entwicklung von Weltspitzenleistungen wird durch vielfältige Faktoren beeinflußt. Hervorzuheben sind besonders:

- der gesellschaftliche Faktor
- der materielle Faktor
- der personelle Faktor
- das Trainings- und Wettkampfsystem

Der **gesellschaftliche Faktor** spiegelt sich im Stellenwert der Sportart als gesellschaftliches Interessengebiet wider. In ihm zeigt sich sowohl die Bereitschaft der Gesellschaft zur Unterstützung (ideell, materiell, finanziell, personell) als auch das allgemeine öffentliche Interesse (aktiver Teilnehmer, Zuschauer, Medien, Anerkennung). Der Verlauf der Leistungsentwicklung in der Leichtathletik, die zeitweilig führende Position einzelner Länder, aber auch einzelne Spitzenathleten unterschiedlicher Länder verdeutlichen den Einfluß dieses Faktors.

▶ Aufgabe:
Erarbeiten Sie sich Aussagen zur Widerspiegelung dieses Faktors in Deutschland, und vergleichen Sie diese Positionen mit anderen Ländern.

Die Vielfalt leichtathletischer Wettkämpfe und das hohe Leistungsniveau habe die Attraktivität der Leichtathletik weiter erhöht und auch zu einem hohen Medieninteresse geführt. Im Fernsehen ist die Leichtathletik wegen der hohen Einschaltquoten zu einem lukrativen Werbeträger geworden. Viele renommierte Firmen nutzen dies (wobei ein strenges internationales Reglement gilt) und haben Werbeverträge mit internationalen und nationalen Föderationen, Clubs oder auch Sportlern/Sportlergruppen geschlossen. Die über dieses Sponsoring bereitstehenden Mittel werden einerseits von den Föderationen zur Finanzierung des aufwendigen internationalen und nationalen Wettkampfsystems, zur Förderung des Nachwuchses sowie zur Unterstützung anderer Bereiche der Leichtathletik genutzt. Andererseits erwächst aus den finanziellen Möglichkeiten, die sich für hochklassige Athleten aus den Werbeverträgen und anderen Fördermitteln ergeben, eine wichtige Motivation für deren Leistungsstreben und das des Nachwuchses. Diese besonders in den letzten Jahren auffällige Erscheinung wird sicher die Entwicklung der Leistungsleichtathletik künftig weltweit fördern helfen. Sie verlangt jedoch eine strenge Kontrolle, da Fehlentwicklungen nicht auszuschließen sind, die die Existenz der Sportart oder einzelner Disziplinen gefährden können.

Der **personelle Faktor** umfaßt die für ein zielgerichtetes Training zur Verfügung stehenden Sportler einschließlich der Talentsuche. Darüber hinaus gehören zu diesem Faktor auch die Übungsleiter, Trainer, Wissenschaftler, Betreuer u. a. Personen, die Qualität ihrer Ausbildung sowie ihre Arbeitsbedingungen.
Der Entwicklungsstand dieses Faktors ist eng mit dem gesellschaftlichen Faktor verbunden.

▶ Aufgabe:
Bilden Sie sich eine Meinung über den Entwicklungsstand dieses Faktors in ihrem Tätigkeitsbereich. Formulieren Sie für sich vorstellbare Weiterentwicklungen, und arbeiten Sie Gründe heraus, die im Moment dieser Entwicklung im Wege stehen.

Der **materielle Faktor** beinhaltet all jene materiellen Bedingungen, die in der Sportart Einfluß auf die Leistung haben. Dazu gehören u. a.
- die Wettkampfanlagen
- die Wettkampfgeräte
- die Wettkampfbekleidung.
Diese Bedingungen werden durch Wettkampfregeln festgelegt und teilweise begrenzt. Ihren Einfluß verdeutlichen die zahlreichen Regeländerungen im Verlaufe der Zeit.

▶ Aufgabe:
Fertigen Sie eine Übersicht an, in der wesentliche Veränderungen dieser Bedingungen aufgenommen sind; bestimmen Sie den näheren Zeitabschnitt der Veränderung, und betrachten Sie die Auswirkungen auf die Leistungen.

Das **Trainings- und Wettkampfsystem** als vierter Faktor übt den größten Einfluß auf die Leistungsentwicklung aus. Der enge Zusammenhang zum gesellschaftlichen, personellen und materiellen Faktor darf nicht übersehen werden.

Das Trainings- und Wettkampfsystem umfaßt alle inhaltlichen, strukturellen und organisatorischen Positionen zur Gestaltung des Trainingsprozesses.

Zunehmend festigt sich die Auffassung, daß Trainingssysteme nach einem Zeitabschnitt hoher Effektivität ihre Wirksamkeit verlieren. Dementsprechend muß man diesen Faktor unter dem Gesichtspunkt einer ständigen Erneuerung betrachten. Überprüft man diese Position an der Sportart Leichtathletik, so sind **gravierende Veränderungen im Trainingssystem nach 1950** u. a. in folgenden Akzenten zu sehen:

**um 1950:**
– Leichtathletisches Wintertraining erhält einen deutlicheren Zuschnitt auf die Wettkampfdisziplin des Sportlers.
– Die Häufigkeit des Trainings wächst schnell an.
– Im Ausdauerbereich findet die Intervallmethode eine hohe Verbreitung, dies hat auch Auswirkungen auf das Training anderer Disziplinen.
– Mit dem Anwachsen der Trainingshäufigkeit steigt auch der Trainingsaufwand rasch an.

**um 1955:**
– Systematisches Krafttraining findet Eingang in fast alle Disziplinen.
– Die Grundperiodisierung (Vorbereitungs-, Wettkampf-, Übergangsperiode), noch vorrangig als Jahresaufbausystem, bildet sich heraus.

**um 1960:**
– Zur weiteren Differenzierung in der Periodisierung wird die unmittelbare Wettkampfvorbereitung (UWV) eingeführt.

**um 1965:**
– Das Höhentraining führt zur Bereicherung des Trainingssystems; es wird nicht nur von den Ausdauerdisziplinen genutzt.

**um 1970:**
– Zunehmend wird mehr der Jahresaufbau durch eine Doppelperiodisierung, teilweise durch eine Dreifachperiodisierung, abgelöst.

**um 1975:**
– Ein deutliches Anwachsen des speziellen Trainings sowie die Entwicklung neuer Trainingsgeräte wird verstärkt sichtbar.

**um 1980:**
– Der Zeitabschnitt der Trainingsextensivierung wird überwunden. Spezifik, Intensität und Qualität erhalten einen deutlicheren Stellenwert.

**um 1985:**
– Im Wettkampfsystem zeigen sich deutliche Veränderungen; der ökonomische Stellenwert bestimmter Disziplinen führt zu stark individuellen Aufbaulösungen; in zunehmend mehr Disziplinen wird der Wettkampf als speziellstes Trainingsmittel genutzt.

**um 1990:**
– Individualisierung und hohe Spezialisierung sind dominierende Merkmale; dem Training neuromuskulärer Steuer- und Regelprozesse wird verstärkte Aufmerksamkeit geschenkt.

Neben diesen vier Faktoren ist es erforderlich, den besonderen Einfluß von Wissenschaft und Technik als direkt auf die Leistungsentwicklung wirkenden Faktor hervorzuheben.

**Wissenschaft und Technik** wirken unmittelbar auf
– den Entwicklungsstand der Trainingsmethodik und damit auf die Verbesserung der Belastungsgestaltung und -wirkung, auf die Qualität des Trainings;
– das Niveau der sportlichen Technik;
– die Qualität der Wettkampfanlagen und Wettkampfgeräte;
– die Trainings- und Leistungsdiagnostik und damit auf die Objektivierung der Trainingsbelastung;
– die Wirksamkeit der medizinischen Betreuung (Prophylaxe, Therapie und Wiederherstellung);
– die Lebensweise und Ernährung;
– die Sichtung und Auswahl geeigneter Sportler für die leistungssportliche Entwicklung.

Die weitere Leistungsentwicklung wird zukünftig immer mehr dadurch bestimmt, wie es gelingt, wissenschaftliche Erkenntnisse und technische Neuerungen zu gewinnen und in den Trainingsprozeß einfließen zu lassen.

Jede Leistungsentwicklung hat konkrete Ursachen. Wer solche Bedingungen schafft, sichert sich für die Leistungsentwicklung Vorteile.

► Aufgabe:
Vergleichen Sie zur weiteren Vertiefung die spezifischen Aussagen in den Kapiteln 5–9.

## 1.4 Leistungsstand und Leistungsprognose

Die Entwicklung der Weltrekorde (in Tabelle 5 auf Seite 22/23) verdeutlicht folgende Aussagen:

● Die Entwicklungen in den einzelnen Disziplinen sind, bezogen auf das Ausgangsjahr 1948, unterschiedlich groß.
● Einzelne Disziplinen zeigen im gesamten Zeitabschnitt eine relativ gleichmäßige Entwicklung.
● In einzelnen Disziplinen sind in relativ kurzen Zeitabschnitten große Entwicklungssprünge zu verzeichnen.
● In fast allen Disziplinen gibt es über begrenzte Zeitabschnitte auch Leistungsstillstand.

► Aufgabe:
Überprüfen Sie die obigen Aussagen anhand der Tabelle 5.

Diese Entwicklungen im Spitzenbereich sind auch im Nachwuchsbereich erkennbar. (Tab. 6) Darüber hinaus ist für diesen Bereich hervorzuheben, daß in den letzten 20 Jahren zunehmend mehr Nachwuchssportler Leistungen im Bereich der Weltspitze erreichten. Außerdem zeigt die Kurve des relativen Leistungszuwachses (Gesamtentwicklung, verteilt auf die Zeit des langfristigen Leistungsaufbaus) eine deutliche Linksverlagerung, d. h., der für das Erreichen der Weltspitze notwendige Leistungszuwachs wird bereits in relativ jungen Lebensjahren realisiert.
Diese Erscheinung ist um so bedeutsamer, weil sich die noch im Zeitabschnitt um 1970 feststellbare Verlagerung des Trainingsbeginns (in das mittlere Schulalter) und damit die Ausweitung der Trainingsjahre vor dem Hochleistungsbeginn stabilisiert hat. Das Nachwuchstraining zeigt heute in bezug auf den Trainingsbeginn eine zunehmende Stabilität. Man kann dementsprechend folgern:

Höhere Nachwuchsleistungen in der Leichtathletik werden zunehmend in gleicher, teilweise sogar kürzerer Zeit als früher herausgebildet.

Das Grundverhalten der Leistungsentwicklung der Vergangenheit wird sich auch in den kommenden Jahren nicht prinzipiell verändern.
Für die weitere Entwicklung der sportlichen Leistungen in der Leichtathletik kann man folgende **Tendenzen** formulieren:
● Die weitere Leistungsentwicklung wird sich

Tabelle 6:  *Juniorenweltrekorde 1970 – 1980 – 1990*

| Disziplin | 1970 | 1980 | 1990 |
|---|---|---|---|
| *männlich* | | | |
| 100 m | 10,14 | 10,09 | 10,07 |
| 200 m | 20,73 | 20,22 | 20,13 |
| 400 m | 45,05 | 45,05 | 43,87 |
| 800 m | 1:44,30 | 1:44,30 | 1:44,30 |
| 1 500 m | 3:36,10 | 3:36,10 | 3:34,92 |
| 5 000 m | 13:39,60 | 13:27,04 | 13:23,17 |
| 10 000 m | 28:50,40 | 28:32,70 | 27:17,82 |
| 110 m Hürden | 13,85 | 13,23 | 13,23 |
| 400 m Hürden | 49,70 | 49,61 | 48,02 |
| 3 000 m Hindernis | 8:42,00 | 8:29,50 | 8:29,20 |
| Hochsprung | 2,25 | 2,35 | 2,37 |
| Weitsprung | 8,02 | 8,34 | 8,34 |
| Stabhochsprung | 5,40 | 5,61 | 5,80 |
| Dreisprung | 16,38 | 17,40 | 17,50 |
| Kugelstoßen | 20,20 | 20,38 | 20,38 |
| Diskuswerfen | 58,28 | 63,64 | 63,64 |
| Speerwerfen | 79,23 | 85,70 | 80,26* |
| Hammerwerfen | 68,24 | 78,18 | 78,18 |
| *weiblich* | | | |
| 100 m | 11,4 | 11,13 | 11,13 |
| 200 m | 23,2 | 22,19 | 22,19 |
| 400 m | 55,8 | 49,77 | 49,50 |
| 800 m | 2:11,1 | 1:59,65 | 1:59,40 |
| 1 500 m | 4:16,8 | 4:06,42 | 4:04,39 |
| 3 000 m | – | 8:58,40 | 8:40,22 |
| 100 m Hürden | 13,5 | 12,95 | 12,84 |
| 400 m Hürden | – | 56,68 | 55,20 |
| Hochsprung | 1,87 | 1,93 | 1,98 |
| Weitsprung | 6,60 | 6,98 | 6,98 |
| Kugelstoßen | 16,91 | 19,23 | 20,11 |
| Diskuswerfen | 53,90 | 64,86 | 71,64 |
| Speerwerfen | 61,76 | 66,40 | 71,88 |

* neues Gerät

*Tabelle 5:* Entwicklung der Weltrekorde in der Leichtathletik von 1948–1991 und Prognoseleistungen 2000

| Disziplin | 1948 | 1952 | 1956 | 1960 | 1964 | 1968 |
|---|---|---|---|---|---|---|
| **Männer** | | | | | | |
| 100 m | 10,2 | 10,2 | 10,1 | 10,0 | 10,0 | 9,95 |
| 200 m | 20,6 | 20,6 | 20,6 | 20,5 | 20,2 | 19,8 |
| 400 m | 45,9 | 45,8 | 45,2 | 44,9 | 44,9 | 43,8 |
| 800 m | 1:46,6 | 1:46,6 | 1:45,7 | 1:45,7 | 1:44,3 | 1:44,3 |
| 1 500 m | 3:43,0 | 3:43,0 | 3:40,6 | 3:35,6 | 3:35,6 | 3:33,1 |
| 5 000 m | 13:58,2 | 13:58,2 | 13:36,8 | 13:35,0 | 13:35,0 | 13:16,6 |
| 10 000 m | 29:35,4 | 29:02,6 | 28:30,4 | 28:17,8 | 28:15,6 | 27:39,4 |
| 110 m Hü. | 13,7 | 13,7 | 13,4 | 13,2 | 13,2 | 13,2 |
| 400 m Hü. | 50,6 | 50,6 | 49,5 | 49,2 | 49,1 | 48,1 |
| 3 000 m Hi. | – | 8:45,4 | 8:35,6 | 8:31,4 | 8:29,6 | 8:24,2 |
| Hochspr. | 2,11 | 2,11 | 2,15 | 2,22 | 2,28 | 2,28 |
| Weitspr. | 8,13 | 8,13 | 8,13 | 8,21 | 8,34 | 8,90 |
| Stabhoch | 4,77 | 4,77 | 4,77 | 4,80 | 5,28 | 5,41 |
| Dreispr. | 16,00 | 16,22 | 16,56 | 17,03 | 17,03 | 17,39 |
| Diskus | 55,33 | 56,97 | 59,28 | 59,91 | 64,55 | 68,40 |
| Speer | 78,20 | 78,70 | 85,71 | 86,04 | 91,72 | 91,98 |
| Hammer | 59,02 | 61,25 | 68,54 | 70,33 | 70,67 | 73,76 |
| Kugel | 17,68 | 17,95 | 19,25 | 20,06 | 20,68 | 21,78 |
| **Frauen** | | | | | | |
| 100 m | 11,5 | 11,4 | 11,3 | 11,3 | 11,2 | 11,0 |
| 200 m | 23,6 | 23,4 | 23,2 | 22,9 | 22,9 | 22,5 |
| 400 m | – | – | – | 53,4 | 51,9 | 51,9 |
| 800 m | 2:13,8 | 2:08,5 | 2:05,0 | 2:04,3 | 2:01,1 | 2:00,5 |
| 1 500 m | – | – | – | – | – | 4:17,3 |
| 100 m Hü. | – | – | – | – | – | – |
| Hochspr. | 1,71 | 1,72 | 1,76 | 1,86 | 1,91 | 1,91 |
| Weitspr. | 6,25 | 6,25 | 6,35 | 6,40 | 6,76 | 6,82 |
| Diskus | 53,25 | 57,04 | 57,04 | 57,15 | 59,29 | 62,54 |
| Speer | 48,63 | 53,41 | 55,48 | 59,55 | 62,40 | 62,40 |
| Kugel | 14,59 | 15,42 | 16,76 | 17,78 | 18,55 | 19,61 |

in ihrer Grundstruktur nicht wesentlich von der bisherigen unterscheiden. Sie wird teilweise sprunghaft, aber auch kontinuierlich oder auch durch zeitweiligen Stillstand gekennzeichnet sein.

● Die Leistungsentwicklung vollzieht sich unter den Bedingungen, daß höhere Leistungen in gleicher, teilweise kürzerer Zeit erreicht werden.

Die Jugend- und Juniorenleistungen steigen weiter an. In immer mehr Disziplinen werden Weltspitzenleistungen schon im Juniorenbereich erreicht.

● Das Erreichen von Weltspitzenleistungen im frühen Leistungsalter engt die zeitliche Dauer der Hochleistungsfähigkeit nicht ein. Es ist mit einer Ausdehnung dieses Zeitabschnittes bei einzelnen Sportlern und einzelnen Disziplinen zu rechnen.

● Neben einer zunehmenden Leistungsdichte werden auch weiterhin einzelne überragende Spitzenathleten das Wettkampfgeschehen mit prägen.

● Innerhalb der leichtathletischen Disziplinen wird sich ein deutlicher Wertewandel vollziehen.

| 1972 | 1976 | 1980 | 1984 | 1988 | 1991 | 2000 |
|------|------|------|------|------|------|------|
| 9,95 | 9,95 | 9,95 | 9,93 | 9,92 | 9,86 | 9,75 |
| 19,8 | 19,8 | 19,72 | 19,72 | 19,72 | 19,72 | 19,50 |
| 43,8 | 43,8 | 43,86 | 43,86 | 43,29 | 43,29 | 42,80 |
| 1:44,3 | 1:43,5 | 1:42,33 | 1:41,73 | 1:41,73 | 1:41,73 | 1:40,50 |
| 3:33,1 | 3:32,2 | 3:31,4 | 3:30,77 | 3:29,46 | 3:29,46 | 3:26,00 |
| 13:13,0 | 13:13,0 | 13:08,4 | 13:00,41 | 12:58,39 | 12:58,39 | 12:50,00 |
| 27:38,4 | 27:30.8 | 27:22,5 | 27:13,81 | 27:13,81 | 27:08,23 | 27:00,00 |
| 13,2 | 13,0 | 13,0 | 12,93 | 12,93 | 12,92 | 12,85 |
| 47,8 | 47,64 | 47,13 | 47,02 | 47,02 | 47,02 | 46,80 |
| 8:20,8 | 8:08,0 | 8:05,4 | 8:05,40 | 8:05,40 | 8:05,35 | 8:00,00 |
| 2,29 | 2,32 | 2,36 | 2,39 | 2,43 | 2,44 | 2,48 |
| 8,90 | 8,90 | 8,90 | 8,90 | 8,90 | 8,95 | 9,00 |
| 5,63 | 5,70 | 5,78 | 5,94 | 6,06 | 6,10 | 6,20 |
| 17,44 | 17,89 | 17,89 | 17,89 | 17,97 | 17,97 | 18,20 |
| 68,40 | 70,86 | 71,16 | 71,86 | 74,08 | 74,08 | 75,00 |
| 93,80 | 94,58 | 96,72 | 104,80 | 87,66* | 91,74* | 94,00* |
| 76,40 | 79,30 | 81,80 | 86,34 | 86,74 | 86,74 | 88,00 |
| 21,78 | 22,00 | 22,15 | 22,22 | 23,05 | 23,12 | 23,25 |
| | | | | | | |
| 11,0 | 10,8 | 10,88 | 10,76 | 10,49 | 10,49 | 10,45 |
| 22,4 | 22,1 | 21,71 | 21,71 | 21,34 | 21,34 | 21,30 |
| 51,0 | 49,29 | 48,60 | 47,99 | 47,60 | 47,60 | 47,35 |
| 1:58,5 | 1:54,94 | 1:53,5 | 1:53,28 | 1:53,28 | 1:53,28 | 1:51,00 |
| 4:01,4 | 3:56,0 | 3:52,5 | 3:52,47 | 3:52,47 | 3:52,47 | 3:50,00 |
| 12,5 | 12,3 | 12,36 | 12,36 | 12,21 | 12,21 | 12,20 |
| 1,94 | 1,96 | 2,01 | 2,07 | 2,09 | 2,09 | 2,10 |
| 6,82 | 6,99 | 7,09 | 7,43 | 7,52 | 7,52 | 7,55 |
| 66,76 | 70,50 | 71,50 | 74,56 | 76,80 | 76,80 | 77,00 |
| 65,06 | 69,12 | 70,08 | 74,76 | 80,00 | 80,00 | 73,00* |
| 21,03 | 21,99 | 22,45 | 22,53 | 22,63 | 22,63 | 22,75 |

* neues Gerät

# 2. Zur Struktur leichtathletischer Leistungen

Die Leistungsstruktur bestimmt Ziel und Inhalt des Trainings. Nur über die Kenntnis der Struktur der angestrebten sportlichen Leistung lassen sich zweckmäßige Trainingsmaßnahmen festlegen.

● In vielfältigen Bereichen ist das verstärkte Bemühen erkennbar, Ergebnisse und Erkenntnisse mehr als bisher in ihrem Zusammenhang, ihrer gegenseitigen Bedingtheit, in ihren wechselseitigen Beziehungen – also in ihrem Systemverhalten – zu betrachten. Auch im Sport, besonders im Leistungssport, ist heute jener Stand erreicht, der ein übergreifendes Herangehen an die Lösung zahlreicher Fragen im Interesse der Weiterentwicklung objektiv fordert.

● Wie die Entwicklung in den letzten Jahren zeigt, werden wesentliche neue trainingsmethodische Lösungen zunehmend an Schnittpunkten unterschiedlicher Wissenschaftsdisziplinen gewonnen.

Darstellungen der Leistungsstruktur zeigen solche Schnittpunkte, fordern zur interdisziplinären Zusammenarbeit auf und orientieren damit auf ein methodisches Herangehen, das relativ gesichert zu neuen Erkenntnissen und Lösungen führen muß.

● Strukturdarstellungen der sportlichen Leistung tragen Modellcharakter. Da jedes Modell einfacher ist als das Original, werden also nur bestimmte Faktoren und Beziehungen abgebildet. Detaillierte Darlegungen zu einzelnen Disziplingruppen sind in den Abschnitten 5.2., 6.2., 7.2., 8.2. und 9.2. zu finden, allerdings wurden dort nur einzelne Faktoren herausgearbeitet.

## Begriff/Bedeutung

Das sportliche Training als zielgerichteter pädagogischer Prozeß zeichnet sich durch das Bemühen aus, auf die Entwicklung jener Faktoren einzuwirken, die die sportliche Leistung bedingen.

Der Trainer muß wissen, wie die sportliche Leistung zustande kommt, wenn er Sportler zu hohen Leistungen führen will. Er muß jene Knotenpunkte im Prozeß des Leistens kennen, die das Leistungsergebnis beeinflussen bzw. zu dessen Herausbildung führen.

Das Wissen, durch welche Faktoren die sportliche Leistung bedingt wird und wie diese Faktoren unter den jeweils gegebenen konkreten Bedingungen effektiv entwickelt werden, gehört zu den entscheidenden Voraussetzungen für eine erfolgreiche Trainertätigkeit.

Jede sportliche Leistung wird durch eine Fülle von Faktoren bestimmt und beeinflußt. Diese Faktoren sind auf vielfältige Weise miteinander verbunden; sie ergänzen sich, negieren sich, kompensieren sich. *In der sportlichen Leistung treten sie dabei in eine geordnete Verbindung.* Sie bezeichnet man als **Struktur der sportlichen Leistung.**

> Die Leistungsstruktur ist die Organisation einer sportlichen Leistung, die Darstellung ihrer Elemente, ihrer miteinander verknüpften Relationen – also ihres Wirkungsgefüges, der Wertigkeit, Abhängigkeit und Verflochtenheit ihrer Leistungsfaktoren.

Die Struktur der sportlichen Leistung umfaßt demnach
- die Faktoren (Elemente) der sportlichen Leistung;
- die Kopplung, Wechselwirkungen, die Relationen der Faktoren (ihre Wertigkeit und Abhängigkeit).

Über die Struktur der sportlichen Leistung sollen die *inneren und äußeren Entstehungsbedingungen* eines Leistungsergebnisses erfaßt und dargestellt werden. Diese Entstehungsbedingungen sind mehrdimensional und verlangen die Bewertung und dynamische Betrachtung von pädagogischen, psychischen, physiologischen, biomechanischen, anatomischen, wettkampforganisatorischen u. a. Gesichtspunkten.

Die Entstehungsbedingungen werden in der Leistungsstruktur als Modell dargestellt. Bezogen auf sportliche Leistungen, bedeutet dieser Modellcharakter:

● Das Modell ist eine vereinfachte Darstellung.
Das Modell kann nur bestimmte Eigenschaften, Merkmale vom Original abbilden. Es stellt nur prinzipielle Elemente und Zusammenhänge dar. In der Realität ist es vielfältiger und stärker verflochten.
● Das Modell ist perspektivisch orientiert.
Alle Ableitungen sind auf die Zukunft, auf ein anzustrebendes Ziel, auf eine perspektivische Leistung gerichtet.
● Das Modell ist auf eine neue Höchstleistung orientiert.

Die *Hauptfunktion* solcher Modelldarstellungen besteht darin,
– das Zustandekommen der sportlichen Höchstleistungen zu er- und vermitteln,
– Ableitungen von Trainingsanforderungen zur Entwicklung neuer sportlicher Höchstleistungen zu gestatten,
– auf das Ziel (sportliche Höchstleistung) orientierte Anforderungsprofile für wesentliche Etappen der sportlichen Vorbereitung und Vervollkommnung zu sichern,
– einen Vergleich zwischen dem Ist-Zustand eines Sportlers und der Teil- und Endzielvorgabe zu gestatten,
– Anforderungskriterien für die Eignungsbestimmung zu kennzeichnen.

Voraussetzung für die Aufhellung der Leistungsstruktur ist die immer konkretere Bestimmung der Leistungsfaktoren.

Die Leistungsfaktoren werden im allgemeinen in personelle und äußere Faktoren differenziert.
**Äußere Leistungsfaktoren** sind solche, die nicht direkt an die Person des Sportlers gebunden sind. Sie werden deshalb im Strukturschema (Abb. 1) gesondert dargestellt. Es ist notwendig, sie – wenn auch in entsprechender Abstufung – in Zusammenhang mit den personellen Leistungsfaktoren zu bringen, da die positive, leistungsfördernde Wirkung der äußeren Faktoren durch den Sportler direkt genutzt werden muß bzw. negative Wirkungen von ihm möglichst in Grenzen zu halten sind.
Als äußere Faktoren sollen hier u. a. herausgehoben werden:
– der *Ausrüstungsfaktor* (Geräte, Wettkampfanlagen, Bekleidung),
– der *Wettkampffaktor* (Wettkampfmodus, Wettkampfbestimmungen, Gegner, klimatische Bedingungen, Zuschauer).
**Personelle Faktoren,** d. h. an die Person des Sportlers gebundene Faktoren, bilden den Kern der Leistungsstruktur.

Es werden psychisch-charakterliche, konditionelle, technisch-koordinative, taktische und konstitutionelle Leistungsfaktoren unterschieden.

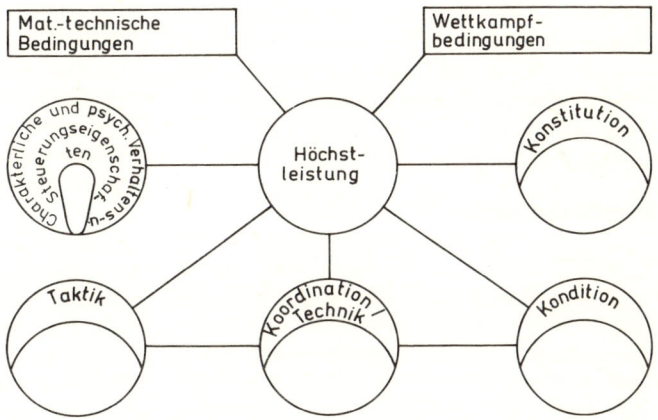

Abb. 1  Grundschema zur Darstellung der Leistungsstruktur

*Leistungsfaktor psychische und charakterliche Verhaltens- und Steuereigenschaften*

Er kennzeichnet
– die erforderlichen Einstellungen, moralische Qualitäten und Verhaltensweisen;
– spezifisch notwendige psychische Trainings- und Wettkampfeigenschaften;
– die notwendige spezifische Ausrichtung der Bewußtheit des Sportlers;
– interpersonelle Beziehungsbedingungen.

Da der Leistungssport Bestandteil der gesellschaftlichen Gesamtentwicklung ist, hat er die moralisch-ethischen Normen der Gesellschaft mit zur Grundlage. Im Mittelpunkt der Strukturdarstellungen stehen jedoch die direkten sport- und sportartspezifischen bzw. disziplinspezifischen Anforderungen.

*Leistungsfaktor Kondition*

Er kennzeichnet
– den disziplinspezifischen Ausprägungsgrad der konditionellen Fähigkeiten;
– die Beziehungen zwischen den konditionellen Fähigkeiten (Bedeutung, Bedingtheit, gegenseitige Beeinflussung);
– die erforderlichen Verbindungen und Integrationen mit und zu anderen Leistungsfaktoren (Technik, Taktik u. a.).

*Leistungsfaktor Technik/Koordination*

Er kennzeichnet
– das Technikmodell als Zielorientierung;
– den erforderlichen Ausprägungsgrad der koordinativen Fähigkeiten;
– den angestrebten Effektivitätsfaktor (Nutzungsgrad des vorhandenen Bewegungspotentials) für die sportliche Leistung;
– den Grad der Stabilität und Variabilität der sporttechnischen Fertigkeit;
– die möglichen individuellen Freiheitsgrade innerhalb des Technikmodells.

*Leistungsfaktor Taktik*

Er kennzeichnet
– die Möglichkeiten, unter variablen Bedingungen (Gegner, Anlage, Geräte, Witterung, Zuschauer) einen hohen Grad der Leistungsfähigkeit zu erreichen;
– die Variationen siegorientierter Taktiken;
– die Variationen rekordorientierter Taktiken.

*Leistungsfaktor Konstitution*

Er kennzeichnet
– Körperhöhe, Körpergewicht, Körperbaumerkmale;
– den Altersbereich der Hochleistungsfähigkeit;
– biologische Voraussetzungen, die vor allem Einfluß auf die Trainierbarkeit haben.

Dieser Leistungsfaktor ist in zahlreichen Elementen nur bedingt durch Training zu beeinflussen. Er stellt eine wesentliche Seite der Eignungsbestimmung für Höchstleistungen in der betreffenden Disziplin dar.

**Im Mittelpunkt steht die Darstellung der Leistung als Leistung der Persönlichkeit.**

Im Zentrum der Betrachtungen zur Leistungsstruktur steht (ohne die gesellschaftliche Bedingtheit der Leistung zu negieren) die sportliche Leistung vorrangig als Ausdruck der spezifischen Leistungsfähigkeit der Persönlichkeit in einer speziellen Disziplin der Leichtathletik. Diese Mittelpunktstellung von sportartspezifisch determinierten Qualitäten der Persönlichkeit sowie von biologischen Faktoren widerspricht nicht der Auffassung, daß die sportliche Leistung *sozial und biologisch* bestimmt ist.

**Jeder Leistungsfaktor ist in sich weiter differenziert.**

Entsprechend der disziplinspezifischen Leistung gliedern sich die Leistungsfaktoren in weitere Teilfaktoren.

In einzelnen Leistungsfaktoren gibt es sowohl Teilfaktoren mit relativ hoher allgemeiner Gültigkeit (sie treten also relativ ähnlich in allen leichtathletischen Disziplinen auf) als auch spezielle Faktoren, die eng und ausschließlich nur im Bereich der jeweiligen Wettkampfdisziplin ihre Gültigkeit besitzen. Zunehmend gewinnt die Herausarbeitung der disziplinspezifischen Teilfaktoren an Bedeutung.

▶ Aufgabe:
Entwerfen Sie für eine gewählte leichtathletische Disziplin aus Ihrer derzeitigen Sicht eine Strukturdarstellung, die bei der differenzierten Darstellung der Leistungsfaktoren endet (wie in den Abbildungen 2 u. 3).

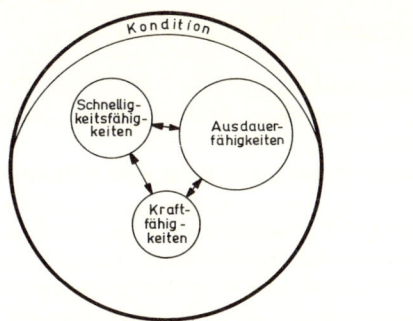

Abb. 2 Darstellung des Leistungsfaktors Kondition in einer Disziplingruppe

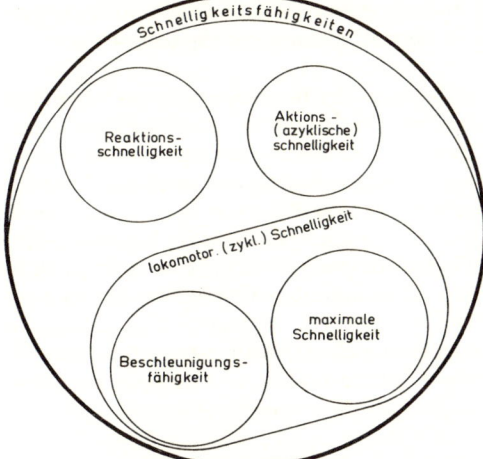

Abb. 3 Differenzierte Darstellung der dominierenden konditionellen Fähigkeit Schnelligkeit in der Leichtathletik

**| Die Beziehungen der Leistungsfaktoren müssen herausgearbeitet werden.**

Wettkampfleistungen sind Handlungsergebnisse des Sportlers. Sie resultieren aus dem Zusammenspiel der entwickelten Leistungsvoraussetzungen. Alle Voraussetzungen wirken in der Leistung gemeinsam. Der Grad dieses Zusammenwirkens, der Nutzungsgrad der Leistungsvoraussetzung (das Verhältnis zwischen Leistungsvoraussetzungen und Leistungen) gewinnt ständig an Bedeutung. Deshalb darf sich die Darstellung der Struktur einer Leistung nicht auf die Darstellung ihrer Faktoren beschränken.

Als Strukturmodell kann man die Darstellung der Leistungsfaktoren erst werten, wenn auch die Kopplungen, Wechselbeziehungen, Relationen, Wertigkeiten und Abhängigkeiten näher bestimmt werden.

Damit tritt eine enge Beziehung zum handlungstheoretischen Trainingskonzept in den Blickpunkt.

Zur Zeit überwiegt noch die Darstellung der Faktoren. Wesentlich wird jedoch die Bestimmung der Wertigkeit des Faktors, der Größe seines Einflusses auf die sportliche Leistung, des Grades seiner erforderlichen Ausprägung und der Abhängigkeit seiner Ausprägung von anderen Faktoren.

Neben verbalen Darstellungen kommt es darauf an, die einzelnen Faktoren durch Kenngrößen, Kennlinien, Parameter u. a. exakt zu kennzeichnen. Die quantitative Erfassung dieser strukturellen Beziehungen mit Hilfe von statistischen Methoden ist prinzipiell möglich.

● Die Struktur der sportlichen Leistungen zu erkennen bedeutet, ihre einzelnen Faktoren zu qualifizieren und zu quantifizieren. Dabei ist immer zu beachten, daß die sportliche Leistung die Summe aller Leistungsfaktoren ausmacht. Die Vernachlässigung eines ermittelten Leistungsfaktors im Training gefährdet die angestrebte Leistung.

● In der sportlichen Praxis werden aus didaktischen, teilweise auch aus forschungsmäßigen Gründen oftmals nur einzelne Faktoren betrachtet bzw. untersucht. Ein solches Vorgehen ist durchaus gerechtfertigt. Es fordert jedoch, zu beachten, daß sich der isolierte Einfluß eines Leistungsfaktors immer anders äußert als im Zusammenhang mit anderen Faktoren.

● Der bisherige Entwicklungsverlauf in der sportlichen Praxis ging von der Hypothese aus, daß der effektivste Weg im sportlichen Training der Weg der Vervollkommnung der einzelnen Teile der sportlichen Leistung ist. Dabei wurde versucht, vorrangig durch die Vervollkommnung der Teile eine Erhöhung des Niveaus der Gesamtheit zu erreichen. Dieser Weg wird auch in den kommenden Jahren weiterhin beschritten werden. Mehr als bisher wird es jedoch darauf ankommen, die vorhandenen Faktoren in ihrer abhängigen und unabhängigen Variabilität zu bestimmen.

● Wenn die sportliche Leistung eine geregelte Mehrheit von Variablen ist, so ergibt sich beim derzeitigen Erkenntnisstand und den Erkenntnismöglichkeiten die Notwendigkeit, die Zahl der Variablen zunächst zu beschränken, indem die wesentlichsten, die dominierenden Variablen besonders hervorgehoben werden.

▌ Die Entwicklungsmöglichkeiten der Leistungsfaktoren sind zu beachten.

Der Organismus ist in weiten Grenzen trainierbar. Es ist jedoch zu berücksichtigen, daß die Funktionssysteme sowohl veränderliche und beeinflußbare als auch stabile, genetisch bedingte Komponenten enthalten.
Beide Seiten müssen in der Leistungsstruktur erfaßt und dargestellt sein. Während die stabilen vor allem für das Eignungsurteil bedeutsam sind, stehen die veränderlichen im Zentrum aller Trainingsbemühungen. Entsprechend den spezifischen Anforderungen sind sie optimal bis maximal auszuprägen.

**Leistungsstruktur und Anforderungsprofil**

Ausgehend von dem Standpunkt, daß das Strukturmodell auf das angestrebte Ziel (Weltspitzenleistung) orientiert ist, wird folglich dieser Begriff nur in diesem Zusammenhang benutzt.
Dabei wird nicht verneint, daß jede sportliche Leistung eine bestimmte Struktur aufweist. Sie ist jedoch im Sinne der Zielorientierung nur von bedingtem Interesse.
Um jederzeit unterscheiden zu können, ob es sich um die Zielstruktur oder um die aktuelle Leistungsstruktur eines Sportlers handelt, die in einer bestimmten Entwicklungsstufe anzustreben ist, benutzen wir für die Zielorientierung der einzelnen Zwischenetappen den Begriff des Anforderungsprofils.
**Das Anforderungsprofil** kennzeichnet unter Beachtung der Gesetzmäßigkeiten und Prinzipien der Entwicklung der sportlichen Meisterschaft den zu einem bestimmten Zeitpunkt notwendigen Ausprägungsgrad der Leistungsfaktoren.
Alle Faktoren der sportlichen Höchstleistung finden im Anforderungsprofil ihren Niederschlag, treten gegenüber der Zielstruktur jedoch in anderen Ausprägungsgraden auf.
Sportliche Leistungen werden durch den Sportler als biopsychosoziale Einheit realisiert, d. h. bei der Ausbildung sportlicher Leistungen immer die Einheit aller Faktoren und deren Wechselbeziehungen zu gewährleisten.

Analysen weisen darauf hin, daß die Freiheitsgrade für das Entstehen hoher Leistungen in den einzelnen Ausbildungsetappen und die daraus abzuleitenden methodischen Konsequenzen stark differieren.
Während eine Weltspitzenleistung nur geringe Freiheitsgrade in den Leistungsvoraussetzungen zuläßt, zeigt sich im Nachwuchsbereich, daß hohe spezielle Leistungen auf der Grundlage einer größeren Breite von Leistungsvoraussetzungen sowie einer überdimensionalen Ausprägung einzelner Leistungsvoraussetzungen erreichbar sind.
Die Freiheitsgrade dieser Leistungen sind somit wesentlich größer. Gute Nachwuchsleistungen sind folglich auch auf der Basis perspektivisch nicht zweckmäßig ausgeprägter Leistungsvoraussetzungen möglich. Darin liegt eine Ursache für den oftmals auftretenden Widerspruch zwischen dem ausgebildeten physischen Potential und der speziellen Leistung. In den ersten Trainingsjahren kommt es häufig zu einer Kompensation der Leistungsvoraussetzungen von perspektivischer Bedeutung durch die höhere Ausprägung anderer Leistungsvoraussetzungen. Diese Kompensationsmöglichkeit verringert sich ständig mit der Weiterentwicklung der sportlichen Leistung.
Das Nachwuchstraining kann somit die Gefahr in sich bergen, daß Leistungsvoraussetzungen mit unzureichend perspektivischer Bedeutung ausgebildet werden, ohne daß sich dies zu diesem Zeitpunkt im speziellen Leistungsvermögen bereits widerspiegelt.
Diese Tatsache hebt die Bedeutung des Anforderungsprofils und den Vergleich mit dem aktuellen Ausbildungsstand des Sportlers besonders hervor.
Die Abbildung 4 verdeutlicht exemplarisch eine Modellvariante zur Ausprägung ausgewählter Leistungsvoraussetzungen im Aufbautraining (Anforderungsprofil). Spezifische Auflösungen finden Sie in den Kapiteln 5.–9.

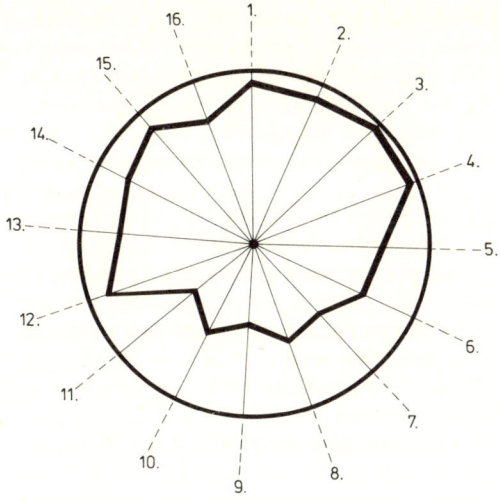

Abb. 4  Modell der Ausprägung des Leistungsfaktors Schnelligkeit im Aufbautraining (schnelligkeits-/schnellkraftorientierte Disziplinen)

1. azyklische Schnelligkeit (Aktionsschnelligkeit)
2. neuromuskuläres Ansteuerungsvermögen
3. Reaktionsschnelligkeit
4. Frequenzvermögen (unter entlasteten Bedingungen [Beintapping im Sitz])
5. Schrittfrequenz
6. Skipping am Ort
7. lokomotorische Schnelligkeit
8. Beschleunigungsfähigkeit
9. Schnellkraft
10. Maximalkraft
11. Schnelligkeitsausdauer
12. Lauftechnik
13. Tiefstarttechnik
14. allgemeine Ausdauer
15. allgemeine Belastbarkeit
16. konstitutionelle Entwicklung

# 3. Grundlagen des Trainings in der Leichtathletik

## 3.1. Bestimmung des sportlichen Trainings

Die Theorie und Methodik des Trainings in der Leichtathletik hat den pädagogischen Prozeß des sportlichen Trainings zum Gegenstand: Sie untersucht *Wesen und Merkmale der sportlichen Leistung* in den verschiedenen leichtathletischen Disziplinen und bestimmt die Gesamtheit der *Grundsätze, Mittel, Methoden und Verfahren,* die im mehrjährigen Training zur Herausbildung der Leistungsfähigkeit und -bereitschaft der Sportler eingesetzt werden müssen.

Dabei basiert sie auf folgenden **Grundstandpunkten**:

● Sportliches Training ist ein an wissenschaftlichen Gesetzmäßigkeiten orientierter *pädagogischer Prozeß.*

● Sportliches Training ist – bedingt durch das Anstreben höchster Leistungen – *ein sich zunehmend spezialisierender Prozeß.*

● Sportliches Training realisiert sich immer als *Einheit von Bildung und Erziehung.*
Trainieren bedeutet nicht nur physisches Belasten bzw. Ansprechen des motorischen Lernens. Gleichzeitig damit ist gezielt an der Entwicklung moralischer Qualitäten sowie Wettkampfeigenschaften zu arbeiten.

● Hauptform des Trainings ist die *komplexe psychophysische Belastung* durch methodisch eingesetzte sportliche Übungen. Typische Trainingsmittel sind demnach Trainingsübungen und -methoden.

> Die Theorie und Methodik des Trainings in der Leichtathletik zeigt sich als ein *komplexes* Wissenschaftsgebiet, in das allgemeine Erkenntnisse und Erfahrungen einer ganzen *Reihe von Gesellschafts- und Naturwissenschaften* eingehen und sich dort *konkret* äußern.

Das sind im besonderen die *Wissenschaftsdisziplinen*:

– Sportpädagogik und -psychologie,
– Biomechanik sportlicher Bewegungen,
– Leistungsphysiologie und Sportmedizin sowie
– die integrative Allgemeine Theorie und Methodik des Trainings (Trainingslehre) mit ihren Teilgebieten.

### Sportpädagogik und -psychologie

Da das Training im umfassenden Sinne ein pädagogischer Prozeß ist, kommt der Sportpädagogik eine führende, bestimmende Rolle für die Theorie und Methodik des Trainings zu.

Das spiegelt sich in folgendem wider:

● *Ziele und Aufgaben* und die *Grundprinzipien des Trainingsprozesses* orientieren sich an denen der Pädagogik im allgemeinen.

● Die didaktischen Prinzipien und die wesentlichsten Methoden des pädagogischen Prozesses spiegeln sich in den spezifischen Teilen des Trainings wider.

● Der Erziehungsprozeß des Sportlers folgt – bei Berücksichtigung der spezifischen Anforderungen von Training und Wettkampf – in Inhalt, Struktur und Methoden den grundsätzlichen Kategorien und Erkenntnissen der Pädagogik.

● Die Analyse und Optimierung des psychischen Zustandes der Sportler in Vorbereitung und Durchführung des Wettkampfes – insbesondere seiner Leistungsmotivation und Verhaltenssteuerung – basieren auf den Gesetzmäßigkeiten der allgemeinen Psychologie der Persönlichkeit.

### Biomechanik sportlicher Bewegungen

Die Biomechanik ist eine der grundlegenden Wissenschaftsdisziplinen, die Probleme der effektiven Ausführung von Wettkampf- und Trainingsübungen in der Leichtathletik klären hilft. Ihr Einfluß auf die wissenschaftliche Begründung und Entwicklung sportlicher Techniken gerade auch in der Leichtathletik ist unverkennbar.

Konkret wirksam werden biomechanische Gesetzmäßigkeiten und Methoden
- bei der **Modellierung der sportlichen Techniken**;

Als *sportliche Technik* wird ein zum Erreichen von Höchstleistungen anerkanntes *Verfahren zur Lösung* einer Bewegungsaufgabe angesehen. Es entsteht aus vielfältigen Bewegungsversuchen (Erfahrungen), andererseits aus Überlegungen zur bestmöglichen Bewältigung der Aufgabe, wobei biomechanische Eigenschaften des menschlichen Bewegungsapparates, Umweltbedingungen und Wettkampfbestimmungen berücksichtigt werden müssen. Dieses aus einer Vielzahl von individuellen Lösungen abstrahierte Verfahren erhält den Charakter eines *Modells*. Es wird für einen bestimmten Zeitraum – da sich durch neue wissenschaftliche Erkenntnisse, veränderte Wettkampfbestimmungen oder verbesserte Geräte neue Aspekte ergeben können – als Zielgröße in der technischen Ausbildung gehandhabt;
- bei der Erarbeitung und Präzisierung von **Kennlinien für die technische Ausführung der wesentlichen Trainingsübungen,** wodurch insbesondere der disziplin- und leistungsspezifische Effekt der Übungen für die konditionelle Entwicklung verbessert werden kann;
- in der Entwicklung der **Gerätetechnik und Untersuchungsmethodik für die Messung und Registrierung** (biomechanische Tests) solcher Bewegungscharakteristika wie kinematischer Verlauf, Raum-Zeit-Verhalten (Geschwindigkeit, Beschleunigung), dynamische (Kraft-Zeit) Merkmale;
- durch den Einfluß der allgemeinen **biomechanischen Prinzipien** auf die Erarbeitung der Knotenpunkte der Bewegung, die nicht nur in technischer, sondern auch in methodischer Hinsicht den Prozeß der technischen Ausbildung orientieren.

▶ Aufgabe:
Wir bieten Ihnen nachfolgend jeweils nur eine kurze, vereinfachte Charakteristik der fünf von Hochmuth formulierten Prinzipien. Lesen Sie genauer in der betreffenden Fachliteratur nach!
Verfolgen Sie die Umsetzung der Prinzipien in leichtathletischen Bewegungsabläufen anhand der Abhandlungen in den Kapiteln 5–9, Abschnitte Grundlagen der Technik (der Disziplingruppe), Technik der Disziplinen!

*Prinzip der Anfangskraft*
Durch das Abbremsen von bestimmten Bewegungen wie Anschwungbewegungen, durch Verwringungen, weite Amplituden, Bremsstöße (aktive Landung), die vor Beginn der Hauptbewegung (Streckung) ausgeführt werden, entsteht bereits eine positive Kraft (Anfangskraft), durch die der eigentliche Beschleunigungsstoß vergrößert wird (bei optimalen Relationen).

*Prinzip des optimalen Beschleunigungsweges*
Die Geschwindigkeit am Ende eines Beschleunigungsstoßes kann um so größer sein, je länger und geradliniger (bzw. stetig gekrümmt) der Beschleunigungsweg ist (bei optimalen Relationen).

*Prinzip der zeitlichen Koordination von Teilimpulsen*
Schwungbewegungen vergrößern den Absprungkraftstoß, wenn ihr Beschleunigungsstoß gering früher als der der Beinstreckung beendet ist.

*Prinzip der Gegenwirkung*
Jede Wirkung verlangt eine gleich große, entgegengesetzte Wirkung. Im Stütz nimmt sie die Erdmasse auf. Im frei bewegten System (Flugphasen) verlangt die Bewegung eines Körperteils eine entgegengesetzte eines anderen Körperteils (Vorbeugen des Oberkörpers – Anheben der Beine).

*Prinzip der Impulserhaltung*
Bei Drehbewegungen bleibt der Impuls erhalten, indem durch ein Verringern des Massenträgheitsmoments (Annähern von Teilkörperschwerpunkten an die Drehachse) die Winkelgeschwindigkeit des Gesamtkörpers erhöht wird (und umgekehrt).

## Sportphysiologie und Sportmedizin

Alle entscheidenden Probleme der Trainingsgestaltung – bereits der trainingsmethodische Grundgedanke „Steuerung der Anpassung durch gezielte Belastung" – bauen auf **grundlegenden biologischen Erkenntnissen über den menschlichen Körper und seine Lebenserscheinungen auf.** Das Beherrschen der naturwissenschaftlich-biologischen Grundlagen ist Voraussetzung für Sportlehrer und Trainer, die trainingsspezifischen Mittel effektiv bestimmen und einsetzen zu können.
Auch das leichtathletische Training stützt sich auf naturwissenschaftliche, vor allem biologische und sportmedizinische Erkenntnisse, z. B. in den Fragen
- der Bestimmung des Einsatzes der *Trainingsmethoden und -übungen zur Entwicklung der konditionellen Fähigkeiten,*
- der Gestaltung der *technischen Ausbildung*

(motorisches Lernen) und der *koordinativen Befähigung*,
– der *Periodisierung und Zyklisierung* des Trainings (Entwicklung der sportlichen Form),
– der Vorbereitung der *Wettkampfleistung* (Erwärmung, Vorstartzustand),
– die Gestaltung von *Belastung und Erholung*,
– Förderung der *Wiederherstellungsprozesse* (z. B. Physiotherapie),
– der *Unfall- und Schadenverhütung* sowie
– der *Funktions- und Leistungsdiagnostik*.

**Allgemeine Theorie und Methodik
des Trainings**

Die Wissens- und Erkenntnisbestände der obengenannten Grund- und sportwissenschaftlichen Disziplinen sowie den Erkenntnis- und Erfahrungsschatz der verschiedenen Sportarten und Sportartengruppen integriert die Allgemeine Trainingslehre zu einer übergreifenden **Theorie des sportlichen Trainierens.**
Sie postuliert und definiert die Grundsätze und die Methodik des systematischen sportlichen Aufbaus und der zielorientierten pädagogischen Führung des Trainingsprozesses.
Damit ist sie die direkt übergeordnete Theorie. Sie orientiert die Gestaltung des leichtathletischen Trainingsprozesses maßgeblich, indem sie:
– *Ziel, Aufgaben und Merkmale* des sportlichen Trainings allgemein bestimmt;
– die *Leistungsstruktur* definiert;
– die Grundsätze bzw. *Prinzipien* des Trainings formuliert;
– die verallgemeinerten Methoden und Regeln der Ausbildung der *konditionellen Fähigkeiten* vorgibt;
– die Methodik der *technischen Ausbildung* über die Theorien der Bewegungslehre, der Bewegungskoordination und des motorischen Lernens begründet;
– die Grundfragen der *Struktur des Trainings* ableitet;
– die Methodik der *Planung und Steuerung* des Trainings bestimmt;
– die Prinzipien der *Wettkampfgestaltung* formuliert;
– in Verbindung mit Untersuchungen zur *Ontogenese* der sportlichen Leistungsfähigkeit die Grundfragen klärt, die Inhalt und Me-

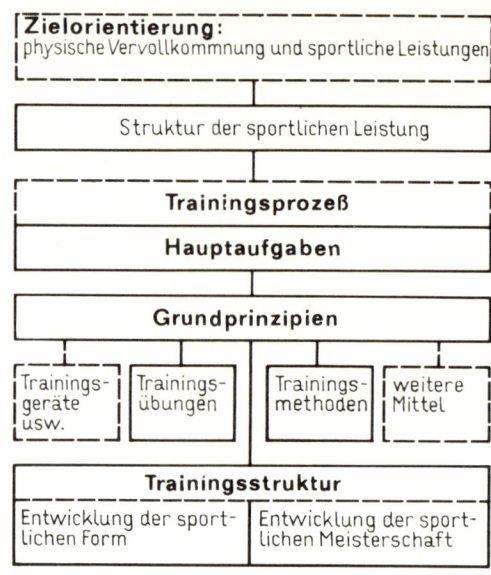

Abb. 5   Theorie und Methodik des Trainings

thodik der Eignung, Sichtung und Auswahl betreffen.
Daraus leitet sich entsprechend der Spezifik der leichtathletischen Disziplinen die **spezielle Theorie und Methodik des Trainings** in der Leichtathletik ab. Das wird in letzter Zeit außerdem unterstützt durch die entstehenden Theorien und Methodiken der Sportartengruppen Kraft/Schnellkraft sowie Ausdauer.
Unter lehrmethodischer Sicht beinhaltet die Theorie und Methodik des Trainings in der Leichtathletik verschiedene, relativ selbständige **Bestandteile**. (Abb. 5) Sie stehen jedoch in enger Wechselbeziehung und leiten sich in ihrer Detaillierung voneinander ab.

## 3.2.   Grundprinzipien des Trainings

Das sportliche Training ist ein komplexer pädagogischer Prozeß. In ihm müssen die Elemente und Faktoren, die in ihrer Gesamtheit die sportliche Leistung bedingen, systematisch entwickelt werden. Angelehnt an die Faktoren der Leistungsstruktur, ergeben sich als **Hauptaufgaben** dieses Prozesses:

- die konditionelle Vorbereitung,
- die koordinativ-technische Vorbereitung,
- die intellektuelle und taktische Vorbereitung,
- die psychisch-charakterliche Vorbereitung.

Diese Hauptaufgaben besitzen je nach der Spezifik der Leistungsstruktur in den einzelnen Disziplinen ein unterschiedliches Gewicht, erhalten in den einzelnen Trainingsetappen differenzierte Relationen zueinander, aber auch veränderte Inhalte.

Sie werden im Training zwar in der Regel akzentuiert, aber *immer komplex* gelöst. Das wird z. B. deutlich an der oft komplexen Wirksamkeit der Trainingsübungen auf die konditionelle und technische Entwicklung.

Die in den letzten Jahren zunehmende Hinwendung zu einem tätigkeitsorientierten Trainingskonzept, das auf handlungstheoretischen Überlegungen basiert, verdeutlicht dies auch. Es kann davon ausgegangen werden, daß eine Weiterentwicklung der Trainingstheorie vor allem von diesen Ansätzen getragen wird.

Wie jeder pädagogische Prozeß unterliegt auch der Trainingsprozeß bestimmten *Gesetzmäßigkeiten,* die als Prinzipien formuliert sind.

> Wissenschaftlich und durch Praxiserfahrungen begründete Prinzipien bedingen und bestimmen die Entwicklung der sportlichen Leistung. Sie spiegeln unterschiedliche Gesetzmäßigkeiten wider.

Trainingsprinzipien werden durch folgende **Merkmale** charakterisiert:

● Sie sind Grundsätze für die Trainingsgestaltung und besitzen eine hohe *Verbindlichkeit.*
● Sie bestimmen wichtige Aspekte, Aufgaben und Teilprozesse des Trainings, wobei einzelne Prinzipien stärker *gerichtet* sind – also vorrangig an bestimmten Stellen des Trainingsprozesses besonders wirksam und beachtet werden.

● Ihr Geltungsbereich erstreckt sich auf *alle Ausbildungsetappen.*

Es lassen sich für den Trainingsprozeß besonders **zwei Gruppen** herausarbeiten (Abb. 6):

1. Trainingsprinzipien, die betonter auf den mittel- und langfristigen Entwicklungsverlauf orientieren (z. B. Individualität, Spezialisierung, Systematik, Zyklizität, Belastungssteigerung, Wiederholbarkeit, Einheit von allgemeiner und spezieller Ausbildung);

2. Trainingsprinzipien, die betonter auf die kurzfristige Entwicklung und die Gestaltung der Trainingseinheit orientieren (z. B. Faßlichkeit, Bewußtheit/Aktivität, Anschaulichkeit, Ergebnissicherung).

Aus der spezifischen Sicht des Entwicklungsstandes des leichtathletischen Trainings werden nur die für das Training wichtigsten Prinzipien genannt. Das schließt nicht aus, daß weitere Prinzipien wirken und formuliert werden können.

Wir gehen in der Erläuterung nur auf Gesichtspunkte ein, die für die weiteren Abhandlungen wesentlich sind.

**Spezialisierung**

Das Prinzip fordert die allmähliche Ausrichtung des Gesamttrainings auf das Erreichen hoher Leistungen in *einer* leichtathletischen Wettkampfdisziplin.

● Es schließt die Vorbereitung auf die hohen Anforderungen für das Spezialtraining als notwendige Bedingung ein.

● Spezialisierung in einer leichtathletischen

Abb. 6   Grundprinzipien des Trainings

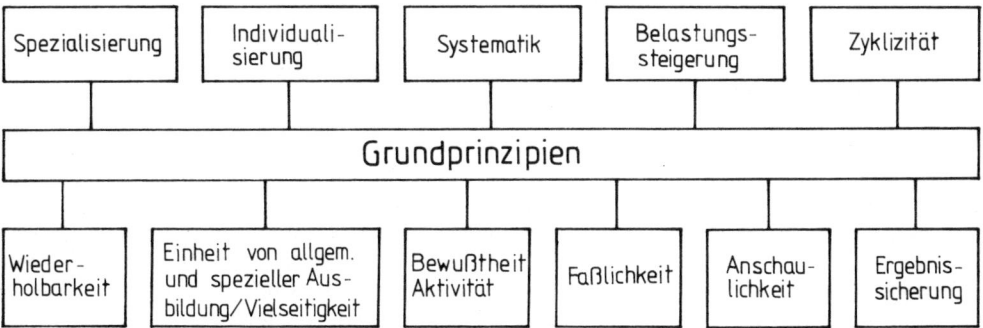

33

Disziplin schließt Training und Wettkampf in anderen leichtathletischen Disziplinen nicht aus. In einigen Wettkampfdisziplinen (z. B. Laufdisziplinen) ist dies bis in die Weltspitze möglich und erforderlich.

*Beachte:* Die Umsetzung des Prinzips im Verlaufe des Gesamttrainingsprozesses wird im Abschnitt 3.4. (Trainingsstruktur) verdeutlicht.

## Individualisierung

Das Prinzip fordert, mit der Entwicklung des speziellen Leistungsvermögens die individuellen Besonderheiten und Entwicklungssituationen bei Einhaltung der allgemeinen Grundgesetze zunehmend zu beachten.
● Es gewinnt im Verlaufe der Leistungsentwicklung immer mehr an Bedeutung und führt vom Gruppen- zum Einzeltraining.
● Es verlangt das Erkennen und genaue Bestimmen der individuellen Besonderheiten der Entwicklungssituation.
● Es wird in allen Trainingsetappen realisiert, zeigt jedoch dabei einen unterschiedlichen Charakter. Während im Anfängertraining vorrangig Einzelerscheinungen (individuelles Eingehen des Pädagogen) beachtet werden, erfolgt im Hochleistungstraining seine Umsetzung, indem alle Maßnahmen individuell ausgerichtet werden.
● Während es in den ersten Trainingsjahren besonders die Beseitigung von individuellen Schwächen zum Gegenstand des Trainings erhebt, nimmt mit der Entwicklung immer mehr die Beachtung der individuellen Stärken die zentrale Stellung ein.

## Systematik

Das Prinzip geht davon aus, daß die Entwicklung der einzelnen Leistungsfaktoren in sich und in ihrer Gesamtheit an eine relativ stabile Ordnung gebunden ist. Diese Ordnung bezieht sich besonders auf die Folgerichtigkeit der Trainingsmaßnahmen.
● Es ist zu betonen, daß dieses Prinzip – und die sich damit verbindende Folgerichtigkeit – volle Gültigkeit für die Entwicklung aller personellen Leistungsfaktoren besitzt. Zur Zeit findet es jedoch nur vorrangig Beachtung bei der Entwicklung der konditionellen und koordinativ-technischen Fähigkeiten und Fertigkeiten.
● Systematik bedeutet, daß die Entwicklung der sportlichen Leistung insgesamt Gesetzes-

charakter trägt. Der zu gehende Weg kann nicht willkürlich gestaltet werden.
● Der Trainer kann die geforderte Folgerichtigkeit beachten und bewußt nutzen. Dies führt zu einer gezielten und sicheren Entwicklung. Wenn er sie mißachtet und gegen sie verstößt, führt dies zu einem falschen Entwicklungsverlauf und in der Mehrzahl der Fälle zu einer Fehlentwicklung, die sich im frühzeitigen Erreichen der Leistungsgrenzen des Sportlers zeigt.
● Diese objektiv bedingte Folgerichtigkeit ist zwar noch nicht in allen Fällen wissenschaftlich bestimmt, sie spiegelt sich jedoch in allen Ebenen des Trainings wider, so z. B.
– in der Übungsauswahl;
– in der Reihenfolge der Trainingsschwerpunkte;
– in der Belastungsgestaltung;
– in dem Wandel der Relationen der Belastungsfaktoren (z. B. Umfang-Intensitäts-Verhältnis; Relationen der einzelnen Intensitätsbereiche; Verhältnis von allgemeiner und spezieller Belastung u. ä.).
● Ihre genauere Bestimmung hat wesentliche Bedeutung für die Ableitung der Anforderungsprofile in unterschiedlichen Entwicklungsabschnitten.

Beispiel: (Zur Systematik der Übungsfolge)
Jede Trainingsübung besitzt einen bestimmten Wirkungsverlauf.
– Ihr Einfluß auf die Entwicklung ist am Beginn des Einsatzes am größten.
– Mit der Dauer des Einsatzes und der Entwicklung der Leistungsfähigkeit kommt es zu einer Abflachung der Wirkung.
– Setzt man hoch wirkende (also vorrangig spezielle) Übungen an Anfang ein, so erhält man zwar am Beginn eine schnelle Entwicklung, jedoch hört die Wirkung frühzeitig auf.
– Wenn die Übungen in einer bestimmten Reihenfolge (Folgerichtigkeit) eingesetzt werden, vergrößert sich der mögliche Entwicklungseinfluß in der Gesamtheit.
Diese Erkenntnis verdeutlicht die schematische Darstellung der Einsatzfolge wesentlicher Trainingsübungen zur Entwicklung der Sprungkraft. (Abb. 7)
Das Prinzip des zickzackförmigen Vorgehens gilt auch für andere Trainingsfragen. Das Darstellungsschema lenkt immer die Aufmerksamkeit auf die Systematik.

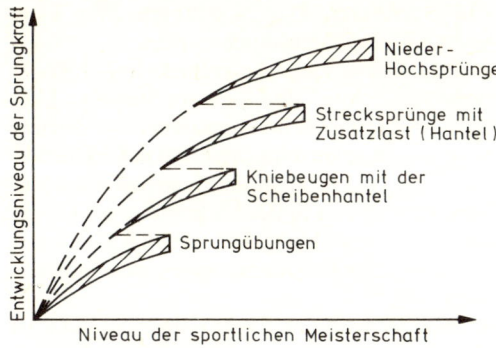

Abb. 7 Einsatzfolge der Trainingsübungen zur Sprungkraftentwicklung

## Belastungssteigerung

Das Prinzip fordert, die ständige Erhöhung der Trainingsbelastung zu sichern, da jeder Leistungsanstieg mit neuen, höheren und gezielteren Belastungsanforderungen verbunden ist.

Die Trainingsbelastung löst den Prozeß der Auseinandersetzung des Sportlers mit den an ihn durch das Training gestellten physischen, psychischen und intellektuellen Anforderungen aus. Der Sportler ist in diesem Prozeß bewußt handelndes Subjekt, von dessen Verhalten und aktuellem Vermögen in bedeutendem Maße die Wirkung jeder Trainingsmaßnahme abhängt.

Die Trainingsbelastung ist Mittel zum Zweck. Deshalb rückt nicht die Belastung an sich, sondern ihre Wirkung in den Mittelpunkt aller Betrachtungen. Diese wird durch den Grad, die Dauer und den Charakter der Veränderungen im Zustand und der Funktion der verschiedenen Organe und Systeme bestimmt.

Hervorgehoben werden muß, daß nicht eine allgemeine Belastungssteigerung die vorrangige Zielgröße ist, sondern immer nur die Wirkung von Belastungssteigerung auf konkrete, gewollte Entwicklung.

● Als Trainingsbelastung wird die Summe der Einwirkungen des Trainings auf den Organismus des Sportlers verstanden. Als Belastungsfaktoren gelten
– Trainingszeit (-dauer),
– Belastungsumfang,
– Belastungsintensität (-stärke und -dichte),
– Güte der Übungsausführung,
– Spezifik der Trainingsübungen.

● Das gewaltige Anwachsen der sportlichen Leistungen in den leichtathletischen Disziplinen wird in erster Linie durch neue, höhere und gezieltere Belastungsanforderungen erklärt.

● Das systematische Anheben der Trainingsbelastung ist nicht an ein stufenweises Vorgehen mit gleichen Zuwachsgrößen gebunden. Es fordert in bestimmten Trainingsabschnitten auch die sprunghafte, akzentuierte Anhebung.

● Das Suchen nach neuen Belastungsmethoden, insbesondere zur Erhöhung der Belastungswirkung, und die Erhöhung der Trainingsbelastung sind charakteristische Tendenzen im leichtathletischen Training.

● Das Verhältnis und die Wertigkeit der einzelnen Belastungsfaktoren innerhalb der einzelnen Entwicklungsetappen ist nicht konstant.

Am Beginn der sportlichen Entwicklung ist ein enger Zusammenhang zwischen Trainingsumfang und Leistungsentwicklung nachweisbar. In den folgenden Ausbildungsetappen erfolgt die Belastungssteigerung nicht mehr vorrangig über den Trainingsumfang, sondern über die Zunahme der Intensität und der Spezifik.

● Jede Steigerung der Trainingsbelastung setzt eine für sie notwendige Arbeitsfähigkeit des Organismus voraus. Die Entwicklung dieser Arbeitsfähigkeit ist vor allem Gegenstand des Trainings vor dem Einsatz neuer Belastungsforderungen.

## Zyklizität

Das Prinzip fordert, die sportliche Leistung und die dazu notwendige Trainingsbelastung zyklisch zu gestalten.

● Durch die Trainingsbelastung kommt es zu Schwankungen in der Leistungsfähigkeit, die durch die biologischen Anpassungen bedingt sind. Die innerhalb einer Woche wechselnde Leistungsfähigkeit und der sich zyklisch entwickelnde Trainingszustand sind ein Ausdruck dafür.

● Für die Sicherung der Entwicklung ist nicht nur Belastung, sondern auch Erholung erforderlich. Die Erholung ist eine Bedingung für die Wiederherstellung der Arbeitsfähigkeit des Organismus und gleichzeitig auch für die Entwicklung.

● Die Entwicklung des Sportlers, seiner Organe und ihrer Funktionen hört früher oder später auf, wenn die Trainingsanforderungen über längere Zeit unverändert bleiben.

● Obwohl das systematische Anheben der Trainingsbelastung zu sichern ist, sind in jeder Trainingsetappe niedrige, hohe, Höchst- und Grenzbelastungen zu sichern.

● Die zyklische Belastungsgestaltung betrifft die Gestaltung der Trainingseinheiten, den Mikro-, Meso- und Makrozyklus und den Gesamtverlauf der Entwicklung der sportlichen Meisterschaft.

● Bei der gewählten Länge der zyklischen Schwingungen ist zu beachten:

– Das Entwickeln der für eine niedrige sportliche Leistung notwendigen Voraussetzungen fordert geringere physische Belastungen. Dies bedingt, daß der Schwingungsausschlag gering, die Schwingungslänge ausgeprägter sein kann.

– Das Entwickeln der für eine hohe sportliche Leistung notwendigen Voraussetzungen fordert hohe bis höchste physische Belastungen. Dies bedeutet, daß der Schwingungsausschlag groß, die Schwingungslänge folglich kürzer wird. (Abb. 8)

● Mögliche Varianten der Zyklizität im Jahresverlauf in der Leichtathletik zeigt Abbildung 9.

### Wiederholbarkeit

Das Prinzip fordert, bei der Trainingsgestaltung die Wiederholung als entwicklungsbestimmende Bedingung zu beachten.

● Dem Prinzip liegt als physiologischer Leitsatz zugrunde, daß für die Bildung bedingt-reflektorischer Verbindungen wiederholte Einwirkungen notwendig sind.

● Es geht davon aus, daß nur über die Wiederholung eine relative Stabilität der Entwicklung gesichert werden kann.

● Im Training heißt das, daß für das Erreichen entsprechender Veränderungen (mit dem Ziel der Entwicklung und Vervollkommnung) die Wiederholung einzelner Übungen, Trainingseinheiten, Trainingskomplexe u. ä. als Bedingung zu betrachten ist.

● Es besagt jedoch auch, daß die Pausen zwischen den einzelnen Einwirkungen in einer Trainingseinheit und zwischen einzelnen Trainingseinheiten nicht zu groß sein dürfen, da sonst die positive notwendige Gesamtwirkung abgeschwächt wird bzw. verlorengeht.

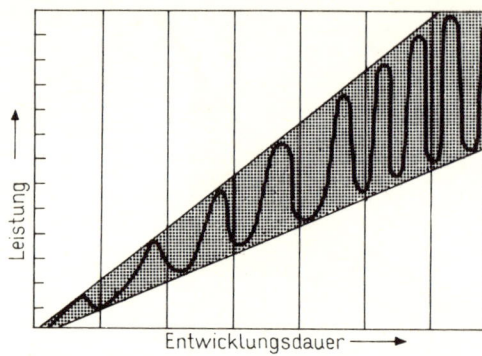

Abb. 8  Veränderung der Zyklizität im Leistungsaufbau

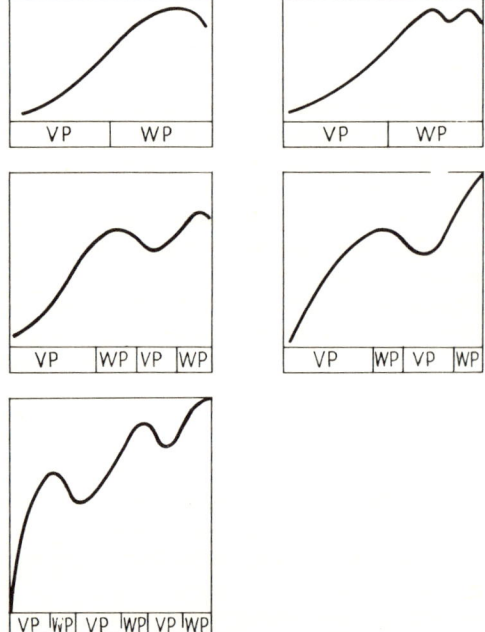

Abb. 9  Varianten der Zyklizität im Jahresverlauf

### Vielseitigkeit bzw. Einheit von allgemeiner und spezieller Vervollkommnung

Das Prinzip fordert, in allen Entwicklungsetappen dem Ziel entsprechend ein abgestimmtes Verhältnis von Mitteln (Übungen und Methoden) zur allgemeinen und zur speziellen Vervollkommnung zu sichern.

● Es geht davon aus, daß die Spezialisierung nur in ihrem Ziel einseitig ist, der Weg jedoch

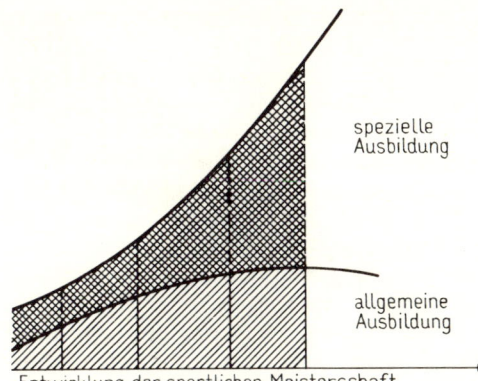

spezielle
Ausbildung

allgemeine
Ausbildung

Entwicklung der sportlichen Meisterschaft

Abb. 10 Veränderung des Anteils von allgemeiner und spezieller Ausbildung

durch Vielseitigkeit, durch die ständige Einheit von allgemeinen und speziellen Mitteln gekennzeichnet ist.
● Die sich im Hochleistungsbereich ergebende und notwendige hohe Spezifik fordert eine hohe Arbeitsfähigkeit. Deshalb ist der Einsatz von allgemeinen und speziellen Mitteln – jedoch in abgestimmten Relationen – in allen Trainingsetappen erforderlich. (Abb. 10)
● Das Verhältnis der beiden Komplexe in den Etappen ergibt sich aus dem **Übertragungsfaktor.** Mit den steigenden funktionellen Möglichkeiten nimmt die Übertragbarkeit der beim Training der einen Übungsform erworbenen Leistungsfähigkeit auf eine andere ab. Das bedeutet:
– Die Übertragbarkeit ist im unteren Bereich am größten, es kommen folglich hier die größte Anzahl von Übungen überhaupt und auch noch viele allgemeine Mittel zum Einsatz.
– Bedingt durch die geringe spezifische Leistungsfähigkeit am Beginn wirken auch die allgemeinen Mittel noch stark auf die spezielle Entwicklung.
– Im Verlaufe der Entwicklung ist in allen Trainingsbereichen eine Einengung im Sinne der spezialisierten Einwirkungen vorzunehmen.
● Die beiden Mittelkomplexe können sowohl zur Entwicklung als auch zum Ausgleich/Kompensation eingesetzt werden.
Beim Einsatz zur *Entwicklung* erfolgen hohe Belastungen. Der Anteil der speziellen Mittel nimmt mit der Leistungsentwicklung zu.
Besteht das Ziel in *Ausgleich/Kompensation,*

wird mit mittleren und niedrigen Belastungen trainiert und durch eine gezielte Übungsauswahl der negative Einfluß bestimmter entwickelnder Belastungen kompensiert bzw. die aktive beschleunigte Wiederherstellung unterstützt.

### Bewußtheit/Aktivität
Das Prinzip fordert, den Sportler zu einem bewußten Verhalten zu allen zu lösenden Aufgaben des Trainingsprozesses zu führen.
● Die bewußte Durchführung einer Tätigkeit führt zu einer höheren Qualität dieser Tätigkeit und damit zu höheren Ergebnissen.
● Die Bewußtheit spiegelt sich besonders in zielstrebigem, schöpferischem, konsequentem, aktivem Verhalten wider.
● Bewußtheit ist ohne Aktivität des Trainierenden, ohne selbständiges Handeln nicht denkbar.
● Sie fordert richtige Einstellungen, ein richtiges Verhalten zu Erfolg und Mißerfolg.
● Sie bedingt Kenntnisse über den Trainingsprozeß, Prinzipien und Regeln, Technik u. a.

### Faßlichkeit
Das Prinzip fordert, solche Anforderungen an den Sportler zu stellen, die mit einer gewissen Anstrengung erfüllt werden können.
● Es fordert, den ständigen Widerspruch zwischen den Anforderungen des Trainers und dem Können des Sportlers zu beachten.
● Der Widerspruch zwischen Anforderung und Können sollte weder in der einzelnen Trainingseinheit noch über mehrere Trainingseinheiten hinweg eine konstante Größe aufweisen. Der ständige Wechsel zwischen hohen, höchsten, niedrigen und mittelschweren Forderungen ist eine Bedingung.
● Faßlichkeit bedingt zwar das Beachten solcher pädagogischer Regeln wie
– vom Einfachen zum Schweren,
– vom Leichten zum Schwierigen,
– vom Einfachen zum Komplizierten,
– vom Bekannten zum Unbekannten,
sollte jedoch im Leistungssport nicht als Allmählichkeit im Sinne des stufenweisen Vorgehens verstanden werden.

### Anschaulichkeit
Das Prinzip fordert, den Erkenntnisprozeß des Sportlers durch den Einsatz geeigneter Mittel zu beschleunigen und zu einem hohen Grad der Richtigkeit zu führen.

● Es führt zur Bildung klarer, abgegrenzter und vollständiger Vorstellungen, die die Aneignung von Kenntnissen und Fertigkeiten fördern und das Interesse an neuen Kenntnissen erhöhen.

● Es ist deshalb nicht nur an die optische Wahrnehmung gebunden, sondern schließt auch die akustische, taktile und kinästhetische Wahrnehmung mit ein.

● Es ist in allen Ausbildungsetappen von Bedeutung, wobei jedoch mit dem Anwachsen der sportlichen Meisterschaft der Inhalt und die Kompliziertheit anwachsen.

**Ergebnissicherung**

Das Prinzip fordert, zu jeder Zeit einen möglichst konkreten Einblick in die Ergebnisse des Trainings (momentanes Belastungsergebnis und momentanes Entwicklungsergebnis) zu besitzen.

● Es fordert den möglichst konkreten und aktuellen Vergleich zwischen dem erwarteten und dem erreichten Ergebnis.

● Die Entwicklung ist, auf den Trainingsplan orientiert, zu kontrollieren und zu werten.

▶ Aufgabe:

Vergleichen Sie die spezifischen Formulierungen der Aufgaben des Trainings im Kapitel 4 sowie in den Abschnitten 5.4., 6.4., 7.4., 8.4., 9.4. (Training in den Disziplingruppen)!

## 3.3. Trainingsübungen und -methoden

Als **Mittel des Trainings** bezeichnen wir alle direkt oder indirekt zur Entwicklung, Erhaltung, Stimulierung und Wiederherstellung der Leistungsfähigkeit und -bereitschaft eingesetzten pädagogisch-physiologischen, (im engeren Sinne) trainingsmethodischen, physiologisch-medizinischen und materiell-technischen *Elemente, Maßnahmen und Verfahren.*

Unter ihnen nehmen die *Trainingsübungen und -methoden* die dominierende Stellung ein, andere Mittel (z. B. erzieherische, ideometrische, autogene, elektrostimulierende, physiotherapeutische) kommen meist nur über sie oder mit ihnen gemeinsam zur (unterstützenden) Wirkung.

In der Folge konzentrieren wir uns auf die für das leichtathletische Training wichtigsten Trainingsübungen und -methoden.

### 3.3.1. Trainingsübungen

Für die körperlich-sportliche Vervollkommnung wertvolle Bewegungen werden allgemein als *Körperübungen* bezeichnet. Sie können sowohl dem *Nachweis* der sportlichen Leistungsfähigkeit als auch der *Entwicklung* und *Vervollkommnung* dienen. Entsprechend dieser vorwiegenden Verwendungen werden Körperübungen unterschieden in Wettkampfübungen und Trainingsübungen.

Leichtathletische **Wettkampfübungen** sind solche (meist exakt definierten) sportlichen Bewegungen, die im Wettkampf entsprechend den geltenden Bestimmungen, Regeln und Normen mit der Absicht des Leistungsnachweises ausgeübt werden. Sie sind demnach weniger Mittel als vielmehr *Gegenstand* und *Ziel* des Trainings, können jedoch auch im Training wie Trainingsübungen eingesetzt werden.

**Trainingsübungen** sind solche sportlichen Bewegungen, die mit der Absicht der sportlichen Leistungsentwicklung *bewußt, zweckgerichtet* und *wiederholt* im Training eingesetzt werden. Dazu müssen sie in der *Bewegungsstruktur und im Belastungsmaß* weitgehend exakt *definiert* sein.

In sportlichen Bewegungen äußert sich das zielgerichtete und geordnete Zusammenwirken „der Gesamtheit der Bewegungsphasen, Teilbewegungen, Kraftimpulse, Muskelkontraktionen und der ganzen Mannigfaltigkeit physiologischer Teilprozesse". Sie existieren nur als Einheit von struktureller Bewegungsform (Grundstruktur) einerseits und spezifischen neuromuskulären und physiologischen und psychischen Belastungsanforderungen andererseits, die bei der Ausführung der Übung an den Organismus gestellt werden.

Die Kennzeichnung einer Trainingsübung sollte deshalb immer als Festlegung des *Bewegungsablaufes* und wichtiger *Belastungskomponenten* erfolgen, und zwar so detailliert, daß die Realisierung und Wiederholbarkeit (auch durch andere Personen) in annähernd gleicher Form möglich und eine im wesentlichen gleiche Wirkung auf den Organismus gesichert ist (vgl. Tab. 7).

**Dabei muß die jeweilige Trainingsübung unter beiden Aspekten mit der Wettkampfübung, die als Zielorientierung dient, verglichen und danach entsprechend eingeordnet werden.**

Das *System der Übungen* in den leichtathletischen Disziplinen baut auf dem Vergleich der Übereinstimmung von Trainings- und Wettkampfübung in den Aspekten
– Bewegungsstruktur und
– Belastungscharakter
auf.

Dabei wird der *Grad der Übereinstimmung* gestuft (bei fließenden Übergängen) nach
– in Hauptmerkmalen *unterschiedlich*
– in Hauptmerkmalen *ähnlich*
– in Hauptmerkmalen *gleich*
– in der Spezifik der Merkmale *differenzierter* bzw. *höher*
(vgl. detaillierte Kennzeichnung in Tab. 8).

*Tabelle 7: Möglichkeiten der Belastungsangaben und der strukturellen Präzisierung in der Trainingsübung*

| | Präzisierungsmöglichkeit |
|---|---|
| Belastungs-stärke | – Geschwindigkeit (m/s, km/h)<br>– Normzeit (in . . . s)<br>– Größe der Widerstände (kp, nkp, mkp/s)<br>– Bewegungsfrequenz<br>– Weite oder Höhe der Bewegung<br>– Ausführung unter erleichterten oder erschwerten Bedingungen, (z. B. im Turnen wie Hilfeleistung, erleichternde oder erschwerende Gerätebedingungen, Einsatz in Bewegungskombinationen)<br>– Wettkampfcharakter- oder wettkampfnaher Charakter<br>(Belastungsangaben können auch versteckt vorliegen, z. B. in Formulierungen wie Wettkampfgerät, Wettkampf, auf Zeit, aus 7 Schritten Anlauf u. a.) |
| Belastungs-umfang | – Belastungsdauer (s, min)<br>– Streckenlänge (m, km)<br>– Anzahl der Wiederholungen innerhalb der Reizserie |
| Struktur | – Bestimmung einer genaueren Ausführungsweise, z. G. durch Angaben zu einem bestimmten räumlichen Bewegungsverlauf, zur Ausgangsstellung, zum Verhältnis von Körperteilen zueinander, durch die Bestimmung des Übungsgerätes, durch den Ein- oder Ausschluß von Körperteilen<br>– Kopplung mit wenigen anderen Körperübungen<br>– Begrenzung auf Teilbewegungen |

Werden die Aspekte Bewegungsstruktur und Belastungscharakter in einem Diagramm (Abb. 11) in Beziehung gebracht – indem man das Lot auf bzw. zueinander fällt –, lassen sich einige Übungsgruppen bestimmen, die sich durch typische *Anforderungen an Struktur und Belastungscharakter im Vergleich zur Wettkampfübung auszeichnen* (Tab. 9).

**Beispiel aus dem Speerwurf:**
● Speerwurf aus der Wurfauslage
– gleicht der Bewegungsstruktur der Wettkampfübung in der Abwurfphase
– ähnelt bzw. gleicht dem Belastungscharakter
= Grundübung
● Serienwürfe aus der Schrittstellung mit einer 2-kg-Kugel
– gleichen bzw. ähneln der Bewegungsstruktur (in der Abwurfphase)
– höherer Belastungscharakter als die Wettkampfübung
= spezielle Konditionsübung
● Abwurfimitation mit Partnerhilfe
– Bewegungsstruktur im Detail (differenziert)
– nur ähnlich im Belastungscharakter
= spezielle Technikübung.

Vorrangiger Zweck des Übungssystems ist nicht die Klassifikation der Übungen. Es läßt vielmehr zu, *die Auswahl und Bestimmung des Übungsgutes entsprechend der spezifischen Trainingsabsicht exakter vornehmen zu können.*

Wie jedes Schema (Modell) kann es nur verallgemeinerte, grobe Bezüge herausstellen. Es ist deshalb *nicht starr zu handhaben*, sondern verlangt immer eine entsprechende *Modifizierung*. Bei der Bestimmung bzw. Auswahl der Trainingsübungen anhand des Systems der Übungen ist deshalb zu *beachten*:

● Das System ist auf alle leichtathletischen Disziplinen (im Prinzip auch auf andere Sportarten) anwendbar, muß aber immer auf *eine konkrete Wettkampfübung* bezogen werden (z. B. 800-m-Lauf, Flopsprung, Diskuswurf).

● Die Trainingsübung ist immer in Bewegungs- und Belastungsstruktur mit der Wettkampfübung zu vergleichen.

So gehören Trainingsübungen mit gleicher Bewegungsstruktur, aber unterschiedlichen Belastungsakzenten unterschiedlichen Übungsgruppen an, z. B.
– Stoß aus der Stoßauslage (= Grundübung);
– desgleichen in Serien, mit schwerem Gerät (= spezielle Konditionsübung).

● Es ist die Spezifik der *Ausbildungsabsichten*

*Tabelle 8: Kennzeichnung des Grades der Übereinstimmung von Trainings- und Wettkampfübungen (mit 4 willkürlichen Stufen)*

| | Bewegungsstruktur | Belastungsstruktur(-charakter) |
|---|---|---|
| In Hauptmerkmalen *unterschiedlich* | keine Übereinstimmung in Grundstruktur sowie anderen strukturellen Merkmalen; andere Koordinationsmuster | kein Einfluß auf spezielle Leistungsentwicklung; Beanspruchung solcher Organsysteme und Fähigkeitskomplexe, die die (allseitige) sportliche Vorbereitung sichern |
| In Hauptmerkmalen *ähnlich* | Ähnlichkeit des Koordinationsmusters wesentlicher Teilphasen, vor allem der Hauptphase | Einfluß auf solche fähigkeitsspezifische und lokale physiologische Voraussetzungen, die Grundlage der speziellen Leistung sind; bedeutsam für Grundlagenausprägung der dominierenden Fähigkeit sowie beeinflussender (ergänzender) Fähigkeiten |
| In Hauptmerkmalen *gleich* | hohe Übereinstimmung; Gleichheit der Grundstruktur und struktureller (kinematische, dynamische) Merkmale der Gesamtbewegung | im wesentlichen wetkampftypische Belastung; Entwicklung der speziellen Fähigkeiten und direkt an der Leistung beeiligten Organsysteme |
| In Spezifik der Merkmale *differenzierter bzw. höher* | in Teilphasen höher differenzierte Merkmale; isolierte Teilbewegungen | gezielte, höhere Anforderungen (als im Wettkampf) an die komplexe Leistungsfähigkeit oder entscheidende Fähigkeiten bzw. Organsysteme |

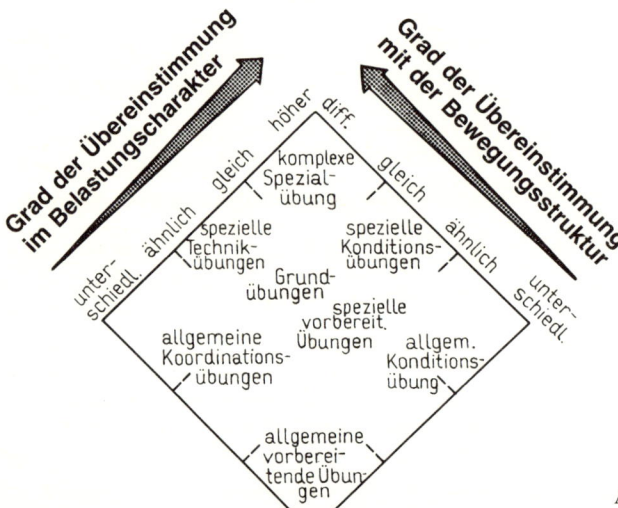

Abb. 11  Schematische Darstellung des Systems der Übungen

in den verschiedenen Trainingsetappen zu berücksichtigen. So können Übungen, die im Aufbautraining speziellen Charakter tragen, in höheren Etappen aufgrund des erhöhten Trainingszustandes reizunspezifischer und damit zu allgemeinen Übungen werden.

● Die Übergänge zwischen den Übungsgruppen sind deshalb fließend und nicht exakt abgrenzbar. Das betrifft vorrangig allgemein und speziell entwickelnde, aber auch koordinativ-technische und konditionell orientierte Übungen.

Das System der Übungen gestattet dem Trainer

– die Systematisierung und Bestimmung der Trainingsübungen;
– die gezielte Auswahl und den zweckgerichteten Einsatz der Übungen entsprechend der vorrangigen Trainingsabsicht;
– die Nutzung der breiten Palette des Übungsgutes;
– Suche nach neuen, effektiven Übungen.

| | |
|---|---|
| Allgemeine vorbereitende Übungen AVÜ | – Stimmen weder in bewegungsstrukturellen Merkmalen noch in der spezifischen Arbeit und Beanspruchung des Organismus mit der WKÜ überein;<br>– nehmen keinen unmittelbaren Einfluß auf die spezielle Leistungsentwicklung, dienen aber der zumeist komplexen Herausbildung elementarer konditioneller und koordinativer Fähigkeiten, indem die Aneignung ihrer meist einfachen, aber vielfältigen Strukturen wichtige Lern- und Anpassungsfunktionen in den Grundzügen ausprägt. |
| Allgemeine Koordinationsübungen AKÜ | – Haben mit der WKÜ kaum äußerliche strukturelle Merkmale, aber ähnliche sensomotorische Koordinationsmuster (vor allem für die WKÜ wichtige koordinative Zusammenhänge) gemeinsam;<br>– in der Belastungstypik von der WKÜ relativ unabhängig, zielen nicht direkt auf die Schulung bewegungstechnischer Elemente, sondern auf die Einflußnahme auf psychophysische Funktionen und das Sinnesorgan-Nerv-Muskel-Zusammenspiel;<br>– unterstützen effektive Lernprozesse und die Ausprägung stabiler koordinativer Merkmale der WKÜ. |
| Allgemeine Konditionsübungen AKÜ | – Stimmen mit der raum-zeitlichen (kinematischen) und zumeist auch kraft-zeitlichen (dynamischen) Struktur der WKÜ nicht überein, haben nur mittelbaren Einfluß auf die Leitungsentwicklung, indem sie in relativ allgemeiner und oft komplexer Wirkung die konditionellen Grundfähigkeiten vervollkommnen;<br>– besitzen bei relativ geringer Belastungsspezifik einen mittleren bis hohen Belastungsgrad. |
| Spezielle vorbereitende Übungen SVÜ | – In der Bewegungsstruktur einzlnen Phasen (meist Hauptphase) der WKÜ ähnlich; belastungstypisch durch gleiche Beanspruchung in Grundfähigkeiten und Organsystemen;<br>– belastungsorientiert eingesetzt, schaffen konditionelle und koordinative Voraussetzungen für die WKÜ, unterstützen die Herausbildung der elementaren Bewegungsgrundform. |
| Grundübungen GÜ | – Stimmen mit Grundstruktur bzw. Teilen der WKÜ kinematisch überein; in höheren Stufen bereits belastungstypisch;<br>– bilden eine kurze aufeinander aufbauende, meist zusammenfügende Übungsreihe, deren letzte Stufe die Grobausprägung der WKÜ ist;<br>– zielen direkt auf die Erarbeitung des Bewegungsablaufs, in entsprechender Reizdosierung zur Entwicklung disziplinspezifischer Voraussetzungen geeignet. |
| Spezielle Technik-Übungen STÜ | – Gesamtbewegung oder isolierte Teile unter akzentuierter bzw. erschwerten koordinativ-technischen Anforderungen;<br>– Ähnlichkeiten, aber teilweise (bei Einzelphasen) auch Abweichungen von der Belastungsspezifik der WKÜ;<br>– zielen auf die kinematische Vervollkommnung und die Stabilisierung der variablen Verfügbarkeit. |
| Spezielle Konditions-Übungen SKÜ | – Entsprechen zumeist in Teilen der Grundstruktur der WKÜ (dominierende Phasen), kinematische und dynamische Übereinstimmungen werden angestrebt, können aber auch fehlen;<br>– dienen vorrangig der Entwicklung der dominierenden, speziellen konditionellen Fähigkeiten (und deren spezifischen Erscheinungsformen), aber auch der Ausprägung begrenzender Fähigkeiten;<br>– wirken mit höchsten psychophysischen Anforderungen (oft) isoliert fähigkeitsspezifisch und regional bis lokal auf die Organsysteme. |
| Komplexe Spezialübungen KSÜ | – Gleichen der WKÜ in Struktur und Belastungswirkung bzw. stellen an eine der beiden Seiten höhere oder differenzierte Anforderungen;<br>– beabsichtigen die komplexe Entwicklung von speziellen Fähigkeiten und Technik, vervollkommnen besonders die kinematische und dynamische Struktur der Bewegung;<br>– typische Übungen sind die unter Trainingsabsicht eingesetzten WKÜ sowie deren erschwerte Varianten. |

## 3.3.2. Trainingsmethoden

**Methoden** legen die prinzipielle Art und Weise des Vorgehens, den Weg fest, mit dem ein bestimmtes Ziel erreicht werden soll.
Sie sind jedoch nur *allgemeine gedankliche Muster* für Handhabungen, Handlungsfolgen und Verhaltensweisen, also für ganze Klassen von Handlungen gültig und von Fall zu Fall übertragbar. Speziellere Muster bezeichnet man dagegen als **Verfahren und Varianten.**
*Trainingsmethoden* dienen dazu, den Prozeß der Entwicklung der Leistungsfähigkeit des Sportlers zielgerichtet, planmäßig und effektiv zu führen. Sie sind *allgemeine* Verfahrensanweisungen und müssen vom Trainer/Übungsleiter immer auf die konkrete Situation (Orga-

*Tabelle 10:    Charakteristik der Belastungsmethoden (nach Scholich)*

| Belastungsfaktoren | | Methode<br>Dauerleistungsmethode |
|---|---|---|
| Belastungsstärke<br>(Grad der Anstrengung, Höhe des Krafteinsatzes, in der Zeiteinheit geleistete Arbeit) | *Lauf*<br><br>*Kraftübungen* | 40–60 %<br>(70–95 % der Bestleistung über 3–50 km)<br>25–75 %<br>des maximalen Leistungsvermögens |
| Belastungsdichte<br>(zeitliches Verhältnis von Belastungs-<br>und Erholungsphase) | *Lauf*<br>*Kraftübungen* | ein ununterbrochener Reiz oder viele<br>Reize ohne Pause |
| Belastungsdauer<br>(Einwirkungsdauer der Belastungsphase<br>bei zyklischen Übungen bzw. des Einzel-<br>reizes oder der Reizserie) | *Lauf*<br>(in Abhängigkeit zur Strecke)<br>*Kraftübungen* | sehr lang<br>(langdauernde Übung oder sehr viele<br>kurzdauernde Übungen) |
| Belastungsumfang<br>(Gesamtsumme der Dauer bzw. Wiederho-<br>lungen der Einzelreize in der Belastungs-<br>phase) | *Lauf*<br>*Kraftübungen* | sehr groß |
| **Physiologische Wirkung** | | – Ökonomisierung des Stoffwechsels<br>– Herz-Kreislauf-Atmungs-System<br>– verbesserte Gefäßversorgung<br>– Kapillarisierung<br>– Sauerstoffaufnahmevermögen<br><br>aerob |
| **Trainingseffekt** | | – Grundlagenausdauer<br>– Allgemeine Ausdauer<br>– Kraftausdauer |
| **Päd.-psych. Wirkung und erzieherische<br>Potenzen** | | – Durchhaltevermögen<br>– Ausdauerkonsequenz<br>– Härte gegen sich selbst<br>– Willensspannkraft |

| tensive Intervallmethode | Intensive Intervallmethode | Wiederholungsmethode |
|---|---|---|
| −80 % | 80−90 % | 90−100 % |
| −60 % | etwa 75 % | 80−100 % |
| s maximalen Leistungsvermögens | | |
| rze lohnende Pause | längere lohnende Pause | echte Erholungspause |
| ttel | mittel−kurz | kurz |
| ch | mittel | gering, 1−6 Läufe |
| )−30mal) | 8−12 Wdh./Serie | 3−6 Wdh./Serie oder 20−30 Einzelwdh. |
| Ökonomisierung und Regulation des Herz-Kreislauf-Atmungs-Systems Ökonomisierung der Stoffwechsel-prozesse | − Herz-Kreislauf-Regulation<br>− Ökonomisierung der Stoffwechsel-prozesse<br>− Auslastung und Vergrößerung der Energiereserven<br>− Muskelquerschnittsvergößerung<br><br>aerob | − Muskelwachstum (Querschnitt)<br>− Ökonomisierung der Stoffwechsel prozesse in der Zelle<br>− Vergrößerung der Energiereserven<br>− sensomotorische Koordination |
| Grundlagenausdauer Allgemeine Ausdauer Kraftausdauer Kraft | − Schnelligkeitsausdauer<br>− Kraftausdauer<br>− Schnellkraft<br>− Schnelligkeit | − Maximalkraft<br>− Schnellkraft<br>− maximale Schnelligkeit<br>− Beschleunigungsvermögen<br>− Schnelligkeitsausdauer<br>− wettkampfspezifische Ausdauer (KZA, MZA, LZA) |
| Willensspannkraft Willensstoßkraft psychophys. Mobilisation Steigerungsfähigkeit Umschaltvermögen | − Willensstoßkraft<br>− psychophys. Mobilisation<br>− Steigerungsfähigkeit<br>− Umschaltvermögen | − Willensstoßkraft<br>− Steigerungsfähigkeit zu ind. höchster Leistungsfähigkeit<br>− wettkampfspezifische psychophysische Belastungsverträglichkeit |

nisation, Belastungsumfang, Trainingsübung) zugeschnitten werden.

Im *weitesten Sinne* kennzeichnen sie das methodische Vorgehen bei der Planung und Lösung der Trainingsaufgaben (konditionelle, koordinativ-technische, taktische, intellektuelle Ausbildung sowie Erziehung). Sie schließen neben den Grundformen der unmittelbaren Belastungsgestaltung auch die Prinzipien und Regeln, die für die Entwicklung der sportlichen Form bzw. Meisterschaft gültig sind, und die Maßnahmen der direkten Trainingsführung im motorischen Lehr- und Lernprozeß, in der Erziehung und in der Kenntnisvermittlung ein.

In allen Ausbildungsbereichen läßt sich das methodische Vorgehen auf wenige *methodische Grundformen* reduzieren.

Die methodischen Grundzüge der Belastungsgestaltung, die für den Prozeß der Entwicklung der sportlichen Form und Meisterschaft zutreffen, werden im Abschnitt 3.4. (Trainingsstruktur) verdeutlicht; auf methodische Grundformen und Maßnahmen der Erziehung und Kenntnisvermittlung wird im Kapitel 4 umfangreicher eingegangen. Wir konzentrieren uns deshalb im folgenden auf die Behandlung der methodischen Grundformen

– der momentanen Belastungsgestaltung in der Entwicklung konditioneller Fähigkeiten (Belastungs- oder Trainingsmethoden im engeren Sinne),

– bei der Entwicklung koordinativer Voraussetzungen,

– des motorischen Lehr- und Lernprozesses (technische Ausbildung).

### 3.3.2.1. Methoden zur Entwicklung konditioneller Fähigkeiten

Die Anpassung des Organismus an Trainingsreize bedingt die Entwicklung des Trainingszustandes und damit die der sportlichen Leistungsfähigkeit.

Der Grad der *Anpassung* wird trainingsmethodisch gesteuert durch

– die Auswahl der Trainingsübung und
– ihren belastungsmethodischen Einsatz.

Als Faktoren (Komponenten) der momentanen Belastung (verstanden als eine zur Ermüdung führende Belastungsphase, z. B. in einer TE) gelten:

– die *Spezifik* der Trainingsübungen (im Vergleich zur Wettkampfübung) hinsichtlich

der *Bewegungsstruktur* und des *Belastungscharakters*;

– die *Qualität* ihrer Bewegungsausführung;

– die Belastungsfaktoren *Trainingszeit* (-dauer), *Belastungsintensität* (-stärke, -dichte), *Belastungsumfang*.

Die Faktoren *Spezifik der Übung und Qualität* ihrer Ausführung haben besonders in jüngerer Zeit an Bedeutung gewonnen.

So muß die spezifische Wirksamkeit der Übung zweckmäßig auf den Grad des Trainingszustandes abgestimmt sein.

Bei geringerem Trainingszustand garantieren auch relativ unspezifische Übungen bereits eine optimale Belastung. Andererseits sollte der Einsatz von Übungen mit hochspezifischer Wirksamkeit (spezielle Übungen) vorrangig den entscheidenden Phasen der Leistungsausprägung vorbehalten sein (vgl. Abschnitt 3.4.).

Das verlangt, Notwendigkeit und Umfang ihres Einsatzes im Nachwuchstraining genau zu bedenken.

Qualität der Übungsausführung ist eine durchgängige Forderung. Ein Abweichen davon, indem kein Wert auf eine technisch richtige Bewegungsausführung bzw. auf ihren Erhalt bei eintretender Ermüdung gelegt wird, benachteiligt oder verändert den angestrebten Trainingseffekt.

Trotz umfangreicher bzw. intensiver Belastungsanforderungen muß deshalb die Güte der Bewegungsausführung ständig im Mittelpunkt stehen. Bei ihrer Minderung sind notfalls Abstriche am Belastungsgrad vorzunehmen.

Die **Methoden** zur Entwicklung der konditionellen Fähigkeiten Kraft, Schnelligkeit und Ausdauer zeichnen sich vor allem durch die gezielte Handhabung der Belastungsfaktoren aus. Sie werden deshalb auch oft als *Belastungsmethoden* bezeichnet.

Die einzelnen Methoden unterscheiden sich durch spezifische Kombination der Belastungsfaktoren Belastungsstärke, -dichte, -dauer und -umfang. (Tab. 10)

Jede Methode hat dabei eine bestimmte physiologische und psychische Wirkung auf den Organismus und zieht einen dementsprechenden Trainingseffekt nach sich. Die Veränderung auch nur einer Komponente (ebenso mangelhafte Übungsqualität) kann eine andere Wirkung hervorrufen. Eine exakte Handhabung der einzelnen Komponenten entsprechend der jeweiligen Methode ist also Voraussetzung für den angestrebten Übungserfolg.

Entsprechend ihrem spezifischen Trainingseffekt eignen sich die Methoden unterschiedlich zur Entwicklung der konditionellen Fähigkeiten Kraft, Schnelligkeit und Ausdauer sowie deren Erscheinungsformen.

> Nur die genaue Beachtung der Eignung der Belastungsmethode für die Herausbildung der jeweiligen Fähigkeit und die exakte Einhaltung der zutreffenden Belastungsfaktoren gewährleisten den angestrebten Trainingseffekt.

▶ Aufgaben:
Festigen Sie Ihre Kenntnisse durch das Studium der Fachliteratur (Sportphysiologie, Allgemeine Theorie und Methodik des Trainings)!
Prüfen Sie selbst Ihre Kenntnisse:
1. Was kennzeichnet die Begriffe „lohnende Pause" und „Superkompensation"?
2. Wie ist die prinzipielle Relation bei der Kombination von Belastungsstärke, -dichte und -umfang?
3. Welche Bedeutung für die Belastungserhöhung hat der Belastungswechsel?
4. Vergleichen Sie, wie die in der Tabelle 13 knapp umrissenen Methoden konkret bei der Entwicklung der einzelnen Fähigkeiten angewendet werden!
(s. Trainingsmittel-Übersichten)

## 3.3.2.2. Methoden zur Entwicklung koordinativer Fähigkeiten

Als koordinative Fähigkeiten bezeichnet man zweckmäßige Verhaltensmechanismen des Nerv-Muskel-Zusammenspiels zur Steuerung und Regelung bestimmter Formen der Bewegungstätigkeit. Sie basieren auf der anlagebedingten Qualität sensomotorischer (psychophysischer) Funktionen. Sie äußern und entwickeln sich nur in der menschlichen Bewegung. Es werden unterschieden (nach Blume 1976):

### Orientierungsfähigkeit
Funktion: Bestimmung und Veränderung der Körperposition und -bewegung im Raum (bzw. zu einem feststehenden oder sich bewegenden Objekt).

### Kopplungsfähigkeit
Funktion: Organisation der räumlichen, zeitlichen und dynamischen Verbindung von Teilkörperbewegungen.

### Differenzierungsfähigkeit
Funktion: Kontrolle, Unterscheidung und Feinabstimmung von Bewegungen hinsichtlich Genauigkeit, Dosierung und Ökonomie in Kraft-, Zeit- und räumlichem Verlauf.

### Gleichgewichtsfähigkeit
Funktion: Erhalt oder Wiederherstellung des Gleichgewichtszustandes.

### Rhythmisierungsfähigkeit
Funktion: Anpassen der Bewegung an einen vorgegebenen (äußeren) bzw. Finden eines zweckmäßigen eigenen (inneren) Rhythmus.

### Reaktionsfähigkeit
Funktion: schnelles Einleiten zweckmäßiger Bewegungsaktionen auf ein Signal oder eine plötzliche Situationsveränderung hin.

### Anpassungs- und Umstellungsfähigkeit
Funktion: Präzisieren, Korrigieren sowie bewußtes Variieren und Umstellen von Bewegungen auf eine aktuelle oder kommende Situationsveränderung hin.

Die Erkenntnis, daß koordinative Fähigkeiten in gleichem Maße unerläßliche Voraussetzungen für ein hohes sportliches Leistungsvermögen sind wie die konditionellen Fähigkeiten und die motorischen Fertigkeiten, hat sich in den letzten Jahren vertieft.
Gerade im Leistungssport, in dem es auf höchste Qualität und Präzision der Bewegungen und beste Ausnutzung der konditionellen Voraussetzungen ankommt, bestimmen koordinative Fähigkeiten durch ihre Steuerungs- und Regelungsfunktion maßgeblich die sportliche Leistung mit.
Ein hoher Ausprägungsgrad dieser Leistungsvoraussetzungen wird jedoch nicht erst im Hochleistungstraining notwendig, sondern bereits auch in den vorangehenden Etappen, wo sie oftmals die Effektivität des Trainingsprozesses mitentscheiden.
Er ist in folgenden Richtungen von Bedeutung:

> Koordinative Fähigkeiten beeinflussen maßgeblich das *Tempo*, die *Qualität* und die *Dauerhaftigkeit der Aneignung* sportlicher Fertigkeiten.

Ein hohes koordinatives Niveau ist deshalb vom Grundlagentraining an nützlich, weil eine Vielzahl von Bewegungsabläufen der leichtathletischen Wettkampf- und Trainingsübungen sowie der Bewegungen aus anderen Sportarten erlernt werden müssen. Gut entwickelte koordinative Fähigkeiten lassen diesen zeit- und übungsaufwendigen Prozeß rationeller ablaufen.

Hochentwickelte koordinative Fähigkeiten erleichtern die *Ausformung* der Bewegungen in der Phase der sportlichen Vervollkommnung (Aufbau und Hochleistungstraining).

Die Erarbeitung der Fein- und Feinstform der Bewegungen – besonders der Wettkampfübungen, aber auch der vielfältigen Trainingsübungen – ist davon abhängig, wie die hohen motorischen Anforderungen bei der Erlernung der Bewegungsdetails vom Sportler bewältigt werden können. Gute koordinative Voraussetzungen erleichtern das und schaffen damit mehr Zeit für die Vervollkommnung anderer Komponenten der Leistungsfähigkeit, vor allem der konditionellen Seite.

Sie bestimmen die Höhe des *Ausnutzungsgrades* der konditionellen Fähigkeiten.

Der Sportler muß seine Wettkampftechnik ständig an das sich verändernde Niveau seiner konditionellen Voraussetzungen anpassen können. So verlangt ein gestiegenes Kräftevermögen in der Wettkampfperiode auch gewisse Detailveränderungen des Bewegungsablaufs, wenn es zweckmäßig in sportliche Leistung umgesetzt werden soll.

Sie ermöglichen eine rasche *Anpassung* der Bewegungen an wechselnde oder veränderte äußere Bedingungen.

Der Erfolg eines Sportlers hängt oftmals davon ab, wie es ihm gelingt, sich motorisch auf äußere Einflußgrößen einzustellen, z. B. auf veränderte Windverhältnisse, regennasse Laufbahn oder Wurfanlagen.

Wegen dieser Gewichtigkeit muß sich die Entwicklung und Vervollkommnung der koordinativen Leistungsvoraussetzungen durch den gesamten Trainingsprozeß ziehen.

### Spezifische Maßnahmen zur Entwicklung der koordinativen Voraussetzungen

Sie sind darauf gerichtet,
– *die Funktionstüchtigkeit* (-reife) *des psychophysischen Systems* (Nervensystem und Sinnesorgane) zu verbessern (Vervollkommnung solcher psychophysischen Funktionen wie räumlich-zeitliche Differenzierungsge-

nauigkeit, Tempogefühl, Zeitgefühl, Reaktionszeit, Muskelspannungsgefühl);
– über das *Üben* (Trainieren) motorischer Fertigkeiten vielfältigster Art bestimmte *Verhaltensmechanismen des Nerv-Muskel-Systems, also koordinative Fähigkeiten, auszuprägen;*
– koordinative Fähigkeiten in einem hohen sportlichen Können, d. h. in einem hohen Beherrschungsgrad vor allem der Wettkampfübungen, zur Geltung zu bringen.

Die **Methoden** bauen auf der grundlegenden Erkenntnis auf, daß sich koordinative Fähigkeiten nur entwickeln, wenn bei der *Ausführung sportlicher Bewegungshandlungen* wiederholt bestimmte Anforderungen an das sensomotorische Steuerungs- und Regelungsverhalten (in der Zusammenarbeit von Sinnesorganen – Nervensystem – Muskulatur) gestellt werden.
Das verlangt, daß
– bestimmte *Bewegungshandlungen* (in der Regel Trainingsübungen) ausgeführt werden müssen;
– der *Anforderungsgrad* dieser Übungen ständig wächst, indem
durch die steigenden Aufgaben bei der Bewegungserlernung und -vervollkommnung höhere Anforderungen gestellt werden (noch genauer, noch präziser, rhythmischer) oder bereits angeeignete Bewegungsabläufe gezielt unter veränderten Bedingungen angewendet werden.

Daraus abgeleitet, sehen wir folgende *methodische Grundformen* der Einflußnahme auf die Entwicklung koordinativer Voraussetzungen im Training (vgl. Tab. 11):

● Stellen von *motorischen Lernaufgaben*
Das *motorische Lernen* bewirkt eine hohe Beeinflussung der Anpassungsfunktion des motorischen Systems. Nicht nur die *Unterschiedlichkeit* der Lernaufgaben, die durch die Breite der einbezogenen Bewegungen zustande kommt, sondern auch das ständige Starten von Lernprozessen im Training, sei es beim grundsätzlichen Erlernen, beim Korrigieren oder Anwenden, bedeutet eine bewußte Beanspruchung der sensomotorischen Voraussetzungen.

In den meisten leichtathletischen Disziplinen erfolgt

| | Methodische Maßnahmen | Beispiele |
|---|---|---|
| **Veränderung, Variieren der Bewegungsausführung** | Veränderung der Bewegungs-*richtung* | – Sprintläufe auf der Geraden, von der Geraden in die Kurve, in der Kurve, auch mit engerem Radius oder in entgegengesetzter Laufrichtung<br>– stärker vertikaler oder horizontaler Absprung, Zonen-, Gitter- und Fenstersprünge<br>– Weit-, Hoch- oder Zielwürfe |
| | Veränderung von Ausführungs-*tempo* und -*rhythmus* | – Absprünge aus kürzerem oder bewußt langsamerem Anlauf<br>– Absprünge aus längerem oder bewußt schnellerem Anlauf<br>– Anläufe mit bewußt verändertem Rhythmus<br>– Würfe/Stöße mit verkürzter oder ohne Angleit-, Anlaufphase oder Drehung<br>– Würfe/Stöße mit leichterem oder schwererem Gerät<br>– Würfe/Stöße mit betont langsamerer oder schnellerer Abwurfbewegung |
| | Veränderung des *Krafteinsatzes* | – Sprünge über verschiedene Höhen oder in Zonen<br>– Absprünge/Würfe submaximal oder mit „halber" Kraft usw.<br>– Absprünge von erhöhter Absprungstelle oder nach Anläufen bergan<br>– Würfe mit veränderten Wurfgewichten |
| | Veränderung des *Bewegungs-umfanges* | – Verzicht oder Ausschalten von vorbereitenden Phasen (Anschwünge, Angleiten, Drehungen)<br>– Verkürzen oder Verlängern von Beschleunigungsphasen (tiefere oder höhere Stoßauslage, Schlagwürfe aus 3er-, 5er- oder 7er-Rhythmus, Diskus- und Hammerwürfe mit unvollständiger oder erweiterter Drehung |
| **Erhalt der Bewegungsausführung** | Veränderung *äußerer Bedingungen* (äußerer Einflüsse/Übungsorganisation) | – Läufe im Gelände (z. B. Anpassen der Schrittlänge an Steigungen)<br>– Gegenwind- und Rückenwindläufe oder -würfe<br>– Sprünge/Würfe an anderen Übungsstätten<br>– Absprünge vom Rasen usw.<br>– Hürdenläufe mit unterschiedlichen Abständen (3er-, 4er-, 5er-Rhythmus) |
| | *Spiegelbildliches* bzw. *widergleiches* Üben | – Abverlangen des Bewegungsablaufes mit dem ungeübteren Bein oder Arm |
| | Ausführung von Bewegungs-*variationen*/Veränderung von *Bewegungsdetails* | – Absprünge mit gestreckten oder gebeugtem Schwungbein<br>– Anläufe mit unterschiedlichen Armführungen |
| | Hineinstellen in *Anwendungs-situationen* | – vor allem Wettkampf oder wettkampfähnliche Bedingungen (Spiel- und Wettbewerbsformen) |
| | Ausführung unter *ständig wechselnden Bedingungen* | – fortlaufender Wechsel von Wurfgeräten (-gewichten)<br>– Absprünge von Laufbahn oder Rasen<br>– Starts mit unterschiedlichen Signalen (Pfiff, Klatsch, Ruf u. a.) nach unterschiedlichen Pausen während des Kommandos<br>– aus unterschiedlichen Ausgangsstellungen<br>– fortlaufender Wechsel zwischen mittleren und hohen Sprunghöhen<br>– Hürdenläufe mit gering unterschiedlichen Hürdenhöhen und -abständen |
| | ständiger *Wechsel von Bewegungs-abläufen* als Wechsel | – zwischen verschiedenen Disziplinen<br>– zwischen verschiedenen Bewegungsabläufen einer Disziplin (z. B. Flop-, Wälz-, Steigsprung)<br>– zwischen ganzheitlichen und Teilbewegungen (Standstoß–Gesamtbewegung)<br>– zwischen bestseitiger und widergleicher Ausführung<br>– zwischen Bewegungsvarianten (z. B. Wälzer mit gebeugtem und gestrecktem Schwungbein) |
| | Ausführung nach *Belastung* | – Abverlangen des Bewegungsablaufes am Ende der Trainingseinheit oder nach vorangehender konditioneller Belastung (Sprungkraft, Wurfkraft) |
| | Ausführung *mit oder nach gezielter Beeinflussung* der psychophysischen Funktionen | – als Ausschaltung eines Analysators, z. B. Absolvieren der Bewegung mit geschlossenen Augen, Weitsprunganläufe mit Brille, die Sicht zum Balken verdeckt<br>– nach Störung einer Funktion, z. B. Ausführung der Bewegung nach mehreren Drehungen oder Rollen (Störung des Vestibularapparates) |

der Prozeß der technischen Ausbildung in den Anfangsphasen (vor allem beim Absolvieren der methodischen Reihe), indem der Bewegungsablauf von der Hauptphase aus durch hinzukommende Phasen erweitert wird (z. B. Laufsprung, Diskuswurf) oder/und die äußeren Anforderungen (z. B. Hürdenhöhe und -abstand) zunehmen.

Gewissermaßen liegt dabei jede Stufe der methodischen Reihe als ein eigener Bewegungsablauf vor, der erst bis zu einem gewissen Grade angeeignet werden muß, bevor zur nächsten umfangreicheren oder schwierigeren Übung übergegangen werden kann. Das bedeutet im Prinzip dann ein neues Starten eines Lernprozesses.

Gleiches betrifft das Erlernen der vielfältigen Trainingsübungen aus der Leichtathletik sowie den anderen Sportarten, das gerade im Grundlagentraining notwendig wird.

Für die Schulung der sensomotorischen Funktionen und der koordinativen Fähigkeiten kommt es im motorischen Lernprozeß besonders darauf an, den Sportler die *Bewegungsausführung empfinden* und *bewußt* werden zu lassen.

● *Anwenden bereits erlernter Bewegungen unter dem Aspekt, die Bewegungsausführung unter veränderten (erschwerten) Bedingungen zu erhalten und sie im Weg-, Zeit- und Kraftverlauf zu verändern oder zu variieren.* Die Möglichkeiten dazu sind vielfältig. Ihre Aufzählung in Tabelle 11 kann deshalb nicht vollständig sein. Andererseits stehen sie oft miteinander in Verbindung und lassen sich in der Aufgabenstellung miteinander koppeln, indem sie auf Veränderung *und* Erhalt der Bewegungsabläufe wirken können.

Ebenso ist eine genaue Zuordnung hinsichtlich der Wirkung auf die Entwicklung einzelner koordinativer Fähigkeiten kaum möglich, da meist mehrere dieser Funktionen bzw. Fähigkeiten angesprochen werden.

● *Gezieltes Ansprechen einzelner Teile bzw. Verbindungen des sensomotorischen Systems (Sinnesorgane-Nervensystem-Muskulatur) durch spezifische Übungen,* z. B.:

- Steuerung der Muskelerregung durch Spannungs- und Entspannungsübungen,
- Unterstützung des Entstehens und „Einfahrens" bestimmter effektiver Erregungsmuster an speziellen Geräten,
- Verbesserung der Funktionstüchtigkeit einzelner Analysatoren durch spezielle Belastungen („Drehstuhl"-Belastung für den Hammerwerfer usw.).

### 3.3.2.3. Methoden in der technischen Ausbildung

▶ Aufgabe:
Im folgenden Abschnitt können nur ausgewählte Fragen des Gesamtkomplexes der technischen Ausbildung und Vervollkommnung aufgegriffen werden. Sie zielen vor allem darauf, das in den einzelnen leichtathletischen Disziplinen (Kapitel 5–8) detailliert aufgeführte methodische Vorgehen vom Prinzip her verständlich und transparent zu machen sowie einzuordnen.

Die technische Ausbildung ist ein umfassender Prozeß der Herausbildung von Kenntnissen, Fähigkeiten und Fertigkeiten, die sich auf die Schulung motorischer Handlungen beziehen. Auch sie erfolgt über die Phasen der Vorbereitung oder Anfangsausbildung sowie die der Vervollkommnung.

Die jeweils als Ziel stehende sportliche Bewegung durchläuft dabei einen weitgefächerten, aber deutlich gestuften **Aneignungs- bzw. Beherrschungsprozeß**. Nach Meinel (ebenda, S. 235) gliedert sich dieser in:

- erste Lernphase – Entwicklung der Grobkoordination,
- zweite Lernphase – Entwicklung der Feinkoordination,
- dritte Lernphase – Stabilisierung der Feinkoordination und Entwicklung der variablen Verfügbarkeit.

Unter leistungssportlichem Aspekt erscheint es wichtig, die Aufmerksamkeit nicht nur den Anfangsphasen des Bewegungserwerbs (Entwicklung) zuzuwenden, sondern – und das zukünftig in stärkerem Maße – auch der Stabilisierung (Vervollkommnung) der Fertigkeiten.

Vervollkommnung des Bewegungsablaufs ist auch für den Weltklassesportler eine tägliche Aufgabe, weil jede Änderung des Trainingszustandes eine neue Qualität des Bewegungsablaufs verlangt. Donskoi (1975, S. 288) führt dazu aus: „Für jede Entwicklungsstufe der sportlichen Technik bilden sich effektivste dynamische Strukturen, die dem gegenwärtigen Niveau der physischen Vorbereitung entsprechen, das sich im Sport ständig erhöht."

Auch Meinel u. a. erkennen das an: Auch wenn im Stadium „der variablen Verfügbarkeit ein *relativer Abschluß des Lernprozesses* erreicht ist, geht die Schulung der Technik und damit der Lernvorgang weiter. ... in Wirklichkeit sind stets weitere Anpassungsvorgänge – ist also motorisches Lernen erforderlich.

Die dritte Lernphase ist also ‚offen', ohne ein erreichbares Ende." (Meinel, 1976, S. 276) Insofern ist die detaillierte Stufung bedeutsam, die bekannte Autoren für die dritte Lernphase vornehmen (Donskoi, Verchošanskij), indem sie dort die Ausprägung der *kinematischen Struktur* und der *(bio)dynamischen Struktur* unterscheiden.

Matwejew befaßt sich in „Grundlagen des sportlichen Trainings" detailliert mit methodischen Fragen der technischen Vervollkommnung, die er versteht als ständige Weiterentwicklung, periodische Umgestaltung und Erneuerung von Bewegungsformen mit der Zielstellung, sie mit dem Technikmodell und dem steigenden konditionellen Niveau ständig in Übereinstimmung zu bringen.

Den genannten drei Lernphasen ordnen sich auch die **pädagogisch-methodischen Funktionen** zu, die der Trainer bzw. Übungsleiter im motorischen Lehr- und Lernprozeß erfüllen muß (vgl. Tab. 12). Konkret beginnen sie mit dem Stellen der Lernaufgabe und führen über den gezielten Bewegungserwerb (Schulung) bis hin zur Vervollkommnung der kinematischen und dynamischen Struktur (mittels spezieller Trainingsübungen). Diese Schrittfolge stellt auch in der Leichtathletik die prinzipielle Leitlinie für die methodische Arbeit dar.

*Tabelle 12: Phasen, pädagogisch-methodische Funktionen und Grundformen im motorischen Lehr- und Lernprozeß*

| Phasen (nach Meinel) | Pädagogisch-methodische Funktionen des Trainers/Übungsleiters | | Methodische Grundformen der Trainer-Sportler-Aktivität |
|---|---|---|---|
| **1. Phase:** Entwicklung der Grobkoordination Lernaufgabe erfaßt, grobe Bewegungsvorstellung; Grundstruktur mit wesentlichsten Merkmalen; Bewegung unter günstigen Bedingungen ausführbar; aber störanfällig; übermäßiger oder falscher Krafteinsatz; hastig, unsicher; Pausen zwischen Teilbewegungen | Schaffen der Voraussetzungen | 1. Sicherung des motorischen Ausgangsniveaus | |
| | | 2. Stellen und Motivieren der Lernaufgabe | Darbieten – Aufnehmen Zielangabe |
| | | 3. Schaffen von Bewegungsvorstellungen (einschließlich erster Versuche) | Demonstrieren Vortragen erste Versuche |
| **2. Phase:** Entwicklung der Feinkoordination: Bew. entsprechend Technikmodell annähernd fehlerfrei; präzisierte Bewegungsvorstellung; Krafteinsatz in Größe und Zeitpunkt zweckmäßig; Bew. ist harmonisch, rund, zielgenau | Entwickeln (Aneignen) der Fertigkeit | 4. Lenken des Bewegungserwerbs (Hinführen, Übungsreihe) | Erarbeiten – Aneignen Heben der Lernaktivität Üben Lenken der Aufmerksamkeit Arbeit mit der Sprache (Verbalisierung) |
| **3. Phase:** Stabilisierung der Feinkoordination und Entwicklung der variablen Verfügbarkeit: Bew. enthält alle Merkmale einer vollkommenen Technik; stabil und präzis auch unter ungewohnten Bedingungen; konstant in Krafteinsatz, Rhythmus und Ergebnis | | 5. Korrigieren und Festigen | Korrekturhinweise und -übungen zusätzliche Orientierer Präzisieren der Bewegungsempfinden |
| | | 6. Abfordern, Anwenden der erlernten Bewegung | Aufgeben – Leisten Fördern der Anstrengungs- und Konzentrationsbereitschaft Trainings- und Wettkampfaufgaben |
| | Vervollkommnen der Fertigkeit | 7. Vervollkommnen der kinematischen Struktur | Selbst- und Fremdbeobachtung zusätzliche (apparative) Informationen variierte, erschwerende Bedingungen |
| | | 8. Vervollkommnen der dynamischen Struktur | ideomotorisches Training u. a. |

Sie trifft nicht nur auf das Erlernen der insgesamt als Lernziel stehenden Bewegung (Wettkampfübung), sondern auch auf jede als Teilschritt zu erlernende und auf jede Trainingsübung zu, muß also ständig im Lehr- und Lernprozeß realisiert werden.

*Jede Funktion stützt sich auf typische methodische Grundformen,* vor allem hinsichtlich der Trainer-Sportler-Aktivitäten im Lehr- und Lernprozeß.

Es darf jedoch nicht übersehen werden, daß die für eine Funktion typischen Grundformen (und ihre Maßnahmen) auch in anderen Lehrschritten Anwendung finden können bzw. müssen.

In der Leichtathletik sind immer wieder bestimmte **Grundüberlegungen zur Gestaltung des Lehrweges** von Bedeutung. Sie entscheiden das grundsätzliche methodische Vorgehen im Übungsprozeß und bestimmen Auswahl und Einsatzfolge der Trainingsübungen und methodischen Maßnahmen.

Komprimiert dargestellt sind das vor allem:

● *Organisierte Führung des motorischen Lernens*

Motorisches Lernen bedeutet in der Sportpädagogik *zielstrebig geführte* Lerntätigkeit. Das verlangt eine organisierte Führung (Lehrprozeß), indem der Sportpädagoge seine methodischen Maßnahmen ganz gezielt und überlegt einsetzt.

● *Bewußtes Lernen*

Auf der Seite des Sportlers ist der genannten gezielten Führung das Prinzip adäquat, in allen Phasen des Lernprozesses einen hohen Anteil des Bewußtseins im Übungsprozeß zu erreichen. Das beginnt bereits bei einer bewußten Annahme des Lernzieles durch den Sportler, seiner Identifikation mit der Lernaufgabe in der Phase der Handlungsvorbereitung, durch die maßgeblich obere Regulationsebenen angesprochen werden, die den Handlungserwerb in Tempo und Qualität beeinflussen.

Bewußtes Lernen schließt ebenso einen betonten Erwerb von Kenntnissen ein, wobei insbesondere über Grundkenntnisse zum angestrebten Modell der sportlichen Technik (Ziel der Bewegungsausführung) die Bewegungsvorstellung beim Sportler präzisiert werden kann, die Voraussetzung für einen zweckmäßigen Verlauf des Lernprozesses ist.

Hohe Bewußtheit bei der Eigenkontrolle der Bewegungsausführung, beim Informationsaustausch mit dem Trainer oder mit anderen Sportlern über die erreichte Bewegungsqualität und bei der Fehlerkorrektur selbst unterstützen das motorische Lernen in der Phase der Handlungsrealisierung und bei der resultativen Kontrolle (Orientierungs- und Kontrollprozesse). Dementsprechend sind durch Trainer und Übungsleiter die notwendigen Maßnahmen zur Anregung des bewußten Lernens und zum Erreichen einer bewußten Lernaktivität einzusetzen.

● *Deduktiver Lehrweg*

Das Erlernen leichtathletischer Fertigkeiten wird nicht als „Selbstfinden der besten Bewegungslösung" (induktiver Weg), sondern als stufenweises Hinführen zum Leitbild (Modell) der Technik (deduktiv) aufgefaßt.

Das spiegelt sich darin wider, daß

– das Erlernen in bestimmte Teilaufgaben gegliedert ist (Reihung von Ausbildungsaufgaben);

– eine methodisch durchdachte Übungsfolge vorliegt;

– jeder Teilschritt der Übungsfolge eine Bewegungsvorschrift enthält;

– sich jede Teilaufgabe an bestimmten Qualitätsnormen orientiert.

● *Bevorzugung der Ganzlern-, Einschränkung der Teillernmethode*

Im ganzheitlichen Vollzug wird die einzelne Bewegung als abgeschlossene Bewegungshandlung ausgeführt. Das verlangt nicht, daß dabei bereits die Wettkampfübung komplett vorliegt. So sind auch das Üben des Kugelstoßens aus dem Stand oder der Pirouette über die Schräglatte (beim Wälzsprung) eine ganzheitliche Übung. Teillernen dagegen bedeutet, daß einzelne Elemente isoliert geschult werden, z. B. Imitation des Eindrehens von Knie, Becken und Schulter beim Speerwurf (ohne Abwurf).

Das *ganzheitliche* Lernen wird in der Anfängerausbildung *bevorzugt,* weil es schneller zu Bewegungserfolg und Bewegungserlebnis führt. Die Bevorzugung des ganzheitlichen Lernens im Anfängerbereich verlangt,

– die Teilaufgaben auf nur unbedingt notwendige zu beschränken;

– die Übungsreihe straff zu halten und auf Übungen zu konzentrieren, die eine Bewegungshandlung (mit Bewegungsziel, -erfolg, sichtbarer Leistung) darstellen.

Die Vielfalt und teilweise Kompliziertheit der leichtathletischen Disziplinen läßt jedoch das ganzheitliche Lernen nicht durchgängig möglich werden. Insbesondere die Wurfdisziplinen verlangen an verschiedenen Stellen ein Teillernen (z. B. Speerrückführung, Angleiten, Hammerkreisschwünge). Ein übermäßiges Zerlegen und Zusammenbauen sollte vermieden werden. Detailschulung (vor allem bei fortschreitendem Lernprozeß) sollte oft durch „Zuwendung der Aufmerksamkeit" im ganzheitlichen Vollzug betrieben werden.

● *Nutzung lernfördernder Bedingungen*
Dem Lernprozeß ist nicht nur eine Erhöhung der Bewußtheit des Lernens förderlich (d. h. Ansprechen höherer Regulationsebenen), sondern ebenso das indirekte Abverlangen einer bestimmten Bewegungsausführung über methodische Zwänge (z. B. Bewegungsführung durch Trainer oder entsprechende Übungsbedingungen), durch methodische Erleichterungen (z. B. leichtere Geräte, unterstützende Übungsbedingungen wie erhöhte Absprungstelle o. a.) oder auch Erschwerungen (überhöhte Forderungen).
(Vgl. Sie hierzu auch den Abschnitt 3.3.2.2. Methoden zur Entwicklung koordinativer Fähigkeiten.)

So zeigt sich auch der motorische Lehr- und Lernprozeß in der Leichtathletik als ein vielschichtiger Prozeß, der in allen seinen Phasen und ständig erneut konkrete und differenzierte Überlegungen des Sportpädagogen zur effektivsten methodischen Vorgehensweise im motorischen Lernen abverlangt.

## Zum Vorgehen in der technischen Ausbildung der leichtathletischen Disziplinen

Die obengenannten Grundüberlegungen werden in den einzelnen Disziplinen – entsprechend deren Spezifik – differenziert umgesetzt.
Sie bestimmen dort
– die Grundsätze des methodischen Vorgehens
– die Reihung der Ausbildungsaufgaben
– das übungsmethodische Vorgehen (innerhalb der einzelnen Ausbildungsaufgaben).
Die Darstellungen zur „Technischen Ausbil-

dung" sind in den Kapiteln 5–8 durchgängig in dieser Folge aufgebaut.
Zum Verständnis dieses Vorgehens sollen im folgenden die damit verknüpften Absichten erläutert werden:

**Grundsätze des methodischen Vorgehens** sind durchgängig zu beachtende Leitlinien der Ausbildung in der jeweiligen Disziplin. Sie knüpfen an die allgemeinen Grundüberlegungen zum motorischen Lehr- und Lernprozeß an (z. B. deduktiver Lehrweg, bewußtes Lernen) und spezifizieren sie.
Insofern wird deutlich,
– welches die Schwerpunkte der Ausbildung sind, was in den Mittelpunkt gestellt werden muß,
– welche Elemente anfangs stärker oder durchgängig zu beachten sind,
– welche Zusammenhänge zu den konditionellen Voraussetzungen vorhanden und welche Belastungsfragen zu beachten sind,
– durch welche übungsorganisatorischen Bedingungen der Lernprozeß günstig beeinflußt werden kann usw.

**Die Reihung der Ausbildungsaufgaben** legt fest, welche Teilaufgaben beim Bewegungserwerb notwendig sind und in welcher Folge sie angegangen werden. Die Ausbildungsaufgaben orientieren sich dabei an den – in der Regel – wenigen Teilzielen der Bewegungsentwicklung.

Lange Zeit – und teilweise heute noch – wurde der Lernfortschritt durch einzelne, teilweise sehr detaillierte Übungen vorgegeben. In den meisten Disziplinen gab es dazu in der Literatur unterschiedliche Übungsreihen.
Bei genauerer Betrachtung zeigt sich jedoch, daß bei einem bestimmten Lernschritt zwar oftmals unterschiedliche Übungen genutzt wurden, aber eigentlich die gleiche Ausbildungsabsicht verfolgt wurde (z. B. Absprungschulung im Weitsprung durch Steigsprung in die Grube oder durch Schrittsprung auf ein Hindernis).

Wir erachten es deshalb für notwendig, zur Kennzeichnung des Lehrweges nicht mehr eine Folge von Übungen hervorzuheben, sondern eine knappe Reihung von *Ausbildungsaufgaben* zu bestimmen, denen sich wiederum die verschiedensten Übungen zuordnen.

Diese Ausbildungsaufgaben orientieren sich an den unbedingt notwendigen *Teilzielen der Bewegungsentwicklung* in den einzelnen Disziplinen. Mit ihnen wird festgelegt,
– welche Teilaufgaben zu bewältigen sind,
– welche Aufgabe vordergründig bzw. zuerst zu stellen und welches Element bzw. welche Bewegungsphase als erstes auszubilden ist (meist steht dabei die Hauptphase am Anfang);
– wie umfassend das zu schulen ist, bevor zur nächsten Ausbildungsaufgabe übergegangen werden kann, usw.

Ein solches Vorgehen *strafft* einerseits die Untergliederung des Lehr- und Lernprozesses (Übersichtlichkeit, Konzentration auf Wesentliches, Einprägbarkeit der Folge), andererseits *fördert es seine Variabilität*.

So können bei Klarheit der Ausbildungsaufgabe vom Lernenden – unter Berücksichtigung des spezifischen Alters- und Ausbildungsstandes sowie der materiellen Trainingsbedingungen – unterschiedliche, aber in der Wirkung annähernd gleiche Übungen eingesetzt werden. Auch die Ableitung neuer Übungen wird erleichtert. Zum anderen gelingt es, die Durchgängigkeit der Ausbildungsaufgabe über alle Phasen des Lernprozesses (und damit auch aller Trainingsetappen) deutlicher zu machen.

Sowohl in der Phase des Erlernens als auch bei der Vervollkommnung ist z. B. im Hochsprung die Schulung der Lattenüberquerung eine permanente Aufgabe, wobei sie jeweils mit einer Reihe unterschiedlicher (spezifischer), aber auch gleicher Übungen betrieben wird.

Zusammenfassend kann formuliert werden: Ausbildungsaufgaben beinhalten einzelne, relativ abgegrenzte Schwerpunkte der Technikausbildung. Sie beziehen sich auf notwendige Teilziele im Bewegungserwerb oder einzelne Phasen der Bewegung.

Beim Erlernen der Bewegung bilden sie eine feste methodische Folge. In der Vervollkommnung können sie auch unabhängig davon eingesetzt werden.

Das **übungsmethodische Vorgehen** kennzeichnet dann das detaillierte Herangehen innerhalb der einzelnen Ausbildungsaufgaben, indem es die Übungen angibt bzw. zu ihrer Auswahl anregt, die Beobachtungsschwerpunkte nennt und organisatorisch-methodische Hinweise gibt.

Es verläuft vom Prinzip her vom Vorbereiten über das Erlernen zum Vervollkommnen des Teilzieles.

Diesem Grundschema der Übungsanordnung (vgl. Tab. 13) folgt die Darstellung des übungsmethodischen Vorgehens bei den Ausbildungsaufgaben in allen Disziplinen (s. Abschnitte „Technische Ausbildung").

Dabei ist zu beachten:
In der *linken Spalte (Vorbereiten)* sind Übungen angeboten, die auf die Schaffung konditioneller und koordinativer Voraussetzungen für die Bewältigung der Bewegungsaufgabe/des Teilzieles gerichtet sind. Meist gehören sie zur Gruppe der speziellen vorbereitenden Übungen und zielen deshalb auch schon indirekt auf die Bewegung, indem sie Grundphasen oder Teilelemente unbewußt mitschulen. Im Übungsprozeß können die angebotenen oder auch andere variabel eingesetzt werden.

*Tabelle 13:* Aufbereitung der Übungen und methodisch-organisatorische Hinweise in den Ausbildungsaufgaben (Grundschema)

**1. Aufgabe: Entwickeln des . . .**
Ziel: Beherrschung des . . .
Steigerung: Steigerung der Anforderungen durch . . .

| Vorbereiten | Erlernen | Vervollkommnen |
|---|---|---|
| Auswahl spezieller vorbereitender Übungen, Hilfs- und Gewöhnungsübungen | 1–2 wichtige hinführende Übungen mit ihren Steigerungsvarianten (Grundübungen) | Auswahl spezieller Technikübungen |

Beobachtungsschwerpunkte: . . .
Methodisch-organisatorische Hinweise: . . .

Die *mittlere Spalte (Erlernen)* zielt auf die direkte, gerichtete Erarbeitung des Bewegungsablaufs (der Phase oder des Elementes) entsprechend der Ausbildungsaufgabe. Die dort angeführten Übungen nennen wir Grundübungen, weil sie die grundsätzlichen, bewährten zur Lösung der Aufgabenstellung sind. Sie sind also gewissermaßen für die Ausbildungsaufgabe repräsentativ und damit auch unumgänglich zur Sicherung des Lernerfolges. Meist enthält eine Ausbildungsaufgabe nur eine oder zwei dieser Grundübungen. Über die Ausbildungsaufgaben hinweg aneinandergereiht entsteht gewissermaßen die Grundübungsreihe.

In der *rechten Spalte (Vervollkommnen)* ist das Übungsgut angeführt, mit dem die Bewegung beim wiederholten Anwenden der Ausbildungsaufgaben verbessert, verfeinert, vervollkommnet wird. Meist gehören die Übungen zur Gruppe der speziellen Technikübungen. Die Vielfalt der einsetzbaren Übungen und ihre Variation ist groß, in unseren Darstellungen werden zur Anregung nur einige wenige angeboten. Eine feste Reihenfolge in der Anwendung gibt es nicht.

Die Aufzählung der *Beobachtungspunkte* und der *organisatorisch-methodischen Hinweise* orientiert sich vorwiegend auf die Grundübungen. Durch den Bezug zur gleichen Ausbildungsaufgabe sind sie jedoch auch für die meisten Vorübungen und vervollkommnenden Übungen anwendbar.

▶ Aufgabe:
Vergleichen Sie zum genaueren Verständnis parallel dazu die Aufbereitung der Übungen in einer Disziplin (z. B. Weitsprung)!

## 3.4.  Trainingsstruktur

Die Trainingsstruktur beeinhaltet die – von den Prinzipien und Gesetzmäßigkeiten des Trainings bestimmte – Ordnung der wesentlichen Faktoren und Bestandteile des Trainings zum systematischen Leistungsaufbau, und zwar unter dem Gesichtspunkt
– ihrer sich aus der Leistungsstruktur und den Anforderungsprofilen ableitenden inhaltlichen Notwendigkeit;
– ihrer Relationen zueinander (z. B. allgemeine und spezielle Ausbildung, Schnellkraft und Maximalkraft);
– ihrer effektiven und zeitlichen Anordnung (Konzentration, Akzentuierung, Parallelität);
– ihrer Belastungscharakteristik und -relation (Belastungssteigerung, Umfang und Intensität).

Diese auf die Leistungsentwicklung zielende Ordnung verläuft in zwei Ebenen, nämlich in Hinblick auf die
– Entwicklung der *sportlichen Form* und die
– Entwicklung der *sportlichen Meisterschaft*.
In beiden Ebenen der Trainingsstruktur spiegelt sich konkret die Umsetzung der Grundprinzipien des Trainings wider.

### 3.4.1.  Zur Entwicklung der sportlichen Form

Die *sportliche Form* ist der Zustand der höchsten Leistungsfähigkeit, der periodisch in einem gezielten phasenhaften Entwicklungsverlauf herausgebildet wird.

● Sie ist die innerhalb eines Makrozyklus im Bereich des Maximalen liegende spezielle Leistungsfähigkeit des Sportlers.
● In ihrer Höhe und Stabilität ist sie ein Ausdruck des Ausprägungsgrades und der inneren Abgestimmtheit der einzelnen Leistungsfaktoren.
● Ihr Nachweis ist an den sportlichen Wettkampf gebunden.
● Ihre Ausprägung und Vorbereitung erfolgt immer unter dem Gesichtspunkt einer angestrebten höheren speziellen Leistungsfähigkeit.
● Sie ist im Nachwuchstraining stärker auf eine hohe, stabile Leistungsfähigkeit, im Hochleistungsbereich stärker auf eine zeitpunktorientierte Spitzenleistung ausgerichtet.

Die Entwicklung der sportlichen Form ist immer als Entwicklung aller Seiten der Persönlichkeit des Sportlers zu verstehen.

Unter dem Gesichtspunkt, daß der Nachweis der sportlichen Form im Wettkampf erfolgt, kann und darf man sie nicht nur als Ausdruck der biologischen Leistungsfähigkeit des Sportlers betrachten. **Hohe Wettkampfresultate fordern die gesamte Persönlichkeit** des Sportlers. Hohe Resultate unter Trainingsbedingungen weisen auf eine mögliche, gute sportliche Form hin. Ihre Bestätigung erfolgt jedoch nur in der Auseinandersetzung im sportlichen Wettkampf.

Ein einseitiger Bezug der Entwicklungsphasen der sportlichen Form als aufeinanderfolgende Momente eines seiner Grundlage nach biologischen Prozesses, als Etappen physiologischer, biochemischer und morphologischer Veränderungen, die unter dem Einfluß des Trainings und einer Reihe anderer Faktoren im Organismus vor sich gehen, erscheint nicht gerechtfertigt.

| Sportliche Form ist nicht mit Trainingszustand gleichzusetzen.

Der **Trainingszustand** ist Ausdruck des Entwicklungszustandes der *sportlichen Form zu einem bestimmten Zeitpunkt* des Trainingsaufbaus.
Eine Gleichsetzung der Begriffe „Sportliche Form" und „Trainingszustand" ist nicht möglich, auch nicht im Zustand der sportlichen Form. Gegenüber der sportlichen Form spiegelt der *Trainingszustand* wider:
– den Nachweis der Leistungsfähigkeit nur unter Trainingsbedingungen – in der Regel als eine geringere spezielle Leistungsfähigkeit,
– den wellenförmig ansteigenden Entwicklungsverlauf der Teilfaktoren bis zu ihrer geplanten Ausprägung,
– den aktuellen Stand des Zusammenfügens der Teilfaktoren in der speziellen Leistungsfähigkeit.

| Die Entwicklung der sportlichen Form verläuft gesetzmäßig in bestimmten Phasen.

Es lassen sich **drei Grundphasen** herausarbeiten (vgl. Abb. 12):

**1. Phase: Schaffen der Grundlagen für eine neue, höhere sportliche Form**
Vorbereitung der sportlichen Form = *Vorbereitungsperiode*.

**2. Phase: Ausprägung der sportlichen Form**
Ausprägung (und unter bestimmten Bedingungen auch Stabilisierung) der speziellen Leistungsfähigkeit, Nachweis der Ausprägung im Wettkampf = *Wettkampfperiode*.

**3. Phase: Verlust der sportlichen Form**
Senkung der Trainingsbelastung zum Zwecke der Erholung bzw. durch unspezifische Trainingsbelastung = *Übergangsperiode*.

Die Grundreihenfolge trägt gesetzmäßigen Charakter. Sie spiegelt sich in jedem Trainingsabschnitt wider, in dem die Entwicklung einer neuen sportlichen Form angestrebt wird.

▶ Aufgabe:
Begründen Sie, warum der zeitweilige Verlust der sportlichen Form objektive Bedingung für die Entwicklung der sportlichen Leistung ist!

| Die Entwicklung der sportlichen Form ist an eine optimale Zeitdauer gebunden.

Die Zeitdauer für die Entwicklung der sportlichen Form in der Leichtathletik muß den gesetzmäßigen Anforderungen zu ihrer Vorbereitung und Ausprägung und dem Wettkampfkalender entsprechen. Das Primat haben die gesetzmäßigen Anforderungen.
Allerdings bestätigen vielfältige Ergebnisse, daß die sportliche Form in relativ kurzen Zeitintervallen und zu allen Jahreszeiten ausgeprägt werden kann.
Man kann feststellen:
● Die Entwicklung der sportlichen Form ist in relativ kurzen Zeitabschnitten (2–3 Monaten) möglich. Der optimale Zeitraum umfaßt $2^{1}/_{2}$ Monate in der Leichtathletik.
Dabei gilt:
– Je kürzer der gewählte Zeitabschnitt, desto höhere Konsequenzen ergeben sich für die Einhaltung der Grundgesetze und Prinzipien.
– Je kürzer der Zeitabschnitt zur Entwicklung der sportlichen Form, um so instabiler ist sie.
● Die Länge des notwendigen Zeitraumes wird wesentlich vom Entwicklungsstand des Sportlers zu Beginn einer neuen Vorbereitung und von den eingesetzten Trainingsmitteln und -methoden bestimmt.
– Ein schlechter Gesamtzustand des Sportlers fordert immer eine längere Zeit der Vorbereitung.
– Bei fundamentaler sportlicher Vorbereitung ist der Zeitraum länger, bei spezieller und intensiver Vorbereitung dagegen kürzer.

| Der Makrozyklus ist die Grundstruktur der Entwicklung der sportlichen Form.

Die Grundphasen zur Entwicklung der sportlichen Form bilden zusammen die Struktur eines *Makrozyklus (MAZ)*. (Abb. 12)
Dementsprechend umfaßt jeder MAZ eine Vorbereitungs-, eine Wettkampf- und eine Übergangsphase.

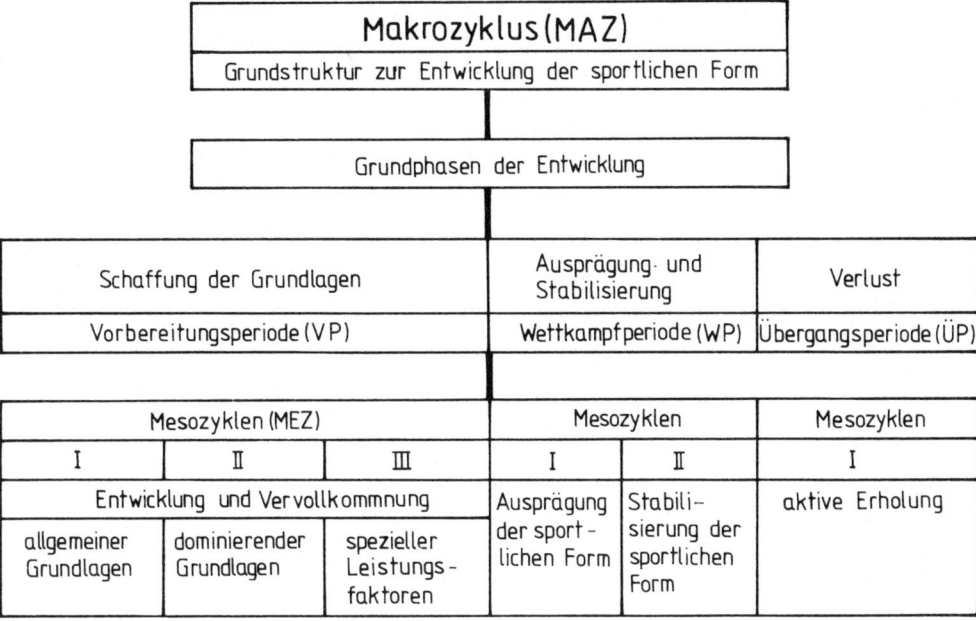

Abb. 12   Struktur des Makrozyklus

Mesozyklen sind Teilglieder des Makrozyklus mit eigenen Grundaufgaben.

**Die Mesozyklen (MEZ) der Vorbereitungsperiode**

Die Schaffung der grundlegenden Leistungsvoraussetzungen innerhalb der Vorbereitungsperiode im leichtathletischen Training zeigt ein deutliches Nacheinander von *drei* wesentlichen *Aufgaben*:
1. die allgemeine grundlegende Vorbereitung bzw. Vervollkommnung;
2. die betonte Vervollkommnung der dominierenden (speziell-gerichteten) Voraussetzungen;
3. die spezielle Vorbereitung und Vervollkommnung.
Dieser Weg vom Allgemeinen zum Speziellen darf nicht durchbrochen werden, wenn ernsthaft die Entwicklung einer neuen, höheren sportlichen Leistung angestrebt werden soll. Den relativ selbständigen Gliedern innerhalb einer Vorbereitungsperiode entsprechen die *drei Grundtypen* der Mesozyklen (MEZ-Zyklen mittlerer Länge).

**1. MEZ zur Entwicklung und Vervollkommnung allgemeiner Leistungsgrundlagen** (bzw. MEZ der allgemeinen Vorbereitung)
Aufgabe des 1. MEZ ist die allgemeine grundlegende Vorbereitung mit dem Ziel, das bereits früher erreichte Niveau des allgemeinen physischen Potentials wieder zu erreichen und in bestimmten Bereichen zu übertreffen, sowie die Entwicklung einer hohen allgemeinen Arbeitsfähigkeit des Organismus. Sie ist bedeutsam, weil auf ihren Grundlagen die effektive Verarbeitung der folgenden, gerichteten Belastungsanforderungen gesichert wird. Dazu sind besonders auszuprägen:
– ein funktionstüchtiges Herz-Kreislauf-System;
– ein gutes Spannungs- und Entspannungsvermögen der Muskulatur;
– die muskuläre Sicherung der disziplinspezifischen Schwachstellen des Bewegungsapparates;
– die gute Beweglichkeit;
– die Befähigung zur Bewegungskorrektur;
– ein gutes Niveau der Willens- und Verhaltenseigenschaften im Zusammenhang mit sportlichem Training.

55

Die einzelnen Ausbildungsetappen fordern spezifische Ausprägungssituationen. Die trainingsmethodischen Lösungen zu ihrer Ausbildung sind teilweise noch unzureichend entwickelt.
Dieser Abschnitt fordert hohe Trainingsbelastungen. *Er entwickelt das notwendige Fundament für die ständig steigende Belastung im speziellen Bereich.* Die Trainingsmittel sind vorrangig unspezifisch.

### 2. MEZ zur Entwicklung dominierender Leistungsgrundlagen (bzw. MEZ der speziell-gerichteten Vorbereitung)

Aufgabe des 2. MEZ ist die betonte *Entwicklung jener Leistungsfaktoren,* die im Rahmen der *Leistungsstruktur Grundlagencharakter* (also Voraussetzungen für hohe spezielle Leistungen) *tragen.* Zu solchen Leistungsvoraussetzungen gehört z. B. in den Wurfdisziplinen die Maximalkraftfähigkeit.
Dementsprechend werden die Trainingsmittel ausgewählt und mit hohen Belastungen bis zu Grenzbelastungen realisiert.

▶ Aufgabe:
Arbeiten Sie für sich heraus, welche konditionellen Fähigkeiten für die Disziplingruppen (Kurzstreckenlauf – Mittelstreckenlauf – Sprung) Grundlagencharakter besitzen!

### 3. MEZ zur Entwicklung der speziellen Leistungsfaktoren (bzw. MEZ der speziellen Vorbereitung)

Aufgabe des 3. MEZ ist die grundlegende spezielle Vorbereitung bzw. Vervollkommnung. Sie zeichnet sich durch die größten Unterschiede in der Wahl der Trainingsmittel zwischen den leichtathletischen Disziplinen aus. Es geht um die Entwicklung aller disziplinspezifischen Voraussetzungen für die angestrebte, neue, höhere Wettkampfleistung.
Sie ist durch die *Entwicklung der spezifischen Fähigkeiten in enger Verbindung mit der Struktur der Wettkampfbewegung gekennzeichnet.* Der Zyklus wird durch hohe und Grenzbelastungen bestimmt.

Insgesamt gilt für die Mesozyklen der Vorbereitungsperiode:
● Die zeitliche Länge der MEZ liegt zwischen 2–6 Wochen.
● Je fundamentaler die sportliche Vervollkommnung, je vielseitiger die Trainingsmittel, desto länger der MEZ.

● Je spezieller die sportliche Vervollkommnung, desto kürzer die MEZ.
● In Abhängigkeit von der Länge der Vorbereitungsperiode ist es möglich, einzelne Mesozyklen zum Zwecke der betonten Entwicklung bestimmter Voraussetzungen auch innerhalb einer VP zu wiederholen. (Eine VP kann also mehr als 3 MEZ enthalten, aber nur jene 3 Grundtypen.)
● Kein Mesozyklus stützt sich nur auf die Mittel und Methoden der ausgewiesenen Hauptrichtung. Die Hauptrichtung erhält jedoch das Primat bei der Bestimmung des Anteils und der Einordnung in das Training. Alle weiteren Mittel erhalten jenen Platz und Umfang, der für die Lösung der Hauptaufgabe des MEZ am effektivsten ist.

### Die Mesozyklen der Wettkampfperiode

Auf der Grundlage der in der Vorbereitungsperiode entwickelten Leistungsvoraussetzungen steht in der Wettkampfperiode (WP) die Entwicklung und Stabilisierung der sportlichen Form im Mittelpunkt. Daraus ergeben sich *zwei Grundtypen* von Mesozyklen.

● **MEZ zur Ausprägung der sportlichen Form**
Der 4. MEZ ist gekennzeichnet durch die Konzentration aller Bemühungen um die Ausprägung der sportlichen Form.
Dies bedingt
– einen geringen Gesamtumfang der Trainingsbelastung;
– hohe bis höchste Trainingsintensitäten in den speziellen Trainingsübungen;
– gezielte Gestaltung von Belastung und Erholung.
Die Wettkämpfe stellen einen wesentlichen Faktor der Leistungsausprägung dar. Innerhalb eines Zeitabschnittes von 4–6 Wochen muß die Leistungsausprägung erreicht sein.

● **MEZ zur Stabilisierung der sportlichen Form**
Der 5. MEZ ist dadurch gekennzeichnet, daß alle Trainingsbemühungen auf ein möglichst *stabiles, hohes Leistungsverhalten* des Sportlers ausgerichtet sind. Inhaltlich wird dies erreicht, indem in kurzen, begrenzten Zeitabschnitten in Annäherung an den MEZ der speziellen Vorbereitung und dann wiederum an den MEZ der Leistungsausprägung trainiert wird. Die zeitliche Länge liegt zwischen 3–6 Wochen.

**Der Mesozyklus der Übergangsperiode**

Der Mesozyklus *aktive Erholung* ist darauf orientiert, den Verlust der sportlichen Form *geplant* zu unterstützen und gleichzeitig eine aktiv gestaltete Erholung des Sportlers (besonders von den relativ einseitigen, speziellen und auch stark nervlich belastenden Forderungen der Wettkampfperiode) zu sichern.

Die zeitliche Dauer liegt zwischen 2 und 4 Wochen. In zahlreichen Fällen wird ein harmonischer Übergang zum nächsten Makrozyklus (MEZ allgemeine grundlegende Vorbereitung) angestrebt. Die Trainingsmittel sollen möglichst unspezifischen Charakter, aber hohen emotionalen Wert haben.

| Mikrozyklen sind die Struktureinheiten des Mesozyklus.

Es werden – wiederum den Gesetzen des Leistungsaufbaus folgend – *vier wesentliche Grundtypen* unterschieden:
– Mikrozyklen (MIZ) der Einleitung,
– der grundlegenden Belastung,
– der Leistungsausprägung,
– der aktiven Erholung. (Tab. 14)

Diese MIZ können sämtlich in einem MEZ vorhanden sein. Sie sind in ihrer inhaltlichen Ausrichtung jedoch immer der Hauptaufgabe, die innerhalb eines MEZ realisiert werden soll, zugeordnet.

| Die Trainingseinheit ist die kleinste Struktureinheit.

Tragen die einzelnen Zyklen die vorrangige Verantwortung für den geplanten Entwicklungsverlauf der sportlichen Form, so erfolgt innerhalb der Trainingseinheit die konkrete Auseinandersetzung des Sportlers mit der Trainingsbelastung. Vorrangig in der Trainingseinheit wird durch das Tätigsein die Einheit von sozialer und biologischer Entwicklung des Sportlers gesichert.

Innerhalb eines Mikrozyklus lassen sich *drei grundlegende Typen* herausarbeiten:
Die Trainingseinheit
– mit grundlegendem Charakter,
– mit ergänzendem Charakter,
– mit erholendem oder ausgleichendem Charakter.

Beim Aufbau von Mikrozyklen haben jene Trainingseinheiten und -mittel die Priorität, die der Hauptaufgabe des MEZ dienen. Alle anderen Trainingseinheiten und -mittel werden um sie gruppiert.

▶ Aufgaben:

Die Ausführungen der Disziplingruppen behandeln konkret den Inhalt der einzelnen MEZ der Vorbereitungsperiode. Lesen Sie dort vertiefend!
– Prüfen Sie sich, ob Sie die grundsätzliche Folge der zyklischen Trainingsgestaltung verstanden haben.
– Formulieren Sie aus dem Gedächtnis die Bezeichnung der Mesozyklen eines MAZ!

*Tabelle 14: Grundtypen von Mikrozyklen (MIZ)*

| MIZ der Einleitung | MIZ der grundlegenden Belastung | MIZ der Ausprägung | MIZ der aktiven Erholung |
|---|---|---|---|
| Steht am Beginn eines neuen MEZ; bereitet den Sportler auf die in den kommenden Wochen zu realisierende Hauptaufgabe vor | Zeichnet sich durch die Mittelpunktstellung der Trainingsmittel aus, die zum Schwerpunkt des MEZ gehören; hohe bis höchste Belastungen in diesen Mittelkomplexen; wird mehrfach innerhalb eines MEZ wiederholt | Ist darauf orientiert, den durch die grundlegenden Belastungen entwickelten Trainingszustand zu einer sichtbaren Niveauentwicklung zu führen; also Entwicklungsausprägung im Sinne des MEZ; Belastung nicht zu hoch – jedoch intensiv | Bildet zeitweilig eine Einheit mit dem MIZ der Einleitung; Sportler wird durch eine gesenkte Trainingsbelastung, veränderte Trainingsmittel zur kurzfristigen aktiven Erholung geführt |

### 3.4.2. Zur Entwicklung der sportlichen Meisterschaft

Die sportliche Meisterschaft ist in der Leichtathletik durch das Erreichen von Leistungen im Bereich des Weltniveaus in einer Wettkampfdisziplin gekennzeichnet.

Die Entwicklung ist ein mehrjähriger Prozeß, in dem
- durch die Entwicklung des Vorbereitungsstandes von Jahr zu Jahr eine größere Annäherung an die Struktur der sportlichen Höchstleistung erreicht wird und
- das spezielle Leistungsvermögen in der Wettkampfdisziplin – durch eine oftmalige Entwicklung der sportlichen Form – ständig ansteigt.

Dabei kann davon ausgegangen werden, daß in diesem mehrjährigen Prozeß
- nicht nur quantitative Veränderungen zwischen den einzelnen Faktoren, sondern auch qualitative Veränderungen erfolgen;
- in der Mehrzahl der Anpassungsveränderungen beim Sportler kein linearer Verlauf mit der Entwicklung der speziellen Leistung feststellbar ist;
- in bestimmten Entwicklungsabschnitten die einzelnen Faktoren eine unterschiedliche Beachtung finden, so daß der Weg zur sportlichen Meisterschaft kein konstantes Verhältnis der Leistungsfaktoren aufweist.

> Die Entwicklung der sportlichen Meisterschaft erfolgt in zwei Entwicklungsabschnitten.

Aus dem bisherigen Entwicklungsablauf (analysiert am Weg zahlreicher Weltklassesportler) lassen sich *zwei typische Entwicklungsabschnitte* herausarbeiten:
1. die Vorbereitung (auf die Spezialisierung in der Leichtathletik);
2. die Vervollkommnung (Spezialisierung).

Die **Vorbereitung** auf die Spezialisierung wird vorrangig *in enger Verbindung mit der Sportart Leichtathletik* realisiert. Wir finden jedoch auch, daß sie in einer anderen Sportart erfolgt, ohne dadurch den Entwicklungsverlauf der Spezialisierung negativ zu beeinflussen.

Wesentlich ist also offensichtlich nicht der Weg, sondern der Inhalt der Vorbereitung auf die Spezialisierung.

Am Ende des Abschnitts, der wegen seiner Lage auch oft als **Nachwuchstraining** bezeichnet wird, muß ein spezifisches *Vorbereitetsein* des Sportlers erreicht werden. Es ist vor allem dadurch charakterisiert, daß
- die *Schnelligkeits-/Schnellkraftfähigkeiten,* die in allen leichtathletischen Disziplinen eine führende Leistungsgrundlage darstellen, bereits einen hohen Entwicklungsstand aufweisen;
- die *koordinativen Fähigkeiten,* die eine wesentliche Grundlage für die variable Beherrschung der sportlichen Technik und für die hohe Ausschöpfung des physischen Potentials sind, hoch ausgeprägt wurden;
- die Grundlagen der *Technik* der Disziplinen und Trainingsübungen weitgehend erlernt sind;
- wesentliche *Einstellungen* und psychisch-moralische *Verhaltensweisen* entwickelt wurden, die Bedingung für das richtige Trainings- und Wettkampfverhalten sind;
- Trainingsmittel und -methoden eingesetzt wurden, die einen geringen Grad an Spezifik (in bezug auf die spätere Spezialdisziplin) besitzen, wodurch Möglichkeiten für den Einsatz spezieller Mittel in den weiteren Etappen offenbleiben.

Aus diesem Charakter des notwendigen Vorbereitetseins leiten sich die *Aufgaben* ab, die für den Entwicklungsabschnitt der Vorbereitung stehen. Vergleichen Sie die Ableitung der Aufgaben für das Grundlagen- und Aufbautraining.

Die **Vervollkommnung** baut auf das Vorbereitetsein auf. Sie ist auf die Ausprägung der Leistungsfaktoren der Höchstleistung in einer Disziplin orientiert. Sie zeichnet sich dementsprechend durch hohe *Spezialisierung* aus.

Dieser Abschnitt wird häufig auch als Anschluß- und Hochleistungstraining bezeichnet.
● Obwohl gegenwärtig noch zahlreiche andere Beispiele vorhanden sind, ist davon auszugehen, daß mit der weiteren Leistungsentwicklung in der Welt die *mehrjährige gezielte Vorbereitung über die Leichtathletik* auf eine Disziplin die optimale Variante ist.
● Sportliche Höchstleistungen werden in der Leichtathletik zunehmend häufiger schon zwischen dem 18. und dem 21. Lebensjahr erreicht. Das mittlere Hochleistungsalter zeigt trotz dieser Tendenz eine gewisse Stabilität: es liegt seit Jahren zwischen 22 und 27 Lebensjahren. Diese Stabilität könnte darin begründet

liegen, daß auch zunehmend häufiger Sportlerinnen und Sportler im Bereich des 30. Lebensjahres und auch noch danach Weltspitzenleistungen erreichen.

● Die Zeitspanne der *Vorbereitung* auf die Spezialisierung umfaßt z. Zt. ca. *3–6 Jahre.* Die erforderliche Trainingsdauer vom Beginn der *Spezialisierung* bis zum Erreichen der Weltspitze liegt zwischen *3 und 8 Jahren.*

● Bei der inhaltlichen Gestaltung des Trainings ist in den ersten Trainingsjahren (besonders bei der Vorbereitung auf die Spezialisierung) nicht zu sehr von den Möglichkeiten der Trainierbarkeit (z. B. Ausdauer) auszugehen. Vielmehr ist die Schaffung solcher komplexen Grundlagen in den Mittelpunkt zu stellen, die die Entwicklung kommender Spitzenleistungen bestimmen.

> Die Entwicklung der sportlichen Meisterschaft ist ein in sich geschlossener Prozeß, der nach allgemeinen Gesetzmäßigkeiten der Entwicklung der sportlichen Leistung verläuft.

Das spiegelt sich wider
– in der Realisierung der Gesetzmäßigkeiten zur Entwicklung psychischer Verhaltens- und Steuerungseigenschaften, konditioneller und koordinativer Fähigkeiten, sporttechnischer Fertigkeiten u. a. m.

*Beispiel:*
Die Vervollkommnung des Arbeitseffektes von Schnellkraftbewegungen verläuft über eine Reihe von Etappen.
1. Etappe:
Allgemeine Erhöhung des motorischen Potentials und der Fähigkeit des Sportlers zu seiner möglichst vollständigen Nutzung.
2. Etappe:
Überwiegende Zunahme der absoluten Muskelkraft.
3. Etappe:
Vorwiegende Vervollkommnung der Fähigkeit zu einer schnellen Äußerung der effektiven Bemühungen am Beginn der Arbeitsspannung der Muskulatur.
(Diese Folge prägt auch die Bemühungen um die Entwicklung der Kraftfähigkeiten im mehrjährigen Leistungsaufbau.)

Das weiter oben über die Entwicklung der sportlichen Meisterschaft Gesagte spiegelt sich des weiteren wider

– in den Grundprinzipien des leichtathletischen Trainingsprozesses: Individualisierung, Spezialisierung, Belastungssteigerung, Zyklizität, Systematik, Einheit von allgemeiner und spezieller Vervollkommnung, Bewußtheit (vgl. auch Abschnitt 3.2.).

*Beispiel:*
Das Grundprinzip des optimalen Verhältnisses zwischen allgemeiner und spezieller Vervollkommnung wird wesentlich durch das biologische Prinzip der Spezifizierung beeinflußt.
Es gründet sich darauf, daß im Trainingsprozeß diejenigen Organe, Zellen und intrazellulären Strukturen den größten funktionellen und morphologischen Veränderungen unterzogen werden, die die Hauptlast der auszuführenden Belastung tragen.
Dabei ist zwar eine gewisse Übertragbarkeit der Effekte auf andere Organe usw. zu berücksichtigen (Transfereffekt). Sie verringert sich jedoch mit Zunahme der sportlichen Meisterschaft deutlich. Für das leichtathletische Training im Sinne der Entwicklung der sportlichen Meisterschaft bedeutet dies:

● Im Verlaufe des Entwicklungsprozesses der sportlichen Meisterschaft ist in allen Trainingsbereichen eine Einengung im Sinne der spezialisierteren Einwirkung vorzunehmen. Der Einengung – zunächst im Bereich der allgemeinen Trainingsmittel – im Sinne einer höheren Zielgerichtetheit folgt dann auch die Einengung der speziellen Trainingsmittel im Sinne einer höheren Spezifik.

● Entsprechend den notwendigen funktionellen Forderungen ist die Übertragbarkeit im unteren Leistungsbereich am größten. Es kommt also hier die größte Anzahl von Übungen überhaupt zum Einsatz.

Das richtige Einordnen der sich aus den Gesetzmäßigkeiten ergebenden Aufgaben, das richtige Umsetzen der Grundprinzipien des Trainings bestimmen also in hohem Maße den Inhalt (und damit den Verlauf) der Entwicklung der sportlichen Meisterschaft.

> Der Entwicklungsstand der sportlichen Meisterschaft in der Leichtathletik wird in vier Trainingsetappen gegliedert (Tab. 15).
> Die folgerichtige Herausbildung aller Leistungsfaktoren der Wettkampfdisziplin, ihr notwendiger Entwicklungsstand und ihr geordnetes Zusammenfügen im Verlaufe der Trainingsjahre kennzeichnen den Prozeß der Entwicklung der sportlichen Meisterschaft.

*Tabelle 15:    Trainingsetappen bei der Entwicklung der sportlichen Meisterschaft in der Leichtathletik*

| | Kurzbezeichnung | Hauptaufgabe |
|---|---|---|
| **Vorbereitung** | Grundlagentraining | Entwicklung allgemeiner Leistungsvoraussetzungen unter Einbeziehung der Sportart Leichtathletik bei besonderer Beachtung der koordinativen und Schnelligkeitsfähigkeiten |
| | Aufbautraining | Konzentration auf die Entwicklung wesentlicher Grundlagen einer leichtathletischen Disziplingruppe |
| **Vervoll-kommnung** | Anschlußtraining | Entwicklung der Grundlagen für hohe Leistungen in einer leichtathletischen Disziplin mit dem Ziel, den Anschluß an die Weltspitze zu erreichen |
| | Hochleistungstraining | optimale Ausprägung des geregelten Zusammenspiels aller Leistungsfaktoren bei hoher Ausschöpfung der Individualität |

*Tabelle 16:    Angestrebte Vervollkommnungen des Systems der Entwicklung der sportlichen Meisterschaft*

| | |
|---|---|
| *im Grundlagentraining* | besonders durch<br>– Entwicklung einer hohen allgemeinen Arbeitsfähigkeit;<br>– Entwicklung rhythmisch-koordinativer und schnelligkeitsorientierter Leistungsvoraussetzungen (Training neuromuskulärer Steuer- und Regelprozesse);<br>– verstärkte Entwicklung des arthromuskulären Gleichgewichts;<br>– Entwicklung der Fähigkeit zur Ausschöpfung des physischen Potentials (über hohe allgemeine Voraussetzungen zu hohen speziellen Leistungen in dieser Altersklasse);<br>– Sicherung eines eignungsfördernden Trainings (bessere Beachtung biologischer Entwicklungsmöglichkeiten);<br>– höhere Gerichtetheit aller Trainingsmaßnahmen;<br>– Sicherung einer größeren Einheit von Entwicklung der etappenspezifischen Leistungsvoraussetzungen und Wettkampfsystem; |
| *im Aufbautraining* | – verstärkte Beachtung des Trainings der Steuer- und Regelprozesse (handlungsregulatorische Konzepte, neue Antriebskonzepte);<br>– Entwicklung des Voraussetzungs- und Lerntrainings sowie des Korrekturtrainings;<br>– Anheben der Belastbarkeit (Schulung effektiver Bremsbewegungen, Sicherung des arthromuskulären Gleichgewichts an den disziplinspezifischen Schwachstellen des Stütz- und Bewegungssystems);<br>– neuartige Belastungsrhythmisierung;<br>– frühere geistige Durchdringung des Trainings (Bewußtheit);<br>– frühere Individualisierung;<br>– Qualifizierung der Leistungsdiagnostik (unter Vereins- oder Landesbedingungen); |
| *im Hochleistungstraining* | – Erhöhung des Wirkungsgrades aller Trainingsmaßnahmen durch eine hohe Gerichtetheit im Sinne einer deutlicheren Strukturbezogenheit trainingsmethodischer Lösungen;<br>– neuartige Belastungskonzeptionen;<br>– Anwendung komplexer handlungstheoretischer trainingsmethodischer Lösungen;<br>– Ausschöpfung der Entwicklungen im Wettkampfsystem für die Leistungsvorbereitung (Nutzung zur Ausprägung und zum möglichst geringen Abfall des speziellen Leistungsvermögens in den Phasen des Neuaufbaus) |

► Aufgabe:
Behalten Sie die beiden Wege der Vorbereitung im Auge! Beachten Sie z. B. Meldungen über den Entwicklungsgang von Sportlern in der Sportpresse. Machen Sie sich Gedanken, welche Sportarten beim indirekten Wege der Vorbereitung in Frage kommen!

Neben diesem traditionellen Aufbau der sportlichen Meisterschaft deutet sich das Suchen nach inhaltlich strukturellen Neulösungen an. Zwei Grundgedanken lassen sich dabei als Leitorientierungen herausheben:

1. In allen Ausbildungsetappen (also auch im Nachwuchstraining) soll mit den etappenspezifischen Mitteln stets eine hohe spezielle Leistung angestrebt werden.

2. Da höhere Leistungen in gleicher Zeit erreicht werden, besteht die Notwendigkeit, die Wirksamkeit des Trainings ständig zu erhöhen.

Ein Versuch, die zahlreichen Orientierungen in den Publikationen zu ordnen, könnte zu den in der Tabelle 16 dargelegten Ansätzen der weiteren Vervollkommnung des Systems der Entwicklung der sportlichen Meisterschaft führen.

► Aufgabe:
Überprüfen Sie, für welche dieser Orientierungen Ihnen trainingsmethodische Lösungen bereits zur Verfügung stehen.

61

# 4.  Leichtathletisches Nachwuchstraining

Das folgende Kapitel orientiert auf ein *leistungssportausgerichtetes* Kinder- und Jugendtraining in der Leichtathletik. Es befaßt sich detailliert mit Zielen, Inhalten und mit der Gestaltung des ersten Abschnittes der Trainingsetappen zur Entwicklung der sportlichen Meisterschaft, also mit dem Abschnitt der *Vorbereitung und des Beginns der Spezialisierung*. In einem weiteren Kapitel wird darüber hinaus auf die besondere Stellung des Anschlußtrainings im Prozeß des langfristigen Leistungs- und Belastungsaufbaus verwiesen. Unsere Auffassung zum **leistungsorientierten Kinder- und Jugendtraining** wird in folgenden Positionen verdeutlicht:

● **Die Wege vom sportlichen Anfänger bis zum Hochleistungssportler können sehr verschieden sein.** Sie können sich unterscheiden u. a.

– im Zeitpunkt des Beginns der sportlichen Betätigung und/oder im Zeitpunkt der Spezialisierung;
– in der Zeitdauer einzelner Ausbildungsetappen;
– im Inhalt und in der Gestaltung des Trainings;
– in der Leistungsentwicklung.

Unabhängig davon deuten jedoch Entwicklungsverläufe weltbester Leichtathleten darauf hin, daß sportliche Höchstleistungen nur noch von solchen Sportlern erreicht werden können, die über eine ganz spezielle Eignung verfügen und in einem systematischen und vor allem zielgerichteten mehrjährigen Training auf sportliche Spitzenleistungen vorbereitet werden. (Harre 1979; Martin 1991)

● Weil die Zeitdauer des systematischen Trainingsprozesses vom Anfänger bis zum Hochleistungssportler 6 bis 10 Jahre betragen kann, ist ein spitzensportorientiertes Training mit all seinen Konsequenzen (psychische, medizinische, soziale u. a.) auch bereits im Kindes- und Jugendalter erforderlich.

● Leistungsorientiertes leichtathletisches Nachwuchstraining zielt generell auf die komplexe Entwicklung der physischen, koordinativ-technischen und psychischen Leistungsvoraussetzungen bei Beachtung der disziplinspezifischen Anforderungen an die künftigen Sprinter, Springer, Werfer oder Läufer. Differenzierungen zwischen einzelnen Disziplinen sind notwendig hinsichtlich

– des Zeitpunkts der Spezialisierung;
– des zeitlichen Verlaufs des langfristigen Trainingsprozesses;
– der Trainingsstruktur
  (z. B. werden Unterschiede zwischen künftigen Läufern und Werfern schon im frühen Schulkindalter deutlich).

● Der Gliederung des leichtathletischen Nachwuchstrainings in Ausbildungsetappen liegt nicht das Lebensalter zugrunde.

Folgende Faktoren beeinflussen sowohl die zeitliche Struktur des langfristigen Trainingsaufbaus als auch die Ziele, Inhalte und die Gestaltung des Kinder- und Jugendtrainings in den einzelnen Etappen (Rost 1976):

– anlagebedingte Voraussetzungen und Besonderheiten sowie das individuelle Entwicklungstempo des Sportlers;
– das Alter, in dem mit der sportlichen Betätigung generell und mit dem Training in der Leichtathletik speziell begonnen wurde;
– der Anforderungscharakter der Disziplin sowie die für Spitzenleistungen notwendigen Voraussetzungen;
– Gesetzmäßigkeiten der Entwicklung von leistungsbestimmenden konditionellen Fähigkeiten, sportlichen Fertigkeiten und psychischen Eigenschaften;
– nationale und internationale Entwicklungstendenzen in der Sportwissenschaft und -praxis;
– soziale Bedingungen;
– organisatorische und materielle Voraussetzungen für das Training.

Ausgehend von den in den letzten Jahren geführten Diskussionen zu Problemen des langfristigen Leistungsaufbaus und unter Beachtung der in der ehemaligen DDR gewonnenen Erkenntnisse und Erfahrungen im Nachwuchsleistungssport wird der Trainingsprozeß

vom Anfänger in der Leichtathletik bis zum Hochleistungssportler in folgende *Ausbildungsetappen* eingeteilt:
*Grundlagentraining:* Dauer 2–4 Jahre
*Aufbautraining:* Dauer 2–4 Jahre
*Anschlußtraining:* Dauer 2–3 Jahre

Aus der Sicht der für die Ausbildung der Fähigkeiten und Fertigkeiten besonders entwicklungswirksamen Phasen im Kindes- und Jugendalter (sensible Phasen) kann für die altersmäßige Zuordnung auf die einzelnen Ausbildungsetappen folgende Orientierung gegeben werden (Abb. 13):
*Beginn des Grundlagentrainings:* 9.–10. Lebensjahr
*Beginn des Aufbautrainings:* 13.–14. Lebensjahr
*Beginn des Anschlußtrainings:* 15.–17. Lebensjahr
Bei prinzipieller Wahrung der Einheit des langfristigen Belastungs- und Leistungsaufbaus vom Anfänger bis zum Topathleten folgt das Nachwuchstraining eigenen Voraussetzungen und Gesetzmäßigkeiten. Es vollzieht sich in ständiger Wechselwirkung von
**Reifung – Tätigkeit – Umwelt**
und unterliegt vor allem den Besonderheiten der Entwicklungs- und Reifungsprozesse.
● **Bestimmend für den Übergang in die nächsthöhere Ausbildungsetappe und für die Zeitdauer der Ausbildung sind** weder das kalendarische Alter noch verbandsinterne Regelungen hinsichtlich der Eingruppierung der Sportler in bestimmte Altersklassen oder Förderstufen, sondern **das biologische Alter sowie das Niveau der allgemeinen und speziellen Leistungsvoraussetzungen.** Diese Forderung hat jedoch zur Folge, daß sich Sportler, die sich in unterschiedlichen Ausbildungsetappen befinden (z. B. GLT – ABT oder ABT – AST), in einer Altersgruppe als Wettkämpfer gegenüberstehen können (siehe Abb. 1).
● *Für sogenannte Späteinsteiger oder Umsteiger (aus anderen Sportarten) in das leistungsorientierte leichtathletische Nachwuchstraining kann die Dauer der Ausbildung in den einzelnen Trainingsetappen kürzer sein als für solche Sportler, die bereits im frühen Schulkindalter mit einem leichtathletisch orientierten Training begonnen haben.* Die weitere Abfolge der Trainingsetappen für „Späteinsteiger" oder „Umsteiger" hängt vom biologischen Entwicklungsstand, vor allem aber vom Niveau der Leistungsvoraussetzungen, ab. Für einen 15jährigen Sportler z. B., der nach mehrjähriger Trainings- und Wettkampftätigkeit im Handball dann in die Leichtathletik umsteigt, wird es kein Grundlagentraining im üblichen Sinne geben. Seine Anpassung an die speziellen Belastungen der Leichtathletik, z. B. im Speerwerfen, vollzieht sich im Rahmen des Aufbautrainings, anfangs sicher mit veränderten Proportionen zwischen allgemeinem und speziellem Training zugunsten des allgemeinen Trainings.

Abb. 13 Altersmäßige Zuordnung in die Ausbildungsetappen des leichtathletischen Trainings und in die einzelnen Entwicklungsstufen

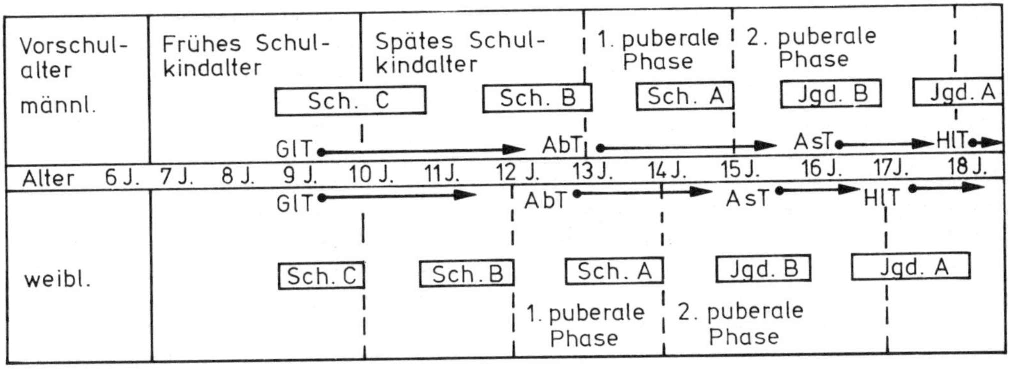

## • Zur Spezialisierung

Die besonders im Kindes- und Jugendalter sichtbar werdenden Widersprüche zwischen den Zielen des Nachwuchstrainings mit der Leistungsmotivation der Sportler einerseits sowie den Leistungserwartungen ihrer Eltern und Trainer andererseits, die vorrangig auf Sieg- und Bestleistungen in der Spezialdisziplin gerichtet sind, erfordern einen prinzipiellen Standpunkt zu Fragen der Spezialisierung in den Etappen des Grundlagen-, Aufbau- und Anschlußtrainings.

*Grundlagentraining*
- keine Spezialisierung auf eine oder mehrere Disziplinen, sondern vielseitige Ausbildung im Laufen, Springen und Werfen (spezielle vielseitige Ausbildung) sowie in anderen Sportarten (allgemeine vielseitige Ausbildung).
- Orientierung der Wettkampftätigkeit auf leichtathletische Mehrkämpfe

*Aufbautraining*
- Vielseitige und zielgerichtete Vorbereitung in einem der Disziplinblöcke
  Sprint/Hürden
  Sprung
  Wurf/Stoß
  Mittelstrecken- und Langstreckenlauf/Gehen
- Orientierung der Wettkampftätigkeit auf Mehrkämpfe und auf Einzeldisziplinen im Disziplinblock

*Anschlußtraining*
- Spezialisierung innerhalb eines Disziplinblockes auf eine Disziplin, höchstens zwei Disziplinen;
- Orientierung der Wettkampftätigkeit auf die Spezialdisziplin

Bei prinzipieller Einhaltung dieser Orientierung sind Abweichungen aufgrund von *alters-, geschlechts- und individuellen Entwicklungsbesonderheiten* sowie von *Spezifika der Disziplinen* möglich oder sogar notwendig:

○ *Frühzeitige Spezialisierung* bereits am Ende des Grundlagen- bzw. im Verlaufe des Aufbautrainings in solchen Disziplinen, die
- sehr hohe koordinativ-technische Anforderungen stellen, z. B. Stabhochsprung;
- eindeutig und sehr frühzeitig spezielle Veranlagungen erkennen lassen, z. B. in Langzeitausdauerdisziplinen.

○ *Frühzeitigere Spezialisierung* bei solchen Sportlern, die im Vergleich zu kalendarisch Gleichaltrigen über einen deutlichen Entwicklungsvorsprung verfügen (biologisch und psychisch Akzelerierte).

○ *Spätere Spezialisierung* in solchen Disziplinen, die besonders hohe Anforderungen an die Maximalkraftfähigkeiten (z. B. Kugelstoßen), an den anaeroben Stoffwechsel (z. B. 400 m) oder an die Belastbarkeit des Stütz- und Bewegungsapparates stellen (z. B. Dreisprung).

○ *Spätere Spezialisierung* bei solchen Sportlern, die im Vergleich zu kalendarisch Gleichaltrigen über ein deutliches Entwicklungsdefizit verfügen (biologisch und psychisch Retardierte).

Die Spezialisierung vollzieht sich im langfristigen Trainingsprozeß vom Anfänger bis zum Hochleistungssportler durch
- eine systematische Umfangssteigerung im speziellen Training,
- eine Veränderung des Verhältnisses zwischen allgemeinem und speziellem Training zugunsten des speziellen Trainings,
- eine kontinuierliche Steigerung der Belastungsintensität,
- eine ständige Zunahme der Wettkämpfe im Disziplinblock oder in der Spezialdisziplin.

> Entscheidend für den Zeitpunkt der Spezialisierung sind sowohl das biologische Alter und die spezielle Leistungsfähigkeit, vor allem aber das Niveau der allgemeinen und speziellen Leistungsvoraussetzungen.

## • Zur Belastungsgestaltung

Das Nachwuchstraining wird unter Bedingungen gestaltet, die vor allem in der *Belastungsplanung und -gestaltung* berücksichtigt werden:
- notwendige Belastungssteigerung im Mehrjahresverlauf bei gleichzeitig steigenden Anforderungen durch Schule und Berufsausbildung;
- Doppelbelastung durch Reifungsprozesse und Training;
- feste, vorgegebene und kaum veränderliche Strukturen des Tages-, Wochen- und Jahresverlaufs durch Schule oder Berufsausbildung und gleichzeitige Sicherung eines systematischen Trainings;
- mehrere Altersklassen sowie Jungen und Mädchen in einer Trainingsgruppe;

– freizeitsportlich und leistungssportlich orientierte Sportler unterschiedlicher Disziplinen in einer Trainingsgruppe.

Mit der *Trainingshäufigkeit* (am Tag und im Mikrozyklus) sowie der *Trainingszeit* als wesentlichen und sehr variabel zu handhabenden Steuergrößen für die Gesamtbelastung im Nachwuchstraining ist eine *Wechselwirkung zwischen Be- und Entlastung zu sichern,* zum Beispiel:

– geringere Trainingshäufigkeit und kürzere Trainingszeiten zu Beginn eines jeden Trainingsjahres sowie nach Trainingsausfällen usw.;
– Reduzierung der Trainingshäufigkeit und Trainingszeit in Phasen hoher schulischer oder beruflicher Belastung, vor allem in Phasen verstärkten Längenwachstums;
– Belastungshöhepunkte in Ferien (Steigerung der Trainingshäufigkeit auf mehrmaliges tägliches Training) oder an Wochenenden.

Vorgaben für die **Trainingshäufigkeit** in den einzelnen Ausbildungsetappen sind aufgrund unterschiedlicher Bedingungen und Voraussetzungen (z. B. Alter bei Beginn des regelmäßigen Trainings, Trainingsalter...) und sehr differenzierter Anforderungen der Disziplingruppen (z. B. Schnellkraftdisziplinen, Ausdauerdisziplinen) nur bedingt möglich.

Zur Sicherung einer systematischen Ausbildung und kontinuierlichen Belastungssteigerung sollten jedoch folgende Orientierungen eingehalten werden:

– *Grundlagentraining:*
Beginn – 2mal pro Woche
Ende – 4mal pro Woche
– *Aufbautraining:*
Beginn – 4–5mal pro Woche
Ende – tägliches Training
– *Anschlußtraining:*
tägliches Training bis 10mal pro Woche.

Die Belastungssteigerung im Mehrjahresverlauf wird realisiert durch eine ständige Zunahme

– der Belastungsumfänge in den einzelnen Bereichen des allgemeinen und speziellen Trainings,
– der wöchentlichen Trainingshäufigkeit und damit der Belastungsdichte,
– der Dauer der Trainingseinheit,
– der Anteile des speziellen Trainings,

– der Intensitäten in den einzelnen Bereichen des allgemeinen und speziellen Trainings,
– der Anzahl der Trainingseinheiten mit hohen und sehr hohen Belastungen (im Anschlußtraining),
– der Häufigkeit und Dauer der Belastungsphasen (im Anschlußtraining),
– der Häufigkeit und Dichte der Wettkämpfe.

Die Belastung sollte im Grundlagentraining gleichmäßig, im Aufbau- und Anschlußtraining auch sprunghaft gesteigert werden. Unterschiedliche Steigerungsraten sowohl zwischen den Trainingsbereichen als auch von Jahr zu Jahr entsprechend den individuellen Besonderheiten der Sportler sind jedoch erforderlich. *In Phasen der Leistungsstagnation oder des Leistungsrückganges, die entwicklungsbedingt sind, ist eine Reduzierung der speziellen Belastung unbedingt notwendig.*

● **Zur Zyklisierung**
Struktur und zyklische Gestaltung des Nachwuchstrainings werden wesentlich bestimmt
– vom Schuljahresablauf,
– von den jahreszeitlich geprägten Trainingsbedingungen,
– von den Wettkampfterminen.

Unabhängig davon unterliegt aber auch im Nachwuchsbereich die Entwicklung der sportlichen Form bestimmten Gesetzmäßigkeiten, von deren Einhaltung der Erfolg des Trainings abhängig ist. Bei prinzipieller Orientierung auf eine *komplexe Entwicklung* der Fähigkeiten und Fertigkeiten im Jahresverlauf, um einer einseitigen Belastung im Training vorzubeugen und keine Eintönigkeit zuzulassen, kann aber auch schon im Kinder- und Jugendtraining durch eine schwerpunktmäßige Entwicklung einzelner Fähigkeiten und Fertigkeiten in bestimmten Mikrozyklen und Trainingsabschnitten die Wirkung des Trainings deutlich erhöht werden.

Struktur und zyklische Gestaltung des Trainingsjahres unterscheiden sich im Grundlagen-, im Aufbau- und im Anschlußtraining grundsätzlich:

**Grundlagentraining**
Ganzjährige allgemeine und spezielle vielseitige Ausbildung einschließlich einer ganzjährigen vielseitigen Wettkampftätigkeit.
Akzentuierte Entwicklung einzelner Fähigkei-

ten und Fertigkeiten in bestimmten Trainingsabschnitten.
*Keine Unterteilung des Jahres in Vorberei-
tungs- und Wettkampfperiode.* Der Wettkampfhöhepunkt wird durch eine stärkere Betonung solcher Disziplinen, für die sich der
Sportler besonders eignet oder interessiert, im
Training und in Wettkämpfen vorbereitet.

### Aufbautraining

Neben den genannten Faktoren ist der Jahresaufbau abhängig
- vom erreichten Niveau der allgemeinen und
  speziellen Leistungsvoraussetzungen des
  Sportlers,
- von der persönlichen Leistungszielstellung,
- von den Terminen der Wettkampfhöhepunkte (u. a. Meisterschaften) sowie der
  Absicht des Sportlers, an welchen Wettkämpfen mit welcher Zielstellung er teilnehmen will,
- von trainingsmethodischen Besonderheiten
  der Disziplingruppe.

*Eine* Bestlösung für den Jahresaufbau wird es
also nicht geben.
Wird jedoch von der prinzipiellen Zielstellung
ausgegangen, daß der Sportler seine persönliche Jahresbestleistung zum Jahreshöhepunkt,
also zu den Meisterschaften, erreichen will,
wird auf eine *Einfachperiodisierung* orientiert.
Das bedeutet eine *ganzjährige komplexe Entwicklung der leistungsbestimmenden allgemeinen und speziellen Leistungsvoraussetzungen
mit Akzentuierung einzelner Fähigkeiten und
Fertigkeiten in bestimmten Trainingsabschnitten.*
Bei einem Trainingsbeginn im September und
der Annahme, daß der Wettkampfhöhepunkt
im Juli liegt, kann von einer Dauer des Trainingsjahres von 48 Wochen ausgegangen werden.
Eine Untergliederung des Trainingsjahres in 8
Abschnitte (Mesozyklen) zu je 6 Wochen
würde zu folgendem Jahresaufbau führen:
- Vorbereitungsperiode: 1.–6. Mesozyklus
  (36 Wochen)
- Wettkampfperiode: 7.–8. Mesozyklus (12
  Wochen)

Inhaltliche Schwerpunkte für die Mesozyklen:
*1.–3. Mesozyklus (18 Wochen)*
Entwicklung allgemeiner und disziplingruppenspezifischer Leistungsvoraussetzungen
Leistungsnachweise in allgemeinen und disziplingruppenspezifischen Mehrkämpfen

*4.–6. Mesozyklus (12 Wochen)*
Weiterentwicklung der allgemeinen und akzentuierte Entwicklung der disziplingruppenspezifischen Leistungsvoraussetzungen
Leistungsnachweise in disziplingruppenspezifischen Mehrkämpfen sowie in Einzeldisziplinen
*7.–8. Mesozyklus (12 Wochen)*
Weiterentwicklung der disziplingruppenspezifischen Leistungsvoraussetzungen,
Leistungsentwicklung in mehreren Disziplinen
der Disziplingruppe,
Leistungsausprägung in der Spezialdisziplin

### Anschlußtraining

*Der Jahresaufbau ist stark individualisiert*
(Dauer und Reihung der Mesozyklen, Art und
Häufigkeit der Wettkämpfe u. a.), aber *eindeutig auf den oder die Wettkampfhöhepunkte
des Jahres ausgerichtet.*
Die Struktur des Trainingsjahres gleicht sich
immer mehr dem Jahresaufbau des Hochleistungsbereichs an. Die zunehmende Ausrichtung des Trainings auf spezielle, disziplinspezifische Belastungen erfordert einen *Mehrfach-
aufbau in Form der Doppel- oder Dreifachperiodisierung.* Die Unterteilung des Trainingsjahres in mehrere Makrozyklen mit prinzipiell
gleichem belastungsmethodischem Aufbau,
aber mit *zunehmender Spezialisierung und höherer Belastung,* ermöglicht eine immer bessere Anpassung an die Wettkampfanforderungen.

*Jahresaufbau bei einer Doppelperiodisierung:*
1. Makrozyklus – bis zu den regionalen oder
Deutschen Hallenmeisterschaften
2. Makrozyklus – bis zu den regionalen oder
Deutschen Meisterschaften

*Jahresaufbau bei einer Dreifachperiodisierung:*
1. und 2. Makrozyklus wie bei der Doppelperiodisierung.
3. Makrozyklus – bis zum internationalen
Wettkampfhöhepunkt unmittelbare Wettkampfvorbereitung (UWV).
Unabhängig von der Struktur des Trainingsjahres und der Dauer einzelner Makrozyklen
oder Abschnitte (Mesozyklen) *müssen im
Grundcharakter und der Reihenfolge der Mesozyklen die Gesetzmäßigkeiten zur Entwicklung der sportlichen Form zu erkennen sein:*
- Entwicklung allgemeiner und disziplingruppenspezifischer Leistungsvoraussetzungen;

- Entwicklung disziplinspezifischer Leistungsvoraussetzungen;
- Entwicklung und Ausprägung der wettkampfspezifischen Leistungsfähigkeit.

● **Zur Wettkampfgestaltung**
*Die Wettkampfinhalte und -formen werden von den Zielen und Inhalten des Trainings bestimmt.* Im leistungssportorientierten Kinder- und Jugendtraining bedeutet das nicht, daß die traditionellen Leichtathletik-Wettkämpfe dem vielseitigen allgemeinen Training weichen müssen. *Kind- und jugendgemäßes leichtathletisches Training erfordert auch kind- und jugendgerechte Wettkämpfe* als Ergänzung zu dem seit Jahrzehnten erprobten Wettkampfsystem des Leichtathletik-Verbandes. Daraus ergibt sich die Forderung nach einer starken Differenzierung der Wettkampfanforderungen im Grundlagen-, Aufbau- und Anschlußtraining.

**Grundlagentraining**
○ Die komplexe allgemeine vielseitige und spezielle vielseitige Ausbildung erfordert eine ganzjährige Wettkampftätigkeit in allen Disziplinen der Leichtathletik sowie auch in anderen Sportarten.
○ Mehrkämpfe und Mannschaftswettkämpfe haben noch Vorrang vor Einzelwettkämpfen.
○ Die Belegung von Einzeldisziplinen bei Meisterschaften sollte nur durch eine Qualifikation über Mehrkämpfe möglich sein, in denen ein bestimmtes Niveau allgemeiner und spezieller Leistungsvoraussetzungen nachzuweisen ist.

**Aufbautraining**
○ Die Wirksamkeit der allgemeinen und speziellen Ausbildung ist ganzjährig mittels allgemeiner und disziplingruppenspezifischer Wettkämpfe (vorrangig in Mehrkämpfen) nachzuweisen.
○ Die Zielstellung des speziellen Trainings
- koordinativ-technische Vervollkommnung in den Disziplinen der Disziplingruppe,
- vorrangige Entwicklung der Schnelligkeits- und Schnellkraftfähigkeiten,
erfordert eine Modifizierung der Wettkämpfe im speziellen Bereich (z. B. Wettkämpfe, bei denen vorrangig Technik bewertet wird, Mehrkämpfe zum Nachweis der Schnelligkeits- und Schnellkraftfähigkeiten u. a.).
○ Die Belegung von Einzeldisziplinen bei

Meisterschaften sollte eine Qualifikation über disziplingruppenspezifische Mehrkämpfe voraussetzen.

**Anschlußtraining**
Die Wettkämpfe haben der zunehmenden Spezialisierung sowie den erhöhten Belastungsanforderungen Rechnung zu tragen. Das muß zum Ausdruck kommen
- in einer höheren Anzahl von Wettkämpfen im Vergleich zum Grundlagen- und Aufbautraining,
- im höheren Anteil der Wettkämpfe in der Spezialdisziplin,
- in einer dichteren Wettkampffolge, z. B. in Wettkampfserien.

# 4.1. Grundlagentraining

## 4.1.1. Bestimmung, Ziele und Aufgaben

**Bestimmung der Etappe**
Das Grundlagentraining ist die *erste Etappe* des langjährigen Prozesses, der darauf zielt, junge Sportler auf sportliche Höchstleistungen in der Leichtathletik vorzubereiten. Grundlagentraining wird in der Leichtathletik vorwiegend mit Sportlern des frühen und späten Schulkindalters absolviert. Es erstreckt sich über 2–5 Jahre in Abhängigkeit vom altersmäßigen Beginn, von den vorausgegangenen Trainingseinflüssen in der körperlich-sportlichen Grundausbildung und dem individuellen biologischen Entwicklungsstand.
Den entscheidenden Einfluß auf den *Charakter* des Grundlagentrainings haben die aus dem Gesamttrainingsprozeß zu treffenden Ableitungen und die Zusammenhänge mit den folgenden Trainingsetappen.
Der Charakter des Grundlagentrainings wird geprägt durch die allgemeinen Gesetzmäßigkeiten des Aufbaus der sportlichen Leistung und ihre sportartspezifischen Besonderheiten.

> Die Typik des langfristigen Weges der Entwicklung sportlicher Höchstleistungen in der Leichtathletik bestimmt die spezifischen Merkmale der Etappe des Grundlagentrainings.

Das leichtathletische Grundlagentraining ist durch folgende **Merkmale** charakterisiert:

67

● Das Grundlagentraining ist ein leistungssportliches Training, das sich als *wissenschaftlich begründeter, geplanter und geleiteter geschlossener pädagogischer Prozeß* realisiert.

● Es *ordnet sich in die Gesamtaufgabe* der Bildung und Erziehung allseitig entwickelter junger Menschen *ein*, indem es sie mit den ihm eigenen Mitteln und Möglichkeiten unterstützt.

● Grundlagentraining stellt den Anschluß zum Aufbautraining her und leitet seine Aufgaben aus der typischen Struktur der Leistungsfaktoren ab, die die künftige Weltspitzenleistung voraussichtlich bestimmen werden.

● Es wird jedoch in der pädagogisch-methodischen Gestaltung *geprägt von deutlichen Besonderheiten* des biologischen und ausbildungsbedingten Entwicklungsstandes.

● Grundlagentraining hat die *beginnende leistungssportliche Spezialausbildung* in der Sportart zum Inhalt. Es orientiert sich zunächst auf die ganze Breite der leichtathletischen Disziplinen.

● Das Grundlagentraining hat starken Bezug zur *zielgerichteten Leistungsentwicklung*.

Die momentane sportliche Leistungsfähigkeit ordnet sich jedoch dem Erreichen der *perspektivisch höchsten* Leistungsfähigkeit unter.

● Die Trainingsbelastung ist im Grundlagentraining vorwiegend durch eine *extensive Belastungssteigerung* charakterisiert.

● Der Einsatz *allgemeiner Trainingsmittel* (besonders der Methoden) nimmt einen beträchtlichen Umfang ein.

● Entsprechend seinem Stand im Gesamttrainingsprozeß trägt das Grundlagentraining überwiegend Lerncharakter.

● Grundlagentraining stellt auch einen Eignungserkennungs- und Auswahlprozeß dar. Es muß deshalb in möglichst hohem Grade *einheitliche Einflüsse* auf die Trainierenden gewährleisten.

> Leichtathletisches Grundlagentraining ist die erste Etappe des leistungssportlichen Trainings. Es wird nach wissenschaftlichen, insbesondere pädagogischen Methoden und Prinzipien so gestaltet, daß es die effektive, vielseitige Vorbereitung auf spätere sportliche Höchstleistungen gewährleistet, die Eignungsbestimmungen und Auswahl besonders talentierter Kinder ermöglicht und einen Beitrag zur Charakterentwicklung leistet.

## Ziele und Aufgaben

Die Ableitung der Ziele und Aufgaben des Grundlagentrainings erfolgt unter *zwei Aspekten*:

● *Einerseits* müssen *Grundlagen* für einen effektiven Aufbau der sportlichen Höchstleistung geschaffen werden.

Die *direkte* Entwicklung der sportlichen Leistung ist deshalb nicht vorrangig, sondern steht in Zusammenhang mit der perspektivischen Leistungsfähigkeit.

● *Andererseits* muß der *Aufwand* für die Entwicklung sportlicher Höchstleistungen in einem sinnvollen Verhältnis zum *Nutzen* stehen. Das Grundlagentraining muß deshalb den effektiven Aufbau der Leistung fördern und die Auswahl besonders talentierter Sportler unterstützen.

> *Ziel* des Grundlagentrainings ist es deshalb,
> – die jungen Sportler mit stabilen, transferierbaren Grundlagen der konditionellen, koordinativen und psychisch-moralischen Leistungsfaktoren als Voraussetzungen für sportliche Höchstleistungen in der Leichtathletik auszurüsten sowie
> – am Grad und Tempo des Erwerbs dieser Leistungsfaktoren die Trainierbarkeit des Sportlers und seine sich in der Tendenz andeutende spezifische Leistungsbefähigung zu bestimmen.

Beide Ziele stehen dabei in engem Wechselverhältnis und sind in gegenseitiger Bedingtheit zu lösen.

Aus der Zielstellung leiten sich die **Aufgaben** ab:

– Entwicklung einer hohen *Belastungsverträglichkeit* und *Anpassungsfähigkeit* des Organismus sowie die Stabilisierung der Gesundheit im Ergebnis der zielgerichteten Entwicklung der Körperfunktionen;
Entwicklung eines breiten und stabilen *Fundamentes an konditionellen und koordinativen Fähigkeiten* mit Voraussetzungscharakter für spätere leichtathletische Höchstleistungen;

– Vermittlung der *Bewegungsabläufe aller leichtathletischen Wettkampfdisziplinen* bis zu einem solchen Grade, daß eine sichere Teilnahme an Wettkämpfen gewährleistet ist;

– Vermittlung der *Bewegungsabläufe einfa-*

*cher leichtathletischer Trainingsübungen sowie von Grundfertigkeiten anderer Sportarten*;

- Herausbildung *wertvoller Charaktereigenschaften, vor allem solcher sportspezifischen Eigenschaften* wie Leistungsstreben, Mut, Beharrlichkeit und Belastungsbereitschaft;
- Erwerb von Erfahrungen und Kenntnissen zum zweckmäßigen *Verhalten in Training und Wettkampf*;
- Entwickeln von zunächst emotional, später auch rational begründeten *Interessen* an der *Leichtathletik* sowie des ständigen *Bedürfnisses nach regelmäßiger sportlicher Betätigung und leistungssportlichem Trainieren*;
- Vermittlung von *Grundkenntnissen* über die Wettkampfdisziplinen, über Absicht und Wirkung der Hauptbelastungsmethoden, der wichtigsten Übungsverfahren und Organisationsformen des Trainings sowie allgemeine Belange der Sportart und ihrer Leistungsentwicklung;
- *Bestimmung der* voraussichtlichen *Eignung der Sportler* – als Grundlage für die richtige Zuordnung in das sich anschließende disziplingruppenspezifische Training – *sowie der Trainierbarkeit*, die sich als Resultat aus Grad und Tempo der Leistungsentwicklung, der Leistungsbereitschaft und der Belastungsverträglichkeit ergibt.

▶ Aufgaben:
1. Welche charakteristischen Besonderheiten erwachsen aus der Stellung des Grundlagentrainings?
2. Begründen Sie die beiden Zielaspekte des Grundlagentrainings!
3. Leiten Sie die im Grundlagentraining zu lösenden Aufgaben des Trainings ab!

## 4.1.2. Schwerpunkte der Erziehung

### Zu den Zielen der Erziehung im Grundlagentraining

Sportliche Leistungen kommen durch das bewußte Handeln des ganzen Menschen auf der Grundlage des komplexen Zusammenwirkens psychophysischer Leistungsvoraussetzungen zustande. Immer zeigt sich dabei das Individuum als Einheit von Sozialem und Biologischem.
Training kann sich deshalb nicht auf die Ausnutzung der biologischen Anpassungsmechanismen beschränken. Die Bewältigung der

Anforderungen im Training und im Wettkampf – als Leistung des handelnden Sportlers – erfordert ebenso die Herausbildung hoher charakterlicher und moralischer Qualitäten.
Sportliche Tätigkeit ist auch gesellschaftlich determiniert, der Erfolg des Trainings und des Wettkampfes ist entscheidend davon abhängig, über welche Einstellungen, moralische Verhaltens- und Wettkampfeigenschaften der Sportler verfügt.
Training muß deshalb – wie jeder pädagogische Prozeß – immer als ständige Einheit von Bildung und Erziehung geführt werden und planmäßig auf die komplexe psychische und physische Entwicklung zielen.
Trainieren als spezielle Form des Tätigseins trägt durchaus dazu bei, individuelle Stärken zu erleben und auszuprägen, sich selbst zu entdecken und soziale Verhaltensweisen zu entwickeln. Für viele junge Menschen ist es neben der schulischen bzw. beruflichen Qualifizierung die wichtigste Form ihrer Tätigkeit.
Es kommt folglich darauf an, die erzieherischen Potenzen von Training und Wettkampf in Kopplung mit den Prozessen der Allgemeinbildung pädagogisch organisiert zur Wirkung zu bringen.
Die Erziehung junger Leistungssportler richtet sich darauf, sie langfristig auf sportliche Höchstleistungen vorzubereiten. Dabei sind vor allem auch die Altersbesonderheiten und spezifische Zielsetzungen zu berücksichtigen, die für die entsprechende Ausbildungsetappe zutreffen.
Das Grundlagentraining leistet auch einen Beitrag zur Ausprägung der Individualität der jungen Sportler und zur Herausbildung sozialer Verhaltensweisen. Die Erziehungsimpulse knüpfen an die Erziehung im Elternhaus und in der Schule an und erweitern und ergänzen die Charakterbildung in spezifischer Weise.
Für die Erziehung im Grundlagentraining sind folgende **Teilziele** zu bestimmen:
**1. Ausprägung wertvoller Charaktereigenschaften**
*Die Anerziehung moralischer Qualitäten, wertvoller Charaktereigenschaften orientiert sich an den Normen des gesellschaftlichen Zusammenlebens in ihrer ganzen Breite.*
Schwerpunkte der Charakterbildung sind vor allem die Herausbildung von *Gemeinschaftssinn* und *Diszipliniertheit*.
Sie äußern sich in *stabilen positiven Einstellungen*

- zur Trainingsgruppe und zur Leistung;
- zum Übernehmen von Verantwortung und von Aufgaben für die Gruppe;
- zur Kameradschaftlichkeit und Hilfsbereitschaft;
- zur Fairneß und gegenseitigen Achtung;
- zur bewußten, ehrlichen Erfüllung der Trainingsaufgaben;
- zur aktiven Mitarbeit im Training;
- zur bewußten Ein- und Unterordnung in das Gruppenleben;
- zu einem regelmäßigen, zielgerichteten Training;
- zur Lernbereitschaft beim praktischen Üben und bei der Aneignung von Wissen.

## 2. Entwicklung stabiler Trainings- und Wettkampfeigenschaften.

Obwohl sie einen Teil der moralischen Persönlichkeitseigenschaften darstellen, heben wir die Entwicklung und Festigung psychischer Trainings- und Wettkampfeigenschaften wegen ihrer außerordentlichen Bedeutung für den späteren Erfolg im Hochleistungssport hier besonders deutlich heraus.

Diese insgesamt unter dem Begriff *Leistungsbereitschaft* zusammenfaßbaren Eigenschaften äußern sich

- in der Freude am und später auch in der bewußten Einstellung zum zielstrebigen Training;
- in einem dauerhaften Interesse an unserer Sportart und später an der entsprechenden Disziplingruppe;
- in dem Streben nach einer erfolgreichen leistungssportlichen Laufbahn;
- in der Einsatzfreude und dem Kampfgeist;
- in der Steigerungsfähigkeit und Risikobereitschaft;
- in der Konzentrations- und Entspannungsfähigkeit im Verlaufe von Wettkämpfen.

**Zusammenfassend** können wir als Hauptrichtung der Erziehung im Grundlagentraining die Entwicklung stabiler **Einstellungen** zum leistungssportlichen Training herausheben.

Stabile Einstellungen entstehen durch das Wecken der Freude am regelmäßigen Trainieren, durch die Entwicklung dauerhaften Interesses an der Sportart und nicht zuletzt durch die Herausbildung gesellschaftlich bedeutsamer Motive für Zielstrebigkeit, Leistungs- und Belastungsbereitschaft in Training und Wettkampf.

Von Jahr zu Jahr sind dem psychischen und geistigen Entwicklungsstand entsprechend die Forderungen an die **Bewußtheit** zu erhöhen. Das heißt:

● Es ist das Verantwortungsbewußtsein des Sportlers für die Persönlichkeits- und die Leistungsentwicklung anzuheben. Das betrifft nicht nur das Training, sondern auch die Schule und das Verhalten im sozialen Umfeld (Trainingsgruppe, Familie).

● Im Training sind gezielt Maßnahmen einzusetzen, um die geistige Mitarbeit im Training, vor allem bei der Technikerlernung über den Erwerb von Kenntnissen usw., zu erhöhen.

● Auch das vollständige und qualitätsgerechte Realisieren der Trainingsanforderungen (Anzahl von Sprüngen, Exaktheit bei der Übungsausführung usw.) muß zunehmend durch einen hohen Grad an Bewußtheit beim Sportler geprägt werden.

Von den sehr spezifisch formulierten Zielen der Erziehung im Grundlagentraining sind auch entsprechend eingegrenzte **Mittel und Methoden** ihrer Umsetzung abzuleiten. Das bedeutet, daß die Verwirklichung der erzieherischen Absichten im Grundlagentraining *vorrangig im Training selbst* erfolgt.

Die *Hauptpotenzen liegen in den Trainingsübungen,* die es gilt, in der konkreten Trainingssituation planmäßig zu nutzen. Trainingsübungen werden erst dann erzieherisch wirksam, wenn sie mit konkreten Anforderungssituationen verbunden werden, d. h. beim Auftreten von Widersprüchen zwischen Trainingsaufgabe und individueller Leistungsfähigkeit oder -bereitschaft, zwischen plangerechtem Training und persönlichen Wünschen, zwischen Normen der Gruppe und individuellen Auslegungen.

Solche Bewährungssituationen muß der Übungsleiter vom Charakter her voraussehen und planen, indem er für die jeweilige Erziehungsabsicht die entsprechenden Trainingsübungen auswählt und mit geeigneten Belastungsformen bzw. -anforderungen verbindet.

Die damit vorhandene *Doppelfunktion* der Trainingsübungen, nämlich Mittel der körperlich-sportlichen Leistungssteigerung und gleichzeitig Träger und Vermittler der erzieherischen Absichten zu sein, drückt am deutlichsten die Realisierung der Einheit von Ausbildung und Erziehung im Trainingsprozeß aus.

Prüfen wir die Potenzen der Leichtathletik unter diesen Gesichtspunkten, stellen wir ein reichhaltiges Angebot im spezifischen Übungsgut dieser Sportart fest:

Die Vielzahl und Verschiedenartigkeit der leichtathletischen Übungen sichern ein *interessantes und abwechslungsreiches Training,* das die Freude und das Interesse an dieser Sportart günstig beeinflussen kann.

Die mannigfaltigen Belastungsmöglichkeiten gestatten eine *umfassende Herausbildung moralischer Qualitäten,* so z. B. der Willenskraft durch Ausdauerbelastungen, der Willensstoßkraft bei Schnellkraftübungen, Beharrlichkeit und Konzentrationsfähigkeit in technisch schwierigen Disziplinen, Kampfgeist bei Läufen und Mehrkämpfen, mannschaftsdienliches Verhalten bei Staffel- und Mannschaftswettbewerben, Disziplin und Rücksichtnahme beim Wurftraining usw.

Die zentrale Stellung der Leichtathletik bei den Olympischen Spielen und die Leistungsfähigkeit unserer Nationalmannschaft erleichtern die Orientierung der jungen Sportler an nachahmenswerten Vorbildern.

Damit sind nur die wesentlichsten Potenzen aufgezählt, die das Trainieren in der Leichtathletik selbst in sich birgt.

Selbstverständlich sind auch die vielen Erziehungsmittel und -maßnahmen, die außerhalb und in Ergänzung des Trainings zusätzlich anzuwenden sind, wichtige Träger unserer Erziehungsabsichten.

### 4.1.3. Schwerpunkte der sportlichen Ausbildung

#### 4.1.3.1. Vielseitigkeit des Trainings

**Begründung**

In der internationalen Fachliteratur ist eine auffallende Übereinstimmung in der Ansicht anzutreffen, daß die optimale spezielle Leistungsfähigkeit am besten über die Vielseitigkeit in den ersten Trainingsetappen erreicht werden kann.

**Die Vielseitigkeit ist deshalb als der konkrete Ausdruck des Grundprinzips der Einheit von allgemeiner und spezieller Vervollkommnung im Grundlagentraining anzusehen!**

Die Vielseitigkeit muß dabei unter **zwei Aspekten** betrachtet werden:

**Zum einen** bestimmt Vielseitigkeit den Charakter des sportlichen Ausbildungsstandes der Sportler, also ihre vielseitig herausgebildeten körperlichen Fähigkeiten und Fertigkeiten (Technik, Koordination, Kondition) sowie Verhaltenseigenschaften **als ein wichtiges Ziel des Trainings.**

Die Notwendigkeit einer vielseitigen Ausbildung ergibt sich aus folgenden Fakten:

● Wegen der noch nicht endgültig erkennbaren Perspektive der körperlichen Entwicklung und persönlichen Neigungen ist der Nachwuchsathlet noch nicht eindeutig auf seine Spezialdisziplin festgelegt.

Um seine Eignung möglichst genau bestimmen zu können, müssen alle psychischen und physischen *Anlagen angesprochen* und herausgebildet werden.

● Die stabile Funktionsfähigkeit des Organismus beruht außerdem auf einer *harmonischen Entwicklung* aller Organsysteme und aller Seiten des motorischen Handelns. Diese Stabilität ist später eine unentbehrliche Voraussetzung für die erfolgreiche Spezialisierung.

● Mit Sicherheit entwickeln sich während der langjährigen Ausbildungszeit die Technikvorstellungen in den leichtathletischen Disziplinen weiter. Auch wenn es sich manchmal nur um Details der Gesamtbewegung handelt, muß der ausgereifte Athlet später in der Lage sein, seine gefestigte Technik umzustellen. Das gelingt aber in diesem Stadium nur solchen Sportlern, die über eine *überdurchschnittliche Koordinationsfähigkeit* verfügen. Diese Fähigkeit wird aber fast ausschließlich im Kindesalter mit Hilfe vielseitiger Bewegungserfahrungen geprägt.

● Auch die rasche Entwicklung im industriell-technischen Bereich konfrontiert den Sportler während seiner aktiven Laufbahn sehr wahrscheinlich mit veränderten Wettkampfbedingungen (Tartanbahnen), neuartigen Wettkampfgeräten (Sprungstäbe, Speere, Disken usw.) und auch neuentwickelten Trainingsgeräten, deren *effektive Nutzung* nur dem gewandten, auf derartige Veränderungen vorbereiteten Sportler möglich sein wird.

● Schließlich spielen in späteren Trainingsetappen Trainingsmittel aus anderen Sportarten eine Rolle, für deren Anwendung ein bestimmtes Maß an technischen Fertigkeiten vorausgesetzt werden muß. Dazu gehören z. B. der Skilauf, das Schwimmen und nicht zuletzt die Sportspiele. Werden die *Grundtechniken* dieser *Sportarten* nicht beherrscht, bestehen sowohl schlechtere Bedingungen für optimale Trainingswirkungen als auch größere Verletzungsgefahren (Skilauf, Fußball!). Es ist bekannt, daß sich Kinder mit Leichtigkeit und wesentlich geringerem Zeitaufwand in diese sportartfremden Bewegungen einarbeiten als erwachsene Athleten.

**Zum anderen** wird mit dem Begriff der Vielseitigkeit auch **das inhaltlich-methodische Vorgehen im Training,** also *sein Charakter* gekennzeichnet.

Für einen solchen Trainingscharakter sprechen folgende *Gründe*:
● Zwangsläufig kann das Ziel des Grundlagentrainings, einen möglichst umfassend vorbereiteten Sportler zum Spezialtraining zu führen, nur über eine *vielseitige Reizsetzung* erreicht werden.
● Die Entwicklung der physischen Fähigkeiten unterliegt einem *engen inneren Zusammenhang*. Ein angestrebter hoher Ausprägungsgrad einzelner Fähigkeiten und seine Umsetzung in sportliche Leistungen setzt immer ein bestimmtes Niveau anderer Fähigkeiten voraus oder vollzieht sich nur in Einheit mit ihnen.
● Der Beginn des Trainingsprozesses in der Leichtathletik fällt in eine Alteretappe, in der die Besonderheiten des physischen, psychischen und motorischen Entwicklungsstandes das vielseitige Training nötig und erfolgversprechend machen. Das trifft besonders auf die günstige Phase der Vervollkommnung des *sensomotorischen Systems* zu, die über eine vielseitige technische Schulung die entscheidende Formung der koordinativen Fähigkeiten mit ermöglicht.
● Die notwendige Einstellung junger Sportler auf einen langfristigen kontinuierlichen Leistungsaufbau macht es notwendig, systematisch das Interesse an der Leichtathletik zu festigen und die Trainings- und Leistungsbereitschaft zu fördern. Die Vielseitigkeit im Training ermöglicht, die dazu erforderlichen *emotionalen Höhepunkte* zu schaffen.
● Aufgrund des noch recht labilen vegetativen Nervensystems und der noch nicht abgeschlossenen Verknöcherung des Skeletts bei den jungen Sportlern *gefährden* einseitige intensive und spezielle Reize die gesunde, harmonische Entwicklung des Organismus und verhindern den in diesem Alter notwendigen systematischen Aufbau der Belastungsverträglichkeit.
● Die für die eindeutige Eignungsbestimmung erforderlichen *vielseitigen Wettkampfeinsätze* der Nachwuchssportler setzen ein entsprechendes Training voraus.
● Schließlich garantiert ein vielseitiges Training den von der Trainingslehre her geforderten hohen *Umfang* an *allgemeinen* Trainingsmitteln.

Unsere Erfahrungen besagen eindeutig, daß die vielseitige leichtathletische Ausbildung auch die jungen Sportler bereits zu hohen Wettkampfleistungen befähigt, vorausgesetzt, es handelt sich um für die Leichtathletik geeignete Kinder.

Daraus wird deutlich, daß sich bei sportlichen Ergebnissen, die auf der Basis einer vielseitigen Ausbildung erreicht wurden, hervorragende Perspektiven für ihre weitere Steigerung bieten, weil sie ohne spezielle Vorbereitung erzielt werden und auf das besondere Talent der betreffenden Sportler hinweisen.

### Realisierung im Training

Die Breite der Leichtathletik läßt zu, die angestrebte Vielseitigkeit im Grundlagentraining bereits zu einem beträchtlichen Teil über das Übungsgut der Leichtathletik selbst abzusichern.

Dabei werden neben den Wettkampfübungen auch diejenigen Trainingsübungen genutzt, die zur elementaren konditionellen und koordinativ-technischen Schulung geeignet sind. Auf spezielle Trainingsübungen – besonders wenn sie mit hochspezifischen Belastungen verknüpft sind – sollte weitgehend verzichtet werden.
Dieser Bereich des Trainings wird als *„spezielle vielseitige Ausbildung"* zusammengefaßt. Vielseitigkeit bedeutet hier, daß alle leichtathletischen Disziplinen einbezogen und sowohl die konditionelle als auch die koordinativtechnische Seite der Vorbereitung beachtet und als Einheit einschließlich der Wettkämpfe angesehen werden.

Die *allgemeine vielseitige Ausbildung* bildet den zweiten wichtigen Teil des Grundlagentrainings. Dazu werden Körperübungen aus anderen Sportarten bzw. sportartindifferente Übungen herangezogen, die auf eine allgemeine Erhöhung der Leistungsfähigkeit gerichtet sind. Sie fördern die allseitige Funktionstüchtigkeit, die Stabilisierung der Gesundheit und die Belastungsverträglichkeit des Körpers und entwickeln dabei die grundlegenden physischen Fähigkeiten und sportlichen Fertigkeiten.

„Vielseitigkeit" ist hier nicht auszulegen als Planlosigkeit und wahllose Breite im Anwenden des Übungsgutes sehr vieler Sportarten; der Zusammenhang mit dem Ausbildungsziel muß dabei stets gewahrt sein. Deshalb müssen die Mittel dieses Bereiches entweder erkennbare Übereinstimmung in Struktur oder funktioneller Wirksamkeit mit Teilen leichtathletischer Übungen aufweisen, oder sie sollten zur Leichtathletik eine besonders erholungswirksame Ausgleichbelastung mit gleichzeitiger Reizsetzung für wesentliche Seiten der sportlichen Leistungsfähigkeit darstellen. Die allgemeine Vielseitigkeit ist also *zielgerichtet* anzulegen.
Danach gehören Übungen aus anderen Sportarten mit folgendem Charakter zur allgemeinen vielseitigen Ausbildung in der Leichtathletik:
1. Trainingsübungen, die eine gleiche oder doch sehr ähnliche Struktur bzw. funktionelle Wirksamkeit wie leichtathletische Übungen haben, aber mit anderen Organisations- und Belastungsmethoden verbunden sind, z. B.:
– Sprungwürfe,   – Sprungkraft-
  Korbwürfe,      übungen
  Kopfball im Sprung
– Handball, Fußball,  – Tempoläufe
  Basketball

2. Trainingsübungen, die eine ähnliche funktionelle Wirksamkeit, aber unähnliche Bewegungsstrukturen aufweisen, z. B.:
– allgemeine      – Stoßkraftübungen
  Armkraftübungen
– Schwimmen,    – Dauerlauf
  Skilauf, Radfahren
– turnerische Sprünge  – Sprungkraft-
  am Boden        übungen
  und über Geräte

3. Trainingsübungen, die durch Milieuveränderungen und grundsätzlich andere Bewegungsstrukturen besonders erholungswirksam sind und außerdem hervorragende Grundlagen für die koordinativen Fähigkeiten schaffen.
Dazu gehören z. B. alle Skidisziplinen, das Schwimmen, einschließlich Wasserspringen und Wasserball, Turnen an Geräten und am Boden sowie die gesamte Vielfalt der Gymnastik.

4. Trainingsübungen, die besondere erzieherische Potenzen aufweisen, die in der Leichtathletik weniger zwingend vorhanden sind, z. B.:
– Mut, Entschlossenheit durch Turnen, Wasserspringen;
– kollektive Verhaltensweisen durch Mannschaftsspiele;
– hygienische Gewohnheiten durch Schwimmen.
5. Trainingsübungen, die eine besonders hohe emotionale Wirkung erzielen, z. B.:
– Kleine Spiel- und Wettkampfformen;
– lustige Sprünge ins Wasser;
– volkstümliche Wettkämpfe im Wasser;
– Geländespiele mit hohen Laufleistungen (Schnitzeljagd).

### 4.1.3.2. Einheitlichkeit des Trainings

▶ Aufgabe:
– Welche Gründe gibt es für die Ablehnung der Spezialisierung im Grundlagentraining?

Als *Spezialisierung des Trainings* verstehen wir den Prozeß der zunehmenden Orientierung des Trainings auf die Entwicklung und den Nachweis einer speziellen Leistungsfähigkeit in wenigen, später in einzelnen Disziplinen. Während sie eine geradezu typische Erscheinung des Anschluß- und Hochleistungstrainings ist, muß eine deutliche Spezialisierung für das leichtathletische Grundlagentraining – in Abhängigkeit von Ziel, Charakter und Aufgaben dieser Etappe – *abgelehnt werden*.
Das Grundlagentraining muß aber *Voraussetzungen zum Beginn der Spezialisierung im Aufbautraining schaffen helfen*.
Das steht im Zusammenhang mit dem zweiten Zielaspekt des Grundlagentrainings, der for-

dert, gerade *durch das Training die individuellen Unterschiede und Anlagen sichtbar zu machen,* die die Basis für eine sinnvolle Spezialisierung der Sportler darstellen.

Der Lösung dieser Aufgabe dient der Grundsatz der **Einheitlichkeit.**

*Die Einheitlichkeit* der Trainingsgestaltung im Grundlagentraining soll helfen, die individuelle Entwickelbarkeit der Fähigkeiten eines Sportlers zu prüfen, seine prognostische Leistungsfähigkeit einzuschätzen und darauf die disziplingruppenspezifische Auswahl vornehmen zu können.

Ob ein Sportler im Verlaufe des Trainingsprozesses Höchstleistungen erreichen kann, ist wesentlich von seinen jeweiligen Leistungsvoraussetzungen abhängig, von seinen Fähigkeiten und deren Summe, der Begabung.

Es ist jedoch noch nicht möglich, bereits zu Beginn des Grundlagentrainings diese für die Spezialisierung notwendigen Voraussetzungen (als Eignungsmerkmale) sicher zu erkennen. Das liegt vor allem daran, daß entscheidende ontogenetische Entwicklungsabschnitte des Kindes noch ausstehen bzw. nicht abgeschlossen sind. Zum anderen können vorangegangene, nicht exakt definierbare Einflüsse die Leistung, die unter heutigen Bedingungen noch hauptsächlichstes Beurteilungskriterium für die Eignung ist, beeinflußt haben.

Die beste Möglichkeit, die leistungsrelevanten individuellen Unterschiede und Anlagen sichtbar zu machen, bietet dabei eine einheitliche Trainingsgestaltung, denn:

Erst ein einheitlich gestaltetes Training bringt eine Differenzierung und individuelle Entwicklung hervor.

Nur über das Training können wir in den sich entwickelnden sportlichen Fähigkeiten veranlagte Sportler erkennen.

Das heißt nichts anderes, als daß auch die besten Anlagen sich ohne Training nicht zu Fähigkeiten entwickeln. Umgekehrt heißt das aber auch, daß nur unvollkommene Anlagen durch spezielle Beeinflussung (spezielles Training) relativ weit herausgeformt werden und sogenannte Scheinbegabungen entstehen können, deren Weiterentwicklung später Grenzen gesetzt sind.

Deshalb lassen solche Sportler für die Zukunft die größere Leistungserwartung erhoffen,
– die eine bestimmte spezifische Leistungsfähigkeit mit weniger bzw. allgemeineren Trainingseinflüssen erreichen;
– die bei relativ einheitlichem Training zu einer höheren Leistungsausprägung gelangen.

Für das Grundlagentraining leitet sich deshalb hinsichtlich seiner Aufgaben für eine effektive **Eignungsbestimmung** ab:
– durch *vielseitige* Belastungsanforderungen allen vorhandenen Anlagen bei allen Sportlern ausreichende Entwicklungsreize und -raum zu geben und sie so in den sich ausprägenden Fähigkeiten erkennbar zu machen;
– durch eine für alle Sportler *einheitliche* Belastung das Vorhandensein und das Maß der jeweiligen Anlagen hervorzukehren und vergleichbar zu machen und
– im Gegensatz dazu durch den *Verzicht auf eine frühzeitige Spezialisierung* der Trainingseinflüsse die Entwicklung von „Scheinbegabungen" zu verhindern.

Ein vielseitiges, in großem Rahmen einheitliches Grundlagentraining ist Voraussetzung für eine effektive Auswahl und Lenkung der Sportler in die Disziplingruppen, in denen sie sich im Verlaufe des Aufbautrainings spezialisieren werden.

Eng verbunden mit der Einheitlichkeit ist die Differenzierung, die gewissermaßen ein Resultat der Einheitlichkeit ist.

Wir verstehen jedoch **Differenzierung** zum anderen auch als eine Reihe gezielter pädagogischer Maßnahmen im Trainingsprozeß, mit denen – bei im wesentlichen einheitlicher Anlage des Trainings – auf einzelne Sportlergruppen oder Sportler individuell eingewirkt werden soll.

Auch im leichtathletischen Grundlagentraining liegen wie in jedem pädagogischen Prozeß Notwendigkeiten vor, auf einzelne Sportlergruppen oder Sportler differenziert einzuwirken. Im Trainingsprozeß werden solche **Differenzierungsmaßnahmen** angewandt als
– differenzierte Belastungsanforderungen,
– differenzierte intellektuelle Aufgaben,
– differenzierte erzieherische Forderungen
für bestimmte Sportlergruppen oder einzelne Sportler.

Im leichtathletischen Grundlagentraining werden – bei grundsätzlicher Anerkennung des Prinzips der Einheitlichkeit – folgende Differenzierungsmaßnahmen notwendig:

● *direkte Differenzierung der Anforderungen für die einzelnen Trainingsjahre bzw. Altersklassen.*

Die Unterschiede im kalendarischen sowie Trainingsalter der Trainierenden nicht zu berücksichtigen würde heißen, die Entwicklung zu negieren, die sich im Verlaufe der Trainingsjahre sowohl durch das rein biologische Fortschreiten als auch durch Trainingseinwirkung ergibt.

Eine solche Differenzierung unterstützt die Einheitlichkeit für eine engere Gruppierung (Jahrgang) und fördert somit wiederum eine effektive Eignungsbestimmung.

Die für die einzelnen Trainingsjahre unterschiedlich geplante Belastungsgestaltung äußert sich
– in einem unterschiedlichen Belastungsumfang (Trainingshäufigkeit);
– in bestimmten Schwerpunktlegungen des Trainingsinhalts (z. B. Betonung einzelner Disziplinen);
– in Unterschieden in der Auswahl des Übungsgutes, im methodischen Vorgehen und Belastungscharakter;
– im unterschiedlichen Wettkampfeinsatz.

● *individuelle Anforderungsdifferenzierung im Training*

Die Differenzierung der individuellen Anforderungen wird im Interesse des individuellen Eingehens und der Forderung jedes Sportlers nötig. Es macht zu wesentlichen Teilen das pädagogisch-methodische Können des Übungsleiters aus, verhindert Schematismus, sichert den persönlichen Kontakt zum Sportler und regt die Aktivität sowie die besonderen Fähigkeiten und Potenzen des einzelnen Athleten an.

Der Übungsleiter sollte solche Maßnahmen der individuellen Differenzierung nutzen wie:
– individuelle Beauftragung;
– individuelle und kollektive Hilfe;
– variierende Arbeit in der Phase der Festigung von Techniken;
– individuelle Belastungsdosierung u. a.
Sie dürfen jedoch *nicht* als Training in feststehenden Leistungsgruppen und nicht als grundsätzlich verschiedene Belastungsdosierung für altersgleiche

Gruppen verstanden werden. Eine individuelle Belastungsdosierung ist jedoch z. T. durch solche indirekten Forderungen wie „so schnell, so oft, soviel, so gut wie möglich" sinnvoll und zu empfehlen.

▶ Aufgabe:
Halten Sie eine prinzipielle Differenzierung der Belastungsanforderungen zwischen *Jungen* und *Mädchen* für notwendig?
Prüfen Sie das unter den Gesichtspunkten
– der *Entwicklungsunterschiede* im Altersbereich zwischen dem 9. und 12. Lebensjahr;
– des Zutreffens der Ziel- und Aufgabenstellung;
– der differenzierten Wettkampfdisziplinen.

> Hinsichtlich der Forderung nach Einheitlichkeit im Trainingsinhalt, in den angewandten Trainingsmitteln (Übungen und Methoden) und den Belastungsanforderungen unterscheidet sich das Grundlagentraining deutlich von den folgenden Trainingsetappen.
> Die Einheitlichkeit des Trainings soll helfen, Unterschiede in der Entwickelbarkeit der Fähigkeiten bei den einzelnen Sportlern hervorzukehren und auf dieser Basis die Einschätzung der perspektivischen Leistungsfähigkeit und die Lenkung in die Disziplingruppen zu ermöglichen.
> Einheitlichkeit schließt dabei die notwendige Anwendung bestimmter Differenzierungsmaßnahmen nicht aus.

### 4.1.3.3. Besonderheiten der Belastungsgestaltung

Kennzeichnend für die Belastungsgestaltung im Grundlagentraining sind:
– das Wesen der *Belastungssteigerung* über mehrere Trainingsjahre hinweg;
– die Spezifik der *Belastungsdynamik* und *-rhythmik*;
– der *Einsatz der Trainingsmittel*.

### Belastungssteigerung

Das Trainieren löst über die dabei wirkenden Entwicklungsreize einen Anpassungsprozeß aus. Voraussetzung für ein zielgerichtetes Erhöhen der sportlichen Leistungsfähigkeit ist jedoch, daß diese Trainingsreize *kontinuierlich* und *systematisch* gesetzt werden. Das verlangt vor allem ein allmähliches, aber stetes

*Erhöhen* der Belastungsanforderungen und einen wirksamen *Wechsel* zwischen Belastung und Erholung.

> Im Grundlagentraining wird der Leistungsaufbau vorrangig über ein ständiges Erhöhen des **Umfangs** der Belastungsanforderungen gesteuert.

Die **Steigerung der Trainingshäufigkeit** ist im Grundlagentraining die vorrangige Maßnahme zur Belastungserhöhung.
Dabei muß die Anzahl der Trainingstage *kontinuierlich von Jahr zu Jahr* erhöht werden. Das hat vor allem Bedeutung für die Entwicklung einer guten Belastungsverträglichkeit. Sowohl ein zu zeitiges Training mit hoher Trainingshäufigkeit als auch eine unzureichende Steigerung in den weiteren Trainingsjahren kann den Leistungsaufbau stören.
Unter Berücksichtigung der schulischen und der weiteren Verpflichtungen der Schüler ist eine Steigerung von einem zweimaligen auf ein viermaliges Training pro Woche als realisierbar anzusehen. Eine solche Belastungsfolge hinterläßt auch bereits deutliche Trainingswirkung.
Die **Erhöhung der Dauer der Trainingseinheiten** hat erst hinter der Steigerung der Trainingshäufigkeit Bedeutung.
Durch die funktionellen Möglichkeiten der kurzfristigen Belastbarkeit der Kinder sind ihr Grenzen gesetzt. Die Verlängerung der Dauer der Trainingseinheiten wird vorwiegend zur Umfangssteigerung *innerhalb der einzelnen Trainingsjahre genutzt.*
Die **Erhöhung des Umfangs der Belastungskennziffern** (z. B. Anzahl von Übungen, Laufstrecken usw.) ergibt sich im Grundlagentraining vorwiegend als Folge der Steigerung des zeitlichen Trainingsumfangs. Erst etwa ab dem dritten Trainingsjahr ist es gerechtfertigt, durch die Erhöhung der Übungszahlen bei gleichbleibender Übungszeit zu einer *kontrollierten Intensivierung* des Trainings zu gelangen. Sie sollten sich vor allem *durch die bewußtere und technisch verbesserte Übungsausführung* durch die Sportler und den zweckmäßigeren organisatorischen Ablauf des Trainings ergeben.

### Belastungsdynamik und -rhythmik

Im Grundlagentraining tragen die einzelnen Trainingsjahre den Charakter von unmittelbar aufeinanderfolgenden Vorbereitungsperioden.
Da Wettkämpfe nur mittelbare Bedeutung haben, wird auf die Gestaltung von typischen Wettkampfperioden verzichtet.

> Die nötige Belastungsdynamik zwischen und in den einzelnen Trainingsjahren wird durch eine **Akzentuierung des Trainingsinhalts** angestrebt.

Sie sichert notwendige Veränderungen des Belastungscharakters. Dabei sind vor allem die zweckmäßige Aufeinanderfolge in der Entwicklung der einzelnen Leistungsvoraussetzungen als auch der biologische Entwicklungsstand der Sportler zu berücksichtigen.
**Akzentuierungsmaßnahmen** erfolgen
– im Verhältnis zwischen *allgemeiner* und *spezieller* vielseitiger Ausbildung;
– im Verhältnis zwischen *konditioneller* und koordinativ-technischer Ausbildung;
– in der konzentrierten Entwicklung einzelner leichtathletischer *Bewegungsabläufe*;
– in der schwerpunktmäßigen Entwicklung einzelner *konditioneller Fähigkeiten.*

### Auswahl der Trainingsmittel

Da nicht nur der Umfang der Übungsausführung, sondern auch der *Charakter* der sportlichen Tätigkeit, wie z. B. ihr Schwierigkeitsgrad, die Beanspruchung des Organismus bestimmen, nimmt auch die zweckgerichtete Übungsauswahl unmittelbaren Einfluß auf die Belastungsgestaltung.
Für die **Auswahl des Übungsgutes** für das Grundlagentraining gelten folgende *Gesichtspunkte*:
● Die Trainingsübung muß einen deutlichen *Einfluß* auf die Entwicklung der sportlichen *Leistungsfähigkeit* und *Trainierbarkeit* ausüben und damit direkt oder indirekt der Vorbereitung sportlicher Höchstleistungen dienen.
● Sie muß die leistungssportliche *Motivation* unterstützen und zur Anerziehung solcher *Verhaltens- und Willenseigenschaften* beitra-

gen, die die leistungssportliche Betätigung speziell benötigt.
● Die Trainingsübung muß den *Alters- und Entwicklungsbesonderheiten* der Kinder entgegenkommen, d. h. dem biologischen Reifestand angepaßt und möglichst emotional wirksam sein.
● Sie muß *Reizwirkung* hinterlassen und eine solch hohe funktionelle Effektivität besitzen, daß sie den allgemeinen Gesundheitszustand fördert und möglichst vielseitig auf den Organismus einwirkt.
● Sie darf ihre Reizwirkung nicht zu schnell einbüßen, sondern sollte *steigerungsfähig* und lange einsetzbar sein.
● Sie sollte möglichst eine *Übereinstimmung* in konditioneller, koordinativer bzw. technischer Hinsicht mit der einen oder anderen leichtathletischen Technik besitzen (vgl. auch 4.1.3.1.).

Nicht alle diese Gesichtspunkte müssen bei der Auswahl einer Trainingsübung gleichzeitig erfüllt sein. Es sollten jedoch möglichst viele dieser Gesichtspunkte zutreffen.
Dementsprechend kommen als Übungsgut für das leichtathletische Grundlagentraining vor allem in Frage
– allgemeine Körperübungen;
– wesentliche Wettkampf- und Trainingsübungen aus den Sport- und Kleinen Spielen, dem Turnen, dem Schwimmen und dem Skilauf;
– grundsätzliche Trainingsübungen aus allen leichtathletischen Disziplinen;
– leichtathletische Wettkampfübungen.

Die im Grundlagentraining angewandten **Methoden und Verfahren** müssen *vielseitig, abwechslungsreich* und *emotional wirksam* sein. Eine umfänglich hohe Belastung erfordert nicht nur Vielseitigkeit in der Auswahl der Trainingsübungen, sondern ebenso der Methoden und Verfahren. Eine auch in dieser Hinsicht freudvolle, interessante und variationsreiche Gestaltung entspricht der Altersspezifik. Sie fördert die Belastungsbereitschaft und erhält das Interesse an der Sportart. Die dadurch wechselnde und häufig unbewußt bleibende Reizsetzung ermöglicht andererseits eine um so höhere Trainingsbelastung.

Im Grundlagentraining wird die zielstrebige Veränderung der Belastungsgestaltung vorrangig über die Steigerung des Trainingsumfangs angestrebt. Sie erfolgt dabei in erster Linie durch die systematische Erhöhung der Trainingshäufigkeit; die Verlängerung der Dauer der Trainingseinheiten dient als weitere Maßnahme. Der vielseitige, aber akzentuierte Einsatz der Übungen und Methoden ist das entscheidende Mittel, die Belastungsdynamik auch im Trainingsinhalt zu gewährleisten.

▶ Aufgaben:
1. Was verstehen wir unter den zwei Aspekten des Begriffes „Vielseitigkeit"?
2. Warum ist eine Spezialisierung im leichtathletischen Grundlagentraining unzweckmäßig?
3. Worin unterscheidet sich die spezielle vielseitige Ausbildung vom Spezialtraining?
4. Wodurch erreichen wir eine zielgerichtete allgemeine vielseitige Ausbildung?
5. Kennzeichnen Sie die Funktion der einheitlichen Trainingsgestaltung im Grundlagentraining!
6. Wie treten die pädagogischen Grundsätze der Einheitlichkeit und der Differenzierung untereinander in Beziehung?
7. Charakterisieren Sie die Grundsätze und Maßnahmen des Belastungsaufbaus im Grundlagentraining!

### 4.1.4. Entwicklung konditioneller Fähigkeiten

#### 4.1.4.1. Ziel, Aufgaben und Grenzen

**Hauptziel** der vielseitigen konditionellen Ausbildung im Grundlagentraining ist die *optimale altersgemäße Entwicklung* der Schnelligkeits-, Kraft- und Ausdauerfähigkeiten sowie die Ausprägung einer hohen Beweglichkeit.
Dabei gilt es, alle Organsysteme komplex so in ihrer Leistungsfähigkeit zu entwickeln, daß die anlagebedingten Möglichkeiten im Reifeprozeß voll ausgeschöpft werden und sich die besonderen Befähigungen des einzelnen Sportlers herausstellen.
Das schließt nicht aus, solche Fähigkeiten akzentuiert anzusprechen, für die aufgrund onto-

genetischer Gesetzmäßigkeiten besonders gute, später nicht wiederkehrende Entwicklungsbedingungen bestehen und deren Nutzung im Sinne der Leistungsstruktur unabdingbar ist.

Daraus leiten sich folgende **Aufgaben** ab:

- *komplexe,* auf die Leichtathletik *zielgerichtete* Entwicklung **aller konditionellen Fähigkeiten** bei *Akzentuierung* der **Schnelligkeits- und Schnellkraftfähigkeiten,**
- *Erhöhen der allgemeinen* physiologischen und neuromuskulären *Leistungsfähigkeit* des Organismus, die sich vor allem in einem verbesserten Leistungsvermögen des Herz-Kreislauf-, Atem- und Nervensystems sowie der gesamten Muskulatur und des Binde- und Stützgewebes zeigt (Gesundheitsstabilisierung);
- *kontinuierliche Steigerung der Belastungsverträglichkeit,* die sich in einer geringen Verletzungsanfälligkeit und einer erhöhten Erholungs- und Wiederherstellungsfähigkeit des Organismus nach Belastungen äußert;
- *Schaffen der Basis* für hohe *psychisch-moralische Verhaltensweisen,* die der Sportler benötigt, um die zunehmenden Belastungsanforderungen durch aktives Handeln zu bewältigen (vgl. Einheit von Erziehung und Bildung);
- *Aufdecken individueller Befähigungen,* die sich durch die unterschiedliche Trainierbarkeit bei einheitlicher Belastung zeigen müssen (Eignungsbestimmung).

Folgende Sachverhalte sind zu beachten:

● Die gegenseitige Bedingtheit der Fähigkeiten verlangt unter der Sicht der harmonischen Entwicklung des wachsenden Organismus ihre *komplexe Herausbildung* während der gesamten Etappe des Grundlagentrainings.

Das ergibt sich aus der Tatsache, daß alle konditionellen Fähigkeiten in ihrem Ausprägungsgrad und ihrer Wirkungsweise nicht absolut voneinander zu trennen sind, da zwischen ihnen enge funktionelle Wechselbeziehungen und -wirkungen bestehen. Sie haben teilweise Voraussetzungscharakter füreinander (z. B. Schnelligkeit – Schnellkraft – Kraftausdauer) oder setzen auch entgegengesetzte Anpassungserscheinungen in Gang, die bei einseitiger Ausbildung begrenzend für andere wirken (z. B. Ausdauer – Schnelligkeit – o. Beweglichkeit – Kraft).

● Grundsätzlich sollte eine Einheit von konditioneller und koordinativer Ausbildung angestrebt werden, indem an die Ausführung aller Übungen technische Anforderungen gestellt werden.

Im Zusammenhang mit der relativen Vielzahl der einzusetzenden Konditionsübungen erreichen wir eine hohe koordinative Reizsetzung und befähigen die jungen Sportler zum technisch richtigen und damit auch effektivsten Bewegungsvollzug der auch im weiteren Training wichtigen Kraftübungen.

● Für die **Schnelligkeitsfähigkeiten** und die **Beweglichkeit** bestehen im Kindesalter besonders günstige Entwicklungsbedingungen. Diese beiden Fähigkeiten sind trotz der Forderung nach komplexer Ausbildung akzentuiert zu entwickeln.

Da die Mehrzahl leichtathletischer Leistungen stark von der Schnelligkeitsfähigkeit bestimmt wird, sprechen wir von einer *schnelligkeitsbetonten komplexen* Ausbildung in der Anfängerschulung.

● Auch für die **Ausdauerentwicklung** bestehen im Grundlagentraining gute Bedingungen, weil sich das Herz-Kreislauf-System bereits im Kindesalter an hohe Dauerbelastungen anpassen kann. Da diese Bedingungen aber in den folgenden Etappen nicht schlechter werden und eine betonte Ausdauerentwicklung die Schnelligkeitsentwicklung behindern würde, wird die Ausdauerfähigkeit *nicht akzentuiert* herausgebildet.

Wir konzentrieren uns auf die *Grundlagenausdauer,* um eine optimale Entwicklung des Atem- und Kreislaufsystems anzuregen. Auf eine zielgerichtete Entwicklung der Schnelligkeitsausdauer und wettkampfspezifischer Ausdauerfähigkeiten muß noch verzichtet werden.

● Im Grundlagentraining bestehen nur begrenzte Möglichkeiten für die **Kraftentwicklung.** Der Schwerpunkt dafür liegt deshalb erst in der folgenden Etappe des Aufbautrainings. Die Ursache dafür müssen wir in dem relativen Zurückbleiben der Muskelmasse hinter den allgemeinen Wachstumserscheinungen und der noch nicht beendeten Verknöcherung des Skeletts sehen. Diese Faktoren lassen **keine hohe zusätzliche Gewichtsbelastung** zu.

Die konditionellen Fähigkeiten Schnelligkeit, Kraft, Ausdauer und Beweglichkeit werden unter Beachtung der alters- und entwicklungsspezifischen Besonderheiten der Kinder und Jugendlichen zu einem optimalen Niveau entwickelt, das der Ziel- und Aufgabenstellung dieser Trainingsetappe entspricht. Das enge, sich gegenseitig beeinflussende Bedingungsgefüge der konditionellen Fähigkeiten erfordert ihre komplexe Ausprägung in diesem bedeutungsvollen Entwicklungsabschnitt, die jedoch aufgrund ontogenetischer Gesetzmäßigkeiten mit einer Akzentuierung der Schnelligkeit verbunden wird.

### 4.1.4.2. Trainingsübungen und -methoden

**Schnelligkeitsfähigkeiten**

Die akzentuierte Schnelligkeitsentwicklung im Grundlagentraining ist vor allem auf die **neurophysiologisch** und neuromuskulär günstigen Entwicklungsbedingungen der 9–12jährigen zurückzuführen. Die vorhandene hohe Plastizität der Großhirnrinde, die Beweglichkeit der Nervenprozesse und die morphologisch begründete Instabilität des Nervensystems ermöglichen in diesem Altersbereich eine Verbesserung der in hohem Maße angeborenen Schnelligkeitsfähigkeiten.

*Ziel und Hauptinhalt* des Schnelligkeitstrainings im Grundlagentraining ist die Schulung der **Reaktions- und Aktionsschnelligkeit** sowie der **Frequenzschnelligkeit**. Das muß sich in einem entsprechenden Niveau vor allem der **Laufgeschwindigkeit** (maximale Schnelligkeit) widerspiegeln.

Auf die Verbesserung der **Beschleunigungsfähigkeit** wirkt sich die allmähliche Niveauerhöhung der allgemeinen Kraftfähigkeit aus. Eine spezifische Schulung dieser Komponente der Schnelligkeitsfähigkeit erfolgt in späteren Entwicklungsabschnitten effektiver.

Für die Entwicklung der Schnelligkeitsfähigkeiten werden im Grundlagentraining folgende **Trainingsübungen** genutzt (vgl. Trainingsmittel-Übersichten):
– Kleine Spiele (Staffel- und Wettkampfformen mit Sprintcharakter),
– Sportspiele (Basketball, Handball, Rugby),
– leichtathletische *Sprintläufe* im *maximalen* und *submaximalen* Geschwindigkeitsbereich,
– Sprint-Abc (Skippings, Kniehebeläufe, Steigerungsläufe, Sprints).

Mittels konkreter Aufgaben und entsprechender methodischer Aufbereitung können die Komponenten lokomotorische Schnelligkeit (bes. als *Schrittfrequenz*), *Reaktionsschnelligkeit* und *Aktionsschnelligkeit* in bestimmten Trainingseinheiten akzentuiert entwickelt werden.

Folgende **methodische Aspekte** hinsichtlich der einzelnen Belastungskomponenten sind im Schnelligkeitstraining zu beachten:

● Die *Reizstärke* ist sehr hoch und erreicht die Grenze der maximalen Bewegungsschnelligkeit, da auf diese Weise am effektivsten Einfluß auf die Verbesserung der Arbeitsfähigkeit des neuromuskulären Systems genommen werden kann. Aufgrund der begrenzten maximalen Leistungsfähigkeit der Kinder sind die Sprintstrecken nur **15 bis 30 m** lang. Innerhalb dieser Streckenabschnitte erreichen die Kinder die für die Fähigkeitsverbesserung notwendige maximale Geschwindigkeit.

● Die *Reizdauer* kann und darf nur so lang sein, daß der Effekt der Reizstärke nicht verlorengeht und keine andere Fähigkeit als die Schnelligkeitsfähigkeit entwickelt wird. Der Reiz wirkt deshalb nur wenige Sekunden – **2 bis 5 s** – auf den Organismus ein und entspricht der für die Reizstärke angegebenen Meterstrecke.

● Die *Reizdichte* wird mit einer für die Wiederherstellung der vollen Leistungsfähigkeit ausreichenden Pause reguliert. Die hohe neuromuskuläre Belastung durch die maximale Reizintensität bedingt eine *vollständige* Erholungspause zwischen den einzelnen Übungswiederholungen. Die Pause darf aber auch nicht zu lange ausgedehnt werden, damit die Erregung des Nervensystems nicht übermäßig abklingt. In Abhängigkeit von der Reizstärke und -dauer beträgt das Erholungsintervall *2 bis 5 min.*

● Der *Reizumfang* spiegelt letztlich die Parameter der anderen 3 Belastungsfaktoren wider. Er ist unter Berücksichtigung der Aufgabe – Entwicklung der Schnelligkeitsfähigkeit – *relativ gering.*

In einer Trainingseinheit werden *4 bis 8* Wiederholungen in Abhängigkeit von der konkret zurückzulegenden Sprintstrecke absolviert,

d. h., je kürzer die Laufstrecke, um so mehr Wiederholungen sind möglich, und umgekehrt.

Diese Belastungskomponenten entsprechen der *Wiederholungsmethode* und gelten für alle Sprintläufe im angegebenen Streckenbereich, d. h. sowohl für fliegende Sprints bis Starts mit anschließendem Sprintlauf bis maximal 30 m als auch für die Anwendung von Kleinen Spielen und Staffelformen mit schnelligkeitsentwickelndem Charakter.

● Bei der spezifischen Schulung der Beschleunigungsfähigkeit ist aufgrund der geringeren Reizdauer – die Laufstrecken variieren zwischen 10 und 15 m – und der damit verbundenen größeren Reizdichte auch der Trainingsumfang größer. Der Gesamttrainingsumfang sollte aber auch hier 10 bis 12 Läufe innerhalb eines TE-Teils von 20 bis 30 min nicht übersteigen.

● Ein wesentliches Kriterium für die Verbesserung der Schnelligkeitsfähigkeit ist die *Entspannungsfähigkeit* der Muskulatur und die Fähigkeit eines maximal schnellen Wechsels von Anspannungs- und Entspannungsphase in der Laufbewegung. Diesbezüglich spielen die *Lauftechnik* und der koordinative Entwicklungsstand eine entscheidende Rolle. Um diese Charakteristika der Schnelligkeitsfähigkeit bewußt entwickeln zu können, werden in hohem Maße auch Läufe im submaximalen Geschwindigkeitsbereich absolviert. Dazu werden vorrangig Steigerungsläufe über 50 bis 80 m angewandt.

> Ihre dominierende Stellung im Bedingungsgefüge der konditionellen Fähigkeiten und die entwicklungsgünstigen neurophysiologischen und neuromuskulären Bedingungen der Kinder vom 10. bis 12. Lebensjahr erfordern die gezielte Entwicklung der Schnelligkeitsfähigkeiten. Hauptaufgabe ist dabei die Verbesserung der Reaktions- und Aktionsschnelligkeit sowie die Steigerung der Schrittfrequenz. Die angewandten verschiedenartigen Trainingsübungen werden nach der Wiederholungsmethode aufbereitet. Die Belastung erfolgt im maximalen und submaximalen Intensitätsbereich. Die Entwicklung der Schnelligkeitsfähigkeiten ist eng mit der Schulung der Lauftechnik und der koordinativen Fähigkeiten gekoppelt.

## Kraftfähigkeiten

*Ziel und Inhalt* des Krafttrainings im Grundlagentraining bestehen

– in einer umfassenden, *komplexen* Kraftentwicklung der Arm-, Rumpf- und Beinmuskulatur (d. h., die Komponenten der Kraftfähigkeit können unter Berücksichtigung der alters-, entwicklungs- und geschlechtsspezifischen Bedingungen im wesentlichen miteinander entwickelt werden);

– in der Entwicklung und Ausprägung eines den passiven Bewegungsapparat schützenden Muskelkorsetts, das vor allem im Wirbelsäulenbereich bei Bewegungsabläufen auftretende Druck- und Zugspannungen erheblich mindert.

Bei der Entwicklung der Kraftfähigkeit sind folgende **alters- und geschlechtsspezifische** sowie *morphologisch* und *physiologisch begründete Faktoren* zu beachten:

● Die normale Entwicklung der Körperkraft und die geschlechtsspezifische Entwicklung nehmen im Ausbildungszeitraum des Grundlagentrainings einen annähernd gleichen Verlauf.

● Die Kraftentwicklung erfolgt, physiologisch bedingt, über mehrere Jahre hinweg nicht gleichmäßig, sondern in Entwicklungsschüben. Das betrifft sowohl den Gesamtorganismus als auch einzelne Muskelgruppen. (Solche Entwicklungsschübe treten zwischen dem 7. und 9. sowie zwischen dem 11. und 13. Lebensjahr auf.)

● Die absolute Muskelkraft der Jungen ist größer als die der Mädchen. (Allerdings kann die verminderte Kraftfähigkeit der Mädchen auch auf eine Vernachlässigung des Krafttrainings in diesem Altersbereich zurückzuführen sein.)

● Bis zum Eintritt in die Pubertät ist die Trainierbarkeit der Kraft bei Jungen und Mädchen etwa gleich gut. Erst nach der Pubertät kommt eine deutliche Differenzierung besonders bei der Entwicklung der Schnellkraftfähigkeit zugunsten der Jungen zustande.

● Das Skelett- und Gelenksystem (vor allem die Wirbelsäule) ist gegenüber hohen Druck- und Zugbelastungen weniger widerstandsfähig als bei Erwachsenen.

Es werden deshalb vorrangig **Trainingsübungen** angewendet, bei denen *das eigene Körpergewicht* durch Armzug-, Armstreck-, Rumpfhebe-, Beinstreck- und Sprungübungen überwunden werden muß.

Mit verbesserter Leistungsfähigkeit werden je nach Ziel- und Aufgabenstellung des Krafttrainings *Übungen mit Zusatzlasten* in das Trainingsprogramm aufgenommen.

Solche äußeren Belastungen sind Medizinbälle, Sandsack und Reckstange.

Im Grundlagentraining werden vorrangig *dynamische Kraftübungen* angewandt.

Statische oder isometrische Kraftübungen sind in dieser Trainingsetappe uneffektiv, da der hohe Anstrengungsgrad solcher Übungen eine schnelle Ausprägung der Schutzhemmung des Nervensystems bewirkt. Außerdem können durch die Atempreßsituation Überbelastungen des Herz-Kreislauf- und Atemsystems auftreten.

Der Trainingseffekt ist hauptsächlich von der **methodischen Gestaltung** des Krafttrainings abhängig.

● Die **Schnellkraft** ist eine grundlegende Fähigkeit für die erfolgreiche Ausführung der azyklischen und kurzzeitig zyklischen leichtathletischen Bewegungsabläufe.

Obwohl erst im Altersabschnitt nach dem Grundlagentraining bedeutend günstigere neuromuskuläre Voraussetzungen für das Schnellkrafttraining vorhanden sind, ist bereits vom 10. Lebensjahr an erheblicher Wert auf die Entwicklung einer guten Muskelkontraktionsfähigkeit zu legen.

Als *Trainingsübungen* für die Schnellkraftentwicklung verwenden wir

– beidbeinige vertikale und horizontale Sprünge;
– beidarmige Würfe und Stöße mit Medizinbällen und Kugeln;
– schnelle Streckbewegungen der Beine, Arme und des Rumpfes mit leichten Zusatzlasten;
– spezielle vorbereitende Übungen der Sprint-, Sprung- und Wurf-/Stoßdisziplinen, also Starts, Antritte, einbeinige Sprünge aus dem Stand und kurzem Anlauf, einarmige Wurf- und Stoßübungen;
– serienmäßige Wiederholung solcher Grundübungen dieser Disziplinen, die schwerpunktmäßig den Absprung bzw. Abwurf/stoß schulen.

Die Trainingsübungen werden nach der *Wiederholungsmethode* aufbereitet. Das bedeutet

– hohe Reizstärke,
– geringer Reizumfang,
– geringe Reizdichte und
– kurze Reizdauer

der Übungen.

Für die einzelnen *Schnellkraftkomponenten* gelten folgende Richtwerte:

*Entwicklung der Sprungkraft:*
2 bis 6 Wiederholungen pro Serie, 40 bis 60 Gesamtwiederholungen in etwa 20 min Übungszeit, 1 bis 2 min Serienpause.

*Entwicklung der Wurf- und Stoßkraft:*
6 bis 8 Wiederholungen pro Serie, 40 bis 60 Gesamtwiederholungen in etwa 20 min Übungszeit, 1 bis 2 min Serienpause.

● Die Entwicklung der **Kraftausdauer** nimmt innerhalb der komplexen Kraftschulung einen breiten Raum ein. Sie wird über den gesamten Verlauf des Grundlagentrainings entwickelt. Folgende *Gründe* sprechen für diese Festlegung:

○ Die allseitige Kraftausdauerentwicklung der Arm-, Rumpf- und Beinmuskulatur bewirkt eine relativ hohe Kraftleistungsfähigkeit bei gleichzeitig gutem regionalem Ausdauervermögen und besonders guter lokaler Ermüdungsfestigkeit der Muskulatur.

○ Das Kraftausdauertraining führt zu einer funktionellen Verbesserung des Herz-Kreislauf- und Atemsystems.

○ Der verhältnismäßig geringe materielltechnische Aufwand und die Möglichkeit der variablen Anwendung des Übungsgutes gewährleisten bei entsprechender methodischer und organisatorischer Gestaltung ein effektives Kraftausdauertraining.

Die *methodischen Merkmale der Kraftausdauerentwicklung* sind:

– geringe Reizstärke,
– großer Reizumfang,
– große Reizdichte und
– lange Reizdauer.

Dem entsprechen die *Dauerleistungs-* und die *extensive Intervallmethode*. Sie werden am günstigsten in den Organisationsformen *Kreistraining* und *Stationsbetrieb* verwirklicht.

● Die **Maximalkraftentwicklung** hat im Grundlagentraining gegenüber den anderen Kraftfähigkeiten nur *ergänzenden* Charakter, weil es durch die für das Maximalkrafttraining typischen hohen äußeren Belastungen zu Verletzungen und Schäden des passiven und aktiven Bewegungsapparates bei den jungen Sportlern kommen kann.

Ein auf Maximalkraftentwicklung gerichtetes Training mit der Scheibenhantel ist im Grundlagentraining prinzipiell abzulehnen!

> Die Kraftentwicklung erfolgt bei akzentuierter Schnellkraftentwicklung in relativ komplexer Weise. Im Mittelpunkt steht die umfassende Ausbildung aller Muskelgruppen. Die Anwendung vielfältiger Trainingsübungen und Belastungsmethoden sowie Organisationsformen trägt zu einem effektiven und abwechslungsreichen Krafttraining bei.

### Ausdauerfähigkeiten

Die Entwicklung der Ausdauerfähigkeiten nimmt im Grundlagentraining einen festen Platz ein, weil das Ausdauervermögen eines Sportlers eine wichtige Voraussetzung für das weitere leistungssportliche Training und das Erzielen einer künftigen hohen Leistungsfähigkeit im allgemeinen und speziellen Bereich darstellt.

Die *Aufgabenstellung* des Ausdauertrainings besteht in

– der *Stabilisierung der Gesundheit* durch eine vielseitige Entwicklung aller Organsysteme, die z. B. in einer größeren Widerstandsfähigkeit gegenüber Erkältungskrankheiten zum Ausdruck kommt;

– der *Ökonomisierung der Organfunktionen*, d. h. einer effektiveren Regulation der bei allen körperlichen, vor allem aber Ausdauerbelastungen im Körper ablaufenden physiologischen, biochemischen, aber auch nervalen Reaktionen. Es kommt zu einer Funktionsverbesserung des *Herz-Kreislauf-* und *Atemsystems,* der *Wärmeregulation* und des *Nervensystems;*

– der *Schaffung funktioneller Voraussetzungen* für die effektive Entwicklung anderer konditioneller Fähigkeiten, d. h., auf einem guten Entwicklungsniveau der Ausdauerfähigkeit sind die Schnelligkeits- und die Kraftfähigkeit mit hoher Stabilität zu entwickeln, da das funktionelle Organsystem und das neuromuskuläre System resistenter gegenüber Ermüdungserscheinungen nach hohen Belastungen sind;

– der Entwicklung *bestimmter Leistungsparameter* in den Laufdisziplinen und anderen

für den Trainingsprozeß ausgewählten Ausdauersportarten;

– der *Herausbildung wesentlicher Charakter- und Willenseigenschaften,* die für die Bewältigung der kontinuierlich ansteigenden Belastungen im Trainingsprozeß notwendig sind, wie

• Leistungsbereitschaft und Härte gegen sich selbst;

• Risikobereitschaft und Entschlußkraft; reale Selbsteinschätzung und bewußte geistige Mitarbeit;

• Willensspannkraft und Mobilisierungsfähigkeit.

Bei der Verwirklichung dieser Faktoren im Grundlagentraining sind der körperliche und geistige Entwicklungsstand sowie die funktionellen Möglichkeiten der Organsysteme zu berücksichtigen. Wesentliche *Merkmale* sind in diesem Altersbereich

– die *gute funktionelle Anpassungsfähigkeit* der Organsysteme an aerobe Leistungsanforderungen,

– die *ungenügende* Bewältigung *anaerober* Stoffwechselbedingungen,

– die für Jungen und Mädchen bis zum Eintritt in die puberale Entwicklungsphase annähernd gleichen Entwicklungsbedingungen für die Ausdauertätigkeit.

**Im Mittelpunkt steht die Entwicklung einer hohen allgemeinen (Grundlagen-) Ausdauerfähigkeit,** die

– zu einer guten Verträglichkeit von Trainingsbelastungen und

– zu einer verhältnismäßig raschen Erholung und Wiederherstellung des Organismus nach Ausdauer- und anderen sportlichen Belastungen beiträgt.

Dagegen wird im Grundlagentraining eine hohe *spezielle Ausdauerfähigkeit,* d. h. die momentan höchstmögliche Leistungsfähigkeit in leichtathletischen Ausdauerdisziplinen, *nicht* entwickelt.

Die *Schnelligkeitsausdauer* wird im Grundlagentraining aufgrund der ungünstigen physiologischen Bedingungen im kindlichen Organismus gegenüber anaeroben Stoffwechselbedingungen *nicht* spezifisch trainiert.

Das notwendige Schnelligkeitsausdauervermögen für die Sprintstrecken muß bei Kindern über die Verbesserung der Grundlagenausdauer im Training entwickelt werden.

● Für die **Entwicklung der Grundlagenausdauer** werden folgende **Trainingsübungen** genutzt:

*Leichtathletische Läufe*
– Ausdauerläufe auf der Bahn und in ebenem Gelände,
– Crossläufe,
– Spiel- und Wettkampfformen im Gelände (Fuchsjagd, Mannschaftsläufe, Zeitgenauigkeitsläufe u. a.),
– sportliches Gehen auf der Bahn und im Gelände;

*Sportspiele*
– Handball,
– Fußball,
– Basketball,
*Schwimmen*
*Skilanglauf*
*Radfahren (auch Radwanderung als Höhepunkt)*
*allgemeine Körperübungen im Kreistraining (Dauerleistungsmethode).*

Auch das gesamte Training trägt mit seinen vielfältigen Anforderungen, den wechselnden und wachsenden Belastungen zur Enwicklung der allgemeinen Ausdauer bei.

Die Grundlagenausdauer wird in den ersten 2 Trainingsjahren prinzipiell mit der *Dauerleistungsmethode* entwickelt; im 2. Trainingsjahr kann außerdem die *extensive Intervallmethode* angewendet werden.

Bei der Anwendung *leichtathletischer Läufe* unterscheiden wir
– Läufe nach Zeitangabe, bei denen die ununterbrochene Laufzeit zwischen 8 min und 30 min variiert, und
– Läufe nach Streckenangabe, hier beträgt die Streckenlänge in Abhängigkeit vom Entwicklungsstand, Trainingsalter und von der konkreten Aufgabenstellung zwischen 3 und 7 km.

Anhaltspunkte für eine kontinuierliche Belastungssteigerung sind neben der Zeitdauer bzw. Streckenlänge die einzelnen **Intensitätsbereiche**:

*Bereich I:*
2,5–3,0 m/s (in 1 min sind 150–180 m zu laufen)
*Bereich II:*
2,8–3,3 m/s (in 1 min sind 170–200 m zu laufen)
*Bereich III:*
3,0–3,6 m/s (in 1 min sind 180–220 m zu laufen)

Vom physiologischen und emotionalen Gesichtspunkt aus sind die erwähnten zyklischen Sportarten – Schwimmen, Skilanglauf und Radfahren – zielgerichtet für die Ausdauerschulung junger Leichtathleten zu nutzen. Erforderlich sind dabei eine konkrete Aufgabenstellung mit Belastungsanforderungen, die eine ausdauerentwickelnde Wirkung haben. Die Sportspiele tragen neben ihrer Wirkung auf die Grundlagenausdauer auch zur anaeroben Leistungsfähigkeit bei.

Neben der Anwendung der zwei genannten Trainingsmethoden sind weiterhin folgende **methodische Grundsätze** zu beachten:
● Entsprechend dem Bedingungsgefüge der konditionellen Fähigkeiten erfolgt eine *akzentuierte* Ausdauerentwicklung im Verlaufe eines Trainingsjahres. Der Schwerpunkt liegt dabei im Herbst und im Winter.
● Die kontinuierliche Belastungssteigerung im Jahres- und Mehrjahresverlauf muß bei ständiger Beibehaltung des Sauerstoff- und Stoffwechselgleichgewichtes erfolgen.
● Die variable Anwendung des Übungsgutes, d. h. veränderte Aufgabenstellungen bei der Nutzung einer Trainingsübung, organisatorische Veränderungen, variable Streckenführung, Einsatz anderer Sportarten und damit Milieuveränderung, *verhindert Eintönigkeit* und erhöht die emotionale Wirkung des Ausdauertrainings.

> Die Ausdauerentwicklung hat aufgrund ihrer bedeutenden funktionellen Wirkung auf die Organsysteme einen festen Platz innerhalb der komplexen Fähigkeitsentwicklung im Grundlagentraining. Als wesentlichste Aufgabe des Ausdauertrainings ist die Entwicklung und Ausprägung der **Grundlagenausdauer** zu sehen. Die Anwendung leichtathletischer Läufe, aber auch anderer ausdauerentwickelnder Sportarten gewährleistet eine vielseitige und abwechslungsreiche Ausdauerschulung.

### Beweglichkeit

Die Beweglichkeit wird unterschiedlich als konditionelle, koordinative oder zwischen beiden Komplexen stehende Fähigkeit eingeordnet. Sie ist eine wichtige Voraussetzung für den Grad der qualitativen und quantitativen Bewegungsausführung sportmotorischer Fertigkeiten, da sie

- in Einheit mit den koordinativen Fähigkeiten zu einer effektiven Aneignung und Vervollkommnung sportmotorischer Fertigkeiten und der anderen konditionellen Fähigkeiten beiträgt;
- die Bewegungsgenauigkeit einzelner Bewegungshandlungen fördert und den optimalen Krafteinsatz sowie die Bewegungsschnelligkeit der an den Bewegungen beteiligten Muskeln erhöht;
- eine Ökonomisierung der Bewegungen bewirkt und die Gefahr von Verletzungen der Sehnen, Bänder und Gelenke einschränkt;
- bei einem guten Entwicklungsstand den Transfereffekt der einzelnen Fähigkeiten begünstigt.

Die *Qualität der Beweglichkeit,* d. h. der Grad des Aktionsradius der Gelenke, und ihre Verbesserung werden bestimmt von
- den anatomisch vorgegebenen Bewegungsmöglichkeiten, d. h. von der Gestalt der sich berührenden Gelenkflächen sowie von der Funktionsfähigkeit der Gelenke;
- der Dehnbarkeit der Bänder, Sehnen und Muskulatur und der möglichen Kraftentfaltung;
- dem morphologischen Entwicklungsstand des Menschen bei Aufnahme eines gezielten sportlichen Trainings.

Aufgrund der engen funktionellen Beziehungen der Beweglichkeit sowohl zu den sportmotorischen Fertigkeiten und koordinativen Fähigkeiten als auch zu den konditionellen Fähigkeiten stellt die Beweglichkeit ein wichtiges Bindeglied zwischen diesen Komponenten der sportlichen Leistungsfähigkeit dar.

Die besondere Bedeutung, die der Entwicklung der Beweglichkeit im Grundlagentraining zukommt, ist in der Möglichkeit einer effektiven Verbesserung dieser Fähigkeit aufgrund altersmäßiger Besonderheiten der Kinder zurückzuführen.

Der Sehnen- und Bandapparat ist noch nicht verfestigt, und auch die Muskulatur ist durch ihren funktionellen Aufbau noch dehnbar. Eine effektive Entwicklung der Beweglichkeit aller Extremitäten und des Rumpfes ist nur noch bis zum Abschluß der präpuberalen Entwicklungsphase möglich. Das Trainieren der Beweglichkeit in den folgenden Trainingsetappen ist nahezu ausschließlich auf den *Erhalt* einer hohen Beweglichkeit gerichtet.

Die guten Entwicklungsbedingungen bei Kindern dürfen aber nicht zur Übertreibung ver-

leiten. Die Entwicklung eines sehr guten aktiven Beweglichkeitsvermögens darf prinzipiell nicht zu einer Einschränkung der Sicherungsfunktion der Bänder für die Gelenke führen und die Verbesserung der Elastizität der Muskulatur nicht zu Lasten ihrer Kontraktionsschnelligkeit gehen.

● Das Trainieren der Beweglichkeit im Verlaufe des Grundlagentrainings muß kontinuierlich, häufig und allseitig erfolgen und auf das Erreichen eines hohen Qualitätsniveaus der allgemeinen Gelenkbeweglichkeit und der Dehnfähigkeit der Muskulatur abzielen.

Zur Entwicklung der Beweglichkeit werden vorrangig **Trainingsübungen** aus dem Bereich der **Grund- und Zweckgymnastik** angewandt.

● Die *Grundgymnastik* beinhaltet vor allem Übungen mit einfacher Beweglichkeitsstruktur. Sie werden zur Verbesserung der allgemeinen Beweglichkeit angewandt, solche Übungen sind z. B.:

Armkreisen vor- und rückwärts, Rumpfdrehen, Achterkreisen der Beine usw.

● Die *Zweckgymnastik* ist vorrangig auf die Verbesserung der speziellen Beweglichkeit einzelner Gelenke gerichtet, trägt aber gleichzeitig zur Steigerung des allgemeinen Beweglichkeitsniveaus bei.

Vielfältige Übungen für die Verbesserung der Dehn- und Spreizfähigkeit sowie Gelenkbeweglichkeit der unteren Extremitäten, der Hüfte und des Rumpfes finden wir im Übungsgut der Sprint- und Hürdengymnastik. Für die Beweglichkeitsschulung der oberen Extremitäten und des Rumpfes wird das gymnastische Übungsgut der Wurf- und Stoßdisziplinen vorrangig angewandt.

Als **methodische Prinzipien** für die Ausprägung der Beweglichkeit sind zu beachten:

● Die aktiven Beweglichkeitsübungen haben im Trainingsprozeß prinzipiell den Vorrang vor den passiven. Die durch die eigene Muskelarbeit verbesserte Beweglichkeit schlägt sich in einer größeren Wirksamkeit nieder und ist dauerhafter als eine ausschließlich mit passiven Übungen verbesserte Beweglichkeit. Die passive Beweglichkeitsschulung hat in der Leichtathletik ergänzenden Charakter.

● Die Übungsausführung muß für den Sportler eine physische Belastung darstellen, um eine Verbesserung der Muskelelastizität und Dehnbarkeit der Sehnen und Bänder zu erzielen.

● Die beweglichkeitsverbessernden Trainingsübungen sind am effektivsten bei einer
– umfassend erwärmten Muskulatur des gesamten Körpers und
– bei einer voll arbeitsfähigen, d. h. nicht ermüdeten Muskulatur.

Aus diesen Gründen ist die Beweglichkeit prinzipiell in den Anfangsteilen der Trainingseinheiten zu planen.

● Die Erwärmungs- und Beweglichkeitsübungen sind mit kontinuierlicher Erhöhung der Anforderungen (Intensität, Umfang) durchzuführen.

● Der Beweglichkeitseffekt der einzelnen Trainingsübungen wird wesentlich von ihrer technisch guten Beherrschung bestimmt, da die Bewegungsgenauigkeit einen großen Einfluß auf die Ausprägung der Beweglichkeit der einzelnen Körperteile hat.

Da jede Übungswiederholung bewußt auf ein optimales Dehnungs- und Spreizmaß ausgerichtet ist, wird eine hohe neuromuskuläre Belastung bewirkt. Sie muß mit entsprechenden Entspannungsphasen gekoppelt sein, um eine erneute effektive Beweglichkeitsarbeit verrichten zu können. Um einen beweglichkeitsentwickelnden bzw. -erhaltenden Effekt zu erzielen, muß *bei begrenzter Wiederholungszahl in einer Serie pro Übung die Gesamtwiederholungszahl* der Übungen für einen Körperteil recht *beträchtlich* sein.

Es gelten folgende *Richtwerte*:

| | |
|---|---|
| Gesamtwiederholungszahl | |
| für den Rumpf | 45–60 |
| für das Hüftgelenk (pro Bein) | 30–35 |
| für den Ober- und Unterschenkel | |
| – pro Bein | 30–40 |
| für den Schultergürtel | |
| – pro Arm | 25–35 |
| Wiederholungen pro Serie | 3–5 |
| Serien pro Trainingsübung | 3–5 |

Die hohe Gesamtzahl an Wiederholungen muß deshalb durch den Einsatz mehrerer Trainingsübungen mit gleichem Wirkungsbereich erreicht werden.

> Die Entwicklung der Beweglichkeit hat im Training einen festen Platz und muß kontinuierlich durchgeführt werden. Die morphologisch begünstigenden Bedingungen sind für die Verbesserung der allgemeinen und speziellen Beweglichkeit konsequent durch ein vielfältiges Übungsgut zu nutzen. Die Schu-

lung der aktiven Beweglichkeit hat in der Leichtathletik den Vorrang vor der passiven Beweglichkeitsschulung. Dabei ist in den Trainingseinheiten zur Entwicklung der Beweglichkeit eine hohe Gesamtwiederholungszahl der Übungen zu verwirklichen.

▶ Aufgaben:
1. Welche Bedeutung hat die konditionelle Ausbildung im Grundlagentraining?
2. Begründen Sie das Prinzip der komplexen Entwicklung der konditionellen Fähigkeiten im Grundlagentraining!
3. Welche Rolle spielen die Altersbesonderheiten bei der Entwicklung der konditionellen Fähigkeiten?
4. Warum sprechen wir trotz einer komplexen Konditionsschulung von einer Akzentuierung der Schnelligkeit und Beweglichkeit?
5. Was spricht gegen eine spezifische Schulung der Schnelligkeitsausdauer bei Kindern?
6. Worin sehen Sie die Bedeutung einer komplexen Kraftentwicklung, und wie ist die akzentuierte Entwicklung der Schnellkraft zu begründen?
7. Welche Hauptaufgaben hat die Ausdauerschulung?
8. Welche Methoden werden vorrangig zur Ausdauerentwicklung eingesetzt?
9. Welche methodischen Prinzipien sind bei der Entwicklung der Beweglichkeit anzuwenden?

### 4.1.5.  Entwicklung koordinativer Fähigkeiten

▶ Aufgabe:
Orientieren Sie sich im Abschnitt 3.3.2. über Einteilung und Bedeutung der koordinativen Fähigkeiten sowie die prinzipiellen Methoden ihrer Herausbildung!

Die Entwicklung koordinativer Leistungsvoraussetzungen nimmt im Grundlagentraining eine Schlüsselstellung ein. Es bieten sich hier günstige Voraussetzungen für ihre Herausbildung:

Im Altersbereich, in dem das Training absolviert wird, befindet sich das motorische System in einer günstigen Entwicklungsphase. Das steht im Zusammenhang mit der hohen Funktionstüchtigkeit des Nervensystems, vor allem der hohen Beweglichkeit und Plastizität der Nervenprozesse. Die sensomotorischen und motorischen Hirnrindenzentren sind in diesem Abschnitt außerordentlich aufnahme- bzw. schaltfähig und die afferenten und reaffeten Reizleitungsprozesse besonders prägbar. Das ermöglicht auch die rasche Entwicklung von Koordinationsmechanismen im motorischen System. (Abb. 14)

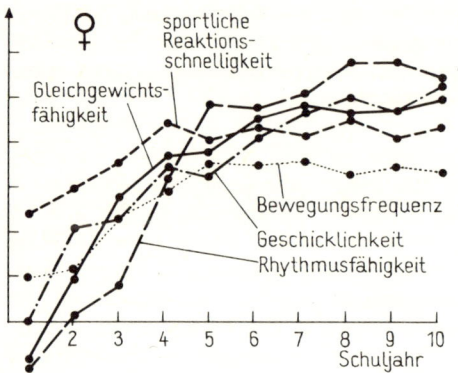

Abb. 14 Ontogenese koordinativer Fähigkeiten von Schulkindern

> Das erfordert, in der gesamten Gestaltung des Grundlagentrainings die Absicht der koordinativen Entwicklung besonders zu berücksichtigen.
> Das Erlernen vieler und vielfältiger Bewegungsabläufe (Fertigkeitsentwicklung) und die gezielt variierende Anwendung der Übungen andererseits sind im Grundlagentraining die entscheidenden *Mittel* zur koordinativen Entwicklung.

▶ Aufgabe:
Orientieren Sie sich im Kapitel 3.3. über die Methoden und Maßnahmen zur koordinativen Schulung. Sie treffen in vollem Umfange auf das Grundlagentraining zu!

## 4.1.6. Entwicklung sportmotorischer Fertigkeiten

**Aufgabenstellung**

Die Technikschulung ist die *bestimmende* Ausbildungsaufgabe im Grundlagentraining. Auch sie ordnet sich der leistungssportlichen Zielstellung des Ausbildungsabschnittes unter, *Grundlagen für die in der Perspektive zu erreichende Höchstleistung* zu entwickeln. Das Erreichen einer sportlichen Höchstleistung hängt in hohem Maße von der *Qualität des Bewegungsablaufs* der speziellen Wettkampfübung ab. Das erfordert
- sowohl einen technisch richtigen, ausgefeilten Bewegungsablauf (sporttechnische Fertigkeit)
- als auch bestimmte Fähigkeiten, ihn entsprechend den spezifischen *äußeren* (Wettkampfbedingungen) und *inneren* Bedingungen (Trainingszustand, z. B. Kraftniveau) zweckmäßig anwenden zu können (koordinative Fähigkeiten).

Ob ein Sportler diese beiden Seiten der Qualität des Bewegungsablaufs erreichen kann, ist wesentlich vom *motorischen Niveau* des Sportlers, von seinen *koordinativ-technischen Voraussetzungen,* abhängig.

> Diese Voraussetzungen sind im Training unter Ausschöpfung vielfältiger Möglichkeiten zielstrebig zu entwickeln. Da im Grundlagentraining besonders günstige Bedingungen für die Herausbildung eines guten motorischen Niveaus vorhanden sind, ist das Training in hohem Maße auf die technisch-koordinative Schulung zu orientieren. Dabei ist die Fertigkeitsentwicklung (bzw. das motorische Lernen) gleichzeitig vorrangiges Mittel zur koordinativen Entwicklung.

Wegen dieser *Doppelfunktion* der sporttechnischen Ausbildung ist hervorzuheben:

> Die *sporttechnische Ausbildung* muß im Grundlagentraining ein durchgängiges Prinzip sein. Sie darf nicht nur auf das Üben der leichtathletischen Wettkampftechniken bezogen werden, sondern durchdringt den gesamten Trainingsprozeß. Auch die Trainingsübungen und die Bewegungsabläufe anderer Sportarten sind bewußt zu schulen, das Erreichen einer hohen Übungsqualität steht auch hier im Vordergrund.

Als *Ziel der technischen Ausbildung* im Grundlagentraining gilt deshalb,
- die leichtathletischen Techniken zu vermitteln, und zwar in einem solchen Maße, daß die Sportler erfolgreich an Wettkämpfen teilnehmen können;
- die Bewegungsabläufe derjenigen Trainingsübungen aus der Leichtathletik sowie

aus anderen Sportarten im Grundgerüst zu entwickeln, die gegenwärtig und künftig vor allem zur athletischen Ausbildung genutzt werden müssen;
- über die Fertigkeitsentwicklung die Herausbildung hoher koordinativer Leistungsvoraussetzungen zu garantieren und eine solche motorische Disponibilität zu erreichen, die die künftige Leistungsentwicklung des Athleten begünstigt.

## Ausbildungsziel:
## leichtathletische Techniken

● Im Grundlagentraining sollen die Sportler mit *allen gebräuchlichen Techniken* der leichtathletischen Disziplinen vertraut gemacht werden. Deshalb werden die Bewegungsabläufe
- des Laufens und Gehens, des Sprintens, des Hoch- und Tiefstarts, des Staffellaufs und des Hürdenlaufs,
- des Schrittweit- und Laufsprunges, des Steig-, Flop- und Wälzsprunges, des Dreisprunges sowie des Stabhochsprunges,
- des Schlagball-, Keulen- und Speerwurfes, des Kugelstoßes vornehmlich, aber auch bekanntmachend die des Diskuswurfes sowie des Hammerwurfes
geschult.
Es wird besonders darauf orientiert, diese *gesamte Palette der leichtathletischen Techniken* zu erlernen, um durch die Auseinandersetzung mit den vielfältigen Bewegungsabläufen unserer Sportart gerade auch dem Hauptaspekt der koordinativen Schulung entgegenzukommen. Besonders wichtig ist dabei auch die technische Schulung in den koordinativ anspruchsvollen Disziplinen wie dem Hürdenlauf, dem Stabhochsprung sowie dem Speerwurf. In solchen Disziplinen, in denen mehrere Bewegungsabläufe im Wettkampf möglich sind (z. B. im Hochsprung), unterstützt das Erlernen aller Techniken außerdem das Finden des individuell zweckmäßigen Ablaufs.
Dieser große *Umfang* an Bewegungsabläufen, den die Leichtathletik bietet, ist ein sichtbarer Vorteil. Er ermöglicht, daß bei seiner vollständigen Nutzung bereits durch die Leichtathletik selbst ein beträchtlicher Teil der notwendigen Anzahl, Mannigfaltigkeit und Unterschiedlichkeit der motorischen Anforderungen gewährleistet werden kann.

Da die leichtathletischen Bewegungsabläufe sowohl in ihrer motorischen Schwierigkeit als auch in ihrem strukturellen Aufbau teilweise stark voneinander abweichen und somit stets neue Anpassungen und Umstellungen des motorischen Systems erfordern, wird die angestrebte *Vielseitigkeit* der Bewegungshandlungen bereits von den leichtathletischen Wettkampfübungen her nahezu verwirklicht.

Das Bestreben, alle leichtathletischen Wettkampfübungen einzubeziehen, trifft auf den Verlauf des gesamten Grundlagentrainings zu. In einzelnen Jahren sollte jedoch eine gewisse Schwerpunktlegung auf eine Auswahl an Disziplinen erfolgen. Das ist notwendig, um für den Lernerfolg erforderliche Übungsdichten zu gewährleisten, eine sinnvolle Aufeinanderfolge der Disziplinen zu berücksichtigen oder um Fragen des Lernvermögens der Kinder entgegenzukommen.
● Neben der Entscheidung, welche Techniken erlernt werden, ist die Frage zu beantworten, in welcher *Qualität* sie im Grundlagentraining ausgeprägt werden sollen.
*Einerseits* erfordert die Tatsache, daß die jungen Sportler anhand der Bewegungsabläufe ihr Leistungsvermögen im Wettkampf demonstrieren sollen, eine relativ gute Qualität.
*Die Wettkampfteilnahme muß bald gesichert sein.* Das bedeutet, daß die Wettkampfübungen recht schnell bis zu einer solchen Qualität geführt werden, die die erfolgreiche Anwendung im Wettkampf gewährleistet.
*Andererseits engen einige Faktoren den möglichen Ausprägungsgrad ein,* wie das begrenzte Zeitbudget für die Technikschulung, Abhängigkeiten vom physischen Vermögen oder den anatomisch-physiologischen Voraussetzungen im Altersbereich und auch die Frage, inwiefern man bereits eine Stabilisierung anstreben sollte.
Daraus resultiert, daß die leichtathletischen Wettkampfübungen im Grundlagentraining zweckmäßigerweise nur bis zu einer bestimmten *Funktionsreife* entwickelt werden können bzw. geführt zu werden brauchen.

▶ Aufgabe:
Vergleichen Sie die Abschnitte „Technisches Anforderungsprofil für das Grundlagentraining" bei den einzelnen Disziplinen. Suchen Sie z. B. nach Unter-

schieden der angestrebten Funktionsreife im Schrittweitsprung und Diskuswurf!

Im allgemeinen kann der für das Grundlagentraining angestrebte Ausprägungsgrad durch
folgende **Merkmale** charakterisiert werden.

*Wettkampfreife*
Der Ausprägungsgrad der Bewegung ermöglicht eine Wettkampfteilnahme, d. h., die Bewegung entspricht den Grundanforderungen
der Wettkampfbestimmungen, das Gelingen
der Bewegungshandlung ist unter Wettkampfbedingungen in der Regel gewährleistet. Die
gelungene Bewegung und die damit erreichte
meßbare sportliche Leistung vermitteln dem
jungen Sportler Erfolgserlebnisse.

*Übereinstimmung mit der sportlichen Technik*
Die strukturelle Übereinstimmung des im
Grundlagentraining angestrebten Ausprä-
gungsniveaus der Bewegung mit dem Modell
der sportlichen Technik, die vom Hochleistungssportler demonstriert wird, kann in den
einzelnen Disziplinen *unterschiedlich* sein.
In einigen Disziplinen (Läufe, Sprünge) entspricht
die *Grundstruktur* bereits der Technik des Hochlei-
stungssportlers.
Die Phasen des Bewegungsablaufs sind vollzählig
vorhanden und gleichen der Technik im Grundablauf, wobei noch Abweichungen in ihrer technikgerechten Ausprägung vorhanden sind (z. B. kürzere
Beschleunigungswege in der Hauptphase).
In anderen Disziplinen ist eine strukturelle Übereinstimmung aus den verschiedensten Gründen noch
nicht erreichbar. Es können nur *Teile der Gesamtbewegung oder vereinfachte Strukturen* der Gesamtbewegung im Wettkampf angewandt werden.
Als vereinfachte Strukturen verstehen wir Bewegungen, die auf das Nötigste und Wesentlichste der
sportlichen Technik reduziert sind. So ist der Schrittweitsprung als eine solche vereinfachte Struktur des
Laufsprunges anzusehen.
In den Wurfdisziplinen ist es im Grundlagentraining
zweckmäßig, als Teilziele zunächst nur die *Hauptphasen* (Abwurfphasen) zu erlernen und im Wettkampf ausführen zu lassen, bevor zur Vervollständi-
gung der Gesamtbewegung übergegangen wird.

*Qualität der Haupt- und Nebenphasen*
Die Lösung der Bewegungsaufgabe und das
Erreichen des Bewegungszweckes ist vor allem
von der *Hauptphase* abhängig. Ihre Schulung
ist deshalb im Grundlagentraining von vorrangiger Bedeutung. In den Hauptphasen (in
der Leichtathletik die Abdruck-, Absprung-

bzw. Abwurfbewegungen) wird die hauptsäch-
lichste Beschleunigung des Körpers oder des
Gerätes erzielt. Deshalb sollten in den Hauptphasen die Bewegungen dem angestrebten
*Technikmodell* schon weitgehend nahekommen. Es ist hier bereits der Charakter einer *gut
koordinierten* Bewegung anzustreben, die harmonisch ist und, falls keine stark störenden
Einflüsse auftreten, relativ beständig und feh-
lerfrei abläuft. Die Bewegung ist bereits *so
weit automatisiert,* daß der Sportler seine Aufmerksamkeit vom gesamten Bewegungsablauf
hinweg anderen Aufgaben zuwenden kann,
z. B. den Knotenpunkten der Technik, der
Verbesserung von Teilphasen und vor allem
dem optimalen Krafteinsatz und der Ausfüh-
rungsschnelligkeit.
In *Nebenphasen* oder weniger bedeutsamen
Teileelementen streben wir eine solche Ausprägung an, daß die motorische Aufgabenstellung
gerade als *erfüllt* angesehen werden kann und
die Wettkampfteilnahme möglich ist. Lediglich in Disziplinen, in denen die Ausprägung
der Nebenphasen über den Wettkampferfolg
entscheidet (z. B. Lattenüberquerung im
Hochsprung), zum gesamtheitlichen Vollzug
nötig ist (in den zyklischen Laufbewegungen)
bzw. sehr hohen Einfluß auf die Beschleunigungsleistung haben (z. B. Anschwünge im
Hammerwurf), sind an die Qualität der Nebenphasen entsprechend höhere Anforderungen zu stellen.

*Dynamik und Rhythmus*
Für den Wettkampfvollzug und für eine effektive weitere Vervollkommnung ist die rhythmische Erfassung der gesamten Bewegungs-
verbindung wichtig. Der *Grundrhythmus* der
Bewegung muß *erfaßt* sein. Der *Krafteinsatz*
muß *in Zeitpunkt und Stärke* bereits deutlich
auf die Hauptbeschleunigungsphase akzentuiert sein. Vorbereitende Phasen werden gelöst
und schwungvoll ausgeführt. In zyklischen Bewegungen ist ein rationeller Wechsel zwischen
Anspannung und Entspannung gewährleistet.

*Variabilität und Automatisierung*
Das Erreichen eines für die künftige Leistungsentwicklung zweckmäßigen Bewegungsablaufs wird dadurch beeinflußt, wie die
enge Verbindung der Forderungen nach einem
*automatisierten, aber variablen* Bewegungsablauf gelöst wird.

Überdenken Sie, was folgende Erkenntnis für die Bestimmung des Automatisierungsgrades bedeutet:

Es kommt darauf an, die Organisation der Bewegungsleistung schnell vom bewußt-motorischen (pyramidalen) auf das unbewußt-motorische (extrapyramidale) System zu übertragen. Diese Übernahme der Leistungen durch das extrapyramidale System bedeutet eine entscheidende Entlastung für die Großhirnrinde, die dadurch frei wird, um neue Bewegungsformen – zunächst wieder auf pyramidaler Basis – einstudieren zu können (Bernstein, Rubinstein, Puni).
Vergleichen Sie danach nochmals die Ausführungen der Hauptphase!

Neben der Aufgabe, eine **in der Hauptphase in den Ansätzen automatisiert** *ablaufende Bewegung* zu schulen, steht für das Grundlagentraining die Forderung, *keine fest „eingefahrenen", sondern in jeder Phase variable und sich schnell an verändernde physische* oder *äußere Bedingungen anpassende Bewegungen* zu entwickeln.
Ein plastischer und sich der Situation anpassender Ausprägungsgrad vor allem der Vorbereitungsphasen, aber selbst auch der Hauptbeschleunigungsphasen ist wichtig für die Vervollkommnung der Technik in den folgenden Trainingsetappen. Jede übermäßig stabilisierte Teilbewegung kann bei angestrebten Veränderungen der Gesamtstruktur zu einem Hemmfaktor werden, kann die Ausnutzung eines erhöhten physischen Potentials verhindern und die Konstanz und Präzision der Bewegungsleistung im Wettkampf beeinträchtigen, weil bestimmte notwendige Veränderungen der Bewegungsausführung (z. B. Ausgleich äußerer Einflüsse) nicht realisiert werden können.

*Bewegungsvorstellungen*
In engem Zusammenhang mit dem motorischen Ausprägungsgrad steht die Entwicklung der *Bewegungsvorstellung*. Bewegungsvorstellungen sind gewissermaßen die intellektuelle Komponente der motorischen Fertigkeit. Sie ermöglichen dem Sportler, seine Bewegungen bewußt zu steuern und zu regulieren und sind deshalb für die Effektivität des Lernprozesses bedeutsam.
Der das Grundlagentraining absolvierende Sportler muß sich deshalb bereits in den Anfängen konkrete Vorstellungen über die Bewegung aneignen. Hierzu zählen vor allem *Kenntnisse* über die technischen Knotenpunkte der Bewegung, über die Abläufe der Hauptphasen, über die Bedeutung der einzelnen Phasen für das Ergebnis sowie über wichtige Fehler und deren Vermeidung. Sie werden ergänzt durch Kenntnisse über den Charakter der Leistung (Zustandekommen) und allgemeine Fakten zur jeweiligen leichtathletischen Disziplin (Regeln, Leistungen, Sportler). Folglich ist im Grundlagentraining eine gezielte Kenntnisvermittlung zu diesen Inhalten erforderlich.
Wir müssen in den Erwerb einer Bewegungsvorstellung aber auch solche Fähigkeiten einordnen wie den gedanklichen Nachvollzug des dynamischen Ablaufs bzw. Krafteinsatzes.

**Ausbildungziel:**
**leichtathletische Trainingsübungen**

Im Grundlagentraining müssen die jungen Sportler außerdem Bewegungabläufe erlernen, die zum leichtathletischen Übungsgut gehören, ohne selbst Wettkampfbewegungen zu sein.

Solche einfachen, aber grundsätzlichen Trainingsübungen eines Leichtathleten – wie zum Beispiel der Kniehebelauf oder der Sprunglauf, die Fußgelenkarbeit, aber auch ein vertikaler Absprung bzw. ein beidhändiger Überkopfwurf mit dem Medizinball – müssen *mit der gleichen Aufmerksamkeit wie die Wettkampfübungen technisch erlernt werden.*

Das wird nicht nur erforderlich, weil die jeweiligen Übungen einigermaßen beherrscht werden müssen, ehe sie im Training wirkungsvoll zur Verbesserung der konditionellen Fähigkeiten beitragen. Gerade mit ihnen können häufig einzelne wichtige Phasen besonders gut geschult werden. Zum anderen muß hoher Wert auf eine technisch richtige Ausführung gelegt werden, um Schäden am Bewegungsapparat zu vermeiden, die durch diese in der Regel häufig angewandten Übungen bei fehlerhafter Ausführung hervorgerufen werden können. Zu diesen *grundsätzlichen* Trainingsübungen zählen wir
– die Übungen des Sprint-Abc;
– einfache horizontale und vertikale Sprung-

übungen in einmaliger wie auch aneinander-
gereihter Verwendung;
– allgemeine Wurfübungen.
Zumeist gehören diese Übungen der Gruppe
der *speziellen vorbereitenden Übungen* an, teilweise sind sie auch einfache spezielle Konditi-
ons- bzw. Technikübungen (vgl. Abb. 11).
Bei der Schulung solcher Übungen ist größter
Wert auf eine *technisch richtige Ausführung*
(besonders der Hauptphasen) zu legen. Bei
denjenigen, die in unmittelbarer Serienfolge
absolviert werden (z. B. Sprungfolge, Mehrfachsprünge), ist besonders auch die *rhythmische Verbindung* und der *flüssige Übergang
zwischen den Einzelbewegungen* zu schulen.
Gerade über diese Aufgabenstellung haben
die Übungen hohen Einfluß auf die koordinative Entwicklung der Sportler.
Es darf außerdem nicht übersehen werden,
daß jeweils auch die einzelnen Grundübungen
der entsprechenden methodischen Reihen solche Trainingsübungen sind. Jede einzelne
Grundübung hat vorrangig ihre spezifische
Aufgabe in der Technik- bzw. Fertigkeitsentwicklung und muß deshalb mit aller Aufmerksamkeit erlernt werden.
*Es muß ein bestimmter technischer und koordi-
nativer Ausprägungsgrad erreicht sein, ehe zur
nächsten Übung übergegangen werden kann.*
Folglich muß der Sportler nach Abschluß des
Grundlagentrainings alle einzelnen Übungen
der Grundübungsreihe beherrschen. Nur dann
können sie außerdem vom Trainer oder
Übungsleiter zum Zwecke der konditionellen
Schulung eingesetzt werden.

### Ausbildungsziel:
### Trainingsübungen aus anderen Sportarten

Trainingsübungen aus anderen Sportarten,
z. B. aus den Sportspielen, aus dem Schwimmen oder Turnen, sind ein fester Bestandteil
des leichtathletischen Trainings. Im Grundlagentraining macht die für sie zur Verfügung
stehende Übungszeit einen beträchtlichen Teil
der Gesamttrainingsdauer aus.

Im Grundlagentraining kommt es darauf an,
besonders die Technikschulung dieser Bewegungsabläufe zu betreiben.
Am Ende des Grundlagentrainings sollen die
grundsätzlichen Bewegungsabläufe aus

den genannten Sportarten so weit beherrscht werden, daß sie die Ausübung der
Sportart ermöglichen, belastungswirksam
sind und eventuelle Verletzungsgefahren
einschränken.

In den **Sportspielen** – vorrangig im Basketball
sowie im Hand- und Fußball – ist *mindestens in
einem Drittel der Übungszeit die Technik der
einzelnen Elemente zu schulen.* Neben dem
Üben der Elemente ist die Technikschulung
häufig komplex und in Verbindung mit einfachen taktischen Formen (vor allem Freilaufen
und Decken) durchzuführen.
Die Übungen des **Turnens** haben besonderen
Wert für die koordinative Entwicklung der
jungen Leichtathleten.
Im **Schwimmen** sollte zumindest *eine Technik*
so weit vermittelt sein, daß der *Bewegungsablauf sicher beherrscht wird und belastungswirksam* trainiert werden kann.

Die technische Ausbildung besitzt im Grundlagentraining vordringliche Bedeutung.
Ihre Aufgabe besteht nicht nur darin, die verschiedenen leichtathletischen Wettkampfübungen sowie die grundsätzlichen Trainingsübungen aus der Leichtathletik und
wichtigen anderen Sportarten bis zu einer
zweckmäßigen Funktionsreife zu führen. Sie
ist vor allem auch das entscheidende Mittel,
hohe koordinative Leistungsvoraussetzungen herauszubilden.
**Auf Technikschulung ist deshalb ständig
und an allen Stellen des Trainingsprozesses Wert zu legen.** Sie ist erster Ausdruck
einer hohen **Qualität** der Ausbildung im
Grundlagentraining.

▶ Aufgaben:
1. Welche Aufgaben hat die technische Ausbildung
zu realisieren?
2. Weshalb ist die Technikschulung durchgängiges
Prinzip im Grundlagentraining?
3. Erläutern Sie die Hauptmerkmale des Ausprägungsgrades der leichtathletischen Wettkampftechniken.
4. Skizzieren Sie die Aufgaben bei der Technikschulung der Trainingsübungen!

## 4.1.7. Planung des Trainings

Jede Trainingsplanung setzt eine Analyse des vorangegangenen Trainings sowie die Einschätzung der vorhandenen Rahmenbedingungen voraus. Grundlage für die Trainingsplanung sind demnach Kenntnisse über

- Leistungsstand und Leistungsentwicklung der Sportler,
- Trainingsschwerpunkte und Belastungsanforderungen im zurückliegenden Trainingsjahr,
- die Rahmenbedingungen für das künftig zu gestaltende Training.

### 4.1.7.1. Jahresplan

*Der Jahrestrainingsplan im Grundlagentraining ist ein Rahmenplan für die gesamte Trainingsgruppe.* Er sollte folgende Positionen enthalten:

● Terminlicher Ablauf des Trainingsjahres bei Berücksichtigung des Schuljahresablaufs,
- geplante Trainingsunterbrechungen in den Schulferien,
- geplante Trainingslager in den Schulferien,
- Wettkampftermine,
- Anzahl der zur Verfügung stehenden Trainingswochen,
- Trainingstage im Wochenverlauf.

● Ziele im Trainingsjahr (bezogen auf die gesamte Trainingsgruppe und auf einzelne Sportler) und davon abgeleitete Schwerpunkte für die koordinativ-technische und konditionelle Ausbildung der Sportler.
Umstritten ist die Frage, ob bereits im Grundlagentraining oder im Nachwuchstraining generell individuelle Leistungsziele gestellt werden sollen. *Für ein leistungssportorientiertes Training halten wir persönliche Leistungsziele auch oder gerade schon im Kinder- und Jugendtraining besonders aus erzieherischen Gründen für notwendig.* Jedoch müssen diese Leistungsziele sowohl die allgemeine als auch spezielle vielseitige Ausbildung widerspiegeln, sich also nicht nur auf die Leichtathletik oder sogar nur auf eine Disziplin beziehen.
Eine konkrete Vorgabe von Belastungskennziffern (als Gesamtsumme für einzelne Trainingsbereiche) halten wir im Grundlagentraining noch nicht für erforderlich. Um eine systematische Belastungssteigerung von Jahr zu

Jahr zu sichern, sollten jedoch folgende Positionen von jedem Übungsleiter vorgedacht werden:
- geplante Trainingshäufigkeit im Jahr,
- Anteil des allgemein-vielseitigen und des speziell-vielseitigen Trainings (Trainingshäufigkeit und in Prozent),
- Anteile des Trainings in den Disziplingruppen Sprint, Lauf, Sprung und Wurf (Trainingshäufigkeit und in Prozent).

Entsprechend der Besonderheit der Trainingsetappe bildet im Grundlagentraining die Verteilung der Trainingshäufigkeit und der Übungszeit die Grundlage der Planung.
Bei der Festlegung der Relationen zwischen den Ausbildungsbereichen sind – entsprechend den im Abschnitt 4.1.3. diskutierten Schwerpunkten des Trainings – folgende Standpunkte zu berücksichtigen:

● Die der Leichtathletik eigene Vielfalt des Übungsgutes läßt zu, *50 % der Übungszeit und mehr* für die Ausbildung in den leichtathletischen Disziplinen (spezielle vielseitige Ausbildung) zu nutzen. Dieser Anteil kann im Verlauf der Trainingsjahre bis auf etwa 70 % ansteigen.

● Zur allgemeinen vielseitigen Ausbildung sind vorrangig Trainingsmittel aus den Sportspielen und dem Turnen, bei Möglichkeit auch aus dem Schwimmen und dem Skilauf, heranzuziehen. Einen wesentlichen Teil nehmen die allgemeinen Körperübungen (allgemeine Kraftübungen, Gymnastik u. a.) ein.

● Die auf eine breite leichtathletische Ausbildung orientierte SVA ist durch *relativ gleiche Proportionen* zwischen den Disziplingruppen Sprint, Sprung und Wurf/Stoß gekennzeichnet. Lediglich für die Disziplingruppe Lauf (Ausdauer) ist ein etwas geringerer Zeitumfang zu planen.

● Die Ausbildung erfolgt *in nahezu allen* leichtathletischen Disziplinen; in den einzelnen Trainingsjahren können dabei unterschiedliche Schwerpunkte gesetzt werden.

● Der überwiegende Teil der für die einzelnen Disziplingruppen zur Verfügung stehenden Zeit ist für die *technische* Ausbildung zu nutzen.

In seinem Aufbau entspricht das Trainingsjahr einer einzigen Vorbereitungsperiode (vgl. 4.1.3.3. Belastungsdynamik).
Außer durch die Steigerung der Trainingsdauer kommt ein *gezielter Belastungswechsel*

– durch die schwerpunktmäßige Arbeit an einzelnen Trainingsaufgaben und
– die dabei in höherem Umfang eingesetzten Mittel

zustande.

Diese *Akzentuierung* (Abb. 15) berücksichtigt
– die „saisonbedingte" Arbeit an den leichtathletischen Disziplinen, besonders hinsichtlich der Technikschulung (vorwiegend von Mai–Juli und September–Oktober);
– die durch Trainingsgesetzmäßigkeiten bedingte Aufeinanderfolge in der zweckmäßigen Entwicklung der konditionellen Fähigkeiten;
– die konzentrierte Schulung einzelner Bewegungsabläufe, die besonders aus lerntheoretischer Sicht zweckmäßig erscheint;
– die nach einigen Wochen stagnierende Reizwirksamkeit der Trainingsmittelgruppen;
– die Wettkampfplanung;
– die materiell-technischen und Witterungsbedingungen (äußere Bedingungen).

▶ Aufgabe:

Erarbeiten Sie einen Jahrestrainingsplan. Nutzen Sie dabei das in der Tabelle 17 angebotene Schema. Gehen Sie folgendermaßen vor:
– Präzisieren Sie die Relationen zwischen den Trainingshauptbestandteilen (AVA, SVA, Disziplingruppen)! Legen Sie evtl. notwendig werdende Schwerpunkte fest!

– Ermitteln Sie den möglichen Gesamttrainingsumfang (Gesamtdauer des Jahres und der Abschnitte)!
– Berechnen Sie den für jeden Trainingsteil zur Verfügung stehenden Zeitumfang!
– Verteilen Sie diese Zeitumfänge unter Berücksichtigung der im Jahresverlauf notwendig werdenden Akzentuierungen auf die einzelnen Trainingsabschnitte!

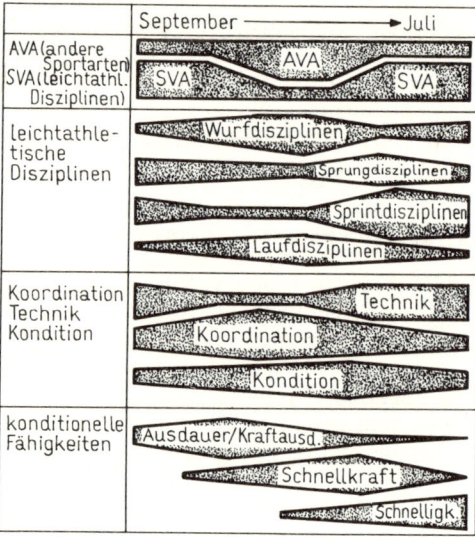

Abb. 15 Akzentuierung des Belastungsinhalts im Grundlagentraining während des Trainingsjahres

Tabelle 17: *Schema einer Jahreskennziffern-Planung*

| | Jahr | | Monate | | | | | |
|---|---|---|---|---|---|---|---|---|
| | % | Gesamt* | Sept. / Okt. | Nov. / Dez. | Jan. / Febr. | März / April | Mai / Juni | Juli / Aug. |
| Gesamt-Umfang* | | | | | | | | |
| AVA | | | | | | | | |
| SVA | | | | | | | | |
| Davon Sprint Lauf Sprung Wurf | | | | | | | | |

* Aufschlüsselung möglich in Stunden, Minuten, Trainingseinheiten (TE) oder TE-Teile

92

### 4.1.7.2. Abschnittsplan

*Eine detailliertere Planung des Trainings mindestens 4 Wochen im voraus wird auch im Grundlagentraining für unumgänglich gehalten.* Dieser Zeitabschnitt ist aus physiologischer Sicht unter dem Aspekt der Anpassung ausreichend lang. Er ist für den Übungsleiter und für die Sportler für die Realisierung bestimmter Ziele überschaubar; Korrekturen sind leicht möglich.

Im Abschnittsplan wird die zur Verfügung stehende Übungszeit auf die einzelnen Trainingsbereiche verteilt. Damit erhält der Übungsleiter gleichzeitig die Möglichkeit, nach jeder Trainingseinheit im Sinne eines Soll-Ist-Vergleichs einzuschätzen, inwieweit er die eigenen Vorgaben realisieren konnte.

### 4.1.7.3. Wochenplan (Mikrozyklus)

Die Verteilung der Übungszeit auf die einzelnen Trainingsbereiche im Abschnittsplan bildet die Grundlage für die Wochenplanung.

Bei der konkreten Planung des *Wochentrainings geht es darum, die Feinstruktur* für die einzelnen Wochen zu gestalten.

Dabei besteht durchaus die Gefahr, daß durch bestimmte Belastungsfolgen vom Ziel abweichende Trainingswirkungen erzeugt und damit Fehler in der Belastungsgestaltung gemacht werden. Das kann vermieden werden, wenn folgende **Grundregeln** bei der Wochenplanung eingehalten werden:

**1. Die Trainingseinheiten sollten nach Möglichkeit so auf die Wochentage verteilt werden, daß ein gutes Verhältnis zwischen Belastung und Erholung entsteht.**
● Bei dreimaligem Training kann z. B. im Winterabschnitt immer ein Tag ohne Training zwischen den Trainingstagen liegen (z. B. Training montags, mittwochs und freitags). In den Abschnitten mit ausschließlichem Training im Freien und mit konzentrierter Wettkampftätigkeit sollte in der ersten Wochenhälfte an zwei aufeinanderfolgenden Tagen und nach einem Ruhetag ein drittes Mal trainiert werden. Die zweite Wochenhälfte sichert dadurch eine vollständigere Erholung und plant die Wettkampfbelastung ein (die ideale Trainingsverteilung wäre dienstags, mittwochs und freitags).

● Bei viermaligem Training müssen die Trainingseinheiten gleichmäßig verteilt werden, so daß nach jeweils zwei Trainingstagen ein Ruhetag folgt (z. B. montags, dienstags, donnerstags und freitags). Dadurch geht auch der meist sonntäglichen Wettkampfbelastung ein Tag Pause voraus. Liegen allerdings die Wettkämpfe häufig sonnabends oder wird fünfmal trainiert, wäre eine stärkere Konzentration in der ersten Wochenhälfte anzustreben (montags, dienstags, mittwochs, freitags); bei Häufung der Wettkämpfe sollten diese als Trainingseinheit gewertet werden.

**2. Die Beachtung des Wechsels von Belastung und Erholung verlangt die zweckmäßige Aufeinanderfolge der Ausbildungsschwerpunkte im Wochenverlauf:**
● Am Wochenbeginn sind Trainingseinheiten mit stärkerem Anteil allgemeiner oder auch mehr konditionell wirksamer leichtathletischer Trainingsmittel (Sprints, Wurf-/Stoßkraft, Sprungkraft- und -gewandtheitsübungen) günstiger einzusetzen, weil sie einerseits die vorangegangene spezielle Wettkampfbelastung kompensieren und andererseits in genügend großem Abstand vor dem nächsten Wettkampf liegen.
● Stärker technisch orientierte Trainingseinheiten sollten dagegen erst ab Mitte der Woche eingeplant werden oder müssen solche Techniken schulen, die im vorangegangenen Wettkampf nicht gefordert wurden.
● Trainingseinheiten mit konzentrierten intensiven Belastungen (z. B. leichtathletische Konditionsübungen) sollten immer vor einem Ruhetag oder vor kompensierenden Trainingseinheiten (extensiver oder allgemeiner Charakter mit hoher emotionaler Wirkung) liegen.
● Aufeinanderfolgende Trainingseinheiten sollten immer einen unterschiedlichen Charakter aufweisen (AVA; SVA; technisch-konditionelle Schulung, technische oder konditionelle Schulung in einer Disziplingruppe; andere Disziplin bzw. -gruppen).
● Bei unvermeidlicher Aufeinanderfolge von Trainingseinheiten mit ähnlichen Schwerpunkten (z. B. im Winter hoher Anteil allgemeiner Trainingsmittel, im Sommer relativ hoher Anteil leichtathletischer Übungen) muß mit besonderer Sorgfalt bei der Auswahl der Trainingsmittel für Ausgleich und Abwechslung gesorgt werden.

● Trainingseinheiten mit höherem zeitlichem Umfang wechseln nach Möglichkeit immer mit solchen, für die eine kürzere Dauer vorgesehen ist (95–100 min, 80–90 min).

**3. Gezielte konditionelle Belastungen müssen abgestimmt auf die Woche verteilt werden.**

● Mehrmalige gleichartige Belastungen (z. B. zweimaliges Ausdauertraining) sind gleichmäßig auf die Woche zu verteilen.

● Belastungsspitzen zur Schnelligkeits- und Schnellkraftentwicklung sind nur bei ausreichend (physisch und psychisch) erholtem Organismus effektiv (z. B. am Wochenbeginn, nach Ruhetag, keinesfalls nach hoher Ausdauerbelastung).

● **Die Schulung einzelner Techniken kann innerhalb der Woche (aber auch über mehrere Wochen hinweg) konzentriert erfolgen.**

Eine auf kurze Trainingsabschnitte konzentrierte technische Schulung einzelner Techniken hat den Vorteil, daß größere Lernfortschritte und ein solider Festigkeitsgrad des Erlernten erreicht werden.

Im Sinne der Sicherung eines optimalen Lernergebnisses würde eine zeitweilige Konzentration auf die Schulung einzelner leichtathletischer Techniken oder auf ein Sportspiel (Basketball, Korbball, Handball oder Fußball) oder auch auf eine Schwimmart sowohl innerhalb einer Woche als auch über mehrere Wochen hinweg nicht gegen das Prinzip des Belastungswechsels verstoßen. Wichtig ist in diesem Falle nur, daß insgesamt durch die übrigen Trainingsmittel genügend Abwechslung entsteht und die für die konzentrierte Schulung ausgewählten Techniken untereinander bereits ausgleichende Belastungen darstellen (z. B. Hürdenlauf – Wurfdisziplin, Handball – Sprungdisziplin).

### 4.1.7.4. Gestaltung der Trainingseinheit

Die Trainingseinheit ist die kleinste Planungseinheit. Sie verlangt eine besonders sorgfältige Arbeit des Übungsleiters, bei der die konkrete Zusammensetzung der Trainingsgruppe, ihr momentaner Leistungsstand und die örtlichen Trainingsbedingungen richtig eingeschätzt und berücksichtigt werden müssen. Unter Einhaltung der Plankennziffern für die einzelnen Trainingsbereiche erfolgt die konkrete Auswahl der Trainingsmittel und ihre Zusammenstellung zu einzelnen Trainingseinheiten. Dabei sind folgende **Gesichtspunkte** zu beachten:

● Die *Dauer einer Trainingszeit* beträgt zwischen 80 min und 100 min (reine Trainingszeit, d. h. abzüglich der Organisationszeit vor und zwischen den einzelnen Teilen). Es ist zu empfehlen, im Herbst und im Winter nicht über 90 min hinauszugehen, weil Tageslicht und Hallenkapazität meist nicht mehr zulassen. Längere, wegen der verstärkten technischen Ausbildung meist nicht anstrengendere Trainingseinheiten sind für die Frühjahrs- und Sommerabschnitte vorzusehen.

● Die gesamte Trainingseinheit muß immer einen *Wechsel von hoher und geringerer Belastung, eine Veränderung der Beanspruchung* – vorwiegend der Beine, der Arme oder des gesamten Körpers – sowie einen sinnvollen Ausgleich zwischen physischer und psychischer Anstrengung beinhalten. Damit wird nicht ausgeschlossen, daß der Schwerpunkt auf einer dieser Seiten liegen kann.

**Einleitender Teil**

Der *einleitende Teil* der Trainingseinheit muß wirkungsvoll den folgenden Hauptteil *vorbereiten*, indem die Vorbelastung sowohl physiologisch als auch koordinativ der anschließenden Hauptbelastung ähnlich ist. Umfang und Intensität der Belastung werden mit dem Hauptteil abgestimmt. Muß mit einer hohen Belastung gerechnet werden, sollte der einleitende Teil insgesamt weniger anstrengend sein. Umgekehrt verhält es sich, wenn ein weniger intensiver Hauptteil folgt.

*Aufgaben des einleitenden Teils:*
– Erwärmung und Auflockerung der Muskulatur,
– physiologische Vorbereitung der Hauptbelastung durch Vorbelastung,
– psychische Einstimmung und Erhöhung der Lernbereitschaft,
– Entwicklung von Beweglichkeit und Gewandtheit.

**Hauptteil**

Der Charakter der Trainingseinheit wird hauptsächlich *vom Hauptteil bestimmt*.
Bei der Planung wird deshalb mit diesem begonnen.

*Aufgaben des Hauptteils:*
- Entwicklung der koordinativen Fähigkeiten durch Schulen der Technik der leichtathletischen Disziplinen und Erlernen und Üben vielfältiger allgemeiner und leichtathletischer Trainingsübungen,
- vielseitige Entwicklung der konditionellen Fähigkeiten durch alle Trainingsübungen und entsprechende Trainingsmethoden (Übungsserien, Kreistraining, Wettbewerbsformen). Die Hauptteile dienen *meist zwei unterschiedlichen Trainingsaufgaben,* können sich aber auch auf nur eine einzige richten.

*Bei der Planung* der Hauptteile ist zu *berücksichtigen:*
- Im Vordergrund steht, unabhängig von der Wahl der Trainingsübungen im Grundlagentraining, immer die *koordinativ-technische Schulung.* Selbst bei Kraftübungen geht es zunächst um die richtige Ausführung der Bewegungen, bevor sie zielgerichtet und effektiv der konditionellen Ausbildung dienen können.
- Bei einer Zweiteilung des Hauptteils ist darauf zu achten, daß die beiden Teile *belastungsmäßig paßfähig* sind (vgl. Kap. 1.3.). So passen z. B. alle Sprintdisziplinen, Weit-, Hoch- und Dreisprung sowie ihre entsprechenden Trainingsübungen nicht gut zusammen, weil sie eine einseitige Schnellkraftbelastung der Beine verursachen. Sie sind dagegen gut mit Gehen, Stabsprungübungen, allen Wurfübungen, technischen und taktischen Spielelementen und Turnübungen zu verbinden.
- Bei der *Kopplung* zweier technischer Ausbildungseinheiten ist die *technische Paßfähigkeit der leichtathletischen Disziplinen* zu beachten. Hauptphasen können entgegengesetzte koordinative Anforderungen stellen. Dadurch entstehen *ungünstige Kopplungen:*
  - Hürdenlauf: Hochsprung
  - Weit-/Dreisprung: Hochsprung
  - Kugelstoß: Schlagballwurf/Speerwurf,
*Günstige Kopplungen* dagegen sind:
Hochsprung: Kugel-/Diskus-/Hammerwurf
Weitsprung/Hürdenlauf: Schlagball/Speerwurf.
- Stabsprünge und die komplizierteren langen Würfe Diskus- und Hammerwurf sind *zweckmäßiger in ungeteilten Hauptteilen zu üben,* weil sie größeren organisatorischen Aufwand benötigen (Gerätebedarf, Sicherheitsvorkehrungen), der erst bei längerer Übungsdauer eine effektive Belastung ermöglicht.

Das trifft besonders dann zu, wenn der Festigkeitsgrad noch gering ist und viel Zeit für Demonstrieren, Erläutern und Fehlerkorrekturen aufgewendet werden muß.
- Bei Kindern hat jegliches Üben immer *auch konditionelle Auswirkungen.* Deshalb muß auch auf diesem Gebiet eine entsprechende *Paßfähigkeit* der einzelnen Teile der Trainingseinheit vorhanden sein.
So kann Schnelligkeit *nicht* gleichzeitig mit Ausdauer entwickelt werden.
Dagegen passen Beweglichkeitsübungen mit allen anderen Konditionsübungen zur Auflockerung der Muskulatur bzw. zur aktiven Erholung hervorragend zusammen.

**Abschließender Teil**
Der *abschließende Teil* wird in der Regel einen Belastungswechsel zu den vorangegangenen Teilen bringen.

*Aufgaben des abschließenden Teils:*
- Entspannung, physiologische und psychische Beruhigung,
- Schaffung ausgleichender Belastungen zum Hauptteil (allgemeine Kraftentwicklung, Ausdauerschulung),
- Sicherung des emotionalen Ausgleiches durch Spiele und Wettkampfformen.
Es ist daher durchaus möglich, daß hier noch ein Höhepunkt der physischen Belastung liegt, wenn vorher vorwiegend technische Schulung das Programm bestimmte.
Benutzt man Spiele zur Schaffung eines emotionalen Höhepunktes im abschließenden Teil, sollten die Wettspiele selbst und nicht die technische Schulung ihrer Elemente im Mittelpunkt stehen.

Auch oder besonders im leistungsorientierten Nachwuchstraining gilt:
○ Leichtathletik als Erlebnis!
○ Freude an der Bewegung!
○ Freude an der Leistung!
Kriterien für die Auswahl der Körperübungen, für die Belastungsgestaltung, die Organisation des Übens, für alle pädagogischen Maßnahmen des Übungsleiters sind deshalb
- die Gesundheit und die Leistungsfähigkeit der Sportler,
- ihre Freude am Sport und ihre Befähigung und Motivation für ein lebenslanges Sporttreiben.

▶ Aufgaben:

1. Charakterisieren Sie die wesentlichsten Grundstandpunkte zu Inhalt und Umfang der Belastung, die bei der Erarbeitung eines Jahrestrainingsplanes zu berücksichtigen sind!

2. Welche inhaltlichen Schwerpunktlegungen werden im Verlaufe des Trainingsjahres notwendig?

3. Welche Faktoren beeinflussen die Planung des Trainings innerhalb einer Woche?

4. Welche Gesichtspunkte sind bei der Gestaltung des Hauptteils der Trainingseinheit zu beachten?

## 4.1.8. Funktion der Wettkämpfe

Wettkämpfe spielen im Grundlagentraining eine ebenso wichtige Rolle wie in allen folgenden Entwicklungsphasen der Sportler. Aber so wie das Training charakteristische Wesenszüge trägt, die es von den weiteren Trainingsetappen unterscheidet, *haben auch die Wettkämpfe teilweise eine andere Bedeutung.*

> Die Rolle der Wettkämpfe und der dabei erzielten sportlichen Leistungen ist unter dem Aspekt des langfristigen Leistungsaufbaus einzuschätzen. Danach kann die Wettkampfleistung im Grundlagentraining noch nicht das eigentliche Ziel des Trainings sein, sondern ist als ein wesentliches Kontrollmittel anzusehen.

Mit ihrer Hilfe kann der Erfüllungsgrad des im langfristigen Leistungsaufbau vorgesehenen Anforderungsprofils und die voraussichtliche Eignungsrichtung beurteilt werden. Außerdem sind die Starts geeignet, vielfältige Wettkampferfahrungen zu sammeln und sich richtige Verhaltensweisen anzueignen.

Die Wettkämpfe sind also ein wichtiges Mittel der Bildung und Erziehung.

Schließlich sind die Wettkämpfe aus der Sicht der Sportler natürlich auch *Nahziel* des Trainings, das ihr Trainingsverhalten und ihre Trainingseinstellung wesentlich motiviert. Erfolge in Wettkämpfen stimulieren die emotionale Bindung an die Leichtathletik und festigen das Interesse.

Dies wird erreicht, wenn Trainings- und Wettkampfsystem möglichst weitgehend übereinstimmen. Für das Grundlagentraining bedeutet das, den *Mehrkampf in den Mittelpunkt* zu stellen, weil die Wirksamkeit des vielseitigen

Trainings nur in Mehrkampfleistungen echt zum Ausdruck kommen kann.

*Altersgemäße Mehrkämpfe* sind deshalb das Kernstück der Meisterschaften auf Kreis-, Bezirks- und Landesebene.

*Einzelwettkämpfe* spielen in einem solchen System durchaus schon eine Rolle: Sie dienen der zielstrebigen, vielseitigen Vorbereitung der Mehrkämpfe.

Dabei kommt es darauf an, tatsächlich *jeden* Sportler in den verschiedensten Disziplinen starten zu lassen, damit die Mehrkämpfe umfassend vorbereitet werden. Dabei werden sich zwangsläufig die besonderen Stärken und Schwächen jedes einzelnen Sportlers herausstellen und für Eignungsaussagen anbieten.

*Wettkämpfe in anderen Sportarten,* die wichtige Bestandteile des Trainings sind, wie Handball, Fußball, Basketball, Turnen, Schwimmen und Skilauf, können den Wettkampfkalender besonders in den kälteren Jahreszeiten bereichern. Sie gehören allerdings nicht unmittelbar zum Wettkampfsystem, sondern sind auf Trainingsgruppenbasis (Gruppenmeisterschaft im Schwimmen, Skilanglauf, Torlauf usw.) oder als Vergleichswettkämpfe zwischen einzelnen Trainingsgruppen zu organisieren. Wo das möglich ist, sollten die Sportler auch hier konkrete Leistungsziele erhalten, die die Trainingseinstellung motivieren.

Die Wettkämpfe müssen *ganzjährig* das Training ergänzen.

▶ Aufgabe:

Formulieren Sie weiterführende Gedanken zum Ausbau des Wettkampfsystems im Grundlagentraining! Dabei sollte wenigstens auf 3–5 Trainingswochen ein Wettkampftag mit einem Mehrkampf oder mindestens 2 Einzelstarts kommen. Im Winter müssen zwangsläufig die allgemeinen Körperübungen (Klettern, Liegestütze, Rumpfaufrichten nach Zeit) und leichtathletische Konditionsübungen (z. B. Medizinballstoß oder -wurf, Dreierhop, Strecksprung usw.) einen Teil der Wettkämpfe inhaltlich bestimmen. Die genaue Verteilung der Wettkämpfe im Jahresverlauf hängt vom Wettkampfkalender und natürlich auch von den örtlichen Bedingungen ab. Immer aber muß eine möglichst genaue Übereinstimmung des Wettkampfangebots mit den inhaltlichen Akzenten des Trainings angestrebt werden, damit die Kontrollfunktion des Wettkampfes zur Wirkung kommt.

# 4.2. Aufbautraining

Im Kapitel 4.1. (Grundlagentraining) wurde Ihnen ein zusammenhängender Einblick in wichtige Belange und Elemente des Trainingsprozesses vermittelt – jeweils bezogen auf die Spezifik dieser Etappe. Damit haben Sie sich am konkreten Fall wichtige Grundkenntnisse über die Trainingsgestaltung im Nachwuchsbereich aneignen können.

Wir behandeln im Kapitel Aufbautraining den Trainingsprozeß nicht noch einmal in dieser Breite und Tiefe der Begründung und Darlegungen.

Wir geben mit den folgenden Ausführungen – besonders mit dem Abschnitt „Widerspiegelung trainingsmethodischer Grundprinzipien" – lediglich einige zusätzliche **Anregungen,** die Sie beim Durchlesen berücksichtigen sollten.

Haben Sie sich das grundlegende Verständnis erarbeitet, sollten Sie Ihr **Wissen** über das Aufbautraining durch das Studium der Abschnitte 5.4., 6.4., 7.4., 8.4. und 9.4. (Training in den Disziplingruppen) erweitern.

## 4.2.1. Bestimmung, Ziele und Aufgaben

Aus der generellen Grundorientierung für den Nachwuchsbereich, sportliche Höchstleistungen vorzubereiten, also *Voraussetzungen* zu schaffen, können folgende **Ziele** für das leichtathletische Aufbautraining abgeleitet werden:

– Erweiterung und Festigung *allgemeiner Grundlagen* durch eine allgemeine zielgerichtete Ausbildung,
– Entwicklung *spezieller Leistungsvoraussetzungen* durch eine vielseitige spezielle Ausbildung *in einer Disziplingruppe* der Leichtathletik,
– *Vorbereitung der Spezialisierung* durch die vielseitige Entwicklung sportlicher Leistungen innerhalb einer Disziplingruppe.

Im einzelnen lassen sich folgende **Aufgaben** formulieren:

– Kontinuierliche Weiterentwicklung von charakterlichen Eigenschaften und speziellen Verhaltensweisen;
– Vervollkommnung allgemeiner und gezielte Entwicklung *disziplingruppenspezifischer Willenseigenschaften;*
– Entwicklung einer hohen *Belastungsverträglichkeit,* die sich in einer hohen Widerstandsfähigkeit aller Organsysteme und des Halte-, Stütz- und Bewegungsapparates gegenüber spezifischen Belastungen, aber auch in einem guten Gesundheitszustand äußert;
– vielseitige Entwicklung aller dominierenden *konditionellen Voraussetzungen* entsprechend dem Anforderungsniveau der Disziplingruppe sowie ihrer altersnotwendigen Entwickelbarkeit;
– Entwicklung *koordinativer Fähigkeiten* und *technischer Fertigkeiten* in den Disziplinen der *Disziplingruppe,*
– *technische und taktische Vervollkommnung in anderen Sportarten*
   Sportspiele,
   Skilauf,
   Schwimmen,
   Grundelemente der Gymnastik und des Turnens
   unter dem Aspekt, den Bestand an Fertigkeiten und Bewegungserfahrungen für die Realisierung eines *wirksamen* vielseitigen allgemeinen Trainings zu erweitern und zu festigen;
– Sammeln vielfältiger *Wettkampferfahrungen;*
– Vervollkommnung des Niveaus *allgemeiner konditioneller und koordinativer Fähigkeiten;*
– Bestimmung der *individuellen Eignung* für eine bestimmte Disziplin.

Aus diesen Zielen und Aufgaben läßt sich die Bedeutung des Aufbautrainings im Gesamtprozeß des leichtathletischen Trainings erkennen.

> Die Etappe des Aufbautrainings besitzt als Kettenglied zwischen leichtathletisch orientiertem Grundlagentraining und der Spezialisierung im Anschlußtraining eine Schlüsselfunktion für die erfolgreiche Leistungsentwicklung. Sie ist charakterisiert durch zunehmende Spezialisierung im Mehrjahresverlauf bei Sicherung der disziplingruppenspezifischen Vielseitigkeit.

● Die gegenüber dem Grundlagentraining wesentlich *höhere Belastung* (Umfang und Intensität) und die *beginnende Spezialisierung* nehmen entscheidenden Einfluß auf die Persönlichkeitsentwicklung im umfassenden Sinne. Die Trainingsbelastungen müssen dabei die biologischen und sozialen Bedingungen im Reifungsalter berücksichtigen (Doppelbelastung des Organismus!).

● In der Etappe des Aufbautrainings fallen meist wichtige Entscheidungen über die weitere leistungssportliche Betätigung der jungen Sportler, sowohl im Sinne der *Eignung* für eine der leichtathletischen Disziplinen als auch unter bestimmten Umständen für andere Disziplingruppen und sogar für gänzlich andere Sportarten.

– Da das Niveau der allgemeinen athletischen Grundlagen auch den Ausprägungsgrad der leistungsbestimmenden konditionellen und koordinativen Fähigkeiten und technischen Fertigkeiten beeinflußt, sind **vielseitig ausgebildete Sportler** nicht nur leistungs- und steigerungsfähiger, sondern **weisen auch häufig eine vielseitige Eignung auf.** Gerade für die Sportart Leichtathletik hat dieses Phänomen grundlegende Bedeutung, bietet es doch die Möglichkeit der Umorientierung auf eine andere Disziplingruppe bzw. Disziplin auch noch während oder nach der Etappe des Aufbautrainings:
Von der *Disziplingruppe Sprint → Mittel- und Langstreckenlauf, Sprung;* von der *Disziplingruppe Sprung → Sprint, Hürden, Mehrkampf;* vom *Mehrkampf → Sprung, Sprint, Hürden, Wurf.*
– Trainings- und Leistungsanalysen erfolgreicher Sportler belegen die **Möglichkeit, nach einem Grundlagentraining in einer anderen Sportart das Aufbautraining in der Leichtathletik** erfolgreich aufnehmen zu können (vgl. auch 3.4.2., Grundwege der Vorbereitung).
Das ist vor allem möglich vom *Schwimmen* zum *Mittel- und Langstreckenlauf/Gehen,*
von *Sportspielen* zu
*Sprint, Sprung, Mehrkampf, Lauf.*
– Die vielseitige Ausbildung in der Leichtathletik läßt auch durchaus noch in diesem Altersbereich Möglichkeiten offen, den Sportler *auf andere Sportarten zu orientieren,* z. B.:
Disziplingruppe *Lauf/Gehen →*
*Skilanglauf, Eisschnellauf, Radsport.*
Disziplingruppe *Sprint →*
*Eisschnellauf, Radsport, Bobsport.*
Disziplingruppe *Sprung →*
*Bobsport, zu Spielsportarten.*
Disziplingruppe *Wurf/Stoß →*
*Rudern, Gewichtheben, Bobsport, Spielsportarten.*

Als einige typische **Merkmale** des Aufbautrainings können angesehen werden:
– die generell gleiche Zielstellung für alle Sportler, am Ende des Aufbautrainings über ein hohes Niveau allgemeiner und spe-

zieller Voraussetzungen zu verfügen, die eine weitere Spezialisierung gestatten;
– der höhere Grad der Spezialisierung (gegenüber dem Grundlagentraining) durch die Konzentration auf eine Disziplingruppe, aber auch die Vielfalt des speziellen Trainings gegenüber dem Hochleistungsbereich;
– die differenzierten Zielstellungen für jeden Sportler – entsprechend seinen anlagebedingten Voraussetzungen – auf der Basis einer im wesentlichen gleichen trainingsmethodischen Gestaltung zwischen den Disziplingruppen (z. B. Wertigkeit der allgemeinen Ausbildung);
– ein gegenüber dem Grundlagentraining wesentlich höherer Trainingsumfang in allen Bereichen;
– die gegenüber dem Grundlagentraining eingeengte, aber noch relativ große Wettkampfvielseitigkeit (z. B. leichtathletische Mehrkämpfe);
– die höhere Qualität des allgemeinen Trainings, die sich vor allem in höheren technischen und taktischen Anforderungen an die Sportler bei der Anwendung von Trainingsübungen aus anderen Sportarten sowie in der Auswahl auch komplizierterer Übungsformen ausdrückt.

### 4.2.2. Widerspiegelung trainingsmethodischer Grundprinzipien

▶ Aufgabe:
Informieren Sie sich über die von der allgemeinen Trainingslehre formulierten Grundsätze des Trainings.

Jede Trainingsetappe weist Besonderheiten bei der Realisierung der Grundprinzipien des Trainings auf. Der für das Aufbautraining spezifische Zusammenhang zwischen den Prinzipien des Trainings und dem Inhalt einerseits, den Trainingsübungen und -methoden und der Organisation des Trainings andererseits soll im folgenden an den Prinzipien
– der Spezialisierung,
– der Individualisierung des Trainingsprozesses,
– der Einheit von allgemeiner und spezieller Vervollkommnung
dargestellt werden.

Damit können bei weitem nicht alle, aber doch wesentliche Erscheinungen des Trainingsprozesses im Aufbautraining charakterisiert werden.

Das dem gesamten Trainingsprozeß zugrunde liegende *Prinzip der Einheit von Erziehung und sportlicher Ausbildung* wurde im Abschnitt 4.1.2. über das Grundlagentraining detailliert dargestellt. Da die Ziele der Erziehung übergreifenden Charakter haben und auch die Anwendung erziehungsmethodischer Prinzipien nicht an bestimmte Altersgruppen gebunden ist, wird im Kapitel über das Aufbautraining auf weitere Ausführungen verzichtet.

**Zum Prinzip der Spezialisierung**

Im leichtathletischen Grundlagentraining bieten sich bereits günstige Bedingungen für das Erkennen einer bestimmten Eignung, so daß mit dem Übergang zur nächsten Trainingsetappe der erste Schritt der Spezialisierung erfolgen kann.

Spezialisierung bedeutet im Aufbautraining, zielgerichtet mit der Entwicklung der speziellen Leistungsfähigkeit in einer Disziplingruppe und gegen Ende dieser Etappe in einer Disziplin zu beginnen.

Das bedeutet nicht, das dem Nachwuchstraining generell zugrunde liegende Prinzip der Vielseitigkeit zu verletzen. Es erfolgt eine *Einengung der speziellen Vielseitigkeit in den Disziplingruppen Sprint, Sprung, Wurf, Lauf.*
Diese Konzentration auf wenige, in den Anforderungen relativ ähnliche Disziplinen ist für die im Verlaufe des Aufbautrainings erfolgende, weitere Spezialisierung bedeutungsvoll, da sich die speziellen konditionellen und koordinativen Fähigkeiten, die technisch-taktischen Fertigkeiten und Willenseigenschaften erst in der ständigen Auseinandersetzung mit speziellen Anforderungen entwickeln und auch äußern.
Entsprechend diesen speziellen Anforderungen der einzelnen Disziplingruppen erfolgt im Aufbautraining eine *differenzierte Gestaltung des Trainings* und damit eine unterschiedliche Entwicklung der Fähigkeiten und Fertigkeiten.
In der Tabelle 18 sind die Ausbildungsschwerpunkte der Disziplingruppen im Aufbautraining zusammengestellt.

Trotz der Vielfalt und starken Differenziertheit der Anforderungen einerseits und der unterschiedlichen Wertigkeit der Fähigkeiten und Fertigkeiten andererseits, die zwischen den Disziplingruppen vorliegen, stehen bestimmte Ausbildungsaufgaben im Mittelpunkt. Das betrifft vor allem die *Entwicklung der Schnelligkeits- und Schnellkraftvoraussetzungen sowie die technisch-koordinative Ausbildung.*
Neben der Einengung auf die Entwicklung der grundlegenden Leistungsvoraussetzungen für eine Disziplingruppe spiegelt sich das Prinzip der Spezialisierung in der *zielgerichteten Auswahl der Trainingsübungen wider.*
Durch die engen Wechselbeziehungen zwischen den konditionellen Fähigkeiten und der Übertragungsmöglichkeit bestimmter Übungswirkungen (Transfereffekt!) bedeutet Spezialisierung im Aufbautraining aber keinesfalls eine Einschränkung des Übungsgutes auf nur wenige, hochwirksame Trainingsübungen.
Selbst bei der allgemeinen Ausbildung ist die Spezialisierung zu beachten. Die Auswahl der Trainingsübungen hat bei Berücksichtigung der spezifischen Besonderheiten der einzelnen Disziplingruppen unter dem *Aspekt der Zielgerichtetheit* zu erfolgen.

**Zum Prinzip
der Individualisierung**

*Die Zielstellung des Aufbautrainings,* nicht momentan höchstmögliche Leistungen in einer leichtathletischen Disziplin zu erreichen, sondern *Voraussetzungen für künftige Höchstleistungen* zu entwickeln, schränkt keinesfalls die Gültigkeit des Prinzips der Individualität im Aufbautraining ein, sie lenkt die Aufmerksamkeit auf einige Besonderheiten, die bei der Planung und Gestaltung des Trainings beachtet werden müssen.
Das Aufbautraining basiert einerseits auf Einheitlichkeit in der Planung und Gestaltung des Trainings innerhalb der Disziplingruppe, verlangt andererseits aber deutliche Maßnahmen zur Differenzierung und Individualisierung.
Insbesondere kommt das zum Ausdruck
– im *Erziehungsprozeß,* d. h. in der Beachtung individueller Stärken oder Schwächen, in der Berücksichtigung der Interessen und Neigungen;

– in unterschiedlicher *Belastungsdosierung*
bei prinzipiell gleichen Belastungsanforderungen;
– in einer *geschlechts*spezifischen Differenzierung;
– in der Beachtung anlagebedingter biologischer Unterschiede (Schnelligkeitstyp, Aus-
dauertyp) sowie des biologischen Alters.
Obwohl sich das Aufbautraining hauptsächlich
in Gruppen vollzieht, sind die notwendigen
Differenzierungs- und Individualisierungs-
maßnahmen bereits im Gruppentraining vorzunehmen.
● Besondere Bedeutung kommt im Aufbautraining der differenzierten Gestaltung von Erziehung und Ausbildung zwischen *Mädchen
und Jungen* zu.
Die im Reifungsalter immer deutlicher hervortretenden funktionellen und anatomischen
Unterschiede erfordern eine stärkere Beachtung des Zusammenhangs zwischen sozialbio-
logischer Entwicklung und Belastungs- und
Leistungsentwicklung. Bei Mädchen schließt
die körperliche Entwicklung eher ab, so daß
die Phase der optimalen Ausprägung und Trainierbarkeit kürzer ist. Diese Tatsache hat nicht
nur Konsequenzen für die Differenzierung der
Belastungsgestaltung zwischen Jungen und
Mädchen, sondern auch für den Zeitpunkt der
weiteren Spezialisierung. Der frühere Abschluß der Reife erfordert bei den Mädchen
auch einen früheren Beginn der speziellen
Vervollkommnung, so daß sich in der Etappe
des Aufbautrainings bereits unterschiedliche
Proportionen zwischen allgemeiner und spezieller Ausbildung bei Mädchen und Jungen
als notwendig erweisen.
● Weitere Forderungen für eine Differenzierung und Individualisierung des Trainings ergeben sich aus der Problematik der *Früh- und
Spätentwickler* und den dadurch bedingten
großen Unterschieden zwischen *kalendari-
schem und biologischem Alter.*

▶ Aufgabe:
Orientieren Sie sich über das Entwicklungsstadium
des Reifungsalters (erste und zweite puberale
Phase), arbeiten Sie die anatomischen, physiologischen, psychischen und motorischen Besonderheiten heraus, begründen Sie die zunehmende geschlechtsspezifische Differenzierung, und versuchen
Sie, entsprechende Konsequenzen für das Aufbautraining abzuleiten.

**Zum Prinzip der Einheit von allgemeiner und
spezieller Vervollkommnung (Vielseitigkeit)**

Gerade im Zusammenhang mit der Spezialisierung auf eine Disziplingruppe muß das
Prinzip der Einheit von allgemeiner und spezieller Vervollkommnung im Aufbautraining
*besonders beachtet* werden.

Im Vergleich zum Grundlagentraining ändert
sich im Aufbautraining der Charakter der allgemeinen und speziellen vielseitigen Ausbildung:
● Die *allgemeine vielseitige Ausbildung* (weiterhin bezeichnet als allgemeine Ausbildung)
beinhaltet zur Entwicklung der allgemeinen
Voraussetzungen *Trainingsübungen aus anderen Sportarten und aus anderen Disziplingruppen der Leichtathletik.*
● Die *spezielle vielseitige Ausbildung* (weiterhin als spezielle Ausbildung bezeichnet) beinhaltet zur Entwicklung der speziellen Voraussetzungen Trainingsübungen aus der Disziplingruppe.
*Bei der Realisierung des Prinzips* der Einheit
von allgemeiner und spezieller Vervollkom-
nung *ist zu beachten:*
– ein optimales *Verhältnis* zwischen allgemeiner und spezieller Ausbildung im Mehrjah-
res- und Jahresverlauf unter Berücksichtigung der Ausbildungsschwerpunkte in einzelnen Trainingsabschnitten;
– eine inhaltliche *Abstimmung* der allgemeinen und speziellen Ausbildung sowohl in
größeren Trainingsabschnitten als auch in
Mikrozyklen und einzelnen Trainingseinheiten hinsichtlich der Zielstellung und der
Auswahl der Trainingsübungen und -me-
thoden;
– eine *Übereinstimmung* der Trainings- und
Wettkampfanforderungen, d. h. die Ausbildungsschwerpunkte müssen sich in einem
vielseitigen Wettkampfprogramm widerspiegeln.

**Spezielle Ausbildung:** Die spezielle Ausbildung dient im Aufbautraining ausschließlich
der Entwicklung spezieller *Voraussetzungen.*
(vgl. Tab. 18)
Vorrangig werden (für die Disziplingruppe
oder spätere Spezialdisziplin) die Grundlagen
der dominierenden Fähigkeiten, Fähigkeiten
mit hoher koordinativer Komponente (Schnel-

ligkeit, Schnellkraft und Beweglichkeit) und die technischen Fertigkeiten entwickelt.

Durch eine kontinuierliche Belastungssteigerung (Umfang und Intensität) nimmt gleichzeitig die Bedeutung der speziellen Ausbildung im Verlaufe des Aufbautrainings ständig zu. Damit wird der Forderung nach zunehmender Entwicklung spezieller Leistungsvoraussetzungen Rechnung getragen.

▶ Aufgabe:
Vergleichen Sie die Ausführungen in den Trainingskapiteln der Disziplingruppen (5.4., 6.4., 7.4., 8.4., 9.4.). Dort wird detailliert auf die Aufgaben in der speziellen Ausbildung eingegangen.

**Allgemeine Ausbildung:** Entsprechend der Ziel- und Aufgabenstellung im Aufbautraining muß die allgemeine Ausbildung als wesentlicher Schwerpunkt der sportlichen Ausbildung betrachtet werden.

Die Zielstellung der allgemeinen Ausbildung in der Etappe des Aufbautrainings besteht darin,

– die im Grundlagentraining begonnene vielseitige allgemeine Leistungsbefähigung und allgemeine psychophysische Belastungsverträglichkeit weiterzuentwickeln und zur beschleunigten Wiederherstellung beizutragen;

– das Niveau der allgemeinen konditionellen und koordinativen Fähigkeiten zu vervollkommnen;

– die Grundlagen der im späteren speziellen Leistungsaufbau dominierenden konditionellen Fähigkeiten entwickeln zu helfen;

– ein zweckmäßiges Fertigkeitsniveau solcher Bewegungsabläufe aus anderen Sportarten zu schaffen, die für das Training in der Disziplingruppe wichtig sind (vor allem in den Sportspielen, im Skilauf, im Turnen, in der Akrobatik);

– die Ausbildung der Funktionstüchtigkeit der Organsysteme und die Gesundheitsstabilisierung zu unterstützen;

– die Entwicklung sowohl solcher psychisch-moralischer Verhaltens- und Steuerungseigenschaften zu fördern, die für die spezielle Leistung vorrangig nötig werden, als auch solcher, die durch das spezielle Training wenig angesprochen werden.

Das bedeutet, daß sich das Verhältnis zwischen allgemeiner und spezieller Ausbildung im Verlaufe des Aufbautrainings zwar zugunsten der speziellen Ausbildung verändert, der zeitliche Umfang der allgemeinen Ausbildung aber während der gesamten Etappe sehr hoch bleibt.

Die hohe Bedeutung des allgemeinen Trainings kann – abgesehen von der Tatsache, daß der vorrangige Einsatz spezieller Mittel vorwiegend den folgenden Etappen vorbehalten werden muß – begründet werden in dem engen *Zusammenhang* zwischen dem Niveau der allgemeinen athletischen Grundlagen und dem Ausprägungsgrad der leistungsbestimmenden konditionellen und koordinativen Fähigkeiten und technischen Fertigkeiten.

● Aufgrund des noch relativ niedrigen Leistungsstandes garantieren auch allgemeine Belastungen genügend Entwicklungsfortschritte selbst für die spezielleren Voraussetzungen.

Die allgemeine Ausbildung hat so direkten Einfluß auf die Leistungsentwicklung in den Wettkampfübungen der Disziplingruppe.

Die wichtigsten *Merkmale für ein hohes Niveau* allgemeiner athletischer Grundlagen sind:

– eine optimal entwickelte allgemeine Bewegungsschnelligkeit;

– gut entwickelte allgemeine koordinative Fähigkeiten;

– ein hohes Niveau der allgemeinen Kraftfähigkeiten der wichtigsten Muskelgruppen des gesamten Körpers;

– ein gutes Niveau der allgemeinen Ausdauer;

– eine optimal ausgeprägte allgemeine Beweglichkeit (gute Dehnfähigkeit, Elastizität und Entspannungsfähigkeit der Muskulatur);

– gut entwickelte technische Fertigkeiten vor allem in solchen Sportarten, die in der allgemeinen Ausbildung der betreffenden Disziplingruppen von Bedeutung sind, u. a. im Basketball, Volleyball, Schwimmen, Skilauf, in der Gymnastik, im Gerätturnen, in der Akrobatik.

*Tabelle 18:    Ausbildungsschwerpunkte der einzelnen Disziplingruppen im Aufbautraining*

| | Sprint | Lauf/Gehen | Sprung | Wurf/Stoß | Mehrkampf |
|---|---|---|---|---|---|
| Allgemeine Ausbildung | ● Entwicklung allgemeiner athletischer Grundlagen bei Beachtung der disziplingruppenspezifischen Ausbildungsschwerpunkte<br>– allgemeine Schnelligkeits- und Schnellkraftfähigkeiten<br>– allgemeine aerobe Ausdauerfähigkeit<br>– allgemeine Kraftfähigkeiten, besonders der Rücken-, Bauch- und Gesäßmuskulatur und zur Sicherung eines arthromuskulären Gleichgewichts<br>– allgemeine sporttechnische Fertigkeiten in anderen Sportarten und anderen Disziplinen der Leichtathletik<br>● Erhöhung der Beweglichkeit, Lockerungs- und Entspannungsfähigkeit<br>● Entwicklung psychisch-moralischer Verhaltenseigenschaften<br>● Stabilisierung der Gesundheit und Entwicklung einer hohen allgemeinen Belastbarkeit | | | | |
| Spezielle Ausbildung | ● Schnelligkeitsfähigkeiten<br>– Reaktions- und Aktionsschnelligkeit, Frequenzschnelligkeit<br>– Beschleunigungsfähigkeit<br>– maximale Laufschnelligkeit<br><br>● Technik<br>– Sprintlauf<br>– Tiefstart<br>– Stabwechsel<br>– Trainingsübungen zur Sprintkraftentwicklung<br>– spezielle koordinative Fähigkeiten<br><br>● Ausdauerfähigkeiten<br>– Grundlagenausdauer<br>– Sprintschnelligkeitsausdauer<br><br>● Kraftfähigkeiten<br>– Schnellkraft der Fuß- und Beinstrecker und -beuger | ● Schnelligkeitsfähigkeiten<br>– maximale Laufschnelligkeit<br>– Beschleunigungsfähigkeit<br><br>● Ausdauerfähigkeiten<br>– Grundlagenausdauer<br>– Schnelligkeitsausdauer<br>– wettkampfspezifische Ausdauer (KZA, MZA)<br><br>● Kraftfähigkeiten<br>– Sprungkraft (Schnellkraft)<br><br>● Technik<br>– Sprintlauf<br>– Hürdenlauf<br>– Hindernislauf<br>– Gehen<br>– Trainingsübungen zur Sprint- und Sprungkraftentwicklung<br>– spezielle koordinative Fähigkeiten | ● Schnelligkeitsfähigkeiten<br>– maximale Laufschnelligkeit<br>– spezielle Anlauffähigkeiten<br>– Beschleunigungsfähigkeit<br>– Aktionsschnelligkeit<br><br>● Technik<br>– alle Sprungdisziplinen<br>– Trainingsübungen zur Sprungkraft- und Maximalkraftentwicklung<br>– spezielle koordinative Fähigkeiten<br>– Sprintlauf, Hürdenlauf<br><br>● Kraftfähigkeiten<br>– Fuß- und Beinstreckkraft<br>– allg. und spez. Sprungkraft (Schnellkraft) | ● Schnelligkeitsfähigkeiten<br>– Aktionsschnelligkeit (azyklisch)<br><br>● Technik<br>– 4 Wurfdisziplinen in der Grobform<br>– Spezialdisziplin bis zur Feinform<br>– spezielle koordinative Fähigkeiten<br>– Scheibenhantelübungen<br>– Trainingsübungen zur Wurfkraftentwicklung<br><br>● Kraftfähigkeiten<br>– allgemeine Wurfkraft<br>– spezielle Wurfkraft (Wurfexplosivität)<br>– Vorbereitung und Beginn des Maximalkrafttrainings | ● Schnelligkeitsfähigkeiten<br>– Reaktionsschnelligkeit<br>– Beschleunigungsfähigkeit<br>– maximale Schnelligkeit<br>– Aktionsschnelligkeit (azyklisch)<br><br>● Technik<br>– alle Disziplinen des Sieben- bzw. Zehnkampfes<br>– Trainingsübungen zur Sprint-, Sprung- und Wurfkraftentwicklung<br><br>● Kraftfähigkeiten<br>– Wurfkraft<br>– Sprungkraft<br>– Vorbereitung des Maximalkrafttrainings<br><br>● Ausdauerfähigkeiten<br>– Grundlagenausdauer<br>– Schnelligkeitsausdauer |

## 4.2.3. Gestaltung der allgemeinen Ausbildung

▶ Aufgabe:
Die Gestaltung der allgemeinen Ausbildung weist in den einzelnen Disziplingruppen nahezu gleiche Züge auf. Dadurch wird es möglich, sie hier übergreifend darzustellen. Überlegen Sie sich,
- in welchen Details sich die allgemeine Ausbildung in den einzelnen Disziplingruppen unterscheiden muß,
- welche Übertragungen zur Gestaltung der allgemeinen Ausbildung in anderen Sportarten möglich werden!

Die Beachtung des Prinzips der Einheit von allgemeiner und spezieller Ausbildung erfordert:
- die Sicherung optimaler Proportionen zwischen allgemeiner und spezieller Ausbildung in allen Abschnitten des Trainingsjahres (ganzjähriger Einsatz des allgemeinen Trainings mit Akzentuierung in einzelnen Abschnitten, z. B. im 1. Abschnitt);
- die aufgabenbezogene und belastungsmäßige Abstimmung der allgemeinen und der speziellen Ausbildung im Mikrozyklus und in der Trainingseinheit;
- die Beachtung der disziplingruppenspezifischen konditionellen, koordinativen und sporttechnischen Anforderungen bei der Auswahl allgemeiner Trainingsmittel;
- die zunehmende Einengung des Übungsgutes im Sinne einer stärkeren Gerichtetheit des allgemeinen Trainings;
- die Durchsetzung eines schnelligkeitsorientierten Trainings auch mit allgemeinen Trainingsmitteln.

### Trainingsmittelkomplexe
- *Sportspiele* und Trainingsübungen aus den Sportspielen (besonders Basketball, Volleyball, Handball, Fußball);
- *Kleine Spiele* (mit Anforderung an Reaktionsfähigkeit, Schnelligkeit und Sprungkraft);
- *Gymnastik* (einschließlich rhythmischer Gymnastik);
- *allgemeine Kraftübungen* für die Rumpf-, Arm- und Beinmuskulatur, ohne und mit geringer Zusatzlast (besonders als Anwendung im Kreistraining);
- *Skilang-* und *Skiabfahrtslauf;*

- *Schwimmen* (als Dauer- und extensives Intervallschwimmen sowie Technikschulung);
- *Turnen* und *Akrobatik;*
- *leichtathletische Disziplinen* (solche, die nicht in das spezielle Training einbezogen werden).

*Auswahl* und *methodischer Einsatz* der Trainingsübungen aus den genannten Komplexen erfolgen *zielgerichtet,* d. h.
- mit Blick sowohl auf die speziellen Anforderungen in der jeweiligen Disziplingruppe
- als auch auf den notwendigen ergänzenden Charakter.

### Einsatz im Makrozyklus
Innerhalb eines Makrozyklus erfolgen die Auswahl und der Einsatz der allgemeinen Trainingsmittel (Übungen und Methoden) *akzentuiert* und *differenziert,* und zwar in *Abhängigkeit*
- von den Zielen und Aufgaben der einzelnen Mesozyklen;
- von der Jahreszeit und/oder den räumlichen und materiellen Trainingsbedingungen.
Im Vergleich zu den folgenden Trainingsetappen hat die allgemeine Ausbildung aber im Aufbautraining in allen Trainingsabschnitten des Jahres zur Entwicklung der komplexen Leistungsfähigkeit beizutragen.
● *In den MEZ der allgemeinen Vorbereitung* werden die allgemeinen athletischen Grundlagen schwerpunktmäßig ausgebildet. Es dominieren solche allgemeinen Trainingsübungen in Verbindung mit den entsprechenden Belastungsmethoden, die vorrangig auf die Entwicklung der allgemeinen koordinativen Fähigkeiten und technischen Fertigkeiten ausgerichtet sind. Es werden vor allem eingesetzt: Spiele, Schwimmen, Geräturnen, Dauerläufe im Gelände, spezielle Programme zur Kräftigung und Dehnung der Muskulatur mit Haltefunktion des Halte-, Stütz- und Bewegungsapparates, andere leichtathletische Disziplinen außerhalb der Disziplingruppe.
● *In den MEZ der speziellen Vorbereitung* hat die allgemeine Ausbildung unterstützenden, ergänzenden und auch kompensierenden Charakter.
Die Auswahl der Trainingsübungen erfolgt zielgerichteter unter dem Aspekt der speziellen Anforderungen der Disziplingruppe. Vorrangig wird die Entwicklung der Schnelligkeits- und Schnellkraftfähigkeiten unterstützt.

103

Es dominieren weiterhin Programme mit Dehn- und Kraftübungen zur Verhütung und Behebung muskulärer Dysbalancen.

Spiele nehmen wegen ihrer komplexen Wirkung und ihres hohen emotionalen und erzieherischen Wertes auch in diesen Trainingsabschnitten einen hohen Stellenwert ein.

● *In den MEZ der Ausprägung der sportlichen Form,* die im Aufbautraining gekennzeichnet werden durch eine vielseitige Wettkampftätigkeit in der Disziplingruppe und ihren Höhepunkt in den Meisterschaften der Altersklasse haben, sollte die allgemeine Ausbildung sowohl ihre unterstützende Wirkung bei der Entwicklung disziplingruppenspezifischer Fähigkeiten weiterhin ausüben als auch als Ausgleich und zur schnelleren Wiederherstellung nach den speziellen Belastungen dienen. Die Programme zur funktionellen Entwicklung des Halte- und Stütz- sowie des Bewegungsapparates werden konsequent weitergeführt.

**Einsatz in der Trainingseinheit (TE)**

Die allgemeine Ausbildung kann vorgenommen werden in

● *Schwerpunkt-Trainingseinheiten* (Dauer 90–120 min) mit Einsatz

– *eines* (z. B. Schwimmen, Skilauf) oder
– *mehrerer* allgemeiner Trainingsmittelkomplexe;

● *Teilen einer Trainingseinheit* (Mischung allgemeiner und spezieller Ausbildungsaufgaben) zur

– vorbereitenden Belastung für die speziellen Trainingsaufgaben (z. B. als Spiel und Gymnastik im TE-Teil 1 und 2);
– Kompensation oder zum gezielten Belastungswechsel (meist im TE-Teil 3, mit geringer oder andersgearteter Belastungswirkung);
– Fähigkeitsentwicklung (Teil 3 oder 4, mit mittlerer bis hoher Belastung, z. B. intensives Spiel, Dauerlauf oder Kreistraining).

Hinsichtlich des *mikrozyklischen* Einsatzes ist die Gewährleistung eines *optimalen zeitlichen Abstandes* von besonders belastenden Formen des allgemeinen Trainings zur technischen Ausbildung bzw. zum speziellen Training zu beachten.

Bei gleichen Trainingsübungen kann eine Funktionsänderung vom entwickelnden zum kompensierenden Charakter durch Verringerung der Intensität (bei Spielen Verkleinerung des Feldes, Erhöhung der Mannschaftsstärke) vorgenommen werden. In der Auswahl der allgemeinen Mittel aus dem Gesamtkomplex ragen *Spiele, Schwimmen, Gymnastik* (Lockerung und Dehnung) und vor allem die anderen leichtathletischen Schnellkraftdisziplinen heraus.

**Kontrolle:**

*Tests* zur Überprüfung des Entwicklungsstandes der konditionellen und koordinativen Fähigkeiten

– *Allgemeine Kraft*
– z. B. Hockstrecksprünge (Anzahl/Zeit oder Weite),
– Heben der Beine im Hang an der Sprossenwand (Anzahl, Anzahl/Zeit),
– Liegestütze (Anzahl, Anzahl/Zeit),
– Klimmziehen, Klettern.
– *Allgemeine Ausdauer, Kraftausdauer*
– z. B. Crosslauf,
– Dauer- oder Streckenschwimmen,
– Maximal-Durchgänge im Kreistraining.
– *Allgemeine Schnelligkeit*
– z. B. allgemeine Kraftübungen (vorgegebene Anzahl auf Zeit).
– *Koordination*
– z. B. Kastenbumerang-Test.

*Leistungskontrollen zur Überprüfung des technischen Niveaus*
– *in leichtathletischen Disziplinen;*
– *in anderen* Sportarten
z. B. Basketball: Treffer nach Korbwurf aus dem Stand oder Dribbling, Spielfähigkeit;

*Wettkämpfe* zur Ermittlung der komplexen Leistung
– in anderen *leichtathletischen* Disziplinen (als den zum speziellen Training gehörenden)
– in *anderen* Sportarten
z. B. Skilauf, Schwimmen, Sportspiele.

▶ Aufgabe:
Sprechen Sie über Rolle und Gestaltung der allgemeinen Ausbildung im disziplingruppenspezifischen Training!

## 4.3.  Anschlußtraining

Im systematischen Belastungs- und Leistungsaufbau vom Anfänger bis zum Hochleistungssportler folgt der Etappe des Aufbautrainings die Etappe des Anschlußtrainings. Mit dieser Bezeichnung wird die Zielrichtung schon angegeben:

- *Anschluß an die Trainingsstruktur des Hochleistungstrainings,*
- *Anschluß an das nationale Spitzenniveau im Erwachsenenbereich.*

Diese prinzipielle Orientierung, zum anderen aber der Sachverhalt, *daß sich in der Trainingspraxis das leichtathletische Anschlußtraining von der Altersklasse 15/16 bis zur Altersklasse 19/20 erstreckt (von der Jugend B bis zum Juniorenbereich),* läßt diese Trainingsetappe nicht nur zu einem wichtigen Bindeglied zwischen Nachwuchs- und Hochleistungstraining werden, sondern zu einer außerordentlich komplizierten Trainingsphase überhaupt. Die „Sonderstellung" dieser Etappe führt zweifellos immer wieder zu Problemen in der entwicklungsgerechten Erziehung und Ausbildung der jungen Sportler und ist häufig die Ursache für das Mißlingen eines kontinuierlichen Überganges vom Nachwuchs- zum Hochleistungstraining.

Obwohl in der Trainingsgestaltung im Anschluß- und Hochleistungsbereich viel Gemeinsames festzustellen ist, müssen jedoch aufgrund entwicklungsbedingter Eigenarten der Sportler und der großen Unterschiede in den Rahmenbedingungen für das Training einige **Besonderheiten des Anschlußtrainings** hervorgehoben werden:

● Der Übergang vom Aufbau- zum Anschlußtraining ist meist mit einem Wechsel der Trainingsgruppe und des Trainers verbunden. Damit einhergehen kann auch ein Vereins- und Ortswechsel.

● In diese Ausbildungsetappe fallen hohe Beanspruchungen durch Schule und Berufsausbildung. Entscheidungen für die weitere berufliche Entwicklung sind zu treffen.

● Es treten sehr große individuelle Unterschiede in der Persönlichkeitsentwicklung der Sportler auf.

● Die ständig steigenden Trainingsbelastungen (vom täglichen Training bis zum täglich mehrmaligen Training) sind unter wesentlich ungünstigeren Rahmenbedingungen zu realisieren als im Hochleistungsbereich.

● Die jungen Sportler, deren biologische Entwicklung noch nicht abgeschlossen ist, werden mit immer höheren und ständig spezifischeren Belastungen konfrontiert.

● Bedeutsame internationale Wettkampfhöhepunkte (Juniorenwelt- und -europameisterschaften) werden ohne ausreichende internationale Wettkampferfahrungen angegangen.

Der Zeitpunkt des Überganges vom Aufbauzum Anschlußtraining ist für die jungen Sportler insofern bedeutungsvoll, weil damit meistens eine wirkungsvollere Förderung verbunden ist. Die Entscheidung wird deshalb häufig vom Niveau der speziellen Leistungsfähigkeit abhängig gemacht. Dem ist grundsätzlich zuzustimmen, wenn gleichzeitig der Ausprägungsgrad der allgemeinen und speziellen Leistungs*voraussetzungen* für die Spezialdisziplin sowie die allgemeine und spezielle Belastbarkeit Berücksichtigung finden. Eine zu frühzeitige oder eine unvorbereitete Aufnahme des Anschlußtrainings mit der damit verbundenen Spezialisierung und enormen Belastungserhöhung führt oft nach raschem, aber kurzzeitigem Leistungszuwachs zu Leistungsstagnation.

Aus dem übergeordneten Ziel, am Ende der Etappe den Anschluß an das Hochleistungstraining zu erreichen, können folgende **Teilziele für das Anschlußtraining** genannt werden:

- Gezielte spezielle Ausbildung der für die Spezialdisziplin erforderlichen leistungsbestimmenden Voraussetzungen,
- weitere Spezialisierung des Trainings durch eine spezifische Vorbereitung auf die Wettkampfhöhepunkte,
- Erweiterung und Festigung allgemeiner Leistungsgrundlagen durch eine allgemeine zielgerichtete Ausbildung,
- Weiterentwicklung und Stabilisierung eines disziplinspezifischen Technikrepertoires, welches unter den verschiedensten Wettkampfbedingungen variabel verfügbar ist,
- Weiterentwicklung und Vervollkommnung disziplinspezifischer Leistungsmotivation und Willenseigenschaften,
- Entwicklung individueller Wettkampfstrategien,
- Weiterentwicklung der Belastbarkeit gegenüber speziellen Trainingsbelastungen in verschiedenen Trainingszyklen.

Die Suche nach individuellen optimalen Lö-
sungsvarianten beim Übergang vom Nach-
wuchs- zum Hochleistungstraining, nämlich
das Durchsetzen der Trainingsstrukturen des
Hochleistungsbereichs bei Beachtung entwicklungsbedingter Altersbesonderheiten, erweist
sich als das Komplizierteste dieser Trainingsetappe.

▶ Aufgabe:
Suchen Sie nach dem Studium der Kapitel 4.2. (Aufbautraining) und 4.3. (Anschlußtraining) nach trainingsmethodischen Lösungen für die Gestaltung des
allgemeinen und speziellen Trainings in den einzelnen leichtathletischen Disziplinen.

# 5.    Kurzstrecken- und Hürdenlauf

Zum Kurzstreckenlauf zählen alle *Flach-, Hürden- und Staffelläufe*, die über Wettkampfdistanzen *bis zu 400 m* (bzw. 440 y) ausgetragen werden. Entsprechend ihrem spezifischen Anforderungscharakter werden sie auch als *Sprintdisziplinen* bezeichnet.

*Zum olympischen Programm gehören die in Tabelle 19 aufgeführten Sprintdisziplinen.*

*Tabelle 19: Zum olympischen Programm* gehören:

| Strecke | Männer seit | Frauen seit |
| --- | --- | --- |
| 100 m | 1896 | 1928 |
| 200 m | 1900 | 1948 |
| 400 m | 1896 | 1964 |
| 4 × 100 m | 1912 | 1928 |
| 4 × 400 m | 1912 | 1972 |
| 80-/100-m-Hürden | – | 1932 |
| 110-m-Hürden | 1886 | – |
| 400-m-Hürden | 1900 | 1984 |

Obwohl der Kurzstreckenlauf bereits im Altertum für die Frauen (wenn auch einzige) olympische Disziplin war, wurden die einzelnen Strecken für sie bei den Olympischen Spielen der Neuzeit erst relativ spät und zögernd eingeführt – ein Beispiel für die Einstellung zum Sporttreiben von Frauen und Mädchen zu Beginn und während des 20. Jahrhunderts.
Heute gehören Kurzstreckenläufe zu den verbreitetsten Wettkampfdisziplinen. Sie sind nicht nur in den Wettkampfprogrammen der internationalen und nationalen Leichtathletikverbände verankert, sondern fester Bestandteil des Sporttreibens und der Wettkämpfe im Schulsport und in vielen anderen Bereichen des Sports. Häufig dienen sie auch als Kontroll- und Teststrecken für Athleten anderer Sportarten.
Innerhalb der Leichtathletik nimmt der Kurzstreckenlauf insofern eine besondere Stellung ein, als er die Leistung in anderen Disziplinen mit bestimmt (z. B. im Weitsprung) bzw. beeinflußt (Mittelstreckenläufe).
Die *Leistungsfähigkeit* im Kurzstreckenlauf ist

– trotz aller Unterschiede zwischen den Distanzen und zwischen den Flach- und Hürdenläufen – vor allem von den *Schnelligkeits*fähigkeiten abhängig.
Für alle Sprintläufe sind hohe *koordinativtechnische* Voraussetzungen nötig; in den Hürdenläufen verstärkt sich diese Abhängigkeit durch die zu überwindenden Hindernisse.
Mit der Streckenlänge nehmen auch die Anforderungen an die *Schnelligkeitsausdauer* zu.
Die Sprintdisziplinen werden durch wesentliche *Gemeinsamkeiten*, aber auch durch *Unterschiede* charakterisiert:
● Während sie z. B. die Phasenstruktur des Geschwindigkeitsverlaufs gemeinsam haben, unterscheiden sich die Strecken in der *Höhe* der Geschwindigkeitsausprägung sowie in der *Dauer* (zeitlicher Anteil) dieser Phasen an der Gesamtlaufzeit (vgl. auch Abb. 17a, b).
● Eine weitere Gemeinsamkeit ist das hohe *Sauerstoffdefizit*, das die Sprinter auf der Strecke eingehen müssen. Auch hier liegen Differenzen zwischen den einzelnen Distanzen vor (100 m: 95–100%; 200 m: 90–95%; 400 m: 80–85%).

## 5.1.    Charakteristik der Leistungsentwicklung

▶ Aufgabe:

Orientieren Sie sich im Kapitel 1.3. wiederholend über die Gesamtheit der Erscheinungen und Ursachen für die Leistungsentwicklung in der Leichtathletik!

**Leistungsentwicklung** in den leichtathletischen Sprintdisziplinen:
● In den grundlegenden Disziplinen (z. B. 100 m, 400 m Männer) war bereits zeitig ein relativ hohes Leistungsvermögen erreicht (Beispiel J. Owens 1936). In Disziplinen, die erst später in den internationalen Wettkampfkalender aufgenommen wurden, vollzog sich zumeist eine rasante Entwicklung (z. B. 400 m Hürden Frauen).

● Die Entwicklung verlief nicht kontinuierlich. Zwischen den Disziplinen, aber auch zwischen der Entwicklung bei Männern und Frauen lagen teilweise große Unterschiede.

▶ Aufgabe:
Vergleichen und werten Sie diese und die folgenden Aussagen anhand der Abbildung 16 und der Tabellen 20 bis 23.

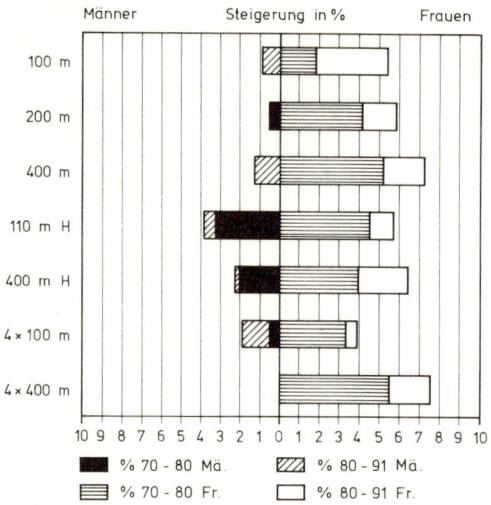

Abb. 16  Weltrekordentwicklung in ausgewählten Sprint-Disziplinen zwischen 1970 und 1980 bzw. 1980 und 1991

Tabelle 20:  Entwicklung der olympischen Rekorde (ausgewählte Disziplinen)

|  | 200 m Männer | 400-m-H. Männer | 4×100 m Frauen |
|---|---|---|---|
| 1896 | – | – | – |
| 1900 | 22,2 | 57,6 | – |
| 1904 | 21,6 | – | – |
| 1908 | – | 55,0 | – |
| 1912 | – | – | – |
| 1920 | – | 54,0 | – |
| 1924 | – | 53,8 | – |
| 1928 | – | 53,4 | 48,4 |
| 1932 | 21,2 | 51,9 | 47,0 |
| 1936 | 20,7 | – | 46,4 |
| 1948 | – | 51,1 | – |
| 1952 | – | 50,8 | 45,9 |
| 1956 | 20,6 | 50,1 | 44,5 |
| 1960 | 20,5 | 49,3 | 44,4 |
| 1964 | 20,3 | – | 43,6 |
| 1968 | 19,83 | 48,1 | 42,8 |
| 1972 | – | 47,82 | – |
| 1976 | – | 47,64 | 42,55 |
| 1980 | – | – | 41,60 |
| 1984 | 19,80 | – | – |
| 1988 | 19,75 | 47,19 | – |
| 1992 | 19,73 | 46,78 | – |

Tabelle 21:  Anzahl von Athleten mit einem bestimmten hohen Leistungsniveau (in den Olympiajahren)

| Jahr | 100 m Männer (unter 10,20 s) | 100 m Frauen (unter 11,30 s) | 400 m Frauen (unter 51,47 s) |
|---|---|---|---|
| 1972 | 3 | 4 | 1 |
| 1976 | 9 | 19 | 20 |
| 1980 | 18 | 25 | 25 |
| 1984 | 20 | 37 | 36 |
| 1988 | 38 | 57 | 41 |

● Obwohl eine Verringerung der Zuwachsraten der Rekorde eintritt, hält die Weltrekordentwicklung bis in die letzten Jahre hinein an. So wurden allein zwischen 1988 und 1991 in acht der 14 Sprintdisziplinen neue Weltrekorde erzielt.
Das ist insofern besonders bedeutsam, als mit den durch die internationalen und nationalen Föderationen verstärkt durchgeführten Dopingkontrollen versucht wurde, unerlaubten Manipulationen der Leistungsfähigkeit entgegenzutreten.

● Phasen eines auffälligen Leistungsprogresses waren oftmals an einzelne Sportler geknüpft (z. B. E. Moses – 400 m H; M. Koch – 400 m; F. Griffith-Joyner – 100 m, 200 m), in anderen Fällen wurde die Rekordentwicklung durch die Konkurrenz mehrerer Athleten beschleunigt.

● Begünstigt wurde die Rekordentwicklung andererseits durch leistungsfördernde äußere Bedingungen. Das lag sehr deutlich mit den unter Höhenbedingungen und auf einer schnelleren Tartanbahn durchgeführten Olympischen Spielen 1968 in Mexiko vor. Auch dem Bahnbelag der Weltmeisterschaft 1991 in Tokio wird eine leistungsfördernde Qualität nachgesagt.

● Dem durch einzelne Sportler oder die gezielte Nutzung äußerer Bedingungen ausgelösten Progreß folgt zumeist eine Zeitspanne der Stagnation in der Rekordentwicklung. So wurden in den meisten Disziplinen die Rekorde von 1968 in Mexiko erst in den 80er Jahren verbessert. Über 4 × 400 m der Männer besteht dieser Rekord 1992 noch.

● Mißt man Leistungsentwicklung jedoch nicht allein an der Weltrekordentwicklung, ist augenscheinlich, daß das Leistungsniveau

Tabelle 22: *Leistungsstand und -prognose in den Sprintdisziplinen*

| | Männer | | | Frauen | | |
|---|---|---|---|---|---|---|
| | Erster anerk. Weltrekord | WR Stand (1991) | Prognose 1990/95 | Erster anerk. Weltrekord | WR Stand (1991) | Prognose 1990/95 |
| 100 m | 10,6 (1912) | 9,86 (1991) | 9,80–9,85 | 11,7 (1934) | 10,49 (1988) | 10,55–10,60 |
| 200 m | 21,1 (1896) | 19,72 (1979) | 19,40–19,50 | 23,6 (1935) | 21,34 (1988) | 21,30–21,40 |
| 400 m | 47,8 (1990) | 43,29 (1988) | 42,60–43,10 | 57,0 (1957) | 47,60 (1985) | 46,90–47,40 |
| 4 × 100 m | 42,3 (1912) | 37,50 (1991) | 36,90–37,40 | 46,4 (1936) | 41,37 (1985) | 40,00–40,50 |
| 4 × 400 m | 3:18,2 (1911) | 2:56,16 (1968) | 2:51–2:53 | 3:47,4 (1969) | 3:15,17 (1988) | 3:10–3:12 |
| 100-m-Hürden | – | – | | 13,4 (1968) | 12,21 (1988) | 12,10–12,20 |
| 110-m-Hürden | 15,0 (1908) | 12,92 (1989) | 12,75–12,80 | – | – | |
| 400-m-Hürden | 55,0 (1908) | 47,02 (1983) | 45,90–46,40 | – | 52,94 (1986) | 50,50–51,00 |

Tabelle 23: *Leistungen des Erst-, 20.- und 50.-plazierten in den Weltbestenlisten über 200 m der Männer zwischen 1980 und 1990*

| Jahr | 1. | 20. | 50. |
|---|---|---|---|
| 1980 | 19,96 | 20,55 | 20,76 |
| 1981 | 20,20 | 20,60 | 20,79 |
| 1982 | 20,15 | 20,47 | 20,74 |
| 1983 | 19,75 | 20,46 | 20,65 |
| 1984 | 19,80 | 20,41 | 20,62 |
| 1985 | 20,07 | 20,41 | 20,59 |
| 1986 | 20,12 | 20,48 | 20,60 |
| 1987 | 19,92 | 20,38 | 20,54 |
| 1988 | 19,75 | 20,32 | 20,57 |
| 1989 | 19,96 | 20,40 | 20,68 |
| 1990 | 19,80 | 20,46 | 20,68 |
| 1991 | 19,88 | 20,43 | 20,69 |

auch in den Sprintdisziplinen kontinuierlich ansteigt. (Tab. 20) Das wird besonders auffällig an der Verdichtung der Leistungen bei sportlichen Höhepunkten. (Niemals zuvor wurde ein so schneller 100-m-Lauf der Männer wie in Tokio registriert, zieht man die Leistungen aller Endlaufteilnehmer in Betracht.) Analysiert man die jährlichen Bestenlisten, wird die Zunahme der Leistungsdichte ebenso deutlich. (Tab. 21).
Das setzte sich auch in den letzten Jahren fort.

Insgesamt muß man davon ausgehen, daß auch in den leichtathletischen Sprintdisziplinen der Leistungsanstieg anhalten wird – ob als Re-kordverbesserung, als Steigerung der Siegleistung beim Saisonhöhepunkt oder als Leistungsverdichtung.
Das wird besonders dann der Fall sein, wenn die folgenden, bereits für die zurückliegende Zeit maßgeblichen **Entwicklungsursachen** auch weiterhin gezielt und kompakt eingesetzt werden:

● **Besondere Förderung des Sprints als „Grunddisziplin" innerhalb der Leichtathletik**
Die relative Unkompliziertheit seiner Ausführung, die oft geringeren Ansprüche an die materiellen Bedingungen zur Ausübung des Sprints, aber auch ihr Voraussetzungscharakter für Leistungen in vielen anderen Disziplinen bedingen die besondere Position der Sprintdisziplinen innerhalb der Leichtathletik. Das Interesse des einzelnen Sportlers, die Wertschätzung der Trainer für eine gediegene Sprintausbildung, aber auch die Aufmerksamkeit der nationalen Föderationen, Clubs sowie der Öffentlichkeit für den Sprint sind hoch. Dementsprechend setzen auch die nationalen und sonstigen Fördersysteme in vielen Ländern besonders am Sprint an.
In den USA hat das von Anfang der Wettkampf-Leichtathletik an zu einer besonderen Rolle und Unterstützung der Sprinter (vor allem über das College-System) geführt. In den

letzten Jahren hat Großbritannien hohen Wert auf das Herausfinden und Fördern von Sprinttalenten besonders aus dem Kreis der farbigen Bevölkerung gelegt. Sie werden über persönliche Vergünstigung (finanziell, Studium), über die Konzentration bei erfahrenen Trainern motiviert und zu Erfolgen geführt.

Auch kleinere Länder des außereuropäischen Raums sichern talentierten Sportlern günstige Bedingungen – vom verbesserten Training (oft im Ausland) bis zur intensiven wissenschaftlichen und medizinisch-prophylaktischen Betreuung. Die Ergebnisse jamaikanischer und nigerianischer Sprinter und Sprinterinnen in den letzten Jahren sind Beispiel dafür.

● **Wertschätzung der Sprintdisziplinen im Wettkampfprogramm wegen ihrer hohen Brisanz und Attraktivität**

Der emotionale Reiz von Sprintwettbewerben, das Typische der Auseinandersetzung bei höchstem Anstrengungsgrad und natürlich auch die Kurzzeitigkeit des Wettkampfes machen den Sprint immer zu Höhepunkten von Leichtathletik-Wettkämpfen. Sprinter stehen häufig im Mittelpunkt, besonders bei Fernsehübertragungen. Dementsprechend hoch ist die Motivation für die Sportler, sich bei internationalen und nationalen Meisterschaften den Titel zu erobern, bei internationalen Meetings auf sich aufmerksam zu machen und, damit verknüpft, auch finanzielle Vergünstigungen oder anderweitige Unterstützungen zu erhalten. Das stimuliert besonders Sportler und Nachwuchsathleten in solchen Ländern, in denen die Aussicht, sich über sportliche Erfolge eine soziale Existenz aufzubauen, besonders attraktiv ist.

● **Materiell-technische Verbesserungen**

Im Sprint boten sich seit Einführung der *Kunststoff-Laufbahnen* für Wettkampf und Training verbesserte Bedingungen. Neue elektronische *Meßanlagen* ermöglichen eine detaillierte Leistungserfassung (Messung nach Hundertstel-Sekunden).

Der Wettkampf unter *Höhenbedingungen* (Mexiko 1968) ließ besondere Leistungssprünge zu.

● **Soziale Stellung der Frau**

Mit der zunehmenden und zugleich differenzierten Integration der Frau in den Sport hat die Frauen-Leichtathletik ständige Belebung

erfahren. So wandelte sich das Übergewicht in der Leistungsfähigkeit von Sportlerinnen westeuropäischer Länder von den 60er Jahren an in eine Dominanz der Athletinnen der ehemaligen sozialistischen Länder (bes. Sowjetunion, DDR) – bedingt durch die politisch motivierte gezielte Förderung des Frauensports in diesen Ländern. Das war verbunden mit einer enormen Steigerung der sportlichen Leistungs- und Rekordentwicklung.

Verknüpft mit der weiteren Zuwendung der Frau zum öffentlichen Leben, wird auch die Frauen-Leichtathletik in den südamerikanischen, asiatischen und afrikanischen Ländern neue Impulse erhalten und immer mehr in den Wettstreit in den internationalen Arenen eingreifen.

▶ Aufgabe:

Was berechtigt zur Auffassung, daß die Leistungsentwicklung auch in den Sprintdisziplinen nicht stagniert?

# 5.2. Leistungsstruktur

▶ Aufgaben:
– Verschaffen Sie sich im Kapitel 2 nochmals Klarheit über die Begriffe *Leistungsstruktur* und *Anforderungsprofil!*
– Beachten Sie beim Studieren der Abschnitte zur Leistungsstruktur stets, daß wir jeweils nur einige Faktoren herausgreifen, die sportliche Leistung aber immer Ergebnis des gesamten Komplexes der Leistungsfaktoren ist.

Die Leistungsstruktur im Kurzstreckenlauf als *Modell der perspektivischen* Sprintleistung wird durch die spezifische Relation folgender *Leistungsfaktoren* bestimmt:
● Sprintwettkampf und -training verlangen spezifische *Verhaltens-* und *Steuerungseigenschaften.*
● Die Anforderungen an die *konditionellen* Voraussetzungen werden durch die notwendige Schnelligkeitsleistung bestimmt.
● Sprintlauf, Start, Hürdenüberquerung und Stabwechsel erfordern spezifische *technische* und *koordinative* Voraussetzungen.
● Es sind Besonderheiten sowohl hinsichtlich der *muskulären* Disposition als auch der *konstitutionellen* Merkmale (Körpergewicht, Körperhöhe, Relation zur Beinlänge) erforderlich.

● Taktisches Können geht in die Leistung ein.
● *Äußere Einflüsse* müssen genutzt bzw. ausgeglichen werden, um das Leistungsvermögen in der Wettkampfleistung zu realisieren.
Ausprägung und Relation dieser Leistungsfaktoren werden durch die Spezifik der Disziplingruppe bestimmt.
Dabei ist die Wettkampfleistung Ausgangspunkt der Betrachtungen.
Im Sprint ergibt sich durch den **Geschwindigkeitsverlauf** und die dabei sichtbar werdende Phaseneinteilung der Wettkampfstrecken (Abb. 17a, b) eine gute Möglichkeit, die zur Realisierung der Wettkampfleistung erforderlichen Voraussetzungen zu bestimmen. Die Darstellung läßt Unterschiede zwischen den Wettkampfstrecken, aber auch zwischen Männern und Frauen erkennen. Sie zeigt aber auch, daß sich die Wettkampfdistanzen deutlich in *Teilstrecken* strukturieren:
I. Abschnitt der Beschleunigung
II. Abschnitt der maximalen Geschwindigkeit
III. Abschnitt des Geschwindigkeitsverlustes.
In der Praxis ist bewährt, für exakt festgelegte Teilstrecken die dafür benötigte Laufzeit zu messen und in Relation zur Gesamtleistung bzw. zu anderen Teilleistungen zu bewerten (vgl. Tab. 24 und 25).
Somit lassen sich auch perspektivische Anforderungen (für eine Weltspitzenleistung) detaillierter herausstellen (vgl. Tab. 26).
Das verlangt künftig vom Sportler,
– möglichst zeitig eine hohe Geschwindigkeit zu erreichen (10 m/s zwischen 15 und 20 m);
– bis zu etwa 80 m weiter beschleunigen zu können;
– eine maximale Geschwindigkeit von 11,80 bzw. 11,00 m/s und höher zu erreichen;
– den Abschnitt der maximalen Geschwindigkeit möglichst lange beizubehalten;
– auf den letzten Metern keinen bzw. nur einen geringen Geschwindigkeitsabfall auftreten zu lassen.

▶ Aufgabe:
Durchdenken Sie das anhand der Abb. 17a.

Hinsichtlich der **benötigten Fähigkeiten** ist ableitbar, daß jeder Abschnitt besondere Anforderungen an einzelne Fähigkeiten stellt und sich im Komplex der Fähigkeiten und Voraussetzungen bestimmte Verhältnisse ergeben.

▶ Aufgabe:
Überlegen Sie, welche der im folgenden dargestellten Fähigkeiten auf einzelnen Streckenabschnitten besonders gefordert werden!

Bei der Darstellung konzentrieren wir uns auf die Leistungsfaktoren (vgl. Hervorhebung in Abb. 18).
– psychisch-charakterliche Verhaltens- und Steuereigenschaften
– Kondition
– Koordination/Technik.

### Zum Leistungsfaktor psychisch-charakterliche Verhaltens- und Steuereigenschaften

Auch in den leichtathletischen Sprintdisziplinen sind psychisch-moralische Persönlichkeitseigenschaften ein fester Bestandteil der Leistungsstruktur. Prinzipiell gilt auch hier:

Auf gefestigten *Grundüberzeugungen* basierende positive Einstellungen zum leistungssportlichen Training, gepaart mit bewußtem und stabilem moralischem Handeln

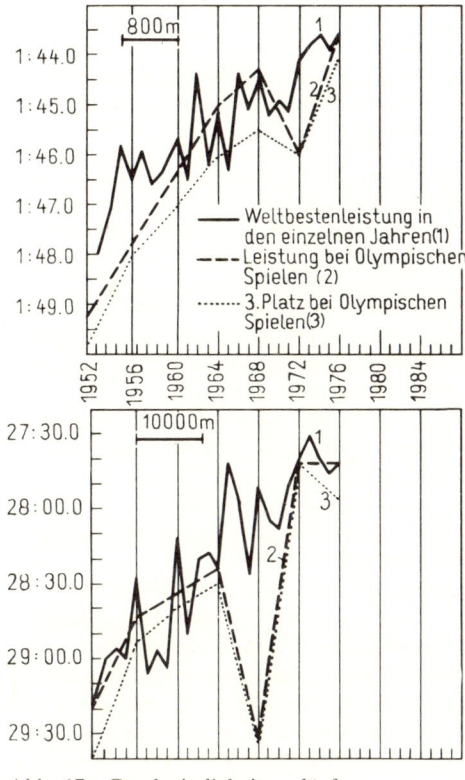

Abb. 17   Geschwindigkeitsverläufe

*Tabelle 24: Leistungen auf den Teilstrecken (100-m-Lauf, schematisiert)*

|  | 0–30 m | 30–60 m | 60–80 m | 80–100 m | Endzeit 100 m |
|---|---|---|---|---|---|
| Läufer A˙ | 3,90 | 2,65 | 1,70 | 1,75 | 10,00 |
| Läufer B | 3,90 | 2,70 | 1,70 | 1,80 | 10,10 |
| Läufer C | 3,90 | 2,65 | 1,75 | 1,80 | 10,10 |
| Läufer D | 3,95 | 2,70 | 1,70 | 1,75 | 10,10 |

*Tabelle 25: Teilzeitenstruktur von Weltspitzenleistungen*

| *100 m* | *0–30 m* | *30–60 m* | *60–80 m* | *80–100 m* | *Endergebnis* |
|---|---|---|---|---|---|
| M: Lewis (1987) | 3,92 | 2,58 | 1,73 | 1,70 | 9,93 |
| F: Göhr (1983) | 4,14 | 2,84 | 1,88 | 1,95 | 10,81 |

| *200 m* | *0–50 m* | *50–100 m* | *100–150 m* | *150–200 m* | *Endergebnis* |
|---|---|---|---|---|---|
| M: Deloach (1988) | 5,81 | 4,54 | 4,62 | 4,78 | 19,75 |
| F: Griffith (1988) | 6,29 | 4,89 | 4,92 | 5,24 | 21,34 |
| Möller (1988) | 6,13 | 4,96 | 5,09 | 5,56 | 21,74 |

| *400 m* | *0–100 m* | *100–200 m* | *200–300 m* | *300–400 m* | *Endergebnis* |
|---|---|---|---|---|---|
| M: Reynolds (1988) | 11,15 | 10,25 | 10,60 | 11,29 | 43,29 |
| Schönlebe (1988) | 11,08 | 10,29 | 11,04 | 11,89 | 44,33 |
| F: Koch (1982) | 12,12 | 11,27 | 11,43 | 13,32 | 48,15 |
| Brysgina (1988) | 11,94 | 11,47 | 12,06 | 13,18 | 48,65 |

| *110/100 m Hü.* | *0–1. Hü.* | *1.–3. Hü.* | *3.–5. Hü.* | *5.–10. Hü.* | *10. Hü.* | *110 m* |
|---|---|---|---|---|---|---|
| M: Kingdom (1988) | 2,55 | 2,06 | 2,00 | 5,03 | 1,34 | 12,98 |
| F: Zachojeva (1987) | 2,51 | 1,99 | 1,95 | 4,83 | 1,06 | 12,34 |
| Jahn (1983) | 2,55 | 1,98 | 1,91 | 4,86 | 1,12 | 12,42 |

| *400 m Hü.* | *0–1. Hü.* | *1.–3. Hü.* | *3.–5. Hü.* | *5.–9. Hü.* | *9. Hü. – 400 m* | *400 m* |
|---|---|---|---|---|---|---|
| M: Phillips (1988) | 5,80 | 7,33 | 7,80 | 17,52 | 9,74 | 47,19 |
| F: Flintoff (1988) | 6,53 | 8,50 | 8,78 | 18,93 | 10,49 | 53,13 |
| Buch (1987) | 6,57 | 8,37 | 8,81 | 18,90 | 10,59 | 53,24 |

*Tabelle 26: Teilzeiten für eine Weltspitzenleistung im 100-m-Lauf*

|  | 0–30 m | 30–60 m | 60–80 m | 80–100 m | Endzeit |
|---|---|---|---|---|---|
| Männer[1] | 3,80 s | 2,58 s | 1,70 s (11,76 m/s) | 1,70 s | 9,78 s |
| Frauen[2] | 4,09 s | 2,80 s | 1,82 s (10,99 m/s) | 1,83 s | 10,54 s |

[1] Jede Teilleistung wurde von Lewis und von Johnson 1987 realisiert.
[2] Weltrekordlauf von Griffith-Joyner

und Verhalten *(moralische Qualitäten)* sowie hervorragenden *psychischen Wettkampfeigenschaften*, sind unmittelbare Voraussetzungen für die Höchstleistungsfähigkeit des Sportlers.

Bereits für die Bewältigung des zielstrebigen, anspruchsvollen *Trainings* werden für einen Sprinter solche *Einstellungen und Verhaltensweisen* notwendig wie
– Überzeugtsein von der Notwendigkeit der

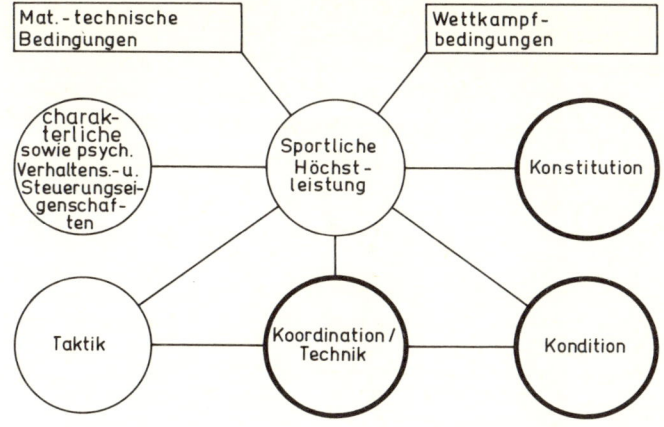

Abb. 18 Gefüge der Leistungsfaktoren

ständigen Belastungssteigerung,

– hohe Belastungsbereitschaft in jeder Trainingseinheit,

– Bemühen um ständige quantitative und qualitative Erfüllung der Belastungskennziffern,

– Vertrauensverhältnis zu Trainer und Trainingsgruppe, Ehrlichkeit und Bescheidenheit,

– Gestaltung eines sportlichen Lebensregimes.

Im *Wettkampf* selbst muß sich der Weltklassesprinter durch leistungsentscheidende *psychische Eigenschaften* auszeichnen wie Überzeugtsein vom eigenen Leistungsvermögen, psychische Mobilisationsfähigkeit, geringe psychische Störanfälligkeit.

Das zeigt sich u. a. konkret in folgenden Faktoren:

● Der Sprinter muß „zum Wettkampf drängen" und sich in der direkten Wettkampfvorbereitung (Erwärmung) in hohe *Leistungsbereitschaft* versetzen und *Kampfgeist* entwickeln können. Er muß diese *innere Spannung* gegen äußere Störungen abschirmen und sie *wiederholt* (Vor-, Zwischen-, Endlauf) aufbringen können.

● Der Startvorgang verlangt höchste *Konzentrationsfähigkeit* und *Willensstoßkraft*.

● Spezifische *Risikobereitschaft* äußert sich im Anschlagen eines hohen Renntempos beim 400-m-Lauf, aber auch im Überwinden der „Angst" vor wiederholten Verletzungen bei maximaler Anstrengung.

● Spezieller *Mut* wird vom Hürdenläufer beim Überqueren der Hürden verlangt.

● Auf den langen Sprintstrecken wird eine be-

stimmte *Durchhaltefähigkeit* (Willensspannkraft) und *Härte gegen sich selbst* notwendig.

> In den Sprintdisziplinen dominieren also Wettkampfeigenschaften, die sich in einem willensstoßkräftigen, emotional-impulsiven, entscheidungsfreudigen Verhalten äußern.

### Zum Leistungsfaktor Kondition

In den Sprintdisziplinen hebt sich in der Einheit der drei beteiligten Grundfähigkeiten Schnelligkeit, Kraft und Ausdauer deutlich die *Schnelligkeit* heraus. (Abb. 19)

### Schnelligkeitsfähigkeiten

Voraussetzung für höchste Leistungen im Kurzstreckenlauf ist die *maximale Ausprägung aller Komponenten* der Schnelligkeitsfähigkeit. Das betrifft vor allem die

– Reaktionsschnelligkeit,

– Aktionsschnelligkeit,

– Frequenzschnelligkeit.

Im Sprintlauf werden diese Komponenten in komplexer Wirkung mit anderen eingehenden Fähigkeiten, besonders Kraft und Koordinationsfähigkeit, in den spezifischen Leistungsformen

– Beschleunigungsfähigkeit und

– maximale Schnelligkeit (Geschwindigkeit)

deutlich.

Hinsichtlich der benötigten Schnelligkeitsfähigkeiten ist ableitbar, daß

– jeder Streckenabschnitt an eine der Schnelligkeitsfähigkeiten besondere Anforderungen stellt,

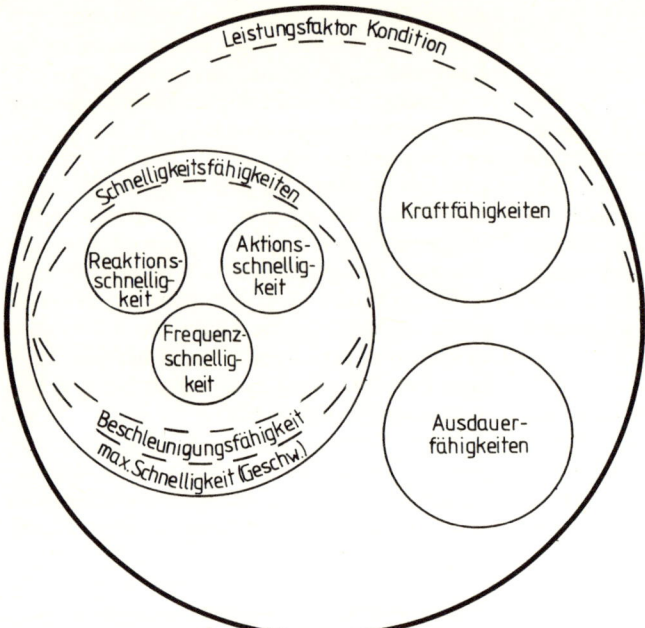

Abb. 19 Leistungsfaktor Kondition aus sprintspezifischer Sicht

– es somit im Einsatz der Schnelligkeitsfähigkeiten zur Staffelung *Reaktions- und Aktionsschnelligkeit, Beschleunigungsfähigkeit, maximale Schnelligkeit* kommt,
– auf den einzelnen Wettkampfstrecken die Relationen zwischen den Fähigkeiten unterschiedlich sind.

**Ausdauerfähigkeiten**

Für die Sprintleistung hat – besonders mit zunehmender Streckenlänge – die *Schnelligkeitsausdauer* leistungsbestimmenden Einfluß. Unter Schnelligkeitsausdauer im Sprint müssen wir die Widerstandsfähigkeit des Organismus gegen einen Geschwindigkeitsabfall verstehen, der durch organische Ermüdung und durch Ermüdung des Zentralnervensystems hervorgerufen wird und sich in koordinativen Störungen äußert, sichtbar in einer Verringerung der Bewegungsschnelligkeit (Frequenz).
Die Leistungsfähigkeit bei Sprintläufen, die über die 40-s-Grenze hinausgehen (400-m-Läufe), wird bereits durch die *Kurzzeitausdauerfähigkeit* mit bestimmt (vgl. Abb. 19b).
Eine stabile *allgemeine* sowie *Grundlagenausdauer* ist zur Sicherung einer allgemeinen Belastungsverträglichkeit sowie als Vorausset-

zung für die spezifische Schnelligkeitsausdauer notwendig.

**Kraftfähigkeiten**

Ein bestimmtes Maß an Schnellkraftvoraussetzungen erfordert jeder einzelne Abdruck im Sprintlauf. Die Nutzbarkeit der Schnellkraftvoraussetzungen wird jedoch bei zunehmender Laufgeschwindigkeit durch die sich verkürzende Stützphase geringer. Dagegen kommt der Schnellkraft – und als deren Grundlage auch einem bestimmten Niveau der Maximalkraft – im Streckvorgang der Beine während des *Starts* sowie in der *Beschleunigungsphase* höchste Bedeutung zu.
Höhere Kraftfähigkeiten lassen eine bessere Beschleunigungsleistung vor allem auf den ersten Metern zu. Das begründet auch die relativ guten Sprintleistungen von Werfern oder Gewichthebern im Startabschnitt.

Die Leistungsstruktur im Kurzstreckenlauf wird in konditioneller Sicht durch die Dominanz der Schnelligkeitsfähigkeiten geprägt. Kurze Sprintdisziplinen werden durch eine maximale Beschleunigungsfähigkeit und Schnelligkeit bestimmt, mit zunehmender Streckenlänge gewinnt die Schnelligkeitsausdauer an Gewicht.

### Zum Leistungsfaktor Technik/Koordination

● **Als technische Elemente** gehen in die Leistungsstruktur die *Bewegungsabläufe* Sprintlauf, Tiefstart, Stabwechsel sowie Hürdenüberquerung und Ziellauf ein. Eine hohe sportliche Leistung setzt voraus, daß diese Bewegungsabläufe automatisiert und störunanfällig beherrscht werden (Grad einer Fertigkeit). Das ist besonders unter der Sicht der maximalen Schnelligkeit, mit der sie ausgeführt werden müssen, wichtig.

Eine dem *Technikmodell* entsprechende stabile und variable *Beherrschung* der Bewegungsabläufe in maximaler *Geschwindigkeit* ist Voraussetzung für eine hohe Leistungsfähigkeit in den Sprintdisziplinen.

● Unter dieser Spezifik der Sprintdisziplinen sind auch die hohen Anforderungen an die **koordinativen Fähigkeiten** zu sehen.

Koordinative Fähigkeiten bestimmen die Leistungsstruktur im Sprint mit. Deutlich wird das vor allem an der engsten Verknüpfung der Schnelligkeits- und der koordinativen Fähigkeiten.
Der Zusammenhang ist begründet durch die *gleichartige Abhängigkeit,* in der beide Fähigkeitskomplexe zur Funktionstüchtigkeit des Zentralnervensystems und seiner Mechanismen stehen. Hohe Schnelligkeitsleistungen sind deshalb auch nur möglich, wenn entscheidende koordinative Fähigkeiten in höchstem Maße entwickelt sind.

*Muskelentspannungsfähigkeit*
(als sprintspezifische Form der Differenzierungsfähigkeit der Muskelspannung)
Sie beeinflußt maßgeblich die *Schrittfrequenz,* da mit der Schnelligkeit der Entspannung auch die Möglichkeit zu einer zeitigeren erneuten Kontraktion der Muskulatur wächst. Sie verzögert zum anderen entscheidend den Beginn des Geschwindigkeitsabfalls (Verbesserung der *Schnelligkeitsausdauer*), weil durch eine gute Entspannung die Blutzufuhr und Wiederherstellung der lokalen Energievorräte in der längeren Erholungsphase begünstigt werden. Auch die Fähigkeit, nur die benötigten Hauptmuskelgruppen, nicht jedoch weitere Muskeln in die Arbeit einzubeziehen (die Lockerheit des Laufs ist Ausdruck dieser Fähigkeit), trägt zum Erreichen und zum Erhalt einer hohen Laufgeschwindigkeit bei.
Tabelle 27 zeigt, daß Leistungsverbesserungen, die auf der Basis höherer Schnelligkeitsausdauerfähigkeiten erfolgen, einhergehen mit der Fähigkeit, die Muskeln schneller zu entspannen.

*Reaktionsfähigkeit*
Sie geht im Startvorgang unmittelbar in die Sprintleistung ein. Gerade in den kurzen Sprintdisziplinen ist sie oft siegentscheidend.

*Rhythmisierungsfähigkeit*
Sie ist vor allem im Hürdenlauf zur Gestaltung des zweckmäßigen Laufrhythmus zwischen den Hürden (einschließlich seines Erhalts bei zunehmender Ermüdung) und zur rhythmischen Verbindung von Zwischenhürdenlauf und Hürdenüberquerung notwendig.

> Hohe koordinative Voraussetzungen sind in den Sprintdisziplinen nicht nur die Gewähr für einen rationellen Bewegungsablauf in höchster Geschwindigkeit. Durch ihre enge funktionelle Verbindung mit den Schnelligkeitsfähigkeiten sind sie auch entscheidend an deren Entstehen und Wirksamwerden beteiligt.

Tabelle 27:   *Zusammenhang zwischen schneller Muskelanspannung und Leistungsfähigkeit auf unterschiedlichen Sprintstrecken (nach Wysotschin)*

|  | 60 m | 100 m | 200 m |
|---|---|---|---|
| Leistungsverbesserung (s) | von 7,0 auf 6,4 | von 10,9 auf 10,0 | von 21,5 auf 20,0 |
| Verbesserung der Schnellkraft (in %) | 34,13 | 20,57 | 11,33 |
| Verbesserung der Maximalkraft | 20,46 | 12,34 | 6,86 |
| Verbesserung der Fähigkeit zur schnelleren Muskelentspannung | 19,58 | 21,20 | 46,32 |

## 5.3. Technik und technische Ausbildung

## Grundlagen der Technik

▶ Aufgabe:

Im folgenden Abschnitt werden einige entscheidende biomechanische sowie funktionelle Erscheinungen angesprochen, *die für jeden Studierenden Voraussetzung* sind für das Verständnis der Darlegungen zu den einzelnen Techniken der Sprintdisziplinen, für das Vermögen, in der Sportpraxis die Zweckmäßigkeit der Techniken beurteilen zu können, und für die Fähigkeit, effektive Maßnahmen für das Training festlegen zu können.

Prägen Sie sich deshalb die Kerngedanken fest ein! Versuchen Sie jeweils, die Wirkung dieser Gesetzmäßigkeiten an einem Beispiel aus dem Sprint darzustellen.

Die Sporttechnik in den Sprintdisziplinen wird durch die spezifische Bewegungsaufgabe bestimmt, eine möglichst hohe Laufgeschwindigkeit zu erzielen.

Sie richtet sich folglich auf

„1. die Erhöhung der Effektivität bei der Ausnutzung der Kräfte (Antriebskräfte);

2. die Reduzierung der Bremskraftwirkungen"[1], wobei

3. die Aktionszeit beizubehalten oder zu verkürzen ist.

Genauer ausgedrückt, heißt das für die Techniken der Sprintdisziplinen:

● **Gestaltung eines effektiven Verhältnisses zwischen Schrittlänge und Schrittfrequenz**

Physikalisch gesehen, wird die Laufgeschwindigkeit durch das Verhältnis von *Wegzunahme* zu *Zeitzunahme* bestimmt:

$$v = \frac{\Delta s}{\Delta t}$$

Da die Laufstrecke durch eine bestimmte Anzahl von Einzelschritten bewältigt werden muß, kann für den Weg (s) die Schrittlänge (l) sowie für die Zeit umgekehrt proportional die Schrittfrequenz (f) eingesetzt werden. Folglich ergibt sich die *Laufgeschwindigkeit als Produkt von Schrittlänge und -frequenz:*

$$v = l \cdot f$$

---

[1] Donskoi, D. D.: Grundlagen der Biomechanik. Berlin: Sportverlag, 1975, S. 239

*Schrittlänge und Schrittfrequenz* stehen in einem bestimmten Wechselverhältnis:

● Das Steigern der Schrittfrequenz geht anfangs einher mit einer Verstärkung des Abdrucks und damit einer Vergrößerung der Schrittlänge.

● Bei Überschreiten eines bestimmten, individuell abhängigen Maßes tritt eine umgekehrte Relation ein, d. h., die Steigerung des einen Faktors zieht die Verringerung des anderen Faktors sowie insgesamt eine Geschwindigkeitsreduzierung nach sich.

Die Gestaltung eines *optimalen Verhältnisses zwischen Schrittlänge und -frequenz* ist deshalb bereits eine erste Maßnahme zur effektiven Ausnutzung der (spezifischen) Antriebskräfte.

● **Optimale Nutzung der Antriebskräfte (in Höhe und Richtung) für die horizontale Geschwindigkeit**

Einzelaktionen im Sprint – sei es die Schrittlänge des Einzelschrittes, die Startbewegung, die Gestaltung der Beschleunigungsphase oder der Hürdenschritt – werden dann effektiv, wenn in geringster Zeit die Antriebskräfte möglichst *groß* sind und ein *hoher Anteil* davon *in horizontaler Richtung* erfolgt.

Das bedeutet:

**In der Abdruckphase müssen *optimale Kraftimpulse* entwickelt werden.**

Im Lauf wird die Hauptbeschleunigung vorwiegend durch den Abstoß (Kraftstoß $p = F \cdot t$) der Beine im hinteren Stütz realisiert. Die *Zeitdauer* (t) der Abstoßphase ist im Sprint aufgrund der angestrebten hohen Schrittfrequenz relativ kurz (0,10–0,12 s).

Die *Größe der Kraft* (F), die im Abstoß zur Wirkung kommt, kann begünstigt werden durch

– eine *energischere Abdruckstreckung* als Ausdruck der größeren Beschleunigungsfähigkeit, die sich durch ein erhöhtes Kraftpotential der Streckmuskulatur bei relativ gleichbleibender Körpermasse ergibt;

– eine hohe Vorspannung der Muskulatur in der Amortisationsphase (Vorderstütz), da eine solche Muskelanspannung sowohl Kraft als auch Geschwindigkeit der folgenden Muskelkontraktion erhöht;

– den *Einsatz der Schwungmassen* (Schwungbein, Arme), da bei deren Arbeitsbeginn die Anspannung der Muskeln des Stützbeines zunächst zusätzlich vergrößert wird,

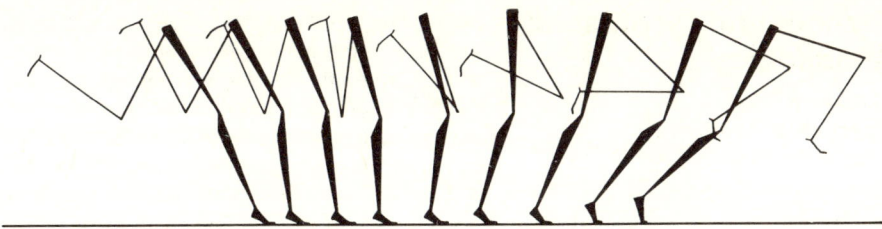

Abb. 20   Stützphase

sich aber dann beim Abbremsen der Schwungbewegung unter erleichterten Bedingungen in einer schnellkräftigen Strekkung auflösen kann (s. a. Abb. 20).

**Die Resultierende der Abstoßkraft muß sich möglichst weit der Bewegungsrichtung annähern.**

Entsprechend der Tatsache, daß der Abstoß beim Lauf stets nach vorn-oben erfolgen muß, besitzt die Abstoßkraft eine vertikale und eine horizontale Komponente. (Abb. 21) Bei gleicher Größe der Resultierenden wird die horizontale Beschleunigung um so größer, je größer der Anteil der horizontalen Komponente bzw. je kleiner der Abstoßwinkel (Winkel zwischen der Resultierenden und der Horizontalen) ist.

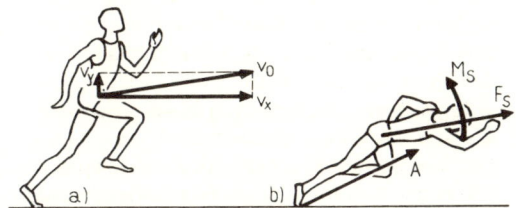

Abb. 21   Abstoßrichtungen

Die Möglichkeiten des horizontalen Abstoßes werden einerseits durch anatomische Bedingungen des Läufers und die notwendige Überwindung der Schwerkraft eingeengt. Andererseits muß die *Wirkungslinie* der Kraft möglichst *dicht am KSP* verlaufen, um überflüssige Drehmomente zu vermeiden. Ein für den Bewegungsablauf notwendiges Drehmoment (für das Aufrichten des Körpers) zeigt Abbildung 21 b.

**Alle Teilkräfte bzw. Einzelimpulse sind für die Vorwärtsbewegung zu nutzen.**

Neben ihrem Einfluß auf die verbesserte Arbeit der Beinstrecker wirken die Bewegungen der *Schwungmassen* auch auf die Geschwindigkeitserhöhung, indem bei ihrer Abbremsung Energie auf das Gesamtsystem übertragen wird ($V_G = V_1 + V_2\ldots$).

Außerdem werden durch die aktive *Mitbewegung des Rumpfes* (Verwringung) weitere Muskelgruppen in die Bewegung einbezogen.

● **Unterstützung der Schnelligkeit der Bewegung**

Die zweckmäßige technische Ausführung der Sprintbewegungen trägt zur Erhöhung ihrer Schnelligkeit bei.

Eine technisch vollkommene Bewegung sichert günstige Voraussetzungen für eine schnelle Einleitung und Vollendung der Beschleunigungsphasen.

● So ist eine effektive Tiefstart-Position (Entfernung zwischen vorderem und hinterem Bein, Kniewinkel) dadurch geprägt, daß *Winkel* entstehen, bei denen nicht nur *hohe Kräfte* entwickelt, sondern die Bewegungen vor allem *schnell* eingeleitet werden können.

● Die Bewegungen des Beines in der *Schwungphase* (Abb. 22) beeinflussen entscheidend die Schnelligkeit und Frequenz der Laufschritte.

Mit dem Abbremsen bis zum Umkehrpunkt der Bewegung (jeweils höchste Lage der Kniepunkte beim Rück- bzw. Vorschwung) wandelt sich die kinetische Energie in potentielle um. (Die Speicherung erfolgt gewissermaßen in der Elastizität der Muskeln.) Bei der Auflösung der Elastizität nach der Umkehrung der Bewegung werden für die Kontraktion Kräfte frei, die besonders die Geschwindigkeit der Bewegung vergrößern.

So gewährleistet eine gute Qualität des Aus-

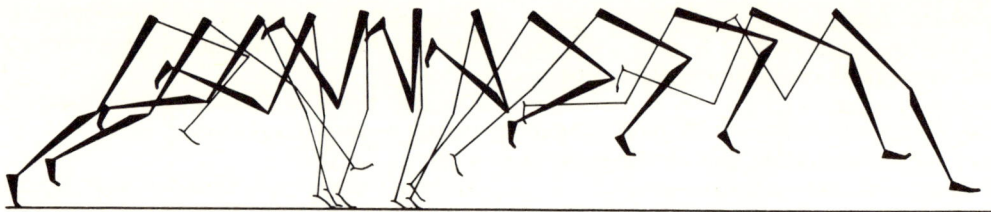

Abb. 22    Schwungphase

pendelns des Beines (Dehnung der vorderen Oberschenkelmuskeln) einen schnellen Kniehub, die Dehnung der rückseitigen Oberschenkelmuskeln im hohen Kniehub wiederum ein schnelles Senken des Beines zum vorderen Stütz.

● Der *Fußaufsatz auf dem Ballen* bewirkt in ähnlichem Sinne eine Verkürzung der Amortisationsphase und ein schnelleres Einleiten der Abdruckbewegung.

● Auch die leichten, durch das Prinzip der Gegenwirkung bedingten *Schwenkbewegungen der Beckenachse* (mit dem Vorschwung des linken Beines auch Vorbringen der linken Hüftseite und umgekehrt) unterstützen – abgesehen von dem Vorteil für die Schrittlänge – die hohe Frequenz der Laufschritte, da beim Auflösen der Verwringung Elastizitätskräfte frei werden und das Tempo der Schrittfolge erhöhen.

● **Verringerung der Bremskräfte in der vorderen Stützphase**
Bei jeder Landung des Beines im Sprintlauf treten bestimmte Bremskräfte auf, die die Laufgeschwindigkeit mindern bzw. im Abdruck wieder ausgeglichen werden müssen.

Neben einer entsprechend hohen Fußgelenkkraft können sie durch eine gute technische Gestaltung der Landephase so gering wie möglich gehalten werden.

Möglichkeiten zur *Verringerung des Bremsstoßes* ergeben sich *durch:*

– Verkürzung der *Bremszeit,*
  indem der Fuß möglichst dicht unter dem KSP aufgesetzt wird (vgl. Landung nach dem Hürdenschritt);

– Überleiten des *Bremsstoßes* in Muskelvorspannung,
  indem der Landedruck durch einen „aktiven Fußaufsatz" auf dem Ballen elastisch abgefangen, in Muskeldehnung kompensiert und zu verbesserter Streckfähigkeit genutzt wird (Abb. 23);

– schnellere *Verlagerung* des Beckens über den Fuß,
  indem mit Beginn des Fußaufsatzes eine Zugbewegung durch aktive Muskelarbeit eingeleitet wird.

Abb. 23    Bremskraft bei der Landung auf der Ferse bzw. auf dem Ballen

# Grundlagen der technischen Ausbildung

Die technische Ausbildung in allen Sprintdisziplinen wird durch einige *gemeinsame* Überlegungen und daraus abgeleitete methodische Maßnahmen gekennzeichnet. Die aufgeführten Schwerpunkte sind für Ihre spätere lehrmethodische Arbeit wichtig, bilden sie doch das Grundgerippe, aus dem sich alle methodischen Schritte ableiten und variieren lassen.

Bei der technischen Ausbildung sind folgende *Besonderheiten* der Sprintdisziplinen zu berücksichtigen:

● Es müssen einerseits die *zyklischen* Bewegungsabläufe
– Sprintlauf (auf der Strecke),
– Beschleunigungslauf,
– Zwischenhürdenlauf
wie auch die *azyklischen* Bewegungen
– Tiefstart,
– Hochstart (Ablauf im Staffelwechsel),

– Stabwechsel,
– Hürdenüberquerung

in ihrer jeweiligen *Kopplung* erlernt werden.

● Das *Ausgangsniveau* ist bei den einzelnen Bewegungsabläufen – bedingt durch die ontogenetische Entwicklung und vorausgegangene Bildungseinflüsse – *unterschiedlich*.

So liegt beim Sprintlauf bereits ein hoher individueller Automatisierungsgrad der Bewegungen vor, der notwendige Korrekturen stark beeinträchtigt. Im Hürdenlauf z. B. ist dagegen kaum mit „Vorleistungen" zu rechnen.

● Im Wettkampf werden die Bewegungen in ihrem *gesamten Umfang* abgefordert, Teilbewegungen sind in den Sprintdisziplinen nicht möglich.

● Außerdem verlangt der Wettkampf die Ausführung der Bewegungen *bei maximalem Tempo*, was höchste koordinative Voraussetzungen erfordert.

Für die technische Ausbildung in den Sprintdisziplinen liegen also hohe technisch-koordinative Anforderungen vor, die entsprechende *Quantität und Qualität* der Ausbildungsmaßnahmen erfordern.

Als **methodische Grundsätze** leiten sich ab:

❙ Sprintbewegungen sind komplex zu schulen.

Das heißt:

● Das Erlernen erfolgt ganzheitlich; die Ausführung des gesamten Bewegungsablaufs ist das entscheidende Mittel zu seiner vor allem koordinativen Vervollkommnung.

Die Auswahl des Übungsgutes und die Reihung der Lehraufgaben müssen besonders diesen Gesichtspunkt berücksichtigen.

*Teilbewegungen* werden bei einigen Bewegungsabläufen nur am Anfang des Lehrprozesses geschult (z. B. Startpositionen beim Tiefstart) oder dienen der Vervollkommnung einzelner Bewegungselemente (z. B. spezifische Technikübungen für die Hürdenüberquerung, Sprint-Abc).

● Beim Erlernen sind *zeitig* die dazu geeigneten Bewegungsabläufe zu *koppeln*, um die Effektivität sowohl in der Nutzung des Zeitfonds als auch in den koordinativen Ansprüchen zu erhöhen.

● Die konditionelle Ausbildung ist immer mit der technischen zu verbinden.

Die technisch richtige Ausführung aller Sprintübungen steht ständig im Mittelpunkt.

❙ Die Vervollkommnung der Bewegungsabläufe erfolgt bei ständiger Tempoerhöhung.

Die systematische Steigerung der Geschwindigkeit ist ein durchgängiges Prinzip des Lehrweges.

Während *mäßige* Geschwindigkeiten anfangs notwendig sind, aber bald überwunden werden müssen, besitzt die Stufe der *submaximalen Intensität* höchste Bedeutung.

Submaximale Läufe sind die wichtigsten Mittel zur Entwicklung der Technik und deshalb häufig gezielt einzusetzen.

Durch sie entwickeln sich am sichersten die erforderlichen Koordinationsmechanismen.

Um diese Koordinationsmechanismen auch bei höchster Geschwindigkeit erhalten zu können, müssen auch maximale Läufe, allerdings in ständiger Verbindung mit submaximalen, zur technischen Ausbildung genutzt werden.

Das fördert auch, das optimale Verhältnis zwischen räumlicher Ausprägung und zeitlicher Dauer einzelner Phasen (Schrittlängen-Frequenz-Relation) zu finden.

❙ Schulung der Sprinttechniken erfordert bewußte Konzentration auf Teilbewegungen.

In Verbindung mit dem möglichst ganzheitlichen Erlernen steht die Forderung, sich im Lernprozeß jeweils auf die Ausführung einzelner Elemente des Bewegungsablaufs bewußt zu konzentrieren (im Sprintlauf z. B. Ballenlauf, Abdruckverstärkung und Auspendeln, Kniehub usw.).

Diese Bewußtheit betrifft auch die Schulung der Lockerheit der Bewegung, insbesondere der Entspannungsfähigkeit in den Schwungphasen.

▶ Aufgabe:

Prüfen Sie an einer der Sprintdisziplinen, wie sich die genannten methodischen Grundzüge in der Lehrreihe widerspiegeln!

## 5.4. Sprintlauf
(Technik und technische Ausbildung)

### Technik

▶ Aufgabe:
Verfolgen Sie in den Darlegungen zur Technik des Sprintlaufs ständig, wie die im vorangehenden Abschnitt behandelten Grundlagen sich in den Forderungen an die technische Qualität niederschlagen!

Eine zweckmäßige Lauftechnik ist eine der wesentlichsten Voraussetzungen für die leichtathletischen Lauf- sowie für die aus langem Anlauf ausgeführten Sprungdisziplinen. Sie ist jedoch nicht nur wegen ihres direkten Eingangs in die Wettkampfübung dieser Disziplinen bedeutsam. Sprint- und Dauerläufe sind wichtige Trainingsübungen für alle Disziplinen, so daß eine *rationelle Technik* des Laufschritts zu den *Grundforderungen* an jeden Leichtathleten gehört.

Der Lauf ist – neben dem Gehen – die grundlegende Fortbewegungsart des Menschen und wird in seiner Grundform von jedem beherrscht.

Erst in der Technik des sportlichen Laufschritts zeigen sich jedoch der höchste *Ausprägungsgrad* der entscheidenden technischen Elemente sowie *Rationalität* und bestes *koordinatives Niveau* des Gesamtablaufs.

Bei prinzipiell gleichem Aufbau der Bewegungsstruktur unterscheiden sich auch die Techniken des *Sprint-* und des *Mittel-/Langstreckenlaufs* im Ausprägungsgrad voneinander (vgl. 6.3.1.).

Während die Gestaltung der Phasen des Laufschritts beim Mittel- und Langstreckenläufer wesentlich von einer hohen Ökonomie beeinflußt wird, zeichnet sich der Sprintlauf durch die maximale Ausprägung der einzelnen technischen Elemente aus.

Der maximale Krafteinsatz und die hohe Frequenz des zyklischen Ablaufs bestimmen den Lauf mit individuell höchstmöglicher Geschwindigkeit (Sprintlauf) als den *technisch-koordinativ anspruchsvollsten*. In ihm kommen die die Laufgeschwindigkeit beeinflussenden Elemente am deutlichsten zur Geltung.

Die Betrachtung von Funktionen und Merkmalen der einzelnen Bewegungselemente – bei Beachtung ihres wechselseitigen Zusammenhangs in der ganzkörperlichen Laufbewegung

– erfolgt zweckmäßig nach der *Struktur des Laufschritts.*

Der Laufschritt untergliedert sich in
– die *hintere Stützphase*, in der die Größe und Richtung der Abdruckkraft und damit der Vortrieb entschieden werden;
– die der Entspannung und Vorbereitung des Kniehubs dienende *hintere Schwungphase;*
– die *vordere Schwungphase*, deren Gestaltung Einfluß auf die Schrittlänge und die effektive Landevorbereitung nimmt;
– die *vordere Stützphase*, in der die Bremswirkung möglichst gering gehalten werden muß.

### *Phasen der Beinbewegung*

Die *beiden Stützphasen* nehmen – die hintere Stützphase in positiver, die vordere in negativer Hinsicht – den dominierenden Einfluß auf die Größe des Vortriebs. Ihre technisch richtige Gestaltung ist demnach besonders wichtig.

Die Qualität der Ausführung der *Schwungbewegungen* steht dem jedoch nicht nach. Das ist weniger in dem Anteil an der Erzeugung des Vortriebs begründet als vielmehr in der Bedeutung, die die Gestaltung der Schwungphasen für die effektive Ausführung der darauffolgenden Stützphase hat. (Aus diesem Grunde entscheiden wir uns in den folgenden Darlegungen dafür, die Schwung- vor den Stützphasen zu erläutern; s. Tab. 28.)

### Hintere Schwungphase:

Die technische Gestaltung der hinteren Schwungphase erfolgt unter der Sicht,
– der Streckmuskulatur des Beines nach dem Abdruck eine optimale *Entspannung* zu sichern sowie
– die Voraussetzungen für einen möglichst schnellen *Kniehub* zu schaffen.

Dem entspricht der typische Verlauf des nach dem Abdruck weit ausschwingenden Unterschenkels, wie er bei technisch guten Sprintern zu erkennen ist (Abb. 24 und 25).

Die *weite Amplitude* der Rückschwungbewegung, bei der der *Unterschenkel locker nach hinten-oben bis in Gesäßhöhe auspendelt*, gewährleistet ausreichende Zeit und günstige morphologische Bedingungen für die Muskelentspannung. Am Ende der hinteren Schwungphase (**Vertikalmoment** bzw. mittlerer Stütz, vgl. Abb. 25) muß das Schwungbein

*Tabelle 28:* Übersicht über die Phasenstruktur des Laufschritts

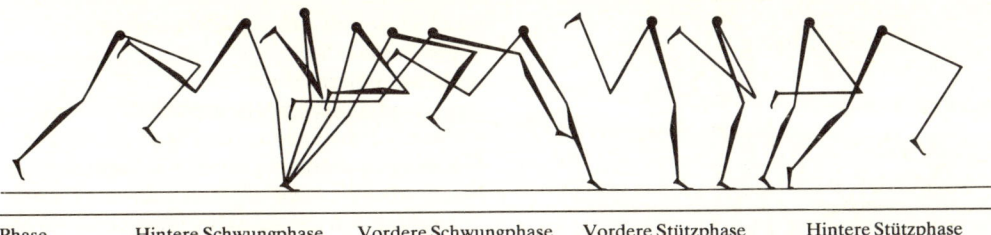

| Phase | Hintere Schwungphase | Vordere Schwungphase | Vordere Stützphase | Hintere Stützphase |
|---|---|---|---|---|
| Beginn | Lösen des Fußes vom Boden | Vertikalmoment | Fußaufsatz | Vertikalmoment |
| Ende | Vertikalmoment | Fußaufsatz | Vertikalmoment | Lösen des Fußes vom Boden |
| Funktion | Schwungfunktion<br>– Entspannung<br>– Vorbereitung eines effektiven Kniehubs | Schwungfunktion<br>– Beitrag zur Sicherung der Schrittlänge<br>– Vorbereitung der aktiven Landung | Stützfunktion<br>– Amortisation des landedrucks<br>– Aufbau von Vorspannung | Stützfunktion<br>– Entwicklung einer optimalen Abdruckkraft |
| Merkmale | – lockeres, entspanntes Auspendeln nach hinten-oben<br>– Pendelverkürzung und Schwungmassenverlagerung durch Anfersen<br>– maximales Anfersen (bis in Gesäßhöhe) im Moment, wenn Schwungbeinknie das Stützbein überholt | – aktiver schneller Kniehub mit möglichst spitzem Kniewinkel bis etwa 15° unterhalb der Waagerechten<br>– lockeres, optimal weites Vorpendeln des Unterschenkels (bei gleichzeitigem Rücksenken des Oberschenkels)<br>– Rückführen des Unterschenkels zum aktiv greifenden Fußaufsatz | – aktiver Fußaufsatz hoch auf dem Außenrist des Ballens, Fußspitzen nach vorn,<br>– greifende Bewegung, Zugbewegung mi dem Fuß nach hingen, Hüfte schnell über Fußaufsatzpunkt<br>– elastisches Abfangen des Landedrucks, geringes Senken der Ferse ohne Bodenberührung, leichtes Einbeugen im Kniegelenk<br>– möglichst kurze Stützdauer im Vorderstütz | – optimale Streckung im Fuß-, Knie- und Hüftgelenk<br>– Rumpf in leichter Vorlage bis aufrecht<br>– aktive, wechselseitige Armarbeit, etwa rechtwinklig gebeugt, in Laufrichtung<br>– entspannte Rumpf-, Schulter- und Halsmuskulatur<br>– möglichst kurze Stützdauer |

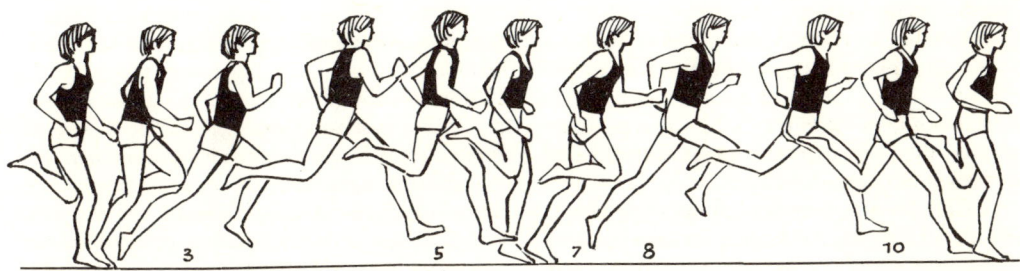

Abb. 24   Bildreihe Sprintlauf

Abb. 25   Fußpunktkurve in der hinteren Schwungphase

eine Position erreicht haben, die für eine effektive vordere Schwungphase wichtig ist:
● Der Oberschenkel des Schwungbeines hat
den des Stützbeines erreicht.
● Der Fuß ist bis in Gesäßhöhe emporge-
schwungen.
● Unter- und Oberschenkel des Schwungbeines haben sich maximal angenähert. Es ist
ein sehr *kurzes Pendel* entstanden.

**Vordere Schwungphase:**
Die vordere Schwungphase ist gekennzeichnet
durch den *Kniehub* und das anschließende
*Auspendeln des Unterschenkels.*
Die Funktion der Phase besteht darin,
– einen zusätzlichen Vortriebsimpuls zu erteilen;
– das optimale Verhältnis von *Schrittlänge*
und *-frequenz* zu beeinflussen;
– einen aktiven *Fußaufsatz* im vorderen Stütz
vorzubereiten.
Im ersten Teil der Phase – dem Kniehub –
kommt es darauf an,
– den Oberschenkel schnell in eine optimale
Kniehubposition (bis etwa 15–20° unterhalb
der Waagerechten) zu führen (Abb. 24/8),
– dabei möglichst lange einen spitzen Winkel
zwischen Ober- und Unterschenkel beizubehalten (Abb. 24/7,8),
– durch ein Nachvornschieben der schwungbeinseitigen Hüfte die Schrittlänge zu unterstützen.
Die größte Geschwindigkeit erreicht das

Schwungbein im ersten Teil des Kniehubs.
Durch das Abbremsen dieser – fast das Dop-
pelte des Lauftempos erreichenden – Geschwindigkeit im zweiten Teil des Kniehubs
und ihre Übertragung auf das Gesamtsystem
wird besonders die kräftige Streckung des
Stützbeines begünstigt.
Das **Auspendeln des Unterschenkels** setzt erst
verstärkt ein, nachdem der Oberschenkel den
Umkehrpunkt erreicht hat und sich bereits
wieder auf dem Abwärtswege befindet. Es
kann um so schneller sein, je mehr es aus einem spitzen Winkel zwischen Unter- und
Oberschenkel aus dem Kniehub heraus erfolgt.
Für eine zweckmäßige Sprinttechnik ist nicht
der weite Vorschwung des Unterschenkels,
sondern seine *Rückbewegung* im zweiten Teil
des Auspendelns bedeutsam (Abb. 26)
Sie muß sichern, daß
– der Unterschenkel in Vorbereitung der Landung in eine günstige, d. h. eine möglichst
geringe Bremswirkung erzeugende Position
kommt
– bereits eine *greifende,* nach hinten führende
Bewegung eingeleitet wird,
– günstige muskuläre Bedingungen für eine
aktive Landung gegeben sind.
Letzteres wird erreicht, indem im Auspendeln
die Fußspitze angehoben wird. Dadurch erhöht sich der Spannungszustand insbesondere
der Fuß- und Wadenmuskulatur, so daß es – in
Verbindung mit der durch die Rückbewegung
entstehenden Aktivität – zu einem aktiven
Fußaufsatz kommen kann.

Die Voraussetzungen für einen wirkungsvollen Abdruck werden bereits in den Schwungphasen geschaffen. Eine technisch effektive
*Schwungbeinbewegung* verkürzt den vorderen Stütz und begünstigt die Arbeitswinkel
der Gelenke sowie den Spannungszustand
der Muskulatur beim Fußaufsatz.

**Vordere Stützphase:**
In der vorderen Stützphase müssen
– der beim Fußaufsatz entstehende Landedruck amortisiert und
– günstige Voraussetzungen für den Abdruck
geschaffen werden.
Insgesamt gehen alle Bemühungen in der technischen Gestaltung dahin, den vorderen Stütz,
der immer von einer Bremswirkung auf den
Vortrieb begleitet ist, so *kurz* wie möglich zu

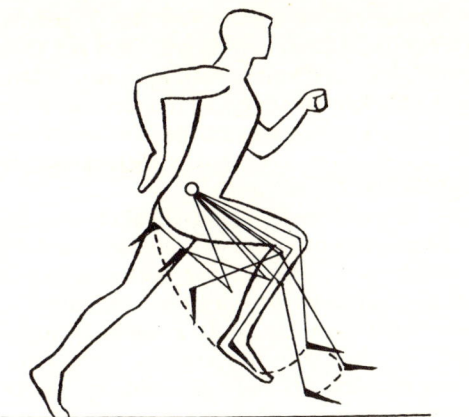

Abb. 26  Fußpunktkurve in der vorderen Schwung-phase

halten und so *effektiv* wie möglich zu *überwinden*.

● Beginnend mit einer guten Landevorbereitung in der vorderen Schwungphase, versucht der Sportler, den *Fußaufsatz* (unter Berücksichtigung der notwendigen Schrittlänge)
– möglichst dicht an der vertikalen Projektion des KSP und bei einem großen Winkel zwischen Unterschenkel und Boden (fast rechtwinklig, Abb. 24/6) sowie
– als aktive *greifende* bzw. *schlagende* und elastische Bewegung auszuführen.
Die Landung erfolgt dazu hoch auf dem Außenrist des Ballens. Der Unterschenkel befindet sich in nahezu *senkrechter* Position.

● Der **weitere Verlauf** der Phase ist dadurch gekennzeichnet, daß
– das Körpergewicht durch ein geringes Beugen von Fuß- und Kniegelenk abgefangen und
– das Becken (KSP) rasch über die Unterstützungsfläche gebracht wird.
Wichtig ist dafür besonders das elastische *Senken der Ferse*, ohne mit dem gesamten Fuß aufzusetzen. Es begünstigt, den KSP schnell über den Fuß zu verlagern, andererseits verstärkt die Vordehnung der Wadenmuskulatur den Abdruck.

### Hintere Stützphase:
Der Abdruck in der hinteren Stützphase bestimmt die *Größe und die Richtung* der Beschleunigung. Die Qualität der Phase wird geprägt

– durch eine optimale Streckung von Fuß-, Knie- und Hüftgelenk (Abb. 24/3, 8);
– von der zweckmäßigen Koordination der Abdruckstreckung mit effektiven Schwungbewegungen des freien Beines.
Die optimale *Streckung* steht in Verbindung mit
– der relativ geringen Stützdauer,
– dem (im Vergleich zum Absprung) nicht notwendigen maximalen Kraftstoß des einzelnen Abdrucks sowie
– einem möglichst günstigen horizontalen Abdruckwinkel.
Eine vollständige Streckung des Kniegelenks wird aufgrund der kurzen Abdruckzeit nicht erreicht. Analysen lassen auf 165–170° als optimalen Bereich schließen. Dagegen ist die volle Streckung im Hüftgelenk anzustreben.
Die Effektivität des Abdrucks wird wesentlich von der Ausführung der Bewegungen des *Schwungbeines* und der *Arme* unterstützt! Zeitige und schnelle Schwungbewegungen, deren Maximum gering vor dem der Beinstreckung liegen muß, begünstigen wiederum die explosive Ausführung des Abdrucks. Die Geradlinigkeit der Schwungbewegungen beeinflußt aber auch, wie effektiv der KSP von der Wirkungslinie der Abdruckstreckung getroffen wird.

### Rumpf- und Armbewegungen

Rumpf- und Armbewegungen sind nicht nur notwendige Ausgleichsbewegungen zu denen der Beine. Ihre aktive Einbeziehung unterstützt die rationale Ausführung des Sprintschrittes.
**Bewegungen des Beckens und des Rumpfes:**
Sie haben im Sprint vor allem Bedeutung für das Erreichen einer optimalen Schrittlänge. Über eine *Körperverwringung* wird der Vorschwung des Oberschenkels durch das gleichseitige, optimal weite *Vorführen des Beckens* begleitet, so daß die Schrittlänge um den entsprechenden Betrag vergrößert werden kann. Die Verwringung begünstigt andererseits auch die Schnelligkeit der Schrittfolge (vgl. 5.3. Technik und technische Ausbildung).
Wegen der geringen Zeitdauer, die im Sprint für die Einzelbewegung zur Verfügung steht, ist jedoch das Einnehmen bzw. Auflösen einer *größeren Verwringung*, wie sie durch das betonte Mitdrehen der oberen Rumpfhälfte erreichbar wäre, *nicht möglich*.

Daraus erwächst die Forderung, die *Frontal-stellung* des Rumpfes im Sprintlauf nicht aufzugeben.

**Schulter- und Armbewegungen:** Bei relativ ruhiger Schulterhaltung müssen die Arme zur Unterstützung der Beinbewegung aktiv und harmonisch mitbewegt werden. Als Forderung steht dabei,

– sie in Laufrichtung,
– mit sich veränderndem, aber möglichst geschlossenem Winkel im Ellbogengelenk

zu bewegen.

Am Ende des Vor- bzw. Rückschwungs sollte der Armwinkel etwa 90–95° betragen; die vordere Hand schwingt bis in Schulterhöhe. Die Hände sind – ohne zusätzliche Pendelbewegungen im Handgelenk – leicht zur Faust geballt. Die Arm-, Schulter- und Halsmuskulatur sollte möglichst entspannt sein. Der Kopf wird ruhig in normaler Blickrichtung gehalten.

### Schrittlänge/Schrittfrequenz

▶ Aufgabe:
Studieren Sie nochmals die Darlegungen zur Schrittfrequenz und -länge im Kap. 5.3. (Technik und technische Ausbildung).
Bilden Sie sich dann ein Urteil über die Werte in den Tabellen 29 und 30 sowie in Abbildung 27.

### Kriterien der Technik

● Höchste, bei maximaler Anstrengung und Geschwindigkeit beibehaltene *Koordination der Gesamtbewegung* mit

Tabelle 30: *Schrittlänge (l) und -frequenz (f) bei Weltklasse-sprintern 1988 (Durchschnitt auf der Teilstrecke)*

| 100 m | | 30–60 | 60–90 | |
|---|---|---|---|---|
| Johnson | | l: 2,38 | 2,42 | |
| | | f: 5,02 | 4,84 | |
| Griffith-Joyner | | l: 2,29 | 2,40 | |
| | | f: 4,68 | 4,58 | |
| 200 m | 0–50 | 50–100 | 100–150 | 150–200 |
| Deloach | l: 2,05 | 2,42 | 2,46 | 2,45 |
| | f: 4,18 | 4,53 | 4,39 | 4,26 |
| Griffith-Joyner | l: 1,86 | 2,25 | 2,32 | 2,34 |
| | f: 4,26 | 4,53 | 4,36 | 4,06 |

– harmonischer Verbindung von Bein- und Armbewegung;
– gelöster, unverkrampfter Laufhaltung und lockerem Laufschritt auch im Zustand eintretender Ermüdung;
– optimalem Verhältnis von Schrittlänge und -frequenz;
● *höchstmögliche Vortriebswirkung* durch
– optimal große Kraftwirkung in der hinteren Stützphase
– geringe Bremswirkung in einem möglichst kurzen vorderen Stütz;
● *effektive,* die Schnelligkeit der Bewegung unterstützende *Schwungbewegungen* mit
– zweckmäßiger Amplitude in der hinteren Schwungphase;
– optimalem Anfersen im mittleren Stütz und
– langem Beibehalten des spitzwinkligen Kniehubs;
– optimal weitem Aus- und rationellem Rückpendeln des Unterschenkels in der

Tabelle 29: *Geschwindigkeit, Schrittlänge und -frequenz ausgewählter Sportler (nach Jonow/Tschernjajew)*

| Sportler | Körper-höhe (cm) | Laufzeit (s) | Durchschnittswerte der Gesamtstrecke | | | | Werte im Abschnitt der maximalen Geschwindigkeit | | |
|---|---|---|---|---|---|---|---|---|---|
| | | | Ge-schwind. (m/s) | Schritt-zahl ($n$) | Schritt-länge (cm) | Schritt-frequenz ($n$/s) | Ge-schwind. (m/s) | Schritt-länge (cm) | Schritt-frequenz ($n$/s) |
| D. N. | 175 | 10,26 | 9,75 | 51 | 195 | 4,93 | 11,62 | 215 | 5,43 |
| C. P. | 172 | 10,27 | 9,74 | 49 | 203 | 4,85 | 11,62 | 224 | 5,20 |
| R. B. | 181 | 10,34 | 9,67 | 48 | 207 | 4,64 | 11,36 | 226 | 5,03 |
| D. A. | 180 | 10,42 | 9,60 | 46 | 218 | 4,41 | 11,62 | 225 | 5,12 |
| W. M. | 171 | 10,50 | 9,52 | 51 | 196 | 4,85 | 11,36 | 216 | 5,30 |
| W. T. | 170 | 11,34 | 8,82 | 50 | 198 | 4,39 | 10,63 | 207 | 5,13 |
| J. K. | 178 | 11,62 | 8,61 | 46 | 217 | 3,95 | 10,20 | 241 | 4,25 |
| E. M. | 171 | 11,62 | 8,61 | 48 | 207 | 4,13 | 10,00 | 221 | 4,50 |

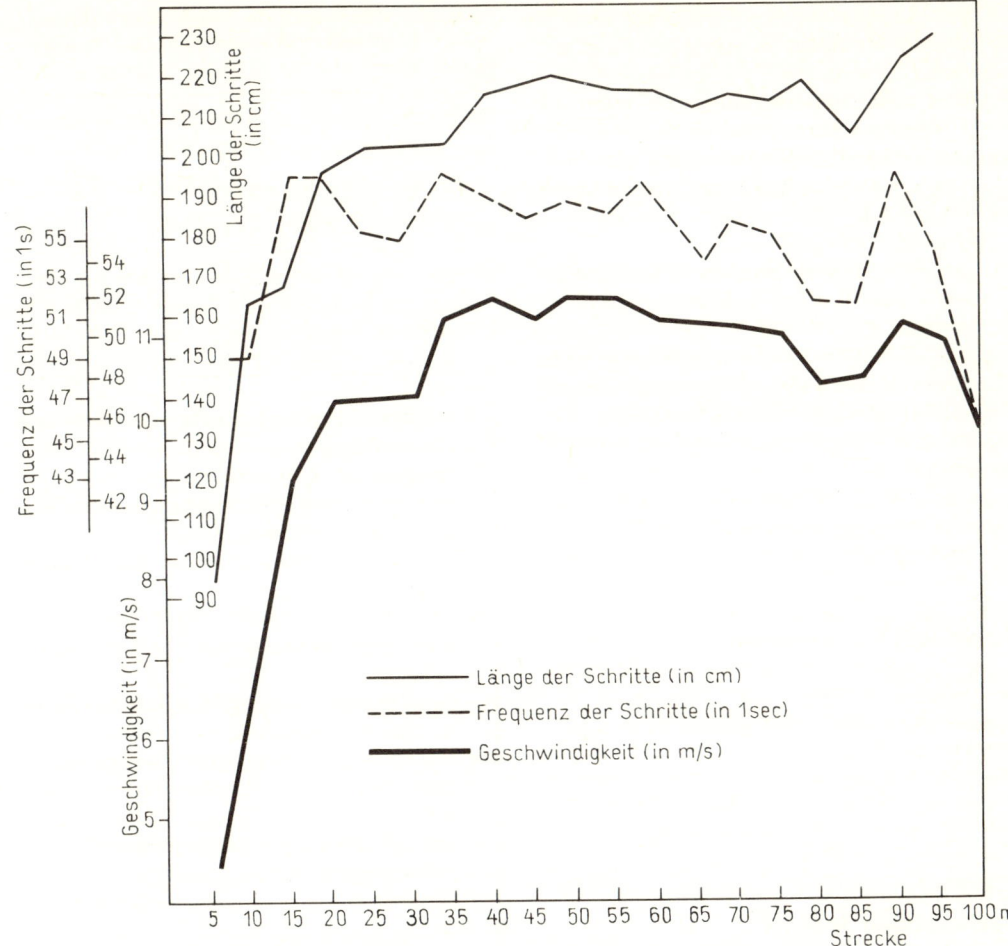

Abb. 27   Mittlere Länge und Frequenz der Schritte sowie Geschwindigkeit auf 5-m-Abschnitten der 100-m-Distanz (ausgewählter Sportler – nach Jonow/Tschernjajew)

vorderen Schwungphase (effektive Landevorbereitung);
– aktiven, geradlinigen Armbewegungen;
– aufrechter, frontaler und lockerer Rumpfhaltung.

### Technisches Anforderungsprofil für das Aufbautraining[1]

Im Vergleich zu anderen Disziplinen ist es im Sprintlauf relativ schwierig, für einzelne Ausbildungsstufen eine bestimmte Zielstellung im Ausprägungsgrad der Technik vorzugeben.

[1] Wir verstehen technische Anforderungsprofile (für das Aufbau- bzw. Grundlagentraining) jeweils als Richtwert für den Ausprägungsgrad des Bewegungsablaufs am Ende der Etappe.

Das ist vor allem darin begründet, daß
– die Grundform des Laufens während der ontogenetischen Entwicklung bereits angeeignet und teilweise automatisiert wurde;
– sich Unterschiede nur im Koordinationsniveau sowie evtl. in Detailelementen und damit nur in der individuellen Ausprägung zeigen;
– durch den notwendigen ganzheitlichen Bewegungsablauf ständig eine relativ gleichrangige Ausprägung der einzelnen Phasen und Elemente erforderlich ist.

Die folgenden Merkmale sind hier deshalb weniger als Richtwerte des Ausprägungsgrades zu verstehen (sog. technisches Anforderungsprofil). Sie dienen vielmehr als Hinweis auf die

Schwerpunkte, die im Ausbildungsprozeß methodisch zu setzen sind.

Im Aufbau- sowie fortführend im Anschlußtraining ist konzentriert an der *koordinativen und dynamischen Vervollkommnung* des Sprintlaufs zu arbeiten. Das heißt

- weitere Ausprägung der optimalen Koordination des Sprintschritts bei immer höheren Geschwindigkeiten;
  · kraftvoller, gelöster, anscheinend „spielender" Lauf;
  · Einsatz nur der Muskeln/Muskelgruppen, die an der Laufbewegung beteiligt sind;
  · gute Entspannungsfähigkeit der Muskulatur während der Schwungbewegung;
- Verbesserung der Abdruckstreckung hinsichtlich
  · explosivem Krafteinsatz;
  · Richtung der Streckung;
- Entwicklung der individuell zweckmäßigen Weite und Verbesserung der Effektivität der Schwungbewegungen;
- individuelle Ausprägung von Schrittlänge und -frequenz bei Beachtung eines kurzen vorderen Stützes und des Beckenvorschwungs auf der Schwungbeinseite.

Neben der weiteren Arbeit an der Erhöhung der Schrittfrequenz ist vor allem der optimalen Schrittlänge Aufmerksamkeit zu schenken.

### Technisches Anforderungsprofil für das Grundlagentraining

Am Ende des Grundlagentrainings müssen die wesentlichen Knotenpunkte der kinematischen Struktur annähernd technisch richtig ausgeführt werden können. .
Das betrifft vor allem

- Lauf auf dem Ballen;
- aktiver, geradliniger Fußaufsatz;
- optimale Streckung in Fuß-, Knie- und Hüftgelenk im Abdruck;
- zweckmäßiges Anfersen;
- technisch richtige Armbewegungen;
- aufrechte, frontale, unverkrampfte Rumpf- und Kopfhaltung;
- Geradlinigkeit der Gesamtbewegung.

▶ Aufgaben:
1. Weshalb ist die Verkürzung der vorderen Stützphase notwendig?
2. Wodurch wird der kurze vordere Stütz bereits in der vorderen Schwungphase entschieden?

3. Beeinflußt das Senken der Ferse im mittleren Stütz (ohne Bodenberührung) die anschließende explosive Kraftentfaltung negativ oder positiv?
4. Welche Bedeutung hat ein gutes Anfersen? Überdenken Sie dabei die ganze Kette der nachfolgenden Bewegungen!

# Technische Ausbildung

Die spezifische Aufgabe der technischen Ausbildung im Sprintlauf besteht darin, die *bereits erworbene Grundform des Laufs zur effektiven Technik des Sprints* zu entwickeln. Das verlangt,

- bestimmte Elemente des Bewegungsablaufs in der biomechanisch rationellen, optimalen Ausführung zu schulen;
- die Gesamtbewegung besonders unter den Bedingungen höchster Geschwindigkeit in ihrer Koordination und Dynamik zu vervollkommnen.

### Leitlinien des methodischen Vorgehens

● Der Charakter des Laufs (zyklische Bewegung) und die Forderung nach hochgradiger koordinativer Bewältigung verlangen, die Technikschulung des Laufschritts überwiegend *im ganzheitlichen Bewegungsvollzug* vorzunehmen. Die Detailschulung durch spezifische Übungen (z. B. im Sprint-Abc) ordnet sich dem unter.
● Die enge gegenseitige Abhängigkeit von koordinativ-technisch gelungener und effektiver dynamischer Ausführung setzt voraus, die technische Schulung immer *mit bestimmten konditionellen Anforderungen* zu verbinden. Neben den entsprechenden Belastungsanforderungen (Streckenlänge, Intensität und Pausenlänge) bei der Ausführung der auf die technische Schulung orientierten Grundübungen dient dazu im Anfängertraining der Einsatz von Laufspielen.
● Die Technikschulung erfolgt im ganzheitlichen Vollzug durch die bewußte *Konzentration auf einzelne Bewegungselemente*. Dabei gilt im wesentlichen folgende **Reihenfolge:**
- Orientierung auf die Verbesserung des Ballenlaufs;
- der Arm- und Rumpfhaltung;
- des Abdrucks;
- des Anfersens und Kniehubs;
- des Aus- und Rückpendelns und
- der aktiven Landung.

Tabelle 31:  *Übungen und Programme des Sprint-Abc*

| Übung | | Programme | | | | | | | |
|---|---|:---:|:---:|:---:|:---:|:---:|:---:|:---:|:---:|
| | | 1 | 2 | 3 | 4 | 5 | 6 | 7 | 8 . . . |
| Federnder Lauf auf dem Ballen | | × | | | | × | | | |
| Fußgelenkarbeit | flach, kurzer Schritt, mittlere Frequenz | | × | | | | | | |
| Fußgelenkarbeit | flach, kurzer Schritt, hohe Frequenz | | | × | | | | × | |
| Fußgelenkarbeit | hoch, kurzer Schritt, mittlere Frequenz | × | | | | × | | | |
| Fußgelenkarbeit | hoch, kurzer Schritt, hohe Frequenz (Skipping) | | | | × | | | | |
| Kniehebelauf | mittlerer Kniehub, mittlere Frequenz | | × | | | | | × | |
| Kniehebelauf | hoher Kniehub, mittlere Frequenz | | | | × | | | | |
| Kniehebelauf | hoher Kniehub, langer Schritt | | | × | | × | | | |
| Hopserlauf | horizontal | × | | | | × | | | |
| Hopserlauf | vertikal | | × | | × | | | | |
| Wechselsprünge | horizontal | | | | × | | × | | |
| Wechselsprünge | vertikal | | | | × | | | | |
| Sprunglauf | horizontal | × | | | | | | × | |
| Sprunglauf | vertikal | | × | | × | | | | |
| Einbeinsprünge | | | × | | × | | | | |
| Mehrfachsprünge | 2er-Rhythmus re-re-li-li | | | × | × | | | | |
| Anfersen | wechselseitig | × | | | | | × | | |
| Anfersen | 3er-Rhythmus re-re-re-li-li-li | | | | × | | | × | |
| Verbindung | Anfersen-Kniehub (4–6mal je Übung) | | | × | | | | × | |
| Überkreuzlauf | seitwärts | | | | | × | | | |

Hinweise:  
Streckenlänge  15–30 m  
Pause  etwa 30 s, zurückgehen, Lockerungsübungen  
Umfang  2–4 Durchgänge je 5 Übungen  
Ablauf  a) jede Übung 2–4mal, dann die nächste Übung  
b) jede Übung 1mal, dann 2.–4. Durchgang

● Wichtigste Mittel sind die *Grundübungen* Traben, Steigerungslauf und Tempolauf.
● Neben ihrer Bedeutung für die konditionelle Fähigkeitsentwicklung sind die Übungen des *Sprint-Abc* ständig zur Verbesserung technischer Elemente zu nutzen.
● Die allmähliche *Temposteigerung* ist durchgängiges methodisches Prinzip.
● Für die komplexe koordinativ-technische Vervollkommnung sind Läufe in *submaximaler* bzw. noch beherrschbarer (kontrollierbarer) *Geschwindigkeit* am effektivsten.
● Ebenso kontinuierlich wie die Laufgeschwindigkeit ist die *Streckenlänge* zu steigern.

Konzentration auf einzelne Elemente bei ganzheitlicher Ausführung und Geschwindigkeitssteigerung bis zu noch beherrschbarem Tempo sind die hervorstechenden methodischen Maßnahmen bei der Technikschulung des Sprintlaufs.

## Reihung der Ausbildungsaufgaben

**1. Erlernen wichtiger Technikelemente bei geringer bis mittlerer Geschwindigkeit.**
Aus relativ geringer Geschwindigkeit heraus sind die Elemente Ballenlauf, Abdruck, Anfersen und Kniehub in ihrer prinzipiell richtigen Ausführung zu schulen.
Das Beibehalten des technisch richtigen Bewegungsablaufs bei wachsenden Geschwindigkeiten (Steigerungsläufe) ist wichtigste methodische Absicht. Die bewußte Eigenkontrolle steht im Mittelpunkt. Zusätzlich sind Hauptübungen des Sprint-Abc zweckdienlich. (Tab. 31)

**2. Koordinativ-technische Vervollkommnung des Gesamtablaufs in höherer Geschwindigkeit.**
Nach einem verkürzten Steigerungslauf wird über eine gewisse Streckenlänge die Geschwindigkeit gehalten. Dabei werden be-

stimmte Technikaufgaben oder -kontrollen realisiert. Das erfolgt vorwiegend in submaximaler, später auch in maximaler Geschwindigkeit.

Spezifische Anwendungsbedingungen (Lauf in der Kurve, Tempowechselläufe) können die Variabilität des Bewegungsablaufs entwickeln.

▶ Aufgabe:
Welche Hauptursachen der Fehler würden Sie erkennen?

## Übungskomplexe und methodische Hinweise zu den Ausbildungsaufgaben

### 1. Aufgabe: Erlernen wichtiger Technikelemente bei geringer bis mittlerer Geschwindigkeit

*Ziel:* Herausbildung der Grundform des Laufs (hinsichtlich Ballenlauf, Abdruck, Schwungbewegung der Beine und Arme)
*Steigerung:* Geschwindigkeit, Streckenlänge, Qualität der Ausführung

| Vorbereiten | Erlernen | Vervollkommnen |
|---|---|---|
| Allgemeines Laufen | **1. Grundübung**<br>**Traben als Ballenlauf mit Konzentration auf Technikelemente** | Traben mit Tempowechsellauf |
| Übungen des Sprint-Abc (Tab. 31)<br>– Fußgelenkarbeit<br>– Kniehebelauf<br>– Anfersen<br>– Sprunglauf | – Fußaufsatz<br>– Arm- und Rumpfhaltung<br>– Abdruck<br>– Anfersen und Kniehub | Steigerungslauf bis zu mittlerer/submaximaler Geschwindigkeit<br>– in die Kurve hinein<br>– in der Kurve<br>– aus der Kurve heraus |
| Laufspiele | | |
| | **2. Grundübung**<br>**Steigerungslauf bis zu submaximaler Geschwindigkeit mit Konzentration auf Technikelemente** | |
| | – mit betonter Abdrucksteigerung<br>– aus dem Anfersen beginnend<br>– aus dem Kniehebelauf beginnend | |

*Beobachtungspunkte:*
– geradliniger hoher Ballenaufsatz
– Mitbewegung der Arme (etwa rechtwinklig gebeugt)
– betonter Abdruck aus dem Fußgelenk
– Anfersen bis in unmittelbare Gesäßnähe
– spitzwinkliger Kniehub

*Methodisch-organisatorische Hinweise:*
– als Frontalbetrieb, in Gruppen oder einzeln
– Dehn- und Gymnastikübungen auf dem Rückweg
– Streckenlänge 30–40 m
– Übungsleiter-Position seitlich, vor und hinter den Übenden
– pro 1–2 Läufe auf ein Technikmerkmal orientieren

### 2. Aufgabe: Vervollkommnung des Gesamtablaufs in hoher Geschwindigkeit

*Ziel:* technikgerechter, koordinativ guter, rationeller Sprintlauf
*Steigerung:* Geschwindigkeit, Streckenlänge, Qualität der Ausführung

| Vorbereiten | Erlernen | Vervollkommnen |
|---|---|---|
| Steigerungsläufe bis zu submaximaler und maximaler Geschwindigkeit | **3. Grundübung**<br>**Tempolauf (Sprintlauf) in submaximaler Geschwindigkeit** | Tempolauf mit betont unterschiedlicher<br>– Schrittlänge<br>– Schrittfrequenz |
| Übungen des Sprint-Abc (Tab. 31) | mit Konzentration<br>– auf Teilelemente<br>– auf Koordination der Gesamtbewegung | Tempowechselläufe |
| | | Steigerungs- und Sprintläufe in der, in die und aus der Kurve |
| | **4. Grundübung**<br>**Sprintlauf in maximaler Geschwindigkeit** | Sprint mit betontem Zieleinlauf |

128

*Beobachtungspunkte:*
- kraftvoller, entspannter Lauf
- effektive, schnelle Schwungbeinarbeit
- rationell weites Auspendeln des Unterschenkels
- aktiver, greifender Fußaufsatz mit etwa vertikaler Lage des Unterschenkels
- harmonische Mitbewegung der Arme
- optimale Schrittlänge bei Berücksichtigung eines kurzen vorderen Stützes

*Methodisch-organisatorische Hinweise:*
- Tempo nur so hoch, daß Technik vom Sportler noch kontrollierbar (individuell) ist
- Streckenlänge des Tempolaufs anfangs 20–30 m, später verlängern
- Aufmerksamkeit jeweils auf 1 Merkmal richten
- wechselnde Bedingungen nutzen (Kurve, Gegen-, Rückenwind, Wettkampfformen)

## Wesentliche Fehler und Korrekturmöglichkeiten

| Fehler | Korrekturmöglichkeiten |
|---|---|
| Fußaufsatz auf der Ferse, dadurch zu großer Bremsstoß gegen die Bewegungsrichtung | betonter Lauf auf dem Ballen<br>Fußgelenkarbeit<br>Kraftentwicklung |
| Fußaufsatz auf dem Innenrist des Ballens (nach auswärts gerichtete Fußspitzen) | Bewußtmachen des richtigen Bewegungsablaufes, betonter Lauf mit Landung auf dem Außenrist bei Steigerungsläufen, Tempoläufen, Dauerläufen und beim Traben<br>Lauf auf einer Linie |
| Breitspurlauf | Dehn- und Lockerungsübungen für Hüftgelenk<br>Überkreuzlaufen<br>Lauf auf einer Linie |
| „Sitzen" beim Lauf (keine Abdruckstreckung, Rücklage) | Sprint-Abc:<br>- Fußgelenkarbeit<br>- Sprungläufe<br>Steigerungsläufe mit betontem Abdruck |
| Hüftknick (zu große Oberkörpervorlage, meist verbunden mit schleppenden Schritten und Fußaufsatz über Ferse) | Sprint-Abc:<br>- Fußgelenkarbeit mit betonter Hüftstreckung<br>- Sprungläufe<br>Steigerungs- und Tempoläufe mit betont aufrechter Körperhaltung |
| verkrampfte Arme, nach oben gezogene Schultern | Lauf mit offener Hand<br>Traben, Hopserlauf mit Doppelarmkreisen<br>Lockerungsübungen für Arme und Schultern<br>Traben mit hängenden Armen und Schüttelbewegung der Hände |
| falsche Kopfhaltung, wie<br>- Kopf im Nacken<br>- Verdrehen von links nach rechts | Bewußtmachen des Fehlers<br>betont ruhiges Laufen |
| zu schwacher Kniehub, meist verbunden mit ungenügender Streckung im Fußgelenk<br><br>- Fußgelenkarbeit | Sprint-Abc:<br>- Kniehebelauf<br>- Sprunglauf<br><br>Steigerungsläufe und Tempoläufe aus dem Anfersen |
| Armführung zu offen, nicht in Bewegungsrichtung | Bewußtmachen des Fehlers<br>betonte Beachtung der Bewegungsrichtung |

▶ Aufgabe:
Welche Hauptursachen der Fehler würden Sie erkennen?

## 5.5. Tiefstart
### (Technik und technische Ausbildung)

## Technik

▶ Aufgabe:

Verfolgen Sie, wie der im Abschnitt Technik und technische Ausbildung behandelte Grundsatz „Optimale Nutzung der Beschleunigungskräfte (in Höhe und Richtung) für die horizontale Geschwindigkeit" die Technik des Tiefstarts bestimmt!

Zu Beginn der Sprintläufe müssen aus der Ruhestellung heraus höchste Beschleunigungskräfte entwickelt und in Laufgeschwindigkeit überführt werden.

Das verlangt einen Bewegungsablauf, der
– einen *raschen Bewegungsbeginn* (kurze Reaktionszeit) sichert und
– einen *optimalen Einsatz der Muskelkräfte* ermöglicht.

Der geeignetste und in den internationalen Wettkampfbestimmungen auf den Strecken bis 400 m geforderte Bewegungsablauf ist der Tiefstart. (Abb. 28) Anfänger, die über noch geringe konditionelle Voraussetzungen verfügen und die Technik des Tiefstarts nicht ausreichend beherrschen, sollten zunächst die Technik des *Hochstarts* erlernen (vgl. Anforderungsprofil).

> Die Effektivität des Starts wird von der zweckmäßigen Gestaltung folgender Elemente bestimmt:
> – der „Auf-die-Plätze"-Position, die eine Konzentration auf den Start sichern muß;
> – der „Fertig!"-Position, in der der Körper in eine für die anschließende Startbewegung optimale Stellung verlagert wird;
> – dem explosiven *Abdruck von den Blöcken* (Startaktion), durch den eine hohe horizontale Anfangsgeschwindigkeit erreicht werden muß;
> – dem eine maximale Beschleunigung gewährleistenden *Beschleunigungslauf im Startabschnitt.* (Tab. 32)

*Vorbereitungsphase*

**„Auf-die-Plätze"-Position:** Die Einnahme einer individuell zweckmäßigen „Auf-die-Plätze"-Position (Abb. 28/1) ist Voraussetzung dafür, daß der Sprinter in der darauffolgenden Phase eine *günstige Abdruckposition* erreichen und sich *gut* auf den Start *konzentrieren* kann. Die Körperhaltung in dieser Position wird deshalb besonders bestimmt
– von der *Anordnung der Startblöcke* (sog. Startstellung), die den Startabdruck beeinflußt, und
– von dem Streben nach größtmöglicher *Entspanntheit.*

Allgemein hat sich die Tendenz zur *mittleren Startstellung* (Tab. 33) durchgesetzt. Sie ermöglicht die Einnahme einer günstigen „Fertig!"-Stellung.

Nach dem Erteilen des Kommandos tritt der Sportler über die Startblöcke hinweg und schiebt sich *von vorn* in die Startblöcke hinein, indem er die Hände auf die Laufbahn aufstützt und zuerst das vordere (in der Regel sprungkräftigere), dann das hintere Bein gegen die Startblöcke drückt. Dann wird das Knie des hinteren Beines aufgesetzt. Die Hände stützen etwa schulterbreit auf den Fingerspitzen und mit gespreiztem Daumen an der Startlinie auf. (s. Tab. 33 und Abb. 29)

*Das Gewicht verteilt sich gleichmäßig auf alle* Unterstützungspunkte, der Körper – insbesondere auch Schulter- und Nackenmuskulatur – ist entspannt, der Kopf leicht nach unten gesenkt.

**„Fertig"-Position:** In der „Fertig"-Position (Abb. 28/2) wird eine Körperhaltung angestrebt, die
– für den Abdruck *optimale Beugewinkel* der Beine ,

Abb. 28  Bildreihe Tiefstart

*Tabelle 32:  Übersicht über die Phasenstruktur des Tiefstarts*

| Phase | Vorbereitungsphase | | Startaktion | Beschleunigungslauf |
|---|---|---|---|---|
| | „Auf die Plätze!" | „Fertig!" | | |
| Beginn | Kommando „Auf die Plätze!" | Kommando „Fertig!" | Startsignal | Verlassen des vorderen Startblocks |
| Ende | Kommando „Fertig!" | Startsignal | Verlassen des vorderen Startblocks | Einnahme der normalen Laufhaltung |
| Funktion | Einnahme der Ausgangsstellung | Einnahme einer für die optimale Kraftwirkung zweckmäßigen Ablaufposition | Erteilen einer hohen und in zweckmäßiger Richtung wirkenden Anfangsbeschleunigung | kontinuierliches Fortsetzen der Beschleunigung bis zum Übergang zum Sprintlauf |
| Merkmale | – zweckmäßiges Einnehmen der „Auf die Plätze!"-Position<br>– individuell zweckmäßige Blockabstände<br>– lockere, entspannte Haltung mit gleichmäßiger Gewichtsverteilung auf Hände, Knie und Fuß<br>– etwa senkrechter Stütz der Arme, gestreckt, schulterbreit | – zügiges, nicht hastiges Anheben des Beckens<br>– geringfügige Vorverlagerung des KSP (Vertikale vor vorderem Fuß)<br>– etwa rechtwinklige Beugung des vorderen Beines im Kniegelenk<br>– Becken höher als Schultern<br>– Anpreßdruck der Füße an die Blöcke | – beidbeiniger explosiver Abdruck<br>– hinteres Bein löst zuerst<br>– vorderes Bein kommt zur Streckung<br>– Vorschwung des hinteren Beines sehr flach und schnell<br>– wechselseitiger, aktiver Einsatz der Arme | – Bemühungen um hohe Schrittfrequenz durch kurze Flugphasen, kurze Stützzeit<br>– aktiver Fußaufsatz hinter (später unter) KSP<br>– nur allmähliches Aufrichten<br>– kontinuierliche Schrittverlängerung |

*Tabelle 33:  Startstellung*

| Startstellung | Entferung der Startblöcke von der Startlinie (in Fußlängen) | |
| --- | --- | --- |
| | vordere | hintere |
| Eng | 2½ | 2¾ |
| Mittel | 1¾–2 | 3–3½ |
| Weit | 1–1½ | 3½–3¼ |

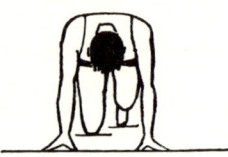

Abb. 29  Auf-die-Plätze-Position von vorn

– eine *günstige Lage des KSP* zur Streckrichtung der Beine und
– eine *Vorspannung* der Beinmuskulatur garantiert.

Das ist die Voraussetzung dafür, daß nach dem Startkommando explosiv und unter Ausnutzung hoher Beschleunigungskräfte abgelaufen werden kann.

Eine solche Position ist erreicht, wenn *der Kniewinkel des vorderen Beines etwa 90°, der des hinteren 110–120° beträgt.* (Abb. 30)

Der Sportler hebt nach dem Kommando „Fertig!" das Becken bis über die Höhe der Schulterachse an. Das Gewicht bleibt dabei möglichst gleichmäßig verteilt. Abhängig von der Startstellung (Blockabstand) erfolgt eine Vorverlagerung des KSP, so daß die Schultern sich leicht über den Stützpunkt der Hände hinwegschieben; die senkrechte Projektion des KSP verläuft vor dem vorderen Startblock. (Abb. 30) Die Arme bleiben nach wie vor gestreckt, in entspannter Kopfhaltung ist der Blick zur Startlinie gerichtet.

Wichtig ist, daß in der „Fertig"-Stellung der *Druck der Beine gegen die Startblöcke verstärkt* und damit eine höhere Vorspannung der Beinmuskulatur erreicht wird.

### Startaktion

Die direkte Startbewegung muß in möglichst *kurzer Zeit* und unter höchster Ausnutzung der *Streckkraft* beider Beine sowie des Rumpfes erfolgen. Das erfordert, daß
– die Streckbewegung nach möglichst kurzer Reaktionszeit direkt einsetzt;
– die Streckung äußerst schnellkräftig ausgeführt wird;
– eine effektive Verbindung der Beschleunigungskraft des vorderen und hinteren Beines erfolgt;
– eine optimale Abdruckrichtung (Wirkungslinie der Resultierenden) erreicht wird.

**Reaktionszeit:** Die Reaktionszeit (s. Tab. 34) – vom Auslösen des Startsignals bis zu Beginn der sichtbaren Startaktion – kann *kurz* gehalten werden, wenn
– durch zweckmäßige *Beugewinkel* der Beine und eine gleichmäßige *Gewichtsverteilung* günstige Voraussetzungen für eine schnelle Streckung vorliegen;
– durch einen hohen *Druck gegen die Startblöcke* (Fersen zum Block) die sonst erst notwendige Vordehnung der Wadenmuskulatur vorweggenommen wird;
– der Sportler auf einen schnellstmöglichen Ablauf psychisch eingestellt ist.

**Startbewegung:** Sie wird durch den annähernd *gleichzeitigen* Abdruck der Beine und Arme eingeleitet. (Abb. 31)

Abb. 30  Kennlinien einer effektiven Fertig-Position

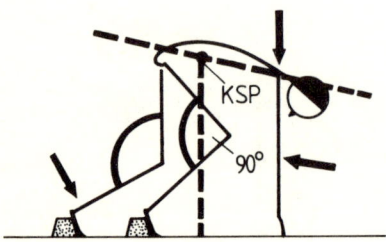

*Tabelle 34:  Durchschnittliche Reaktionszeiten (in ms) bei Sprintläufen, gemessen vom Startsignal bis Erreichen eines Druckes von 25 kp auf die Startblöcke (nach Dostal)*

| | 100 m | 110- bzw. 100-m-Hürdenlauf | 200 m |
| --- | --- | --- | --- |
| Männer | 151 | 157 | 179 |
| Frauen | 159 | 148 | 180 |

132

Im Abdruck sind *beide Beine* aktiv, wobei
- ein möglichst gleichzeitiger Arbeitsbeginn beider Beine angestrebt wird;
- das *hintere Bein* einen zeitlich *kürzeren* und *geringeren* ($^1/_3$) Kraftimpuls erteilt;
- das *vordere Bein zeitlich länger* und mit dem insgesamt *größeren* Impuls beteiligt ist.

Dabei sollte der Kraftanstieg möglichst steil und kontinuierlich erfolgen, d. h. ohne Unterbrechung auch dann, wenn das hintere Bein in der Kraftwirkung nachläßt.

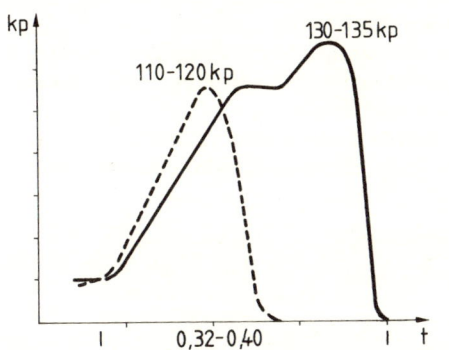

Abb. 31 Schematische Darstellung des Krafteinsatzes an den Startblöcken (Dynamogramm)

▶ Aufgabe:
Stellen Sie Zusammenhänge zwischen dem dargestellten Kraftverlauf und dem in der „Fertig"-Stellung angestrebten Kniewinkel her!

● Nach dem energischen **Beinabdruck** löst sich zunächst das *hintere Bein* vom Startblock, ohne daß es zu seiner vollständigen Streckung gekommen ist. (Abb. 28/3)
Das vordere Bein, das so lange vorwiegend isometrische Arbeit leistet (nur geringe Veränderung im Kniewinkel), beginnt äußerlich sichtbar seine Streckung, wenn das Knie des hinteren Beines das vordere überholt. (Abb. 28/4) Es gelangt im Verlaufe dieser explosiven Bewegung bis zur vollständigen Streckung. (Abb. 28/6)
● Der **Rumpf** richtet sich während des Abdrucks nur geringfügig auf; bei Beginn der dynamischen Arbeit des vorderen Beines befindet er sich etwa horizontal zum Boden. Das

weitere passive Anheben wird vorwiegend dadurch verursacht, daß auch die Hüfte in die Streckbewegung einbezogen wird.
Am Ende der Abdruckstrecke sollte der Rumpf noch leicht vorgebeugt sein. (Abb. 32)
Das ermöglicht eine tiefere Lage des KSP, der Kraftstoß des Streckbeines wirkt somit stärker in Laufrichtung und gewährleistet das Beibehalten der Oberkörpervorlage auf den ersten Schritten des Beschleunigungsabschnitts.
● Der **Kopf** behält, um ein aktives Aufrichten zu vermeiden, seine normale Haltung mit Blick nach unten bei.
● Die **Arme** beginnen sofort mit dem Abdruck vom Boden ihre zu den Beinen wechselseitige, unterstützende Bewegung. Sie sollten möglichst geradlinig zur Laufrichtung und etwa rechtwinklig gebeugt eingesetzt werden. Ihren maximalen Vor- bzw. Rückschwung erreichen sie bereits kurz vor der vollständigen Beinstreckung. Die vordere Hand soll sich jetzt vor dem Kopf befinden.
● Der **Vorschwung des hinteren Beines** unterstützt die Streckbewegung, ist aber vorrangig auf ein *schnelles Bodenfassen* zum ersten Schritt orientiert.
Der *Unterschenkel* darf deshalb nach dem Abdruck vom *Block nur bis zur Waagerechten* ausschwingen (Kriterium, Abb. 28/4 und 5), wobei der Fuß nicht die Höhe des Knies des vorderen Beines überschreitet. Im Interesse eines schnellen ersten Schritts wird auch der *Kniehub* nur bis etwa *rechtwinklig* zur Längsachse des Körpers ausgeführt.
Im Moment, wenn das vordere Bein den Startblock verläßt, ist eine *typische Körperhaltung* erreicht (s. Abb. 32):

Abb. 32 Körperhaltung bei Beendigung des Abdrucks

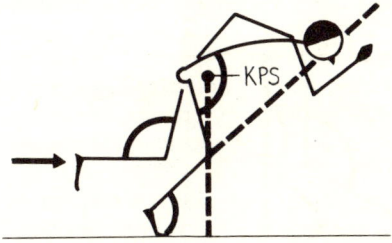

- Streckung im Hüftgelenk bei 150–165°;
- Startwinkel (Neigungswinkel der gedachten Geraden zwischen Fußspitze und KSP) zwischen 40 und 44°;
- rechtwinkliger oder nur gering höherer Kniehub;
- Unterschenkel des Schwungbeines parallel zum streckenden Bein;
- Arme etwa rechtwinklig gebeugt.

Der Abdruck im Start ist effektiv, wenn nach einer möglichst kurzen Latenzzeit durch den Einsatz der Streckmuskulatur beider Beine
- in kürzester Zeit ein hoher Kraftanstieg erreicht und
- so lange wie möglich beibehalten werden kann.

### Beschleunigungslauf im Startabschnitt

Der Startabschnitt reicht bis 25/30 m. Es werden dort etwa 92–95% der Maximalgeschwindigkeit erreicht.
Im Beschleunigungslauf kommt es darauf an,
- die durch den Abdruck erteilte Geschwindigkeit *kontinuierlich* weiter zu *steigern,*
- dazu die *günstigen Abdruckbedingungen (Startwinkel) möglichst lange zu nutzen* und nur allmählich zum normalen Sprintlauf überzugehen.
Neben der zweckmäßigen technischen Ausführung wird das vor allem vom Verhältnis zwischen Schrittlänge und -frequenz entschieden. Das kontinuierliche Anwachsen der Schrittlänge muß mit einer Verringerung der Abdruckzeit im Stütz einhergehen.

Das Erreichen einer *hohen Beschleunigungsleistung* wird technisch begünstigt,
- wenn durch ein relativ langes Beibehalten der Vorlage (Vorverlagerung des KSP) – was jedoch stark von den Kraftvoraussetzungen des Sportlers abhängig ist – möglichst spitzwinklige Abdruckverhältnisse vorliegen;
- wenn beim Fußaufsatz das Auftreten von Bremskräften verhindert und schnell ein explosiver Abdruck erreicht wird;
- wenn ausgeprägte Flug- bzw. Schwungphasen vermieden und statt dessen häufige Kraftimpulse durch eine hohe Frequenz in der Schrittgestaltung erteilt werden.
Dabei verändern sich diese Merkmale im Verlaufe der ersten Schritte *kontinuierlich*.

Am deutlichsten werden sie im ersten und zweiten Schritt, bei technisch perfekten Sportlern sind sie jedoch auch noch auf den weiteren Schritten erkennbar.

**Schwungbeineinsatz:** Bereits beim Abdruck zum ersten Schritt wurde die Spezifik des Schwungbeineinsatzes im Startabschnitt deutlich.
Im Bestreben, so schnell wie möglich wieder Boden zu fassen, wird die *Flugkurve* vor allem des Fußes relativ *flach* gestaltet. In der hinteren Schwungphase pendelt der *Unterschenkel* anfangs nur *bis* zur *Horizontalen,* erst später kommt es hier zu einem deutlicheren Anfersen.
Der *Kniehub* in der vorderen Schwungphase wird zwar ab dem 2. Schritt (Abb. 28/10, 12, 14) verstärkt, der Unterschenkel pendelt dagegen nur so weit aus, daß er die Vertikale nicht überschreitet. Im Moment des Fußaufsatzes befindet sich dementsprechend das Knie noch vor dem Aufsatzpunkt des Fußes. (Abb. 28/8, 11)

**Fußaufsatz/Abdruck:** Das Bestreben, in der Stützphase *sofort wieder effektiv zur Beschleunigung beizutragen,* zeigt sich bei der Gestaltung der ersten Schritte (Abb. 33) darin, daß
- der Fußaufsatz hinter der Senkrechten durch den KSP, höchstens darunter, erfolgt, wodurch Bremskräfte (wie beim vorderen Stütz) vermieden werden (Abb. 28/8,11);
- das Bein *aktiv* und mit *günstigen Beugewinkeln* im Fuß und Kniegelenk aufsetzt, so daß eine hohe Vorspannung der Muskeln die Amortisationsphase gering hält und sofort zu explosiver Streckung übergegangen werden kann;
- der Rumpf abgebeugt bleibt und damit die effektive Lage des KSP begünstigt.
Aus der Bildreihe wird das besonders im er-

Abb. 33   Kennlinien beim Fußaufsatz des ersten Schrittes

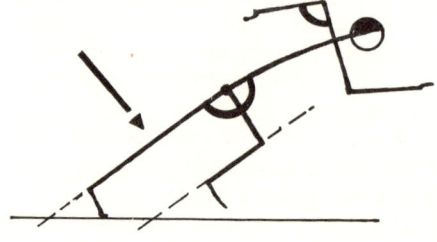

sten Schritt (Abb. 28/8–10) deutlich, wo ein sehr *spitzer Winkel* zwischen Unterschenkel und der Horizontalen, ein *Aufsatz auf dem Ballen* – mit nur geringem Senken der Ferse in der Amortisationsphase – und eine anschließende optimale *Fuß-, Knie- und Hüftstreckung* die rationelle Bewegung kennzeichnen. Auch bei den weiteren Schritten muß der Sprinter versuchen, ähnlich günstige Abdruckvoraussetzungen zu schaffen, indem die *Hüfte* nach dem Fußaufsatz aktiv nach vorn über die Unterstützungsfläche gebracht wird.

**Aufrichten:** Das Aufrichten des Sprinters im Verlaufe des Beschleunigungslaufs soll *allmählich* erfolgen. Es wird in erster Linie durch die Veränderung von Fußaufsatz (allmählich dichter an Vertikale des KSP, größere Gelenkwinkel) und Abdruckwinkel verursacht. Damit verbunden ist das Anheben des Rumpfes.

Das allmähliche Aufrichten soll sich – besonders auf den ersten Schritten – durch ein *kontinuierliches Ansteigen der KSP-Bahn* auszeichnen. (Abb. 34)

**Schrittlänge und -frequenz:** Im ersten Teil des Beschleunigungsabschnitts wird auf ein *frequenzbetontes Laufen* orientiert.

In je kürzerer Zeit Kraftimpulse hintereinander erteilt werden können, um so größer ist die Beschleunigungsleistung im Startabschnitt.

Infolge der wachsenden Laufgeschwindigkeit vergrößert sich auch die Schrittlänge bis zum Optimum. (Tab. 35) Ihr *kontinuierliches Anwachsen* (besonders auch im 2. Schritt) ist ein Charakteristikum eines zweckmäßigen Bewegungsablaufs.

### Kriterien der Technik

Die Technik des Tiefstarts zielt darauf,
– die horizontale Komponente der Kraftwirkung optimal groß,
– den Zeitraum der Kraftwirkung jeweils möglichst kurz,

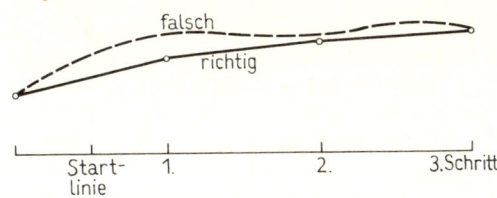

Abb. 34 Kontinuierliches Ansteigen der KSP-Bahn auf den ersten Schritten

– die Häufigkeit der Kraftwirkungen möglichst groß
zu halten.

Als *Kriterien* der Effektivität der Tiefstart-Technik gelten:

*„Auf-die-Plätze"-Position:*
– richtiges Einnehmen der Position;
– ruhige, entspannte Haltung durch
  . gleichmäßige Gewichtsverteilung,
  . entspannten Nacken,
  . Vermeiden seitlicher Verwringungen;

*„Fertig"-Position:*
– zügiges Einnehmen und ruhiges Verhalten in der „Fertig"-Position;
– biomechanisch günstige Körperhaltung
  . KSP-Vertikale vor vorderem Startblock,
  . Becken über Schulterhöhe,
  . Armhaltung gestreckt, senkrecht bis gering nach vorn geneigt,
  . rechter Winkel im Kniegelenk des vorderen Beines;
– günstige Vorspannung der Streckmuskulatur durch Anpressen der Füße gegen die Startblöcke;

*Startaktion:*
– kurze, stabile Reaktionszeit infolge guter Konzentration und effektiver Voraussetzungen im Streckmechanismus (Winkel, Vorspannung);
– hohe horizontale Komponente durch
  . beidbeinigen, explosiven Abdruck,

Tabelle 35:  *Schrittlänge und -dauer bei leistungsstarken Sportlern*

| | 1. Schritt | | 2. Schritt | | 3. Schritt | | 4. Schritt | |
|---|---|---|---|---|---|---|---|---|
| | Länge (m) | Dauer (s) | Länge (m) | Dauer (s) | Länge (m) | Dauer (s) | Länge (m) | Dauer (s) |
| Sportler A | 1,05 | 0,50 | 1,07 | 0,21 | 1,18 | 0,21 | 1,30 | 0,21 |
| Sportler B | 1,07 | 0,52 | 1,13 | 0,23 | 1,22 | 0,23 | 1,45 | 0,22 |
| Sportlerin C | 0,92 | 0,51 | 0,94 | 0,21 | 0,98 | 0,20 | 1,08 | 0,18 |
| Sportlerin D | 0,93 | 0,51 | 0,96 | 0,20 | 1,05 | 0,20 | 1,16 | 0,20 |

- vollständige Streckung des vorderen Beines (typische Körperhaltung),
- optimal spitzen Startwinkel;
- Unterstützung der Streckung durch kraftvollen, geradlinig zur Laufrichtung wirkenden Einsatz der Schwungelemente (Arme, Schwungbein);
- Vorbereitung auf schnellen Bodenkontakt zum nächsten Schritt durch schnellsten, auf kürzestem Wege (flach) erfolgenden Vorschwung des hinteren Beines;

*Beschleunigungslauf:*
- häufige Beschleunigungsimpulse durch Bemühen um hohe Schrittfrequenz;
- hohe Beschleunigungsleistung im einzelnen Abdruck durch
  - aktiven Fußaufsatz auf dem Ballen mit geringem Senken der Ferse in der Amortisationsphase, Fußaufsatz hinter bis höchstens unter KSP (spitzer Winkel zwischen Unterschenkel und Boden), dadurch optimal kurze Stützzeit ohne oder mit geringster Bremswirkung,
  - effektive Beugewinkel in den Gelenken,
  - optimale Streckung;
- zweckmäßiger Übergang in normale Laufhaltung durch
  - allmähliches Anpassen der Schrittmerkmale an Normalschritt (Fußaufsatz, Kniewinkel, Schwungphase),
  - allmähliches Aufrichten (8 bis 12 Schritte),
- kontinuierliche Schrittverlängerung;
- Geradlinigkeit der Vortriebsimpulse durch
  - sich verengende Laufspur,
  - geradlinig in Laufrichtung erfolgenden Einsatz der Schwungelemente (Knie, Unterschenkel, Arme).

### Technisches Anforderungsprofil für das Aufbautraining[1]

Am Ende des Aufbautrainings wird die Technik des Tiefstarts prinzipiell beherrscht; ihre Anwendung bringt gegenüber dem Ablauf aus dem Hochstart meßbare Vorteile.
Während in den Positionen und in der Startaktion bereits annähernd Übereinstimmung mit dem Technikmodell erzielt ist, gibt es – vor allem bedingt durch das noch nicht stabilisierte koordinative Niveau und den konditionellen Ausbildungsstand – in der Qualität des Beschleunigungsabschnitts noch deutliche Abweichungen.

- Die Startposition wurde bereits den individuellen Belangen der Sportler entsprechend erarbeitet (Blockabstand): In der „Fertig"-Position wird eine annähernd optimale Haltung eingenommen (Kniewinkel, Höhe und Vorverlagerung des KSP, Armneigung bereits individuell günstig, Anpressen der Beine an die Blöcke deutlich).
- Die Startaktion zeigt den explosiven beidbeinigen Abdruck sowie die annähernd vollständige Streckung des vorderen Beines. Der Startwinkel ist mit 45–47° noch nicht so flach wie im Technikmodell.
- Ein flacher, schneller erster Schritt ist ausgeprägt, die Landung erfolgt aktiv auf dem Ballen. Der Beugewinkel im Kniegelenk ist noch relativ offen.
- Der Fußaufsatz erfolgt mindestens bis zum 2. Schritt noch hinter bzw. unter dem KSP.
- Im Beschleunigungsabschnitt wird durchgängig der Ballenlauf demonstriert.
- Die Startneigung wird nicht vor dem 6. bis 8. Schritt aufgegeben. Der Übergang zum Sprintlauf erfolgt (besonders durch die allmähliche Vergrößerung der Amplituden der Schwungbeinbewegung) dynamisch.
- Die Armbewegungen sind zweckmäßig, seitliche Schwankungen des Sportlers im Startablauf sind eingeschränkt.

### Technisches Anforderungsprofil für das Grundlagentraining

Die Sportler können den Tiefstart entsprechend den Wettkampfbestimmungen demonstrieren.
Sie haben sich den Startvorgang angeeignet, ohne eine ausreichende qualitative Vervollkommnung zu erreichen. Das zeigt sich auch darin, daß die Sprintzeiten der Sportler aus dem Hochstart oft noch besser sind.
Die wesentlichste Ursache dafür ist, daß die Sportler *noch nicht die hohen Kraftfähigkeiten* erworben haben, die zur Streckung der relativ stark gebeugten Beine beim Tiefstart nötig sind. Dementsprechend gelten als **Forderungen an die Technik des Starts** im Grundlagentraining:
- Die Sportler beherrschen die Einnahme der Ablaufposition des *Hochstarts*. (Abb. 35) Sie

---

[1] Wir verstehen technische Anforderungsprofile (für das Aufbau- bzw. Grundlagentraining) jeweils als Richtwert für den Ausprägungsgrad des Bewegungsablaufs am Ende der Etappe.

Abb. 35 Hochstart

führen beim Ablauf zweckmäßige Bewegungen aus (richtiges Schwungbein, guter Abdruck, flacher erster Schritt) und gelangen in einen dynamischen Beschleunigungslauf.

● Im Training können sie aus dem Fallstart sowie dem Zwischenstart (Abb. 40/41) gut beschleunigen, ohne die Qualität des Hochstart-Ablaufs zu erreichen.

● Die Sportler können *Tiefstart-Startstellung* und Startablauf den Wettkampfbestimmungen gemäß ausführen.

– Sie nehmen eine mittlere Startstellung ein.
– Die Streckwinkel der Beine in der „Fertig"-Position sind größer als im Technikmodell (vorderes Bein etwa 100°), die Arme stützen senkrecht, das Gewicht ist geringfügig stärker auf die Beine verlagert, die Füße drücken gegen die Blöcke.
– Der Abdruck erfolgt beidbeinig, die Streckung des vorderen Beines ist oft nicht vollständig.
– Trotz der Bemühungen um einen schnellen und flachen ersten Schritt (mit relativ großen Beinwinkeln beim Aufsetzen) gelingt ein rhythmischer Übergang zum zweiten Schritt noch nicht (oft noch Hineinfallen, Schrittverkürzung, „Stolpern").
– Die Arme unterstützen die Bewegungen von Beginn an durch wechselseitigen Einsatz.
– Das Aufrichten wird bis zum 4./6. Schritt verzögert.

▶ Aufgaben:
Überprüfen Sie Ihr Verständnis der Technik des Tiefstarts anhand folgender Fragen:
1. Weshalb sollten Anfänger den Tiefstart mit einem geringen Beugen der Beine beginnen?
2. Weshalb wird ein beidbeiniger Abdruck gefordert? Welche Bedeutung hat der Verlauf der Streckung des hinteren Beines für die des vorderen?
3. Weshalb reagiert das hintere Bein in der Startaktion (Abdruck) schnellkräftiger?
4. Wovon wird der Startwinkel beeinflußt?
5. Welche Bedeutung hat der Faktor Schrittfrequenz im Beschleunigungslauf?

## Technische Ausbildung

▶ Aufgabe:
Die Abhängigkeit der Starttechnik von den konditionellen Voraussetzungen beeinflußt auch die technische Ausbildung. Welche Schlußfolgerungen würden Sie für das methodische Vorgehen ableiten?

Jeder Start ist immer als Einheit von Startaktion und anschließendem Beschleunigungslauf zu betrachten. Erst in der effektiven Gestaltung des Beschleunigungsablaufs – und damit an der an seinem Ende erzielten Geschwindigkeit – erweist sich die Zweckmäßigkeit der Ablaufposition und der direkten Startaktion.
Es kommt in der technischen Ausbildung darauf an, den *Zusammenhang* zwischen diesen Seiten ständig im Auge zu haben. Startschulung heißt immer auch Entwickeln des Beschleunigungslaufs.
In höherem Maße als bisher muß die Beachtung dieses Zusammenhanges auch die Entscheidung beeinflussen, welche *Startposition* in der Anfängerausbildung vermittelt wird. Die bestmögliche Umsetzung der vorhandenen konditionellen Fähigkeiten (besonders der Streckkraft) in die Beschleunigung bestimmt die Startposition (vor allem die Gelenkwinkel der Beine).
In der pädagogischen Praxis bedeutet das konkret,
– im Anfängertraining viele Abläufe aus dem Hoch- oder Tiefstart (sowie gegebenenfalls aus einer Zwischenform) zu schulen und
– die Ausprägung der Tiefstartposition (hinsichtlich Beckenhöhe, Kniewinkel, Vorverlagerung des KSP) nach dem jeweiligen Ausbildungsstand vorzunehmen.

Aus einer Reihe von Untersuchungen wird deutlich, daß Anfänger in der Regel aus dem Hochstart günstiger als aus dem Tiefstart ablaufen können. Die Leistung im Startabschnitt ist teilweise um 1–2 Zehntelsekunden besser, der Lauf ist gelöster, die Schrittlänge wird kontinuierlicher gesteigert.

Auch beim Zwischenstart – einer Startform, bei der nach dem „Fertig!"-Kommando die Hände (oder auch nur eine Hand) flüchtig aufgestützt werden und eine geringere Beinbeugung als beim Tiefstart vorliegt – werden ähnlich günstige Ergebnisse erreicht. Abläufe aus dem Hochstart oder dem Zwischenstart wirken beim Anfänger demnach günstig auf die Entwicklung der Beschleunigungsfähigkeit.

### Leitlinien des methodischen Vorgehens

● Startschulung ist immer als *Gesamtheit* von Schulung der Startposition, der Reaktionsfähigkeit und des Ablaufs aufzufassen.
● Jeder Start ist bis zu einer Streckenlänge von *mindestens 10 bis 15 m* bzw. 8–12 Schritten mit höchster Konzentration und maximalem Krafteinsatz auszuführen.
● Die Entwicklung der Reaktions- und der Beschleunigungsfähigkeit ist durch Abläufe
– aus *vielfältigen Ausgangsstellungen,*
– aus der Bewegung (Gehen, Traben) sowie
– nach verschiedenartigen Signalen
besonders zu Beginn, aber auch im weiteren Training ständig zu unterstützen.
● Bei der Entwicklung der Starttechnik ist kontinuierlich *vom Hochstart* (über Zwischenstart-Formen) *zum Tiefstart* vorzugehen, wobei immer die dabei erreichte Verbesserung des Beschleunigungsablaufs Kriterium für die zweckmäßige Steigerung der Anforderung ist.
Das Üben der *Startposition* ist nur anfänglich isoliert zu schulen und bald *mit Abläufen* zu verbinden.
Bei der Suche nach der zweckmäßigsten Startposition sind die konditionellen *Voraussetzungen* des Sportlers zu *beachten.*
● In der technischen Ausbildung ist in hohem Umfange auf *submaximale Läufe* zurückzugreifen.
● Im Beschleunigungsabschnitt ist vorrangig auf eine *hohe Schrittfrequenz* bei optimaler Schrittlänge zu orientieren.
● In der Beobachtung und Einschätzung der Qualität des Starts ist *von der Zweckmäßigkeit des Beschleunigungsablaufs auszugehen* (Startstellungen nicht als Selbstzweck korrigieren).

### Reihung der Ausbildungsaufgaben

**1. Entwickeln des Ablauf- und Beschleunigungsvermögens aus dem Hochstart.**
Durch vielfältige Reaktions- und Antrittübun-

gen werden entscheidende koordinative und konditionelle Voraussetzungen geschult. Aus dem Hochstart heraus wird die erste gezielte Entwicklung des Beschleunigungsablaufs betrieben.
**2. Entwickeln des Ablauf- und Beschleunigungsvermögens aus zunehmend tieferer Startposition.**
Über verschiedene mögliche Ablaufpositionen wird die Startfähigkeit aus einer stärkeren Beugung bzw. spitzerem Winkel heraus entwickelt.
**3. Entwickeln und Vervollkommnen des Start- und Beschleunigungsvermögens aus dem Tiefstart.**

## 5.6. Staffellauf
(Technik und technische Ausbildung)

## Technik

Staffelläufe stellen Höhepunkte der leichtathletischen Wettkämpfe dar. Sie sind nicht nur für den Zuschauer durch die hohe Brisanz des sportlichen Geschehens auf der Laufbahn interessant. Auch für den Wettkämpfer selbst ist die Teilnahme am Staffellauf ein besonderes Ereignis, bei dem vor allem die Verantwortung jedes einzelnen für die kollektive Leistung stark emotional wirkt und die Leistungsbereitschaft und -fähigkeit mobilisieren kann. Gerade wegen dieses Effekts sind Staffelläufe für den Trainer auch ein ausgezeichnetes Mittel, bestimmte erzieherische Aspekte, wie Wahrnehmung gemeinsamer Verantwortung, „Mannschaftsgeist", aber auch Trainingsbereitschaft und Einsatzfreude, zu fördern.
Die *Leistungsfähigkeit* im Staffellauf ist in erster Linie *abhängig* von
– der *Sprintfähigkeit der Staffelmitglieder (einschließlich des Kurvenlaufvermögens) und der Perfektion der Wechselgestaltung.*
Andererseits wird die Leistung beeinflußt von
– bestimmten *taktischen* Fragen bei der Besetzung der einzelnen Teilstrecken sowie dem Wissen der beteiligten Sportler um die Verantwortung für das Team und der daraus entstehenden besonderen *Einstellung* zum Wettkampf.

# Übungskomplexe und methodische Hinweise zu den Ausbildungsaufgaben

## 1. Aufgabe: Entwickeln des Ablauf- und Beschleunigungsvermögens aus dem Hochstart

*Ziel:* Reaktions- und Beschleunigungsschulung, Ausprägung der Ablauftechnik (Schrittfolge, Fußaufsatz u. a.) aus relativ aufrechten Ausgangsstellungen
*Steigerung:* Anforderungen an technische Ausführungen steigern, Streckenverlängerung (bis 20 m)

| Vorbereiten | Erlernen | Vervollkommnen |
|---|---|---|
| Lauf und Platzwechselspiele<br>– Schwarz-Weiß | **1. Grundübung**<br>**Abläufe aus der Hochstartposition**<br>**(Abb. 36)**<br> | Fallstarts (Abb. 37)<br> |
| – Seitenwechsel<br>– Staffelspiele | | Fallstarts als Kettenreaktion |
| Antritte auf Kommando<br>– aus verschiedenen Positionen<br>  (relativ aufrechte Körperhaltung)<br>  Stand vor- und rücklings,<br>  Schrittstellung<br>  nach Drehungen usw. | – mit Konzentration auf<br>  die Einnahme der Position<br>  den Ablauf<br>  Teilelemente im Beschleuni-<br>  gungsabschnitt | Hochstarts<br>– auf fallender Bahn (Schrittfre-<br>  quenz, aktiver Aufsatz)<br>– in die Kurve (Einschwenken zur<br>  Innenbahn) |
| – aus der Vorwärtsbewegung<br>  Fußgelenkarbeit<br>  Gehen<br>  Traben<br>  Kniehebelauf | – in Wettkampfformen | – mit Schrittlängen-Kontrolle bzw.<br>  Markierung<br>– mit extrem starker bzw. lange ge-<br>  haltener Vorlage |

Beobachtungspunkte:
– Schrittstellung, stärkeres Bein vorn, Rumpf gering abgebeugt, diagonale Armhaltung
– Gewichtsverlagerung auf vorderes Bein, leichtes Beugen beider Beine (sog. Ballendruckstellung)
– kontinuierliches Anwachsen der Schrittlänge

*Methodisch-organisatorische Hinweise:*
– ständiger bzw. häufiger Wechsel der ausgangsstellung, auch beidseitig üben, Wechsel des Signals
– anfangs häufiger als submaximale Läufe, Hochstarts später auch als Wettkampfformen
– nur Kommando „Auf die Plätze! – Los!"

## 2. Aufgabe: Entwickeln des Ablauf- und Beschleunigungsvermögens aus zunehmend tieferer Ablaufposition

*Ziel: Annäherung der Ablaufbedingungen an die des Tiefstarts, Reaktionsfähigkeit, Ablaufgewandtheit, Elementeschulung im Beschleunigungsverlauf*
*Steigerung: tiefere Ablaufposition, technische Qualität der ersten Schritte, Streckenlänge*

| Vorbereiten | Erlernen | Vervollkommnen |
|---|---|---|
| Reaktionsübungen und Antritte aus tiefen Ausgangsstellungen (Abb. 38) | **2. Grundübung**<br>**Abläufe aus niedrigen (Hochstart-)**<br>**Positionen (Zwischenstart-Formen)** | Hochstart aus weiter Schrittstellung<br><br>Hochstart unter einem Hindernis<br>hindurch (Abb. 41) |
| | – als Hochstart mit betont starkem<br>  Bein- sowie Rumpfbeugen<br>– mit flüchtigem Aufstützen der<br>  Hände vor dem Ablauf (Abb. 39) | |

Abb. 38

Abb. 39

– als Staffelablauf-Start
– als Einhandstart(Abb. 40)

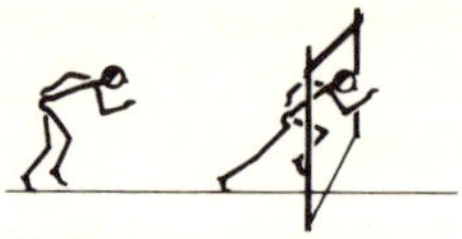

Abb. 41

Hoch- und Fallstart gegen Zugwider-
stand

Zwischenstart-Formen
– auf fallender Bahn
– in die Kurve
– mit Schrittlängen-Markierung
  u. a.

Abb. 40

*Beobachtungspunkte:*
– aus dem aufrechten Stand erfolgt schnelles Abbeugen
  (bis der Rücken etwa horizontal ist)
– Beinbeugung noch geringer als beim Tiefstart
– Kopfhaltung normal (nicht nach vorn), langsames Aufrichten
– zweckmäßige Schrittgestaltung
– Abdruckstreckung, schneller erster Schritt

*Methodisch-organisatorische Hinweise:*
– Kommando „Auf die Plätze! – Fertig! – Los!"
– zwischen den angebotenen Startformen oft wechseln
– Schwerpunkt auf Beschleunigungslauf legen (vor allem
  die ersten Schritte)
– nach Einzelübung in Wettkampfformen (Gruppen-
  starts)

## 3. Aufgabe: Entwickeln und Vervollkommnen des Tiefstarts

*Ziel: maximale Beschleunigungsleistung aus den Startblöcken bei technisch rationeller Ausführung, individuelle Start-
stellung*
*Steigerung: höhere Intensität, längere Strecke, Steigern der qualitativen Anforderungen*

| Vorbereiten | Erlernen | Vervollkommnen |
|---|---|---|
| Antrittübungen aus der Ruhe und Be-wegung | **3. Grundübung** **Einnehmen/Korrektur der „Auf die Plätze!"- sowie der „Fertig!"-Positio-nen** | Starts unter besonderer Berücksichti-ung der Erarbeitung/Korrektur der individuellen Startstellung |
| Abläufe aus der „Auf die Plätze!"-Position | **4. Grundübung** **Tiefstarts unter Beachtung technischer Merkmale** | Starts zur Verbesserung der techni-schen Ausführung des Beschleuni-gungslaufs als |
| Zwischenstart-Formen | – ohne Kommando – mit Kommonado in – submaximaler, später – maximaler Intensität | – Lauf auf einer Bahnbegrenzungsli-nie (Fußspur) – Lauf mit Schrittmarkierungen   u. a. Starts in die Kurve (Abb. 42) |

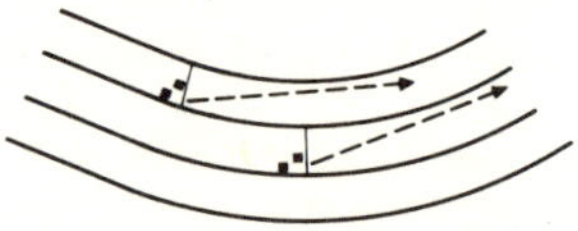

Abb. 42

*Beobachtungspunkte:*
– beidbeiniger Abdruck, Abdruckstreckung
– KSP-Lage bei ersten Schritten (vor aufsetzendem Fuß)
– kontinuierlicher Schrittlängen-Zuwachs
– Geradlinigkeit der Fußspur
– allmähliches Aufrichten und rhythmischer Übergang in den Sprintlauf
– effektive „Auf die Plätze!" und „Fertig!"-Positionen

*Methodisch-organisatorische Hinweise:*
– zu Beginn richtiges Einnehmen der Positionen erläutern, auch ständig korrigieren
– auf schnelle Schrittfolge orientieren
– Aufmerksamkeit nicht nur auf Startpositionen, sondern vor allem auf den eigentlichen Startvorgang legen
– oft als submaximale Einzelstarts, maximale Startversuche mit Wettkampfformen verbinden
– jeweils auf einzelne Merkmale der technischen Ausführung orientieren

## Wesentliche Fehler und Korrekturmöglichkeiten

| Fehler | Korrekturmöglichkeiten |
| --- | --- |
| unzweckmäßige Startpositionen (verkrampfte Haltungen, fehlerhaftes Einnehmen), falsche Startstellung | individuelle Korrektur |
| unvollständige Abdruckstreckung | Orientierung auf beidbeinigen Abdruck<br>höhere Fertig-Position einnehmen lassen<br>Entwicklung der Streckkraft |
| Hineinfallen in den ersten Schritt, Stolpern | aktive, schnelle Landung fordern (evtl. Markierer)<br>auf schnelle Ausführung auch des 2. Schrittes orientieren<br>betonten Abdruck vom hinteren Block fordern |
| ungenügende Vorlage, Aufrichten beim ersten Schritt bzw. zu zeitig | Orientierung auf kräftigen Abdruck<br>Beinkraftübungen<br>Korrekturhinweise zur Kopfhaltung (Blick zum Fuß)<br>Läufe unter Hindernis hindurch |
| zu breite Laufspur, Schaukeln | Entwickeln der Bewegungsvorstellung<br>Läufe auf der Linie (Bahnmarkierung)<br>Kontrolle der Geradlinigkeit von Arm- und Beinbewegungen |

In wichtigen internationalen Wettkämpfen erweist sich immer wieder, daß die Wettkampfleistung nicht nur von einer maximalen Sprintfähigkeit und einer optimalen Wechseltechnik, sondern auch von einer zweckmäßigen Besetzungstaktik und vom hohen Kampfgeist der Sportler entschieden wird.

Von den genannten Faktoren ist die **Wechselgestaltung** am deutlichsten von der *Qualität der erlernten sportlichen Technik abhängig.*

Die Technik des Staffelwechsels umschließt dabei die Fragen
- der zweckmäßigen Nutzung des *Wechselraums,*
- der *Wechselart,*
- der entscheidenden Elemente *Ablaufgenauigkeit* und *Beschleunigungslauf* sowie
- der *Übergabetechnik.*

Die Spezifik der leichtathletischen Staffelläufe besteht darin, daß der den Stab übernehmende Läufer (Abläufer) seine Geschwindigkeit bereits vor Staberhalt steigert und somit die Übergabe „fliegend" erfolgt.
Ein Staffelwechsel wird dabei um so effektiver sein, je höher die Laufgeschwindigkeit der Läufer im Wechselraum und vor allem im Moment der Stabübergabe ist.
Alle Bemühungen zur Verbesserung der Wechseltechnik richten sich – bei Gewährlei-

stung der erforderlichen Sicherheit der Stabübergabe – darauf, einen *Abfall der Stabgeschwindigkeit* (Geschwindigkeit, mit der der Stab transportiert wird) während des Wechselvorgangs *zu vermeiden* bzw. so gering wie möglich halten.
Das wird vor allem gewährleistet, wenn
- der Anläufer seine Geschwindigkeit trotz Vorbereitung auf den Wechsel beibehalten kann;
- der Abläufer vor Staberhalt bereits eine hohe Geschwindigkeit erreicht.

Auf diese Weise kann bei effektiven Staffelwechseln ein Zeitvorteil von 2,5 bis 3,3 Sekunden gegenüber der Addition der 100-m-Zeiten der vier Läufer erzielt werden (vgl. Tabelle 36).

### Ausnutzung des Wechselraums

Laut Wettkampfbestimmungen muß die Stabübergabe in einem Wechselraum von 20 m Länge erfolgen. Der Abläufer darf an einer 10 m vor dem Wechselraum liegenden Ablauflinie starten. (Abb. 43)
Damit dem Abläufer eine möglichst große Laufstrecke zur Geschwindigkeitssteigerung zur Verfügung steht, sollte die *Stabübergabe erst in der zweiten Hälfte des Wechselraums* erfolgen. Sehr gute Wechsel werden erst dicht vor der Begrenzungslinie des Wechselraums beendet.

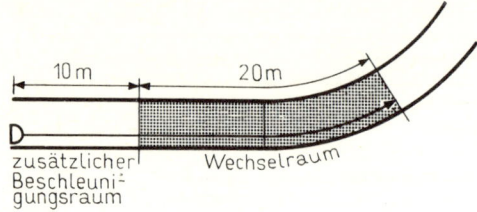

Abb. 43   Wechselraum

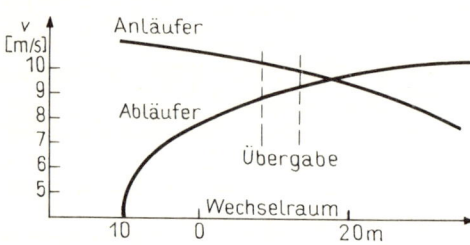

Abb. 44  Geschwindigkeitsverläufe beim Stabwechsel (Männer)

In der Regel wird jedoch ein notwendiger Si-
cherheitsfaktor einkalkuliert, damit bei Ab-
laufungenauigkeiten bzw. Übergabeproble-
men ein Überschreiten der Wechselmarke und
folglich die Disqualifikation der Staffel vermieden werden kann.
Daraus ergibt sich als *Optimum* (Abb. 44)
– Gewährleistung einer etwa 17–20 m langen
  Beschleunigungsstrecke vor Übergabebe-
  ginn,
– Beendigung der Stabübergabe bei etwa 2/3
  der Wechselraum-Länge.

**Wechselarten**
Zwischen den drei gebräuchlichen Wechselarten (Tab. 37)
– Außenwechsel,
– Innenwechsel,
– Gemischter (bzw. Frankfurter) Wechsel
bestehen keine prinzipiellen Unterschiede hinsichtlich der erreichbaren sportlichen Leistungen. Sie unterscheiden sich lediglich darin, auf
welcher Körperseite bzw. mit welchem Arm
dabei bestimmte Vor- und Nachteile bestehen

*Tabelle 36:   Wettkampfanalyse 4 × 100-m-Staffel (41,68 s)*
*Europameister Frauen (DDR), Endlauf, Split 1. 9. 1990 [1]*

| Athletin | 100-m-Einzel-leistung | 100-m-Staffel-leistung | Differenz |
|---|---|---|---|
| Möller | 11,10 [x] | 11,34 | – 0,24 |
| Krabbe | 10,89 [x] | 10,05 | 0,84 [+] |
| Behrendt | 11,17 [x] | 10,42 | 0,75 [+] |
| Günther | 11,25 [°] | 10,17 | 1,08 [+] |
| Summe | 44,41 | 41,98 | 2,43 |
| Staffeleffektivität | 2,73 s | | |
| Übergabegewinn | | 0,30 s | |
| Wechsel-/ | | | |
| „fliegend"-Gewinn | | | 2,43 s |

| Wechsel | Stabübergabe | Bemerkungen |
|---|---|---|
| 1 | 20–22 m | |
| 2 | 16–18 m | K. Behrend lief erst ab, nachdem K. Krabbe die Koinzidenzmarke passiert hatte, so daß bei 15 m die Anläuferin bereits aufgelaufen war |
| 3 | 15–17 m | |

*Anmerkungen*
[x] *100-m-Endlaufergebnisse der EM*
[°] *anhand des 200-m-Endlaufergebnisses der EM von 22,51 s ermittelt*
[+] *„fliegende" Leistung*

[1] *(nach Hess, 1991)*

142

| | Außenwechsel | Innenwechsel | Gemischter Wechsel |
|---|---|---|---|
| **Anläufer** | | | |
| – stabtragende Hand | links | rechts | Kombination von Innen- u. Außenwechsel |
| – Laufspur im Wechselraum | Bahnaußenseite | Bahninnenseite | 1. u. 3. Wechsel = Innenwechsel |
| **Abläufer** | | | |
| – übernehmende Hand | rechts | links | 2. Wechsel = Außenwechsel |
| – Laufspur im Wechselraum | Bahninnenseite | Bahnaußenseite | |
| – notwendiger Handwechsel nach Staberhalt | von rechts nach links | von links nach rechts | entfällt |

betreffs
– der Sicherheit der Stabübernahme (z. B. mit der geschickteren Hand);
– des im Wechselvorgang (besonders bei Lage des Wechselraums in der Kurve) zurückzulegenden Weges;
– der taktischen Erwägungen beim Einwechseln bzw. Austausch der Läufer.
In der Folge beziehen sich die Darlegungen auf den Außenwechsel.

### *Wechselablauf*

Ein effektiver Staffelwechsel zeigt sich nicht nur in der optisch wahrnehmbaren gekonnten Stabübergabe, sondern wird vor allem an der Kürze der Zeit gemessen, die der Stab zur Überwindung des Wechselraums benötigt. Sie ist – neben der Sprintfähigkeit – Ausdruck eines zweckmäßigen Wechselablaufs und wird als sogenannte „Stabzeit" als direkt meßbares Leistungskriterium genutzt. (Tab. 38)
Die Gestaltung eines optimalen Wechsels ist abhängig von
– der zweckmäßigen *Festlegung der Ablaufmarke* und der Einnahme einer günstigen *Ablaufhaltung,* durch die der zeitlich richtige und kraftvolle Start des Abläufers entschieden wird;
– dem maximalen, von der späteren Übergabe noch unbeeinflußten *Beschleunigungslauf* des Abläufers sowie dem Geschwindigkeitserhalt des Anläufers;
– der möglichst kurzzeitigen, aber sicheren *Stabübergabe.*
**Ablaufmarke:** Die Ablaufmarke kennzeichnet die Stelle, bis zu der sich der Anläufer nähern muß, bevor der Abläufer startet. Ihre Entfernung von der Ablauflinie wird individuell unter Berücksichtigung
– der Laufschnelligkeit des Anläufers einerseits und
– der Reaktions- und Beschleunigungsfähigkeit des Abläufers andererseits
festgelegt.

Als allgemeine Maße gelten:
Männer: 7,50–9,00 m
Frauen/männl. Jugend 7,00–8,50 m
weibl. Jugend: 6,50–8,00 m
Kinder: 5,50–7,00 m

Die Festlegung bzw. Präzisierung der Ablaufmarke erfolgt zumeist durch Probieren im Training. Dabei ist immer zu berücksichtigen, daß im Wettkampf durch den höheren Einsatz, durch die Tagesform u. ä. andere Bedingungen bei beiden Läufern vorliegen können, die zu geringfügigen Veränderungen der Ablaufmarke zwingen.
Eine exaktere Form der Festlegung der Ablaufmarke bietet sich dadurch an, daß der Abstand über die Differenz der Laufzeiten beider Sportler bis zum Wechselpunkt ermittelt wird. Hilfreich kann auch die Nutzung der spezifischen Nomogramme zur Bestimmung der Ablaufmarken sein.

Von ebenso hoher Bedeutung wie die Festlegung der Ablaufmarke ist auch die *Ablaufgenauigkeit* des Abläufers, d. h. das Erfassen des exakten Zeitpunktes für den Ablauf.
Wegen des ungünstigen Blickwinkels ist der Zeitpunkt, zu dem der Anläufer die Marke erreicht, für den Abläufer relativ schlecht erfaßbar, so daß es selbst bei erfahrenen Sprintern – zumal unter emotionalem Einfluß des Wettkampfes – zu Fehlabläufen kommt.
**Ablaufposition:** Die Haltung, die der Abläufer an der Ablauflinie einnimmt, muß gewährleisten, daß

143

| Phase | Vorbereitungsphase | Beschleunigungsphase | Übergabephase |
|---|---|---|---|
| Beginn | Festlegen der Ablaufmarke | Ablauf | Annäherung bis auf 2–3 m |
| Ende | Ablauf | Annäherung der Läufer bis auf 2–3 m | vollzogene Übergabe |
| Funktion | Schaffen von Voraussetzungen für eine hohe Ablaufgenauig- keit und -geschwindigkeit so- wie Wechselsicherheit | Erhalt (Anläufer) bzw. Ent- wicklung (Abläufer) einer ho- hen Laufgeschwindigkeit (bei Gewährleistung der Annähe- rung der Läufer) | sicherer, schneller Vollzug der Stabübergabe in höchstmögli- chem Lauftempo |
| Merkmale | Anläufer: <br> – maximale Geschwindigkeit <br> – kürzeste Wegstrecke (Innen- kante der Bahn beim Kur- venlauf) <br> – Stab in der (der Wechselart entsprechenden) richtigen Hand | – Erhalt der Geschwindigkeit <br> – Annäherung auf der (der Wechselart entsprechenden) Bahnseite <br> – Beibehalten des springte- rechten Laufes (besonders ohne zeitiges Vorführen des Armes) | – zeitlich richtiges Erteilen des Wechselkommandos <br> – sicheres Hineinlegen des Sta- bes in die Hand des Überneh- menden (entsprechend der je- weiligen Übergabetechnik) <br> – Verbleiben in der Bahn bis zum Abschluß des Wechsels aller Staffeln |
|  | Abläufer <br> – korrektes Festlegen der Ab- laufmarke <br> – Einnahme einer zweckmäßi- gen Ablaufposition auf der der Wechselart entsprechenden Bahn- seite günstige Blickverbindung zum Anläufer Ablaufbereitschaft (Kon- zentration) | – hohe Ablaufgenauigkeit (zeitlich exakter Ablauf)) <br> – maximaler Antritt schnellste Reaktion hohe Schrittfrequenz frontale Laufhaltung (kein Umdrehen) Mitbewegen der Arme (kein Zurückhalten des Armes) <br> – Einhalten der Bahnseite | – Rückführen des Armes mit zweckmäßiger Handhaltung je nach Übergabetechnik fast gestrecktem Arm möglichst ruhiger Armhal- tung <br> – Beibehalten der Laufge- schwindigkeit <br> – je nach Wechselart Über- nahme des Stabes in die an- dere Hand |

– günstige Bedingungen für einen explosiven Start und eine hohe Beschleunigungslei- stung auf den ersten Schritten gegeben sind;
– der Anläufer beim Annähern an die Ablauf- marke gut beobachtet werden kann.
Der Ablauf kann aus einer Hoch-, Zwischen- oder Tiefstartstellung erfolgen. Sie wird inner- halb des 10-m-Beschleunigungsraumes einge- nommen.
Die Haltung des Sprinters ist deutlich davon geprägt, günstige Voraussetzungen für die Be- schleunigung zu erreichen. Beim *Ablauf aus dem Hochstart* (s. a. Abb. 45) sind die Füße in Schrittstellung, die Fußspitzen zeigen nach vorn. Mit dem zunehmenden Annähern des

Anläufers an die Marke werden die Knie ein- gebeugt, das Gewicht auf die Ballen verlagert (Ballendruckstellung) und der Rumpf abge- beugt. Die Arme befinden sich diagonal zur Beinstellung in Laufhaltung. Die *Verwrin- gung,* die der Sportler zur notwendigen Blick- verbindung zum Anläufer nehmen muß, sollte *so gering wie möglich* sein. Der Abläufer sollte nur durch eine Kopfwendung – je nach Wech- selart zur Seite, in der der Anläufer am gün- stigsten zu beobachten ist – unter dem vorde- ren Arm hindurch nach hinten blicken.
Auch ein Abstützen mit einer Hand auf der Laufbahn ist möglich (Zwischenstart).
Der Ablauf *aus dem Tiefstart* ist relativ schwie-

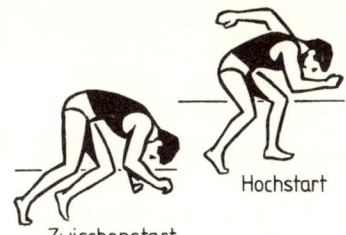

Zwischenstart    Hochstart

Abb. 45 Mögliche Ablaufhaltungen

rig, weil aus dieser Position die Annäherung des ankommenden Läufers nur ungenau zu beurteilen ist.

**Beschleunigungslauf:** Sobald der Anläufer die Ablaufmarke erreicht hat, muß der Abläufer *alle Bemühungen darauf richten, die höchstmögliche Beschleunigung zu erreichen.*

Das erfordert
- hohe Konzentration,
- maximal schnelle Reaktion und Startaktion sowie
- maximalen Beschleunigungslauf.

Der Beschleunigungslauf beim Staffelwechsel muß wie der beim normalen Sprintlauf und unbehindert durch die folgende Aufgabe der Stabübernahme gestaltet werden.

Jedes Rückblicken zum stabbringenden Läufer oder das zu zeitige Ausstrecken des Armes nach hinten stört die Entwicklung der Geschwindigkeit. Um die Annäherung des Anläufers nicht zu behindern, muß jedoch die – der Wechselart entsprechende – *Laufspur* an der Innen- oder Außenkante der Bahn eingehalten werden.

Auch der *Anläufer* muß sich in dieser Phase um den *Erhalt seiner Geschwindigkeit* bemühen. Er behält den normalen Laufrhythmus bei, die Arme werden weiterhin aktiv mitbewegt. Ein zu frühes Vorführen des Stabes und zu weites Vorlegen des Rumpfes (Hineinfallen in den Schritt) führen zu Geschwindigkeitsverlust.

**Stabübergabe:** Die Technik der Stabübergabe wird in der Absicht gestaltet,
- den Stab sicher zu übergeben;
- den Laufrhythmus möglichst gering und nur kurze Zeit zu stören.

Der Übergabevorgang sollte sich deshalb lediglich *über 2–3 Laufschritte erstrecken.*

Sobald sich der Anläufer seinem Partner bis auf den Übergabeabstand von 1,5–2 m genähert hat, erteilt er ein akustisches Signal (Zu-

ruf; Zeit 1), auf das hin der Abläufer beim darauffolgenden Schritt den Arm locker nach hinten führt (Zeit 2).

Vom Abläufer wird dabei erwartet, daß er – ohne seine für den Geschwindigkeitserhalt notwendige frontale Laufhaltung aufzugeben – die Hand in eine möglichst *ruhige Position* ohne Schwankungen zurückbringt, um dem Übergebenden das Anvisieren der Hand und die Übergabe zu erleichtern. Erst jetzt (beim normalen Vorschwung) führt der übergebende Läufer die stabtragende Hand nach vorn und legt den Stab in die Hand des übernehmenden Läufers hinein (Zeit 3).

Prinzipiell werden dabei 2 Übergabetechniken unterschieden. (Abb. 46)

*1. Übergabe von unten* (A)

Der Übernehmende streckt die Hand mit abgespreiztem Daumen so nach hinten, daß der Winkel zwischen Daumen und Zeigefinger nach unten zeigt. Der Anläufer legt den Stab von unten nach oben in die Hand.

*2. Übergabe von oben*
(Fackelträger-Übergabe) (B)

Der Übernehmende hält die Hand so nach hinten, daß der Handrücken zum Boden zeigt. Der Übergebende legt den Stab von oben ("Fackelträger") nach unten in die Hand.

Beim Außen- bzw. Innenwechsel sollte der Übernehmende, sobald er den Stab erhalten hat, den notwendigen Wechsel in die andere Hand vornehmen (Zeit 4).

Abb. 46 Stabübergabe

A

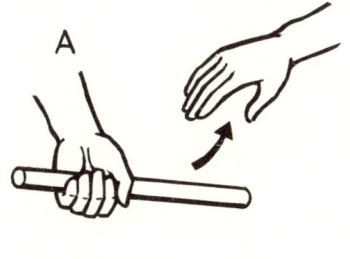

B

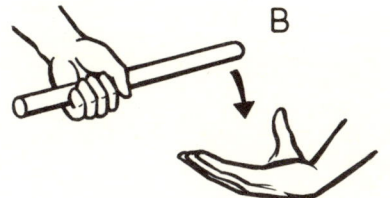

Beim Staffelwechsel richtet sich alle Aufmerksamkeit darauf, die Stabübergabe bei einer möglichst hohen Laufgeschwindigkeit und sicher vorzunehmen.

Die technischen Details der Ablaufvorbereitung (Ablaufmarke, Ablaufposition), des Beschleunigungslaufs (Ablaufgenauigkeit, maximaler Antritt) und der Stabübergabe (Rhythmik und Dauer der Übergabe) orientieren sich an dieser Aufgabenstellung.

### Kriterien der Technik

Als Hauptkriterium eines effektiven Staffelwechsels gilt, den **Stab in kürzester Zeit** über die für den Wechsel zur Verfügung stehende *Strecke* bei optimaler *Sicherheit* des Wechselvollzugs zu transportieren.

Das verlangt
- einen möglichst *geringen Geschwindigkeitsverlust des Anläufers* im Wechselraum,
- eine *hohe Geschwindigkeit des Abläufers* vor der Stabübergabe durch eine ausreichend lange Beschleunigungsstrecke (17–20 m),
  eine zweckmäßige Ablaufhaltung,
  eine maximale Beschleunigungsleistung im Antritt ohne negative Beeinflussung durch den folgenden Übergabevorgang;
- eine für den Erhalt der Laufgeschwindigkeit und die Sicherheit des Wechselvollzugs *optimale Stabübergabe,* die
  in der *zweiten Hälfte* des Wechselraumes,
  in einer möglichst *kurzen Dauer* (2–3 Schritte),
  in einem *günstigen Rhythmus,*
  *sicher* und ohne Disqualifikationsrisiko erfolgt.

### Taktik beim Staffellauf

▶ Aufgabe:
Wie würden Sie die unterschiedlichen Voraussetzungen der Staffelmitglieder bei der Besetzung der einzelnen Teilstrecken (4 × 100-m-Lauf) berücksichtigen?
Bedenken Sie z. B. die Unterschiede in der Sprintleistung/Sprintausdauer, Körperhöhe/Schrittlänge, Wechselsicherheit sowie psychische Eigenschaften.

### Technisches Anforderungsprofil für das Aufbautraining

Beim Übergang zum Spezialtraining müssen die Sportler in der Technik des Staffelwechsels einen *Entwicklungsstand* erreicht haben, der einen sofortigen Einsatz in einem Staffelwettbewerb auf einer beliebigen Position gestattet. Das setzt voraus:
- sicheres, stabiles Beherrschen des Grundablaufs des Staffelwechsels;
- beidseitiges Ausführen der Stabübergabe (Innen- und Außenwechsel) mit nur geringen Niveauunterschieden;
- sicheres Bestimmen der Ablaufstelle und der Aufstellung auf der Bahn (entsprechend der Wechselart) auf allen Positionen;
- Festlegung einer zweckmäßigen Ablaufmarke;
- Einnahme einer individuell günstigen Ablaufhaltung;
- maximale Beschleunigung
  bei Einhaltung der Laufspur,
  mit frontaler Laufhaltung und Mitbewegen der Arme;
- richtiges, wechselartgerechtes Rückführen des Armes;
- richtigen Grundrhythmus der Stabübergabe (in einer Übergabetechnik);
- Übergabevorgang ohne starken Geschwindigkeitsverlust.

Noch nicht ausreichend stabilisiert ist die Ablaufgenauigkeit; die individuelle Differenzierung der Ablaufmarke und des Wechselvorgangs auf einen Partner ist noch nicht erarbeitet; der Übergabevorgang erfolgt noch nicht immer in optimaler Dauer und Lage im Wechselraum.

### Technisches Anforderungsprofil für das Grundlagentraining

Am Ende des Grundlagentrainings müssen alle Sportler in der Lage sein, an einem Staffelwettbewerb teilzunehmen. Das verlangt, daß der Sportler
- den Grundablauf des Staffelwechsels kennt;
- eine Wechselart (Innen- oder Außenwechsel einheitlich für die gesamte Trainingsgruppe) und die Übergabetechnik von unten nach oben beherrscht;
- im Wettkampf selbständig die richtige Ablaufstelle findet (ohne unbedingtes Ausnutzen der zusätzlichen 10-m-Vorgabe);

– eine durchschnittliche Ablaufmarke anlegen kann;
– eine richtige Ablaufposition einnimmt;
– mit maximaler Intensität abläuft;
– eine Beschleunigungsstrecke von mindestens 10–12 m erreicht;
– die entsprechende Bahnseite einhält;
– das Zurückführen des Armes zur Stabübernahme erst nach dem Kommando beginnt;
– den Rhythmus der Übergabe zumindest im Training beherrscht.

▶ Aufgaben:
1. Welche Faktoren beeinflussen die Stabzeit?
2. Wodurch muß eine höchstmögliche Beschleunigungsleistung des Ablaufs angestrebt werden?
3. Wie beeinflußt die Ablaufgenauigkeit den Wechselvorgang?
4. Begründen Sie die Details der Ablaufhaltung!
5. Beschreiben Sie exakt den Außenwechsel bei Stabübergabe von unten!
6. Für welche Wechselart entscheiden Sie sich im Grundlagentraining? Nennen Sie Vor- und Nachteile.

## Technische Ausbildung

Das methodische Herangehen beim Erlernen des Staffelwechsels orientiert sich am Wesen des wettkampfmäßigen Staffellaufs. Das bedeutet, die spezifische Handlungsaufgabe – nämlich das schnellstmögliche Überwinden des Wechselraums bei sicherem Stabwechsel – auch in der Methodik in den Vordergrund zu stellen.
Deshalb ist das Schulen des Staffelwechsels immer zu verstehen als
– Erlernen der Stabübergabe und
– Schulen des zweckmäßigen Verhaltens im Wechselraum, d. h. der Ablaufgenauigkeit und des maximalen Beschleunigungslaufs.
Gerade die angeführte zweite Seite darf im Trainingsprozeß – besonders bei Anfängern – nicht unterschätzt werden, sondern muß dazu dienen, die wesentlichste *Einstellung* zum leichtathletischen Staffellauf, nämlich

❙ Beschleunigung vor Staberhalt,

auszuprägen.

### Leitlinien des methodischen Vorgehens

● Die Entwicklung der *Ablauf-* und Beschleunigungsfähigkeit einerseits und die Schulung der *Stabübergabe* andererseits sind als *gleichrangige Aufgaben* anzusehen und *anfangs relativ selbständig* nebeneinander auszubilden.
● Die richtige Einstellung zum Staffellauf (Beschleunigung vor Staberhalt) ist durch eine Reihe von *Hasche- und Ausreißübungen* auszuprägen. (Staffelspiele wie Pendelstaffeln u. a., bei denen erst nach dem Übergabevorgang beschleunigt wird, sind demnach nur bedingt dienlich.)
● Neben der Schulung des *maximalen Antritts* aus einer zweckmäßigen Ablaufposition ist vor allem an der Entwicklung einer hohen *Ablaufgenauigkeit* durchgängig zu arbeiten.
● Die Schulung der *Stabübergabe* (vor allem des Rhythmus) erfolgt zunächst in *sehr geringer bis mittlerer Geschwindigkeit* sowie ohne Wechselraum. Erst bei ausreichender Beherrschung des Übergabevorgangs sind Wechsel mit submaximaler und maximaler Geschwindigkeit im Wechselraum angebracht.
● Die Stabübergabe soll anfangs für die gesamte Trainingsgruppe *in einheitlicher Form* (Wechselart und Übergabetechnik) erlernt werden, um einen variablen Einsatz auf allen Positionen und unabhängig von einem bestimmten Partner zu garantieren.
● Dementsprechend werden im Nachwuchsbereich Ablaufmarken, Länge der Beschleunigungsstrecke und Lage der Übergabe im Wechselraum als allgemeingültige Maße gehandhabt. Ihre Differenzierung erfolgt erst im Verlaufe des Aufbautrainings.
● Für die Ausprägung eines sicheren Ablaufverhaltens und Wechselvorgangs sind Wettkampfformen und -läufe zu nutzen.

### Reihung der Ausbildungsaufgaben

**1. Entwicklung der spezifischen Ablauf- und Beschleunigungsfähigkeit.**
Über Hasche- und Abschlagspiele sind die Einstellung zum Staffellauf sowie die Reaktionsfähigkeit beim Ablauf und das Beschleunigungsvermögen zu entwickeln. Es werden die Ablaufposition und die Ablaufgenauigkeit geschult.
**2. Erlernen der Stabübergabe.**
Nach dem prinzipiellen Erlernen der Stabübergabe wird sie bei allmählicher Tempoerhöhung bis zum fliegenden Wechsel ausgeprägt.
**3. Vervollkommnung des Gesamtablaufs im Wechselraum.**

Durch Erhöhung der Geschwindigkeit und Veränderung der Bedingungen wird der Gesamtablauf allmählich den Wettkampfbedingungen angenähert.

## 1. Aufgabe: Entwickeln der Ablauf- und Beschleunigungsfähigkeit

*Ziel: Entwicklung der Grundeinstellung zum Staffellauf, Erlernen der zwckmäßigen Ablaufposition, Reaktionsfähigkeit, Beschleunigungsfähigkeit*
*Steigerung: Selbständigkeit der Ablaufentscheidung*

| Vorbereiten | Erlernen | Vervollkommnen |
|---|---|---|
| Abläufe auf Kommando aus der Hochstartstellung<br>– auf der Geraden<br>– in der Kurve<br><br>desgleichen auf optisches Signal des hinter den Übenden stehenden Übungsleiters<br><br>„Schwarz-Weiß" | **1. Grundübung**<br>**Hasche im Wechselraum (Anläufer nähern sich in hoher Geschwindigkeit den in Hochstartstellung befindlichen Abläufern)**<br><br>– Abläufer startet auf Piff (Ruf) im Pulk<br>– Abläufer startet, wenn Anläufer eine Linie überläuft | Ablaufübung mit Ball<br>ÜL rollt Ball von hinten auf die Abläufer zu; sie starten,<br>– wenn Ball Linie überquert<br>– nach individueller Einschätzung<br><br>Umkehrstaffel mit Abschlag (Abb. 48) |

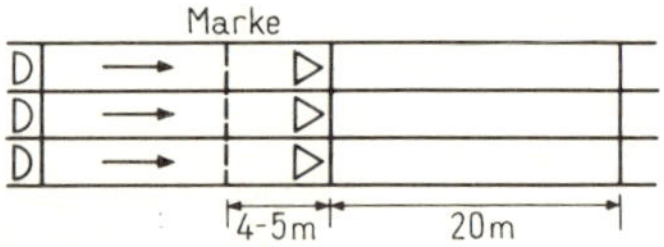

Abb. 47

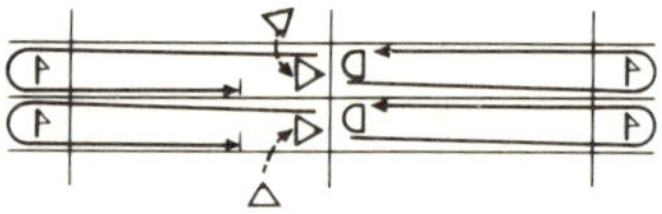

Abb. 48

*Beobachtungspunkte:*
– günstige Ablaufposition (Ballendruckstellung, Beugen der Beine, Rumpfvorlage, Zurücksehen ohne starke Verwringung im Rumpf)
– schnelle Reaktion, maximaler Antritt bis 2 Schritte nach dem Wechselraumende
– Einhalten der Laufspur

*Methodisch-organisatorische Hinweise:*
– Partnerwechsel
– beidseitig üben
– ständige Korrektur der Ablaufhaltung
– Wettbewerbsformen organisieren

## 2. Aufgabe: Ausbildung der Stabübergabe

*Ziel: Ausprägung des Grundrhythmus des Übergabevorgangs, Erlernen der Übergabetechnik*
*Steigerung: Erhöhen der Laufgeschwindigkeit, Forderung an Exaktheit, Verändern der Wechselart und Übergabetechnik*

| Vorbereiten | Erlernen | Vervollkommnen |
|---|---|---|
| Stabübergabe<br>– im Stand<br>– im Gehen<br>– im Traben | **2. Grundübung**<br>**Stabübergabe in geringem Tempo (ohne Ablaufschulung, ohne Wechselraum)**<br><br>Sportler laufen in der Bahn, nach dem Kommando des Übergebenden erfolgt Übergabe im Rhythmus (Ruf–Hand zurück–Übergabe) | Übergabeübungen<br>– widergleich (z. B. als Innenwechsel)<br>– wechselseitig (als gemischter Wechsel)<br><br>Umkehrstaffel mit Stabübergabe in mittlerer Geschwindigkeit<br><br>Staffelwechsel auf der Geraden (ohne Wechselraum) |

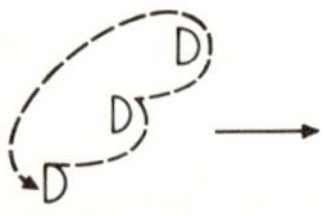

Abb. 49

*Beobachtungspunkte:*
– rhythmische Folge des Übergabevorgangs
– ruhige und richtige Handhaltung beim Rückführen des Armes
– sicheres Hineinlegen des Stabes
– sofortige Übergabe nach Staberhalt in die andere Hand

*Methodisch-organisatorische Hinweise:*
– 3er- und 4er-Gruppen
– ständiger Rollentausch
– anfangs als Außenwechsel, später auch als Innen- und gemischter Wechsel
– der Übergebende trägt die Verantwortung für die sichere Übergabe

# 3. Aufgabe: Vervollkommnung des Gesamtablaufs im Wechselraum

*Ziel: Wettkampfgerechter Staffelwechsel in maximaler Geschwindigkeit*
*Steigerung: Temposteigerung, wettkampfnahe Gestaltung, Qualitätsforderung*

| Vorbereiten | Erlernen | Vervollkommnen |
|---|---|---|
| Abläufe aus verschiedenen Hochstartstellungen in submaximaler und in maximaler Geschwindigkeit | **3. Grundübung**<br>**Staffelwechsel im Wechselraum**<br><br>– in submaximaler Geschwindigkeit<br>– in maximaler Geschwindigkeit mit Nutzung einer allgemeingültigen Ablaufmarke<br><br>mit Korrektur<br>– der Ablaufmarke<br>– des Ablaufverhaltens<br>– der Übergabetechnik<br><br>**4. Grundübung**<br>**Wettkampfmäßiger Staffelwechsel**<br><br>– auf der Geraden<br>– in der Kurve<br>– als Gesamtabläufe (Wettkampfläufe) | Staffelwechsel<br>– gegen einen Einzelläufer<br>– mit Kontrolle der Stabzeit<br>– mit „blinder" Übergabe (ohne Wechselkommando nach Empfinden des Abläufers)<br>– ohne Ablaufmarke (Ablauf nach Empfinden des Abläufers<br><br>Wettkampfläufe mit verkürzten Laufstrecken (30–50 m)<br><br>Staffelwechsel aus unterschiedlichen Ablaufpositionen |

| *Beobachtungspunkte:* | *Methodisch-organisatorische Hinweise:* |
|---|---|
| – Ablaufgenauigkeit<br>– maximaler Antritt<br>– Einhalten der Laufspur<br>– Kommando bei zweckmäßiger Annäherung<br>– kurzzeitiger Übergabevorgang<br>– Geschwindigkeitserhalt | – Ablaufgenauigkeit und maximale Beschleunigung stets im Mittelpunkt der Beobachtung<br>– Anlaufstrecke mindestens 30 m bis zum Wechselraumbeginn<br>– Übungsbedingungen oft ändern (Laufen in der Kurve, aus der Kurve heraus, in die Kurve hinein; im Pulk, als Vorgaberennen usw.)<br>– als Außen-, Innen- und Gemischter Wechsel |

## Wesentliche Fehler und Korrekturmöglichkeiten

| Fehler | Korrekturmöglichkeiten |
|---|---|
| Abläufer überläuft den Wechselraum, wird vom Anläufer nicht erreicht | höhere Ablaufgenauigkeit<br>Abstand der Ablaufmarke verkürzen |
| Abläufer wird zu schnell erreicht und überlaufen | bessere Startreaktion und Beschleunigung fordern (Ablaufgenauigkeit)<br>Abstand der Ablaufmarke vergrößern |
| ungenügende Beschleunigung des Abläufers, Umdrehen, Rückhalten des Armes | Klären des Grundablaufs<br>Hasche und Abschlagübungen<br>Übergabeübungen in mittlerer Geschwindigkeit |
| Arm wird unkorrekt und unruhig zurückgeführt | Übergabeübung im Traben und in mittlerer Geschwindigkeit |
| Übernehmender faßt nach dem Stab, Arm zu zeitig zurück | Klären des Grundablaufs<br>Rhythmusübungen mit betontem Abwarten des Hineinlegens |
| Anläufer trägt den Stab zu zeitig mit vorgeführtem Arm | Klären der Bedeutung des unbehinderten Laufens für den Geschwindigkeitserhalt<br>Staffelwechsel ohne Stab mit Abschlag |

▶ Aufgabe:
Stellen Sie sich ein Übungsprogramm zum Erlernen des Staffelwechsels für die ersten 3 Trainingseinheiten (je 30 min Wechseltraining) zusammen!

## 5.7. Hürdenlauf
(Technik und
technische Ausbildung)

## Technik

Der Hürdenlauf (s. Abb. 50) gehört zu den koordinativ-technisch anspruchsvollsten Disziplinen der Leichtathletik.

Der fortwährende Wechsel zwischen zyklischen (Lauf) und azyklischen Bewegungen (Hürdenschritt) in höchster Geschwindigkeit macht seine Kompliziertheit aus.

Die Technik des Hürdenlaufs darf nicht allein auf die Frage der technisch perfekten Hürdenüberquerung bezogen werden. Bestimmte technische Anforderungen gelten auf der gesamten Wettkampfstrecke.

Die Qualität des Hürdenschritts wird vor allem auch an seiner zweckmäßigen Verbindung mit dem Zwischenhürdenlauf gemessen.

Die Leistung im Hürdenlauf wird in technischer Hinsicht mit bestimmt durch:
- die spezifische Ausführung des *Tiefstarts;*
- die Gestaltung des kurzen, eine möglichst hohe Geschwindigkeit sichernden *Beschleunigungsabschnitts* bis zur 1. Hürde;
- die Qualität der sich wiederholenden *Hürdenüberquerung* (Hürdenschritt), die einen möglichst geringen Geschwindigkeitsverlust sowie einen harmonischen Übergang in den folgenden Zwischenhürdenlauf garantieren muß;
- die *Zwischenhürdenläufe,* mit denen der vorgegebene Hürdenabstand schnell überwunden und die nächste Hürdenüberquerung vorbereitet werden muß;
- die Gestaltung des *Zieleinlaufs.*

Die folgenden Erläuterungen beziehen sich auf den 110-m-Hürdenlauf (s. a. Tab. 39).

### Start

Die Gestaltung entspricht im wesentlichen der des Tiefstarts beim Flachsprint. *Besonderheiten* treten dadurch auf, daß der Bewegungsablauf auf den (zumeist) 8-Schritt-Anlauf zur 1. Hürde und die Hürdenüberquerung abgestimmt sein muß. So wird der *Abstand der Startblöcke* von der Startlinie und zueinander individuell differenziert, wodurch sich auch Abweichungen in den Startpositionen und der Startbewegung selbst ergeben können. Auch die Entscheidung, welches Bein an den vorderen Startblock gesetzt wird, ist von der jeweiligen *Seitigkeit* bei der Hürdenüberquerung abhängig (bei 8-Schritt-Anlauf Nachziehbein).

### Beschleunigungsabschnitt

An der 1. Hürde muß bereits eine hohe Geschwindigkeit erreicht sein (vgl. Abb. 17). Das verlangt eine maximale Beschleunigungsleistung vor allem auf den ersten Schritten. In der Regel wird der in den Wettkampfbestimmungen festgelegte Abstand bis zur 1. Hürde mit *8 Schritten* überwunden. Die *Schrittlänge* steigert sich kontinuierlich bis zum 7. Schritt; zur Vorbereitung des effektiven Hürdenschritts wird dagegen der 8. Schritt wieder geringfügig verkürzt. (Abb. 51) Das *Aufrichten* des Körpers aus der Schräglage erfolgt im Hürdenlauf zeitiger als im Flachsprint. Der Sportler ist ab dem 4./5. Schritt gezwungen, schnell in eine hohe Laufposition zu gelangen.

### Hürdenschritt

Die in regelmäßigen Abständen zu überwindenden Hindernisse verlangen im Vergleich zum normalen Sprintlauf eine *neue Qualität der Gesamtbewegung.* Der ständige Wechsel verlangt einen eigenen Bewegungsrhythmus,

Abb. 50  Bildreihe Hürdenlauf

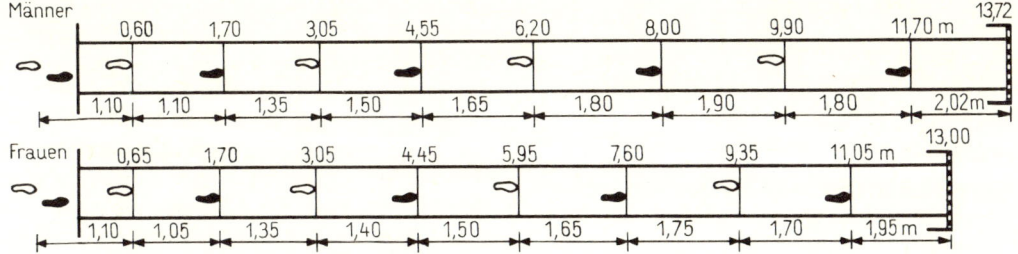

Abb. 51   Schrittgestaltung im Beschleunigungsabschnitt

aber auch eine Anpassung des Zwischenhürdenlaufs an die Erfordernisse des zweckmäßigen Hürdenschritts, und umgekehrt.

Jeder Hürdenschritt bedeutet – mechanisch gesehen – eine Ablenkung der KSP-Bahn nach oben, wobei sowohl im Abdruck als auch bei der Landung horizontale Geschwindigkeit verlorengeht.

Von der Ausführung des Hürdenschritts hängt ab, wie flach die Flugkurve des KSP – als eine wesentliche Voraussetzung für einen geringen Geschwindigkeitsverlust – gehalten werden kann. Das wird nicht nur von den Bewegungen bei der Hürdenüberquerung selbst, sondern vor allem auch von der Gestaltung des Übergangs vom und zum Sprintlauf entschieden.

Deshalb müssen die Gestaltung des jeweils letzten Schrittes vor der Hürde sowie Landung und erster Schritt nach der Hürde in die detaillierte Betrachtung des Hürdenschritts einbezogen werden.

Insgesamt ist zu fordern, den Hürdenschritt so flach und schnell wie möglich und mit zweckmäßigen Übergängen zum Zwischenhürdenlauf auszuführen.

Die räumliche Ausdehnung des Hürdenschritts zeigt Tabelle 40.

**Stützphase I:** Die Flugkurve des KSP kann um so flacher sein, je höher der Ausgangspunkt des KSP bei Beginn seiner Flugkurve, also in der Stützphase I, liegt. (Abb. 52)

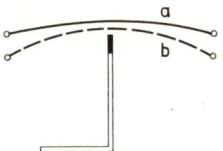

Abb. 52   Günstige (a) und ungünstige (b) Bahn des KSP in den Stützphasen I und II

● Das Stütz- und Abdruckbein (späteres Nachziehbein) muß sich beim **Aufsetzen** nach dem 8. Schritt etwa *unter der vertikalen Projektion des KSP* befinden (Abb. 53); die Landung erfolgt *auf dem Ballen*. Dadurch bleibt die Bremswirkung bei der Landung gering und die Amortisationsphase kurz. Der *aktive Fußaufsatz* auf dem Ballen erleichtert außerdem die nachfolgende Streckbewegung.

*Tabelle 40:   Räumliche Ausdehnung des Hürdenschritts (cm)*

|  | Gesamtlänge | Abdruckstelle bis Hürde | Hürde bis Landestelle |
|---|---|---|---|
| Männer | 355 | 200–215 | 125–140 |
| Frauen | 300–325 | 190–200 | 105–125 |
|  |  | rund 60 % | rund 40 % |

Abb. 53 Bewegungen zur KSP-Verlagerung in der Stützphase I

| Phase | Start | Beschleunigungs-abschnitt |
|---|---|---|
| Beginn | „Auf die Plätze!"-Position | Lösen des vorderen Beines vom Start-block |
| Ende | Lösen des vorderen Beines vom Startblock | Fußaufsatz nach 8. Schritt |
| Funktion | Einnehmen einer für Start und Beschleunigungslauf zweckmäßigen Startposition | Gewährleisten einer hohen Beschleunigungsleistung |
| Merkmale | – vgl. Tiefstart<br>– Abweichungen in der Entfernung der Füße von der Startlinie<br>– Nachziehbein vorn (bei 8-Schritt-Anlauf) | – zumeist 8 Schritte<br>– optimale Beschleunigung<br>– deutliches Aufrichten ab 4. Schritt<br>– verkürzter letzter Schritt |

● Während des Übergangs zur **Abdruckphase** verbessert der Sportler weiter die Lage seines KSP, indem er *das stark gebeugte Schwungbein,* aber auch die Hüfte betont nach vorn-oben führt. Das Abdruckbein wird am Ende der Stützphase kräftig gestreckt. Ein relativ langer Bodenkontakt begünstigt, daß der Kraftstoß hauptsächlich in horizontaler Richtung erfolgt. Daraus resultieren
– flache Flugkurve des KSP und
– Drehmoment nach vorn.

**Flugphase:** Die Bewegungen der Körperteile im Flug sind darauf abgestimmt, *die flache Flugkurve* des KSP *zu begünstigen* – das geschieht vor allem, indem die Körperteile, besonders die Beine, an die Flugbahn des KSP angenähert und nacheinander über die Hürde gebracht werden (Abb. 54) – sowie die vorhandenen *Drehmomente zu steuern* und eine optimale *Landung vorzubereiten.*

● Der *1. Teil der Flugphase* ist durch den **Anschwung** des Schwungbeines geprägt. In der Stützphase war das Schwungbein im Knie stark gebeugt (spitzwinklig) eingesetzt worden. Die so erreichte gute Vordehnung der Muskulatur ermöglicht, daß der Unterschenkel jetzt *schnell* und *geradlinig* nach vorn zur Hürdenkante geschleudert werden kann. Als Ausgleichsbewegung beugt sich der Rumpf vor, unterstützt durch das aktive Vorführen des gegenseitigen Armes (mit der Hand bis in Kopfhöhe und etwa zur Körpermitte).
Das Abdruckbein schwingt – hervorgerufen

Abb. 54 Annäherung der Körperteile an die Flugkurve des KSP

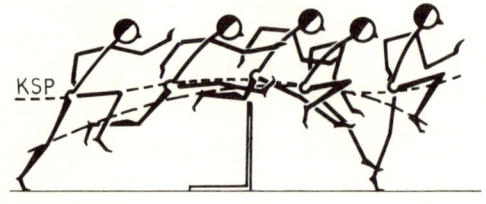

durch den Abdruck – zunächst locker nach hinten aus (Entspannungsphase). Indem Fuß und Knie leicht nach außen gedreht werden, leitet es die Nachziehbewegung ein.

● **Das Überwinden der Hürde** erfolgt nacheinander durch Schwung- und Nachziehbein. Die *Führungsfunktion des Schwungbeines* ist dabei besonders in rhythmischer Sicht wichtig. Nach dem Auspendeln des Unterschenkels bewegt es sich dicht über die Hürdenkante hinweg *nach vorn-unten.* Die größte Streckung im Kniegelenk erreicht es, bevor die Ferse die

152

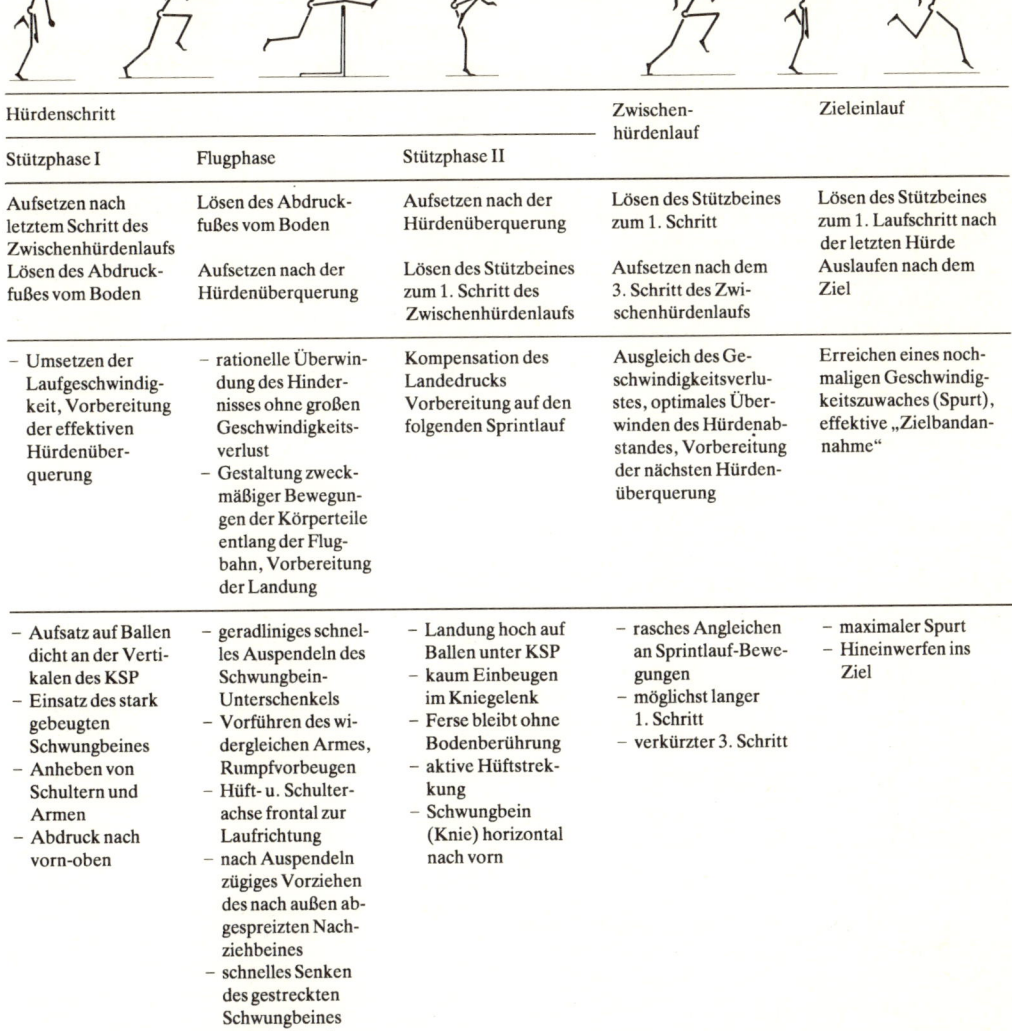

| Hürdenschritt | | | Zwischen-hürdenlauf | Zieleinlauf |
|---|---|---|---|---|
| Stützphase I | Flugphase | Stützphase II | | |
| Aufsetzen nach letztem Schritt des Zwischenhürdenlaufs<br>Lösen des Abdruckfußes vom Boden | Lösen des Abdruckfußes vom Boden<br><br>Aufsetzen nach der Hürdenüberquerung | Aufsetzen nach der Hürdenüberquerung<br><br>Lösen des Stützbeines zum 1. Schritt des Zwischenhürdenlaufs | Lösen des Stützbeines zum 1. Schritt<br><br>Aufsetzen nach dem 3. Schritt des Zwischenhürdenlaufs | Lösen des Stützbeines zum 1. Laufschritt nach der letzten Hürde<br>Auslaufen nach dem Ziel |
| – Umsetzen der Laufgeschwindigkeit, Vorbereitung der effektiven Hürdenüberquerung | – rationelle Überwindung des Hindernisses ohne großen Geschwindigkeitsverlust<br>– Gestaltung zweckmäßiger Bewegungen der Körperteile entlang der Flugbahn, Vorbereitung der Landung | Kompensation des Landedrucks<br>Vorbereitung auf den folgenden Sprintlauf | Ausgleich des Geschwindigkeitsverlustes, optimales Überwinden des Hürdenabstandes, Vorbereitung der nächsten Hürdenüberquerung | Erreichen eines nochmaligen Geschwindigkeitszuwaches (Spurt), effektive „Zielbandannahme" |
| – Aufsatz auf Ballen dicht an der Vertikalen des KSP<br>– Einsatz des stark gebeugten Schwungbeines<br>– Anheben von Schultern und Armen<br>– Abdruck nach vorn-oben | – geradliniges schnelles Auspendeln des Schwungbein-Unterschenkels<br>– Vorführen des widergleichen Armes, Rumpfvorbeugen<br>– Hüft- u. Schulterachse frontal zur Laufrichtung<br>– nach Auspendeln zügiges Vorziehen des nach außen abgespreizten Nachziehbeines<br>– schnelles Senken des gestreckten Schwungbeines nach der Hürde | – Landung hoch auf Ballen unter KSP<br>– kaum Einbeugen im Kniegelenk<br>– Ferse bleibt ohne Bodenberührung<br>– aktive Hüftstreckung<br>– Schwungbein (Knie) horizontal nach vorn | – rasches Angleichen an Sprintlauf-Bewegungen<br>– möglichst langer 1. Schritt<br>– verkürzter 3. Schritt | – maximaler Spurt<br>– Hineinwerfen ins Ziel |

Hürdenkante passiert, sie wird jedoch danach wieder aufgegeben. Zur Landevorbereitung wird das Bein *aktiv* aus der Hüfte heraus nach unten geführt. Dadurch wird das zügige Vorbringen des Nachziehbeines aus seiner Entspannungsphase heraus begünstigt.

● Das **Nachziehbein** setzt dabei – unter gleichzeitigem Beugen – die *Auswärtsdrehung von Knie und Fuß* fort, so daß diese dann über der Hürdenkante etwa rechtwinklig abgespreizt sind. (Abb. 55)

● Die im Anschwung eingenommene **Rumpf-** **haltung** (vorgebeugt, frontal in Laufrichtung ohne seitlichen Hüftknick) wird auch in der Überwindungsphase, in der Phase der Landevorbereitung sowie in der Landung annähernd beibehalten. **Die Arme** führen eine zur Beinbewegung widergleiche Bewegung aus. Der vorgeführte Arm wird gebeugt zurückbewegt, der Gegenarm schwingt nach vorn.

**Stützphase II:** Der Geschwindigkeitsverlust in der Landephase ist gering, wenn ein starker Abfall des KSP vermieden und ein rascher Übergang in den Sprintlauf gesichert ist.

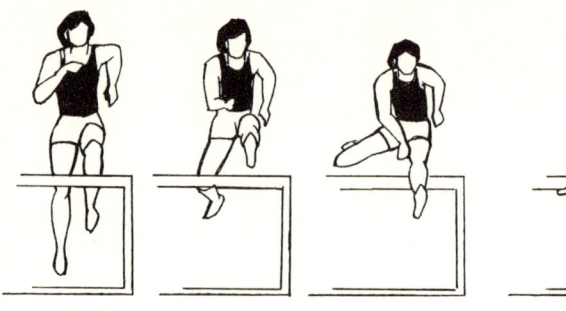 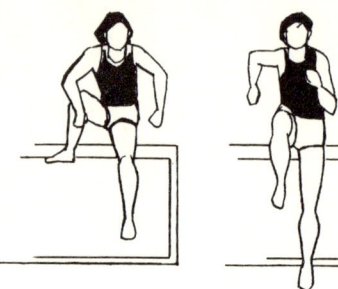

Abb. 55   Bewegungen des Nachziehbeines

Abb. 56   Angestrebte Landeposition

● Der **Aufsatz** des *gestreckten* und im *Fußgelenk fixierten* Beines auf dem Ballen ist die wichtigste Maßnahme, um in der Amortisationsphase einen starken Landedruck und damit Geschwindigkeitsverlust zu vermeiden. (Abb. 56)
Begünstigt durch den *aktiven* Fußaufsatz, wird der Landedruck amortisiert und in die nach vorn gerichtete Streckung überführt. Mit der in der Landevorbereitung eingeleiteten *Hüftstreckung* ist außerdem die Gewähr gegeben, daß der KSP im Moment der Landung bereits relativ weit an die Vertikale des Fußaufsatzpunktes angenähert ist.
● Der *energische* **Vorschwung des Nachziehbein-Knies** vor den Körper, der bei Passieren der Hürdenkante einsetzt, unterstützt die Vorwärtsbewegung des KSP. Der Oberschenkel des Nachziehbeines setzt seine Bewegung *nach vorn-oben* (in Laufrichtung) fort.
Erst wenn es bis vor Körpermitte in Brusthöhe gebracht worden ist, wird mit dem Ausschwingen des Unterschenkels der raumgreifende erste Schritt des Zwischenhürdenlaufs begonnen. Der kräftige Abdruck des Stützbeines begünstigt eine optimale Länge dieses wichtigen Schritts.

▶ Aufgabe:
Beschreiben Sie den Bewegungsablauf im Hürdenschritt, indem Sie nicht nach Phasen gliedern, sondern nach der Bewegung von Körperteilen (Schwungbein, Nachziehbein, Arme) vorgehen!

### *Zwischenhürdenlauf*

Der Abstand zwischen den Hürden wird in der Regel mit 3 Schritten überwunden. Die unterschiedlichen Längen der Schritte zeigt Abbildung 57.
Die Länge des *ersten* Schrittes wird durch die Qualität der Stützphase II entschieden. Wenn der Landedruck optimal kompensiert und in Vorwärtsbewegung überführt werden konnte, kann der Schritt relativ groß ausfallen. Der *zweite* Schritt nähert sich am deutlichsten dem normalen Sprintlauf an, während der *dritte* bereits wieder zur Vorbereitung auf den Hürdenschritt verkürzt wird.

### *Zieleinlauf*

Der Sprint nach der letzten Hürde bis ins Ziel ermöglicht – im Gegensatz zum Flachsprint – nochmals eine Geschwindigkeitssteigerung. (vgl. Abb. 17) Auch im Hürdenlauf wird die Plazierung des Sportlers oftmals noch durch das „Hineinwerfen" ins Ziel beeinflußt.

### *Besonderheiten*

Besonderheiten der Technik in den einzelnen Hürdendisziplinen werden durch die unterschiedlichen Hürdenhöhen und -abstände sowie Körperhöhen der Sportler bedingt.
Die niedrigere Hürde für Frauen (84,0 cm) bzw. im 400-m-Hürdenlauf der Männer (91,4 cm) erlaubt ein *aufrechteres* Überqueren. Meist kommt es im Anschwung zu keiner völligen Streckung des Schwungbeines. Ebenso kann das Abspreizen des Nachziehbeines geringer ausfallen.

154

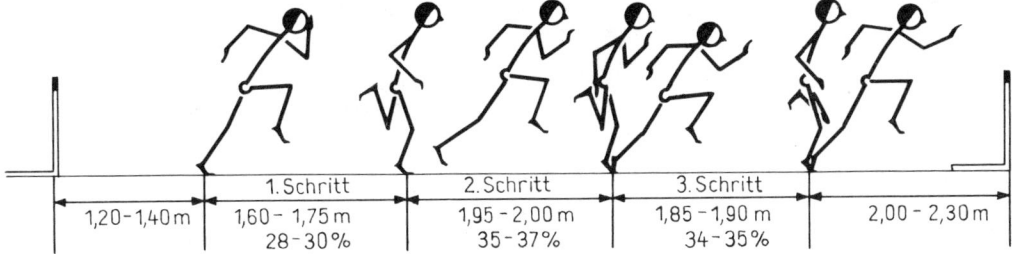

| | 1. Schritt | | 2. Schritt | | 3. Schritt | | |
|---|---|---|---|---|---|---|---|
| 1,20–1,40 m | | 1,60 – 1,75 m | | 1,95 – 2,00 m | | 1,85 – 1,90 m | 2,00 – 2,30 m |
| | | 28–30% | | 35–37% | | 34–35% | |

Abb. 57  Schrittlängen im Drei-Schritt-Rhythmus

Im *400-m-Hürdenlauf* der Männer wird nach 21–23 Schritten Anlauf bis zur ersten Hürde der Zwischenabstand mit 13–15 Schritten bewältigt. Die Unterschiede in der Schrittzahl werden durch die individuellen körperlichen Voraussetzungen der Sportler und durch die Ermüdung auf der Strecke bedingt (Rhythmuswechsel).

### Kriterien der Technik

– optimale Beschleunigung im Start und Anlauf zur 1. Hürde;
– Treffen des zweckmäßigen Abdruckpunktes vor der Hürde;
– harmonischer, flüssiger Übergang vom Sprintlauf in den Hürdenschritt;
– flacher, schneller Hürdenschritt mit geringstem Verlust an Horizontalgeschwindigkeit (geringe Ablenkung der Flugkurve) durch
  • hohes, energisches Angehen der Hürde („Attackieren"),
  • schnelle, geradlinige Bewegung des Schwungbeines (im Anschwung und Senken),
  • optimale Abspreizbewegung des Nachziehbeines,
  • zeitlich richtige Koordination der Bewegungen des Schwung- und Nachziehbeines,
  • Landung auf dem Ballen nahe der senkrechten Projektion des KSP;
– effektiver Übergang vom Hürdenschritt zum Sprintlauf durch raumgreifenden ersten Schritt des Zwischenhürdenlaufs;
– Überwindung des Hürdenabstandes in zweckmäßigem Schrittrhythmus (ohne Ziehen oder Verkürzen der Schritte);
– Vermeiden von seitlichen Bewegungsführungen oder Schwankungen (alle Bewegungen in Laufrichtung) und von übermäßigen Körperverwringungen (Schulter und Becken frontal in Laufrichtung).

Für die Bewertung des Hürdenschrittes (im Ergebnis kinegrafischer Analysen mittels Video- oder Filmaufnahmen) haben sich aus langjährigen wissenschaftlichen Untersuchungen (Heß u. a./Martin-Luther-Universität Halle) die in Tabelle 41 dargestellten Orientierungen ergeben.

### Technisches Anforderungsprofil für das Aufbautraining

Der Wettkampf erfordert, den Bewegungsablauf in allen seinen Teilen in einem bestimmten Grade zu beherrschen. Die Anforderungsprofile stufen sich deshalb vorwiegend nach dem Niveau der zu erreichenden Koordination.
In den entscheidenden technischen Merkmalen
– 3-Schritt-Rhythmus zwischen den Hürden
– Relation der Teile der Flugkurve vor bzw. hinter der Hürde und
– Ausführung der Hürdenschrittbewegungen
sollte eine hohe Übereinstimmung vorliegen oder angestrebt werden.
In *qualitativer* Hinsicht wird das Niveau der *Feinkoordination* angestrebt. Der Rhythmus des 8-Schritt-Anlaufs und der Bewegungsverlauf der Überquerung muß sicher ausgeprägt sein, die Koordination von Schwung- und Nachziehbein- sowie Armbewegung muß sich bereits stabilisiert haben. Dagegen ist die koordinativ-technische Gestaltung der Stützphase I und II aufgrund des konditionellen und koordinativen Niveaus noch nicht perfekt, wobei vor allem noch Mängel in einer zu starken Ablenkung der KSP-Bahn bestehen. Der 1. Schritt des Zwischenhürdenlaufs fällt des-

| Position | Männer | Frauen |
|---|---|---|
| Abdruckentfernung vor der Hürde | an d. 1. Hü. 205 cm<br>an d. 3. Hü. 210 cm | 190 cm<br>205 cm |
| Oberkörpervorlage beim letzten Bodenkontakt (zur Vertikalen) | 28 Grad | 22 Grad |
| Schwungbeinoberschenkel beim letzten Bodenkontakt (zur Vertikalen) | 95 Grad | 90 Grad |
| Schwungbeinunterschenkel beim letzten Bodenkontakt (zum Oberschenkel) | 75 Grad | 60 Grad |
| Entfernung Schwungbeinfuß – Hürde (beim größten SB-Kniewinkel im Anschwung) | an d. 1. Hü. 8 cm<br>ab d. 3. Hü. 8 cm | 12 cm<br>20 cm |
| Nachziehbeinoberschenkel (beim größten SB-Kniewinkel im Anschwung) (zur Vertikalen) | 18 Grad | 15 Grad |
| Entfernung Schwungbeinfuß – Boden (wenn Nachziehbeinknie über Hürde) | 20 cm | 20 cm |
| Winkel Schwungbeinknie (bei Landung) | 175 Grad | 170 Grad |
| Oberkörpervorlage (bei Landung) | 30 Grad | 23 Grad |
| Landeentfernung nach der Hürde | 125 cm | 105 cm |
| Oberkörpervorlage beim Abdruck nach Hürde (zur Vertikalen) | 18 Grad | 13 Grad |
| Nachziehbeinoberschenkel (zur Vertikalen) | 95 Grad | 90 Grad |

halb kürzer aus als notwendig, so daß sich der zweckmäßigste Rhythmus noch nicht ausgeprägt hat. Die Überwindung der Hürdenabstände kann deshalb nicht gleichmäßig bewältigt werden, und es kommt auf dem zweiten Teil der Strecke zu einem stärkeren Geschwindigkeitsabfall als beim perfekten Läufer.

### Technisches Anforderungsprofil für das Grundlagentraining

Am Ende des Grundlagentrainings sollen die Sportler
- *die Wettkampfstrecke* (in den vorgeschriebenen Hürdenhöhen und -abständen) *bewältigen* können. Dabei bestehen deutliche Qualitätsunterschiede zwischen dem 1. Teil (1.–3./4. Hürde) und dem 2. Teil der Strecke. Sie zeigen sich – bedingt durch die allgemeine Ermüdung – in einer Verschlechterung des Zwischenhürdenrhythmus und der Qualität des Hürdenschritts. Teilweise können sie beim durchgängigen Laufen im 4-Schritt-Rhythmus bzw. durch einen Wechsel vom 3- auf den 4-Schritt-Rhythmus in akzeptablen Grenzen gehalten werden;
- den Bewegungsablauf des Hürdenlaufs über 3–4 Hürden in einer optimalen (dem Entwicklungsstand angepaßten) technischen und koordinativen Ausführung demonstrieren können. Dabei wird die *Technik in den Grundvorstellungen* bereits verwirklicht. In der Gestaltung einzelner Phasen liegen bestimmte Abweichungen vor.

Es wird die Fähigkeit zum *beidseitigen* Schwungbeineinsatz verlangt, wobei Unterschiede in der Ausführungsqualität vorliegen können.

Als **Merkmale** gelten (bei den Elementen des Hürdenschritts auf die beidseitige Demonstration bezogen):
- schnellkräftiger Ablauf mit guter Beschleunigung aus dem Tief- oder Hochstart;
- 8-, 9- oder 10-Schritt-Anlauf bis zur 1. Hürde;

- 3- oder (durchgängiger) 4-Schritt-Rhythmus zwischen den Hürden in flüssigem Ballenlauf (kein auffallendes Ziehen oder Trippeln der Schritte);
- zweckmäßige Abdruckposition (Entfernung) vor der Hürde, die etwa dem $2/3$-Verhältnis des Hürdenschritts entspricht;
- energisches Angehen der Hürde (Attackieren), wobei nach einem kräftigen Kniehub der Unterschenkel des Schwungbeines schnell und geradlinig zur Hürdenkante ausgeschleudert, der widergleiche Arm aktiv nach vorn geführt und eine Rumpfvorlage erreicht wird;
- deutlich ausgeprägtes Nacheinander der Hürdenüberquerung von Schwung- und Nachziehbein;
- Entspannung des Abdruckbeines in der hinteren Schwungphase;
- zweckmäßige (auf die Hürdenhöhe und Flugkurve abgestimmte), technisch im wesentlichen richtige Abspreizbewegung des Nachziehbeines;
- Bemühen um aktive Schwungbeinsenkung und rasche Landung, KSP jedoch noch nicht weit genug über dem Fuß; Ballenlandung noch nicht stabilisiert;
- Vorschwung des Nachziehbein-Knies vor den Körper in Laufrichtung.

Gegenüber der Technik des Fortgeschrittenen sind vor allem die flache Hürdenüberquerung, eine hohe Ballenlandung mit dem Übergang in den raumgreifenden ersten Schritt, die Koordination der Arm- und Beinbewegung in der Überquerungs- und Landephase (und dadurch die Geradlinigkeit der Bewegung) sowie die dynamischen Merkmale der Gesamtbewegung noch nicht effektiv ausgeprägt.

▶ Aufgaben:

Kontrollieren Sie, ob Sie wichtige Elemente der Technik des Hürdenlaufs *begründen* können!

1. Welche Vorteile bringt eine hohe Laufposition (bzw. hohe KSP-Lage) in der Stützphase I für die Gestaltung der Flugkurve des Hürdenschritts?

2. Was unternimmt ein Läufer, um diese hohe Position zu erreichen?

3. Welchen Zusammenhang gibt es zwischen Höhe der Flugkurve und Abspreizbewegung des Nachziehbeines?

3. Wozu wird die Körpervorlage im Hürdenschritt nötig?

5. Weshalb hat ein schnelles, aktives Senken des Schwungbeines Vorteile für die Nachziehbewegung?

6. Warum soll während der Landung nach der Hürde (Stützphase II) der KSP möglichst über dem Stützfuß sein?

7. Welche Bedeutung hat der aktive Ballenaufsatz in der Stützphase I und II für die nachfolgende Streckung?

## Technische Ausbildung

Im Hürdenlauf ist die Aneignung eines solchen Bewegungsablaufs, wie er für eine Wettkampfteilnahme notwendig wird, relativ kompliziert.

Es müssen dazu nicht nur der Hürdenschritt beherrscht, sondern vor allem auch die vorgeschriebenen Hürdenabstände und -höhen bewältigt werden können.

Gerade der Anfänger besitzt oft noch nicht die erforderlichen technischen, aber auch konditionellen sowie konstitutionellen Voraussetzungen (Körperhöhe, Schrittlänge).

Das erfordert, gemeinsam mit der Entwicklung der Hürdenschritt-Technik immer auch die effektive Bewältigung des wettkampfgerechten Hürdenabstandes zu schulen.

In den letzten Jahren führte das zu neuen Auffassungen zur Schulung des Hürdenlaufs:

● Das Üben mit wettkampfmäßigen Abständen bei beliebigen Schrittzahlen zwischen den Hürden (vom 5- über den 4- bis zum 3-Schritt-Rhythmus) und beidseitiges Schulen ist effektiver als die Verfahrensweise, bei der von Beginn an der 3-Schritt-Rhythmus bei allmählicher Ausdehnung der Hürdenabstände bis zum Wettkampfmaß geschult wurde.

● Besonders zweckmäßig für Kinder ist der 4-Schritt-Rhythmus bei Wettkampfabständen. Die daran gebundene Fähigkeit, die Hürden beidseitig überwinden zu können, begünstigt das Lauftempo, fördert die Wettkampffähigkeit, führt zeitiger zum Überwinden des Wettkampfabstandes auch im 3-Schritt-Rhythmus und verbessert (durch den engen Zusammenhang zwischen effektivem Hürdenrhythmus und Hürdenschritt-Technik) die Qualität des Hürdenschrittes.

● Flache Hindernisse und niedrige Hürden (30–60 cm) zu Beginn der Ausbildung unterstützen den Lernprozeß deutlich, weil die Laufgeschwindigkeit dadurch höher wird und daraus Vorteile für die Hürdenschritt-Technik resultieren.

### Leitlinien des methodischen Vorgehens

● Die Entwicklung der Fähigkeit zur Überwindung der *Abstände sowie das Schulen* der Technik des *Hürdenschritts* erfolgen prinzipiell *gemeinsam* (Ganzheitsmethode).
● Hürdenlauf ist immer *Sprintlauf.* Jedes Überlaufen erfolgt in mindestens submaximalem Tempo.
● Es wird zeitig mit Hindernis- bzw. Hürdenabständen gearbeitet, die den *Wettkampfmaßen* entsprechen.
● Es ist stets die Rhythmik des *Zwischenhürdenlaufs mitzuschulen,* indem immer mindestens zwei Hindernisse/Hürden überlaufen werden müssen.
● Es ist die Fähigkeit zur *beidseitigen* Ausführung (rechts und links) des Hürdenschritts zu entwickeln.
● Die Schulung des Hürdenschritts erfolgt im ganzheitlichen Vollzug, wobei die *Aufmerksamkeit* des Übenden jeweils *auf einzelne Elemente* gerichtet wird.
● Die Erhöhung der Anforderungen geschieht durch *Steigern der Hürdenhöhe,* später durch die wachsende Anzahl der Hürden.
● Durch die zeitige Entwicklung der speziellen *Beweglichkeit* sowie durch den Einsatz von Imitationsübungen sind günstige Voraussetzungen für die Vervollkommnung des Hürdenschrittes zu schaffen.

### Reihung der Ausbildungsaufgaben

**1. Entwicklung des sprintgemäßen und rhythmischen *Überlaufens flacher Hindernisse.***
Es werden die Grundvorstellungen vom Hürdenlauf unter stark vereinfachten Bedingungen (Hindernishöhe) geschaffen (Tempo, Beibehalten des Sprintlaufs trotz emotional-psychischer Belastung wichtig).
**2. Erlernen der Bewegungen des *Schwungbeines* im Hürdenschritt.**
Im ganzheitlichen Vollzug (unter erleichterten Bedingungen) erfolgt die Schulung der Schwungbeinbewegung, indem sich der Sportler jeweils auf Teilelemente der Bewegungsführung konzentrieren muß.
**3. Erlernen der Bewegungen des *Nachziehbeines.***
Wie bei 2.

**4. Ausbau und Vervollkommnung der *Gesamtbewegung.***
In dieser Phase der bewußten Bewegungsschulung wird vorwiegend der gesamte Bewegungsablauf unter Normalbedingungen (Geschwindigkeit, Hürdenhöhe, -abstand) vervollkommnet. Es werden Details des Hürdenschritts, aber auch der Startausführung und des Zwischenhürdenlaufs gezielt beobachtet und korrigiert.

▶ Aufgabe:
Überlegen Sie, welche Ursachen für die genannten Fehler vorliegen können!

### Wettbewerbs-/Wettkampfformen

Entsprechend der Spezifik des Hürdenlaufs ist gerade zum Vermeiden bzw. Abstellen entscheidender Fehlerursachen das *häufige Laufen* in Wettbewerbs- und Wettkampfformen wichtig (bei erster Ausbildungsaufgabe). Folgende *Organisationsformen* sind dazu empfehlenswert:
– Verfolgungsjagd über niedrige Hindernisse (Abb. 65);
– Hürdenstafette (Abb. 66);
– Wettkampf- oder wettkampfähnliche Läufe über 3–5 Hürden in verschiedenen Variationen (Abb. 67).

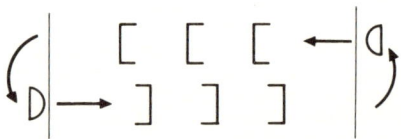

Abb. 65

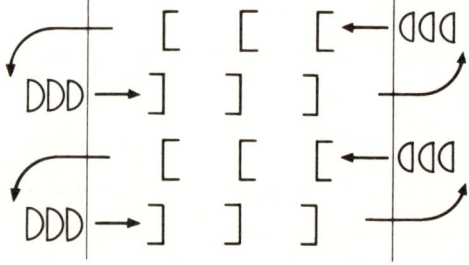

Abb. 66

## Übungskomplexe und methodische Hinweise zu den Ausbildungsaufgaben

### 1. Aufgabe: Entwickeln des sprintgemäßen und rhythmischen Überlaufens flacher Hindernisse

*Ziel: Fähigkeit, flache Hindernisse in hohem Tempo (flüssigem Sprintlauf) gleich- bzw. wechselseitig überwinden zu können*
*Steigerung: Anzahl der Hindernisse (von 2 auf 4), Höhe der Hindernisse (Markierung, Graben, 26–50 cm Hindernis)*

| Vorbereiten | Erlernen | Vervollkommnen |
|---|---|---|
| Staffelspiele/Wettspiele über flache Hindernisse | **1. Grundübung** **Lauf über drei flache Hindernisse** | Lauf über Markierungen (Graben, Hindernis) in unterschiedlichem Abstand |
| Sprints über Markierungen (Striche, Seile) | | Lauf über 3 unterschiedlich hohe Hindernisse (Markierung, Hindernis, Graben o. ä.) |
| Zonenlaufen über Markierungen | | |
| Sprints über „Gräben" (nicht zu betretender Zwischenraum) | | Lauf aus dem Hoch- und Tiefstart über 3 flache Hindernisse |
| Zonenlaufen über „Gräben" (Abb. 58) | | |

Abb. 59

Abb. 58

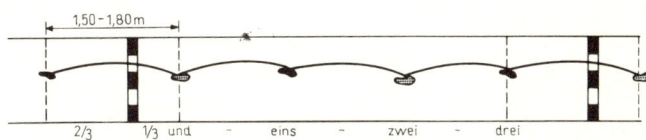

*Beobachtungspunkte:*
- Tempo
- nur geringe Schrittlängenveränderung zur Überwindung der Abstände (kein übermäßiges Ziehen oder Trippeln)
- willkürliches Überwinden links wie rechts nach 3er-, 4er- (oder 5er-) Rhythmus
- Lauftechnik (Ballenlauf)
- zweckmäßiger Abstand zum Hindernis
- betonter Kniehub über dem Hindernis

*Methodisch-organisatorische Hinweise:*
- beidseitiges Laufen abfordern (auch bei 3er- oder 5er-Rhythmus Seite wechseln)
- Wettbewerbsformen organisieren
- Hindernisabstände etwa entsprechend Wettkampfmaß
- bei Grundübungen Markierungen für Abdruck- und Landestelle sowie Schrittrhythmus anlegen
- in der Halle gut über Bänke möglich
- akustisch-rhythmische Unterstützung geben

### 2. Aufgabe: Erlernen und Vervollkommnen der Bewegungen des Schwungbeines

*Ziel: technikgerechte Ausführung der Anschwung-, Überquerungs- und Landebewegung des Schwungbeines unter erleichterten Bedingungen*
*Steigerung: Höhe der Hindernisse (flach – differenziert höher für Schwungbein – 76-cm-Hürde)*

| Vorbereiten | Erlernen | Vervollkommnen |
|---|---|---|
| gymnastische Übungen zur Dehnung der Muskulatur der Schwungbein-Rückseite wie | **2. Grundübung** **Überlaufen von Hindernissen mit Konzentration auf die Bewegung des Schwungbeins (Folge vgl. Beobachtungspunkte)** | spezielle Dehnübungen |
| - Rumpfbeugen im Stand- und Hocksitz | | Hürdensitzübungen: Vor- und Seitbeugen, Hürdensitzwechsel u. a. |
| - zum hüfthoch aufgesetzten Schwungbein | - über flaches Hindernis | Ausschleudern des Unterschenkels |
| - Federn im Spagatschritt | - Nachziehbein über flaches, Schwungbein über erhöhtes Hindernis (Abb. 61) | - aus dem Kniehebelauf mit 5, 3, 1, 4, 2 Zwischenschritten |
| - Beinschwingen | - über 60–76-cm-Hürde | - zur Hürdenkante (Sprossenwand) nach Angehschritten |

Ausschleudern des Unterschenkels nach Kniehub
– im Stand
– im Gehen
– zur Hürdenkante, Sprossenwand o. ä. (Abb. 60)

Schwungbeineinsatz über die Hürde
– im Stand
– im Vorbeigehen
– im Vorbeilaufen im Kniehebelauf
– im Vorbeilaufen mit 5- u. 3-Schrittrhythmus zwischen den Hürden
– im Vorbeilaufen mit 4-Schrittrhythmus (Seitenwechsel)

Überlaufen der Hürden aus dem Kniehebelauf mit betontem Schwungbeineinsatz
Einsteigeübung

Abb. 60

Abb. 61

*Beobachtungspunkte:*
– beim Abdruck hoch auf dem Ballen
– Schwungbein stark gebeugt
– guter Kniehub
– schnelles geradliniges Ausschleudern
– Ferse dicht über Hürdenkante
– aktives, schnelles Senken
– Landung auf dem Ballen
– KSP über dem Fuß

*Methodisch-organisatorische Hinweise:*
– beidseitig schulen
– ganzheitlich ausbilden, indem immer auch Hindernis für Nachziehbein vorhanden ist
– zumeist submaximale und maximale Läufe sowie Wettkampfabstände
– jeweils für 1–3 Läufe eine bestimmte Ausführungsaufgabe (Beobachtungspunkt) stellen

## 3. Aufgabe: Erlernen und Vervollkommnen der Bewegungen des Nachziehbeines

*Ziel: technikgerechte Ausführung der Abspreizbewegung, des koordinierten Nachziehens und Vorführens zum ersten Zwischenhürdenschritt*
*Steigerung: Höhe der Hindernisse (flach – differenziert höher für Nachziehbein – 76-cm-Hürde)*

| Vorbereiten | Erlernen | Vervollkommnen |
| --- | --- | --- |
| Gymnastische Übungen zur Verbesserung der Hüftbeweglichkeit wie Beinkreisen, Achterkreisen, Federn im Spagat, Beinbeugen im weiten Grätschstand (wechselseitig), Federn der Knie nach außen im Hocksitz (Abb. 62) | **3. Grundübung** **Überlaufen von Hindernissen mit Konzentration auf die Bewegung des Nachziehbeins (Folge vgl. Beobachtungspunkte)** <br><br> – über flaches Hindernis <br> – Schwungbein über flaches, Nachziehbein über erhöhtes Hindernis (vgl. Abb. 60) <br> – über 60–76-cm-Hürde | Spezielle gymnastische Abspreizübungen (an Sprossenwand usw.) <br><br> Hürdensitzübungen: <br> Seit- und Rückbeugen, Abheben des Knies im Sitz, Hürdensitzwechsel, Vorziehen des Nachziehbeines in den Strecksitz <br><br> Imitation der Nachziehbeinbewegung <br> – im Stand (ohne und mit Hürde) <br> – mit Partnerhilfe (Abb. 63) <br> Nachziehbewegung über die Hürde <br> – im Vorbeigehen <br> – im Vorbeilaufen (mit 3-, 1-, 4- und 2-Schrittrhythmus) |

Abb. 62

Abb. 63

*Beobachtungspunkte:*
– Fußaufsatz auf dem Ballen
– kräftiger Abdruck
– entspanntes Auspendeln
– Auswärtsspreizen von Knie und Fuß (70–90°)
– hohes und weites Vorführen des Knies (Vorbringen der Hüfte)
– ohne Verdrehen von Hüft- und Schulterachse

*Methodisch-organisatorische Hinweise:*
– wie Aufgabe 2
– Bodenmarkierer für Abdruck, Landung und den ersten Schritt

160

# 4. Aufgabe: Ausbau, Vervollkommnung und Korrektur der Gesamtbewegung

*Ziel: Entwickeln und Vervollkommen der Bewegung bis zu der dem Wettkampfvollzug entsprechenden Gesamtbewegung*

*Steigerung: von Hauptmerkmalen zu Details des Bewegungsablaufs, Verlängern der Laufstrecke bzw. Vergrößern der Hürdenzahl*

| Vorbereiten | Erlernen | Vervollkommnen |
|---|---|---|
| Hoch- und Tiefstarts an den Hürden vorbei mit Kontrolle der Schrittmarkierung (besonders des letzten Fußaufsatzes vor der Hürde) und Veränderung der Ablaufstelle bzw. der Startstellung | **4. Grundübung** <br> **Überlaufen von 3–5 Hürden (Wettkampfhöhe und -abstand) aus dem Tiefstart** <br><br> **5. Grundübung** <br> **Überlaufen von 3–5 Hürden mit konzentrierter Beachtung und Korrektur von Bewegungsdetails** <br><br> – in der Gesamtbewegung (z. B. Sprintschritt, Armarbeit, Geradlinigkeit) <br> – in der Anlaufgestaltung <br> – im Hürdenschritt <br> – im Zwischenhürdenlauf | abwechselnd über die Hürden und auf der Flachstrecke <br><br> Überlaufen von 2 Hürden aus dem Tiefstart <br> – mit gering verkürzter Anlaufstrecke <br> – mit verlängertem Anlauf (höhere Geschwindigkeit) <br><br> Hürdenläufe mit 5- und 1-Schrittrhythmus <br> Hürdenläufe mit Schrittmarkierungen <br> Hürdenläufe mit gering verkürzten Hürdenabständen <br> – aller Hürden <br> – zur 3.–5. Hürde <br><br> Hürdenläufe über variierende Hürdenhöhen (Abb. 64) |

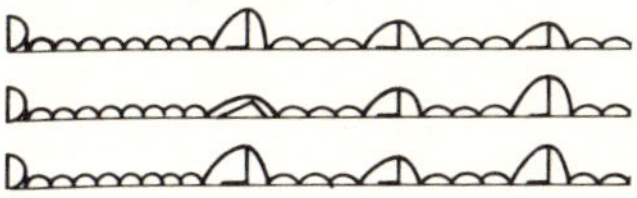

Abb. 64

**Beobachtungspunkte:**
- zweckmäßige Tiefstartposition
- Startbeschleunigung
- Treffsicherheit der Abdruckstelle vor der Hürde
- Hürdenattacke
- flaches Überqueren
- Geradlinigkeit in der Gesamtbewegung
- Landeposition nach der Hürde
- Relation der Zwischenhürdenschritte zueinander

**Methodisch-organisatorische Hinweise:**
- Hürdenabstände und -höhen im Wettkampfmaß
- entsprechend spezifischer Aufgabenstellung auch Veränderung der Hürdenmaße möglich

## Wesentliche Fehler und Korrekturmöglichkeiten

| Fehler | Korrekturmöglichkeiten |
|---|---|
| Angehen der Hürde zu passiv | Wettkampfformen |
| Hemmungen | niedrige 1. Hürde |
| Ungenauigkeit beim Treffen der Abdruckmarkierung vor der Hürde | volles Tempo! <br> Heran- oder Zurücksetzen des vorderen Beines |
| erste Schritte sind zu kurz, die letzten zu lang | Sprints ohne Hürden <br> Anläufe mit Markierungen für die einzelnen Schritte |
| zu dichtes Heranlaufen, falsche Vorstellungen von der Entfernung | Abdruckmarkierung <br> Läufe über Gräben oder sehr flache Hindernisse |
| kein „hohes" Angehen der Hürde, letzter Schritt nicht auf dem Ballen | „Von oben in die Hürde hinein!" <br> Läufe aus dem Kniehebelauf (bewußt auf dem Ballen) |
| Sprung, kein flaches Überlaufen | Überprüfung der Abdruckstelle <br> Markierung <br> niedrigere Hürden in vollem Tempo |
| kein geradliniger Schwungbeineinsatz oder das Bein gestreckt nach vorn | Entfernungsmarkierung <br> Üben des Anpendelns ohne und an der Hürde |

| Fehler | Korrekturmöglichkeiten |
|---|---|
| passives Landen, Stemmen | alle Läufe mit Weitersprinten<br>Verstärkung der Körpervorlage über der Hürde<br>„Das Bein aktiv unter dem Körper!" |
| Nachziehbein schlecht ausgewinkelt | Hürdensitz, Nachziehübungen<br>„Fußspitze (Knie) nach außen!" |
| Nachziehbein zu schnell nachgezogen (Hocke) | Läufe über niedrige Hindernisse<br>„Verstärke den Abdruck!", „Laß das Bein erst ausruhen!" |
| Nachziehbein fällt nach der Hürde zu schnell herab, sehr kurzer 1. Schritt | Markierung 1. Schritt<br>Partnerübung<br>„Das Knie weit in Laufrichtung (vor dem Körper!)" |
| Zwischenhürdenlauf nicht geradlinig bzw. gesprungen | Verbesserung der Hürdenschritte (Nachziehbein)<br>niedrigere Hindernisse<br>höheres Tempo |

Abb. 67

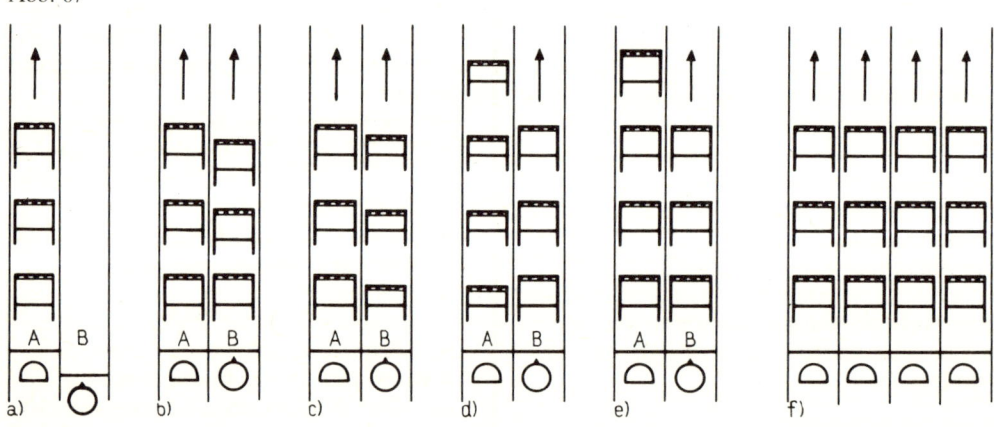

| Läufer A | Läufer B | Läufer A | Läufer B |
|---|---|---|---|
| a) über Hürden mit beliebigen Abständen und Höhen | a) neben den Hürden | e) über 5 Hürden mit Wettkampfabständen und Wettkampfhöhen | e) über 3–4 Hürden mit Wettkampfabstand und Wettkampfhöhen |
| b) Wettkampfabstände und Wettkampfhöhen | b) verkürze Abstände und Wettkampfhöhen | f) Wettkampf mehrerer gleichstarker Läufer über die Wettkampfstrecke Einlauf- oder Zeitwertung | f) Wettkampf mehrerer gleichstarker Läufer über die Wettkampfstrecke Einlauf- oder Zeitwertung |
| c) Wettkampfabstände und Wettkampfhöhen | c) Wettkampfabstand und niedere Höhen | | |
| d) über 5 Hürden mit niederen Höhen und Wettkampfabständen | d) über 3–4 Hürden mit Wettkampfhöhen und Wettkampfabständen | | |

# 5.8. Training im Nachwuchsbereich

▶ Aufgabe:

Im Kap. 3 (Grundlagen des Trainingsprozesses in der Leichtathletik) sowie im Kap. 4.2. (Aufbautraining) wurden wesentliche Grundzüge des Trainings herausgearbeitet.

Die folgenden Ausführungen präzisieren einige dieser Grundzüge, im besonderen die Auswahl und den Einsatz der Trainingsmittel für den Bereich des Sprinttrainings.

Vergegenwärtigen Sie sich darum vor und während des Studiums dieses Abschnitts ständig die Prinzipien und Zusammenhänge des Trainings, auf denen die behandelten Spezifika des Sprinttrainings aufbauen.

Im Nachwuchstraining werden nach Absolvierung des Grundlagentrainings bis zum Eintritt in das Hochleistungstraining – dieser mehrjährige Abschnitt ist benannt als Aufbautraining (DLV) bzw. Aufbau- und Anschlußtraining (ehemaliger DVfL) – die Grundlagen des speziellen Leistungsvermögens des Sprinters geschaffen. In Gemeinsamkeit damit, jedoch nicht vordergründig beabsichtigt, wird auch bereits spezifisch an der Entwicklung der leistungsdominierenden Fähigkeiten gearbeitet (insbesondere im Schnelligkeitsbereich).

> Die Zielstellung des Aufbau-/Anschlußtrainings ist erreicht, wenn – gemessen sowohl an den sportlichen Leistungen als auch an der Ausprägung der entscheidenden Fähigkeiten – solche allseitigen Voraussetzungen gegeben sind, die die Aufnahme des Hochleistungstrainings für gerechtfertigt erscheinen lassen.

Dafür kann – auf der Leistungsseite – das annähernde Erreichen der Qualifikationsnormen für erste internationale Meisterschaften (z. B. Junioren-Europameisterschaften) bzw. der 50-Besten-Liste für Junioren ein gewisser Maßstab sein (vgl. Tab. 42).

Inwiefern entscheidende Leistungsvoraussetzungen geschaffen wurden, darüber geben die in Tabelle 43 aufgeführten Testwerte eine Orientierung.

Abgeleitet aus
– den leistungsstrukturellen Merkmalen der Sprintdisziplinen (Kap. 5.2.)
– den Prinzipien des langfristigen Leistungsaufbaus sowie

Tabelle 42: Leistungsziele am Ende des Nachwuchstrainings (als Voraussetzungen für die Aufnahme des Hochleistungstrainings)

| Disziplin | Norm Junioren-Europameisterschaft 1991 (in s) | | 50. Platz der europ. Jahresbestenliste 1989 (Leistung in s) | |
|---|---|---|---|---|
| | m | w | m | w |
| 100 m | 10,74 | 11,94 | 10,74 | 11,90 |
| 200 m | 21,54 | 24,44 | 21,66 | 24,34 |
| 400 m | 48,14 | 54,74 | 48,21 | 55,05 |
| 110/100 m Hü. | 14,64 | 14,14 | 14,70 | 14,10 |
| 400 m Hü. | 53,14 | 60,04 | 53,27 | 60,70 |

– der Berücksichtigung der biologischen Altersbesonderheiten
ergeben sich für das Nachwuchstraining im Sprint folgende Aufgaben:

– optimale Entwicklung der *Schnelligkeitsfähigkeiten* (Reaktions- und Aktionsschnelligkeit, Frequenzschnelligkeit, maximale Schnelligkeit, Beschleunigungsfähigkeit);
– schwerpunktmäßiges Erarbeiten der *speziellen koordinativ-technischen Voraussetzungen* (Techniken, spezifische koordinative Fähigkeiten);
– Entwicklung *spezieller Schnellkraft- und Schnelligkeitsausdauerfähigkeiten* (Grundlagen);
– Vervollkommnung der *allgemeinen konditionellen und koordinativen Leistungsvoraussetzungen* (allgemeine Kraftfähigkeiten, Grundlagenausdauer, unspezifische koordinative Fähigkeiten);
– Vervollkommnung der allgemeinen sowie gezielte Ausprägung der sprintspezifischen *Verhaltens- und Steuereigenschaften*.

Diese Aufgaben sind grundsätzlich in allen Trainingsjahren des Nachwuchstrainings zu realisieren. Dabei ergeben sich jedoch – den Prinzipien Spezialisierung sowie Belastungssteigerung folgend – *Differenzierungen* in ihrer Gewichtigkeit:

● In Fortsetzung der Absichten des Grundlagentrainings sind Schnelligkeitsentwicklung, koordinativ-technische Schulung und allge-

Tabelle 43:  Leistungsanforderungen am Ende des Nachwuchstrainings als Voraussetzung für die Aufnahme des Hochleistungstrainings

| | 100/200 m | | 400 m | | 110/100 m Hü. | | 400 m Hü. | |
|---|---|---|---|---|---|---|---|---|
| | m | w | m | w | m | w | m | w |
| 30 m (Tiefstart) | 4,08 | 4,40 | | | 4,15 | 4,65 | | |
| 30–60 m | 2,80 | 3,20 | 2,90 | 3,20 | 2,90 | 3,18 | 3,00 | 3,28 |
| 60 m (Tiefstart) | 6,88 | 7,60 | | | 7,05 | 7,83 | | |
| 60–80 m | 1,92 | 2,12 | | | 1,93 | 2,17 | | |
| 80 m (Tiefstart) | 8,83 | 9,72 | 9,20 | 9,85 | 9,00 | 10,00 | 9,20 | 10,20 |
| 100 m (Tiefstart) | 10,75 | 11,85 | 10,80 | 12,00 | 11,00 | 12,20 | 11,00 | 12,40 |
| 200 m | 21,55 | 24,20 | 21,20 | 24,60 | 22,40 | 24,90 | 22,50 | 24,80 |
| 10er-Sprunglauf | 33,50 | 30,00 | 34,00 | 30,00 | 32,00 | 29,00 | 33,50 | 30,00 |
| 3er-Hop | 9,20 | 7,90 | 9,20 | 7,90 | | | | |
| Kniebeuge | 2× KG** | 1,5× KG | 2× KG | 1,4× KG | 2× KG | 1,5× KG | 2× KG | 1,4× KG |
| 3 × 400 m I 2* | | | 49,5 | 57,0 | | | 51,0 | 57,00 |
| 400 m | | | | | 46,80 | 54,00 | | 54,50 |
| 1. Hürde | | | | | 2,72 | 2,75 | 6,45 | 6,90 |
| 5. Hürde | | | | | 7,08 | 7,02 | 23,40 | 25,30 |
| 9. Hürde | | | | | 11,54 | 11,28 | 42,25 | 46,40 |

* I 2 = Intensitätsbereich 2
** KG = Körpergewicht

meine Ausbildung im ersten Teil des Aufbautrainings die dominierenden Aufgaben. Die Entwicklung der Schnellkraft- und speziellen Schnelligkeitsausdauervoraussetzungen darf hier nur verhalten (gewissermaßen als Vorbereitung) beginnen.

Die gezielte Arbeit an diesen Voraussetzungen setzt im zweiten Abschnitt ein. Naturgemäß behält auch hier die Schnelligkeitsentwicklung ihre Dominanz; allgemeine Ausbildung und technisch-koordinative Schulung treten dagegen etwas zurück, wenn der Ausbildungsstand des Athleten das rechtfertigt. Ein bestimmter Anteil muß jedoch in allen Jahren erhalten bleiben, so wird die allgemeine Ausbildung auch in diesen Trainingsjahren des fortgeschrittenen Leistungsaufbaus nicht unter 40 bis 30 Prozent des Gesamttrainingsumfanges fallen können, ohne Probleme in der kontinuierlichen Entwicklung zu provozieren.

● Eine Spezialisierung in Kurz-, Hürden- und Langsprint wird nach unseren Auffassungen erst im Verlaufe des Aufbautrainings, also ca. mit dem 3./4. Jahr des Aufbautrainings bzw. mit Übergang ins Anschlußtraining, ratsam. Bis dahin sollte der junge Sprinter komplex in allen Disziplinbereichen vorbereitet werden.

● Zu allen Aufgaben/Trainingsbereichen muß über die Trainingsjahre eine kontinuierliche Belastungssteigerung geplant werden. Das erfolgt vorrangig über die Umfangssteigerung, in zweiter Linie über die Anwendung intensiverer Belastungen/Trainingsmittel. Die Erhöhung der Belastungsintensität gewinnt im zweiten Abschnitt an Bedeutung.

▶ Aufgabe:
Verfolgen Sie diese Herangehensweise anhand Tabelle 44 sowie ausgewählter Trainingskennziffern/Trainingsanteile eines erfolgreichen Athleten (Tabelle 45).
Berücksichtigen Sie dabei, daß die Realisierung der angegebenen Trainingsumfänge unter sehr günstigen Förderbedingungen erfolgte und diese Umfänge nicht problemlos kopierbar sind. Die Proportionen zwischen den Trainingsbereichen sind dagegen beispielhaft.

▶ Aufgabe:
Informieren Sie sich nochmals im Kap. 4.2. über
– den Charakter der Spezialisierung;
– den Anteil der allgemeinen Ausbildung am Gesamttraining im Verlaufe des Aufbautrainings!

**Allgemeine Ausbildung**

▶ Aufgabe:
Vergleichen Sie mit Kapitel 4.2.3.!

Tabelle 44:   *Gewichtigkeit der Ausbildungsaufgaben im langfristigen Aufbau des Sprinters*

| | | Grundlagen-training | Aufbau-training | Anschluß-training | Hochleistungs-training |
|---|---|---|---|---|---|
| Allgemeine Athletik | | ××× | ××× | ×× | × |
| Schnelligkeits- und Beschleuni-gungstraining | submax. | ××× | ××× | ××× | ×× |
| | maximal | ×× | ×× | ××× | ××× |
| Ausdauer | DL / FS | ×× | ×× | × | × |
| | niedr. Int. | × | ×× | ××× | ×× |
| | subm. / I 2, I 3 | (×) | ×× | ×× | ×× |
| | max. Int. | | × | ×× | ××× |
| Schnellkraft | | ×× | ×× | ××× | ××× |
| Maximalkraft | | | (×) | ×× | ××× |

Tabelle 45:   *Belastungskennziffern von Th. Schönlebe im langfristigen Leistungsaufbau (zwischen 13 und 17 Jahren)*

| | | Aufbau-/Anschlußtraining | | | | |
|---|---|---|---|---|---|---|
| | | 13 | 14 | 15 | 16 | 17 |
| allg. Athletik (Std.) | | 320 | 331 | 320 | 365 | 367 |
| Schnelligkeits- und Beschleunigungs-training (km) | | 52 | 68 | 75 | 102 | 102 |
| davon submax. (%) | | 75 | 75 | 80 | 75 | 70 |
| Schnelligkeits-ausdauer | I 1 | | | | 11 | 16 |
| (Umfang in km) | | 5 | 4 | 10 | | |
| | I 2 | | | | 29 | 51 |
| | I 3 | 8 | 9 | 14 | 56 | 98 |
| Ausdauer | niedr. I. | 26 | 17 | 35 | 115 | 300 |
| (Umfang in km). | DL / FS | 145 | 187 | 236 | 529 | 1 058 |
| Sprungkraft (Anz. d. Sprünge) | | 6 900 | 8 065 | 9 725 | 14 545 | 16 560 |

## Entwicklung der Schnelligkeits- und Beschleunigungsfähigkeit

Maximale Laufschnelligkeit und Beschleunigungsfähigkeit sind die Leistungskomponenten des Sprinters, in denen sich die gegebenen und erworbenen Schnelligkeitsvoraussetzungen des Sportlers – Reaktions-, Aktions- und Frequenzschnelligkeit – widerspiegeln.

Neben der allgemeinen und technisch-koordinativen Ausbildung nimmt dieser Ausbildungsschwerpunkt im Training junger Sprinter eine *dominierende* Stellung ein.

Für die Herausbildung der Schnelligkeitsvoraussetzungen sind im Grundlagen- und Aufbautraining – entsprechend den biologischen Entwicklungsbesonderheiten und der Belastbarkeit der Sportler – günstige Bedingungen gegeben. (Kap. 4.1.4.2.)
Dementsprechend werden bereits spezielle Trainingsübungen genutzt (Sprintläufe, aber vorwiegend in submaximaler Intensität.)
Beim Schnelligkeitstraining muß immer auch auf die Entwicklung der Sprinttechnik eingewirkt werden.
Im Verlaufe des Aufbautrainings erhöht sich der Anteil der speziellen Trainingsmittel zur

Schnelligkeitsentwicklung am Gesamttraining, der Gesamtumfang der innerhalb der Trainingsjahre absolvierten Läufe wächst kontinuierlich. Ebenso erhöhen sich der in der einzelnen Trainingseinheit mögliche Belastungsumfang und die Streckenlänge der Einzelläufe. (Tab. 46)

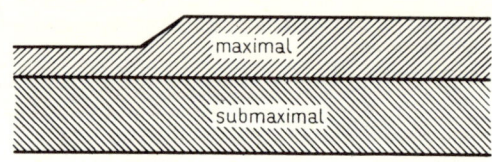

Abb. 68 Einsatz submaximaler und maximaler Sprints im Trainingsjahr (Aufbautraining)

Tabelle 46: *Belastungsumfänge von Sprintläufen im Aufbautraining*

| | Im Verlaufe des Aufbautrainings |
|---|---|
| Jahresumfang (km) | 20–30 bis 40–60 |
| Anteil submaximaler Läufe am Gesamtumfang (%) | 80 bis 60 |
| Maximaler Umfang/TE (km) | 0,3 bis 0,6 |
| Streckenlänge der Einzelläufe (m) (bzw. Abschnitte mit maximaler Geschwindigkeit) | 15–30 bis 20–40 |

## Trainingsmittelkomplexe

– *Beschleunigungsläufe:*
Streckenlänge 15–50 m, mindestens 10–12 Schritte aus dem Hoch- oder Tiefstart.
– *Sprintläufe:*
Streckenlänge 20–50 m, mit etwa gleich langem Beschleunigungsabschnitt.
– *Steigerungsläufe:*
Streckenlänge 60–100 m, Abschnitt mit hoher Geschwindigkeit auf letzten 20 bis 40 m.
– *Staffelwechsel:*
Als An- oder Abläufer.
– *Hürdenläufe:*
3–5 Hürden, 3-, 4- oder 5-Schritt-Rhythmus aus Hoch- und Tiefstart.
Alle Läufe können in maximaler oder submaximaler Geschwindigkeit realisiert werden.

## Einsatz im Makrozyklus

Trainingsübungen zur Entwicklung der Schnelligkeits- und Beschleunigungsfähigkeit werden über das *gesamte Trainingsjahr* hinweg angewendet.
Eine Veränderung im trainingsmethodischen Einsatz erfolgt hinsichtlich
– der Streckenlänge;
– der Relation zwischen maximalen und submaximalen Läufen (Abb. 68);
– des Umfangs pro MEZ und TE (vgl. Tab. 47)

– der Verwendung in der TE als Neben- oder Schwerpunktaufgabe.
● In *MEZ der allgemeinen Vorbereitung* wird der Einsatz von Sprintläufen besonders unter der Sicht der koordinativ-technischen Vorbereitung vorgenommen. Erst in zweiter Linie wird er durch die Forderung nach durchgängiger Schnelligkeitsentwicklung bedingt. Dementsprechend werden vorwiegend
– Steigerungsläufe,
– Abläufe aus dem Hochstart,
– fliegende Läufe,
– Hürdenläufe
angewandt.
Es dominiert die submaximale Intensität. Die *Streckenlänge* ist *kurz,* sie bewegt sich an der unteren Grenze der für die einzelnen Trainingsübungen zutreffenden Werte.
Prinzipiell sind alle Läufe in diesem Zyklus *mit der technischen Schulung zu koppeln.*
Die Schnelligkeitsentwicklung durch Sprintläufe wird besonders durch allgemeine Trainingsübungen ergänzt (Spiele mit Schnelligkeitscharakter).
● In *MEZ der speziell-gerichteten Vorbereitung* nimmt der zeitliche Anteil des Ausbildungsschwerpunktes am Gesamttraining deutlich zu. Die *Steigerung der Anforderungen* erfolgt durch
– gezielteren Einsatz der Trainingsübungen,
– Erhöhung der Belastungsanforderungen.
Der Umfang von Beschleunigungsläufen und fliegenden Sprints nimmt zu.
Der Anteil *maximaler* Läufe gegenüber *submaximalen* steigt auf ein Verhältnis 1:2. Die Laufstrecken werden kontinuierlich verlängert, die Belastungsumfänge pro TE erhöhen sich.
● In den *MEZ der speziellen Vorbereitung und der Leistungsausprägung* stellt die Schnelligkeitsentwicklung den Hauptschwerpunkt des Trainings dar. Es vergrößern sich weiter
– *Umfang und Intensität* der Läufe (Steige-

Tabelle 47: *Typische Trainingsprogramme zur Entwicklung der Schnelligkeits- und Beschleunigungsfähigkeit im Kurzsprint (Anschlußtraining)*

| | MEZ der allg. Vorbereitung | MEZ der spez. Vorbereitung | MEZ der Leist.ausprägung |
|---|---|---|---|
| Schnelligkeit (submaximal) | TE A 5×100 m StL (GP) 6× Stabwechsel (6'P) | 2×100 m StL (6'P) | 2×100 m StL (6'P) |
| | TE B 2×100 m StL (GP) 2×5×30 m fl. (5'P, 6'SP) | | |
| Schnelligkeit (maximal) | TE A | 1×100 m StL (8'P) 1×30 m fl | 1×100 m StL (6'P) 2×30 m fl (12'P) |
| | TE B | | 1×100 m StL (6'P) 2× Stabwechsel (12'P) |
| Beschleunigung (submaximal) | TE A 3×50 m HS (6'P) | 3×40 m HS (5'P) | 2×30 m HS (3'P) 2×30 m TS (3'P) |
| | TE B 5×30 m HS (3'P) 3×40 m HS (5'P) 2×60 m HS (6'P) | 4×30 m HS (6'P) 2×50 m HS (7'P) 1×60 m HS (8'P) | 2×40 m HS (5'P) 2×30 m TS (5'P) 2×50 m TS (10'P) |
| | TE C 2×20 m TS (5'P) 3×30 m TS (6'P) 2×40 m TS (10'P) | 2×40 m HS (5'P) 1×50 m HS (8'P) 2×30 m TS (5'P) 2×50 m TS (10'P) | |
| Beschleunigung (maximal) | TE A | 2×30 m HS (8'P) 2×30 m TS (8'P) | 2×40 m HS (8'P) 1×30 m TS (8'P) 1×40 m TS (8'P) 1×50 m TS (12'P) |

TE = Trainingseinheit, StL = Steigerungslauf, HS = Hochstart, TS = Tiefstart, fl. = fliegend, P = Pause, SP = Serienpause, GP = Gehpause

rung des Anteils maximaler Läufe bei Beibehaltung des Umfangs submaximaler Läufe);
- die *Streckenlänge* (bis zum Maximum der für die Übung und Altersklasse zutreffenden Werte);
- der *Laufumfang pro TE*.
Größtenteils erfolgt die Schulung in speziellen TE zur Schnelligkeitsentwicklung.

**Einsatz in der Trainingseinheit**
- Als *Schwerpunkt-TE* (ab dem MEZ der speziell-gerichteten Vorbereitung) zur Entwicklung der Schnelligkeit und der Lauftechnik;
- Als *Teil-TE* in der Kopplung mit
  • Technikschulung in Sprintdisziplinen sowie anderen Disziplinen (bes. Würfe),
  • allgemeiner Ausbildung,
  • Schnelligkeitsausdauer.

In der Regel erfolgt der Einsatz als erster Schwerpunkt der TE. Der Umfang/TE ist relativ gering (vgl. Tab. 46). Die Pausengestaltung erfolgt durch maximale Erholungsphasen, d. h., das Training wird nach der Wiederholungsmethode absolviert.
Dabei gelten als Orientierungswerte bei maximalen Läufen:
20-m-Laufstrecken – 3 min Pause
30-m-Laufstrecken – 4–5 min Pause
40-m-Laufstrecken – 6 min Pause

**Kontrolle:**
- 30-m-Tiefstart
- 30-m-fliegend
- 60-m-Tiefstart
- Tiefstart bis 3. Hürde
- Tiefstart bis 5. Hürde

### Entwicklung der Techniken der Sprintdisziplinen

> Die hohe Abhängigkeit optimaler Beschleunigungs- und Schnelligkeitsleistungen von einer effektiven Technik der sprintspezifischen Bewegungsabläufe erfordert, **der technischen Schulung im gesamten Aufbautraining höchste Aufmerksamkeit** zu schenken.

Die Techniken des Tiefstarts, des Beschleunigungs- und Sprintlaufs, des Hürdenlaufs und des Stabwechsels sind deshalb bereits bis zu einem *relativ hohen Ausprägungsgrad* zu entwickeln (vgl. Anforderungsprofile, Kap. 5.3.). Dabei ist der alters- und trainingsbedingte Entwicklungsstand der körperbaulichen sowie konditionell-koordinativen Voraussetzungen zu berücksichtigen.

Neben den genannten Einzeltechniken sind auch sprintspezifische Trainingsübungen gezielt zu schulen, vor allem das Sprint-Abc. In ihnen ist bereits ein guter technischer Ausbildungsstand anzustreben.

### Trainingsmittelkomplexe
– *Methodische Reihen* der Grundausbildung (vgl. Abschnitte zur technischen Ausbildung der Disziplinen, Grundübungen);
– *spezielle Technikübungen*.

### Einsatz im Makrozyklus
Die technische Ausbildung wird ganzjährig betrieben, innerhalb des Trainingsjahres erfolgt eine Schwerpunktlegung auf einzelne Techniken.
● In *MEZ der allgemeinen Vorbereitung* wird in Verbindung mit den submaximalen Sprints gezielt an der Verbesserung der Technik des Sprintlaufs sowie des Beschleunigungslaufs aus dem Hochstart gearbeitet. Daneben besitzt die Ausbildung der Hürdenlauftechnik einen Schwerpunkt im 1. MEZ.
● In *MEZ der speziell-gerichteten Vorbereitung* rückt neben der weiteren Arbeit an der Sprinttechnik der Beschleunigungslauf aus dem Tiefstart stärker in den Vordergrund.
● In den *MEZ der speziellen Vorbereitung und der Ausprägung* wird eine verstärkte Schulung aller Techniken – bei etwas höherem Anteil von Tiefstart-Abläufen und Staffelläufen – betrieben. Vor allem geht es dabei um das Bei-

behalten einer guten Qualität der Bewegungsabläufe bei höchster Geschwindigkeit.

### Einsatz in der Trainingseinheit
– Als Teil-TE
– 20- bis 40-min-Komplexe pro TE,
– in der Regel als TE-Teil 2 (nach der Erwärmung),
– günstig zu koppeln mit Schnelligkeitsschulung,
– zumeist Läufe in submaximaler Intensität, erst ab 3. MEZ auch in maximaler Geschwindigkeit.

### Häufigkeit/TE
Hürden (Anz.)    30–50
Tiefstart               8–12
Stabwechsel        8–12

### Kontrolle:
Technikbewertungen

### Entwicklung der Ausdauerfähigkeiten

Die Sprintleistung wird von Ausdauerfähigkeiten, besonders von der sprintspezifischen Schnelligkeitsausdauer, mit bestimmt. Die Entwicklung der Ausdauer ist deshalb ein immanenter Bestandteil des Sprinttrainings. Der Charakter des Ausdauertrainings ändert sich dabei jedoch im Verlaufe der Entwicklung der sportlichen Meisterschaft, und zwar
– sowohl hinsichtlich der angestrebten Komponenten der Ausdauerfähigkeit
– als auch in bezug auf die dazu eingesetzten Mittel und ihren Belastungsumfang.

> Im Aufbautraining wird die Schulung der Ausdauer unter dem Gesichtspunkt betrieben, insbesondere die *Belastungsverträglichkeit* für die hochspezifischen Reizsetzungen zu entwickeln, die im weiteren Trainingsverlauf beim Schnelligkeitsausdauertraining entstehen.

Das betrifft vorwiegend die Entwicklung einer ausreichenden aeroben Kapazität (allgemeine und Grundlagenausdauer) sowie bestimmter Grundlagen für anaerobe Prozesse. Eine gezielte Entwicklung der (wettkampfspezifischen) Sprintschnelligkeitsausdauer wird dagegen im Aufbautraining noch nicht intensiv betrieben; lediglich Test- und Wettkampfläufe tragen dazu bei. Diese Einschränkung schlägt sich deutlich im Trainingsumfang und in der Auswahl der Trainingsmittelkomplexe nieder.

Die Entwicklung der *Grundlagenausdauer erfolgt durch Dauerläufe und Fahrtspiel* sowie in Verbindung mit den Mitteln der *allgemeinen* Ausbildung.

Die *Schnelligkeitsausdauer* wird vorwiegend durch Belastungen in der *allgemeinen* Ausbildung (bes. Sportspiele) sowie durch *extensive* Laufbelastungen gefördert.

## Trainingsmittelkomplexe

– *Dauerlauf/Fahrtspiel;*
– *Tempoläufe in niedriger Intensität* (60 bis 80% der angestrebten Geschwindigkeit)
– *Tempoläufe in submaximaler Intensität* (bis 90%).

## Einsatz im Makrozyklus

Die einzelnen MEZ unterscheiden sich
– hinsichtlich der angestrebten Ausdauerkomponente;
– durch den Umfang der Ausdaueranforderungen;
– durch den Einsatz der Trainingsmittel (Übungen und Methoden) (vgl. Tab. 48)

● In *MEZ der allgemeinen Vorbereitung* liegt der Schwerpunkt auf der Grundlagenausdauer-Entwicklung durch Dauerläufe und Fahrtspiel. Das wird unterstützt durch die Ausprägung der allgemeinen Ausdauer innerhalb der allgemeinen Ausbildung (Kap. 6.4.).

● In *MEZ der speziell-gerichteten Vorbereitung* treten unter Beibehaltung des Umfangs der Dauerläufe extensive Läufe hinzu. Dabei überwiegen zunächst die Läufe in niedriger Intensität.

Im Verlaufe des MEZ werden die Belastungsanforderungen erhöht, indem
– der Umfang der Läufe steigt bzw.
– die Pausenlänge zwischen den Übungen verkürzt wird.

● Mit Übergang zum *MEZ der speziellen Vorbereitung* verändert sich der Anforderungscharakter, indem

Tabelle 48: *Typische Trainingsprogramme zur Entwicklung der allgemeinen und speziellen Ausdauerfähigkeit im Kurzsprint*

| | MEZ der allg. Vorbereitung | MEZ der spez. Vorbereitung | MEZ der Leistungsausprägung |
|---|---|---|---|
| Dauerlauf/Fahrtspiel (unter 60 %) | 6 – 8 km | 6 km | 4–6 km |
| Niedere Intensität (60 – 80 %) | 1 – 2×10×300 m (1'GP, 8'SP) | | |
| | 2×10 – 15×200 m (30''GP, 8'SP) | 2×10×200 m (30''GP, 6'SP) | 2×8×200 m (30''GP, 6 – 8'SP) |
| Intensität 3 (80 – 89 %) | 5 – 7×300 m (10 – 12'GP) | 10×150 m (6'GP) | 10×120 m (6 – 8'GP) |
| | 10×200 m + 10×100 m (5'GP, 12'SP) | 10×100 m (5'GP) | 10×100 m (5'GP) |
| Intensität 2 (90 – 94 %) | | 4×100 m + 4×250 m (12'GP, 20'SP) | 3×200 m (20'GP) |
| | | 5×80 m + 5×120 m (10'GP, 12'SP) | 2× 80 m (10'GP) 2×100 m (12'GP) 2×120 m (15'GP) |
| Intensität 1 (über 95 %) | | 4×80 m (15'GP) | 2× 80 m 2×120 m (20'GP, 30'SP) |
| | | 4×100 m (15 – 20'GP) | 2×100 m 2×150 m (25'GP, 30'SP) |

GP = Gehpause, SP = Serienpause

- die Intensität der Läufe zunimmt (höhere Laufgeschwindigkeit); ein Teil der Läufe erhält submaximalen Charakter;
- (dadurch bedingt) der Trainingsumfang geringer wird, d. h., die Streckenlänge und die Anzahl der Läufe verringern sich.

## Einsatz in der Trainingseinheit
- vorwiegend als *TE-Teil 3* und *4;*
- in vielen *Kopplungen,* z. B.
  Läufe im extensiven Bereich und Dauerlauf,
  submaximale und niedrige Intensität (2. MEZ),
  Schnelligkeitsläufe und submaximale Intensität (ab 3. MEZ);
- *maximale Umfänge*/TE (Tab. 49).

*Tabelle 49: Belastungsumfänge/TE im Ausdauertraining junger Sprinter*

|  | Aufbautraining |
|---|---|
| Dauerläufe/Fahrtspiel | 2 bis 6 km |
| Niedrige Intensität | 1,5–2 bis 2,5–3 km |
| Submaximale Intensität | 0,6–0,8 bis 1,2–1,5 km |

## Kontrolle:
- Dauerlauf, Croßläufe auf Zeit;
- Testläufe über längere Strecken als Wettkampfdistanz;
- Serienläufe (Ermitteln des Grades des Geschwindigkeitsabfalls bzw. der Erholungsfähigkeit zwischen den Läufen, z. B. Pulsmessung).

## *Entwicklung der Kraftfähigkeiten*
(vgl. auch 7.4.)

Zur Sicherung der Entwicklung der Schnelligkeits- und besonders der Beschleunigungsleistungen, die in gewissem Grade auch vom Niveau der speziellen Kraftvoraussetzungen abhängig sind, erfolgt eine spezielle *Schnellkraftentwicklung der Beine durch Sprungformen ohne Zusatzlast.* Dabei nutzt der Sprinter vertikale und horizontale Sprungübungen. In den ersten Trainingsjahren ist der Umfang beidbeiniger Absprünge hoch. Die technisch richtige Ausführung aller Sprungformen steht ständig vor der konditionellen Belastungswirkung.

## Trainingsmittelkomplexe
- *Sprint-Abc;*
- *horizontale Sprungübungen;*
- *vertikale Sprungübungen,*
- *Fuß- und Beinstreckübungen.*

## Einsatz im Makrozyklus (Tab. 50)
Für den Einsatz im MAZ ist charakteristisch:
- alle 4 Trainingsmittelkomplexe sind durchgängig in allen Zyklen anzuwenden, Sprungübungen mit Belastungsspitzen im 2. und 3. MEZ;
- von überwiegend beidbeinigen wird übergegangen zu einbeinigen Sprüngen;
- von überwiegend vertikalen zu überwiegend horizontalen Sprüngen;
- von längeren Sprungfolgen und großen Serien wird übergegangen bis zu wenigen kurzen Serien.

## Einsatz in der Trainingseinheit
- Sprungübungen zumeist in 2. Hälfte der TE;
- günstig zu koppeln mit allgemeiner Ausbildung;

Tabelle 50: Lage der Ausbildungsschwerpunkte im Trainingsjahr

|  |  | MEZ | | | | |
|---|---|---|---|---|---|---|
|  |  | 1 | 2 | 3 | 4 | 5 |
| Allgemeine Ausbildung |  | ××× | ××× | ×× | ×× | ×× |
| Ausbildung der Schnelligkeits- und | submax. Läufe | ×× | ×× | ×× | ×× | ×× |
| Beschleunigungsfähigkeit | max. Läufe | × | ×× | ××× | ××× | ××× |
| Technikschulung |  | ×× | ×× | ××× | ××× | ×× |
| Entwicklung der Ausdauerfähigkeit | DL/FS | ××× | ××× | ×× | × | × |
|  | niedr. Intensität | ×× | ××× | ×× | ×× | × |
|  | submax. Intensität |  | × | ×× | ×× | ×× |
| Entwicklung der Kraftfähigkeiten |  | × | ×× | ×× | × | × |

- optimale Umfänge/TE: 80–120 Sprünge;
- Sprint-Abc als Teil der Erwärmung.

## Kontrolle:
- Dreierhop;
- Hockstrecksprünge (5) auf Weite;
- 10er-Sprunglauf.

### Gestaltung von Mikrozyklen

Mikrozyklen sind relativ kurze Trainingsabschnitte von mehreren Tagen Länge (in der Regel eine Woche).
Von der effektiven Gestaltung des Trainings in den Mikrozyklen ist die Wirkung des Trainings wesentlich abhängig.
Dabei kommt es vor allem an
- auf die Anordnung der Hauptbelastungstage unter dem Gesichtspunkt von Belastung und Erholung;
- auf den Einsatz der Schwerpunkt-Trainingseinheiten oder -TE-Teile;
- auf die günstige Zuordnung weiterer Trainingsaufgaben im Sinne der ergänzenden Wirkung, der Kompensation bzw. zur Planung homogener Trainingseinheiten;
- auf die Verteilung der Belastungsumfänge auf die Trainingseinheiten.

Im Verlaufe des Trainingsjahres ist die Gestaltung von Mikrozyklen dabei nicht gleichförmig. Sie unterliegt vielmehr auch den trainingsmethodischen Gesichtspunkten, die die Entwicklung im MAZ und die sich verändernden Inhalte der MEZ bestimmen. So richtet sich die Anordnung der Schwerpunkt-TE immer darauf, bestmögliche Bedingungen für die Schnelligkeitsentwicklung und für die anderen im jeweiligen MEZ anstehenden Hauptaufgaben zu gewährleisten. Dabei sind besonders die Wechselwirkungen der Ausbildungsschwerpunkte zu beachten, so z. B. zwischen der Schnelligkeits- und der Ausdauerentwicklung.
Im allgemeinen gelten bei der Planung von MIZ im Sprinttraining folgende *Grundregeln:*
● Die Belastung im MIZ ist auf zwei bis drei Belastungsblöcke zu verteilen. Daraus ergibt sich, daß Trainingstagen intensiven Charakters bzw. mit hohem Belastungsumfang Trainingstage mit kompensierender oder ergänzender Funktion (zumeist allgemeine oder extensive Belastungen) oder auch ein Ruhetag folgt.
● Dem Schnelligkeitstraining gehört die dominierende Stellung. Mit seiner Anordnung beginnt die MIZ-Planung.
Die Schnelligkeitsbelastungen sind auf zwei bis drei Trainingseinheiten zu verteilen, die meist am Beginn der Belastungsblöcke angesetzt werden. Das ist erforderlich, weil Schnelligkeitstraining bei einem optimalen psychophysischen Zustand der Sportler erfolgen muß. Es ist also ein ausreichender Abstand zur vorausgegangenen intensiven, hochbelastenden TE notwendig.
● Intensive und im Umfang hohe Belastungen zur Schnelligkeitsdauer-Entwicklung sowie im Sprungkrafttraining werden immer *nach* dem Schnelligkeitstraining durchgeführt, d. h. in nächstfolgenden TE, manchmal auch als dem Schnelligkeitstraining folgender TE-Teil.
● Techniktraining wird zumeist mit dem Schnelligkeits- und Beschleunigungstraining gekoppelt.
● Allgemeines Training und extensive Ausdauerbelastungen liegen in der Regel an Trainingstagen zwischen den hochbelastenden Trainingseinheiten bzw. am Ende des Belastungsblocks, gelegentlich auch als Auftakt-Einheiten der Belastungsblöcke.
● Nach Tagen intensiver Belastungen sind Möglichkeiten zur Wiederherstellung der Leistungsfähigkeit (leichte, spielerische Belastungen, physiotherapeutische Maßnahmen) angebracht.
● Nahezu alle Trainingseinheiten sollten nach der allgemeinen Erwärmung mit Übungen des Sprint-Abc und submaximalen Steigerungsläufen beginnen.

*Beispiel eines Mikrozyklus (10 TE, ohne Wettkampf) in einem MEZ der speziellen Vorbereitung*
*(für Sportler am Ende des Aufbautrainings)*

|  | Montag | Dienstag | Mittwoch | Donnerstag | Freitag | Samstag | Sonntag |
|---|---|---|---|---|---|---|---|
| 1. TE | – Gymnastik<br>– leichte Sprungübungen<br>– Techniktraining Sprung oder Wurf | – Start-Technik<br>– Schnelligkeitsausdauertraining in höherer Intensität | – allgemeine athletische Ausbildung<br>– Schnelligkeitsausdauertraining in niedriger Intensität | – Staffelwechsel<br>– Schnelligkeits- und Beschleunigungstraining | – Kraftgymnastik<br>– Schnelligkeitsausdauertraining in höherer Intensität | – Dauerlauf<br>– Gymnastik oder Turnen<br>– Sprung-Übungen | |
| 2. TE | – Schnelligkeits- und Beschleunigungstraining<br>– Hürden-Techniktraining | – Spiel<br>– leichte Gymnastik, Entspannungsübungen<br>– Selbstmassage/Entspannungsbad | | – Techniktraining Sprung oder Wurf<br>– Sprung- und Streckkraftentwicklung oder Spiel | – Spiel oder Turnen oder Schwimmen<br>– Entspannungsgymnastik, Bürstenmassage | | |

172

# 6. Mittel- und Langstreckenlauf/Gehen

Mittel- und Langstreckenläufe sowie das sportliche Gehen sind die *Ausdauerdisziplinen* der Leichtathletik. Für die verschiedensten Altersklassen werden Wettkämpfe im **Laufen** auf der *Bahn,* auf der *Straße* und im *Gelände (Croß)* über Strecken von 600 m bis 42,195 km sowie im **Gehen** auf der *Bahn* und auf der *Straße* über Strecken von 1 bis 100 km durchgeführt.

Alle Lauf-/Gehdisziplinen sind Geschwindigkeitswettbewerbe. Aufgrund der *unterschiedlichen Länge* und (streckenspezifischen) *Geschwindigkeiten* stellen die Lauf- und Gehwettbewerbe unterschiedliche Anforderungen an die *biologischen Funktionssysteme* (Motorik, Energetik, volitive Steuerungseigenschaften) zur Sicherung der Leistung. Daraus resultieren unterschiedliche Anforderungen an die konditionellen und koordinativen Fähigkeiten, an die technischen Fertigkeiten und an das taktische Vermögen.

Von besonderer Bedeutung für höchste Leistungen im Laufen und Gehen sind das Niveau und der Ausprägungsgrad der verschiedenen Formen der *Ausdauer,* der Schnelligkeit sowie der (vortriebswirksamen) Kraft.

## 6.1. Charakteristik der Leistungsentwicklung

Im Mittel- und Langstreckenlauf sowie im Gehen hat sich im Laufe von 80 Jahren eine *starke Leistungsentwicklung* vollzogen. (Tab. 51 und Abb. 69)

Die **Steigerungsraten** sind dabei **um so größer, je länger die Strecken** (innerhalb eines bestimmten Intensitätsbereiches) werden (s. Tab. 51).

Charakteristisch für die Leistungsentwicklung im Laufen und Gehen ist der *relativ gleiche Verlauf des Anstiegs* der durchschnittlichen Geschwindigkeit auf allen Strecken von der Ausgangsleistung bis zur gegenwärtig anerkannten Weltrekordleistung. (Abb. 69)

*Tabelle 51: Leistungsentwicklung im Laufen und Gehen*

| Disziplin | Olymp. Disziplin seit | 1. offiz. WR | Geschwin- digkeit (m/s) | WR (Stand '91) | Geschwindigkeit (m/s) | Steigerung (m/s) | % |
|---|---|---|---|---|---|---|---|
| *Männer:* | | | | | | | |
| 800 m | 1896 | 1:51,9 | 7,14 | 1:41,73 ('81) | 7,86 | 0,72 | 10,1 |
| 1 500 m | 1896 | 3:55,8 | 6,36 | 3:29,46 ('85) | 7,12 | 0,76 | 11,9 |
| 5 000 m | 1912 | 14:36,6 | 5,70 | 12:58,39 ('87) | 6,42 | 0,72 | 12,6 |
| 10 000 m | 1912 | 30:58,8 | 5,38 | 27:08,23 ('89) | 6,14 | 0,76 | 14,2 |
| Marathonlauf (42,195 km) | 1908 | 2:55:18,4 | 4,01 | 2:06,50 ('88) | 5,54 | 1,53 | 38,3 |
| 3 000-m-Hi | 1920 | 8:49,6 | 5,66 | 8:05,39 ('89) | 6,18 | 0,52 | 9,2 |
| 20 000-m-Gehen | 1956 | 1:39:22 | 3,35 | 1:18,39:9 ('84) | 4,24 | 0,89 | 26,5 |
| 50 000-m-Gehen | 1932 | 4:34:03 | 3,04 | 3:41:38,4 ('79) | 3,76 | 0,72 | 23,7 |
| *Frauen:* | | | | | | | |
| 800 m | 1928 | 2:16,8 | 5,85 | 1:53,28 ('83) | 7,06 | 1,21 | 20,7 |
| 1 500 m | 1972 | 4:17,3 | 5,83 | 3:52,47 ('80) | 6,45 | 0,69 | 10,6 |
| 3 000 m | 1984 | 9:09,2 | 5,46 | 8:22,62 ('84) | 5,97 | 0,51 | 9,3 |
| 5 000 m | – | 15:03,36 | 5,53 | 14:37,33 ('86) | 5,70 | 0,17 | 9,1 |
| 10 000 m | 1988 | 39:10,0 | 4,25 | 30:13,74 ('86) | 5,51 | 1,26 | 29,7 |
| Marathonlauf | 1984 | 2:49:40 | 4,14 | 2:21:06 ('85) | 4,93 | 0,79 | 19,1 |
| 5 000-m-Gehen | – | 22:41,4 | 3,68 | 20:45,32 ('88) | 4,01 | 0,33 | 8,9 |
| 10 000-m-Gehen | 1992 | 49:46,8 | 3,34 | 42:14,2 ('88) | 3,95 | 0,61 | 18,2 |

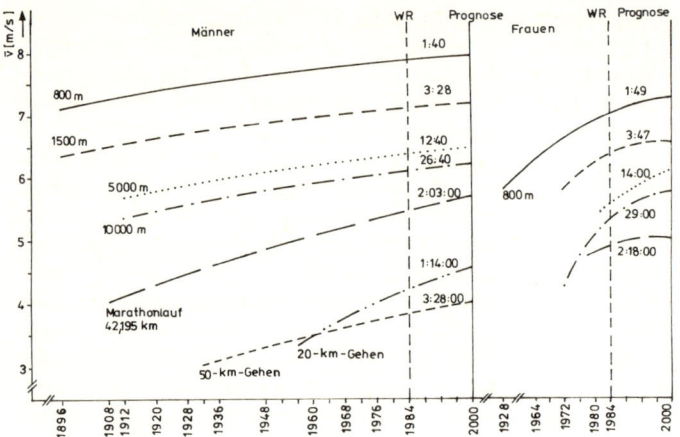

Abb. 69 Anstieg der Laufgeschwindigkeit im Mittel- und Langstreckenbereich

Die **Dynamik** der Leistungsentwicklung und die Entwicklung der **Leistungsdichte** zeigen die Abbildungen 70 und 71. Die Entwicklungsverläufe lassen erkennen, daß zum Zeitpunkt der Leistungsverdichtung mit einer *neuen Spitzenleistung* bzw. mit einem *Entwicklungssprung* zu rechnen ist.

Besonders interessant ist die Leistungsentwicklung der *Frauen* im Mittel- und Langstreckenlauf. Die Ausgangsleistungen der Frauen liegen auf allen Strecken (800 m bis Marathonlauf) mindestens im Bereich der Ausgangsleistungen der Männer oder sogar darüber (vgl. Abb. 69).

Weiterhin ist festzustellen, daß die Leistungsentwicklung der Frauen bis zu den gegenwärtig gültigen Weltrekorden in einem wesentlich kürzeren Zeitraum verlief als bei den Männern in vergleichbaren Leistungsbereichen (z. B. 1500 m, Marathonlauf).

Die Frauenleistungen im Mittel- und Langstreckenlauf könnten dabei ein weit höheres Niveau aufweisen, wenn den Frauen schon eher Gleichberechtigung bei der Ausübung von Wettkämpfen im Mittel- und Langstreckenlauf zugebilligt worden wäre.

Wesentliche **Ursachen für die Leistungsentwicklung in den Lauf- und Gehwettbewerben** sind:

● **Steigerung der Gesamtbelastung**

Die Leistungsentwicklung im Laufen und Gehen ist direkt abhängig von der Höhe und der Steigerung der Trainingsbelastung. Läufer/ Geher, die im Training neue Belastungsmaß-

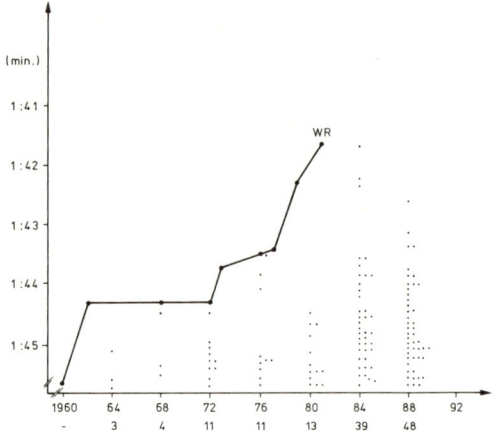

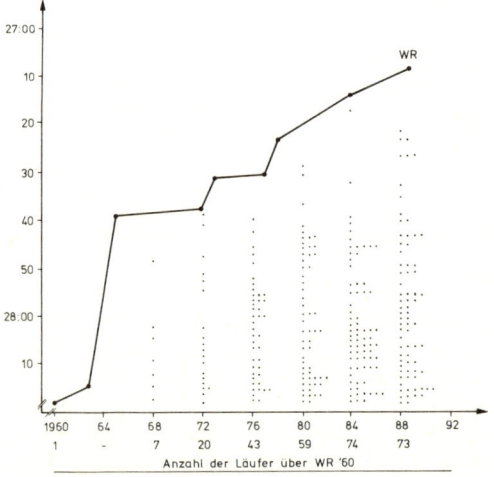

Abb. 70 und 71 Weltrekordentwicklung im 800-m-Lauf (oben) sowie im 10000-m-Lauf (unten) und Leistungsdichte in den Olympiajahren

174

stäbe setzten, erreichten Leistungen auf ihren Spezialstrecken und angrenzenden Strecken, die den für ihre Zeit erwarteten Leistungen vorauseilten. Beispiele dafür sind solche Läufer wie

Harbig (400 m – 46,0 s,
        800 m – 1:46,6 min, 1938);
Hägg  (1500 m – 3:43,0 min,
        5000 – 13:58,2 min, 1942);
Elliot  (1500 m – 3:35,6 min, 1960)
Snell  (800 m – 1:44,2 min, 1962);
Clark  (5000 m – 13:16,6 min, 1966,
        10 000 m – 27:39,4 min, 1965).

Seit etwa 1960 trainieren Läufer und Geher ganzjährig mindestens einmal täglich. Das hatte einen sprunghaften Anstieg der Leistungen sowie eine Verdichtung der Leistungen im Weltrekordbereich zur Folge. Das gegenwärtig relativ ausgeglichene, verdichtete Leistungsniveau resultiert aus etwa annähernd gleichem Umfang der Trainingsbelastung, der international im Lauftraining durchgesetzt wird. (Tab. 52)

Tabelle 52: *Internationaler Standard der Umfänge im Lauftraining*

| Disziplin | Laufkilometer/Jahr |
|---|---|
| **Männer** | |
| 800 m | 3 000–6 000 km |
| 1 500 m | 4 000–7 000 km |
| 5 000/10 000 m | 7 000–10 000 km |
| Marathonlauf | 8 000–12 000 km |
| Gehen (20 km; 50 km) | 7 000–12 000 km |
| **Frauen** | |
| 800/1 500 m | 2 000–4 000 km |
| 3 000/5 000 m | 4 000–6 000 km |
| 10 000 m/Marathonlauf | 5 000–8 000 km |
| Gehen (5, 10 und 20 km) | 4 000–6 000 km |

● **Verbesserung der Trainingsmethodik**

Eine wesentliche Ursache für die ständig steigenden Leistungen in den Lauf- und Gehdisziplinen ist die zu bestimmten Zeitpunkten nachweisbare Veränderung und Verbesserung der Trainingsmethodik in Verbindung mit der Durchsetzung höchster Trainingsbelastungen. (Abb. 72)
● Die Weiterentwicklung der Trainingsmethodik resultiert international aus der **immer stärkeren wissenschaftlichen Durchdringung des Trainings.** Die Wirkung bestimmter Trainingsübungen in Verbindung mit bestimmten Trainingsmethoden wird sportmedizinisch untersucht. Es werden immer mehr Erkenntnisse zur Steuerung und weiteren Erhöhung der Trainingsbelastungen genutzt, die hinsichtlich des Zusammenhangs zwischen bestimmten Trainingsbelastungen und den physiologischen Veränderungen und Anpassungen gesammelt werden konnten.
● Die Rekordentwicklung im 5000- und 10000-m-Lauf zeigt deutlich die direkte Abhängigkeit der Leistungsentwicklung von der Belastungsentwicklung und von der *systemhaften Anwendung bestimmter Trainingsübungen und Trainingsmethoden* (s. Abb. 72).
Den wechselseitigen Zusammenhang zwischen Leistungs- und Belastungsentwicklung im Rahmen eines bestimmten Trainingssystems beweist sehr eindrucksvoll die raschere Entwicklung der Frauenleistungen im Mittel- und Langstreckenlauf im Vergleich mit dem Entwicklungstempo der Männerleistungen in vergleichbaren Leistungsbereichen. Das schnellere Entwicklungstempo der Frauenleistungen ist dabei eindeutig auf den höheren Entwicklungsstand der Trainingsmethodik zum Zeitpunkt der Zulassung von Wettbewerben im Mittel- und Langstreckenlauf für Frauen zurückzuführen.

● **Geringe Anforderungen an die materiell-technischen Bedingungen**

● Lauf- und Gehtraining ist nicht an besondere materiell-technische Voraussetzungen gebunden. Dieser Fakt bewirkte – in Verbindung mit der international zu beobachtenden Aufwertung des Leistungssports –, daß in vielen Ländern den Läufern eine besondere Unterstützung gewährt wurde. Besonders die Staaten Afrikas, Lateinamerikas und Asiens haben die **geringe Bedeutung der materiell-technischen Bedingungen** für die Entwicklung höchster Laufleistungen erkannt und genutzt (vgl. Kenia in der inoffiziellen Länderwertung bei Olympischen Spielen aufgrund hervorragender Leistungen im Mittel- und Langstreckenlauf).
● **Kunststoffbahnen** haben die Leistungsentwicklung im Mittel- und Langstreckenlauf positiv beeinflußt, da sie bei schlechten Witterungsbedingungen ein Absinken der Leistung weitgehend verhindern.

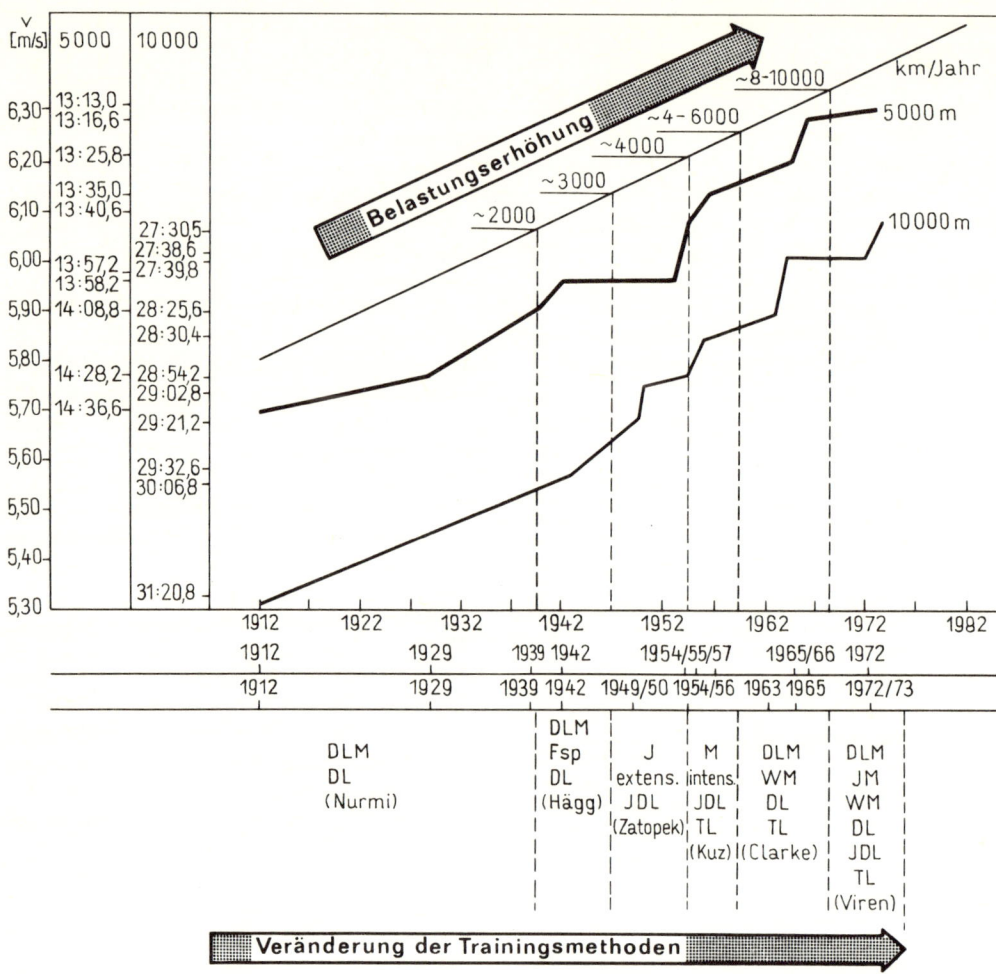

Abb. 72  Abhängigkeit der Leistungsentwicklung von der Belastungserhöhung und dem Einsatz der Trainingsmethoden

● Zu den materiell-technischen Bedingungen muß auch die Möglichkeit des **Trainings unter Höhenbedingungen** gerechnet werden.
Die Entwicklung der Leistungsfähigkeit im Laufen und Gehen unter NN-Bedingungen ist durch *Höhentraining* wesentlich zu beeinflussen. Höchste Wettkampfleistungen in den Langzeitausdauerdisziplinen sind unter Höhenbedingungen nicht zu realisieren; Kurzzeitausdauerbelastungen werden jedoch nicht wesentlich unter Höhenbedingungen gemindert. Das belegen die Leistungen im Mittel- und Langstreckenlauf, die zu den Olympischen Spielen 1968 in Mexiko-Stadt im Vergleich zu den damaligen Weltrekorden erzielt worden sind. (Tab. 53)

Einige afrikanische Länder (Kenia, Tansania, Äthiopien) verstanden es, ihre günstigen geographischen Bedingungen für die Leistungsentwicklung im Mittel- und Langstreckenlauf zu nutzen.

*Tabelle 53:  Laufleistungen unter Höhenbedingungen im Vergleich zu den Weltrekordleistungen unter NN-Bedingungen*

| Disziplin | Mexiko 1968 | Weltrekord | Jahr |
|---|---|---|---|
| 800 m | 1:44,3 min | 1:44,3 min | 1962 |
| 1 500 m | 3:34,9 min | 3:33,1 min | 1967 |
| 5 000 m | 14:05,0 min | 13:06,6 min | 1966 |
| 10 000 m | 29:27,4 min | 27:39,4 min | 1965 |
| Marathon | 2:20:26,4 Std. | 2:09:36,4 Std. | 1967 |

176

● **Wissenschaftliche Erkundung von Progno-seleistungen**

Prognoseleistungen sind einmal Ziel der Leistungsentwicklung und zum anderen aber auch *Ursache für die Weiterentwicklung des Trainings,* da sich Trainer, Athleten und Sportwissenschaftler an den Prognoseleistungen orientieren und davon mögliche Lösungswege ableiten müssen.

Torré[1] berechnete Prognoseleistungen für den Mittel- und Langstreckenlauf der Männer auf der Basis der Energiereserven des Organismus. (Tab. 54)

Tabelle 54: *Prognoseleistungen der Männer (nach Torré) und der Frauen (90 % der zukünfigen Männerleistungen)*

| Strecke | Männer (Weltbestzeiten) | | Frauen |
|---|---|---|---|
| | zukünfige | absolute | |
| 800 m | 1:37,40 | 1:35,99 | 1:48,4 |
| 1 500 m | 3:14,42 | 3:04,58 | 3:36,4 |
| 3 000 m | 6:56,59 | 6:30,30 | 7:42,9 |
| 5 000 m | 12:10,51 | 11:17,57 | 13:55,0 |
| 10 000 m | 26:05,33 | 23:53,12 | 29:03,0 |
| Marathon | 2:07:02,02 | 1:58:08,37 | 2:21:21 |

Besonders wichtig ist seine Feststellung, daß **aufgrund der Entwicklung der Leistung auf einer beliebigen Wettkampfstrecke gesetzmäßig mit der Verbesserung der Leistungen auf allen Strecken gerechnet werden muß.**

Die von Frauen in der Leichtathletik erreichten Leistungen liegen etwa bei 90% der Männerleistungen. Auf dieser Erkenntnis wurden die Prognoseleistungen der Frauen in den Laufdisziplinen errechnet (s. Tab. 54).

## 6.2.   Leistungsstruktur

Höchste Leistungen im Laufen und Gehen sind vom Wechselverhältnis aller Leistungsfaktoren abhängig. (Abb. 73)

[1] Torré, C.: Energiegrenzen beim Laufen – Berechnung der Weltbestzeiten. Leichtathletik, Berlin (1973) 48.

Im folgenden werden die Leistungsfaktoren
– Kondition,
– Charakter- und Willenseigenschaften sowie psychische Verhaltens- und Steuerungseigenschaften,
– Taktik
besonders dargestellt.

● *Zum Leistungsfaktor Kondition*

Ausdauer und Schnelligkeit sind die wichtigsten leistungsbestimmenden Fähigkeiten für Läufer und Geher. Die *Verflechtung* der leistungsbestimmenden Fähigkeiten Ausdauer, Schnelligkeit und Kraft zeigt Abbildung 74. Durch die unterschiedlichen Geschwindigkeitsbereiche der Wettkampfstrecken ergibt sich ein *unterschiedlicher Stellenwert* der konditionellen Fähigkeiten für höchste Leistungen auf der Spezialstrecke. (Abb. 75)

**Spezielle Ausdauerfähigkeiten**

„Die spezielle (spezifische) Ausdauer des Sportlers ist die Fähigkeit, eine spezifische Arbeit so lange effektiv auszuführen, wie es die Anforderungen seiner Spezialdisziplin verlangen." (A. B. Gandelsman) Dabei integriert der Begriff wettkampfspezifische Ausdauer die Fähigkeit des Sportlers, nicht nur eine bestimmte mittlere Geschwindigkeit, sondern auch dynamische Geschwindigkeitsveränderungen im Start-, Mittel- und Endabschnitt des Laufes zu beherrschen.

Die spezielle Ausdauer differenziert sich entsprechend den unterschiedlichen Anforderungen der Wettkampfdisziplinen im Mittel- und Langstreckenlauf sowie Gehen (Streckenlänge, Durchschnittsgeschwindigkeit, relative Intensität) in
– Kurzzeitausdauer (KZA)
– Mittelzeitausdauer (MZA)
– Langzeitausdauer (LZA).

Die Differenzierungen werden wie folgt charakterisiert:
Je kürzer die Strecke,
– um so höher die Geschwindigkeit,
– um so größer der Anteil des anaeroben gegenüber dem aeroben Stoffwechsel an der energetischen Sicherung der Leistung,
– um so höhere Anforderungen an die Willensstoß- gegenüber der Willensspannkraft,
– um so größer die Abhängigkeit von der Unterdistanzleistung, der Schnelligkeitsaus-

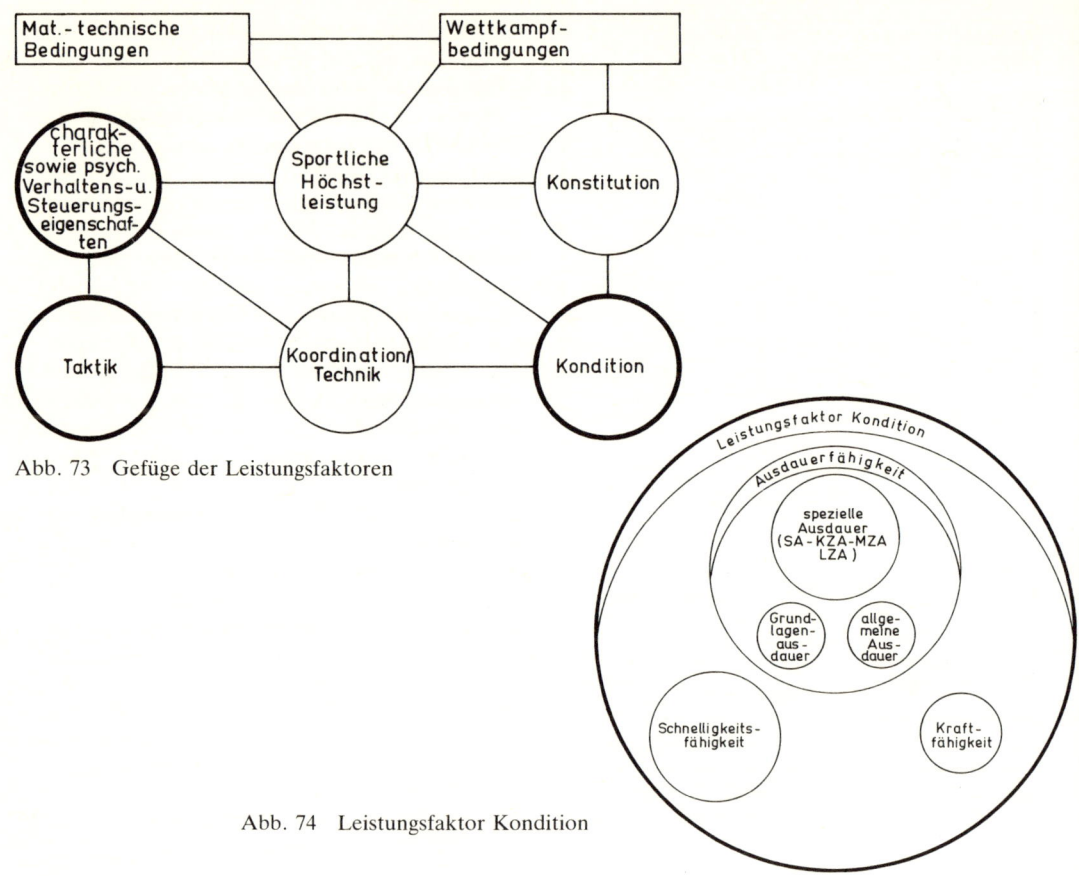

Abb. 73   Gefüge der Leistungsfaktoren

Abb. 74   Leistungsfaktor Kondition

*Tabelle 55:* *Abhängigkeit der Leistungen auf der Spezialstrecke von der Leistungsfähigkeit im Über- und Unterdistanzbereich*

| | K | | S | SA | KZA | MZA | |
|---|---|---|---|---|---|---|---|
| | SK | KA | 100 m (s) | 400 m (s) | 800 m (min) | 1 500 m | 3 000 m 3 000-m-Hindernis (min) |
| **Männer** | | | | | | | |
| Lauf | ××× | × | 10,4–11,0 | 44,2–48,0 | **1:41,73–1:46,0** | | |
| | ××× | ×× | 10,6–11,4 | 45,0–49,0 | 1:42–1:48,0 | **3:29,46–3:40** | |
| | ×× | ×× | 10.8–11,5 | 47,0–51,0 | 1:44–1:50,0 | 3:32,0–3:42,0 | **7:29,45–8:00,0** |
| | ××× | ××× | | | | | **8:05,4–8:25,0** |
| | × | ××× | 11,0–11,6 | 48,0–51,0 | 1:44–1:50,0 | 3:32,0–3:46,0 | 7:32,1–8:00,0 |
| | × | ××× | 11,2–12,2 | 49,0–52,0 | 1:46–1:50,0 | 3:32,0–3:48,0 | 7:32,1–8:05,0 |
| | × | ××× | 11,5–13,0 | 49,0–56,0 | 1:47,0–2:05,0 | 3:38,0–4:00,0 | 7:40–8:15,0 |
| Gehen | × | ××× | | 84,0–95,0 | | | 11:10–13:00 |
| | × | ××× | | 84,0–95,0 | | | 11:10–13:00 |
| **Frauen** | | | | | | | |
| Lauf | ××× | × | 11,0–12,0 | 47,6–53,0 | **1:53,28–2:02,0** | | |
| | ××× | ×× | 11,4–12,4 | 48,0–56,0 | 1:53,5–2:05,0 | **3:52,47–4:10,0** | |
| | ×× | ××× | 11,4–12,5 | 49,0–56,0 | 1:54,0–2:00,0 | 3:52,47–4:10,0 | **8:22,62–9:00,0** |
| | ×× | ××× | 11,8–13,0 | 50,5–58,0 | 1:56,0–2:05,0 | 3:52,47–4:10,0 | 8:22,62–9:00,0 |
| | × | ××× | 12,0–13,4 | 52,0–58,0 | 1:58,0–2:10,0 | 3:56,0–4:15,0 | 8:25,0–9:00,0 |
| Gehen | × | ××× | | 84,0–100,0 | | | 12:56,0–14:40,0 |
| | × | ××× | | 84,0–100,0 | | | 12:56,0–14:40,0 |
| | × | ××× | | 84,0–110,0 | | | 12:58,0–14:40,0 |

178

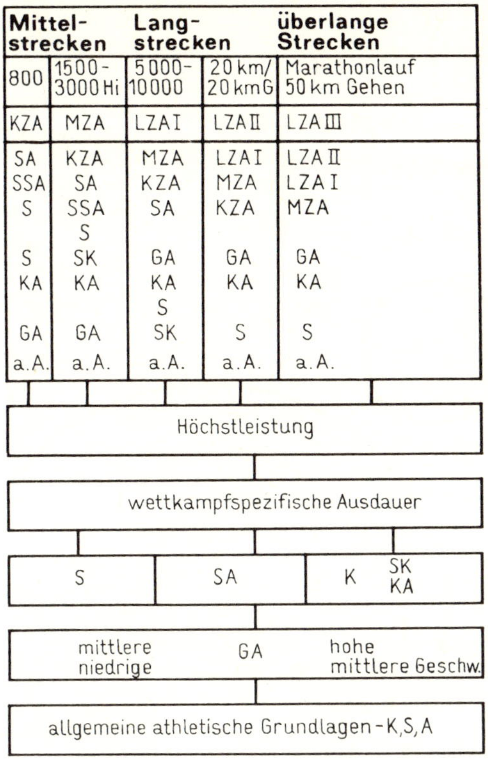

| Mittel- strecken | | Lang- strecken | überlange Strecken | |
|---|---|---|---|---|
| 800 | 1500- 3000 Hi | 5000- 10000 | 20 km/ 20 kmG | Marathonlauf 50 km Gehen |
| KZA | MZA | LZA I | LZA II | LZA III |
| SA | KZA | MZA | LZA I | LZA II |
| SSA | SA | KZA | MZA | LZA I |
| S | SSA | SA | KZA | MZA |
| | S | | | |
| S | SK | GA | GA | GA |
| KA | KA | KA | KA | KA |
| | | S | | |
| GA | GA | SK | S | S |
| a.A. | a.A. | a.A. | a.A. | a.A. |

```
┌─────────────────────────────────────────┐
│              Höchstleistung               │
└─────────────────────────────────────────┘
┌─────────────────────────────────────────┐
│      wettkampfspezifische Ausdauer        │
└─────────────────────────────────────────┘
┌──────────┬───────────┬──────────────────┐
│    S     │    SA     │   K      SK       │
│          │           │          KA       │
└──────────┴───────────┴──────────────────┘
┌──────────────────────────────────────────┐
│  mittlere      GA       hohe              │
│  niedrige               mittlere Geschw.  │
└──────────────────────────────────────────┘
┌──────────────────────────────────────────┐
│  allgemeine athletische Grundlagen - K,S,A│
└──────────────────────────────────────────┘
```

Abb. 75 Stellenwert der Strukturelemente des Faktors Kondition auf unterschiedlichen Wettkampfstrecken

dauer, den Schnelligkeitsfähigkeiten, der Schnellkraft und Kraftausdauer,
– um so höher sind die Anforderungen an den Beherrschungsgrad der Lauftechnik.
Die Differenzierung und Kennzeichnung der wettkampfspezifischen Ausdauer wird von der maximalen Arbeitszeit in einem typischen Geschwindigkeitsbereich bzw. einem Bereich der relativen Intensität abgeleitet. (Tab. 55)
Es bestehen *Wechselbeziehungen und Abhängigkeiten* zu *anderen konditionellen* Fähigkeiten (Schnelligkeit, Schnellkraft, Kraftausdauer) sowie zu bestimmten *Verhaltens-* und *Steuerungseigenschaften,* aber auch *zwischen den speziellen Ausdauerfähigkeiten* der einzelnen Wettkampfdisziplinen (SA, KZA, MZA, LZA) selbst.
Besonders wichtig ist die **Abhängigkeit der Leistungsfähigkeit** auf der Spezialstrecke vom **Niveau der Grundschnelligkeit.**
So sind für höchste Leistungen auf der Spezialstrecke bestimmte *Normleistungen auf den jeweils kürzeren Strecken* (sog. Unterdistanzleistungen) notwendig. (Vgl. Tab. 55)

▶ Aufgabe:
Erläutern Sie die zentrale Bedeutung der Schnelligkeit im Mittel- und Langstreckenlauf!

*(fett gedruckte Zahlen sind Zielwerte)*

| LZAI | | LZAII | LZAIII | |
|---|---|---|---|---|
| 5 000 m (min) | 10 000 m (min) | 15 bis 30 km (min); (Std.) | 42,195 km Marathonlauf (Std.) | 50 km (Std.) |
| **12:58,39–13:30,0** | | 43:00,0–45:00,0 | | |
| 13:00,42–13:30,0 | **27:08,23–28:30** | 43:00,0–45:00,0 | 2:06:50–2:20:00 | |
| 13:13,0–14:10,0 | 27:08,23–29:30,0 | 43:00,0–45:00,0 | **2:06:50–2:15:00** | |
| 19:00,0–22:00,0 | 39:00,0–45:00,0 | **1:18:39,9–1:30:00,0** | | 3:38:17–4:20:00 |
| 19:00,0–25:00,0 | 39:00,0–50:00,0 | 1:18:39,9–1:37:00,0 | | **3:38:17–4:00:00** |
| | 34:00,0–40:00,0 | | | |
| | 32:00,0–37:00,0 | | | |
| **14:37,33–16:00,0** | 32:00,0–36:00,0 | | | |
| 14:37,33–16:00,0 | **30:13,74–35:00,0** | | 2:21:06–2:50,00 | |
| 14:37,33–16:00,0 | 30:13,74–34:00,0 | | **2:21:06–2:35,0** | |
| **20:45,32–25:00** | 42:39,2–50:00 | | | |
| 20:45,32–25:00 | **42:39,2–46:00** | 1:39:31–1:55:00 | | |
| 20:45,32–25:00 | 42:39,2–50:00 | **1:39:31–1:55:00** | | |

## Kurzzeitausdauer-Fähigkeit

Leistungen im Kurzzeitausdauerbereich erfordern die Fähigkeit, Geschwindigkeiten im submaximalen Intensitätsbereich bis etwa 2:00 min lang aufrechtzuerhalten sowie bei End- und Zwischenspurts auf Teilstrecken bis zu 200 m die bereits hohe durchschnittliche Renngeschwindigkeit noch steigern zu können. Das stellt an den Läufer höchste psychophysische Anforderungen:

● Die zur Leistung notwendige Energie wird hauptsächlich durch anaerobe Stoffwechselprozesse bereitgestellt. Das daraus resultierende große Sauerstoffdefizit beschleunigt die Entstehung der Ermüdung.

● Um gegen die subjektive Wahrnehmung der Ermüdung kämpfen zu können, werden hohe *Willensqualitäten* gefordert. Zur **Aufrechterhaltung der sehr hohen durchschnittlichen Geschwindigkeiten** benötigt der Sportler **Willensspannkraft, zur Steigerung der Geschwindigkeit bei End- oder Zwischenspurts Willensstoßkraft.** Das Niveau der konditionellen Fähigkeiten beeinflußt die psychophysische Mobilisationsfähigkeit.

● KZA-Fähigkeit setzt nicht nur ein hohes Niveau der Schnelligkeit und Schnelligkeitsausdauer voraus, sondern auch einen hohen Ausprägungsgrad der *aeroben* Ausdauerfähigkeit (Grundlagenausdauer). Eine zu frühe oder einseitige Orientierung auf die Entwicklung der aeroben Ausdauerkapazität kann negative Übertragungserscheinungen zur Folge haben, die zur Einschränkung, Stagnation oder sogar zum Verlust der Schnelligkeitsausdauer- und KZA-Fähigkeit einschließlich der psychophysischen Mobilisation führen können.

## Mittelzeitausdauer-Fähigkeit

Die Zeitspanne der maximalen Arbeitszeit im Bereich der MZA von etwa 2:00 bis 8:00 min verlangt vom Läufer die Fähigkeit, Geschwindigkeiten im submaximalen bis hohen Intensitätsbereich so lange aufrechtzuerhalten, wie es die Länge der Wettkampfstrecke (1000–3000 m) erfordert. Geschwindigkeitssteigerungen in Spurtsituationen im Zustand fortschreitender Ermüdung sind Gradmesser für das Niveau der wettkampfspezifischen Ausdauer.

● Höchste Leistungen im Bereich der MZA sind nur möglich, wenn die zur Leistung notwendige Energie etwa bis zur Hälfte oder zwei Drittel der Wettkampfstrecke durch *aerobe* Stoffwechselprozesse bereitgestellt werden kann.

● Erst in der Schlußphase des Laufs sollte ein Absinken der Leistungsfähigkeit durch die *anaerobe* Mobilisationsfähigkeit vermieden werden.

● Im Idealfall ist die anaerobe Mobilisation der Stoffwechselprozesse in Verbindung mit einem hohen Niveau der aeroben Ausdauerkapazität die Voraussetzung für die Steigerung der Geschwindigkeit in der zweiten Hälfte der Gesamtstrecke bzw. auf streckenspezifischen Endspurtabschnitten.

## Langzeitausdauer-Fähigkeit

Der Bereich der Langzeitausdauer wird aufgrund der unterschiedlichen physiologischen Prozesse zur energetischen Sicherung der Leistung in drei Unterbereiche eingeteilt (s. Tab. 55).

● Obwohl in allen drei Bereichen die *Energiebereitstellung* durch den Kohlehydrat- *und* Fettstoffwechsel abgesichert wird, überwiegt im Bereich LZA I die Energiebereitstellung über den Kohlehydratstoffwechsel. In den Bereichen LZA II und III erfolgt sie mit zunehmender Zeitdauer der Belastung allmählich, aber mit wachsender Stärke durch den Fettstoffwechsel.

Die Umschaltvorgänge beider Arten des Stoffwechsels sind dabei direkt abhängig von der Geschwindigkeit und der Laufdauer bzw. -strecke.

● In allen Bereichen der LZA kommt es im Verlaufe der Belastungsphase zur Anhäufung saurer Stoffwechselschlacken *(Laktatakkumulation)*. Die Höhe der Laktatakkumulation ist abhängig vom Niveau der aeroben Ausdauerkapazität.

Bei schlechtem Niveau der aeroben Ausdauerkapazität werden sehr schnell die physiologischen Grenzwerte für die Laktatakkumulation erreicht. Der Läufer wird frühzeitig gezwungen, die zur Aufrechterhaltung der Renngeschwindigkeit notwendige Energie zum Teil oder in hohem Maße durch anaerobe Stoffwechselprozesse bereitzustellen. Reserven für den Kampf um den Sieg werden damit vorzeitig in Anspruch genommen.

● Trotz der primären Abhängigkeit höchster Leistungen im LZA-Bereich vom Niveau der aeroben Ausdauerkapazität ist auch hier die

Leistungsfähigkeit im Unterdistanzbereich in Verbindung mit der psycho-physischen, motorischen und anaeroben Mobilisationsfähigkeit von entscheidender Bedeutung. Rennverläufe über 5000 und 10000 m zeigen, daß Langstreckler auf den letzten 3000, 2000, 1000 und 400 Metern bis in die Nähe ihrer persönlichen Bestleistung auf diesen Strecken kommen.

Die dabei auf diesen Teilstrecken erreichten Geschwindigkeiten für Zeiten in Endabschnitten von
- 3000 m = 7:55 min (Norpoth, Keino, Jazy u. a.)
- 2000 m = 5:09 min (Viren, Quax, Kuschmann u. a.)
- 1000 m = 2:24–26 min (Norpoth, Jazy, Viren u. a.)
- 400 m = 52–54 s (Keino, Väätäinen, Haase u. a.)
- 100 m = 11,8 s (Yfter), 12,5 s (Cova)
liegen eindeutig innerhalb der Grenzen für die Bereiche der Mittelzeit-, Kurzzeit- und Schnelligkeitsausdauer. Ulmassowas denkwürdiger 3000-m-Lauf im Jahr 1982 (EM in Athen) liefert hierzu ein eindrucksvolles Beispiel aus dem Frauen-Bereich:
- letzte 1000 m = 2:43,9 min
- letzte 800 m = 2:08,28 min
- letzte 400 m = 59,98 s.
Aber auch extrem hohes Anfangstempo oder scharfe Zwischenspurts setzen mit Blick auf die verbleibenden Streckenabschnitte eine hohe anaerobe Mobilisationsfähigkeit voraus.
- Ondieko Yobis lief in einem 5000-m-Rennen die ersten 3000 m in 7:45,99 min (WM '91)
- Morceli rannte in einem 1500-m-Lauf die 300 m zwischen 1100 m und 1400 m in 38,2 s (WM '91)
- Ngugi brachte es bei Zwischenspurts im olympischen 5000-m-Lauf (1988) auf folgende Teilzeiten:
  400 m (zw. 1000 m und 1400 m) in 56,22 s
  800 m (zw. 1000 m und 1800 m) in 1:58,2 min.
Diese Teilstreckenzeiten beweisen den Notwendigkeit des Vorhandenseins eines hohen Niveaus der psycho-physischen Mobilisationsfähigkeit (motorisch, energetisch, volitiv) auf der Basis eines hohen Ausprägungsgrades der aeroben Ausdauerkapazität.

Die *Steigerungsfähigkeit im Endabschnitt* des Laufs ist ein echtes Kriterium für das Niveau der wettkampfspezifischen Ausdauer.

| Die psycho-physische Mobilisationsfähigkeit nach hoher Vorbelastung und im Zustand der Ermüdung ist für Langstreckenläufer Grundvoraussetzung zur siegorientierten Gestaltung des Rennens!

## Grundlagenausdauer

Grundlagenausdauer ist die Ermüdungswiderstandsfähigkeit des Sportlers während Langzeitausdauerbelastungen im niedrigen, mittleren und hohen Geschwindigkeitsbereich, bei der eine stabile und ökonomische Arbeitsweise aller physiologischen Funktionen (Herz-Kreislauf-, Atmungs- und Stoffwechselfunktionen) sowie ein hoher Ausprägungsgrad der Bewegungsökonomie und der Willensspannkraft erhalten bleibt.

● Die Entwicklung und Vervollkommnung der Grundlagenausdauer ist identisch mit dem Ziel, das Niveau der *aeroben* Ausdauerkapazität zu verbessern. Das Niveau der aeroben Ausdauerkapazität beeinflußt entscheidend das Niveau der wettkampfspezifischen Ausdauerfähigkeiten (KZA, MZA, LZA)!
Läufe mit Langzeitausdauercharakter in niedriger, mittlerer und hoher Geschwindigkeit müssen das Entstehen eines äußeren Belastungsstereotyps verhindern.

● Das Niveau der Grundlagenausdauer wird nach der Fähigkeit beurteilt,
- immer *längere* Strecken bei *gleicher* Geschwindigkeit und nachweisbarer Ökonomisierung des Stoffwechsels zurücklegen zu können bzw.
- auf einer *gleichbleibend* langen Strecke immer *höhere* Geschwindigkeiten zu erreichen.
Nach Suslow/Lydiard u. a. kann die Grundlagenausdauer bzw. die *aerobe Ausdauerkapazität am effektivsten durch Dauerläufe im Geschwindigkeitsbereich* von etwa *85 bis 92%* der individuellen Bestleistung auf Strecken von etwa *5–20 km entwickelt* werden. Die Steigerungsrate und das Entwicklungstempo sind dabei abhängig vom *Gesamtumfang der Laufkilometer* im *mittleren bis hohen Geschwindigkeitsbereich* in Verbindung mit *langen Trainingsstrecken.*

### Allgemeine Ausdauer

„Die allgemeine (nichtspezifische) Ausdauer des Sportlers ist seine Fähigkeit, lange Zeit eine physische Arbeit auszuführen, die viele

---

[1] Erweiterung der zitierten Definition durch d. Autor

*(bzw. andere Muskelgruppen als bei der Wett-kampfübung)*[1] einbezieht und sich *mittelbar positiv* auf seine Spezialsportart auswirkt." (Gandelsman/Nabatnikowa/Matwejew, Farfel, 1972).

● Allgemeine Ausdauer kann *durch vielfältige körperliche Belastungen* in den Bereichen der KZA, MZA und LZA (bei niedrigem, mittlerem und hohem Krafteinsatz pro Zeiteinheit und dementsprechender Bewegungsfrequenz) entwickelt werden.

● Aufgrund der Polyfunktionalität der vegetativen Systeme ist ein hoher **Transfereffekt** der allgemeinen Ausdauer auf die wettkampf-spezifischen Erscheinungsformen der Ausdauer zu erwarten, wenn durch die Wahl geeigneter Trainingsmittel und -methoden die allgemeinen Ausdauerbelastungen *ähnliche* oder *gleiche* Anforderungen an die *funktionellen Möglichkeiten* stellen wie die verschiedenen Erscheinungsformen der wettkampfspezifischen Ausdauer.

▶ Aufgabe:
Nennen Sie geeignete Trainingsmittel in Verbindung mit Trainingsmethoden und Organisationsformen zur Entwicklung der allgemeinen Ausdauer! Begründen Sie Ihre Auswahl!

**Schnelligkeit**

Aus Tabelle 55 geht hervor, daß die Abhängigkeit der Leistungsfähigkeit auf der Spezialstrecke vom Niveau der Leistungsfähigkeit auf den angrenzenden kürzeren Strecken (Unterdistanz) *und* der Grundschnelligkeit über 100 m *um so größer* ist, *je kürzer* die Wettkampfstrecke ist; dementsprechend größer ist auch die Bedeutung eines hohen Niveaus der Kraftfähigkeiten SK und KA.

Je höher das Niveau der Grundschnelligkeit und Leistungsfähigkeit im Unterdistanzbereich bei relativ hohem Leistungsniveau auf der Spezialstrecke,
– um so *größere Reserven* für die weitere *Leistungssteigerung* sind vorhanden;
– um so *größer* sind die *Gewinnchancen im Endspurt,*
– um so *größer* ist der *Geschwindigkeitsstreubereich* um die durchschnittliche Renngeschwindigkeit;
– um so *größer* ist die *Variationsbreite* für die *Renntaktik.*

▶ Aufgabe:
Begründen Sie die zunehmende Bedeutung der Grundschnelligkeit für Läufer/Geher anhand der zu erwartenden Prognoseleistungen!

***Zum Leistungsfaktor spezielle Charaktereigenschaften sowie psychische Verhaltens- und Steuerungseigenschaften***

Für Mittel- und Langstreckenläufer und Geher ergeben sich aufgrund der unterschiedlichen Länge und Geschwindigkeit der Wettkampfstrecken *spezifische* Anforderungen an die Einstellungen, die Verhaltens- und Steuerungseigenschaften. Voraussetzung für ihre Entwicklung ist, daß der Sportler möglichst oft den Vergleich mit gleich starken Läufern im Wettkampf *und* im Training als Bewährungssituation sucht.

Die Bewährungssituation muß dem Sportler auf rationaler und emotionaler Basis Gelegenheiten bieten, folgende spezifische Persönlichkeitsmerkmale im Sinne von *Üben* auszuprägen und am eigenen Verhalten, dem des Trainers oder der Reaktion der Trainingspartner seine eigene Position selbstkritisch einzuschätzen. Wichtig sind:

● **Selbstvertrauen** in die eigene Leistungsfähigkeit durch die erlebte Bewährung vor, während und nach hoher und höchster Trainings- und Wettkampfbelastung;

● psychophysische **Belastungsverträglichkeit** bei Tempolauf- oder/und Dauerlaufbelastungen, aber besonders bei wettkampfnaher Belastung;

● **Entscheidungsfähigkeit** aufgrund geistiger Beweglichkeit zur realen Einschätzung der Rennsituation als Ausgangspunkt zur eigenen situationsgebundenen Handlungs- und Verhaltensweise;

● **Selbstwertstreben** und hohe Forderungen an sich selbst – durch Studium der Mitkonkurrenten anhand von Presseberichten, Wettkampfbeobachtungen der typischen Varianten der Renntaktik, Beurteilung des Typs (Tempoläufer, Spurtläufer usw.) als Ausgangspunkt für das Konzept der eigenen Renntaktik (offensiv, defensiv, Tempowechsel, langer oder kurzer Endspurt, hohes Anfangstempo usw.);

● **Stabilität und Selbstvertrauen** bei Sieg oder Niederlage oder auch beim Nichterfüllen einer konkreten Trainingsbelastung;

● **Durchhaltevermögen** mit den Komponenten Können und Wollen im Zusammenhang mit der rationalen und emotionalen Einstellung zur vorgegebenen Trainings- oder Wettkampfbelastung, z. B. Durchhaltevermögen in bezug auf den Belastungsumfang bzw. die Streckenlänge oder/und die Belastungsintensität bzw. die Laufgeschwindigkeit;

● psychophysische **Mobilisationsfähigkeit** nach hoher Vorbelastung und im Zustand der Ermüdung zur Steigerung des Renntempos, zu eigener offensiver Renngestaltung, zum Mithalten der Geschwindigkeitssteigerung bei Zwischenspurts und erfolgreicher Beendigung eines Endspurts;

● **Risikobereitschaft** zu hohem Anfangstempo; zum Angriff des Gegners durch plötzliche Steigerung des Renntempos, obwohl der Zustand der Ermüdung schon sehr fortgeschritten ist und die unbekannte Größe der Reserven des Gegners zur höchsten eigenen psychophysischen Mobilisation zwingt; bei der Entscheidung zum Zwischen- oder Endspurt in bezug auf Beginn und Länge; zur offensiven Renngestaltung von Anfang an oder aufgrund günstiger Situationen während des Rennens;

● **Härte gegen sich selbst** bei der Bewältigung von hohen Trainings- und Wettkampfbelastungen, besonders im Zusammenhang mit konstanter **Anstrengungsbereitschaft** (Willensspannkraft) zum Durchhalten-Wollen einer hohen Geschwindigkeit und/oder mit der Fähigkeit zu plötzlicher psychophysischer Mobilisation der letzten Reserven (Willensstoßkraft) für das Mithalten der Temposteigerung während eines Zwischenspurts (im Sinne des „Dranbleibens") bzw. zur Eigeninitiative für Zwischen- oder Endspurts.

> Besonders die Merkmale Selbstvertrauen, Härte gegen sich selbst und Risikobereitschaft stehen in enger Wechselbeziehung und entscheiden oft über Sieg oder Niederlage im Wettkampf.

### Zum Leistungsfaktor Taktik

Der Leistungsfaktor Taktik ist untrennbar mit Verhaltens- und Steuerungseigenschaften und den konditionellen Fähigkeiten verbunden. Die *Variationsbreite für taktische Maßnahmen und Verhaltensweisen ist abhängig vom* Niveau *aller* leistungsbestimmenden Fähigkeiten und wird durch das *schwächste Kettenglied* stark beeinflußt. Im allgemeinen unterscheidet man zwischen Rekord- und Siegtaktik.

**Rekordtaktik** ist dadurch gekennzeichnet, daß der Läufer versucht, während des gesamten Laufs möglichst gleichmäßig im Bereich der für den Rekord notwendigen Durchschnittsgeschwindigkeit zu laufen.

**Siegtaktik** ist generell durch enorme *Geschwindigkeitssteigerung* in der ersten oder zweiten Hälfte bis letzten Drittel des Wettkampfes oder/und ständigem *Tempowechsel* gekennzeichnet.

> Der Trend zur Leistungsverdichtung im Weltrekordbereich erfordert eine solche Vorbereitung der Läufer/Geher, daß jedes Anfangstempo, jeder Tempowechsel während des Rennens und Geschwindigkeitssteigerungen in der Schlußphase des Rennens beherrscht werden.

## 6.3.  Technik und technische Ausbildung

## Grundlagen der Technik

▶ Aufgabe:
Zwischen dem Sprintlauf und dem Lauf auf längeren Strecken gibt es keine prinzipiellen Unterschiede in der Phasenstruktur eines Doppelschrittes.
Studieren Sie nochmals die Technik und technische Ausbildung (5.3.) sowie die Phasenstruktur eines Doppelschritts im Kurzstreckenlauf (5.3.1.), bevor Sie sich den Besonderheiten des Mittel- und Langstreckenlaufs zuwenden!

Die im Abschnitt 5.3. genannten Grundlagen der Technik gelten auch für die längeren Lauf- bzw. Gehstrecken.
Wir behandeln deshalb im folgenden nur einige *Besonderheiten,* die sich aus der Spezifik der Streckenlänge und den Anforderungen an die Zweckmäßigkeit des Bewegungsablaufs ergeben.
Hohe Leistungen in den Ausdauerdisziplinen sind direkt abhängig von der Wirtschaftlichkeit des Energieeinsatzes. Die *Bewegungsökonomie* ist dafür eine wesentliche Voraussetzung und ein Merkmal für einen technisch perfekten, feinkoordinierten Bewegungsablauf.
Aufgrund der Häufigkeit der Bewegungswiederholungen beeinflußt ihre Qualität entscheidend die Leistungsfähigkeit. Das Niveau aller Komponenten der Bewegungsökonomie ist

ein entscheidender Faktor für die Aufrechterhaltung und Steigerung der *Geschwindigkeit* in der Schlußphase des Rennens, d. h. *im Zustand* fortgeschrittener *Ermüdung.*

Ein hohes Niveau der Bewegungsökonomie im Zustand der Ermüdung ist Grundvoraussetzung für den maximalen *Ausnutzungsgrad* der leistungsbestimmenden konditionellen Fähigkeiten.

Außer durch seine Abhängigkeit vom Stand der **konditionellen Fähigkeiten** sowie den **Willenseigenschaften** wird das Niveau der Bewegungsökonomie (und der Zeitpunkt seiner Minderung) durch folgende *technisch-koordinativen Kriterien* bestimmt:

● **Optimales Verhältnis zwischen Schrittlänge und -frequenz sowie dessen Stabilität und Variabilität in Abhängigkeit von der Streckenspezifik.**

Vom *optimalen Wechselverhältnis* zwischen Schrittlänge und -frequenz ist die Entwicklung, Aufrechterhaltung und Steigerung der streckenspezifischen Geschwindigkeit beim Mittel- und Langstreckenlauf sowie beim Gehen abhängig.

Beim Lauf über lange Strecken
– nimmt die Schrittlänge mit Einsetzen der Ermüdung ab,
– wird die Geschwindigkeit hauptsächlich durch eine höhere Schrittfrequenz beibehalten und
– verringern sich beide Komponenten bei sehr starken Ermüdungserscheinungen. Ein starker Geschwindigkeitsabfall ist die Folge.

Zu hohe Geschwindigkeit, Schrittlänge und Schrittfrequenz in den Anfangsstadien des Laufs führen im weiteren zur
– Verschlechterung des Befindens,
– zur Verringerung seiner Leistungsfähigkeit und damit
– zur Verschlechterung der sportlichen Leistung!

Schrittzahl, Schrittlänge und -frequenz bei bestimmten Geschwindigkeitsanforderungen stellen in Verbindung mit Körperhöhe und Beinlänge objektive *Kriterien* zur Einschätzung der Bewegungsökonomie dar. Die Veränderungen bzw. die Stabilität des Verhältnisses zwischen Schrittzahl, Schrittlänge und -frequenz lassen eindeutige Einschätzungen des Niveaus der speziellen Schnellkraft und Kraftausdauer zu.

Für Mittel- und Langstreckenläufer wird ein relativ gleichmäßiger, kraftsparender Schritt (sog. Rollschritt) mit festem Rhythmus und keinem Moment der Ruhe angestrebt *(Stabilität).*

Trotzdem muß der Läufer in der Lage sein, seine Schrittlänge und -frequenz an entsprechende Veränderungen der Geschwindigkeit im Rennverlauf anzupassen. Diese *Variabilität* des Verhältnisses zwischen Schrittlänge und -frequenz ist ebenfalls ein Niveaukriterium der Bewegungsökonomie. Sie kann durch zu einseitig auf lange und überlange Strecken in gemäßigter Geschwindigkeit orientiertes Training verlorengehen oder stark beeinträchtigt werden. Besonders nachteilig macht sich dann ihr Verlust bemerkbar, wenn im Spurt die Geschwindigkeit erhöht werden muß.

Ein Läufer ist nicht deshalb in der Lage, schnell zu laufen oder die Geschwindigkeit zu erhöhen, weil er den anaeroben Stoffwechsel trainiert hat, sondern weil er sensomotorisch dazu fähig ist, wobei zwischen beiden Komponenten gegenseitige Wechselbeziehungen bestehen. (Israel)

● **Lockerheit und Entspannungsfähigkeit der direkt und nicht direkt an der Laufbewegung beteiligten Muskelgruppen.**

Die Lockerheit und Entspannungsfähigkeit aller Muskelgruppen während hoher bis maximaler Anstrengung sind ein wichtiges Merkmal eines hohen Niveaus der Bewegungsökonomie. Das trifft außer auf die Beinmuskulatur besonders auf die Nacken-, die Arm- und die Schultermuskulatur zu.

Diese Muskelgruppen werden häufig mit zunehmender Ermüdung (auch durch verstärkten Willenseinsatz bei Zwischen- oder Endspurts) angespannt. Das verschlechtert die Blutzirkulation, beschleunigt sprunghaft die Entwicklung der Ermüdung, beeinträchtigt die Bewegungsökonomie und beeinflußt damit das Resultat der Leistung. Lockerheit in der Nacken-, Schulter- und Armmuskulatur auch im Zustand höchster Ermüdung gestattet dagegen die Aufrechterhaltung eines freien Schrittes, wodurch ein Geschwindigkeitsabfall entweder ganz vermieden oder in zumutbaren Grenzen gehalten bzw. eine Steigerung der Geschwindigkeit und das Ausschöpfen letzter Reserven durch kämpferische psychophysische Mobilisation begünstigt wird.

Hohe Bewegungsökonomie ist eine entscheidende Voraussetzung für die Leistungsfähigkeit im Mittel- und Langstreckenlauf sowie im Gehen. Kriterien dafür sind:
- hohes Niveau der sensomotorischen Fähigkeiten, nachgewiesen durch eine rationelle Lauf- oder Gehtechnik,
- optimales und stabiles Verhältnis zwischen Schrittlänge und -frequenz in Abhängigkeit von der streckenspezifischen Geschwindigkeit,
- Lockerheit und Entspannungsgeschwindigkeit der Beinmuskulatur in den stützlosen Phasen des Doppelschritts,
- Lockerheit in den nicht an der Laufbewegung direkt beteiligten Muskelgruppen (Arme, Schultern, Nacken) auch im Zustand der Ermüdung,
- variable Verfügbarkeit von Geschwindigkeitsreserven.

▶ Aufgabe:
Ziehen Sie aus den Darlegungen zur Bewegungsökonomie beim Laufen und Gehen trainingsmethodische Schlußfolgerungen!

# Grundlagen der technischen Ausbildung

▶ Aufgabe:
Die für die Entwicklung des Sprintlaufs aufgeführten Grundsätze der technischen Ausbildung (vgl. 5.3.) gelten prinzipiell auch für den Mittel- und Langstreckenlauf und das Gehen. Verfolgen Sie in den Darlegungen, wie sie in der Disziplingruppe spezifisch in Erscheinung treten!

Die Grundformen des Laufens und Gehens werden schon im frühen Kindesalter erlernt. Auf der Grundlage der individuellen anatomischen und neurophysiologischen Besonderheiten sind also *bereits vor Trainingsbeginn feste Bewegungsmuster* entstanden. Dadurch ist einerseits der Aufwand für das Erlernen der sportlichen Ausprägung dieser Bewegungen verringert, andererseits werden eventuell notwendige Korrekturen erschwert.

Das *Ziel der technischen Ausbildung* für Läufer und Geher besteht darin, die Technik des sportlichen Laufens und Gehens
- bei *höchstmöglicher Geschwindigkeit,*

- bei dynamischen Geschwindigkeitsveränderungen im Start-, Mittel- und Endabschnitt und über die gesamte Wettkampfdistanz bei einem bestimmten Schrittrhythmus zu beherrschen.

Als *methodische Grundsätze* gelten:

Technisch-koordinative und konditionelle Ausbildung sind stets gemeinsam durchzuführen.

Eine rationelle, auch über längere Strecken *stabile* Lauf- bzw. Gehtechnik ist immer von der Qualität der physiologischen, neurophysiologischen und psychischen Voraussetzungen abhängig. Andererseits bestimmt die Technik wiederum deren Umsetzungsgrad in die Leistung mit. Dieser Zusammenhang ist deshalb – besonders bei der Stabilisierung der Technik – zu berücksichtigen, indem die **technische Schulung immer mit bestimmten, dem Entwicklungsstand entsprechenden konditionellen Anforderungen verbunden** wird. Andererseits ist bei jeder konditionellen Belastung Wert auf gute Lauftechnik zu legen.

Die Schulung der Lauf- und Gehtechnik erfolgt hauptsächlich in hoher, aber beherrschter Geschwindigkeit auf relativ kurzen Strecken.

Nach dem anfänglichen Üben in mittlerer Geschwindigkeit werden bald *submaximale bis maximale* Geschwindigkeiten, auch mit Temposteigerung innerhalb des Laufs, zur Steigerung der technischen Anforderungen genutzt. **Die Geschwindigkeit muß dabei bewußt erlebt werden** (sog. beherrschte Geschwindigkeit). Dementsprechend sind anfangs nur *kurze Strecken* möglich. Im Verlaufe der Vervollkommnung der Bewegung (besonders im Aufbau- und Hochleistungstraining) werden die Strecken *kontinuierlich* verlängert, wobei der **Qualität der Bewegungsausführung auf dem letzten Streckenabschnitt** besondere Aufmerksamkeit zu schenken ist.
In diesen Etappen ist die ökonomische Bewegungsausführung – vor allem die *Variabilität* des Verhältnisses zwischen Schrittlänge und -frequenz – spezifisch durch den gleichzeitigen Einsatz hoher, mittlerer und niedriger Geschwindigkeiten in einer Trainingseinheit zu schulen bzw. zu erhalten.

## 6.4. Mittel- und Langstreckenlauf
### (Technik und technische Ausbildung)

## Technik

▶ Aufgabe:

Betrachten Sie die folgenden Darstellungen zur Technik im Mittel- und Langstreckenlauf grundsätzlich unter dem Aspekt, daß
- *es keine Unterschiede in der Phasenstruktur* eines Doppelschrittes zwischen Kurzstrecken-, Mittelstrecken- und Langstreckenlauf, sondern lediglich im Ausprägungsgrad gibt, die aufgrund der unterschiedlichen Laufgeschwindigkeit zustande kommen;
- der *Ausprägungsgrad* der einzelnen Phasen *während* eines Wettkampfes im Mittel- und Langstreckenlauf nicht konstant bleibt, sondern sich beim *Wechsel des Renntempos* dynamisch *verändert!*

Im folgenden werden nur *Besonderheiten der Schrittgestaltung* eines Doppelschrittes beim Mittel- und Langstreckenlauf im Vergleich zum Kurzstreckenlauf dargestellt, die vor allem durch den Aspekt einer möglichst großen *Bewegungsökonomie* bedingt sind.

● Der Fußaufsatz in der *vorderen Stützphase* erfolgt auf dem *Außenrist* etwa in Höhe *des Mittelfußes.* Das Körpergewicht des Läufers wird elastisch abgefangen. In der *Vertikalposition* berührt der Fuß kurzzeitig den Boden mit der *ganzen Sohle.*

● Der Abdruck in der *hinteren Stützphase* erfolgt durch *optimale Streckung* im **Hüft-, Knie- und Fußgelenk.** Die Höhe des Krafteinsatzes und der Ausprägungsgrad der Streckung sind abhängig von der aktuellen Laufgeschwindigkeit (vgl. Grundlagen der Technik).

● In der *hinteren Schwungphase* pendelt der *Unterschenkel* nach erfolgtem Abdruck locker nach hinten-oben. Je nach Laufgeschwindigkeit verändert sich dieses Auspendeln in seinem Ausprägungsgrad. So schwingt der Unterschenkel bei niedriger Geschwindigkeit nur wenig nach hinten-oben aus; er bleibt unterhalb der Waagerechten. Bei mittlerer bis hoher Geschwindigkeit (Zwischen- oder/und Endspurt) wird der Pendelschwung in oder über der Waagerechten beendet. Eine maximale *Annäherung zwischen Unterschenkel und*

*Oberschenkel* in der hinteren Schwungphase (wie beim Sprint) ist *nicht typisch,* sie wird im Mittelstreckenlauf nur bei Zwischen- und Endspurts beobachtet. Für längere Strecken ist sie unrationell und beschleunigt die Ermüdung.

● In der *vorderen Schwungphase* ist in Abhängigkeit zur Renngeschwindigkeit der *Kniehub* mehr oder weniger stark ausgeprägt. **Je niedriger die Geschwindigkeit, um so geringer ist der Ausprägungsgrad, und umgekehrt.** Im Sinne der Bewegungsökonomie darf der Kniehub nur so hoch sein, wie es für ein optimales Verhältnis zwischen Schrittlänge und -frequenz erforderlich ist. Die Amplitude der *Pendelbewegung des Unterschenkels* in der vorderen Schwungphase ist beim Mittel- und Langstreckenlauf ebenfalls abhängig von der Laufgeschwindigkeit und demnach weniger ausgeprägt als beim Sprintlauf. Der Fußaufsatz erfolgt auf dem Außenrist des Mittelfußes in oder wenig vor der senkrechten Projektion des Körperschwerpunktes.

● Die *Bewegungen der Becken- und Schulterachse* sind beim Mittel- und Langstreckenlauf auffälliger als beim Sprint. Für eine optimale Schrittlänge ist eine möglichst *große Horizontalverschiebung* von Schulter- und Beckenachse (Verwringung) bei gleichzeitiger geringfügiger Vertikalverschiebung notwendig.

● Eine gute Bewegungsökonomie der Laufbewegung zeichnet sich dadurch aus, daß die *Bewegungen der Arme* die der Beine harmonisch ergänzen und unterstützen. Bei *locker hängenden Schultern* werden die Arme in Abhängigkeit zur Laufgeschwindigkeit mehr oder weniger im Ellbogen gebeugt, widergleich zur Beinbewegung nach vorn-oben bis **etwa zur Körpermitte** und daran anschließend nach hinten-oben geschwungen. Die Lockerheit der Schulter- und Nackenmuskeln auch bei extrem hoher Anstrengung und im Zustand starker Ermüdung ist Ausdruck für ein hohes Niveau der koordinativen Fähigkeiten und motorisch-technischen Fertigkeiten. Die *Hände* werden mit locker zur Faust geballten Fingern gehalten.

Zu vermeiden ist ein zu festes Schließen der Hand zur Faust, weil dadurch die Muskulatur der Arme und Schultern verkrampft und bei langen Läufen Ermüdung und Schmerzen im Schulter- und Nackenbereich begünstigt werden. Die Folge ist eine unökonomische Schrittgestaltung.

Beim Mittel- und Langstreckenlauf wird der *Oberkörper* ruhig und aufrecht gehalten. Eine leichte Vorwärtsneigung ist erlaubt und günstig. Der *Kopf* wird während des Laufs ruhig gehalten mit gerader Blickrichtung.

**Kriterien für eine** *bewegungsökonomisch rationelle Lauftechnik* sind (außer den beim Sprint genannten):

– Variabilität des Verhältnisses zwischen Schrittlänge und -frequenz in Abhängigkeit zur aktuellen Laufgeschwindigkeit;
– variable Verfügbarkeit der individuellen Geschwindigkeitsreserven im Zustand der Ermüdung bei gleichzeitiger Lockerheit der Laufbewegungen;
– Vermeidung von Bremsstößen und dadurch bedingten Geschwindigkeitsverlust durch das Beherrschen eines sogenannten Rollschritts;
– kein übertriebenes Hochpendeln des Unterschenkels in der hinteren Schwungphase und Vorpendeln in der vorderen Schwungphase.

▶ Aufgabe:
Stellen Sie sich die wesentlichsten Unterschiede in der Technik des Kurz-, Mittel- und Langstreckenlaufs zusammen. Begründen Sie diese!

# Technische Ausbildung

Bei der technischen Ausbildung im Mittel- und Langstreckenlauf handelt es sich grundsätzlich um die **Vervollkommnung der allgemeinen Lauftechnik.** *Die Grundausbildung im Lauf ist für alle Läufer gleich!*

● *Zielgröße* für die technische Ausbildung ist dabei die *Technik* im *Kurzstreckenlauf* (s. dazu Kap. 5.3., Übungen zur technischen Ausbildung).

● Übungen des sogenannten Lauf-Abc gehören zum festen Bestandteil der technischen Ausbildung aller Läufer in jeder Etappe des Gesamttrainingsprozesses (Kap. 5.3.).

● Die Technik wird im *Grundlagentraining* hauptsächlich durch spezielle vorbereitende Übungen (Lauf-Abc) und Grundübungen wie Traben, Steigerungsläufe und Tempoläufe in niedriger, mittlerer und beherrschbarer hoher Laufgeschwindigkeit auf relativ kurzen Strecken entwickelt.

**Übungskomplexe und methodische Hinweise zu den Ausbildungsaufgaben**

1. Aufgabe: Schulung des Zeitgefühls und des Bewegungsrhythmus

*Ziele: rationelle Lauftechnik; Differenzierungsfähigkeit, Rhythmusgefühl*

*Mittel:*
Rhythmusläufe
– TL im Bereich des Renntempos auf

| | | | |
|---|---|---|---|
| kurzen | = 100 – 200 m | = 100–120 % $v_{WK}$ |
| mittleren | = 300 – 500 m | = 95–105 % $v_{WK}$ |
| langen | = 600 –1 000 m | = 75– 90 % $v_{WK}$ |

Teilstrecken *mit* und *ohne* Aufgabenstellung

– Wer ist der beste Führungsläufer?
– TL
    im
    unter
    über
Renntempo mit Aufgabenstellung

*Beobachtungspunkte:*
– Lockerheit
– optimales Verhältnis zwischen Schrittlänge und -frequenz
– Wer hat das beste Zeitgefühl?
– Wer läuft am lockersten?

*Methodisch-organisatorische Hinweise:*
– In Abhängigkeit vom Alter, Geschlecht, Trainingszustand und Tempo *unterschiedliche Anzahl der Läufe, Pausenlänge, Pausengestaltung.*
– Alle *Tempoläufe* mit *6–10 energischen Schritten* zur Entwicklung einer für das Renntempo optimalen Anfangsgeschwindigkeit *beginnen,* danach im Freilauf auf das Renntempo umschalten und dieses relativ konstant halten – Lauf im Rennrhythmus
– Nicht das Resultat der Laufleistung, sondern die Art und Weise der Bewältigung des Rhythmuslaufes steht im Mittelpunkt des Trainingsprogramms.
– Zeit vom Sportler ansagen lassen!

● Im *Aufbau-* und *Hochleistungstraining* sind durch Ergänzungs- und Spezialübungen die *besonderen* technischen Anforderungen bei Tempo- und Dauerläufen mit gezielten *Aufgabenstellungen* zu entwickeln:
– Zeitgefühl;
– optimales Verhältnis zwischen Schrittlänge und -frequenz in Abhängigkeit von der aktuellen Laufgeschwindigkeit;
– motorisches Umschaltvermögen in Verbindung mit Willensmobilisation zur Lösung taktischer Aufgaben.

2. Aufgabe: Lösung taktischer Aufgaben unter Beibehaltung größter Lockerheit

*Ziel: motorisches Umschaltvermögen, psychophysische Mobilisation*

*Mittel:*
– TL
   mit gleichmäßigem Tempo
   mit Endspurt aus festgelegter Position
   mit Zwischenspurt, Verbesserung oder Verteidigung der Position im Läuferfeld
   Position 1–3 im Endspurt erobern oder verteidigen
– Differentialläufe
– Tempowechselläufe
– Handicapläufe
– Rhythmusläufe im oder über Renntempo der Spezialstrecke
– Steigerungsläufe, Minderungsläufe, Tempoläufe, Differenzialläufe *nach* Dauerläufen

*Beobachtungspunkte:*
– Endspurt bzw. Zwischenspurt durch plötzliche, energische Tempoerhöhung einleiten (Überraschungseffekt)
– Lockerheit bei und trotz höchster Willensanstrengung und nach hoher Vorbelastung
– Steigerung im zweiten Teil der Tempostrecke zu hoher Geschwindigkeit über Rennschnitt
– Anzahl der Läufe in Abhängigkeit vom Alter, Geschlecht, Trainingszustand (1 bis 4)
– Erreichen oder Überbieten des Renntempos der Spezialstrecke auf relativ kurzen Tempostrecken nach hoher Vorbelastung

*Methodisch-organisatorische Hinweise:*
   Temposteigerung
– auf akustisches Signal
– an vorher abgesprochener Marke
– bei oder zur Einnahme einer bestimmten Position im Läuferfeld
– nach freier Entscheidung

---

## 6.5.  3000-m-Hindernislauf
### (Technik und technische Ausbildung)

Welche psychophysischen Anforderungen lassen sich für die Hindernisläufer im Vergleich zu Hürdenläufern von der Beschaffenheit der zu überwindenden Hindernisse ableiten?

## Technik

▶ Aufgabe:
Nehmen Sie Kenntnis von den Maßeinheiten für die Hindernisse und den Wassergraben:
*Hindernis:* 91,1 bis 91,7 cm hoch, 3,96 m breit, 1,20 bis 1,40 m lange Standfüße
*Hindernisbalken:* 12,7 × 12,7 cm
*Wassergraben:* 3,66 × 3,66 m = Länge und Breite, 0,76 cm Tiefe direkt hinter dem fest im Boden stehenden Wassergrabenhindernis, flach auslaufend in Laufrichtung
*Hindernisabstand:* 78 m
2000-m-HL = Jgd. B (16/17 J.); Jgd. A (18/19 J.) männlich; Frauen

Beim 3000-m-Hindernislauf wird der normale Laufrhythmus insgesamt 35mal unterbrochen, da laut Wettkampfbestimmungen die Hindernisse 28mal und der Wassergraben 7mal zu überwinden sind. Höchste Leistungen im Hindernislauf kommen deshalb nur bei einem optimalen Verhältnis zwischen einem hervorragenden Niveau der konditionellen Fähigkeiten und der motorisch-technischen Fertigkeiten zustande. Dabei können geringfügige Mängel in der Technik durch überragende konditionelle Fähigkeiten ausgeglichen werden.
Im besonderen werden technische Forderungen gestellt an
– die mit möglichst geringem Kraftaufwand

und Geschwindigkeitsverlust auszuführende *Überquerung des Wassergrabens;*
- die flache und den Laufrhythmus nur gering störende *Hindernisüberquerung;*
- zweckmäßige Veränderungen in der *Schrittgestaltung* beim Annähern an die Hindernisse und den Wassergraben.

### Technik der Hindernisüberquerung

Ziel einer rationellen Hindernislauftechnik ist ein möglichst geringer Geschwindigkeitsverlust.

Obwohl laut Wettkampfbestimmungen das Überqueren der Hindernisse nicht an eine bestimmte vorgeschriebene Technik gebunden ist, empfiehlt sich aufgrund der Zielstellung ein *freies* Überqueren ohne Berühren des Hindernisbalkens.

Die Technik einer **freien Hindernisüberquerung** ähnelt stark der Technik eines Hürdenschritts beim 400-m-Hürdenlauf. *Abweichungen* in der Technik zwischen Hürdenlauf und Hindernislauf ergeben sich durch
- den Lauf ohne Bahnen,
- die großen Abstände zwischen den Hindernissen,
- die Standfestigkeit der Hindernisse,
- das gleichzeitige Überqueren der Hindernisse durch mehrere Läufer,
- die Länge der Wettkampfstrecke,
- die große Anzahl der Hindernisse und das dadurch bedingte geringere Renntempo.

Eine gleichmäßig freie und ungehinderte Ausführung der Hindernisüberquerung ist nicht gewährleistet.

Je nach Wettkampfsituation an den Hindernissen und in Abhängigkeit zum Grad der Ermüdung muß der Hindernisläufer eine *große Variationsbreite* in der technischen Beherrschung der Hindernisüberquerung besitzen.

*Kriterien für technische Variabilität* sind vor allem
- beidseitige Beherrschung der Schwung- und Nachziehbeinbewegung sowie
- widergleiche oder Doppelarmarbeit, aber auch
- situationsgebundener kluger Wechsel von der freien Überquerung zum Überwinden des Hindernisses mit flüchtigem Stütz des Schwungbeines auf dem Hindernisbalken.

### Technik am Wassergraben

Das Überwinden des Wassergrabens und des davorstehenden Hindernisses ohne wesentlichen Geschwindigkeitsverlust erfordert eine besondere Technik. Sie wird gekennzeichnet
- durch einen *harmonischen Übergang* vom Lauf auf der Strecke zum sogenannten Auflaufen auf den Hindernisbalken,
- durch einen fließenden Übergang zu einem flachen Sprung vom Balken bis fast an das Ende des Wassergrabens sowie
- durch ein energisches Weiterlaufen nach der Landung.

**Auflaufen auf den Balken:** Das Auflaufen auf den Hindernisbalken stellt die erste Phase der Gesamtaktionen zur Überwindung des Wassergrabens dar. (Tab. 56)

Die Bewegungen beim Angehen des Hindernisses sollen gewährleisten, daß der Läufer *flach* auf den Hindernisbalken auflaufen und sofort anschließend einen *flach nach vorn* gerichteten kräftigen Abdruck vom Balken ausführen kann.

Das erfordert
- eine Beschleunigung des durchschnittlichen Renntempos auf den letzten 8 bis 10 Schritten und
- eine Verkürzung des letzten Schrittes im Verhältnis zum vorletzten.

Die leichte Verkürzung des letzten Schrittes
- verhindert einen zu großen Bremsstoß,
- leitet ein Drehmoment nach vorn ein und
- gestattet dadurch das Einnehmen einer günstigen Körpervorlage für ein flaches Auflaufen auf den Hindernisbalken.

Die *Abdruckstelle* liegt in Abhängigkeit von der Laufgeschwindigkeit und zur Körpergröße des Läufers etwa 1,50 bis 1,80 m vor dem Hindernis.

Das *Abdruckbein* wird kräftig gestreckt. Der Oberschenkel des *Schwungbeines* schwingt gleichzeitig bis mindestens zur Waagerechten nach vorn-oben. Der Unterschenkel des Schwungbeines pendelt nur so weit nach vornoben, daß der Läufer mit dem Mittelfuß auf die ihm zugekehrte Kante des Hindernisbalkens aufsetzen kann. Das weiche Auflaufen auf den Balken wird fortgesetzt durch ein Beugen des Schwungbeines im Kniegelenk. Der *Oberkörper* befindet sich dabei in der Nähe des Oberschenkels des etwa rechtwinklig gebeugten Schwungbeines. Dadurch wird der

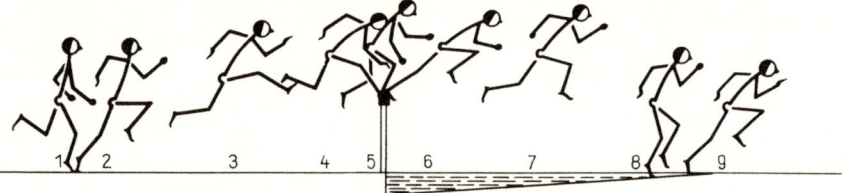

| Phase | Auflaufen auf den Hindernisbalken | Grabensprung |
|---|---|---|
| Beginn | Abdruck von der Unterstützungsfläche | Abdruck des Schwungbeines vom Hindernisbalken |
| Ende | senkrechtes Verhalten des KSP zum Fuß auf dem Hindernisbalken | Landung des Nachziehbeines auf der schiefen Ebene im Wassergraben |
| Funktion | Vorbereitung des Grabensprunges | Überwinden des Wassergrabens |
| Beobachtungs-punkte: Kriterien der Technik | Beschleunigung des Renntempos etwa 10 Schritte vor dem Hindernis flaches Auflaufen auf den Hindernisbalken Aufsetzen des Schwungbeines mit dem Mittelfuß an der vorderen Balkenkante optimale Annäherung des Oberkörpers an den Oberschenkel des Schwungbeines | Abrollen des Schwungbeinfußes von der hinteren zur vorderen Balkenkante tiefe Lagerung des KSP durch weite Oberkörpervorlage kräftiger nach vorn gerichteter flacher Abdruck des Schwungbeines von der hinteren Balkenkante Landung des Nachziehbeines auf der schiefen Ebene am Ende des Wassergrabens energisches Herauslaufen aus dem Wassergraben |

KSP gesenkt und eine flache Flugkurve für den Grabensprung vorbereitet.

Schließlich gehört zu den Aktionen des Auflaufens auf den Hindernisbalken die *Abrollbewegung* des Schwungbeinfußes von der hinteren zur vorderen Balkenkante. Am Ende der Auflaufphase ist der Mittelfuß des Schwungbeines flach auf der Oberseite des Balkens plaziert.

**Grabensprung:** Der Grabensprung stellt die zweite Phase innerhalb der Gesamtaktionen zur Überwindung des Wassergrabens dar (s. Tab. 56). Ein kräftiger, flach nach vorn gerichteter Abdruck vom Hindernisbalken soll hauptsächlich einen weiteren Geschwindigkeitsverlust im Vergleich zur Renngeschwindigkeit vermeiden.

Der Grabensprung beginnt, wenn der KSP die Senkrechte überschritten hat, mit der Streckung des Stützbeines. Es wird aus einer annähernd rechtwinkligen Position heraus *flach nach vorn* gestreckt.

Eine gute *Oberkörpervorlage* unterstützt den im wesentlichen horizontal gerichteten Krafteinsatz und gewährleistet einen weiteren flachen Verlauf der Flugkurve des KSP.

Die *Arme* werden zur Stabilisierung des Gleichgewichts leicht angehoben und seitlich nach außen geführt.

Das ehemalige Nachziehbein wird *Schwungbein*. Es wird ohne Unterbrechung der Nachziehbewegung am Stützbein (ohne Abspreizen) vorbeigeführt und – im Kniegelenk gebeugt – kräftig bis etwa zur Waagerechten vor den Körper geschwungen.

Hat das *Abdruckbein* den Hindernisbalken verlassen, so ähnelt der Grabensprung während der Flugphase demnach einem Schrittweitsprung. Das Abdruckbein wird nicht sofort nach vorn gebracht, sondern der Vorschwung des locker nach hinten-oben pendelnden Beines wird bis kurz vor der Landung des Schwungbeines verzögert. Erst im Moment des Fußaufsatzes des Schwungbeines (etwa 30 cm vor dem äußeren Rand des Wassergrabens) wird das Nachziehbein schnell und weit nach vorn geschwungen und *energisch zum ersten Schritt* nach der Landung auf die Bahn gesetzt. Dadurch ist schon einen Schritt nach der Landung die Fortsetzung des Laufs im Renntempo möglich.

**Lauf zwischen den Hindernissen:** Beim Lauf zwischen den Hindernissen gibt es keine Un-

terschiede zur Technik des Mittel- und Langstreckenlaufs. Lediglich der *Laufrhythmus* ist
aufgrund der zu überwindenden Hindernisse
nicht gleichmäßig, sondern durch die Beschleunigung des Tempos vor dem Hindernis
und durch die Landeverzögerung nach dem
Hindernis gewissen Schwankungen unterwor-
fen, die je nach Grad des Ermüdungszustandes
und des Verhältnisses zwischen dem Niveau
der konditionellen (läuferischen) Fähigkeiten
und dem der motorisch-technischen Fertigkeiten mehr oder weniger groß sind.

### Kriterien der Technik

*Kriterien* für eine *effektive Technik* bei der
Überwindung der *Hindernisse* und des *Wassergrabens* sind:
– harmonischer Übergang vom Lauf auf der
  Strecke zur freien Überquerung der Hindernisse und des Wassergrabens sowie
  Fortsetzung des Laufs ohne wesentlichen
  Geschwindigkeitsverlust,
– Beidseitigkeit der Schwung- und Nachziehbeinbewegungen und entsprechende
  Unterstützung der Beinbewegungen
  durch situationsgebundene Bewegungen
  der Arme,
– flaches Auflaufen auf das Hindernis am
  Wassergraben, etwa rechtwinklig gebeugtes Schwungbein, wobei sich der
  KSP senkrecht über der Unterstützungsfläche auf dem Hindernisbalken befindet,
  anschließend flach nach vorn gerichtete
  Streckbewegung des Stützbeines vom
  Balken, d. h.
– flacher Kurvenverlauf des KSP bei der
  Überwindung des Wassergrabens von
  der Abdruckstelle bis zur Landung,
– Landung im Wassergraben an dessen äußerer Grenze mit fast gestrecktem Lande-
  bein in oder wenig vor der senkrechten
  Projektion des KSP,
– energisches Herauslaufen aus dem Wassergraben.

### Technisches Anforderungsprofil
### für das Aufbautraining

– Beidseitigkeit der Schwung- und Nachziehbeinbewegungen beim Überwinden von
  Hürden im 110-m- und 300/400-m-Hürden-
  lauf sowie von Hindernissen und dem Wassergraben,

– Frontalstellung von Becken- und Schulter-
  achse beim Überqueren von Hürden und
  Hindernissen,
– Überwinden der Hindernisse mit flüchtigem
  Fußaufsatz auf dem Hindernisbalken im Zu-
  stand der Ermüdung und in entsprechenden
  Wettkampfsituationen.

### Technisches Anforderungsprofil
### für das Grundlagentraining

Die technischen Grundanforderungen zur
Vorbereitung der Technik im 3000-m-Hinder-
nislauf erstrecken sich in der Etappe des
Grundlagentrainings auf
– Beidseitigkeit der Schwung- und Nachziehbeinbewegungen bei *altersspezifischen Hürdenläufen* und
– das spielerische Überwinden von Behelfshindernissen (Kasten, Bänke, Schwebebalken usw.) zur Vorbereitung der technischen
  Anforderungen beim Überqueren der Hindernisse und des Wassergrabens.

▶ Aufgabe:
Begründen Sie die Notwendigkeit einer langfristigen
Vorbereitung der technischen Anforderungen im
Hindernislauf bereits in der Etappe des Grundlagen-
trainings.

# Technische Ausbildung

Obwohl der *Hindernislauf* erst im Wettkampfprogramm für Jugendliche ab 16 Jahre enthalten ist, ist die *technische Ausbildung* in dieser
Disziplin bereits *im Grundlagentraining* langfristig *vorzubereiten*.
Das geschieht vorwiegend durch die technische Ausbildung *im Hürdenlauf* mit Hilfe von
speziellen vorbereitenden Übungen und
Grundübungen sowie durch spezielle vorbereitende Übungen zur Entwicklung der Hindernistechnik.

### Leitlinien des methodischen Vorgehens

– Entwicklung der *Hürdenlauftechnik* mit
  *beidseitiger* Ausbildung der Schwung- und
  Nachziehbeinbewegungen. In Vorbereitung
  des Hindernislaufs wird die normale Grundausbildung für den Hürdenlauf absolviert (s.
  5.3.4.). Zur ständigen Vervollkommnung
  des erreichten Niveaus der Hürdentechnik

## Übungskomplexe und methodische Hinweise zu den Ausbildungsaufgaben

### 1. Aufgabe: Überlaufen der Hindernisse

*Ziel: Hindernisüberquerung ohne wesentlichen Geschwindigkeitsverlust*
*Steigerung: Anzahl der Hindernisse (von 2 auf 4), Vergrößerung der Abstände, Wettkampfformen*

| Vorbereiten | Erlernen | Vervollkommnen |
|---|---|---|
| beidseitige Schulung der Schwung- und Nachziehbeinbewegung bei SVÜ und GÜ für Hürdenlauf (s. Kap. 5.3.4.) | **1. Grundübung**<br>**beliebiges Überwinden eines Hindernisses** | Übungen zur Vervollkommnung der Hürdenlauftechnik (110-m- und 300-m- bzw. 400-m-Hürdenlauf) |
| beliebiges Überwinden von Behelfshindernissen wie Kasten, Pferd, Schwebebalken | aus etwa 10–15 m Anlauf<br>– einzeln<br>– zu zweit oder dritt<br>– im Pulk | – beidseitiger Einsatz des Schwung- und Nachziehbeines durch Läufe im 4-Schritt-Rhythmus bzw. 12-, 16-, 18-Schritt-Rhythmus |
| freies Überlaufen von Behelfshindernissen (s. o.)<br>– einzeln<br>– im Pulk<br>– verschiedene Wettkampfformen 50–80 cm hoch<br>  Verfolgungsrennen<br>  Minutenläufe | **2. Grundübung**<br>**Hindernisüberquerung mit flüchtigem Aufsetzen des Schwungbeinfußes auf dem Hindernisbalken (Abb. 77)** | Hindernis-Tempoläufe (bei 400-m-Hürdenabständen) über 200 m und 400 m<br>– in, unter und über Renntempo<br>– mit normalen oder verkürzten Abständen zwischen den Hindernissen |

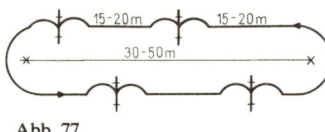

Abb. 77

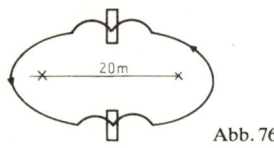

Abb. 76

– ein Hindernis einzeln und im Pulk
– zwei bis vier Hindernisse aus etwa
  10–20 m Anlauf und mit etwa
  10–20 m Abstand zwischen den
  Hindernissen

*Variation:*
– gruppenweise auf Zeit im Wechsel
– Verfolgungsrennen auf Zeit oder
  nach Runden

**3. Grundübung**
**Hindernisüberquerung im Hürdenschritt**

– ein Hindernis einzeln und im Pulk
– mehrere Hindernisse (Aufbau der
  Hindernisse)

---

*Beobachtungspunkte:*
– geradlinige Anschwungbewegung
– frontale Stellung der Schulter- und Beckenachse
– Tempobeschleunigung vor dem Hindernis
– Verkürzung des letzten Schrittes
– situationsgebundener widergleicher oder Doppelarmeinsatz

*Methodisch-organisatorische Hinweise:*
– beidseitige Schulung der Schwung- und Nachziehbeinbewegungen
– Hindernisüberquerung ganzheitlich schulen
– jede Übung zunächst einzeln, dann im Pulk ausführen lassen
– Vorsicht bei Nässe!

## 2. Aufgabe: Überwinden des Wassergrabens

*Ziel: flacher Kurvenverlauf des KSP von der Abdruck- bis zur Landestelle*
*Steigerung: Kombination Wassergrabenüberwindung und Überquerung eines Hindernisses (Abb. 79), Wettkampfformen,*
*serienmäßiges Üben*

| Vorbereiten | Erlernen | Vervollkommnen |
|---|---|---|
| Auflaufen auf Behelfshindernis und anschließender flacher Schrittsprung in oder über einen imitierten Wassergraben (Sandgrube, Matte) | **4. Grundübung**<br>**Auflaufen auf den Hindernisbalken und flacher Schrittsprung (über einen imitierten Wassergraben) in die Sandgrube und energisches Weiterlaufen** | serienmäßiges Überlaufen des Wassergrabens nach Zeit oder Anzahl der Wiederholungen<br>– gefüllter Wassergaben,<br>– imitierter Wassergraben in der Sandgrube oder durch Matten |

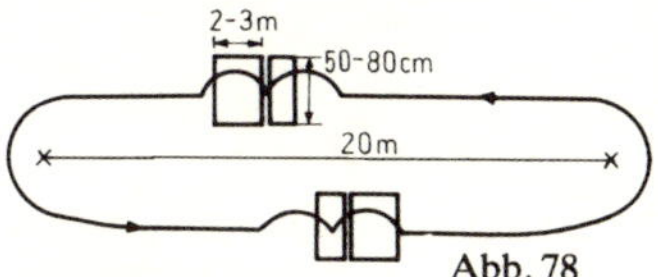

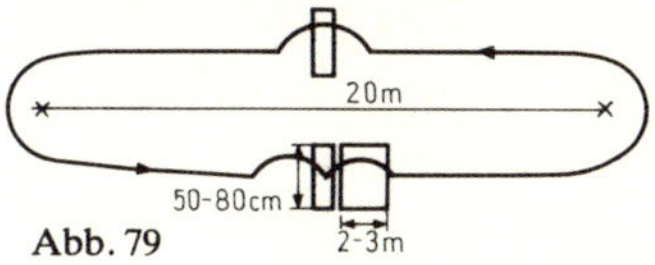

Abb. 78

– einzeln
– im Pulk
– verschiedene Wettkampfformen
– Verfolgungsrennen nach Zeit oder Runden
– Minutenläufe
– Gruppenweise auf Zeit (im Wechsel Gruppe A, B, C)

– aus 15–20 m Anlauf
– einzeln
– im Pulk

Abb. 79

*Beobachtungspunkte:*
– flaches Auflaufen mit guter Oberkörpervorlage
– Aufsetzen des Schwungbeinfußes mit dem Mittelfuß an der Balkenkante
– Abrollbewegung des Stützfußes über den Balken
– rechtwinklig gebeugtes Stützbein, gute Oberkörpervorlage
– flacher Schrittsprung vom Balken
– Landung im Wassergraben
– energisches Herauslaufen aus dem Wassergraben, sofort wieder Renntempo aufnehmen

*Methodisch-organisatorische Hinweise:*
– Auflaufen auf das Wassergrabenhindernis beidseitig schulen!
– auf feste und trockene Abdruckstelle vor dem Wassergrabenhindernis achten
– mit Spikes üben, um Abrutschen vom Hindernisbalken zu vermeiden
– erst einzeln, dann im Pulk üben
– beim Üben am imitierten Wassergraben für weiche Landestelle sorgen

## 3. Aufgabe: Überwinden von Hindernissen und des Wassergrabens

*Ziel: Überwinden der Hindernisse und des Wassergrabens ohne Geschwindigkeitsverlust*
*Steigerung: Anzahl der Hindernisse und Streckenlänge, Wettkampfformen*

| Vorbereiten | Erlernen | Vervollkommnen |
|---|---|---|
| Überwinden von Behelfshindernissen als Kombination von Hindernis und Wassergraben<br>– freies Überqueren des Hindernisses<br>– Überwinden des imitierten Wassergrabens<br>    einzeln<br>    im Pulk<br>    verschiedene Wettkampfformen<br>    s. o. | **5. Grundübung**<br>**Überlaufen eines oder mehrerer Hindernisse im Hürdenschritt und überwinden des imitierten Wassergrabens (Sandgrube)**<br><br>– einzeln<br>– im Pulk<br><br>– unter wettkampfnahen Bedingungen | Hindernis-Tempoläufe<br>– mit wettkampfgerechten Abständen und gefülltem Wassergraben<br>– auf<br>    kurzen (200 m)<br>    mittleren (400 m)<br>    langen (1 000 m)<br>    Teilstrecken im Bereich des Renntempos |

Abb. 80

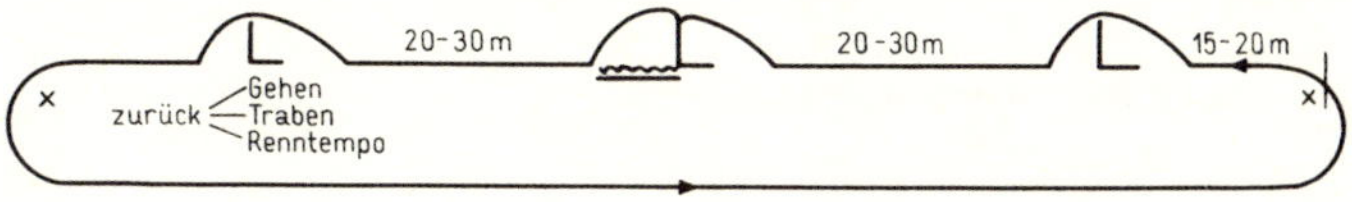

*Beobachtungspunkte:*
- flüssiges Überlaufen der Hindernisse im Hürdenschritt, flaches Auflaufen auf das Wassergrabenhindernis und flacher Schrittsprung über den Wassergraben
- Geradlinigkeit der Bewegungen
- Beschleunigung des Lauftempos vor den Hindernisse
- energisches Herauslaufen aus dem Wassergraben, sofort weiterlaufen im Renntempo

*Methodisch-organisatorische Hinweise:*
- wechselseitiger Einsatz des rechten und linken Beines als Schwung- und Nachziehbein
- erst einzeln, dann im Pulk üben
- grundsätzlich mit Spikes üben, um Abrutschen vom Hindernisbalken zu vermeiden
- bei Üben am imitierten Wassergraben für weiche Landestelle sorgen

## Wesentliche Fehler und Korrekturmöglichkeiten

| Fehler | Korrekturmöglichkeiten |
|---|---|
| *Hindernisüberquerung* keine geradlinige Anschwungbewegung durch zu dichtes Heranlaufen an das Hindernis | Bodenorientierer vor dem Hindernis für Abdruckstelle Veränderung der Schrittgestaltung vor dem Hindernis Überlaufen von Hürden in vollem Tempo Dehn- und Lockerungsübungen; Hürden-Gymnastik |
| zu hohe Flugkurve des KSP über dem Hindernis | Bodenorientierer für Abdruckstelle kombiniertes Überlaufen von Hindernissen und Hürden im Hürdenschritt |
| Verwringung der Becken- und Schulterachse | wechselseitiger Einsatz links und rechts als Schwung- und Nachziehbein über Hürden und Hindernisse besondere Schulung der ungeschickten Seite besondere Schulung der Armbewegungen (Doppelarmeinsatz, Frontalstellung der Schulterachse) Dehn- und Lockerungsübungen, Hürden-Gymnastik |
| großer Geschwindigkeitsverlust bei der Hindernisüberquerung (Angehen, Landung) | Tempobeschleunigung auf den letzten 8–10 Schritten Bodenmarkierer für Abdruckstelle pädagogische Impulse bei Hindernisüberquerung Bodenmarkierer für Landestelle des Nachziehbeines, Bewußtmachen des Bewegungsablaufs, Landung auf dem *Ballen* des Schwungbeinfußes schnelles Überlaufen von Hürden im 3- und 5-Schrittrhythmus |
| *Wassergraben* zu hohe Flugkurve beim Auflaufen auf den Hindernisbalken und beim Grabensprung | Bewußtmachen des richtigen Bewegungsablaufs, weite Oberkörpervorlage beim Auflaufen, rechtwinkliges Beugen des Stützbeines, flacher Abdruck nach vorn vom Hindernisbalken Bodenorientierer für Abdruckstelle vor dem Hindernis Tempobeschleunigung vor dem Hindernis Verkürzung des letzten Schrittes |
| Aufrichten des Körpers auf dem Hindernisbalken | s. o. Verbesserung der konditionellen Fähigkeiten (Kraft, Ausdauer) individuelle Hilfe zur Überwindung der Angst |
| Abrutschen des Schwungbeinfußes vom Hindernisbalken (mit der Ferse, mit der Fußspitze) | Bewußtmachen des richtigen Angehens (Auflaufen auf die dem Läufer zugekehrte Balkenkante mit dem Mittelfuß) unbedingt Spikes beim Üben verlangen Bodenmarkierer für Abdruckstelle Tempobeschleunigung Verkürzung des letzten Schrittes |
| Landung mit beiden Beinen im Wassergraben | Verbesserung der konditionellen Fähigkeiten Bewußtmachen des richtigen Bewegungsablaufs |

müssen später spezielle Technikübungen (im 110-m- und 300-m-, 400-m-Hürdenlauf) genutzt werden. Die beidseitige Ausbildung der Schwung- und Nachziehbeinbewegungen ist in jeder Trainingseinheit, in der die Technikschulung Schwerpunkt ist, durchzusetzen.

– Vorbereitung der Hindernistechnik durch flüssiges Überwinden von *Behelfshindernissen,* wie Kasten, Bank, Schwebebalken, Seitpferd, Kastenteilen (mit und ohne flüchtiges Aufsetzen des Schwungbeines auf dem Hindernis sowie mit beidseitigem Einsatz des Schwung- und Nachziehbeines), und Überwinden von *imitierten Wassergrabenhindernissen* (durch Auflaufen auf einen quergestellten Schwebebalken, Kasten, Seitpferd mit anschließendem flachem Schrittsprung in die Sandgrube oder auf Matten und energischem Weiterlaufen nach der Landung).

Das Überlaufen und Überwinden von Behelfshindernissen ist sehr freudbetont. Sowohl im Freien als auch in der Halle lassen sich mit Hilfe von spielerischen Hindernisläufen konditionelle Fähigkeiten, grundlegende motorisch-technische Fertigkeiten und solche Charaktereigenschaften wie Kampfgeist, Mut und Risikobereitschaft komplex entwickeln. Die Anforderungen können dabei durch vielfältige Maßnahmen, wie Verwendung von Bodenorientierern, Veränderung der Hindernishöhe und -anzahl, Vorgabe der zu laufenden Runden oder Minuten, gesteigert und gesteuert werden.

In der speziellen Ausbildung der Hindernistechnik (im Aufbautraining beginnend) werden die *Hindernis-* und die *Wassergrabenüberwindung* anfangs *getrennt* geschult, bevor beide technischen Einzelelemente zusammen ausgebildet werden.

Die kombinierte Ausbildung der Hindernis- und Wassergrabentechnik spricht beim Gruppentraining die Sportler emotional besonders an und kann deshalb gleichzeitig zur Entwicklung konditioneller Fähigkeiten genutzt werden.

### Reihung der Ausbildungsaufgaben

1. Überlaufen der Hindernisse,
2. Überwinden des Wassergrabens,
3. Überwinden von Hindernissen und des Wassergrabens.

## 6.6.  Sportliches Gehen
(Technik und technische Ausbildung)

## Technik

▶ Aufgabe:
Versuchen Sie Gemeinsamkeiten und Unterschiede im Gehen und Laufen zu erkennen!

Die Technik des sportlichen Gehens wird entscheidend durch die *Wettkampfregeln* bestimmt. Als Kriterien einer **regelgerechten Gehtechnik** werden verlangt:
– *ständiger Bodenkontakt* und
– *deutliche Streckung* des Standbeines in der *Vertikalposition.*

Verstöße gegen diese Regeln führen zu Verwarnungen oder zur Disqualifikation. Deshalb ist ein hohes und stabiles Niveau der motorisch-technischen Fertigkeiten in Verbindung mit speziellen konditionellen Fähigkeiten eine leistungsbestimmende Voraussetzung für höchste Leistungen im sportlichen Gehen.

In der *Schrittgestaltung des Gehens* liegen deshalb auch bestimmte Abweichungen gegenüber der Struktur des Laufschritts vor. Sie bestehen im Fehlen einer (offensichtlichen) Flugphase, im Vorhandensein einer Doppelstützphase, im veränderten räumlich-zeitlichen Ausprägungsgrad der vorderen und hinteren Stütz- und Schwungphase. Hauptsächliches Unterscheidungsmerkmal zwischen Laufen und sportlichem Gehen ist aus biomechanischer Sicht (Susanka '83) aber die Verlaufskurve des KSP in der Stützphase:
– Lauf: KSP sinkt ab;
– Gehen: KSP steigt an.

Wesentliche technische Elemente sind deshalb:
– die *Doppelstützphase,* in der laut Regel beide Beine Bodenkontakt haben müssen;
– die *Vertikalposition,* in der das Stützbein im Kniegelenk deutlich gestreckt sein muß;
– die *hintere Stützphase,* in der eine optimale Abstoßkraft für den Vortrieb entwickelt werden muß;
– die für die Entspannung der Muskulatur und eine größere Schrittlänge wichtige *hintere* und *vordere Schwungphase;*
– die *vordere Stützphase,* in der Bremskräfte möglichst klein gehalten werden müssen;

195

– die die Bewegung unterstützende *Becken-, Schulter- und Armarbeit.*

### *Schrittgestaltung*

Die *Schrittgestaltung* während eines Doppelschritts geschieht grundsätzlich in Abhängigkeit von der *Funktion* der einzelnen *Phasen.* (Tab. 57)
Das Bestreben nach *optimaler Lösung* und Erfüllung der Funktion und Aufgaben der einzelnen Phasen unter Beachtung der Forderungen der Wettkampfregeln und der biomechanischen Gesetzmäßigkeiten *führt* zwangsläufig *zur Art* und *Weise* der *Bewegungsausführung* im Sinne einer bewegungsökonomisch *rationellen Technik.*

**Vordere Stützphase:** Die vordere Stützphase ist unter der Sicht zu gestalten, trotz des Bemühens um einen raumgreifenden Schritt eine *Stemmwirkung* gegen die Vortriebskraft zu vermeiden.
Um das weiche und elastische Aufsetzen des Fußes weit (aber nicht übertrieben weit!) vor der senkrechten Projektion des KSP zu ermöglichen, muß das Bein **bei Aufnahme des Bodenkontaktes** im Kniegelenk fast gestreckt sein. Das Aufsetzen erfolgt auf der Ferse, die Zehen sind deutlich angehoben (Abb. 81, Bild 1).
Nach dem Aufsetzen rollt der Fuß von der Ferse über dem Außenrist ab und berührt den Boden mit der ganzen Sohle, noch bevor der KSP die senkrechte Projektion über dem Stützfuß erreicht hat.
Die vordere Stützphase endet in der *Vertikalposition,* d. h. wenn Fuß-, Knie- und Hüftgelenk senkrecht übereinanderstehen.
Diese Position ist zwar für den Vortrieb bedeutungslos, weil hier keine Vortriebskraft erzeugt werden kann; sie ist jedoch für die Beurteilung der Technik des sportlichen Gehens (Regeln) wichtig (Abb. 81, Bilder 4, 12).
Das Standbein muß in der Vertikalposition deutlich gestreckt sein!

**Hintere Stützphase:** Die hintere Stützphase ist die *wichtigste Phase* innerhalb eines Doppelschrittes. In ihr wird der *Impuls* für den *Vortrieb* erzeugt.
Sie beginnt, wenn das Standbein die Senkrechte, gebildet von Fuß-, Knie- und Hüftgelenk, aufgibt und gleichzeitig das freie, von hinten nach vorn schwingende Bein mit dem Knie das Standbein passiert (Abb. 81, Bilder 4, 11).
Der Fuß des Standbeines rollt geradlinig über den *Außenrist* bis zu den Zehenspitzen ab. Dabei bleibt das Stützbein **vom Beginn der Vertikalposition bis fast zum Ende der hinteren Stützphase im Kniegelenk gestreckt.**
Die Abstoßkraft in der hinteren Stützphase bestimmt im wesentlichen die Größe des Vortriebs. Im Zusammenhang mit günstigen Armbewegungen muß er hauptsächlich in horizontaler Bewegungsrichtung wirken. Er sichert – in Verbindung mit der Bewegungsamplitude des vorschwingenden Beines – die *Länge des Gehschrittes.* Entsprechend der Streckenlänge und der dabei möglichen individuellen Geschwindigkeit muß der *Krafteinsatz* für den Vortrieb **so dosiert werden, daß ein optimales Verhältnis zwischen Schrittlänge und -frequenz vorliegt und die Einhaltung der Wettkampfregeln gewährleistet ist.**

Geringere Geschwindigkeit bedingt demnach kürzere, höhere Geschwindigkeit längere Schritte.

**Doppelstützphase:** Da durch das Regelwerk ein ständiger Bodenkontakt verlangt ist, verbinden sich im Gehen hintere und vordere Stützphase direkt miteinander; d. h., im Vergleich zum Laufschritt entfällt die Flugphase. Noch bevor der Fuß des Abdruckbeines am Ende der hinteren Stützphase vom Boden abhebt, muß das nach vorn geschwungene Bein Bodenkontakt aufgenommen haben. Es entsteht eine Doppelstützphase (Abb. 81, Bilder 1, 9, 15). Erst danach ist ein Abheben des Abdruckfußes gestattet.

**Hintere Schwungphase:** Die hintere Schwungphase muß zur Entspannung der Beinmuskulatur führen und einen möglichst flachen, weiten und geradlinigen Vorschwung des hinteren Beines einleiten. Nachdem das Abdruckbein den Bodenkontakt aufgegeben hat, schwingt der Unterschenkel locker und entspannt leicht nach hinten-oben. Der Oberschenkel beginnt aus dem Hüftgelenk heraus sofort mit dem Vorschwung. Der Unterschenkel wird *nachgeschleppt.* Diese zusammenwirkenden Aktionen sind Voraussetzungen für einen flachen,

*Tabelle 57: Übersicht über die Phasenstruktur des sportlichen Gehens*

| Phase | Vordere Stützphase | Hintere Stützphase | Hintere Schwungphase | Vordere Schwungphase | Doppelstützphase |
|---|---|---|---|---|---|
| Beginn | Aufsetzen der Ferse des vorderen Beines vor Abheben der Fußspitze des hinteren Beines | Vertikalposition | Abheben des hinteren Fußes von der Unterstützungsfläche | Vertikalposition | Aufsetzen der Ferse im Vorderstütz vor Verlust des Bodenkontakts im Hinterstütz |
| Ende | Vertikalposition | Abheben des hinteren Fußes von der Unterstützungsfläche nach Aufsetzen des vorderen Beines | Vertikalposition | Aufsetzen der Ferse | Abheben des hinteren Fußes von der Unterstützungsfläche |
| Funktion | Stützfunktion Abfangen des Körpergewichts Vermeiden eines Geschwindigkeitsverlustes | Stützfunktion Entwicklung der Abdruckkraft für den Vortrieb | Schwungfunktion Entspannung | Schwungfunktion Entspannung | Stützfunktion für vorderes und hinteres Bein |
| Merkmale | Bodenkontakt mit der Ferse muß im vorderen Stütz eingenommen worden sein, bevor das hintere Bein den Bodenkontakt aufgibt – deutlich erkennbarer Doppelstütz elastisches Aufsetzen des Schwungbeines auf der Ferse mit fast gestrecktem Knie und angehobener Fußspitze = Vermeidung einer Stemmwirkung schneller Bodenkontakt mit der ganzen Sohle = weiche Abrollbewegung Ferse – Ballen über den Außenrist | deutliche Streckung des Standbeines in Vertikalposition Fortsetzung und Beendigung der Abrollbewegung (von der Ferse bis zum Ballen über den Außenrist) Abheben des Fußes darf erst nach Einnahme des Bodenkontakts in der vorderen Stützphase erfolgen – deutlich erkennbarer Doppelstütz Abdruckbein nicht zu zeitig beugen | lockeres Auspendeln des Unterschenkels wenig nach hinten oben bei gleichzeitigem Vorschwung des Oberschenkels – Oberschenkel schleppt den Unterschenkel nach kein Auswärtsdrehen des Abdruckfußes Hüftstreckung | kein betonter Kniehub – Oberschenkel schwingt nur so weit nach vorn oben, um einen betont flachen und weiten Vorschwung des Unterschenkels zu ermöglichen deutliches Anheben der Fußspitze am Ende des flachen Unterschenkelvorschwungs minimales Rücksenken des noch nicht völlig gestreckten Beines Aufsetzen der Ferse nicht übertrieben weit vor der senkrechten Projektion des KSP – je schneller das Tempo, um so länger die Schritte | laut Wettkampfbestimmung notwendiges und für die Technik des sportlichen Gehens charakteristisches Merkmal Nichtvorhandensein führt zur Disqualifikation! Rumpfhaltung fast aufrecht größte Verwringung zwischen Becken- und Schulterachse größte Amplitude der widergleich nach vorn und hinten geschwungenen Arme und Beine |

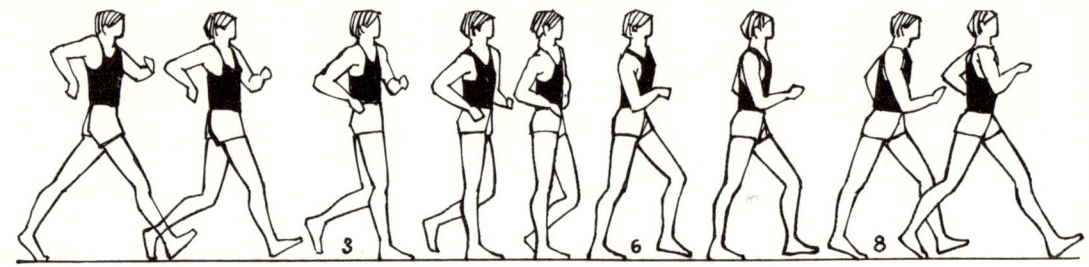

Abb. 81  Bildreihe Gehen

weiten Schritt (Abb. 81, Bilder 3, 4, 11, 12). Die hintere Schwungphase ist beendet, wenn das Knie am Standbein vorbeischwingt.

**Vordere Schwungphase:** Die vordere Schwungphase ist so zu gestalten, daß nach dem flachen Vorschwung des freien Beines ein *optimal langer Schritt ohne wesentlichen Geschwindigkeitsverlust* zustande kommt.

Die vordere Schwungphase beginnt mit dem Überholen des Standbeines durch das nach vorn schwingende Bein. Der flache Pendelschwung aus der Hüfte heraus wird fortgesetzt, d. h., der Oberschenkel bewegt sich weiter nach vorn-oben, und der Unterschenkel wird bis zum Ende des Vorschwungs des Oberschenkels nachgeschleppt. Dieser Vorschwung des Oberschenkels ist nicht mit dem Kniehub beim Laufen zu vergleichen; der Oberschenkel schwingt nur so weit nach vorn-oben, daß **der Unterschenkel extrem flach nach vorn** pendeln kann. Die Zehenspitzen sind am Ende des Vorschwungs angehoben (Abb. 81, Bilder 9, 14). Die vordere Schwungphase endet mit dem elastischen weichen Fußaufsatz auf der Ferse, womit der nächste Doppelschrittzyklus eingeleitet wird.

*Bewegung des Beckens und der Schultern*

Eine optimale *Schrittlänge* und die *Lockerheit* der *Schrittgestaltung* verlangen eine gute *Beweglichkeit im Hüftgelenk* und zweckmäßige Bewegungen des Beckens um die *Tiefen- und Längsachse* des Körpers.

Eine **optimale Schrittlänge** im Verhältnis zur erzeugten Vortriebskraft ist nur möglich, wenn
– die Füße *geradlinig* voreinander aufsetzen und

– das *Becken* den Vorschwung des freien Beines durch eine Bewegung um die *Körperlängs- und Körpertiefenachse* unterstützt (vgl. Abb. 82).

Die **Bewegungen der Arme und Schultern** sollen die *Bewegungen der Beine harmonisch unterstützen.* Sie fördern die
– *optimale Verwringung* der Becken- und Schulterachse und damit das Zustandekommen einer
– *optimalen Bewegungsamplitude* bzw. Schrittlänge.

Die Arme werden (in Abhängigkeit vom Gehtempo mehr oder weniger stark) im Ellbogen gebeugt nach vorn bis etwa zur Körpermitte und bis etwa in Höhe des Brustbeines geschwungen. Beim Rückschwung wird der Winkel im Ellbogen individuell unterschiedlich weit (beim Passieren des Hüftpunktes) geöffnet und bis zum Ende des Rückschwungs wieder geschlossen.

Die schwungvollen Bewegungen der *Arme* verursachen starke Aktionen in den *Schultern.* Sie werden jeweils am Ende des Vor- und Rückschwungs *leicht angehoben.*

Das Anheben der Schultern darf nicht übertrieben werden. Es verursacht – in Verbindung mit den kräftig schwingenden, stark gebeugten Armen – sehr leicht ein Springen und damit regelwidriges Gehen.

Die Bewegungen des Beckens um die Längs- und Tiefenachse und die widergleiche Schulter- und Armbewegung bewirken eine *Verwringung zwischen Becken- und Schulterachse.*

Die Verschiebung dieser Achsen erfolgt wie beim Lauf in
– horizontaler und
– vertikaler Richtung.

198

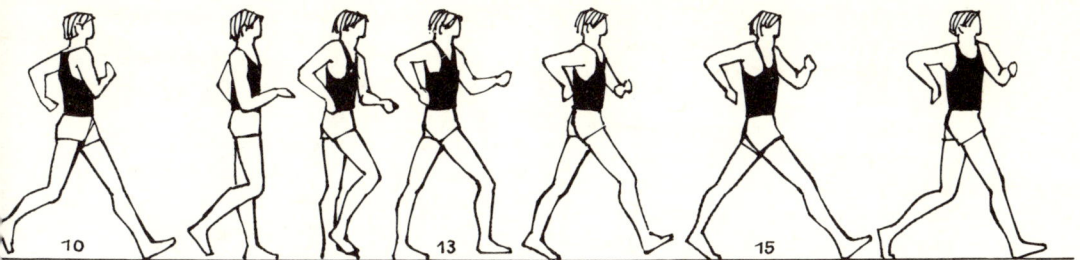

Beim Gehen ist sie jedoch wesentlich stärker ausgeprägt. (Abb. 82)

Abb. 82  Verschiebung von Becken- und Schulterachse

Die Verschiebungen zwischen Becken- und Schulterachse sind für das sportliche Gehen charakteristisch. Sie ermöglichen einen harmonischen und ökonomischen Bewegungsablauf. Die seitliche Ausweichbewegung des Beckens darf jedoch nicht übertrieben werden. Sie muß lediglich den geradlinigen Vorschwung des freien Beines vorbei am Stützbein gestatten.

Die **Haltung des Oberkörpers** ist *aufrecht* bis *leicht* nach *vorn geneigt*. *Vorwärtsneigung* ist bei Wettkämpfen auf Straßen und im Anstieg und leichte *Rückwärtsneigung* bei Gefälle möglich.

*Zu große Abweichungen von der aufrechten Oberkörperhaltung* nach vorn oder hinten sind beim Gehen *im ebenen Gelände* zu vermeiden. Sie verleiten leicht *zum Laufen*.

### Kriterien der Technik

*Kriterien* für eine bewegungsökonomisch rationelle und regelgerechte Gehtechnik sind:
- ständiger Bodenkontakt;
- deutliche Streckung des Kniegelenks im Vertikalmoment;
- flacher, langer Schritt;
- optimales Verhältnis zwischen Schrittlänge und -frequenz;
- Harmonie zwischen Arm-, Schulter-, Bein- und Hüftbewegungen;
- aufrechte Rumpfhaltung;
- Armbewegungen in Bewegungsrichtung;
- geradliniger Fußaufsatz auf der Ferse und angehobene Fußspitze;
- elastisches Abfangen des Körpergewichts beim Fußaufsatz ohne Geschwindigkeitsverlust;
- gute Abrollbewegung Hacke – Ballen bis zur optimalen Streckung des Fußgelenks;
- horizontal gerichteter Vortriebsimpuls im Verlauf der Stützphase.

### Technisches Anforderungsprofil für das Spezialtraining

Zu Beginn des Spezialtrainings muß die Technik des sportlichen Gehens beherrscht werden. Im Verlauf des Spezialtrainings wird sie im Zusammenhang mit der Entwicklung der leistungsbestimmenden konditionellen Fähigkeiten auf Strecken von 5 bis 40 km bei unterschiedlichen Geschwindigkeitsanforderungen ständig vervollkommnet.

### Technisches Anforderungsprofil für das Grundlagentraining

Im *Grundlagentraining* sollte die technische Ausbildung im sportlichen Gehen Bestandteil der vielseitigen technischen Vorbereitung des Nachwuchssportlers sein. Die *Zielstellung* der technischen Grundausbildung im sportlichen Gehen sollte darin bestehen, eine in den wesentlichsten Elementen regelgerechte Technik auf kurzen Strecken von etwa 200 bis 1000 m bei niedriger, mittlerer und teilweise hoher Geschwindigkeit zu beherrschen.

*Kriterien* für den Erfüllungsstand der Zielstellung sind:

- normales aufrechtes Gehen;
- zügiger, individuell optimal langer Schritt;
- ständiger Bodenkontakt;
- Fußaufsatz mit der Ferse;
- gute Abrollbewegung bis zum deutlichen Abdruck über den Ballen-Zehenbereich;
- Streckung des Kniegelenks beim Übergang von vorderer zu hinterer Stützphase;
- harmonische Unterstützung der Beinbewegungen durch ökonomische Koordination der Arm-, Schulter- und Hüftbewegungen.

Im *Aufbautraining* sind diese *Grundanforderungen* an die Technik **auszufeilen** und bei *geeigneten Sportlern* die **leistungsbestimmenden Fähigkeiten** durch das Absolvieren *längerer Strecken* (5 bis 20 km) in *niedriger, mittlerer* und *hoher Geschwindigkeit* bei technisch einwandfreier Ausführung zu entwickeln.

# Technische Ausbildung

Die Technik des sportlichen Gehens ist grundsätzlich aus der bei jedem Menschen vorhandenen Bewegungserfahrung des normalen natürlichen Gehens zu entwickeln.

## Leitlinien des methodischen Vorgehens

● Die *Hauptelemente der Schrittgestaltung* des normalen Gehens sind in *beschleunigtem* Tempo zu schulen.
● Grundsätzlich ist *ganzheitlich* zu lehren.
● Dabei muß im wesentlichen die *Folge* Beinbewegungen – Bewegungen der Arme und Schulterbewegungen – Bewegungen der Bekken- und Schulterachse zueinander eingehalten werden.
● Die Übungen sind dabei allmählich auf *längeren Strecken* und mit *zunehmender Geschwindigkeit* auszuführen.

## Reihung der Ausbildungsaufgaben

1. Vorbereitung des sportlichen Gehens durch Gehen mit höherer Geschwindigkeit.
2. Gehen mit beherrschbarer (mittel bis hoch) Geschwindigkeit und unter besonderer Beachtung der *Beinbewegungen*.
3. Gehen mit beherrschbarer Geschwindigkeit und unter besonderer Beachtung der *Arm- und Schulterbewegungen*.
4. *Gesamtbewegung* beim Gehen in beherrschbarer mittlerer, hoher und höchster Geschwindigkeit sowie mit Tempowechsel.

### Übungskomplexe und methodische Hinweise zu den Ausbildungsaufgaben

1. Aufgabe: Vorbereitung des sportlichen Gehens

*Ziel:* Vervollkommnung der Gesamtbewegung des natürlichen Gehens – Geradlinigkeit der Bewegungen
*Steigerung:* Verlängerung der Strecke und Steigerung des Gehtempos

| Vorbereiten | Erlernen | Vervollkommnen |
|---|---|---|
| normales *Gehen* mit Aufgabenstellung wie<br>- auf einer Linie<br>- mit Nackenhalte der Arme<br>- mit verschränkten Armen auf dem Rücken<br>- mit verschränkten Armen auf der Brust<br>- mit Vor- und Rückbeugen des Oberkörpers<br>- auf der Ferse<br>- auf den Zehenspitzen<br>- mit schnellem Wechsel zwischen Fersengang und Zehengang<br>- auf dem Außenrist (O-Beine)<br>- auf dem Innenrist (X-Beine) | **1. Grundübung**<br>**Gehen mit wenig höherer Geschwindigkeit als normal und/oder mit allmählicher Beschleunigung der normalen Gehgeschwindigkeit (auf kurzen Strecken 30–100 m)**<br><br>- betont längere Schritte<br>- frequenzbetonte Schritte mit deutlicher Streckung des Kniegelenks | Übungen zur Kräftigung der Bein- und Rumpfmuskulatur<br><br>lange und schnelle Wanderungen mit Gepäck |

*Beobachtungspunkte:*
- geradliniges Aufsetzen der Füße voreinander, Armbewegungen in Bewegungsrichtung
- raumgreifende Schritte
- aufrechter Oberkörper, ruhige Kopfhaltung
- widergleiche und harmonische Bewegungen zwischen Armen und Beinen
- gutes Abrollen von der Ferse zum Ballen

- mit kurzen, markierten Strecken beginnen
- Bodenmarkierer (Linie) zur Unterstützung des geradlinigen Fußaufsatzes verwenden
- Beschleunigung des Tempos nach individueller Entscheidung (auf akustisches Signal, ab Markierer)
- Spielformen: Führungswechsel, Vordermann überholen, Platzwechsel, Paargehen, Zielspurt

## 2. Aufgabe: Gehen in erhöhter (beherrschbarer) Geschwindigkeit unter besonderer Beachtung der Beinbewegungen

*Ziel:* Entwicklung raumgreifender und schneller Schritte bei ständigem Bodenkontakt und deutlicher Streckung des Stützbeines im Verlaufe der Stützphase
*Steigerung:* längere Strecken, Wettkampfformen

| Vorbereiten | Erlernen | Vervollkommnen |
|---|---|---|
| Übungen zur Kräftigung und Dehnung der Bein- und Rumpfmuskeln, wie Zehengang, Entengang, Steigeübungen an der Treppe, an Kasten oder Bank<br><br>Medizinballübungen wie Rumpfbeugen vorwärts, seitwärts, Rumpfkreisen, Achterkreisen, Medizinball durch die Beine als Achterkreisen, Hüftkreisen um den Medizinball, Sandsack- und Hammerschwingen | **2. Grundübung**<br>**Gehen in erhöhter Geschwindigkeit oder/und Beschleunigung des Gehtempos bis zur technisch beherrschbaren Geschwindigkeit**<br><br>– mit verstärktem Abdruck aus dem Fußgelenk<br>(Strecke: 30–100 m)<br>– frequenzbetont mit deutlicher Streckung des Kniegelenks im Verlaufe der Stützphase | Gehen<br>– als lange Steigerung<br>– als Tempolauf<br>auf Strecken von<br>100–200–400–1 000 m und anschließender Tempoverminderung (Intervallmethode: Fahrtspiel)<br>besondere Beachtung technischer Elemente (Beibehaltung des ständigen Bodenkontakts)<br><br>Konditionsprogramme zur Entwicklung der Beinmuskulatur |

| Vorbereiten | Erlernen | Vervollkommnen |
|---|---|---|
| Gewichtsverlagerung von einem Bein auf das andere mit *deutlicher Streckung* des belasteten Beines im Kniegelenk<br>– in der Grundstellung am Ort<br>– in der leichten Vorwärtsbewegung<br><br>Überkreuzschritte mit Rumpfbeugen<br>– vorwärts<br>– seitwärts<br><br>Vierfüßlergang mit gestreckten Knien<br>– Hände fassen die Fußspitzen | | Gymnastikprogramme zur Entwicklung der Hüftbeweglichkeit und Kräftigung der Rumpfmuskulatur<br><br>in der Folge<br>– Lockerung – Kräftigung – Lockerung bzw.<br>– Lockerung – Dehnung – Lockerung bzw.<br>– Lockerung – Dehnung – Kräftigung |

*Beobachtungspunkte:*
- Beschleunigung der Geschwindigkeit muß Resultat eines verstärkten Abdrucks aus dem Fußgelenk sein
- langer Schritt bei relativ hoher Frequenz und ausgeprägtem Rhythmus
- betonte Abrollbewegung vom Hacken zum Ballen, dabei deutliche Streckung des Stützbeines im Kniegelenk in der Vertikalposition bis kurz vor Beendigung der hinteren Stützphase
- Arme schwingen *leicht* gebeugt in Bewegungsrichtung

*Methodisch-organisatorische Hinweise:*
- nach Bewältigung der vorgegebenen Strecke Lockerungsübungen durchführen (Wadenmuskeln ausschütteln)
- Bodenmarkierer (Linie) verwenden, Aufsetzen der Ferse auf der Linie
- Spielform: Partnergehen mit der Aufgabenstellung:
  „Wer geht schneller bei gleicher Schrittfrequenz?" bzw.
  „Wer legt die vorgegebene Strecke mit den wenigsten Schritten zurück, ohne die Schritte zu überziehen?"
- einzeln und partnerweise oder in 3er- bis 4er-Gruppen üben; bei jedem Durchgang bestimmt ein anderer Sportler das Tempo (s. Spielformen)
- „Wer kann sich zu höchster Frequenz mobilisieren, ohne technisch unsauber zu werden?"

## 3. Aufgabe: Gehen in erhöhter (beherrschbarer) Geschwindigkeit unter besonderer Beachtung der Armbewegungen

*Ziel:* Unterstützung der Vortriebskraft der Beine durch schwunghafte, kräftige Armbewegungen
*Steigerung:* längere Strecke, höhere Geschwindigkeit, Wettkampfformen

| Vorbereiten | Erlernen | Vervollkommnen |
|---|---|---|
| betontes Armschwingen im Stand mit wechselseitiger Gewichtsverlagerung auf das Standbein<br><br>Gehen mit Rumpfdrehen (Arme in Nackenhalte, betontes widergleiches Bewegen der Schulterachse zur Beckenachse) bei raumgreifenden Schritten | **3. Grundübung**<br>**Gehen in erhöhter Geschwindigkeit und/oder Beschleunigung des Gehtempos bis zur beherrschbaren Geschwindigkeit mit schwungvollen, kräftigen Aktionen der Arme (Strecke: 30–100 m)**<br><br>– weiträumige Armbewegungen unterstützen die Verlängerung der Schritte<br>– frequenzbetonte Armbewegungen ermöglichen die Steigerung der Schrittfrequenz | |

*Beobachtungspunkte:*
– Die Verstärkung der Armaktionen und die Vergrößerung deren Amplitude muß aus der Erhöhung der Geschwindigkeit resultieren!
– Die kräftigen Armbewegungen dürfen nicht zum Hochreißen der Schultern und damit zum Verlust des ständigen Bodenkontakts durch Springen führen!
– Wird Verlust des Bodenkontakts und Springen beobachtet, dann flache Armschwünge mit relativ offenem Winkel im Ellbogengelenk empfehlen!
– Armbewegungen in Bewegungsrichtung mit geringfügiger Tendenz zur Körpermitte beachten; keine Armbewegungen quer zum Körper zulassen! Hände nur bis etwa in Höhe des Brustbeines schwingen!

*Methodisch-organisatorische Hinweise:*
– weiterhin Bodenmarkierer verwenden (Linie)
– Impulse zur Beschleunigung der Geschwindigkeit und zum verstärkten Einsatz der Beine geben
– Lockerungsübungen für Arme und Beine nach erfolgter Übung einschieben

## 4. Aufgabe: Gesamtbewegung des Gehens in mittlerer und hoher Geschwindigkeit im Sinne der Wettkampfregeln

*Ziel:* Festigung der Gesamtbewegung bei steigenden Anforderungen durch Verlängerung der Strecke, deutlicher Doppelstütz und Streckung des Kniegelenks in der Vertikalposition
*Steigerung:* spielerische Wettkampfformen, Wettkämpfe, Training

| Vorbereiten | Erlernen | Vervollkommnen |
|---|---|---|
| Spielformen wie<br>– Platzwechsel<br>– Pendelstaffel<br>Gehen mit Rumpfdrehen<br>– Arme in Nackenhalte<br>– Arme auf dem Rücken verschränkt<br>– Arme auf der Brust verschränkt<br>– Stab hinter dem Rücken<br>– Stab auf den Schultern<br>Im Gehen mit betonter Abrollbewegung vom Hacken zum Ballen bzw. betonte Streckung im Fußgelenk (Schreitwippgang)<br>Gehen mit aktiver Beteiligung der Hüftbewegungen (Verwringung zwischen Becken- und Schulterachse) | **4. Grundübung**<br>**Gehen mit *mittlerer, hoher* und *individuell höchster* Geschwindigkeit auf unterschiedlichen Strecken (50–400 m)**<br>**Festigung der Gesamtbewegung** | Tempogehen über kürzere Strecken unter besonderer Beachtung der Technik<br>– Gehersprint<br>– Tempogehen im Bereich des Renntempos<br>– nach der Intervallmethode (extensiv, intensiv) auf kurzen (200 m) und mittleren (400 m) Teilstrecken<br>– nach der Wiederholungsmethode auf relativ langen (1 000 bis 3 000 m) Teilstrecken.<br>Gehen<br>– nach der Dauerleistungsmethode<br>– mit relativ gleichmäßiger<br>– mit wechselnder Geschwindigkeit auf Strecken von etwa 5 bis 10 km |

- ständiger Bodenkontakt auch bei hoher und höchster Geschwindigkeit
- optimales Verhältnis zwischen Schrittlänge und -frequenz in Abhängigkeit zur aktuellen Geschwindigkeit
- optimale Schrittlänge durch Ausnutzen der Hüftbeweglichkeit
- Harmonie zwischen Bein- und Armbewegungen
- weite Amplitude der Armschwünge ohne Hochziehen der Schultern
- Fußaufsatz auf der Ferse mit betontem Halten der angehobenen Fußspitze als Voraussetzung einer weichen Abrollbewegung von der Ferse über den Außenrist bis zum Ballen-Zehenbereich (Ferse-Ballen-Aktion!)
- kein zu zeitiges Einbeugen des hinteren Beines am Ende der hinteren Stützphase

*Methodisch-organisatorische Hinweise:*
- Tempo muß immer beherrscht werden und darf nicht zum Verlust des Bodenkontakts führen.
- je nach Leistungsstand Kontrollauf der Gruppe über 400–1 000 m auf Zeit und Disqualifikationsmaßnahmen bei Regelverstößen
- Mannschaftsgehen über die gleichen Distanzen
- individuelle Korrekturhinweise auf einzelne Technikelemente wie Fußaufsatz, Beinstreckung, Abrollbewegung, Armbewegung

## Wesentliche Fehler und Korrekturmöglichkeiten

| Fehler | Korrekturmöglichkeiten |
|---|---|
| kein ständiger Bodenkontakt | Tempo vermindern<br>flache Armführung, Winkel im Ellbogengelenk öffnen, Armschwünge mehr in horizontaler Ebene und in Bewegungsrichtung einsetzen<br>Abrollbewegung verlängern<br>flacher Vorschwung des Schwungbeines mit weitem Auspendeln des Unterschenkels |
| keine Streckung des Kniegelenks in der Vertikalposition | Tempo vermindern<br>Imitationsübungen wie wechselnde Gewichtsverlagerung auf das Standbein mit deutlicher Kniegelenkstreckung am Ort und in der leichten Vorwärtsbewegung<br>Oberkörper aufrichten, Hüfteinsatz<br>Kräftigung der Beinmuskulatur |
| kein Fußaufsatz auf der Ferse | Tempo vermindern<br>Fußspitze am Ende des Vorschwungs betont anheben<br>Fersengang, Fersengang im Wechsel mit Zehengang |
| Fußaufsatz über die Ferse mit großer Stemmwirkung (harter Fußaufsatz) | Tempo vermindern<br>weiches Abfangen des Körpergewichts durch leichtes Einbeugen im Kniegelenk beim Fußaufsatz<br>auf gutes und langes Abrollen des hinteren Fußes achten |
| zu kurze Schritte | Tempo vermindern oder erhöhen<br>verstärkte Beteiligung der Hüftbewegungen<br>betonte Dehnung des Schrittes<br>flache Armaktionen in Bewegungsrichtung |
| zu hohe Schwungbeinführung | Tempo vermindern<br>flache Armaktionen<br>gute Abrollbewegung<br>Vorschwung aus der Hüfte bzw. mit aktiven Hüftbewegungen<br>imitiertes Gehen mit betonter Gewichtsverlagerung auf das Standbein und leichter seitlicher Ausweichbewegung der Hüfte |
| verkrampfte Aktionen | Lockerung der Arm- und Schultermuskulatur<br>Tempo vermindern<br>Impulse für lockere und flache Armaktionen, Schüttelbewegungen der locker geöffneten Hände, Schultern fallen lassen, Armaktionen in Bewegungsrichtung |

| Fehler | Korrekturmöglichkeiten |
|---|---|
| kein geradliniges Aufsetzen der Füße voreinander (Breitspurgehen, Fußspitzen zeigen nach außen) | Übungen zur Verbesserung der Hüftbeweglichkeit sowie Gehen mit Rumpfdrehen, Rumpfkreisen, Medizinball-kreisen um die Hüfte, Hammer- bzw. Sandsackschwingen Gehen auf einer Linie mit betontem Abrollen auf dem Außenrist Armaktionen in Bewegungsrichtung |

## 6.7. Training im Nachwuchsbereich

▶ Aufgabe:
Vergegenwärtigen Sie sich nochmals die Ausführungen im Kap. 6.2. zur Leistungsstruktur unter besonderer Beachtung des Stellenwertes der einzelnen leistungsbestimmenden Faktoren für die verschiedenen Laufdisziplinen.

Auf dem im Grundlagentraining geschaffenen breiten vielseitigen Fundament der Leistungsbefähigung beginnt im Aufbautraining die *zielgerichtete* Entwicklung der *spezifischen Leistungsfähigkeit eines Läufers.*
Dabei ergeben sich folgende **Aufgaben:**

- optimale Entwicklung der *Schnelligkeit,* Sprintschnelligkeits- und Schnelligkeitsdauer;
- zunehmende Entwicklung der *Grundlagenausdauer* (aerobe Ausdauerkapazität);
- langfristiger systematischer Aufbau der *wettkampfspezifischen Ausdauer;*
- Entwicklung und Vervollkommnung der Lauf-, Hürden- und Hindernistechnik;
- zielgerichtete Entwicklung und Vervollkommnung der *allgemeinen konditionellen Fähigkeiten;*
- altersgemäße Vervollkommnung der allgemeinen und gezielte Entwicklung der wettkampfspezifischen Persönlichkeitsmerkmale.

Diese Ausbildungsschwerpunkte sind – unter Beachtung der Grundprinzipien des Trainings (Kap. 3 und 4) – durch den Einsatz von Trainingsmittelkomplexen in Verbindung mit entsprechenden Trainingsmethoden zu verwirklichen.

*Allgemeine Ausbildung*

Entwicklung und Vervollkommnung allgemeiner konditioneller und koordinativer Fähigkeiten und motorisch-technischer Fertigkeiten. (Vgl. Kap. 4.2.3.)

*Entwicklung der Schnelligkeit und läuferischer Fertigkeiten*

Die Entwicklung der Schnelligkeit stellt im Aufbautraining einen *wesentlichen Ausbildungsschwerpunkt* dar. Die biologischen Besonderheiten der Sportler in dieser Ausbildungsetappe bieten günstige Bedingungen für ihre Entwicklung. Eine Vernachlässigung des Schnelligkeitstrainings kann die Perspektiven der Nachwuchsläufer auf einer späteren Spezialstrecke einschränken oder gar gefährden.
Die Entwicklung der leistungsstrukturell erforderlichen Normwerte für *Unterdistanzstrecken* hängen im wesentlichen vom Niveau der Grundschnelligkeit über 100 m ab. Unterstützt durch schnelligkeitsorientierte Ausrichtung der allgemeinen athletischen Ausbildung, muß die Laufschnelligkeit im Verlaufe des Aufbautrainings grundsätzlich durch spezielle Trainingsmittel (s. auch Kap. 5.4.) entwickelt und vervollkommnet werden.
Diese speziellen Mittel bieten außerdem die günstigste Möglichkeit, die *Lauftechnik* effektiv zu schulen und damit die ökonomische Schrittgestaltung auf den Mittel- und Langstrecken zu unterstützen.
Schnelligkeitsentwicklung und Schulung der läuferischen Fertigkeiten sind immer miteinander zu verbinden.

Von diesem Ziel lassen sich folgende Aufgaben ableiten:
- Entwicklung der Beschleunigungsfähigkeit und maximalen Laufschnelligkeit;

- Entwicklung des motorischen Umschaltvermögens bei verschiedenen Geschwindigkeitsanforderungen (z. B. nach Erreichen höchster Geschwindigkeit umschalten zum „Freilauf" ohne wesentlichen Geschwindigkeitsverlust oder Steigern der Geschwindigkeit bis in den Bereich der individuell maximalen Möglichkeiten aus mittlerer bis hoher Laufgeschwindigkeit);
- Entwicklung einer optimalen Lauftechnik (bei individuell hoher und höchster Laufgeschwindigkeit) sowie Hürden- und Hindernistechnik (Schwung- und Nachziehbeineinsatz).

▶ Aufgabe:
- Trainingsmittelkomplexe,
- Einsatz im Makrozyklus,
- Einsatz in der TE sowie
- Kontrolle

entsprechen im wesentlichen den im Kap. 5.4. genannten.
Überdenken Sie die Spezifik, die durch das notwendige Nebeneinander mit der Entwicklung der (in vielem zur Schnelligkeit konträren) Ausdauerfähigkeit entsteht.

### Entwicklung der Grundlagenausdauer

*Grundlagenausdauer* (aerobe Ausdauerkapazität) ist ein wesentlicher leistungsbestimmender Faktor für höchste Leistungen in allen Laufdisziplinen.
Ihre systematische Entwicklung und Vervollkommnung gewinnt mit zunehmendem Trainingsalter und Leistungsvermögen ständig an Bedeutung.

● Im Grundlagen- und zu Beginn des Aufbautrainings wird die aerobe Ausdauerkapazität auch durch *laufunspezifische Langzeitausdauerbelastungen* entwickelt (allgemeine Ausdauer).
● Im Aufbautraining ist die Grundlagenausdauer in zunehmendem Maße durch kontinuierliche Steigerung von Intensität und Umfang der *laufspezifischen Belastungen* (Dauerläufe, Tempoläufe) zu entwickeln.
● Die *mehrjährige Belastungssteigerung* beim Einsatz *laufspezifischer Mittel* hat kontinuierlich zu erfolgen durch progressiven Anstieg von
- Gesamtumfang/Jahr;
- durchschnittlichem Umfang/Woche;
- Spitzenwert für Umfang/Woche und deren Häufigkeit;
- durchschnittlicher Streckenlänge für Dauerläufe bei ständiger Erhöhung des individuellen Geschwindigkeitsniveaus;
- Gesamtumfang bei Tempolaufprogrammen,

und zwar durch die Folge
- Steigerung der Anzahl der Wiederholungen bei gleichbleibender Streckenlänge;
- relativ konstante Anzahl der Wiederholungen bei zunehmender Streckenlänge;
- Steigerung der Anzahl der Wiederholungen bei gleichzeitig zunehmender Streckenlänge;
- Steigerung des Geschwindigkeitsniveaus.

Das belastungsmethodische Vorgehen ist gekennzeichnet durch die zickzackförmige Steuerung der Belastung. (Tab. 58)
1. Vergrößern des Laufumfanges (Dauer, Strecke oder Anzahl der Läufe) bei Beibehaltung der Geschwindigkeit,
2. Erhöhen der Geschwindigkeit (bei vorübergehender Umfangsverringerung) usw.

*Tabelle 58: Zickzackförmige Steigerung von Umfang (Anzahl an Läufen) und Intensität beim Einsatz von Tempoläufen nach der extensiven Intervallmethode zur Entwicklung der Grundlagenausdauer (Beispiel)*

| Woche | Umfang und Intensität | Pause | Pausengestaltung |
|---|---|---|---|
| 1. | 10 × 200 m in 38 s | 3 min | Gehen / Traben |
| 2. | 15 × 200 m in 38 s | 3 min | Gehen / Traben |
| 3. | 2 × 10 × 200 m in 38 s | 3/10 min | Gehen / Traben |
| 4. | 10 × 200 m in 36 s | 3 min | Gehen / Traben |
| 5. | 2 × 10 × 200 m in 36 s | 3/10 min | Gehen / Traben |
| 6. | 20 × 200 m in 36 s | 3 min | Gehen / Traben |
| 7. | 10 × 200 m in 34 s | 3 min | Gehen / Traben |
| 8. | 15 × 200 m in 34 s | 3 min | Gehen / Traben |
| 9. | 20 × 200 m in 34 s | 3 min | Gehen / Traben |
| usw. | | | |

## Trainingsmittelkomplexe

▶ Aufgabe:

Hier werden nur die laufspezifischen Trainingsmittel dargestellt.

Beachten Sie immer die Verwendung der unter dem Ausbildungsschwerpunkt „Allgemeine Ausbildung" angebotenen Mittel zur Entwicklung der allgemeinen Ausdauer.

● Dauerläufe in individuell niedrigem, vorwiegend mittlerem und hohem Geschwindigkeitsbereich mit
– gleichmäßigem Lauftempo,
– mit Tempovariationen oder
– als freies Fahrtspiel.

Als Regel gilt: Je höher die Geschwindigkeit, um so kürzer die Strecke!

● Tempoläufe
– über 100 bis 400 m nach der extensiven Intervallmethode,
– über 1000 m nach der Wiederholungsmethode.

## Einsatz im Makrozyklus

Beim Einsatz von Dauerläufen und Tempoläufen zur Entwicklung der Grundlagenausdauer gelten im wesentlichen folgende trainingsmethodische Grundsätze:
– Steigerung des Umfangs vor Steigerung der Intensität der Belastungen
– allmähliche Zunahme der Tempolaufbelastung

Beim Einsatz von **Dauerläufen** (vorrangig mittlerer Geschwindigkeit) bedeutet das konkret:

1. Steigerung der *Laufdauer* (min) oder Verlängerung der *Strecke* (km) bei relativ gleichbleibender durchschnittlicher Geschwindigkeit (leichte Tempovariationen innerhalb des Laufs sind möglich, z. B. freies Fahrtspiel);

2. Steigerung der durchschnittlichen *Geschwindigkeit* bei vorübergehender Verkürzung der Laufstrecke;

3. erneute Steigerung der *Laufdauer oder -strecke* bei relativ konstanter (aber höherer) Geschwindigkeit.

*Kriterien für den Zeitpunkt der Belastungssteigerung* sind dabei
– das Durchhaltevermögen (-wollen und -können) der vorgegebenen Geschwindigkeit bei immer länger werdender Laufdauer oder -strecke (in den vorgeschlagenen Grenzen, s. Tab. 59);
– das Erreichen immer höherer Geschwindigkeiten bei vorgegebener Laufdauer oder -strecke (im Kontrolllauf).

Nur in Ausnahmefällen (bei sprunghafter Leistungsverbesserung) kann die Trainingsbelastung im Dauerlauf durch gleichzeitige Steigerung der Laufstrecke und der durchschnittlichen Geschwindigkeit erfolgen.

In Abhängigkeit von Trainingsalter und -zustand der Sportler werden **Tempoläufe** in zunehmendem Umfang ins Training einbezogen.

Zur Vermeidung von Überbelastungen gilt grundsätzlich:

Der Einsatz von Tempolaufprogrammen zur Entwicklung der Grundlagenausdauer beginnt mit
– den kürzeren Strecken;
– der niedrigsten Geschwindigkeit;
– der geringsten Anzahl der Wiederholungen;
– der längsten Pause;
– der leichtesten Pausengestaltung.

Die Belastungserhöhung im MAZ kann erfolgen durch:

1. Steigerung der Anzahl der Wiederholungen bei gleichbleibender Streckenlänge, Geschwindigkeit, Pausenlänge und Pausengestaltung (Beispiel in Tab. 58).

2. Steigerung der Streckenlänge bei relativ konstanter Anzahl der Wiederholungen.

3. Steigerung der Anzahl der Wiederholungen bei gleichzeitig zunehmender Streckenlänge.

4. Die Steigerung der Belastungsanforderungen eines Tempolaufprogramms ist auch durch die Verkürzung der Pause und durch den Übergang vom Gehen und Traben im Wechsel zum Traben als Pausengestaltung *möglich, aber im Aufbautraining noch nicht systematisch anzuwenden!*

Der Einsatz der Tempoläufe zur Grundlagenausdauerentwicklung muß gleichzeitig die Entwicklung des Zeitgefühls, des Rhythmusgefühls, die Verbesserung der sensomotorischen Koordination und der Lauftechnik ermöglichen.

Durch pädagogische Aufgaben muß im Tempolauftraining die Lösung taktischer Aufgaben im Wettkampf vorbereitet werden.

Im *MEZ der allgemeinen Vorbereitung*
– wird die vorwiegend durch allgemeine, laufunspezifische Trainingsmittelkomplexe angestrebte Entwicklung der aeroben Ausdauerkapazität durch *Dauerläufe* (s. Tab. 59 untere Grenze) in niedriger bis mittlerer Geschwindigkeit *ergänzt;*

– werden *TL nicht* zur Entwicklung der Grundlagenausdauer angewandt, sondern bei insgesamt niedriger Gesamtbelastung zur Verbesserung der *Lauftechnik* genutzt.

In *MEZ der speziell-gerichteten Vorbereitung* (über Umfang)
– erhöht sich der Anteil des Dauerlauftrainings am Gesamtumfang;
– werden DL bei unterschiedlicher dynamischer Gestaltung als Wald- oder Geländelauf mit allmählicher Verlängerung der Strecke und/oder Steigerung der durchschnittlichen Geschwindigkeit durchgeführt;
– sollte die durchschnittliche *Geschwindigkeit* bei der Mehrzahl der Dauerläufe an der oberen Grenze des individuell stabilen Geschwindigkeitsbereichs liegen;
– kommen DL-Belastungen mit hoher Geschwindigkeit hauptsächlich durch die Teilnahme an Cross-Wettkämpfen und durch Kontrolläufe zu Beginn und am Ende des Mesozyklus zustande;
– werden *TL* in Vorbereitung ihres Einsatzes im 3. Mesozyklus durchgeführt, wobei die Steigerung des Umfangs der TL/TE bei relativ gleichbleibender Geschwindigkeit im Vordergrund steht (vgl. Tab. 58)

In *MEZ der speziellen Vorbereitung* (über Intensität)
– nimmt der proportionale *Anteil des TL-Trainings* am Gesamtumfang vom Beginn bis zum Ende des Mesozyklus zu;
– kann sich der proportionale *Anteil des DL-*Trainings etwas verringern, wenn die Häufigkeit des TL-Trainings einen gewissen Höhepunkt erreicht hat;

– liegt der Schwerpunkt (bei grundsätzlicher Beachtung des Prinzips der zickzackförmigen Steigerung der Belastung) auf der Entwicklung des *Geschwindigkeitsniveaus.*

**Einsatz in den TE**
In *Schwerpunkt-TE* werden
– *Dauerläufe* im Teil 3 und 4 mit relativ langer Strecke (Tab. 59) und im niedrigen, mittleren und hohen Geschwindigkeitsbereich;
– *Tempoläufe* im Teil 2, 3 und 4 (in Abhängigkeit vom Grad der Gesamtbelastung)
verwendet.
In *Teil-TE* können
– DL mit relativ kurzer Strecke und niedriger bis mittlerer Geschwindigkeit andere Ausbildungsziele einleiten oder beenden;
– TL im Teil 3 oder 4 eingesetzt werden.

**Kontrolle**
– Crosswettkämpfe,
– Test- bzw. Kontrolläufe über 3 und 5 km.
Die *Effektivität* des Trainings zur Entwicklung der Grundlagenausdauer muß sich nachweisen lassen durch
– Ökonomisierung der Herz-Kreislauf-Atemund Stoffwechselfunktionen bei Standardbelastungen;
– deutliche Verbesserung der Leistungen bei Kontrolläufen im Langzeitausdauerbereich;
– deutliche Entwicklung der Leistung auf der Spezialstrecke.
Die gemeinsame Beobachtung der in der Tabelle 60 genannten Kriterien kann relativ gut vom Trainer zur Grobeinschätzung der erfolgten Belastung genutzt werden.

*Tabelle 59:   Streckenbereiche bei Dauerläufen (DL) und Tempoläufen (TL) zur Entwicklung der Grundlagenausdauer im Aufbautraining*

| | Dauerläufe | | | Tempoläufe | | | |
| | Geschwindigkeit | | | extensive Intervallmethode | | Wiederholungsmethode | |
| | niedrig (km) | mittel (km) | hoch (km) | Einzelstrecke (km) | U/TE (km) | Einzelstrecke (km) | U/TE (km) |
|---|---|---|---|---|---|---|---|
| Beginn | 5 – 10 | 3 – 8 | 3 – 5 | 0,1 – 0,2 | 1,0 – 2,0 | 0,6 – 1,0 | 1,2 – 3,0 |
| Ende (männlich) | 8 – 20 | 6 – 15 | 3 – 10 | 0,2 – 0,4 | 2,0 – 4,0 | 1,0 – 3,0 | 1,0 – 6,0 |
| Ende (weiblich) | 5 – 15 | 3 – 12 | 3 – 8 | 0,2 – 0,4 | 2,0 – 4,0 | 1,0 – 2,0 | 1,0 – 4,0 |
| | | | | in Abhängigkeit von der Geschwindigkeit | | | |

Tabelle 60:   *Kriterien zur Einschätzung von Ausdauerbelastungen*

| Belastung | Pulskontrolle (Schläge / min) | Atem-Schritt-Rhythmus | Subjektive Einschätzung des Sportlers Belastung empfunden als |
|---|---|---|---|
| niedrig | 120 – 150 | 4 : 4 bis 3 : 3 | niedrig (1) |
| mittel | 160 – 180 | 3 : 3 bis 2 : 3 | mittel  (2) |
| hoch | über 180 | 2 : 3 bis 2 : 2 | hoch   (3) |

## Entwicklung der wettkampfspezifischen Ausdauer

> Die Entwicklung der wettkampfspezifischen Ausdauer (SA, KZA, MZA, LZA) spielt zu Beginn des Aufbautrainings eine *untergeordnete Rolle*. Im Mehrjahresverlauf des Aufbautrainings nimmt die Bedeutung des Ausbildungsschwerpunkts *allmählich* zu, hat aber grundsätzlich die Aufgabe, hohe umfangreiche und intensive spezifische Belastungen langfristig schonend *vorzubereiten*.

Aus dieser Ziel- und Aufgabenstellung ergeben sich folgende *trainingsmethodische Grundsätze* für die Entwicklung der wettkampfspezifischen Ausdauer:

● Die Leistungsfähigkeit im Bereich der Kurz-, Mittel- und Langzeitausdauer muß sich auf der Basis eines ständig ansteigenden *hohen Niveaus der Schnelligkeitsfähigkeiten* und der durch allgemeine und spezielle Trainingsmittelkomplexe (DL, TL) erarbeiteten *aeroben Ausdauerkapazität* entwickeln.

● Die Entwicklung der wettkampfspezifischen Ausdauerfähigkeiten sollte zu Beginn des Aufbautrainings vorwiegend durch *Wettkämpfe* und *Kontrolläufe* im Unterdistanzbereich beeinflußt werden.

● Tempoläufe nach der Intervall- und Wiederholungsmethode werden zur gezielten Entwicklung der wettkampfspezifischen. Ausdauer im Verlaufe des Aufbautrainings mit ständig steigendem Umfang pro Jahr bzw. im MAZ, MEZ, MIZ und in den TE angewandt. (Tab. 61)

● Der Einsatz von Tempolaufprogrammen mit kurzen, mittleren und langen Teilstrecken (vgl. Tab. 59) und Geschwindigkeiten von etwa 75 bis 125 % der Wettkampfgeschwindigkeit soll die komplexe Entwicklung der spezifischen Leistungsfähigkeit sichern.

Dabei gelten die bereits oben genannten trainingsmethodischen Grundsätze für die Belastungsgestaltung des TL-Trainings.
Es ist zu beachten:
1. Der Einsatz von kurzen TL nach der intensiven Intervallmethode und der Wiederholungsmethode dient zielgerichtet der Entwicklung der Leistungsfähigkeit im Unterdistanzbereich (Schnelligkeitsausdauer).
Tempolaufprogramme mit mittleren Teilstrecken nach der intensiven Intervallmethode

Tabelle 61:   *Wertigkeit der einzelnen Trainingsmittel zur Entwicklung der wettkampfspezifische Ausdauer im Aufbautraining*

| Trainingsjahr | Wettkämpfe | Kontrolläufe | | Tempoläufe |
|---|---|---|---|---|
| | | Unterdistanzläufe | Überdistanzläufe | |
| 1. | × × × | × × × | × | × |
| 2. | × × × | × × | × × | × × |
| 3. | × × × | × | × × | × × × |

und der Wiederholungsmethode sollen die wettkampfspezifische Ausdauer entwickeln.
Tempoläufe über relativ lange Strecken nach der Wiederholungsmethode sollen besonders die notwendige Ausdauerkonsequenz schulen und sind als Bindeglied zu Dauerlaufbelastungen zu betrachten.
2. Der Einsatz von TL im submaximalen und maximalen Intensitätsbereich ist durch Tempoläufe mit niedriger Intensität vorzubereiten.
3. Der Einsatz von Tempolaufprogrammen orientiert sich im Aufbautraining unter dem Aspekt der Anwendungshäufigkeit im Jahrestraining hauptsächlich auf Strecken und eine Belastungsdauer im Unterdistanz- bzw. kürzeren Ausdauerzeitbereich.
4. Dabei sind hohe Geschwindigkeiten haupt-

sächlich auf Strecken von 200–400 m zu verwirklichen.

5. Wettkampfläufe, Test- und Kontrolläufe im angrenzenden **Überdistanzbereich** können ergänzend eingesetzt werden, stellen aber keinen Schwerpunkt im Training dar.

Die Entwicklung der wettkampfspezifischen Ausdauerfähigkeit erfolgt zweckmäßig durch *Tempolaufprogramme im Unterdistanzbereich* (d. h. kürzer als die Wettkampfstrecke) und (im Verlaufe des Aufbautrainings bei zunehmender Leistungsklassifikation) im *Überdistanzbereich*.

## Trainingsmittelkomplexe

*Wettkämpfe, Test- und Kontrolläufe* über
– 400, 600, 800, 1000, 1200, 1500, 1600, 2000 und 3000 m;

*Tempoläufe*
– kurz (80–150 m)    = intensive IM,
                     = WM (= SA)
– mittel (200–400 m) = WM (= SA)
                     = int. IM (= wsA)
– lang (600–3000 m)  = WM (= wsA)
*mit* und *ohne* Aufgabenstellung.

## Einsatz im Makrozyklus

Die Entwicklung der wettkampfspezifischen Erscheinungsformen der Ausdauerfähigkeiten wird im Makrozyklus gezielt ins Trainingsprogramm des *3., 4. und 5. Mesozyklus* eingeplant.

*Tempolaufprogramme* zur Entwicklung der wettkampfspezifischen Ausdauerfähigkeiten sind immer hochintensive Trainingsbelastungen. Ihr Einsatz sollte auch im 3., 4. und 5. Mesozyklus nicht ständig erfolgen und höchstens 1–2mal in der Woche.

## Einsatz in der TE

– Aufgrund der hohen Belastungsintensität der Trainingsmittel ist ihr Einsatz in der TE nur im *Teil 3* oder *4* möglich;
– eine Kombination ist möglich mit allgemeinen oder weiteren speziellen Ausbildungsschwerpunkten (Tab. 62 u. 63)

## Kontrolle

– *Wettkämpfe* über 400, 800, 1000, 1500, 3000 m;
– *Test- und Kontrolläufe* über 300, **400**, 500, **600,** 800, **1000,** 1200, 1500, 1600, 2000 und 3000 m;

– *Einschätzung* des Trainings- und Leistungszustandes bei Tempolaufprogrammen anhand der vorgegebenen Geschwindigkeit *auch im letzten* Lauf;
– Steigerungsfähigkeit der Geschwindigkeit *über* die geplante Vorgabe bei allen Wiederholungen, aber besonders beim letzten Lauf;
– *komplexe Beurteilung* der Gesamtbelastung des Tempolaufprogramms (s. Tab. 60) in Verbindung mit Pulskontrollen vor und sofort nach jedem Lauf sowie der subjektiven Einschätzung der Belastung, der Art und Weise der Belastungsbewältigung, des Pulsverhaltens in der Pause und der Aufrechterhaltung oder Beeinträchtigung der Lauftechnik.

▶ Aufgabe:
Erarbeiten Sie sich nach dem Studium des Kap. 6.4. jeweils ein typisches Wochenprogramm für den 1., 2. und 3. Mesozyklus sowie 1 TE mit dem Schwerpunkt Entwicklung der allgemeinen Ausdauer.

### Gestaltung von Mikrozyklen (MIZ)

Der Einsatz von Dauerlauf- und Tempolaufbelastungen zur Entwicklung der Ausdauerfähigkeiten (Grundlagenausdauer; wettkampfspezifische Ausdauer) im Mikrozyklus ist grundsätzlich abhängig von der Ziel- und Aufgabenstellung des jeweiligen Mesozyklus (allgemeine Vorbereitung; speziell-gerichtete Entwicklung über Umfang oder über Intensität). Demzufolge gibt es analog zur Kennzeichnung typischer Mesozyklen (MEZ) auch aufgabenbezogene Mikrozyklen.

Im Verlaufe des makrozyklischen Aufbaus verändert sich damit die Gestaltung der MIZ hinsichtlich
– der Anzahl der TE (Gesamtumfang);
– der Trainingsaufgaben in der TE, was sich z. B. in der geringer werdenden Anzahl von TE zur Grundlagenausdauerentwicklung und zur allgemeinen athletischen Ausbildung und umgekehrt in der Zunahme der TE zur Schnelligkeits- und Schnelligkeitsausdauerentwicklung zeigt;
– der Anordnung der TE im MIZ entsprechend den Schwerpunktaufgaben (Schwerpunkt-TE);
– des Trainingsmitteleinsatzes in den aufgabenbezogenen TE (so z. B. in der Veränderung der Streckenlängen und Intensitäten des Grundlagenausdauertrainings).

Tabelle 62:  *Einsatz von Tempolaufprogrammen in der TE (Beispiel)*

| TE | Teil 1 | Teil 2 | Teil 3 | Teil 4 |
|---|---|---|---|---|
| A | DL niedrige Belastung | Gymnastik, Sprint-Abc niedrige Belastung | Schnelligkeit niedrige Belastung | SA/KZA hohe Belastung |
| B | DL, Gymnastik Sprint-Abc niedrige Belastung | Schnelligkeit niedrige bis mittlere Belastung | SA/KZA/MZA hohe bis mittlere Belastung | DL, Gymnastik niedrige Belastung |
| C | DL niedrige Belastung | Gymnastik, Sprint-Abc niedrige Belastung | Sa/KZA/MZA hohe Belastung | Schwimmen niedrige Belastung |

Tabelle 63:  *Lage der Ausbildungsschwerpunkte im Trainingsjahr*

| | | 1. MEZ | 2. MEZ | 3. MEZ | 4. MEZ | 5. MEZ |
|---|---|---|---|---|---|---|
| – Allgemeine Ausbildung | | × × × | × × × | × × × | × × | × |
| – Entwicklung der Schnelligkeits- fähigkeiten | | × | × | × × | × × × | × × × |
| – Entwicklung der Ausdauer- fähigkeiten | (allgemeine Ausdauer, | × × × | × × × | × × | × × | × |
| | Grundlagenausdauer, | × | × × × | × × × | × × | × |
| | wettkampfspezifische Ausdauer) | | | × | × × | × × |
| – Entwicklung der Kraftfähigkeiten | (allgemeine Kraft, | × × × | × × × | × × | × | × |
| | spezielle Kraft [Abc]) | × | × | × | × × × | × × |
| – Technikschulung | | × × × | × | × | × × | × |

*MIZ der allgemeinen Vorbereitung*

| | Montag | Dienstag | Mittwoch | Donnerstag | Freitag | Sonnabend | Sonntag |
|---|---|---|---|---|---|---|---|
| 1. TE | S | a. a. A. (Tu, Kr.Tr.) | a. a. A. (LA) | a. a. A. (Spiel) | a. a. A. (Kr.Tr.) | DL-lang (GA) | |
| 2. TE | – | GA (DL-lang) | – | GA (DL-mittel) | – | – | |

*MIZ der speziell-zielgerichteten Entwicklung* (über den Umfang)

| | Montag | Dienstag | Mittwoch | Donnerstag | Freitag | Sonnabend | Sonntag |
|---|---|---|---|---|---|---|---|
| 1. TE | a. a. A. (Kr.Tr. Spiel) | S | a. a. A. (LA) | S | a. a. A. (Kr.Tr. Spiel) | GA (DL-lang) | |
| 2. TE | GA (DL-lang) | GA/wsA (TL-extensiv) | | GA/wsA (TL-lang) | GA (DL-kurz) | | |

*MIZ der speziellen Vorbereitung* (über die Intensität)

| | Montag | Dienstag | Mittwoch | Donnerstag | Freitag | Sonnabend | Sonntag |
|---|---|---|---|---|---|---|---|
| | a. a. A. (Gymn.; Spiel) | S | a. a. A. (LA) | S | GA (DL-mittel) | wsA/GA (TL-lang) | GA (DL-lang) |
| | | SA (TL-kurz) | GA (DL-lang) | wsA (TL-mittel) | | | |

S – Schnelligkeit, a. a. A. – allgemeine athletische Ausbildung, DL – Dauerläufe, TL – Tempoläufe, GA – Grundlagen- ausdauer, Kr.Tr. – Kreistraining, wsA – wettkampfspezifische Ausdauer, Tu – Turnen

Aus den folgenden Beispielen von MIZ aus verschiedenen MEZ sind diese Veränderungen erkennbar.

Die Grundmodelle für aufgabenbezogene MIZ sind unabhängig vom Geschlecht, Alter sowie von der biologischen Reife und Leistungsklassifikation der Sportler etwa ab Ende des Aufbautrainings bis hin zum Hochleistungstraining anwendbar.

Die Dosierung der Belastung in den Schwerpunkttrainingseinheiten ist entscheidend für die Bewältigung der Belastungsfolge im MIZ. Ziel ist nicht die Bewältigung einer hohen Belastung in einer bestimmten Schwerpunkttrainingseinheit zur Lösung einer Ausbildungsaufgabe, sondern die erfolgreiche Bewältigung der Gesamtbelastung im MIZ!

Demzufolge sind die Gesamtbelastungen der angegebenen Schwerpunkttrainingseinheiten gut aufeinander abzustimmen: z. B.
– 1. TE = Schnelligkeitsentwicklung = hohe Belastung,
– 2. TE – Schnelligkeitsausdauerentwicklung = niedrige Belastung.

Die Größe der Gesamtbelastung in einer TE wird bei Laufbelastungen durch das gewählte Intensität-Umfang-Pausen-Regime bestimmt. Überbelastungen, die sich noch nicht während oder sofort nach den TE, sondern erst bei der Art und Weise der Belastungsbewältigung im Verlaufe des MIZ ergeben, werden aber besonders durch zu hohe Umfänge/TE und meist durch dabei gleichzeitig zu kurz bemessene Pausen hervorgerufen.

In Abhängigkeit vom Alter, Geschlecht, biologischen Reifegrad und von der Leistungsklassifikation der Sportler ist deshalb besonders die Differenzierung des Umfang-Pausen-Regimes in der TE für die erfolgreiche Bewältigung der Gesamtbelastung im MIZ Voraussetzung. Zusammenhänge zwischen Zielstellung, Leistungsklassifikation und angemessener Trainingsbelastung sowie deren dynamische Struktur in typischen Wochenmikrozyklen sind aus Tabelle 64 ersichtlich.

*Tabelle 64: Wochentrainingspläne für Läufer unterschiedlicher Leistungsklassifikation (Herbst-/Winterabschnitt) – Laufumfänge in km*

| Läufer | | Montag | Dienstag | Mittwoch | Donnerstag | Freitag | Sonnabend | Sonntag | Gesamt |
|---|---|---|---|---|---|---|---|---|---|
| Jogger | I. | 5 n | | 5 m | | | 5 h | | 15 |
| | II. | | 5 n | | 10 m | | 5 h | | 20 |
| | III. | | 5 h | | 10 m | | 15 h | | 30 |
| leistungs-orientiert. Läufer/innen | I. | | 10 h (5–10) | | 15 m (8–16) | | 20 n (15–25) | | 45 (28–50) |
| | III. | | 10–15 h | | 10–15 n | 15 m | 20 n | | 55–65 |
| Mittelstreckl. | I. | 10 n | (8) h | 15 n | 10 m | (8) h | 20 n | | 55–71 |
| | II. | 5–10 n | 1–2× 10×200 m | 8–16 n/m | 10 m/n | 10×200/ 300 i.W. | 15–20 n | | 47–70 |
| | III. | 10 n | 20–30× 200 m | 15 n | 10 m/n | 3×3×400 m | 20 n | | 70 |
| Langstr./ Marathon | I. | 10 | 15 | 20 | 10 | 15 | 30 (5) | (5) (30) | 100 |
| | II. | 5–10 | 10–15 | 15–20 | 6–12 | 8–16 | 15–30 | | 60–100 |
| | III. | 15 m | 25 n | 20 m | 30 n | 15 h | 30–40 n | 20–25 n | 150–160 |
| Langstr./ Marathon (n. Lydiard) | | 1 m | 1½ n | 1 m | 2 n | 1 h | 2–3 n | 1½ n | Stunden Intensität |

**Bemerkungen:** Römische Zahlen I–III = Steigerungsstufen *oder* Standardwochenplan; n = niedriger bzw. „stabiler" Geschwindigkeitsbereich; m = mittlerer bzw. „kritischer" Geschwindigkeitsbereich; h = hoher bzw. „instabiler" Geschindigkeitsbereich (s. Tab. 60).
Jede Trainingseinheit ist bei leistungsorientierten Läufern/innen durch Ein-/Auslaufen im Traben, leichte Lockerungs- und Dehngymnastik, Lauf-Abc, 3 Steigerungsläufe und 3 Abläufe (je 80 bis 150 m) vor- und nachzubereiten!

# 7. Sprung

In den leichtathletischen Sprungdisziplinen werden die Leistungen von einem hohen Grad der Beherrschung der *Technik*, von der *Laufschnelligkeit* und vor allem von der *Schnellkraft* bestimmt. Deshalb werden die Sprünge in die **Schnellkraftdisziplinen** eingeordnet.
Zu den Sprungdisziplinen im olympischen Programm gehören:

|  | Männer seit | Frauen seit |
|---|---|---|
| Weitsprung | 1896 | 1948 |
| Hochsprung | 1896 | 1928 |
| Dreisprung | 1896 | – |
| Stabhochsprung | 1896 | – |

Alle 4 Disziplinen werden mit einem in den Wettkampfbestimmungen festgelegten **einbeinigen Absprung** ausgeführt. Sichtbare **Unterschiede** bestehen in der Gestaltung des *Anlaufs* und der Höhe der *Flugphasen*. Entsprechend der Gestaltung der Flugphase werden die Disziplinen Weit- und Dreisprung (Abflugwinkel 17–24°) als *horizontale* Sprünge, die Disziplinen Hoch- (Abflugwinkel 60 bis 63°) und Stabhochsprung als *vertikale* Sprungdisziplinen bezeichnet.

▶ Aufgabe:
Studieren Sie die Wettkampfordung, Teil X, Regel 41, hinsichtlich der Vorschriften zur Messung der Weite und zur Ermittlung des Siegers!

## 7.1. Charakteristik der Leistungsentwicklung

▶ Aufgabe:
Welche Rangfolge würden Sie den im Kapitel 7.1. genannten Ursachen für die Leistungsentwicklung im Stabhochsprung geben?

Die *Leistungsentwicklung* in den Sprungdisziplinen der Leichtathletik läßt sich durch die Gegenüberstellung der heutigen Weltrekorde mit den ersten durch die IAAF anerkannten Leistungen veranschaulichen. Die Prognoseleistungen verdeutlichen den statistisch für die Jahre nach dem Jahr 2000 berechneten Leistungsstand. (Tab. 65)

Die in Abbildung 83 dargestellten *Zuwachsraten* der Weltrekordleistungen von 1960 bis 1991 zeigen die Unterschiede in der Leistungsentwicklung der einzelnen Disziplinen.
Auch der Fortschritt der *Leistungen bei olympischen Wettkämpfen* unterstreicht die Leistungsentwicklung, aber auch die *Leistungsverdichtung* in den letzten Jahren. (Abb. 84)
Wichtige *Ursachen* für die Leistungsentwicklung in den leichtathletischen Sprungdisziplinen sind u. a.:

**Entwicklung der materiell-technischen Bedingungen und Weiterentwicklung der Sprungtechniken**
Am deutlichsten wird das am Beispiel der Verbesserung des *Stabmaterials* im **Stabhochsprung.** Die Verwendung von ständig verbesserten *elastischen Sprungstäben* ergab in den Jahren von 1960–1985 eine ungewöhnlich hohe Leistungssteigerung (vgl. Abb. 83). Sie erklärt sich einerseits daraus, daß durch die im Sprung vorgenommene Stabbiegung eine *um 30–40 cm größere Griffhöhe* erreicht wird, die dann auch eine höhere Flugkurve ermöglicht. Andererseits kann die in der Stabbiegung gespeicherte Energie beim Aufrichten des Stabes („Katapult") vom Springer für eine größere Sprunghöhe ausgenutzt werden.

*Tabelle 65:  Gegenüberstellung des ersten Weltrekordes mit dem von 1991 sowie der
Prognoseleistung (nach Chomenkow)*

| Disziplin | Erster offiziell anerkannter WR (m) | WR 31. 12. 91 (m) | Prognose für 2000 (m) |
|---|---|---|---|
| Weitsprung Männer | 7,61 (1901) | 8,95 | 9,10 |
| Weitsprung Frauen | 5,16 (1922) | 7,51 | 7,90 |
| Hochsprung Männer | 2,01 (1912) | 2,44 | 2,52 |
| Hochsprung Frauen | 1,46 (1922) | 2,09 | 2,20 |
| Stabhochsprung | 4,02 (1912) | 6,10 | 6,35 |
| Dreisprung | 15,52 (1911) | 17,97 | 18,40 |

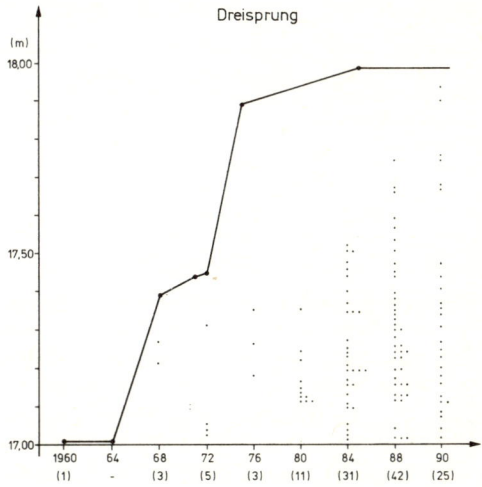

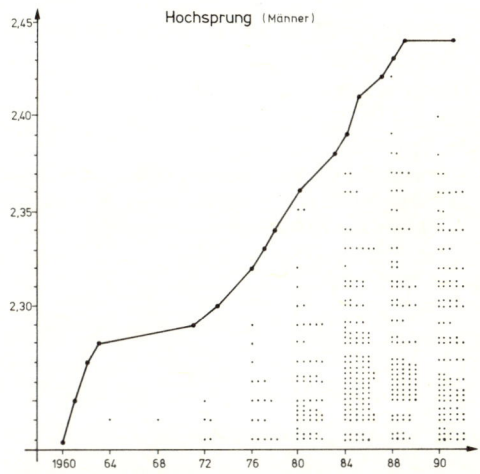

Abb. 84   Weltrekordentwicklung und -verdichtung
von 1960 bis 1990
Die Punkte bezeichnen die Anzahl der Springer über
der WR-Marke von 1960

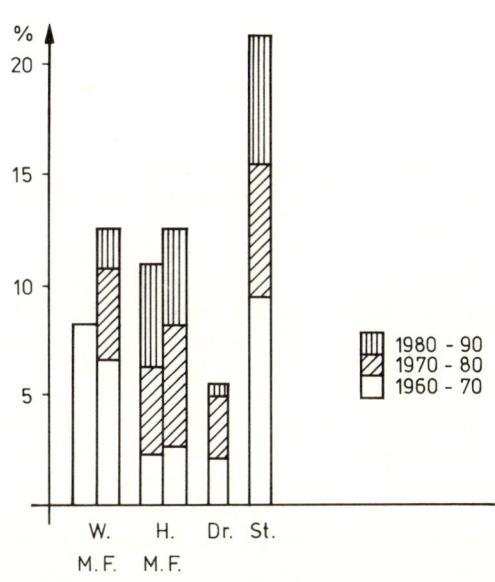

Abb. 83   Entwicklung der Sprungweltrekorde (in
Prozent) von 1960 bis 1990

213

In Anpassung an die neuen Sprungbedingungen kam es zwangsläufig auch zur *Weiterentwicklung der Technik* bis zur heutigen modernen Auffassung. Ausdruck dieser Entwicklung der Technik ist im Stabhochsprung das Anwachsen der *Griffhöhe* und der *Überhöhung* (gemessen von der Griffstelle bis zur Lattenhöhe; s. Tab. 66).

*Tabelle 66: Griffhöhe und Überhöhung beim Stabhochsprung (in m)*

|  |  | Griffhöhe | Leistung | Überhöhung |
|---|---|---|---|---|
| *Metall* | | | | |
| Bragg | USA | 3,95 | 4,80 | 0,85 |
| Preußger | DDR | 3,85 | 4,70 | 0,85 |
| | | | | |
| *Glasfiber* | | | | |
| Seagrean | USA | 4,40 | 5,40 | 1,00 |
| Nordwig | DDR | 4,55 | 5,45 | 0,90 |
| Roberts | USA | 4,60 | 5,70 | 1,10 |
| Bubka | GUS | 4,95 | 6,06 | 1,11 |

Die materiell-technische Entwicklung hält an. Deshalb ist auch mit der weiteren Verbesserung des Stabmaterials zu rechnen, was dann die sportliche Technik des Stabhochsprungs beeinflussen wird.

Die Verbesserung der materiell-technischen Bedingungen war z. B. auch im **Hochsprung** die Ursache für das Entstehen *neuer Sprungtechniken*. Sie waren erst durch die Einführung des Sprunghügels bzw. der Schaumgummimatten möglich.

**Neue Sprungtechniken bewirkten in der Regel auch eine deutliche Leistungsverbesserung.**

Der Hochsprung ist dafür ein treffendes Beispiel. Die Entwicklung neuer Sprungtechniken verlief *nicht* spontan. Unter Berücksichtigung der Landemöglichkeiten gingen *alle Überlegungen* zur Vervollkommnung der Technik *in zwei Richtungen:*

**1. Verbesserung von Anlauf und Absprung unter der Sicht, höhere vertikale Geschwindigkeitskomponenten im Absprung zu erreichen.**

Annähernd parallel mit dem Entstehen der einzelnen Sprungtechniken gab es Fortschritte in

– der Erhöhung der Anlaufgeschwindigkeit
– der Strukturierung des Anlaufs, besonders des Rhythmus der 3 letzten Schritte (vor allem mit dem Wälzsprung)
– der Vervollkommnung der Stemmbewegung
– der Nutzung der Schwungelemente im Absprung
– der Ausschaltung unnötiger Drehmomente im Absprung (vgl. auch Kap. 7.3. Technik und technische Ausbildung).

**2. Verbesserung der Lattenüberquerung unter der Sicht, die Flughöhe des KSP durch zweckmäßigere Flugbewegungen auszunutzen.**

Die Abbildung 85 zeigt, daß es mit neuen Sprungtechniken zunehmend gelang, die Körperteile bei der Überquerung der Latte dichter an den KSP heranzuführen und entlang der Flugbahn zweckmäßiger zu verlagern. Dadurch konnte der Abstand zwischen KSP und

Abb. 85  Abhängigkeiten zwischen Material, Technik und Leistungsentwicklung im Hochsprung

Latte immer weiter verringert werden. Die Möglichkeiten, das auszunutzen, standen in Abhängigkeit zu den Landemöglichkeiten.

▶ Aufgabe:
Legen Sie am Beispiel der Sprungdisziplinen die Abhängigkeit zwischen der Entwicklung der materielltechnischen Voraussetzungen, der Vervollkommnung der Sprungtechniken und der Leistungsentwicklung dar!

## 7.2. Leistungsstruktur

Die Leistungsstruktur der leichtathletischen Sprünge soll spezifisch unter Sicht auf
– den Faktor *Kondition*,
– den Faktor *Koordination/Technik* und
– den Faktor *Konstitution*
betrachtet werden. (Abb. 86)

### Zum Leistungsfaktor Kondition

*Alle* drei konditionellen *Grundfähigkeiten* nehmen in den Sprungdisziplinen Einfluß auf die sportliche Leistung, wobei vor allem den *Schnelligkeits*- und *Kraftfähigkeiten* eine höhere Bedeutung beigemessen werden muß. (Abb. 87)

### Schnelligkeitsfähigkeiten

Alle Sprungresultate sind eng an die **Anlaufgeschwindigkeit** gebunden. Während im Weit-, Drei- und Stabhochsprung für bessere Resultate eine höhere *Maximal*geschwindigkeit angestrebt wird, geht es im Hochsprung um eine höhere *optimale* Anlaufgeschwindigkeit. Hier begrenzt das Sprungvermögen die Anlaufgeschwindigkeit. Die Bedeutung der Anlaufgeschwindigkeit wird besonders am Weitsprung sichtbar. Nach Gundlach ermöglicht die Zunahme der Anlaufgeschwindigkeit um 1,0 m/s eine Verbesserung der Sprungweite um 1,21 m. (Tab. 67)

Die größte Aussagekraft über die Anlaufgeschwindigkeit haben die letzten Meter vor dem Absprung. Deshalb werden zur genauen Überprüfung der Anlaufgeschwindigkeit meistens die letzten 5 m (elektronisch) gemessen. (Abb. 88)

Die *Anlaufgeschwindigkeit* wird von der *Beschleunigungsfähigkeit* und der *maximalen Schnelligkeit* beeinflußt.

Die Beschleunigungsfähigkeit hat außerdem Bedeutung für die optimale Anlauflänge.

Die **Aktionsschnelligkeit** hat einmal direkten Einfluß – über die Schrittfrequenz – auf die Anlaufgeschwindigkeit, muß aber vor allem als mit entscheidend für einen *schnellkräftigen Absprung* angesehen werden. Von untergeordneter Bedeutung ist die *Reaktionsschnelligkeit,* die zur Korrektur des Absprungs beim Treffen des Balkens und bei der Lattenüberquerung notwendig ist.

Tabelle 67: Notwendige Sprintleistungen im Vergleich zur möglichen Sprungweite (nach Gundlach, erweitert)

| Sprungweite | 30 m fliegend | 100 m |
|---|---|---|
| 4,00 m | 4,41 s | 15,6 s |
| 5,00 m | 3,98 s | 14,1 s |
| 6,00 m | 3,48 s | 12,8 s |
| 7,00 m | 3,17 s | 11,6 s |
| 8,00 m | 2,92 s | 10,5 s |
| 9,00 m | 2,73 s | 9,6 s |

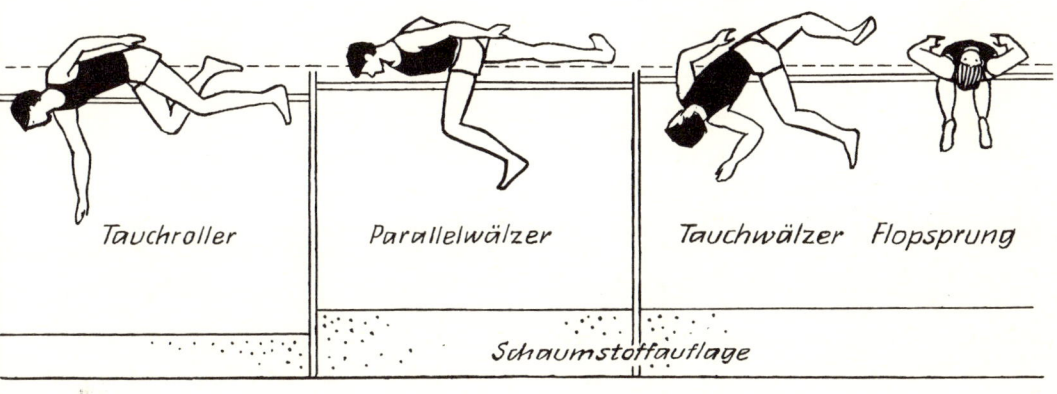

Tauchroller    Parallelwälzer    Tauchwälzer    Flopsprung

Schaumstoffauflage

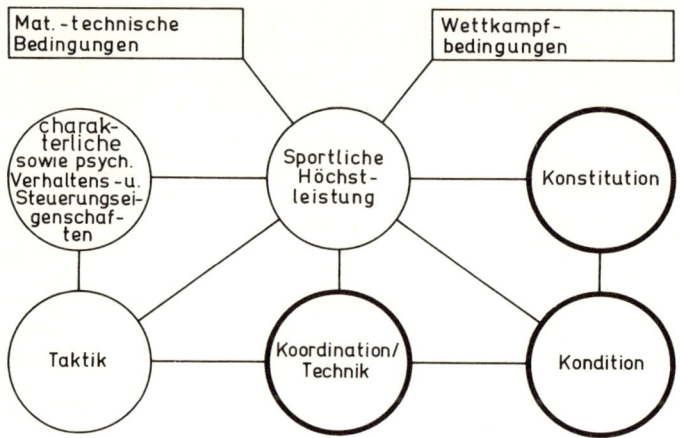

Abb. 86 Gefüge der Leistungsfaktoren

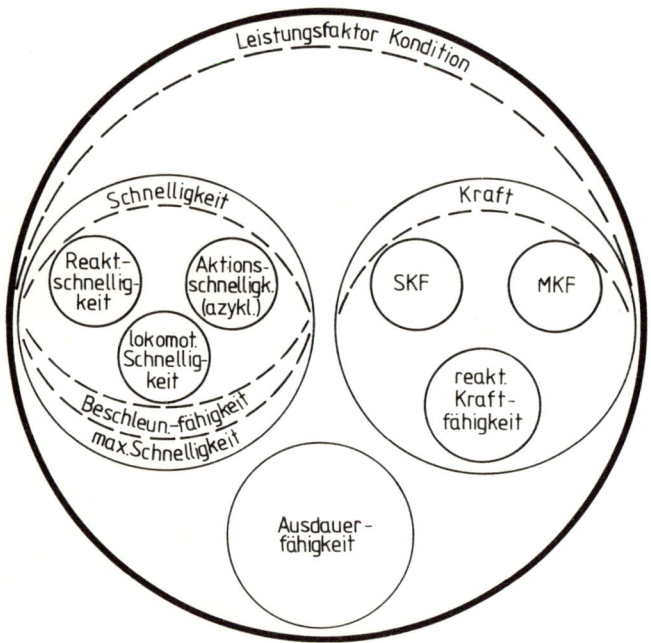

Abb. 87 Leistungsfaktor Kondition aus sprungspezifischer Sicht

### Kraftfähigkeiten

Neben den Schnelligkeitsfähigkeiten haben besonders die Schnellkraftfähigkeit und die Maximalkraftfähigkeit wesentlichen Einfluß auf die Sprungleistungen.

Als *gesicherter Zusammenhang* kann die direkte Abhängigkeit der *Leistungssteigerung in allen Sprungdisziplinen* von der **Schnellkraftfähigkeit** angesehen werden. (Abb. 89 u. 90) Die Schnellkraftfähigkeit in den Sprungdisziplinen bezieht sich vorrangig auf die Fähigkeit

216

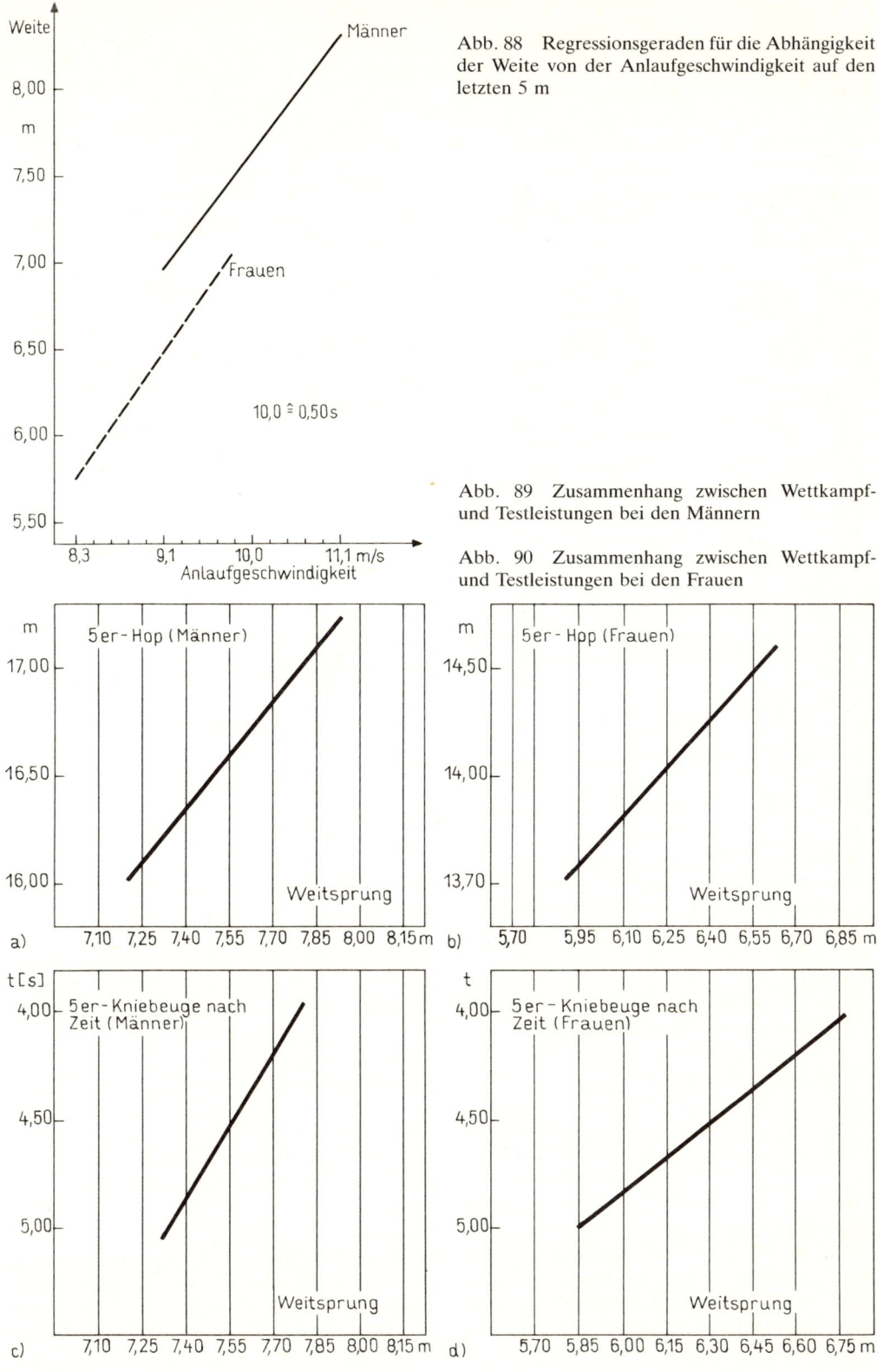

Abb. 88  Regressionsgeraden für die Abhängigkeit der Weite von der Anlaufgeschwindigkeit auf den letzten 5 m

Abb. 89  Zusammenhang zwischen Wettkampf- und Testleistungen bei den Männern

Abb. 90  Zusammenhang zwischen Wettkampf- und Testleistungen bei den Frauen

zum explosiven Absprung. Mit zunehmendem Leistungsvermögen wächst ihre Bedeutung, da bei ungefähr gleichen Arbeitswegen höhere Resultate an eine Verkürzung der Dauer der Arbeitsphase gebunden sind (Verchošanskij).

Die Schnellkraftfähigkeit, d. h. für den Springer die Sprungkraft, ist eng verknüpft mit der *„reaktiven Kraftfähigkeit"*.

Darunter versteht man die Fähigkeit des Nerven-Muskel-Apparates, schnell von der aktiv nachgebenden zur aktiv streckenden (beim Absprung) Bewegung überzugehen.

*Jeder Absprung aus einem Anlauf hat ebenfalls reaktiven Charakter,* wobei die Anlaufgeschwindigkeit die Rolle der Erdbeschleunigung beim Niedersprung übernimmt. Das Besondere im Absprung aus dem Anlauf im Vergleich zum Niedersprung besteht lediglich darin, daß durch die Hebelwirkung des Sprungbeines trotz des sich noch beugenden Kniegelenks bereits der KSP vertikal beschleunigt, d. h. angehoben wird. (Abb. 91)

Die Bedeutung der *Maximalkraftfähigkeit* wird bereits darin sichtbar, daß beim Absprung innerhalb einer sehr kurzen Zeit (0,12–0,25 s) Kräfte über 5000 N gefordert sind. (Abb. 92)

Bisherige Ergebnisse weisen aus, daß ab einer bestimmten Leistung (im Weitsprung z. B. bei ca. 7,90 m) ein schwächerer Anstieg der Maximalkraftfähigkeit auffällt. Es wird angenommen, daß es in einem hohen Leistungsbereich zu stärkeren Widersprüchen zwischen der notwendigen lokomotorischen Schnelligkeitsentwicklung und der Maximalkraftfähigkeit kommt.

▶ Aufgabe:
Studieren Sie Zusatzliteratur zur Problematik des Schnelligkeits- und Maximalkrafttrainings!

## Ausdauerfähigkeiten

Der Entwicklungsgrad der Ausdauerfähigkeiten in den Sprungdisziplinen wird vorrangig von den Anforderungen des Trainingsumfangs bestimmt. Da Schnellkraft und Ausdauer sich jedoch nicht positiv beeinflussen, wird nur das unbedingt notwendige Niveau entwickelt. Eine besondere Bedeutung nimmt in den Disziplinen Hochsprung und Stabhochsprung eine *spezielle Ausdauer* ein, da diese Wettkämpfe oft über viele Stunden gehen und im Verlaufe

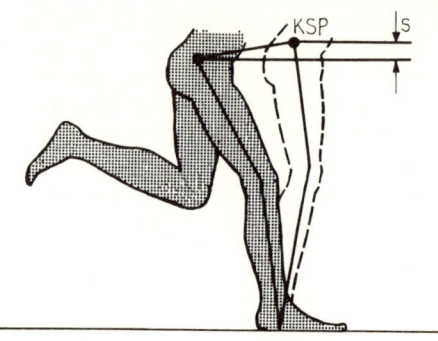

Abb. 91 Darstellung der vertikalen Beschleunigung des KSP auf der Strecke s durch das Aufrichten des sich beugenden Sprungbeines (nach Djatschkow, verändert)

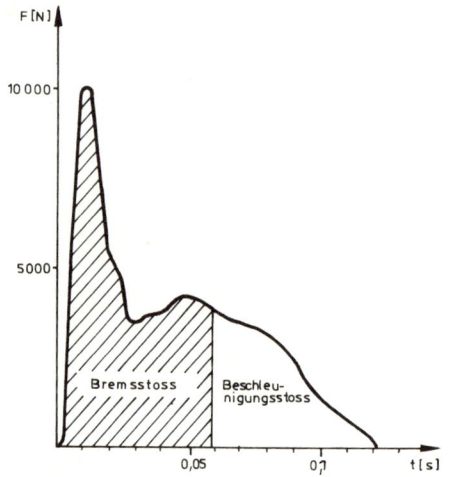

Abb. 92 Dynamogramm des Weitsprung-Absprunges

dieser Zeit bei steigender Sprunghöhe eine relativ hohe Anzahl maximaler Versuche notwendig wird.

## *Zum Leistungsfaktor Koordination/Technik*

Der Leistungsfaktor Koordination/Technik hat höchste Bedeutung für die *Ausnutzung* der konditionellen Voraussetzungen zum Erreichen einer bestmöglichen Wettkampfleistung.
Er wird bestimmt durch
– eine effektive Technik und
– eine möglichst vollkommene Beherrschung dieser Technik durch den Sportler (Fertigkeit).

Das verlangt einerseits, stets jene Technikvariante in den Mittelpunkt der Ausbildung zu stellen, die als die *effektivste* bezeichnet werden kann, sowie ständig nach verbesserten Lösungsverfahren zu suchen. Den Einfluß besserer Lösungsverfahren verdeutlicht im Hochsprung die im Verlaufe der letzten 80 Jahre nachzuweisende Entwicklung der Technik der Lattenüberquerung und der dadurch theoretisch mögliche Gewinn an Sprunghöhe (vgl. Abb. 85 und Tab. 68).

$$x = \frac{W}{h}$$

x = Effektivitätskoeffizient
W = Bewegungspotential (Index von Kraftaufwand und Sprungleistung)
h = sportlicher Leistungskoeffizient (Differenz zwischen Sprung- und Körperhöhe).

Die auf dieser Grundlage am Beispiel von Hochspringern gewonnenen Aussagen verdeutlichen den Stellenwert des Leistungsfaktors Technik/Koordination. (Tab. 69)

*Tabelle 68: Theoretischer Höhengewinn durch verbesserte Lattenüberquerung (nach Hay)*

| | |
|---|---|
| Schersprung | 0,0 |
| Rollsprung | + 6,3 |
| Amerikanischer Schersprung | + 8,8 |
| Kreuzschnepper | + 9,2 |
| Flop | + 23,3 |
| Parallelwälzer | + 24,9 |
| Tauchwälzer | + 32,7 |

*Tabelle 69: Bewegungspotential (W), Leistungs- (h) und Effektivitätskoeffizient (x) sowie mögliche Sprunghöhen bei optimalem Effektivitätskoeffizient (etwa 11,00) bei Hochspringern (nach Djatschkow)*

| Name | W | h (cm) | x | Mögliche Höhe bei x = 11,00 |
|---|---|---|---|---|
| Bolschow | 4,19 | 35 | 11,97 | 2,21 |
| Gawrilow | 3,27 | 23 | 14,00 | 2,20 |
| Tarmak | 2,48 | 17,5 | 14,17 | 2,15 |
| Brumel | 4,79 | 43 | 11,11 | 2,28 |

Andererseits wirkt in diesem Leistungsfaktor neben der effektiven Technik in hohem Maße auch der Grad *der individuellen Beherrschung* dieser Technik durch den Sportler. Das Beispiel der Landetechnik im Weitsprung verdeutlicht das. (Abb. 93)

Abb. 93   Weitengewinn bei unterschiedlicher Landetechnik im Weit- und Dreisprung

Der Grad der sporttechnischen Meisterschaft wird durch die effektive Nutzung der physischen Potenzen des Sportlers bestimmt.
Djatschkow versucht, diesen Nutzungsgrad über einen mathematischen Zusammenhang näher zu bestimmen und stellt dafür folgende Formel auf:

### Zum Leistungsfaktor Konstitution

Der leichtathletische Springer kann in seinen körperbaulichen Voraussetzungen als schlank, groß und mittelschwer gekennzeichnet werden.
Das arithmetische Mittel der **Körperhöhe** der 6 besten Teilnehmer an den Sprungwettbewerben der WM 1987 zeigt:
● Die durchschnittliche Körperhöhe liegt bei den Männern zwischen 1,85 m und 1,95 m.
● Die Hochspringer sind um etwa 10 cm größer als die Weit-, Drei- und Stabhochspringer.
● In den einzelnen Disziplinen ist die mittlere Körperhöhe der 6 Besten deutlich größer als die aller Teilnehmer.
Bei der Betrachtung des **Körpergewichts** fällt auf:
● Das relative Körpergewicht liegt zwischen 390 und 422 g/cm.
● Außer im Dreisprung sind die Spitzenspringer größer und schlanker als in früheren Jahren. Das *relative Körpergewicht* weist gleichzeitig aber auch darauf hin, daß das Leistungsvermögen in den einzelnen Sprungdisziplinen unterschiedliche Anforderungen an die Maximalkraftfähigkeit stellt. (Tab. 70)

Tabelle 70: *Körperhöhe und relatives Körpergewicht bei Springern der Olympischen Spiele 1980 und der Weltmeisterschaft 1987 (1. – 6. Platz)*

| Disziplin | Körperhöhe (m) | | Rel. Körpergewicht (g/cm Körperhöhe) | |
|---|---|---|---|---|
| | OS 1980 | WM 1987 | OS 1980 | WM 1987 |
| *Männer* | | | | |
| Weitsprung | 1,84 | 1,85 | 420 | 404 |
| Dreisprung | 1,86 | 1,85 | 406 | 411 |
| Hochsprung | 1,93 | 1,95 | 434 | 390 |
| Stabhoch-sprung | 1,84 | 1,87 | 430 | 422 |
| *Frauen* | | | | |
| Weitsprung | 1,70 | 1,74 | 355 | 355 |
| Hochsprung | 1,76 | 1,81 | 341 | 336 |

▶ Aufgabe:
Begründen Sie die im letzten Satz getroffene Aussage.

Auch bei den Frauen sind diese Tendenzen erkennbar.

## 7.3. Technik und technische Ausbildung

### Grundlagen der Technik

▶ Aufgabe:
Die folgenden Ausführungen stellen die wesentlichsten Zusammenhänge heraus, die für das Verständnis bzw. die Begründung der Bewegungsabläufe in den Sprungdisziplinen unbedingt notwendig sind.
Die schöpferische Weiterentwicklung der Wettkampftechniken oder die Einschätzung der Zweckmäßigkeit einer Grobform des Anfängers sind nicht ohne **aktives Beherrschen** dieses Wissensgebietes möglich. Üben Sie sich deshalb in der Fähigkeit, bei Bewegungsbeobachtungen ständig auch die biomechanischen Prinzipien als Bewertungskriterien einzubeziehen!

Aus biomechanischer Sicht besteht bei den leichtathletischen Sprüngen die Aufgabe, mit Hilfe einer im Anlauf erreichten horizontalen Geschwindigkeit und eines mehr vertikal gerichteten Impulses aus dem Absprung eine *möglichst große Anfangsgeschwindigkeit* und damit eine Flugbahn zu erzeugen, die je nach der spezifischen Aufgabenstellung der Disziplin mehr oder weniger langgestreckt ist. Im weiteren Verlauf des Sprunges kommt es darauf an, diese Flugbahn der Zielstellung entsprechend *optimal auszunutzen*. Das geschieht durch Bewegungen im Flug und teilweise auch bei der Landung (Weit-/Dreisprung), die die einzelnen Körperteile in günstige Positionen zueinander bzw. im Raum bringen im Sinne der Lösung der Aufgabe. Im Mittelpunkt stehen dabei die Ausnutzung der im Absprung entstandenen Drehimpulse und die Erzeugung von „Scheindrehungen" (Ausnutzen von Gegenbewegungen).

Beim Stabhochsprung wird dieser Grundablauf durch die komplizierte Ausnutzung der Hebel- und Pendelgesetze beim Aufrichten des Stabes sowie der Nutzung der Streckkraft des vorher gebogenen Stabes ganz wesentlich ergänzt. In allen anderen Phasen treffen aber auch für diese komplizierte Sprungdisziplin die erläuterten Gesetzmäßigkeiten zu.

| Eine zentrale Stellung nimmt die rationelle Gestaltung von *Anlauf und Absprung* ein.

Ihre optimale Kombination bestimmt die wesentlichsten Faktoren für die Flughöhe oder -weite, d. h.
– die Abfluggeschwindigkeit $v_e$ und
– den Abflugwinkel $\alpha_e$.

Die mathematischen Zusammenhänge werden im Abschnitt 8.3. erläutert. Die dort dargestellten Gesetzmäßigkeiten treffen auch auf den Sprung zu, da die Flugkurve des KSP eines Springers der eines Wurfgerätes entspricht. Die *Abflughöhe* wird im Sprung im wesentlichen von der Körperhöhe des Sportlers, in geringem Maße von der vollständigen Absprungstreckung, der richtigen Körperstellung und von der Lage der freien Extremitäten im Moment des Absprungs beeinflußt.
Die Luftwiderstandskraft K ist eine – vom Standpunkt der leichtathletischen Sprünge – wenig beeinflußbare äußere Kraft. Sie wirkt in den Sprungdisziplinen mit langen Anläufen besonders in Form von Rücken- oder Gegenwind fördernd oder hemmend auf die Flugweite, indem sie vor allem die horizontale Geschwindigkeitskomponente mit bestimmt. Aus diesem Grund werden Rekorde nur bei Windunterstützung bis zu 2,0 m/s im Weit- und Dreisprung anerkannt. Im Flug wäre zwar durch entsprechende Körperhaltung (z. B. frühes Einnehmen der Landehaltung beim Weitsprung) eine Beeinflussung der Größe von K möglich, wenn dadurch nicht die Wirkung des Absprungs beeinträchtigt werden würde.

Die unterschiedlichen Zielstellungen des Absprungs bei den verschiedenen Sprungdisziplinen sind ausschlaggebend für Betrag und Richtung der resultierenden horizontalen und vertikalen Geschwindigkeitskomponenten $v_{te}$ und $v_{ze}$ der Abfluggeschwindigkeit $v_e$.
Wir finden folgende Verhältnisse:

| | |
|---|---|
| Hochsprung | $v_{xe}:v_{ze} = 0,8–0,6:1$ |
| Weitsprung | $2,5–3,0:1$ |
| Dreisprung/Stabhochsprung | $3,0–4,0:1$ |

Dementsprechend verschieben sich die Geschwindigkeitsparallelogramme. (Abb. 94)
Im Rahmen bestimmter Grenzen lösen aber die einzelnen Springer die gestellte Aufgabe variabel entsprechend ihren technischen und physischen Möglichkeiten. So können kraftvolle Springer den Anteil der vertikalen Komponente und laufschnelle Sportler den Anteil der horizontalen Komponente vergrößern.
Der schräg nach hinten gerichtete Vektor der resultierenden Absprunggeschwindigkeit macht deutlich, daß $v_e$ immer kleiner als die Anlaufgeschwindigkeit sein muß. Die unvermeidbare horizontale Komponente des Bremsimpulses ist größer als die horizontale des Absprungimpulses, so daß als Ergebnis dieser schräg rückwärts geneigte Geschwindigkeitsvektor entsteht.
Die angestrebten Abflugwinkel und -geschwindigkeiten beeinflussen maßgeblich die Aufgabenstellung für Anlauf und Absprung.

Der *Anlauf* hat die notwendige horizontale Geschwindigkeit zu sichern.

● Mit dem Anlauf muß eine *optimale horizontale Geschwindigkeit* erzeugt werden, die aber nur so groß sein darf, daß der Springer sie im Absprung in die möglichst hohe Endgeschwindigkeit mit dem effektivsten Abflugwinkel umsetzen kann.

Das bedeutet für jene Sprungdisziplinen, die eine hohe horizontale Geschwindigkeitskomponente im Absprung aufweisen müssen, daß die *optimale* immer mehr der *maximalen* Geschwindigkeit anzunähern ist. Ob dieses Ziel erreicht wird, hängt von den speziellen Absprungfähigkeiten und -fertigkeiten des einzelnen Athleten ab und natürlich auch von den individuellen Schnelligkeitsfähigkeiten.
Die großen Längen und die Geradlinigkeit der Anläufe beim Weit-, Stabhoch- und Dreisprung weisen auf diese Zielstellung hin (Prinzip des optimalen Beschleunigungsweges).
Beim Hochsprung wird nie die optimale Geschwindigkeit der möglichen maximalen entsprechen. Hier gibt es lediglich Unterschiede zwischen Flop und Wälzer infolge der verschiedenartigen Absprungvorbereitung, durch die beim Flop Bedingungen für eine höhere optimale Geschwindigkeit bestehen.

● Im letzten Teil des Anlaufs muß der *Absprung* auch *bewegungsmäßig vorbereitet* werden.

Dies zeigt sich in einer veränderten *Schrittstruktur* und auch *rhythmischen Gestaltung* der Schrittfolge. Ziel dieses Anlaufrhythmus ist es, durch Senken des KSP und Vorbereitung der Sprungauslage einen *effektiven Beschleunigungsweg* für die vertikale Beschleunigung zu sichern (Prinzip des optimal langen Beschleunigungsweges).
Dieser Anlaufrhythmus muß mit zunehmendem Abflugwinkel immer ausgeprägter werden, weil die Vergrößerung dieses Winkels ausschließlich über die Größe des vertikalen Impulses gesteuert werden kann.
Deshalb finden wir diesen Vorbereitungsrhythmus, mit dem immer ein Verlust an horizontaler Geschwindigkeit verbunden ist, beim

Abb. 94 Geschwindigkeitsparallelogramme der Sprungdisziplinen

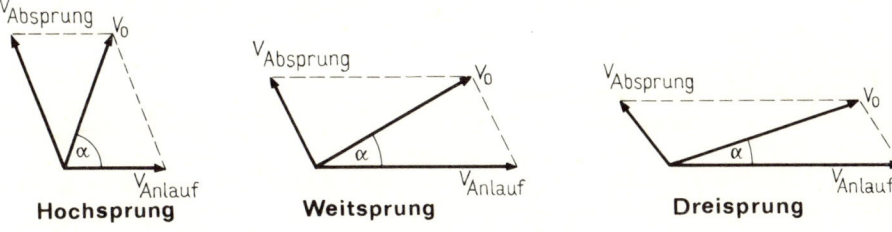

Wälzsprung am deutlichsten und beim Dreisprung und Stabhochsprung am wenigsten ausgeprägt.

> Im *Absprung* sind möglichst große vertikale Impulse zu erzeugen.

Unter den gegebenen Geschwindigkeitsbedingungen gelingt das, wenn dazu folgende **biomechanische Prinzipien** optimal genutzt werden:

● Das *Prinzip der Anfangskraft,*
das bei allen Sprüngen im fließenden Übergang von *Amortisations- und Beschleunigungsphase* wirksam wird.

Die Amortisationsphase beginnt mit der ersten Bodenberührung des Sprungbeines und endet mit der Beendigung des mit dem Fußaufsatz verbundenen Bremsstoßes. Bei diesem Bremsstoß, der je nach der Größe des erforderlichen Abflugwinkels stärker ist und länger dauert, kommt es zur Vorspannung der Streckmuskulatur und damit zum Wirken einer bereits relativ großen Kraft (Anfangskraft) zu Beginn des Beschleunigungsstoßes. Sie wird bereits wirksam, bevor die Streckbewegungen des Sprungbeines beginnen.
In allen Sprungtechniken wird deshalb von einem *aktiven, schlagenden Fußaufsatz* gesprochen, der zur *Aktivierung der reaktiven Muskelkräfte* im Sinne des Prinzips der Anfangskraft führt. Die unterschiedlichen Abflugwinkel und Anlaufgeschwindigkeiten erfordern lediglich *disziplinspezifische technische Lösungen* dieser wichtigen Phase.
Je steiler der Abflugwinkel sein soll, um so länger dauert der Absprung und desto deutlicher wird die Sprungauslage zu einer Stemmstellung. (Tab. 71 und Abb. 95)

● Das *Prinzip des optimalen Beschleunigungsweges,*
das alle Springer einerseits durch ein *Senken*

Abb. 95 Unterschiedliche Sprungauslagen in den Sprungdisziplinen

*des KSP* vor dem Absprung (vgl. Anlauf) und andererseits durch eine maximale *Erhöhung des KSP* im Verlaufe des Absprungs zu verwirklichen suchen.
Die *maximale Erhöhung des KSP* während des Absprungs gelingt durch die vollständige Streckung des Körpers bis zum Lösen vom Boden sowie durch die Verlagerung der freien Extremitäten nach oben (Arme und Schwungbein). In diesem Zusammenhang hat z. B. der gestreckte Schwungbeineinsatz beim Hochsprung deutliche Vorteile gegenüber dem gebeugten, weil damit der Teilschwerpunkt des Schwungbeines und somit auch der KSP am Ende höher liegen. Diese biomechanischen Grundlagen sind aber nur im Zusammenhang mit den real vorhandenen Kraftfähigkeiten nutzbar. Das heißt, daß ein tieferes Senken des KSP nur dann effektiv ist, wenn der Springer in der Lage ist, entsprechende Kräfte zu entwickeln, um in der zur Verfügung stehenden Zeit die vollständige Streckung zu erreichen.
Die Absprungzeit wiederum hängt von der Anlaufgeschwindigkeit und der Art und Weise der Ausführung des Absprungs ab. Nur die individuell optimale Verknüpfung dieser Faktoren sichert gute Resultate.

● Das *Prinzip der zeitlichen Koordination von Teilimpulsen,*
das bei den Sprüngen durch die richtige Koordination der Impulse der Schwungelemente und des Sprungbeines zu verwirklichen ist.

Dabei kommt es nicht auf die völlige zeitliche Übereinstimmung der Teilimpulse an, sondern auf eine optimale zeitliche Differenz im Sinne der Verlängerung der Zeitdauer der Kraftwirkung.
Die *Beschleunigungsmaxima* der Schwungelemente fallen mit dem kleinsten Beugewinkel

Tabelle 71: *Zusammenhänge Abflugwinkel und Zeitdauer des Absprungs*

| Disziplin | $\alpha_0$ | Absprungdauer |
|---|---|---|
| Stabhochsprung | 13 – 17° | 0,10 – 0,12 s |
| Dreisprung | 16 – 20° | 0,11 – 0,13 s |
| Weitsprung | 18 – 24° | 0,10 – 0,12 s |
| Hochsprung | 60 – 65° | 0,15 – 0,22 s |

des Sprungbeines zusammen. Werden sie erst bei Beginn der Sprungbeinstreckung erreicht, wirken sie dieser entgegen, verzögern sie und benachteiligen damit den Gesamteffekt. (Abb. 96) Die Streckung des Sprungbeines beginnt deutlich erst, wenn die Schwungelemente abgebremst werden. Dadurch wird ihre kinetische Energie auf den Rumpf übertragen und die Streckung unterstützt.

Bei diesen Vorgängen spielt die *Schnelligkeit und Rechtzeitigkeit der Schwungbewegungen* eine große Rolle. Deshalb sind *lange Pendel* (lange Arme und relativ wenig gebeugtes oder sogar gestrecktes Schwungbein) nicht unbedingt am zweckmäßigsten.

Sie führen zwar zu einer größeren Anhäufung kinetischer Energie und erhöhen auch den KSP mehr als kurze Pendel, dauern aber aufgrund der Pendelgesetze länger, so daß es bei zunehmender Absprungschnelligkeit immer schwerer wird, die Teilimpulse zu koordinieren und die vertikale Schwungenergie auszunutzen. Das spiegelt sich bei den Beugewinkeln des Schwungbeines in Knie und Hüfte bei verschiedenen Sprungdisziplinen deutlich wider.

Abb. 96 Übereinstimmung zwischen Schwungbewegungen und Absprung bei einem Anfänger (a) und einem Leistungssportler (nach Verchošanskij)

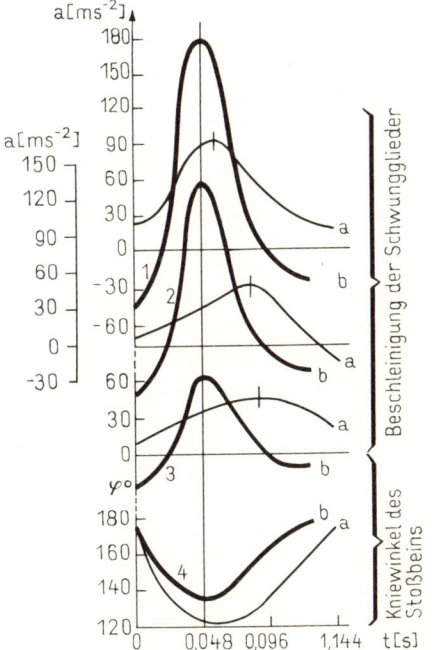

Je kürzer die Absprungdauer ist, um so spitzer ist der Beugewinkel des Schwungbeines im Kniegelenk und um so geringer ist der Kniehub des Oberschenkels.

> Im Flug sind die Bewegungen nur noch auf die optimale Ausnutzung der Flugkurve gerichtet (Lattenüberquerung bzw. Vorbereitung einer „raumgreifenden" Landung).

*Dabei wirken folgende Gesetzmäßigkeiten:*
- Zur Ausnutzung der Flugkurve werden in allen Sprungdisziplinen Drehungen und Gegenbewegungen wirksam.

Die Drehungen entstehen gewollt oder auch ungewollt durch exzentrische Impulse aus dem Sprungbein oder den Schwungelementen.

- Nach dem *Prinzip der Impulserhaltung* bleibt der Gesamtimpuls einer Drehbewegung in einem frei bewegten System unabhängig von der Lage des Körpers zur Drehachse *unverändert*. Das heißt, daß eine einmal ausgelöste Drehung im Flug immer in der gleichen Richtung fortgesetzt wird, auch wenn sich durch eine zweite Drehung die Lage des Körpers zu der gedachten Drehachse verändert. So kann also eine anfängliche Drehung um die Körperlängsachse durch ein Drehen des Körpers aus der vertikalen in die horizontale Lage, wie das beim Hochsprung der Fall ist, subjektiv eine Drehung um die Tiefenachse des Körpers werden.

Verändern kann sich dadurch aber die *Winkelgeschwindigkeit* ω, weil durch einen veränderten Abstand der Massen von der Drehachse das Massenträgheitsmoment J größer oder kleiner geworden ist.

Dabei gilt: $J_1 \cdot \omega_1 = J_2 \cdot \omega_2$

Die Winkelgeschwindigkeit kann also durch Vergrößern des Massenträgheitsmoments verringert und durch Verkleinern vergrößert werden.

Das wird bei allen Sprungdisziplinen *bewußt genutzt* und beeinflußt maßgeblich Art und Aufeinanderfolge der Flugbewegungen.

- Schließlich wirkt nach dem Impulserhaltungssatz das Prinzip der *Gegenwirkung*, das es erlaubt, einzelne Körperteile in günstige Positionen für die Nutzung der nun unveränderlichen Flugkurve des KSP zu bringen. Es beruht auf der Gesetzmäßigkeit, daß im Flug jede Bewegung eines Körperteils zu einer entgegengesetzten Bewegung eines anderen Teiles führen muß, so daß insgesamt der Impuls des Körpersystems konstant bleibt.

Diese Beziehungen werden besonders eindrucksvoll beim Überqueren der Latte beim Hoch- und Stabhochsprung und beim Vorbringen der Beine beim Landen im Weit- und Dreisprung genutzt (vgl. Abb. 93).

Dieses Prinzip ermöglicht sogar die Einleitung einer Drehung im Flug, indem vorwärtskreisende Bewegungen der Arme und Beine (Laufsprung!) eine entgegengesetzte Drehung des Springers um die Breitenachse bewirken, solange diese Arm- oder Beinkreise ausgeführt werden. Dadurch gelingt es, beim Laufsprung die im Absprung vorhandene leichte Schrägvorlage in eine geringe Rücklage beim Landen zu verwandeln, ohne schon beim Absprung eine entsprechende Drehung erzeugt zu haben.

> Anlauf, Absprung sowie teilweise die Flugbewegungen beeinflussen maßgeblich die sportlichen Leistungen in den leichtathletischen Sprüngen. Die technische Qualität dieser Elemente, ihre Entstehung und Weiterentwicklung wird deutlich von der Ausnutzung der biomechanischen Prinzipien bestimmt.

# Grundlagen der technischen Ausbildung

▶ Aufgabe:

Trotz der recht unterschiedlichen Techniken der einzelnen Sprungdisziplinen gibt es einige für alle zutreffende Probleme, die zur Formulierung einer einheitlichen methodischen Grundlinie geeignet sind. Fassen Sie die in dieser Grundlinie herausgearbeiteten Schwerpunkte als Basis für Ihre schöpferische Mitarbeit an der Lösung lehrmethodischer Probleme im Sprung auf!

Die Sprungdisziplinen weisen folgende gemeinsame **Merkmale** auf, die als Ausgangspunkte der methodischen Überlegungen und Maßnahmen bei der technischen Ausbildung gelten müssen:

● Knotenpunkt aller Sprungtechniken ist die wirkungsvolle *Verbindung* von Anlauf und Absprung (Stabhochsprung: Anlauf – Einstich – Absprung).

● Die Anlauf-Absprung-Bedingungen sind stark von den *konditionellen* Fähigkeiten

Schnelligkeit und Kraft/Schnellkraft geprägt. Dadurch verändern sie sich fortlaufend infolge der ständigen Weiterentwicklung der konditionellen Fähigkeiten. Das führt zu Widersprüchen zwischen den Forderungen nach hohem Automatisierungsgrad und der notwendigen Variabilität der Absprungfertigkeiten.

● Für alle Sprungdisziplinen gibt es mehrere generelle oder auf Ausbildungsetappen beschränkte *Varianten* der Lösung der Bewegungsaufgaben.

Das trifft vorrangig auf die Flug- und Landebewegungen zu (Weit-, Hochsprung), kann aber teilweise sogar von Teilen der Hauptphase gesagt werden (Schwungbeineinsatz im Hochsprung, Bewegungen am Stab beim Stabhochsprung).

● Jeder Sprung muß zumindest aus Absprung, Flug und Landung bestehen. Darum ist bis auf die Loslösung des Anlaufs ein Üben von *Teilbewegungen kaum möglich*. Dafür gestatten aber stark vereinfachte Flug- und Landebewegungen das konzentrierte Üben von Anlauf und Absprung (außer Dreisprung).

● Bei fast allen Sprungdisziplinen reichen beim Anfänger die konditionellen Fähigkeiten noch nicht aus, um für die idealen Flugbewegungen genügend lange dauernde Flugphasen zu erzeugen. Dennoch kann auf ihre frühzeitige Schulung nicht verzichtet werden, weil sie durch die Bewegungsvorausnahme bereits beachtlichen positiven, aber auch negativen Einfluß auf die Qualität des Absprungs ausüben können.

● Bei allen Sprüngen ist ein sehr genaues Treffen der günstigsten Absprungstelle nach relativ langen Anläufen notwendig.

Daraus sind folgende **methodische Grundsätze** abzuleiten:

**● In allen Ausbildungsetappen ist die Schulung des Anlauf-Absprung-Komplexes (Stabhochsprung: Anlauf – Einstich – Absprung) der Schwerpunkt der technischen Schulung.**

Bei der *Absprungschulung* kommt es hauptsächlich auf nachstehende Elemente an:

– Einnehmen einer zweckmäßigen Sprungauslage,

– explosive, aktive Gestaltung des letzten Schrittes und des gesamten Absprungs,

– optimale Koordination der Streck- und Schwungbewegungen,

– richtige Rumpfhaltung im Augenblick des Absprungs.

Im Mittelpunkt der *Anlaufschulung* steht neben der Ermittlung der jeweils optimalen Länge und Geschwindigkeit die *zweckmäßigste Vorbereitung des Absprungs*.

Sie soll möglichst ohne Geschwindigkeitsverlust zu einem günstigen Senken des KSP führen und die Sprungauslage einleiten.

Auch an der *Genauigkeit des Anlaufs* muß ständig gearbeitet werden. Sie ist über eine Stabilisierung der Schrittlänge und durch die Schulung des „Entfernungsgefühls" als einer speziellen koordinativen Fähigkeit zu erreichen.

Häufig wechselnde Anlauflängen bei einzelnen Übungen begünstigen die Entwicklung dieser Fähigkeit. Es sind aber auch wechselnde Anlaufbedingungen zu schaffen.

● **Der Absprung ist unter vielfältigen Anlaufgeschwindigkeiten, besonders häufig aber aus optimal und ab und zu sogar maximal schnellen Anläufen, zu üben.**

Dadurch kann der erwähnte Widerspruch zwischen notwendiger Automatisierung und Variabilität am ehesten überbrückt werden.

Die Sportler müssen in der Lage sein, ihre *Absprungfähigkeiten unter allen Bedingungen wirkungsvoll umzusetzen*. Die besondere Schwierigkeit des Übens liegt in den meist langen Anläufen und den hohen optimalen Geschwindigkeiten. Sie verleiten dazu, viel zu häufig mit verkürzten Anläufen und entsprechend niedrigem Tempo zu üben, weil dadurch mehr Wiederholungen möglich sind. Das ist zu Beginn des Lernprozesses richtig, muß aber mit zunehmender Vervollkommnung abgebaut werden.

**Weniger Sprünge unter hohen Geschwindigkeiten mit möglichst konstanter Schrittanzahl** sind dann wirkungsvoller als viele mit halber Kraft.

Es ist sogar ratsam, ab und zu solche Geschwindigkeitsbedingungen zu schaffen, wie sie nur im Wettkampf oder – noch perspektivischer gesehen – zur Zeit bestimmter Wettkampfhöhepunkte erreicht werden. Das ist bei Anfängern und im Hochsprung durch Anlaufverlängerungen relativ leicht möglich, kann aber im Anschluß- und Hochleistungstraining bei den Sprüngen mit langen Anläufen nur durch zusätzliche äußere Kräfte (starker Rückenwind, geneigte Anlaufbahn, Zugunterstützung) verwirklicht werden.

Sprungformen mit vereinfachten Flug- und Landebewegungen dienen der konzentrierten Anlauf-Absprung-Schulung, weil sie die Aufmerksamkeit auf die Hauptphase lenken und kraftsparend sind.

Solche Übungen sind oft zentrale Teile der Grundübungsreihe oder gehören zu den wichtigsten speziellen vorbereitenden Übungen. Aber selbst in der komplexen Technik- und Konditionsschulung des Spezialtrainings sind sie häufig eingesetzte spezielle Trainingsübungen bei Seriensprüngen.

Im Nachwuchstraining müssen zeitweilig wegen der noch unzureichenden konditionellen Fähigkeiten die Flug- und Landebewegungen der angestrebten Wettkampftechnik unter erleichterten Bedingungen geübt werden.

Unter erleichterten Bedingungen sind die künstliche Verlängerung der Flugkurve durch Sprünge von erhöhten Absprungstellen oder die Benutzung von Federsprungbrett und Trampolin zu verstehen. In jedem Falle sind das aber Hilfsmittel, die nur zeitweilig und in Verbindung mit normalen Sprüngen einzusetzen sind, weil sie der Absprungschulung sonst schaden können.

Die Anfängerausbildung beginnt in allen Sprungdisziplinen mit der leichteren (der im Hochleistungssport etwa gleichwertigen) bzw. mit einer vereinfachten Vorform der Wettkampftechnik.

Der Abschnitt des ausschließlichen Übens dieser Techniken sollte aber nur kurz sein und sehr bald die zweite oder Zieltechnik eingeführt bzw. zumindest vorbereitet werden. Der Zeitpunkt des endgültigen Übergangs auf die Zieltechnik ist abhängig von der individuellen konditionell-koordinativen Entwicklung.

Von zwei gleichwertigen Techniken kann man im *Hochsprung* sprechen. Hier genießt allgemein der Flop wegen seiner einfacheren Absprungform den Vorzug.

Im *Weitsprung* kennen wir den Schrittweitsprung als Vorform des Laufsprunges. Die rechtzeitige Einführung in die Laufbewegungen im Flug sichert den gleitenden Übergang zur Zieltechnik, sobald die Weiten das zulassen.

Im *Stabhochsprung* ist die anfängliche Schulung der Technik des Starrstabes nur eine Notlösung, die nur wegen des hohen koordinativen Wertes des Stabhochsprunges zu rechtfertigen ist. Sie darf nicht gefestigt werden, wenn nicht später ernste Schwierigkeiten bei der Umstellung auf die Wettkampftechnik auftreten sollen. Die Überwindung dieses Standes ist ein Problem der Praxis.

Der *Dreisprung* nimmt eine *Ausnahmestellung* ein. Hier gibt es keine eigentliche Vorform, sondern der Sprung wird von Anfängern mit verminderter Geschwindigkeit und betont flachen Teilsprüngen geübt. Das ist wegen der hohen Verletzungsgefahr für technisch unvollkommene bzw. konditionell ungenügend vorbereitete Sportler notwendig. Eben wegen der komplizierten Technik muß die Vorbereitung rechtzeitig, aber unter diesen Vorsichtsmaßnahmen betrieben werden.

Wettkämpfe sind *unbedingt erst nach* Erreichen einer gefestigten sportlichen Form und technischer Reife zu bestreiten. Erste Wettkampfform sollten möglichst Technikwettkämpfe sein.

## 7.4. Weitsprung
(Technik und technische Ausbildung)

## Technik

▶ Aufgaben:
Beantworten Sie nochmals folgende Fragen:
– Welche Faktoren bestimmen die Flugweite?
– Ziehen Sie Schlußfolgerungen für den hohen Wertigkeitsgrad der Anlaufgeschwindigkeit (Geschwindigkeitsparallelogramm Abb. 92)!
– Welche biomechanischen Prinzipien werden beim Absprung wirksam?

Weitsprungleistungen werden weitgehend von den Faktoren Anlaufgeschwindigkeit und spezielle Absprungkraft bestimmt. Die optimale Ausnutzung dieser Faktoren hängt in hohem Maße von dem Stand der speziellen Fertigkeiten im Sprung selbst und der Anlaufgenauigkeit ab.

Um eine Flugparabel mit möglichst großer Weite zu erzeugen, muß der Weitspringer folgende **Knotenpunkte der Bewegung** beherrschen (vgl. Tab. 71 und Abb. 97):
– *den Anlauf* zum Erreichen einer hohen Anlaufgeschwindigkeit;
– den *explosiven Absprung* aus einer hohen Geschwindigkeit von einer sehr eng begrenzten Absprungstelle (Balken);
– die Flugphase zur Erhaltung des Gleichgewichts und einer guten Landevorbereitung;

Abb. 97 Bildreihe Laufsprung

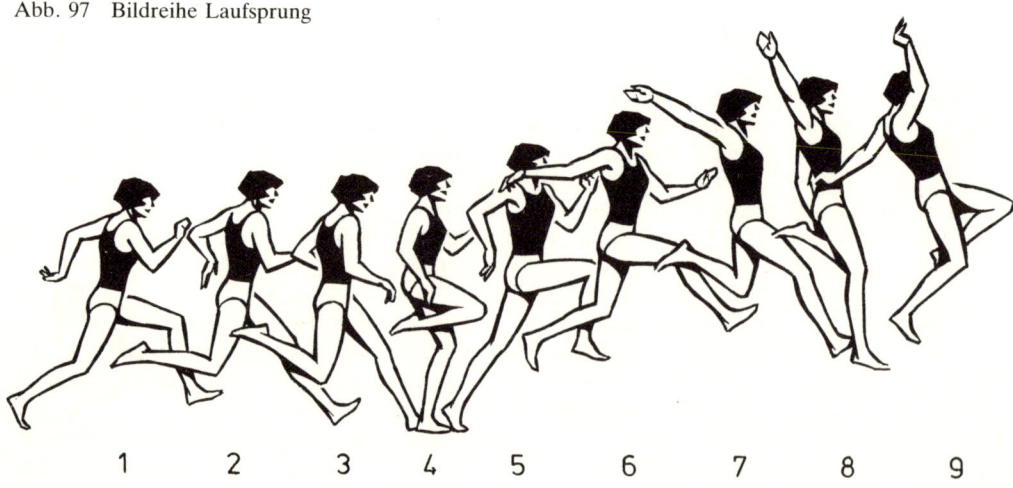

1   2   3   4   5   6   7   8   9

– die Landung mit einem geringen Landeverlust.

### Anlauf

Das Ziel des Anlaufs besteht im Erreichen einer *optimalen Geschwindigkeit* und einer guten *Vorbereitung des Absprungs*. Dabei muß der Weitspringer den Absprungbalken genau mit dem Fuß treffen.

Die *Anlauflänge* beträgt bei den Männern bis zu 24 Laufschritten (40–45 m) und bei den Frauen etwa 20 Laufschritte (35–40 m).

Im Anlauf geht es nicht schlechthin um das Erreichen einer hohen Anlaufgeschwindigkeit, sondern diese hohe Geschwindigkeit muß auf den letzten Schritten vor dem Absprungbalken erreicht werden.

**Beschleunigungsabschnitt:** Der Anlauf beginnt aus dem *Hochstart* (Schrittstellung). Dieser Beginn gewährleistet die größte Genauigkeit des Anlaufes. Die ersten Schritte sollen *energisch*, aber ohne Verkrampfung gelaufen werden. Während des gesamten Anlaufes ist auf einen *lockeren Lauf* zu achten, Verkrampfungen und Verspannungen wirken sich negativ auf die Geschwindigkeit und die Sprungbereitschaft aus.

Der Anlauf muß *rhythmisch* und *flüssig* gestaltet sein. Der Lauf erfolgt *auf dem Ballen,* die Arme unterstützen die Vorwärtsbewegung. Die Oberkörpervorlage wird mit steigender Geschwindigkeit aufgehoben.

Um die Anlaufgenauigkeit zu unterstützen, kann eine *Zwischenmarke* verwendet werden (6 bis 10 Laufschritte vor dem Absprungbalken).

Vom Springer selbst kann aber während des Anlaufs das genaue Treffen der Marke nicht erkannt werden. Erfahrene Athleten benutzen diese Zwischenmarke deshalb mehr als optisches Signal für den Beginn der entscheidenden Phase des Anlaufs, nämlich der Absprungvorbereitung.

**Absprungvorbereitung:** Um günstige biomechanische Bedingungen für den Absprung zu sichern, kommt es zu leichten Strukturveränderungen auf den letzten Schritten. Sie sollen vor allem ein optimales *Senken des KSP* ermöglichen. Das Verhältnis der *Schrittlängen* auf den letzten Schritten stellt kein unmittelbar leistungsbeeinflussendes Merkmal dar. Es ist lediglich ein relativ breit gehaltener Normbereich einzuhalten, der individuelle Unterschiede aufweist. Wichtigstes Kennzeichen der *Schrittgestaltung* auf den letzten 3 Anlaufschritten ist, daß der vorletzte Schritt bis zu 20 cm gegenüber dem letzten und drittletzten verlängert wird. Dadurch erfolgt ein Senken des KSP. Beim Vorderstütz des letzten Schrittes sinkt der KSP nicht weiter ab, sondern geht sofort in die Aufwärtsbewegung über. Dieser Rhythmuswechsel bewirkt einen schnellen letzten Schritt. Er darf nicht zu kurz sein, da sonst zu schnell die Vertikale passiert wird und zuwenig Zeit für den Absprungvorgang bleibt.

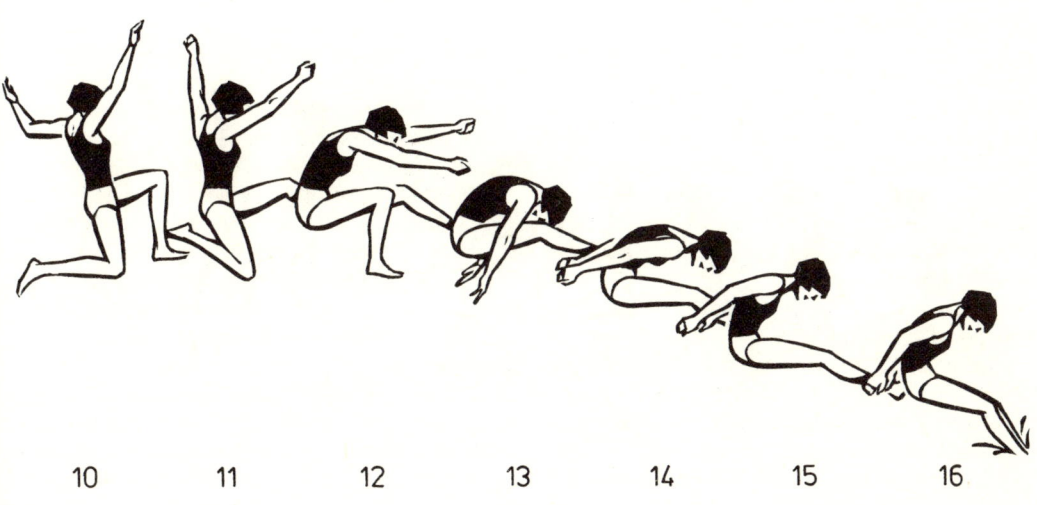

|  |  |  |  |  |  |  |
|---|---|---|---|---|---|---|
| 10 | 11 | 12 | 13 | 14 | 15 | 16 |

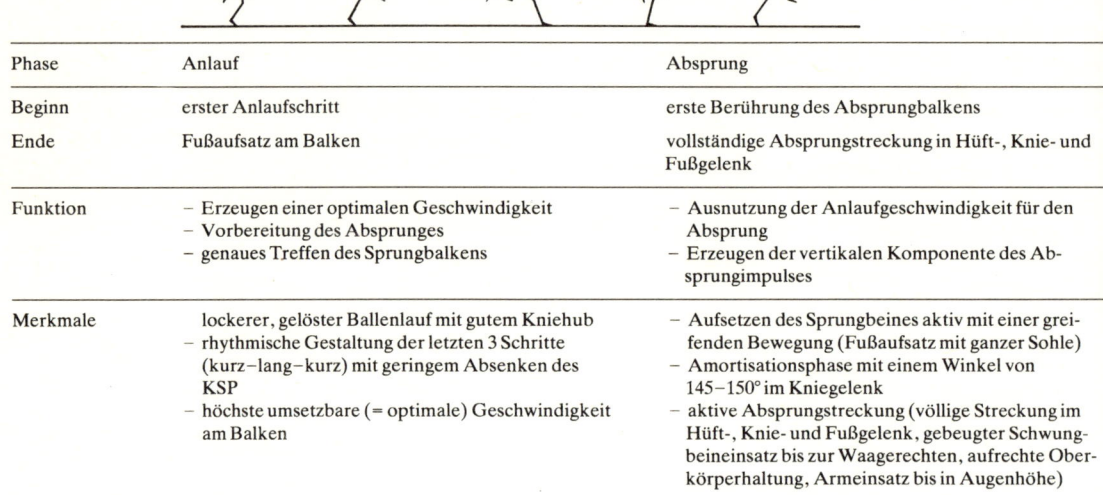

| Phase | Anlauf | Absprung |
|---|---|---|
| Beginn | erster Anlaufschritt | erste Berührung des Absprungbalkens |
| Ende | Fußaufsatz am Balken | vollständige Absprungstreckung in Hüft-, Knie- und Fußgelenk |
| Funktion | – Erzeugen einer optimalen Geschwindigkeit<br>– Vorbereitung des Absprunges<br>– genaues Treffen des Sprungbalkens | – Ausnutzung der Anlaufgeschwindigkeit für den Absprung<br>– Erzeugen der vertikalen Komponente des Absprungimpulses |
| Merkmale | lockerer, gelöster Ballenlauf mit gutem Kniehub<br>– rhythmische Gestaltung der letzten 3 Schritte (kurz–lang–kurz) mit geringem Absenken des KSP<br>– höchste umsetzbare (= optimale) Geschwindigkeit am Balken | – Aufsetzen des Sprungbeines aktiv mit einer greifenden Bewegung (Fußaufsatz mit ganzer Sohle)<br>– Amortisationsphase mit einem Winkel von 145–150° im Kniegelenk<br>– aktive Absprungstreckung (völlige Streckung im Hüft-, Knie- und Fußgelenk, gebeugter Schwungbeineinsatz bis zur Waagerechten, aufrechte Oberkörperhaltung, Armeinsatz bis in Augenhöhe) |

Entscheidend im Anlauf ist das Erreichen der höchsten Geschwindigkeit auf den letzten Schritten vor dem Balken bei bestem Anlaufrhythmus, der ein optimales Umsetzungsverhältnis von Anlaufschnelligkeit zu Sprungweite garantiert.

### Absprung

Der Absprung ist die wichtigste und schwierigste Phase des Weitsprungs. Der Springer muß die zyklische Bewegung des Anlaufs in die azyklische des Sprungs umwandeln.
Die *Hauptaufgabe* besteht dabei im *Erreichen einer großen Abfluggeschwindigkeit.* Mit dem Absprung muß ein Abflugwinkel von 17–24° und die notwendige Flughöhe gesichert sowie ein bestimmtes Drehmoment eingeleitet werden.
Die Absprungbewegung – innerhalb einer kurzen Zeitspanne von 0,10–0,13 s ausgeführt – wird unterteilt in
– Aufsetzen des Sprungbeines,
– Amortisationsphase,
– aktive Absprungstreckung.

**Aufsetzen des Sprungbeines:** Es besitzt eine wichtige Funktion für einen effektiven Absprung, indem es bereits weitgehend seine wei-

tere räumliche und dynamische Gestaltung entscheidet. Nach einem leichten *Aufrichten* des Rumpfes auf den letzten Anlaufschritten erfolgt das Aufsetzen des *fast gestreckten Sprungbeines (175°)* aktiv *mit einer schnellen greifenden Bewegung nach hinten-unten,* wobei der Stützwinkel des Unterschenkels beim Aufsetzen etwa 120° beträgt. Der Sprungbeinfuß wird erst flüchtig mit der Ferse und dann auf die *ganze Sohle* aufgesetzt (Abb. 97/3). Die Fersenberührung darf nicht zu einem starken Stemmen führen.

**Amortisationsphase:** In der folgenden Amortisationsphase werden die Voraussetzungen für einen wirkungsvollen Abdruck nach vorn-oben geschaffen. Nach dem Aufsetzen gibt das Sprungbein im Fuß- und Hüftgelenk, besonders jedoch im Kniegelenk leicht nach.
Der *Beugewinkel im Kniegelenk* verringert sich von 175° bis maximal 145°–150°.
Ein wesentliches Kriterium für den folgenden Absprung stellt hierbei das *optimale Verhältnis zwischen vertikalem Bremsstoß und Beschleunigungsstoß dar.* Hochqualifizierte Springer zeichnen sich durch eine kurze Bremsstoßdauer und ein schnelles Erreichen des Bremsstoßmaximums aus. Untersuchungen ergaben, daß der vertikale Bremsstoß bereits beendet

| Flug | Landung |
|---|---|
| Verlassen des Absprungbalkens | Aufsetzen der Füße im Sand |
| Aufsetzen der Füße im Sand | alle Körperteile sind über die Landestelle gebracht |

| | |
|---|---|
| – Erhaltung des Gleichgewichts<br>– Vorbereitung der Landung | – optimale Ausnutzung der Flugparabel<br>– Abfangen des Körpergewichts |

| | |
|---|---|
| – deutlich ausgeprägte 2½ Laufschritte in der Luft<br>– im ersten Teil des Fluges leichte Oberkörperrücklage von etwa 5°<br>– Armkreisbewegungen vorwärts (beim Linksspringer: linker Arm 1 Armkreis, rechter Arm ¾ Armkreis)<br>– im zweiten Teil des Fluges Vorhochbringen der Beine bis zur Waagerechten mit ausgleichendem Abbeugen des Rumpfes (Kopf in Kniehöhe, Arme unten-hinten) | – weites Vorsetzen der Füße auf gleiche Höhe<br>– weiches Nachgeben in den Kniegelenken und<br>– schnelles Vorschieben der Hüfte bzw. Seitwärtswerfen des Oberkörpers oder<br>– aktive Zugbewegung der Unterschenkel mit Landung auf dem Rücken hinter der Landestelle |

ist (nach 0,02 s), bevor das Kniegelenk in der Amortisationsphase seine größte Beugung erreicht hat (nach etwa 0,08 s). Große Bedeutung für das optimale Verhältnis zwischen Brems- und Beschleunigungsstoß besitzt die reaktive Fähigkeit des Athleten als wesentliche Absprungkomponente.

Während sich das Kniegelenk noch weiter beugt, kommt es aufgrund der *Hebelwirkung* des Sprungbeines bereits zu einer vertikalen Beschleunigung des KSP (vgl. Abb. 91).

Auch der äußerst *schnelle Einsatz des Schwungbeines* mit sehr spitzem Kniewinkel – es befindet sich schon in der Vorwärts-aufwärts-Bewegung – trägt zu einer frühzeitigen vertikalen Beschleunigung bei.

**Absprungstreckung:** Sie ist durch eine *vollständige Körperstreckung* bis in die Zehenspitzen charakterisiert. (Abb. 97/5) Der Oberkörper bleibt aufrecht, Schwungbein und Arme unterstützen den Abstoß kräftig. Der *Schwungbeineinsatz* erfolgt bis zur Waagerechten, der Armeinsatz bis in Augenhöhe, beide werden energisch abgebremst. Der Blick ist gerade nach vorn gerichtet.

Zweckmäßiges Verhältnis zwischen Bremsstoß und Beschleunigungsstoß, explosive Absprungstreckung und schneller Einsatz von Schwungbein und Armen sind entscheidende Merkmale des Weitsprung-Absprungs.

*Flug*

Nach dem Absprung besteht für den Springer keine Möglichkeit mehr, die Flugkurve des KSP zu beeinflussen.

Alle Bewegungen in der Luft dienen der Erhaltung des Gleichgewichts und der Vorbereitung einer optimalen Landung.

Es werden unterschiedliche Flugvarianten demonstriert (Schrittweit-, Hang-, Laufsprung; außerdem Kombinationen). Der Laufsprung hat sich als am vorteilhaftesten erwiesen, weil er

– einen zweckmäßigen Übergang vom Absprung in den Flug ermöglicht,
– die Stabilisierung des Körpers im Flug um alle 3 Achsen und die Rückneigung des Rumpfes gewährleistet,
– eine rechtzeitige Landevorbereitung sichert.

● In den **Beinbewegungen** beim Laufsprung wird der Anlauf in der Luft gewissermaßen fortgesetzt. In der Regel werden $2^1/_2$ *Schritte* in der Luft ausgeführt. Sehr gute Springer mit Weiten über 8 m haben in der Luft genügend Zeit, $3^1/_2$ Schritte auszuführen.

Das *Schwungbein* wird nach dem Absprung *aktiv nach unten-hinten gesenkt,* verbunden mit einem *Vorbringen der Hüfte.* (Abb. 95/6 bis 8)

Das *Sprungbein* wird gleichzeitig – anfangs stark gebeugt, aber dann sich streckend – bis *in die Waagerechte* gebracht. Dann wird auch das Schwungbein bis auf die Höhe des Sprungbeines nach vorn geführt.

● Für die Koordination der Flugbewegungen und die Erhaltung des Gleichgewichts spielen die **Armbewegungen** eine große Rolle. Sie führen eine *kreisende,* dem Laufrhythmus entsprechende *Bewegung* aus.

Beim Linksspringer ist besonders der linke Arm von Bedeutung. Im Absprung wird er vorn-oben etwa in Augenhöhe abgebremst. Bei der weiteren Laufbewegung der Beine führt er einen vollen Armkreis vorwärts aus. Der rechte Arm führt einen ³/₄-Armkreis vorwärts aus, so daß beide Arme vor der Landung vorn sind (Abb. 95/12) und dann gemeinsam nach unten-hinten schwingen, um das Anheben der Beine zu verbessern (Abb. 97/13).

● Im Flug muß anfänglich – um ein weites Anheben der Beine zur Landevorbereitung zu ermöglichen – eine geringe Rückneigung des **Rumpfes** eingenommen werden (etwa 5°). (Abb. 97/9) Sie kann durch ein Drehmoment im Absprung erreicht werden, beim Fortgeschrittenen wird sie jedoch zweckmäßiger durch die weite, kreisende Bewegung der Arme und Beine sowie durch das weite Rückführen des Schwungbeines hervorgerufen (vgl. 7.3., Prinzip der Gegenwirkung).

## Landung

Die Landung soll eine *optimale Ausnutzung der Flugparabel* und ein weiches *Abfangen des Körpers* ermöglichen. Dabei erfolgt die Bodenberührung mit den Füßen vor dem theoretisch möglichen Schnittpunkt der KSP-Flugkurve und der Landefläche (vgl. Abb. 93). Die Bodenreaktion bei der Landung muß ein vorwärtsdrehendes Moment auslösen, so daß die Landung in Flugrichtung vor dem möglichen Landepunkt liegen muß.

Hauptsächlich sind **zwei Landungsvarianten** zu beobachten:

1. Beim Aufsetzen der Füße im Sand beugt der Springer seine Beine und schiebt die Knie und das Becken energisch nach vorn über die Landestelle.

2. Es erfolgt ein aktives Bodenfassen durch einen Unterschenkelschlag, wobei gleichzeitig die Hüfte nach vorn schnellt und das Gesäß erst kurz nach dem Fußaufsatzpunkt den Boden berührt. Häufig ist dabei ein Seitwärtswerfen des Oberkörpers zu sehen.

## *Kriterien der Technik*

● Erreichen einer optimalen Anlaufgeschwindigkeit, die sich besonders in einer hohen, aber noch umsetzbaren Geschwindigkeit auf den letzten 5 m vor dem Absprungbalken ausdrückt;

● zweckmäßige Vorbereitung des Absprungs ohne betonte Unterbrechung des natürlichen Laufrhythmus auf den letzten Schritten;

● Erreichen einer großen Abfluggeschwindigkeit und der notwendigen Flughöhe durch einen explosiven Absprung

– aktiver greifender Fußaufsatz mit ganzer Sohle,

– vollständige Absprungstreckung mit spitzwinkligem Schwungbeineinsatz bis zur Waagerechten, Armeinsatz bis in Augenhöhe,

– aufrechte Oberkörperhaltung;

● Erhaltung des Gleichgewichts in der Luft

– Ausführung von 2/1 bis 3¹/₂ Laufschritten,

– Armkreisbewegungen vorwärts;

● Vorbereitung und Durchführung einer optimalen Landung

– Oberkörperrücklage von etwa 5° im ersten Teil des Fluges,

– Anheben der Füße bis zur Waagerechten, Abbeugen des Rumpfes bis zu den Oberschenkeln,

– nach dem Fußaufsatz schnelles Schieben des Beckens über die Aufsatzstelle.

## *Technisches Anforderungsprofil für das Aufbautraining*

Ab der Altersklasse 13 gilt die Technikschulung ausschließlich dem Laufsprung.

Der Absprung ist weiterhin zu verbessern, denn er bleibt die wichtigste Phase zur Erreichung einer großen Flugweite. Wichtigste Veränderung gegenüber dem Grundlagentraining ist, daß die Sportler hier verstärkt lernen müs-

Abb. 98   Schrittweitsprung

sen, aus einer immer größer werdenden Geschwindigkeit aktiv abzuspringen. Die Athleten müssen befähigt werden, im Anlauf eine optimale Geschwindigkeit zu erreichen, damit die Abfluggeschwindigkeit so groß wie möglich ist.

Mit Abschluß des Aufbautrainings soll folgende *Ausprägung* des Laufsprunges erreicht sein:

– dynamische Anlaufgestaltung aus optimaler Länge ohne Abfall der Geschwindigkeit (Jungen 18–20, Mädchen 16–18 Laufschritte);
– rationelles Umsetzen der Anlaufgeschwindigkeit in den Absprung;
– aktiver Fußaufsatz (flach mit ganzer Sohle) mit richtigem Einsatz der Schwungelemente (Oberschenkel bis zur Waagerechten, Fixieren der Arme in Schulterhöhe);
– spitzer Kniewinkel;
– explosive Streckung des ganzen Körpers bei aufrechter Rumpfhaltung;
– deutliche Ausprägung der 2¹/₂-Schritt-Technik. Das Schwungbein wird bis hinter den Körper zurückgeführt, während das Sprungbein aktiv nach vorn gebracht wird;
– gute Landevorbereitung mit aktivem Halten der Beine vor der Landung in der Waagerechten und möglichst großer Annäherung von Rumpf und Oberschenkeln.

**Technisches Anforderungsprofil
für das Grundlagentraining**

Das Erlernen des **Laufsprunges** ist für die Schüler ein hohes Ziel, da nur wenige Sportler die zur Ausführung des Bewegungsablaufes benötigte Sprungweite erreichen. Deshalb wird in der Herausbildung der Technik lediglich auf eine Grobkoordination orientiert, deren Ausführung meist nur unter günstigen Bedingungen gesichert ist. Der Bewegungsablauf erreicht in Anlauflänge, zeitlich-räumlicher

Gestaltung der Absprungbewegung und umfänglicher Ausprägung der Flugbewegungen noch nicht das Niveau der Technik.

Das Hauptaugenmerk wird im Grundlagentraining der Entwicklung des **Schrittweitsprunges** (Abb. 98) gewidmet. Er gewährleistet in hohem Maße die Ausprägung einer guten Anlauf-Absprung-Koordination, (Hauptaufgabe des Grundlagentrainings). In der Anlauf-Absprung-Gestaltung muß bereits hier eine stabilisierte Feinform angestrebt werden. Da der relativ einfache Bewegungsablauf des Schrittweitsprunges nur geringe koordinative Ansprüche stellt, wird die Konzentration auf den Absprung nicht beeinträchtigt und gleichzeitig die Ausprägung wichtiger Elemente des Absprunges (z. B. Schwungbeineinsatz) unterstützt.

In der Ausbildung ist auf folgende Merkmale der Bewegungsführung des Schrittweitsprunges besonderer Wert zu legen:

– lockerer entspannter Anlauf aus 12 bis 16 Schritten mit fließender Steigerung bis zur optimalen Geschwindigkeit;
– rhythmische (unbewußte) Vorbereitung des Absprungs ohne Geschwindigkeitsverlust, ohne Trippeln oder Ziehen der Schritte;
– energischer Absprung bei aufrechter Körperhaltung (aktiver, beschleunigender Fußaufsatz, betonter Schwungbeineinsatz, gut koordinierter wechselseitiger Armeinsatz);
– deutliche Schritthaltung im Flug bei aufrechtem Oberkörper. Nach dem Absprung vom Balken fliegt der Springer in der Absprunghaltung mit einem großen Schritt nach vorn-oben weiter. Dabei ist zu beachten, daß das Schwungbein in der Waagerechten gehalten wird und das Sprungbein lange hinter dem Körper zurückbleibt;
– ökonomische Landeausführung; das Sprungbein wird erst kurz vor der Landung zum Schwungbein vorgebracht, beide Füße setzen auf gleicher Höhe auf.

1. Charakterisieren Sie den Geschwindigkeitsverlauf im Anlauf!
2. Welche Aufgaben muß der Anlauf erfüllen?
3. Welche Funktionen können Zwischenmarken haben?
4. Weshalb ist eine Strukturänderung der letzten Anlaufschritte notwendig?
5. Warum muß ein aktiver Fußaufsatz erfolgen, und wie wird er gestaltet?
6. Worin besteht die Schwierigkeit des Absprunges?
7. Begründen Sie aus biomechanischer Sicht die Wirkung der Amortisationsphase!
8. Begründen Sie die schwerpunktmäßige Orientierung auf die Ausbildung des Laufsprunges!
9. Warum orientieren wir im Grundlagentraining zunächst auf die Erlernung des Schrittweitsprunges?

## Technische Ausbildung

Die Methodik der Weitsprungausbildung wird entscheidend beeinflußt
– durch die Bedeutung des Anlauf-Absprung-Komplexes sowie
– durch die Überlegungen zur zweckmäßigen Entwicklung günstiger Flugbewegungen.
Das Kriterium für das Gelingen eines Weitsprunges besteht in der optimalen *Gestaltung der Anlauf-Absprung-Verbindung.* Das Schwierige liegt in der großen Schnelligkeit, mit der sich der Absprung vollzieht. Der Weitspringer muß nach einem schnellen Anlauf in der Lage sein, innerhalb kürzester Zeit seine ganze Sprungkraft für den Absprung auszunutzen. Das Gelingen des Absprungs steht wiederum im Zusammenhang mit der Gestaltung der letzten Anlaufschritte.
Alle Fehler, die in der Anlauf-Absprung-Phase gemacht werden, lassen sich auch durch die beste Gestaltung in der Flugphase nicht wiedergutmachen. Gleiches gilt prinzipiell auch für die Ausführung der Landung.
Bei der technischen Gestaltung der *Flugphase* orientieren wir auf den *Laufsprung,* der die biomechanisch zweckmäßigste Lösung darstellt. Das Erlernen der Hocksprung- und Hangtechnik wird besonders wegen ihres negativen Einflusses auf die Absprunggestaltung als ungünstig angesehen.
In der Regel erfolgt im Anfängerbereich zunächst die Schulung des *Schrittweitsprunges,* da dessen Flugbewegung wesentlich unkomplizierter als die 2½-Schritt-Folge des Laufsprungs zu erlernen ist, aber gleichzeitig auch die Gewähr für eine sehr gute Schulung der

Absprungphase bietet. Jedoch können auch Kinder bei einer guten Beherrschung der Anlauf-Absprung-Phase schnell zum Laufsprung geführt werden, besonders bei Verwendung von erleichterten Bedingungen. Begründen läßt sich dies durch die relativ gleich hohe Bewegungsfrequenz und -amplitude der Sprint- und Sprungbewegungen des Kindes, die auch bei Weiten um 4 m einen Laufsprung möglich machen.
Beim Erlernen des Schrittweitsprunges stützen wir uns auf folgende **Übungsreihung:**
1. Schulung der Anlauf-Absprung-Phase durch Steigesprünge aus 6–8 Laufschritten über oder auf ein breites Hindernis (siehe 1. Aufgabe zur Erlernung des Laufsprunges; ebenfalls mit vorbereitenden und vervollkommnenden Übungen).
2. Erlernen und Vervollkommnen des Schrittweitsprunges bei steigender Anlauflänge
– von erhöhter Absprungstelle über ein breites Hindernis
– aus einer Absprungzone über ein weit entferntes Hindernis (Gummiband, Sandwall)
– ohne Flug- und Landeorientierer
– wettkampfmäßige Sprünge vom Absprungbalken.

### *Leitlinien des methodischen Vorgehens*

● Die Anlauf-Absprung-Phase ist *Schwerpunkt* in jedem Altersabschnitt bzw. Ausbildungsstand.
● Die Fähigkeit des Umsetzens einer möglichst hohen Geschwindigkeit in den folgenden Absprung prägt sich nur durch häufiges Üben von Sprüngen aus *langem Anlauf* aus.
● Die *Anlaufschulung* (immer in Verbindung mit dem Absprung) muß ganz- und mehrjährig erfolgen, damit sich der Rhythmus herausbildet bzw. festigt.
● Zu Beginn der Ausbildung soll der Rhythmus vorrangig durch Springen aus einer *Absprungzone* gefunden werden. Damit wird gleichzeitig die Forderung nach einem aktiven Absprung bei noch unentwickelter Treffsicherheit in bezug auf den Balken beachtet.
● Die Weitsprungausbildung hat den *Laufsprung* zum Ziel. Der Weg dorthin sollte in der Regel über den Schrittweitsprung führen, kann jedoch auch direkt erfolgen.
● Bei Einführung des Laufsprunges sind *methodische Hilfen* zu nutzen, die die Flugbahn verlängern (erhöhter Absprung).

## Übungskomplexe und methodische Hinweise zu den Ausbildungsaufgaben

### 1. Aufgabe: Schulung der Anlauf-Absprung-Phase

*Ziel: Beherrschung des einbeinigen Absprungs aus dem schnellen Anlauf heraus; optimales Umsetzen der jeweiligen Anlaufgeschwindigkeit in den Sprung*
*Steigerung: Anlaufverlängerung, Schwierigkeit des Absprungs erhöhen, Verwendung von Zusatzgeräten (Leine, Hürden)*

| Vorbereiten | Erlernen | Vervollkommnen |
|---|---|---|
| Hopserlauf<br>– in betont horizontaler Richtung und mit greifendem Fußaufsatz<br>– mit Betonung der Schwungbewegungen der Arme und des Schwungbeines<br><br>Steigesprung<br>– als Sprungfolge über mehrere breite Hindernisse mit 3–5 Zwischenschritten<br>– über niedrige, breite Hindernisse mit kurzem Anlauf<br>– als Aufsprünge auf erhöhte Landestelle mit kurzem Anlauf<br><br>Sprunglauf<br>– Mehrfachsprünge<br>– Treppenspringen<br>– Sprunglauf über niedrige Hindernisse | **1. Grundübung**<br>**Steigesprung aus kurzem Anlauf (6–8 Schritte) über oder auf ein breites Hindernis**<br><br>– Beachtung spezifischer Absprungelemente (Fußaufsatz, Streckung, Schwungbeineinsatz, Armeinsatz)<br>– allmähliche Verlängerung des Anlaufs<br><br> Abb. 99 | Weitsprung unter besonderer Berücksichtigung des Absprunges<br>– Sprünge von erhöhter Absprungstelle (Bank)<br>– Sprünge von abfallender Absprungfläche<br>– Sprünge von tiefer gelegener Absprungstelle<br>– Absprungschritt über niedrige Gummileine oder Latte<br>– Steigesprünge in die Tiefsprunggrube<br>– Steigesprünge vom Federbrett<br>– Hochweitsprünge über Gummileine oder Leine<br><br>Übungen zur Verbesserung des Anlaufrhythmus und der Anlaufgenauigkeit<br>– Anlaufkontrollen mit vollem Anlauf und mit Absprung<br>– Anläufe aus verschiedenen Startformen<br>– Absprünge aus verschiedenen Anlauflängen |

*Beobachtungspunkte:*
– lockerer, entspannter Ballenlauf mit gutem Kniehub
– fließender Übergang vom Anlauf in den Absprung
– Geschwindigkeitssteigerung bis zum Absprung
– aktiver Fußaufsatz mit ganzer Sohle
– vollständige Absprungstreckung mit Schwungbeineinsatz bis zur Waagerechten (spitzer Kniewinkel)
– aufrechte Oberkörperhaltung
– wechselseitiger Armeinsatz bis in Augenhöhe

*Methodisch-organisatorische Hinweise:*
– Anlaufbeginn immer aus dem Hochstart, um eine hohe Genauigkeit zu gewährleisten
– Verwendung eines kurzen Anlaufs nicht überbetonen, da hier unbewußt ein anderer Schrittrhythmus in Vorbereitung des Absprungs erfolgt
– vielseitige Gestaltung der Absprungschulung durch erhöhte und normale Absprungstelle
– Höhe und Abstände der Hindernisse alters- bzw. leistungsgerecht variieren
– Verwendung einer Absprungzone von 40–100 cm zu Beginn der Ausbildung zur Entwicklung des individuellen Anlaufrhythmus
– schwerpunktmäßige Orientierung auf einzelne Teile der Absprungbewegung (z. B. besondere Berücksichtigung des aktiven Fußaufsatzes, besondere Beachtung des schnellen Schwungbeineinsatzes bis zur Waagerechten u. ä.)

● Die Gestaltung der *Flugphase* und der *Landung* ist immer sekundär zu betrachten, da sie die Folgeerscheinung einer guten Anlauf-Absprung-Phase darstellt. Ein isoliertes Schulen dieser Phasen kann nur ergänzenden Charakter tragen.

● Die Erhöhung der Anforderungen erfolgt vor allem durch systematische *Anlaufverlängerung* und *Rücknahme* der erleichternden Bedingungen (erhöhter Absprung).

## 2. Aufgabe: Erlernen von Flugphase und Landung

*Ziel: Entwicklung einer für die Stabilisierung des Gleichgewichts und Vorbereitung der Landung zweckmäßigen Flugbewegung*
*Steigerung: Anlaufverlängerung, Rücknahme erleichternder Bedingungen (verlängerte Flugphase)*

| Vorbereiten | Erlernen | Vervollkommnen |
|---|---|---|
| Imitationsübungen der Arm- und/oder Beinbewegungen<br>– im Gehen<br>– im Partnerstütz (Abb. 100)<br>– im Hang<br>– aus dem Absprung heraus im Hang<br>– im Sitz auf einem Schwebebalken oder Hindernisbalken | **2. Grundübung**<br>**Schrittwechselsprung mit Sprungbeinlandung (sofortiges Weiterlaufen in der Grube) aus kurzem bis mittlerem Anlauf**<br><br>– ohne Bewegungshilfe für Schwungbeinrückführung<br>– mit Bewegungshilfe für Schwungbeinrückführung (Abb. 101) | Laufsprung unter besonderer Berücksichtigung der Flugphase und Landung<br>– über Gummileine, Hochsprunglatte, Sandwall<br>– auf erhöhte Unterlage<br>– mit Landung auf schräger Ebene (Abb. 102) |

Abb. 100

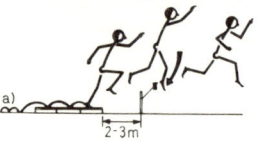

a)

2–3 m

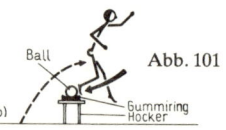

Ball

Abb. 101

b)

Gummiring Hocker

Abb. 102

Schrittweitsprünge mit dem Schwungbein mit betontem Vorhochbringen beider Füße

Sprünge vom Federbrett mit Laufbewegung im Flug

Sprünge mit Laufbewegung in die Tiefsprunggrube

**3. Grundübung**
**Laufsprung aus mittlerem Anlauf (9–14 Laufschritte) von erhöhter Absprungstelle**

– mit Bewegungshilfe für Schwungbeinrückführung (Abb. 101)
– ohne Bewegungshilfe

---

*Beobachtungspunkte:*
– deutliches Senken und Rückführen des Schwungbeines (nach gutem Schwungbeineinsatz)
– deutlich ausgeprägte Laufschritte in der Luft (Schwungbein wird bis hinter die Senkrechte zurückgeführt)
– aufrechte Kopfhaltung
– geringe Rumpfrückneigung im 1. Teil des Fluges
– wechselseitige Armkreise vorwärts

*Methodisch-organisatorische Hinweise:*
– trotz schwerpunktmäßiger Beachtung der Flugphase die technisch richtige Ausführung des Absprungs sichern
– bei Einsatz von Orientierern für das Rückführen des Schwungbeines einen optimalen Abstand beachten
– zur Verbesserung der eigenen Bewegungsvorstellung sollen sich die Sportler gegenseitig beobachten und einschätzen
– Wettbewerbsformen (Punktwertung) zur Bewertung der Technik heranziehen
– ständiges Schulen der Koordination von *Arm-* und Beinbewegungen auch während der Grundübungen

---

### Reihung der Ausbildungsaufgaben

#### 1. Schulung des Anlauf-Absprung-Komplexes.
Da die Anlauf-Absprung-Verbindung fast ausschließlich über Erfolg bzw. Mißerfolg entscheidet, ist ihre Schulung die Hauptaufgabe. Nach ihrer grundsätzlichen Ausprägung muß sie auch später ständig verfeinert und neu stabilisiert werden.

#### 2. Herausbildung der Technik der Flugphase.
Obwohl der Laufsprung als Endziel steht, kann als Grundform zunächst der Schrittweitsprung erlernt werden. Generell wird anfangs die Bewegungsausführung dadurch erleich-

## 3. Aufgabe: Vervollkommnung der Gesamtbewegung

*Ziel: Ausbau der Gesamtbewegung zur wettkampfgerechten Technik*
*Steigerung: Anlaufverlängerung, spezifische Aufgabenstellung*

| Vorbereiten | Erlernen | Vervollkommnen |
|---|---|---|
| Anlaufkontrollen mit angedeutetem Absprung | **4. Grundübung**<br>**Laufsprung aus mittlerem und langem**<br>**Anlauf vom Absprungbalken**<br><br>– mit Konzentration auf spezifische Merkmale der Technik<br>– auf Leistung (Wettkampfbedingungen) | – Absprünge aus überhöhten Geschwindigkeiten (Anlauf bergab, Anlauf mit Zugunterstützung)<br>– Anlauf mit Sichtbehinderungsbrille zur Erarbeitung der Anlaufgenauigkeit<br>– Sprünge von tiefer gelegener Absprungstelle<br>– Sprünge unter erschwerten Bedingungen (Gegenwind, Regen u. ä.) |

*Beobachtungspunkte:*
– Anlaufgenauigkeit, individuell zweckmäßige Anlauflänge
– explosiver Absprung mit betontem Schwungbeineinsatz
– exakte Flugbewegungen bei aufrechtem Körper
– Unterstützung durch Armbewegungen
– zweckmäßige Landung

*Methodisch-organisatorische Hinweise:*
– technisch richtige Ausführung im Vordergrund
– effektive Pause zwischen den Versuchen
– Absprung stets in den Mittelpunkt der Beobachtung stellen
– individuelle Fehlerkorrektur
– Wettbewerbsformen (auch als Technikeinschätzung)

## Wesentliche Fehler und Korrekturmöglichkeiten

| Fehler | Korrekturmöglichkeiten |
|---|---|
| ungenauer Anlauf, am Ende Geschwindigkeitsabfall | Anlaufkontrollen mit Absprung (evtl. Stoppen der Anlaufzeiten) |
| Trippeln oder Ziehen der letzten Anlaufschritte | Anlaufkontrollen mit Absprung |
| ungenügende Absprungstreckung | Hoch-Weitsprünge über die Latte<br>Steigesprünge nach Höhenorientierer<br>Weitsprung aus mittlerem Anlauf |
| ungenügender Schwungbeineinsatz | Steigesprünge nach Höhenorientierer<br>Weitsprünge mit verkürztem Anlauf |
| fehlerhafte Rumpfneigung (vorwärts oder rückwärts) beim Absprung | Weitsprünge aus mittlerem Anlauf (aufrechter Oberkörper, Blick nach vorn, Absprung zunächst ohne Aufforderung, den Balken zu treffen) |
| Springer fällt mit dem Oberkörper in der Luft nach vorn | Sprünge mit Absprung vom Kastenoberteil (nur letzter Schritt auf Kasten)<br>Sprünge vom Sprungbrett oder Federbrett |
| Beine werden vor der Landung nicht bis in die Waagerechte gehoben und setzen zu früh auf | Weitsprünge mit betontem aktivem Vorbringen des Sprungbeines<br>Sprünge über einen Sandwall, Gummileine in Nähe der Landestelle<br>Bauchmuskelkräftigung im Hang an der Sprossenwand, Beine in die Vorhalte |
| Zurückfallen bei der Landung | Konzentration auf die Landung bei Schrittweitsprüngen mit dem Schwungbein<br>Imitationsübungen für die Landung |

tert, daß eine verlängerte Flugkurve gewährt wird. Bei Rücknahme dieser erleichternden Bedingungen und Anlaufverlängerung wird der Schrittweitsprung bzw. der Laufsprung vorwiegend nach der Ganzheitsmethode geschult.

**3. Vervollkommnung der Gesamtbewegung.** Es erfolgt die Anlaufverlängerung und Verbesserung der Flug- und Landephase. Bei Beabsichtigung einer speziellen Landeschulung sollte das vorwiegend innerhalb der Gesamtbewegung mit schwerpunktmäßiger Orientierung auf die Landephase sowie durch Landeorientierer erfolgen.

## 7.5. Hochsprung
(Technik und technische Ausbildung)

### 7.5.1. Flopsprung

## Technik

▶ Aufgabe:
Orientieren Sie sich nochmals über die Aspekte der Absprungvorbereitung im Kapitel Technik und technische Ausbildung! Stellen Sie fest, worin sich die Spezifik des Flopsprungs bei diesem technischen Detail ausdrückt!

Unter technischem Aspekt werden die Leistungen im Fosbury-Flop von folgenden *Merkmalen* bestimmt:
– von der Gestaltung eines *genauen Anlaufs* mit einer optimalen Geschwindigkeit und einer guten Absprungvorbereitung, d. h. einer der Anlaufgeschwindigkeit entsprechenden Rücklage und KSP-Senkung in der Sprungauslage;
– von der *Qualität des Absprungs*, d. h. einer optimalen Arbeitsweise des Sprungbeines in Verbindung mit einer guten Koordination der Schwungelemente, einem günstigen Abflugwinkel und möglichst wenig Energieverlust zur Erzeugung von Drehungen;
– von der guten und zeitlich richtig gesteuerten Einnahme und Auflösung der *Brückenposition bei der Lattenüberquerung.* (Abb. 103)

### *Anlauf*

**Beschleunigungsabschnitt:** Die Aufgabe dieser Phase besteht darin, aus dem Stand mit submaximalem Krafteinsatz die Geschwindigkeit des Springers bis zu der für ihn im Absprung umsetzbaren Größe zu erhöhen. Im Beschleunigungsabschnitt läuft der Springer in der Regel geradlinig an. Er erreicht durch *sprintgemäßes Laufen* (Ballenlauf) seine optimale Geschwindigkeit. Die Anlauflänge beträgt auf diesem Abschnitt 6–8 Anlaufschritte.

Abb. 103   Bildreihe Flop

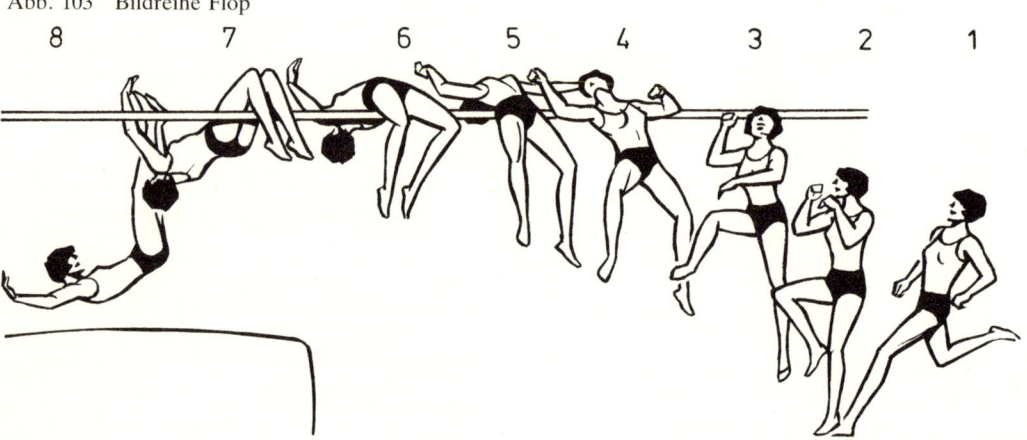

8        7        6        5        4        3        2        1

236

Tabelle 73: *Übersicht über die Phasenstruktur des Flopsprungs*

| Phase | Anlauf | | | Flugphase | | Landung |
|---|---|---|---|---|---|---|
| | Beschleunigungsabschnitt | Absprungvorbereitung | Absprung | Steigphase | Lattenüberquerung | |
| Beginn | Start | 3–4 Schritte vor Absprung | – Aufsetzen der Ferse des Sprungbeines auf dem Boden | – Verlassen des Bodens | Latte in Rückennähe | L-Position |
| Ende | 3–4 Schritte vor Absprung | Fußaufsatz zum Absprung | – Verlassen des Bodens | – Latte in Rückennähe | Nachziehen der Unterschenkel (L-Position) | Abfangen des Körpergewichts auf Matte |
| Funktion | Entwicklung der optimalen Anlaufgeschwindigkeit | – Halten der optimalen Anlaufgeschwindigkeit<br>– Senken des KSP durch „Impulskurve"<br>– Sichern des optimalen Beschleunigungsweges | – Erzeugung einer hohen Abfluggeschwindigkeit unter optimalem Abflugwinkel<br>– Erzeugung der notwendigen Drehimpulse zur Lattenüberquerung | – Vorbereitung der „Brückenposition"<br>– Drehung um die Längsachse | – Überqueren der Latte ohne Berührung | – gefahrloses Abfangen des Körpers |
| Merkmale | – flüssiger Start aus meist mehreren Auftaktschritten<br>– lockerer Ballenlauf mit zügiger Steigerung der Geschwindigkeit | – Neigung des Springers von der Latte weg<br>– Rücklage | – Rücklage (110°) beim Fußaufsatz über die Ferse<br>– schnelles Abklappen des Fußballens stemmender, hebelnder Einsatz des Sprungbeines<br>– gebeugter und leicht diagonaler Einsatz des Schwungbeines auf kürzestem Wege (Anfersen) | – Körperstreckung<br>– Beibehaltung des Kniewinkels im Schwungbein<br>– Angleichen des Sprungbeines an Schwungbein | – maximale Überstreckung im Rücken und Hüftgelenk<br>– Kopf im Nacken<br>– nach Überqueren des Gesäßes Einbeugen im Hüftgelenk und Strecken der Knie | – Landung auf Schultern und Armen<br>– Anspannen des Körpers |

237

**Absprungvorbereitung:** Durch die entsprechende Gestaltung dieser Phase muß der Springer in eine Position gelangen, die ein optimales Ausnutzen der horizontalen Geschwindigkeit für die Erzeugung einer maximalen Treibhöhe des KSP ermöglicht.

In diesem letzten Teil des Anlaufs (etwa 3–4 Schritte) wird die vorher erreichte *Geschwindigkeit gehalten* oder nur minimal gesteigert. Er wird als Kurvenlauf durchgeführt, der als **„Impulskurve"** bezeichnet wird. (Abb. 104)

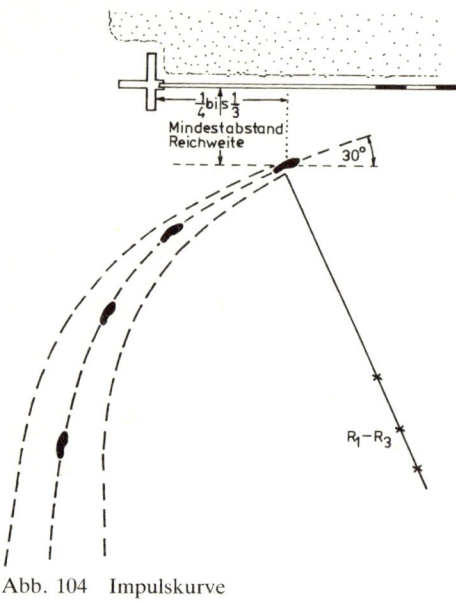

Abb. 104 Impulskurve

Die Größe des *Radius* der Impulskurve hängt im wesentlichen von der Anlaufgeschwindigkeit des Springers ab. Er beträgt zwischen 5 und 12 m. Ziel des Laufens auf diesem Kreisbogen ist eine damit verbundene *Körperinnenneigung* (zum Kurvenmittelpunkt), die den Springer in eine *günstige Absprungposition* (Sprungauslage) bringt und den optimalen Beschleunigungsweg sichert. Die größte Neigung ist bei allen Springern im vorletzten Schritt meßbar. Sie beträgt bei Kindern bis 20° und bei Männern um 30°.

Infolge der Körperneigung wird gleichzeitig auch der *KSP gesenkt.* (Abb. 105)

Im Flopsprung sichert die Körperinnenneigung im wesentlichen die nötige KSP-Senkung.

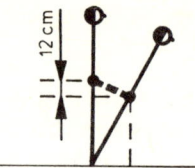

Abb. 105 KSP-Senkung bei 30° Körperneigung

Deshalb weist die *Schrittstruktur* der letzten 3 Schritte bei optimaler Anlaufgeschwindigkeit und Innenneigung keine nennenswerten Abweichungen auf wie beim Wälzsprung.

Andererseits verlangt der Kurvenlauf auch einen gleichmäßigen Schritt zur Sicherung der Anlaufgenauigkeit (Lauf auf einem konstanten Radius).

### Absprung

Im Absprung müssen *maximale Abfluggeschwindigkeiten* bei einem optimalen Abflugwinkel entwickelt und *Drehmomente* erzeugt werden, die zur Lattenüberquerung notwendig sind.

**Sprungauslage:** Der Absprung beginnt mit dem Aufsetzen der Ferse auf den Boden. Diese Position wird als *Sprungauslage* bezeichnet. In dieser charakteristischen Position ist eine deutliche Körperrücklage und Neigung des Springers von der Latte weg erkennbar (Abb. 106).

Beim *Aufsetzen* befindet sich die Ferse *auf dem Kreisbogen* der Fußpunktkurve. Die Fußspitze zeigt nach einem schnellen Herabklappen des Fußballens in Richtung des Absprungs (Abb. 107). Selbst leichte Abweichungen der Fußstellung von der Sprungrichtung belasten

Abb. 106 Sprungauslage beim Flop

Abb. 107 Fußaufsatz beim Flop

die Gelenke falsch, vor allem das Fußgelenk, und sind unbedingt zu vermeiden.

**Amortisationsphase:** Mit dem Aufsetzen des Sprungbeines beginnt der Absprung zuerst durch die *Amortisation* der durch das Abbremsen auftretenden Trägheitskraft, die das Körpergewicht mehrfach übertrifft. Bereits in dieser Phase wird durch das Einsetzen des fast gestreckten Sprungbeines als Hebel und durch das Beschleunigen der Schwungelemente ein Teil der Aufgaben des Absprungs gelöst, indem dadurch eine *Drehung zur Latte* hin erzeugt wird, die zum Aufrichten des Springers führt und günstige Voraussetzungen für eine schnelle Absprungstreckung sichert (Abb. 103/1–3).

**Beschleunigungsphase:** Nach dem Abfangen der Körpermasse wird die vertikale Beschleunigung des KSP fortgesetzt. Infolge der Hebelfunktion des Sprungbeines beginnt sie bereits, während sich das Sprungbein noch bis zu einem minimalen Kniebeugewinkel von 140–148° weiterbeugt. Ebenso entscheidend für die vertikale Beschleunigung ist die darauffolgende *maximale Absprungstreckung des Sprungbeines*.

Wichtig für das Gelingen eines jeden Absprungs ist die gute Koordination zwischen den Bewegungen der Schwungelemente und des Sprungbeines (vgl. Kap. 7.3. Technik und technische Ausbildung). Der *Schwungbeineinsatz* erfolgt beim Flop gebeugt und leicht diagonal. Die Arme werden am zweckmäßigsten parallel (Doppelarmschwung) eingesetzt.

▶ Aufgaben:
– Überlegen Sie sich, wie im Flopsprung diejenigen Drehmomente erzeugt werden, die eine Drehung des Springers mit dem Rücken zur Latte bewirken (Drehung um die Längsachse)!
– Woher stammt der Drehimpuls, der sich über der Latte als eine Drehung rückwärts um die Breitenachse zeigt?

## Flug

**Steigphase:** Während der Steigphase hat der Flopspringer 3 *Aufgaben* zu bewältigen, die alle dem Ziel einer rationellen Lattenüberquerung dienen:
1. eine Drehung um die Längsachse (mit dem Rücken zur Latte) zu erreichen;
2. durch entsprechende Bewegungen des Kopfes, des Rumpfes und der Beine die Brückenposition vorzubereiten und
3. die Drehung in die Waagerechte zu beschleunigen.

Nach dem Absprung dreht sich der Springer im Flug zuerst mit dem Rücken zur Latte (Drehung um Längsachse) und allmählich in die horizontale Lage (Drehung um anfängliche Tiefenachse). (Abb. 103/3–5) In dieser Steigphase streckt sich der Springer bereits. Das *Schwungbein* wird *aktiv* gesenkt, so daß sich das Hüftgelenk streckt (über 180°). Dabei wird der Kniegelenkwinkel von ≈ 90° fixiert. Dagegen wird im *Sprungbein* die aus dem Absprung resultierende Hüftgelenkstreckung beibehalten. Nur das Kniegelenk wird gebeugt, bis es sich dem Schwungbein angleicht.

Mit dem Beugen der Knie wird der Springer durch die Verringerung des Massenträgheitsmoments um die horizontale Achse schneller in die Waagerechte gebracht. Die *Arme* werden an den Körper angelegt. Dadurch werden die Trägheitsmomente sowohl für die Drehung um die Längsachse als auch um die Breitenachse verringert und damit die Drehgeschwindigkeiten um diese Achsen erhöht.

**Lattenüberquerung:** Ziel der Lattenüberquerung beim Flopsprung ist es, die Latte trotz möglichst geringer Körperentfernung ohne Berührung zu überqueren.

Im Vergleich zum Wälzsprung bietet dabei der Flop den *Vorteil,* daß die Körperteile stärker nacheinander und damit besser steuerbar über die Latte gebracht werden können.

Der *Nachteil der Überquerung rücklings* durch die stark eingeschränkte Bewegungsmöglichkeit in Hüftgelenk und Rücken (Brückenposition) wird mit der großen Bewegungsfreiheit der Beine beim Auflösen der Brückenposition aufgewogen. Das ermöglicht dem Springer, ganz im Gegensatz zum Wälzsprung, eine nahezu problemlose Lattenüberquerung der nachzuziehenden Beine.

● Die bereits in der Steigphase eingeleiteten Bewegungen werden fortgesetzt, solange der Springer mit Kopf und Rücken die Latte überquert. Es kommt in dieser Phase zur für den Flop typischen **Brückenposition** oder Hohlkreuzhaltung (Abb. 103/6), die sichert, daß der KSP des Springers die Latte ohne starke Überhöhung überqueren kann. Ihre stärkste Ausprägung ist erreicht, wenn das *Gesäß über* *die Latte* gebracht werden muß. In dieser Phase ist die Anspannung der Muskeln an der Rückseite der Oberschenkel (um den Gesäßmuskel bei der Hüftgelenkstreckung zu unterstützen) so groß, daß teilweise Kniewinkel von weniger als 90° gebildet werden.

Der Kopf wird stark in den Nacken genommen, so daß der Springer keine Blickverbindung zur Latte halten kann.

● Die **Auflösung der Brückenposition** wird eingeleitet, nachdem das Gesäß die Latte überquert hat. Dazu wird die Hüfte schnell eingewinkelt, und sobald die Unterschenkel in Lattennähe kommen, werden die Knie gestreckt. Damit sind alle Körperteile aus dem lattennahen Bereich geführt.

Der Springer liegt mit seinem Oberkörper waagerecht, und die Beine zeigen senkrecht nach oben, so daß eine *L-Position* zustande kommt.

## Landung

Im Mittelpunkt der Landung steht das gefahrlose Abfangen des Körpers. Die Landung soll in *gespannter Haltung auf den Schultern* erfolgen. Besonders die Hüftgelenke sind fixiert, damit ein Nachschlagen der Knie auf das Gesicht verhindert wird. Gleichzeitig unterstützen die ausgebreiteten Arme das Abfangen des Körpers. In vielen Fällen ist nach dieser Rückenlandung ein Abrollen nach hinten zu sehen.

### Kriterien der Technik

– Gleichmäßig gesteigerter Anlauf;
– optimale Impulskurve auf den letzten 3 Schritten ohne Geschwindigkeitsabfall;
– deutliche Kurveninnenneigung und Körperrücklage im letzten Schritt;
– stemmender Einsatz des Sprungbeines;
– Körper bildet in der Sprungauslage vom Fuß bis zur Schulter eine gerade Linie;
– schnelles Abklappen des Fußballens nach Aufsetzen über die Ferse;
– Fußaufsatz auf der Fußpunktkurve
– Fußspitze in Sprungrichtung (10 bis 30°) zur Latte;
– explosive Streckung des Sprungbeines und des ganzen Körpers bei nahezu senkrechter Körperposition;
– beidseitiger Armschwung nach vorn-oben bis in Kopfhöhe (Doppelarmschwung);

– diagonaler Einsatz des gebeugten Schwungbeines auf kürzestem Weg;
– Kniewinkel in der Steigphase 90°;
– Hüftstreckung am Ende der Steigphase – maximale Ausprägung in der Brückenposition;
– Körper über Latte waagerecht, Schulterachse parallel zur Latte;
– schnelles Auflösen der „Brücke" nach Überqueren der Latte;
– Landung auf dem Rücken und ausgebreiteten Armen.

### Technisches Anforderungsprofil für das Nachwuchstraining

Der Bewegungsablauf soll in allen Teilen dem Technikmodell nahezu gleichen.

Die *quantitativen* Abweichungen sind gering und resultieren aus dem geringeren physischen Potential der Nachwuchsspringer:
– kürzerer Anlauf (7–9 Schritte)
– geringere Anlaufgeschwindigkeit
– weniger Körperneigung (25°)
– geringere Sprunghöhe.

Im *qualitativen* Bereich wird das Niveau der *Feinkoordination* erarbeitet.

Der bogenförmige Anlauf, der spezifische Flopabsprung und die Lattenüberquerung haben sich stabilisiert. Aufgrund der noch geringen Sprunghöhe und der damit verbundenen kurzen Zeit für die Lattenüberquerung ist eine maximale Ausprägung der Brückenposition nicht immer möglich.

### Technisches Anforderungsprofil für das Anfängertraining

Am Ende des Anfängertrainings sollen die Schüler einen Bewegungsablauf beherrschen, der auch im Wettkampf die Anforderungen der *Grobform* erfüllt.

Die sichtbaren Unterschiede zur Feinform bestehen in
– einem verkürzten Anlauf (5–7 Schritte),
– einer geringeren Anlaufgeschwindigkeit,
– einer schwächeren Körperinnenneigung (15–20°).

In qualitativer Hinsicht zeichnet sich diese Grobform durch folgende Merkmale aus:
– Anlaufbeginn geradlinig oder leicht bogenförmig,
– deutliche Ausprägung der Impulskurve auf den letzten 3 Schritten,

- kein Geschwindigkeitsabfall auf den letzten Schritten,
- sichtbare Kurveninnenneigung in der Impulskurve und Körperrücklage im letzten Schritt,
- stemmender Einsatz des Sprungbeines mit schnellem Abklappen des Fußballens nach dem Aufsetzen über die Ferse,
- Aufsatz des Fußes auf der Fußpunktkurve mit der Fußspitze in Sprungrichtung (10–30° zur Latte),
- energischer Einsatz des Schwungbeines,
- Körperlängsachse über der Latte waagerecht und 90° (Draufsicht) zu ihr,
- Hüftstreckung in der Brückenposition bei senkrechten Unterschenkeln, Kopf im Nakken,
- zeitlich annähernd richtiges Auflösen der Brückenposition,
- Landung auf Rücken und Armen.

▶ Aufgaben:

1. Wodurch erfolgt beim Flop die notwendige Senkung des KSP vor dem Absprung?
2. Welche Aktionen des Springers sind an der Erzeugung des vertikalen Impulses im Absprung beteiligt?
3. Weshalb ist der Einsatz eines gestreckten Schwungbeines im Flop schwierig?
4. Welche Vorteile bietet die Lattenüberquerung beim Flop?
5. Begründen Sie die technische Ausführung des Absprungs beim Flop!

# Technische Ausbildung

### Leitlinien des methodischen Vorgehens

● Da die Floptechnik als eine der ersten Hochsprungtechniken erlernt wird, verlangt das die Verbindung mit der *Entwicklung der konditionellen und koordinativen Fähigkeiten*.
● Durch die Anwendung von Trainingsmitteln aus der Gruppe der *speziellen vorbereitenden Übungen* sind die spezifischen Voraussetzungen für die Flopausbildung zu schaffen. Dazu gehören die Fähigkeiten, aus einem Kurvenlauf heraus einen einbeinigen, vorwiegend vertikal gerichteten Absprung auszuführen, die Schwungelemente zweckmäßig zur Erzeugung der Drehimpulse zu nutzen und sich im Flug orientieren zu können sowie eine für die Lattenüberquerung flopspezifische Beweglichkeit zu entwickeln.

● Das direkte Erlernen und Vervollkommnen der Technik wird auf der Basis der vorbereitenden Übungen durch *Grundübungen* und *spezielle Technikübungen* vorgenommen.
● Die beiden auffälligen *Ausbildungskomplexe*:
– Anlauf und Absprung
– Lattenüberquerung und Landung
werden nur anfangs voneinander getrennt geschult; ihre Verknüpfung erfolgt bereits nach dem grundsätzlichen Erwerb der Bewegungsvorstellung.
● In der gesamten Ausbildung ist die Schulung des *Anlauf-Absprung-Komplexes in den Mittelpunkt* zu stellen. Erst an zweiter Stelle erfolgt die Schulung der Lattenüberquerung, die jedoch aufgrund der unmittelbaren Abhängigkeit von den vorangehenden Phasen im wesentlichen mit dem Anlauf-Absprung-Komplex zu verbinden ist.
● Die Schulung des Flopsprunges setzt die Gewährleistung sicherer Landebedingungen voraus (Schaumgummi). Bei geringen Sprunghöhen darf auch die Landefläche nicht zu hoch sein, damit Zeit für das Auflösen der Brückenposition nach der Lattenüberquerung bleibt. Bei fehlenden materiell-technischen Voraussetzungen können Steig- und Schersprung (mit bogenförmigem Anlauf) die Anlauf- und Absprungschulung unterstützen.

### Reihung der Ausbildungsaufgaben

1. Schulung des flopspezifischen Anlaufs und Absprungs mit der Absicht, den Absprung aus bogenförmigem Anlauf mit leicht diagonalem Schwungbeineinsatz und der Drehung um die Längsachse zu erlernen.
2. Schulung der *Flugphase* (Anflugphase, Lattenüberquerung) und der Landung unter dem vorrangigen Aspekt der guten Ausbildung einer Brückenhaltung über der Latte.
3. Zusammenführung der Teilphasen in der *Gesamtbewegung* mit dem Ziel ihrer optimalen Verbindung und der Entwicklung einer wettkampfstabilen Technik.

## Übungskomplexe und methodische Hinweise zu den Ausbildungsaufgaben

### 1. Aufgabe: Schulung des flopspezifischen Anlaufs und Absprungs

*Ziel: Gewöhnung an Kurvenlauf, Erlernen des flopspezifischen Anlaufs und Absprungs, auch mit Einleitung der Drehung um die Längsachse durch die Schwungelemente (leicht diagonaler Einsatz des Schwungbeines)*
*Steigerung: Verlängerung des Anlaufs, Erhöhen der Anlauf- und Absprunggeschwindigkeit, Erhöhen des Höhenorientierers bzw. des Mattenberges, Variieren der Kurvenradien, Nutzen von Auftaktschritten*

| Vorbereiten | Erlernen | Vervollkommnen |
|---|---|---|
| Vorbereiten des Anlaufs:<br>– Slalomläufe<br> Abb. 108<br>– Achterläufe<br> Abb. 109<br>Vorbereitung des Absprungs:<br>– diagonaler Kniehub im Stand, im Gehen (wechselseitig)<br>– Hopserlauf mit diagonalem Schwungbeineinsatz<br>– Absprünge beim Laufen im Kreis, auch mit Drehung zur Sprungbeinseite und Doppelarmschwung<br>– Anläufe auf dem Anlaufbogen ohne oder mit nur angedeutetem Absprung<br>– Hock-, Steig- oder Schersprünge aus bogenförmigem Anlauf | **1. Grundübung**<br>**Sprünge aus dem Kurvenlauf nach Höhenorientierer ohne und mit leichter Drehung zur Sprungbeinseite**<br>– aus 3 Schritten Anlauf<br>– aus 5–7 Schritten Anlauf<br> Abb. 110 | Sprünge nach Höhenorientierer oder Steigsprünge vor der Latte mit beidbeiniger Landung<br>– aus verschiedenen Anlauflängen<br>– aus unterschiedlichem Anlauftempo<br>– mit verschiedenen Anlaufradien vor dem Absprung<br>– mit verschiedenen Anlaufwinkeln im letzten Schritt<br>– mit besonderer Orientierung auf Richtung und Aktivität des Fußaufsatzes für den Absprung<br><br>Absprünge auf einen Mattenberg (Abb. 111)<br> Abb. 111 |

*Beobachtungspunkte*
– Fußaufsatz mit Fußspitze in Richtung des letzten Anlaufschrittes
– kräftiger Absprung
– Schwungbein parallel zur Latte und bis zur Waagerechten
– beidbeinige Landung

*Methodisch-organisatorische Hinweise:*
– Kurvenradius so wählen, daß Neigung zustande kommt
– Markierung der Impulskurve
– anfangs geringes Tempo, dann steigern

### 2. Aufgabe: Erlernen und Vervollkommnen der Flugphase (Anflugphase und Lattenüberquerung) und Landung

*Ziel: Gewöhnung an die Lattenüberquerung und Landung rücklings; Erlernen der ausgeprägten Hohlkreuzlage über der Latte mit Kopf im Nacken und einer zeitlich richtigen Auflösung dieser Position für das Nachbringen der Beine*
*Steigerung: Steigern der Sprunghöhe, auch mit Hilfe absprungunterstützender Geräte (Kastendeckel, Federbrett, Minitramp)*

| Vorbereiten | Erlernen | Vervollkommnen |
|---|---|---|
| Brücke am Boden (aus der Rückenlage)<br><br>beidbeinige Absprünge mit Anfersen (Kosakensprünge)<br> Abb. 112 | **2. Grundübung**<br>**Standflop**<br> Abb. 113<br><br>**3. Grundübung**<br>**Flop aus 2–3 Schritten Anlauf** | „Brücke" aus dem Stand<br>Flickflack aus dem Stand mit Abrollen über die Brust<br>(Hochsprungmatte)<br><br>Standflop von einem Federbrett oder Minitramp mit betontem Verzögern der Landevorbereitung im Sinne der ausgeprägten Hohlkreuzstellung |

| | | |
|---|---|---|
| Rückwärts- und Drehsprünge mit Rückenlandung | – zunächst mit Absprunghilfe (Kastendeckel)<br>– bei ausreichender Sprunghöhe auch ohne Absprunghilfe | Flopsprünge mit Orientierer für das Senken des Schwungbeines (gehaltene Latte wie beim Weitsprung oder Sprungkasten senkrecht zur Latte)<br><br>Flopsprünge vom Federbrett oder Minitramp<br><br>Flopsprünge über eine Gummileine mit betont langem Halten der Hohlkreuzposition, so daß die Waden die Leine berühren |

*Beobachtungspunkte:*
– Vorstrecken der Hüfte bis zur „Brücke", Kopf im Nacken
– abgebeugte Beine (Kniewinkel etwa 90°)
– langes Halten der Brücke
– Landung in L-Position mit angespannter Muskulatur (kein Zusammenklappen)

*Methodisch-organisatorische Hinweise:*
– Sicherung guter Landebedingungen
– keine Sprunglatte, sondern Gummiband o. ä.
– evtl. auf Reißen der „Latte" (Band) mit den Unterschenkeln orientieren
– Standflop nur bis zum grundsätzlichen Erwerb schulen (unspezifischer Absprung)

## 3. Aufgabe: Schulung der Gesamtbewegung

*Ziel: Verbindung der Teilelemente zum Grundablauf, Ausbau der Bewegung zur wettkampfstabilen Technik*
*Steigerung: Anlauflänge und -geschwindigkeit, Sprunghöhe*

| Vorbereiten | Erlernen | Vervollkommnen |
|---|---|---|
| wettkampfnahe Sprünge mit einfachen Sprungformen (Hock-, Steig-, Schersprünge) | **4. Grundübung**<br>**Flopsprung aus 5, 6 Schritte langem bogenförmigem Anlauf**<br><br>mit Orientierung<br>– auf das Anlaufverhalten<br>– auf den Absprung<br>– auf die Flugbewegung<br><br>**5. Grundübung**<br>**Flopsprünge aus 7–13 Schritten Anlauf mit geradlinigem Beschleunigungsabschnitt**<br><br>– mit Konzentration auf Teilphasen oder Bewegungsmerkmale<br>– mit Leistungssteigerung | Flopsprünge<br>– aus verschiedenen Anlaufbögen<br>– in verschiedenem Anlauftempo<br><br>wettkampfmäßige Flopsprünge<br><br>Flopsprünge mit dem schwächeren Bein |

*Beobachtungspunkte:*
– flüssiger Übergang in eine Impulskurve, Einhalten der Kurve
– Innenneigung, Schrittgestaltung, Temposteigerung bis zum Absprung
– Fußaufsatz 30° zur Latte
– explosiver Absprung mit effektivem Schwungbeineinsatz
– Strecken des Körpers im Anflug
– günstige Brückenposition über der Latte
– zeitlich richtiges Auflösen der Flughaltung
– L-Position bei Landung

*Methodisch-organisatorische Hinweise:*
– Markierung der Impulskurve, später nur den Beginn der letzten 3 Schritte
– allmählicher Ausbau zur individuellen Anlauflänge und -gestaltung
– Qualität der Bewegungsausführung vor der Sprunghöhe

**Wesentliche Fehler und Korrekturmöglichkeiten**

| Fehler | Korrekturmöglichkeiten |
| --- | --- |
| ungleichmäßige Beschleunigung | Anlauflänge korrigieren, Anläufe ohne Absprung üben, Lattenhöhe vorübergehend vermindern |
| zu hohe oder niedrige Anlaufgeschwindigkeit | Anläufe mit wechselnden Geschwindigkeiten üben, um Optimum zu finden |
| bogenförmiger Beschleunigungsabschnitt | Klären der Funktion des Beschleunigungsabschnittes, Ablaufpunkt nach außen verlegen, Zwischenmarke für Beginn des Bogens festlegen |
| zu geringer Kurvenradius | Vorzeichnen der Kurve, Anläufe mit verschiedenen Radien im Wechsel erproben, Funktion des Kurvenlaufs erklären |
| passiver Fußaufsatz | serienmäßiges Üben des scherenden Fußaufsatzes mit frühem Einleiten der Schwungbeinbewegungen |
| Fußaufsatz mit auswärts gedrehter Fußspitze | schädigende Wirkung erklären, bewußtes Üben mit Bodenmarkierer |
| Absprung in die Latte | Sprünge nach Höhenorientierer oder auf Mattenberg, Kurvenlauf bis zum Absprung verstärken |
| lattennaher Arm als Führungselement ohne Schwungwirkung | serienmäßiges Üben der Vorbereitung und Ausführung des Doppelarmschwunges |
| Absprung nicht explosiv, meist unvollständige Streckung | Sprungkraftentwicklung, Sprünge nach einem Höhenorientierer, Hocksprünge |
| Sitzen über der Latte | Klären der Funktion der Steuerung durch den Kopf, Flickflack, Aufsprünge auf den Mattenberg |
| Reißen der Latte mit den Unterschenkeln | schnelles Auflösen der Hohlkreuzstellung durch Zuruf unterstützen, Schnellkraftübungen für die Bauchmuskulatur |

▶ Aufgabe:
Versuchen Sie, die jeweilige Fehlerursache zu formulieren! Nennen Sie weitere Korrekturübungen!

### 7.5.2.  Wälzsprung

## Technik

▶ Aufgabe:
Vergleichen Sie beim Studium immer, wie die gleiche Bewegungsaufgabe beim Flop gelöst wird. Wägen Sie Vor- und Nachteile ab!

Der Wälzsprung ist eine relativ komplizierte Hochsprungtechnik, die bis zur vollkommenen Beherrschung ein langjähriges Training voraussetzt. Die Problematik der Technik liegt in der Schwierigkeit der *Lattenüberquerung* und in der Kompliziertheit des *Absprungs mit gestrecktem Schwungbein,* bei denen ein hohes Maß an Koordination und spezieller Kraft, aber auch Beweglichkeit und Technik verlangt werden.

Die Leistung im Wälzsprung wird technisch durch folgende *Schwerpunkte* bestimmt:
– die Gestaltung eines *rhythmischen* und *genauen Anlaufs;*
– die Qualität des *Absprungs* hinsichtlich der Einnahme einer günstigen Körperrücklage am Absprungbeginn;

der richtigen Ausführung der Absprungstreckung, insbesondere der guten Koordination zwischen den Bewegungen des
Sprung- und Schwungbeines sowie der
Arme;
- die folgerichtige Verlagerung der Körperteile in der *Anflugphase* zur Unterstützung
der notwendigen Drehungen;
- die optimale Gestaltung der *Lattenüberquerung* durch Kombination von Drehungen, Verlagerung und der Verwringung
des Körpers bzw. der Körperteile.

Nachfolgende Erläuterungen beziehen sich
auf die Wälzsprungtechnik mit gestrecktem
Schwungbeineinsatz und Doppelarmschwung.

### Anlauf

Der Anlauf beinhaltet zwei wesentliche Struk-
turphasen: den Beschleunigungsabschnitt und
die Absprungvorbereitung.
Die Länge des Gesamtanlaufs beträgt 9–13
Anlaufschritte, die Anlauf*geschwindigkeit*
6–8 m/s. (Abb. 114)

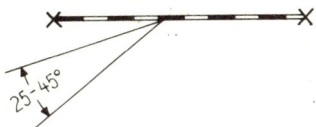

Abb. 114   Anlaufwinkel beim Wälzsprung

**Beschleunigungsabschnitt:** Seine Aufgabe besteht im Entwickeln der Anlaufgeschwindigkeit durch harmonisches Steigern von Schrittfrequenz und Schrittlänge. Anfangs läuft der
Springer mit relativ *langen,* teilweise sprunghaften *flachen Schritten* in einer leichten Vorlage und auf dem Ballen. Am Ende dieses Abschnitts richtet er sich auf, und der Fußaufsatz
wird ziehend über die Ferse ausgeführt. Die
KSP-Kurve ist über Stützphase und Flugkurve
hinweg flacher als beim normalen Laufschritt.
Das wird durch eine unvollkommene Kniestreckung erreicht.

**Absprungvorbereitung:** Während der drei
letzten Schritte des Anlaufs besteht die Aufgabe, **die Geschwindigkeit beizubehalten,** den

**KSP weiter zu senken** und den Springer in eine
**optimale Sprungauslage** zu führen, die Voraussetzung für eine effektive Absprunggestaltung ist. Durch die Verkürzung des letzten und
drittletzten sowie eine Verlängerung des vorletzten Schrittes kommt es zu einer typischen
**Rhythmisierung** der Schritte.
Aufgrund des betonten aktiven Aufsetzens
über die Ferse werden die Schritte leicht ziehend. Der Abdruck erfolgt betont aus dem
Fußgelenk bei unvollkommener Kniestrek-
kung.
Die tiefste KSP-Lage wird in der **Stützphase
(Vertikalstütz) des letzten Schrittes** erreicht.
Die Kniestreckung des späteren Schwungbeines beim Abdruck zum letzten Schritt darf
90° nicht wesentlich überschreiten (Abb.
115/1).
Diese spezifische Bewegung des späteren
Schwungbeines im Stütz, bei der es seine Beugung kaum verändert (Knie wird nach vorn-
unten geschoben), hat Bedeutung für das
Nachvornbringen des Beckens und den zeiti-
gen Vorschwung des Schwungbeines.
Sie sichert neben der starken KSP-Senkung,
daß das Schwungbein nur gering hinter dem
Sprungbein zurückbleibt (vgl. Winkel zwischen beiden Oberschenkeln: 45–60°, vgl.
Abb. 116) und in der Folge nur einen kurzen
Weg beim Vorschwung benötigt. Dadurch hat
es bei Aufsetzen des Sprungbeines bereits eine
hohe Geschwindigkeit, die ein besseres Ausnutzen der elastischen Eigenschaften der Muskeln und Sehnen und eine Verkürzung der Absprungzeit ermöglicht.
Die unvollkommene Streckung des Schwungbeines im Stütz erleichtert außerdem ein
*schnelles, aktives Vorbringen des Beckens,* das
zum Einnehmen der Sprungauslage notwendig
wird (vgl. Abb. 115 und 116).
Aus der senkrechten Lage des Springers im
letzten Schritt wird dadurch eine Rücklage erreicht, d. h., das Becken überholt die Schultern.
● **Das Aufsetzen** des Sprungbeines erfolgt aktiv über die Ferse. Wird die Rücklage durch
ein zu starkes Stemmen im letzten Schritt erreicht, hat das zwangsläufig einen zu großen
Geschwindigkeitsabfall zur Folge.
● Zur Vorbereitung des Absprungs erfolgen
auf den letzten Schritten spezifische **Armbewegungen.** Die gebräuchlichste Form zur Einleitung des Doppelarmeinsatzes erfolgt, indem
der schwungbeinseitige Arm nach dem dritt-

| Phase | Anlauf | | Absprung |
|---|---|---|---|
| | Beschleunigungsabschnitt | Absprungvorbereitung | |
| Beginn | Anlaufbeginn | drittletzter Schritt | Aufsetzen der Ferse |
| Ende | drittletzter Schritt | Aufsetzen der Ferse | Verlassen des Bodens |
| Funktion | Beschleunigung bis zur optimalen Geschwindigkeit | – KSP-Senkung<br>– Halten der Geschwindigkeit<br>– Einnehmen einer Rücklage<br>– Vorbereitung des Doppelarmeinsatzes | – Erzeugen einer max. Abfluggeschwindigkeit<br>– Erzeugen der Drehimpulse |
| Merkmale | – erste Schritte auf Ballen<br>– Übergang zum Lauf über Ferse | – unvollständige Kniestreckung<br>– Verlängerung des vorletzten Schrittes<br>– Verkürzung des letzten Schrittes<br>– Vorbringen des Beckens | – beim Aufsetzen (Sprungauslage) bilden Fuß–Becken–Schulter eine fast gerade Linie, Rücklage 130–120°<br>– maximaler Kniebeugewinkel 135–145°<br>– Doppelarmeinsatz (parallel)<br>– Ausschlagen des Unterschenkels des Schwungbeines bis zu dessen völliger Streckung<br>– Schwungbein über Waagerechte |

letzten Schritt vor dem Körper verbleibt und nach dem vorletzten Schritt beide Arme parallel nach hinten geführt werden.

**Sprungauslage:** Durch diese vorbereitenden Bewegungen während der letzten Schritte wird erreicht, daß sich der Körper des Springers in einer für den Absprung zweckmäßigen Position befindet. Sie wird im Moment des Aufsetzens der Ferse als Sprungauslage (Abb. 116) charakterisiert.

Wichtige *Merkmale* sind:
● Der Körper befindet sich in einer Rücklage.
● Das Becken ist nach vorn gebracht (Winkel zwischen Rumpf und Sprungbein 165 bis 175°).
● Der Schwungbeinoberschenkel hat sich dem des Sprungbeines bereits genähert (etwa 30°-Winkel), d. h., das Schwungbein befindet sich bereits im Vorschwung.
● Das Sprungbein setzt auf der Ferse und nahezu gestreckt auf.

Abb. 115   Bildreihe Wälzsprung

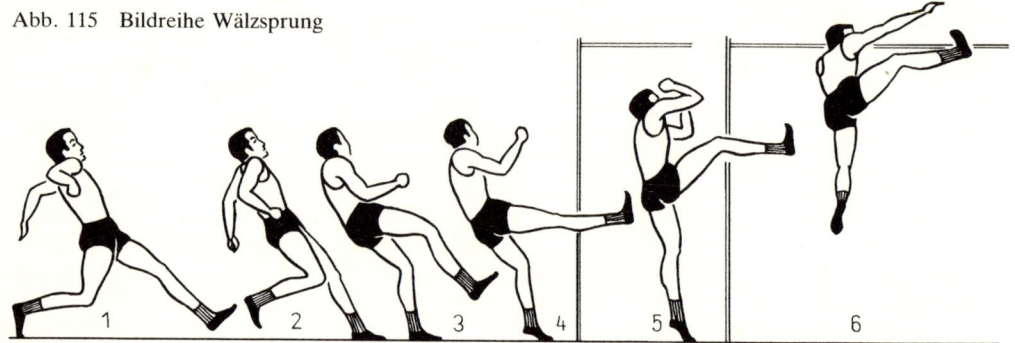

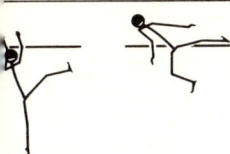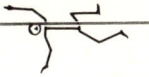

| ...lugphase | | Landung |
|---|---|---|
| ...nflugphase | Lattenüberquerung | |
| ...erlassen des Bodens | Becken in Lattennähe | Sprungbein aus dem Lattenbereich |
| ...ecken in Lattennähe | Sprungbein aus dem Lattenbereich | Berührung des Bodens |
| Vorbereitung der Lattenüberquerung Steuerung der Drehgeschwindigkeit | – sicheres Überqueren der Latte möglichst ohne Berührung<br>– Steuerung der Drehgeschwindigkeit | – Abfangen des Körpergewichts |
| Halten des Schwungbeines mit möglichst gestrecktem Knie<br>Fuß des Schwungbeines über Lattenhöhe, Fußspitze angezogen und zur Latte zeigend<br>Brust und Becken frontal zur Latte | – parallele Lage des Körpers zur Latte<br>– Konterbewegung rechter Arm und Schulter zur Hüftachse<br>– An- und Auswinkeln des Sprungbeines (Knie nach oben)<br>– Drehen um die Horizontalachse (Wälzen) | – Landung auf Rücken im Schaumgummi oder auf Schwungbein und schwungbeinseitiger Hand mit seitlichem Abrollen |

### *Absprung*

Die Hauptaufgaben des Absprunges bestehen im Erreichen einer hohen *Abfluggeschwindigkeit* bei einem *Abflugwinkel* von 60–65° sowie im Erzeugen der zur Lattenüberquerung notwendigen *Drehimpulse*.

**Amortisationsphase:** Mit dem Aufsetzen der Ferse des Sprungbeines beginnt die **Amortisa**-**tion** der Trägheitskraft, die durch die Anlaufgeschwindigkeit das Körpergewicht mehrfach übertrifft.

Sofort nach dem Aufsetzen der Ferse klappt der Fuß nach vorn ab, so daß der Springer möglichst schnell auf dem gesamten Sprungbeinfuß steht.

Das Knie beginnt sich zu beugen. Die Schwungelemente werden weiterhin beschleunigt.

| 7 | 8 | 9 | 10 | 11 |
|---|---|---|---|---|

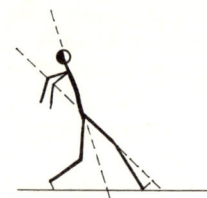

Abb. 116 Sprungauslage beim Wälzsprung

**Beschleunigungsphase:** Die Beschleunigungsphase umfaßt zwei Drittel der Absprungzeit. In ihr müssen
- ein möglichst großer *vertikaler Kraftstoß* erzeugt,
- Drehmomente um mehrere Achsen mit möglichst wenig negativem Einfluß auf den vertikalen Kraftstoß eingeleitet,
- eine maximale Abflughöhe des KSP im Moment des Lösens vom Boden erreicht werden.

Das erfordert sowohl den *maximalen Einsatz* der Streckergruppen des Sprungbeines und der an der Beschleunigung beteiligten Muskeln der Schwungelemente als auch die genaue *Koordination aller Teilimpulse.*

Die Beschleunigungsphase beginnt bereits, wenn sich aufgrund der großen horizontalen Geschwindigkeit das Kniegelenk des Sprungbeines noch beugt. Ihr Anfang geht gleichzeitig – bedingt durch das Aufrichten aus der Schräglage – mit einem *Anheben des KSP einher* (vgl. Abb. 89). In dieser Phase werden die Schwungelemente in horizontaler Richtung beschleunigt.

Mit Erreichen des *minimalen Kniebeugewinkels von 140–148°* ist zwar die horizontale Geschwindigkeit stark abgebremst, aber unter dem zunächst belastenden Einfluß der vertikalen Beschleunigung der Schwungelemente gelingt dem Springer noch keine Streckung des Kniegelenks. Dieses Halten im minimalen Kniebeugewinkel dauert beim Wälzsprung infolge des gestreckten Schwungbeineinsatzes etwa ein Drittel der Absprungzeit. (Abb. 117)

Die **Kniestreckung** des Sprungbeines beginnt erst unmittelbar nach dem Überschreiten des

Abb. 117 Phase des Haltens des maximalen Kniebeugewinkels

Maximums der vertikalen Beschleunigung der Schwungelemente.

▶ Aufgabe:
Überdenken Sie, welche Bedeutung dieser Vorlauf des Schwungbeineinsatzes für den Absprung hat und welche Forderungen daraus an die Gestaltung des Schwungbeineinsatzes erwachsen!

Das gestreckte **Schwungbein** befindet sich im Moment des minimalen Kniebeugewinkels *kurz vor der Waagerechten.* Da es den Absprung hinsichtlich der Absprungzeit steuert, muß es möglichst schnell beschleunigt werden. Der Einsatz des Schwungbeines erfolgt deshalb *anfangs noch mit stark gebeugtem* Kniegelenk (Fußspitze angezogen), bis das Schwungbein das Sprungbein überholt hat. Jetzt wird der Unterschenkel des Schwungbeines *sehr schnell, peitschenartig,* nach vorn-oben geschleudert, so daß das Kniegelenk gestreckt wird. Die Fußspitze muß bei dieser Bewegung immer *angezogen* werden.

Im weiteren Verlauf soll das *Kniegelenk möglichst gestreckt* bleiben, damit am Ende des Absprunges der KSP eine möglichst *hohe Ausgangslage* für die Lattenüberquerung erhält.

> Je höher das gestreckte Schwungbein während des Absprunges gebracht wird, desto günstiger ist die Abflughöhe des KSP.

Das Anheben der Schultern und der Arme, die aktiv in Kopfhöhe abgebremst werden, unterstützt das Erreichen einer hohen KSP-Lage.

Mit Beginn des Abbremsens der Geschwindigkeit der Schwungelemente setzt die **Streckung des Sprungbeines** ein.

Etwa zu zwei Dritteln ihres zeitlichen Verlaufs erfolgt die Streckbewegung des Sprungbeines *in allen drei Gelenken* (Hüft-, Knie-, Fußgelenk) gleichzeitig. Während der Streckphase muß der Springer, um den KSP im Druckbereich des Sprungbeines zu halten, den *Oberkörper* nach vorn bringen. Andererseits muß zur Erzeugung der *Drehmomente,* die den Springer in eine horizontale Lage bringen und die Wälzbewegung über der Latte bewirken, der KSP im Absprung teilweise *exzentrisch* getroffen und der Einsatz der Schwungmassen genutzt werden. Das wird im wesentlichen durch einen leicht *seitlichen Einsatz der Arme* und des Oberkörpers (zur Latte) und durch den *explosiven Schwungbeineinsatz* erreicht.

248

Das Schwungbein darf dabei nicht betont nach innen zur Latte (Gefahr des Reißens), sondern muß aktiv nach vorn-oben geschwungen werden. Dadurch wird erreicht, daß der Springer bereits *im Zehenstand* beginnt, mit der Brust zur Latte und die Ferse nach außen zu drehen. (Abb. 118)

Abb. 118   Drehung um die Körperlängsachse

## Flug

Während der Flugphase werden die Bewegungen des Springers dem Ziel untergeordnet, zur günstigen Lattenüberquerung
1. die Drehbewegung (Wälzbewegung) über der Latte zu beschleunigen und
2. die am schwierigsten über die Latte zu bringenden Körperteile (Becken, Sprungbein) möglichst weit über die Latte zu verlagern.

**Anflugphase:** Im ersten Teil der Anflugphase wird die Drehung um die Körperlängsachse, die den Springer mit der Vorderseite des Körpers zur Latte bringt, vollendet. (Abb. 119)

Abb. 119   Anflugphase

Bis der Schwungbeinfuß die Latte erreicht hat, wird der Winkel zwischen Körper und Schwungbein gehalten und das Sprungbein noch gestreckt gelassen. Das ist nötig, um die beschleunigte Drehung um die horizontale Achse durch Annäherung der Körpermassen an die Drehachse nicht vor der Latte auszulösen. Erst wenn der Schwungbeinfuß über der Latte ist, wird das Sprungbein angezogen, der Hüftwinkel des Schwungbeins geöffnet und damit die Wälzbewegung beschleunigt.

**Lattenüberquerung:** Bei der Lattenüberquerung müssen
– einerseits zur Erhöhung der Dreh-(Wälz-) geschwindigkeit die Körperteile möglichst dicht an die Körperlängsachse herangeführt,
– andererseits (auf dem Prinzip der Gegenwirkung beruhend) Scheindrehungen und Körperteilverlagerungen vorgenommen werden, die es erleichtern, Becken und Nachziehbein über die Latte zu führen.

Mit der Annäherung des Beckens an die Latte führt der Springer das Sprungbein (bis zu einem Winkel von weniger als 90° im Kniegelenk gebeugt) an das Schwungbein heran und streckt den Körper über der Latte bis zur nahezu *parallelen Lage*. Die Arme sollen möglichst dicht am Körper sein.

In dieser Lage hat der Körper das geringste Massenträgheitsmoment zur horizontalen Drehachse, die in dieser Phase der Längsachse des Springers entspricht, wodurch die höchste Wälzgeschwindigkeit erreicht wird.

Das Becken soll hier den höchsten Punkt des Körpers bilden. Die Beckenlage kann durch ein Einwinkeln im Schwungbein-Hüftgelenk erhöht werden, was aber die Wälzbewegung verlangsamt. Zwischen beidem muß jeder Springer ein optimales Verhältnis finden.

Nachdem die Brust die Latte überquert hat, bringt der Springer das angewinkelte Sprungbein über die Latte. Das kann erleichtert werden, indem
– durch eine Gegenbewegung zwischen Schulter- und Beckenachse (Rückführung des schwungbeinseitigen Armes) die Drehbewegung des Beckens verstärkt wird,
– die Körperteile, die die Latte bereits überquert haben, möglichst weit gesenkt werden, was durch eine Annäherung von Rumpf und Schwungbein (Hüftwinkel verkleinert) erreicht wird und zu einer Tauchbewegung führt. (Abb. 115/8–10).

## Landung

Die Landung erfolgt auf dem Rücken bzw. nach dem Aufsetzen von Schwungbein und schwungbeinseitigem Arm durch Abrollen bis in die Rückenlage.

## Kriterien der Technik

### Anlauf

- genauer, zügig gesteigerter Anlauf in optimaler Länge;
- ausgeprägte Rhythmisierung der letzten 3 Schritte mit deutlicher KSP-Senkung;
- Einnahme einer optimalen Sprungauslage durch Vorbringen der Hüfte, schnelles Aufsetzen des gestreckten Sprungbeines, frühzeitiges Beschleunigen des Schwungbeines.

### Absprung

- schneller schlagender Einsatz des Schwungbeines bis zur völligen Kniestreckung (nach dem Überholen des Sprungbeines aus bis dahin gebeugtem Knie);
- Nutzung der Schwungelemente zum Erreichen einer großen Abflughöhe des KSP durch
  • Doppelarmeinsatz bis in Kopfhöhe;
  • Einsatz der Schultern;
  • gestrecktes Schwungbein über Schulterhöhe;
- explosive Streckung im Fuß-, Knie- und Hüftgelenk des Sprungbeines;
- Erzeugung hoher vertikaler Kraft- und optimaler Drehmomente unter möglichst minimalem exzentrischem Kraftstoß und unter Nutzung der Schwungelemente.

### Flugphase

- zweckmäßige Vorbereitung der Lattenüberquerung durch Drehen des Springers mit der Brust zur Latte;
- Verzögerung der Drehung in die Horizontale in der Anflugphase durch betont gehaltenes, möglichst fast gestrecktes Schwungbein;
- Erhöhung der Drehgeschwindigkeit bei der Lattenüberquerung (Wälzbewegung) durch Verlagerung der Körperteile nahe an die Drehachse;
- Gewährleisten einer sicheren Lattenüberquerung durch
  • gutes Abspreizen des im Hüft- und Kniegelenk gebeugten Sprungbeines,
  • Gegendrehen von Schulter- und Beckenachse bei der Lattenüberquerung,
  • Senken von Schwungbein, Rumpf (Tauchen).

## Technisches Anfordungsprofil für das Nachwuchstraining

Mit Beginn der Spezialisierung, d. h. am Ende des disziplingruppenspezifischen Trainings im Nachwuchstraining, sollte folgender Stand in der Fertigkeitsentwicklung der Wälzsprungtechnik erreicht sein:
Die Gesamtbewegung wird in der *Feinkoordination mit gestrecktem Schwungbeineinsatz* beherrscht. Spezialisten im Hochsprung sollten in wesentlichen Teilen der Technik bereits *Ansätze einer stabilen feinkoordinierten Bewegung* demonstrieren.

### Anlauf-Absprung-Komplex:

- deutlicher *Anlaufrhythmus* (5–7 Schritte) mit Steigerung der Geschwindigkeit auf den letzten 3 Schritten, Lauf ziehend über die Ferse;
- folgerichtige Einnahme der *Sprungauslage* (120–125°) durch *Nach-vorn-Schieben der Hüfte* und beidseitige Armrückführung *(Doppelarmeinsatz)*;
- *flüssiger Übergang vom Anlauf zum Absprung* mit *KSP-Senkung*, aktiver Fußaufsatz über die Ferse mit schnellem Abklappen des Fußballens;
- explosive Streckung im Fuß-, Knie- und Hüftgelenk des Sprungbeines;
- schneller, annähernd (zeitweilig) *gestreckter Schwungbeineinsatz* über die Waagerechte hinaus.

### Flugphase:

- Erreichen der Latte zuerst mit dem Schwungbeinfuß;
- Annäherung der Körperteile über der Latte an die Drehachse durch *parallele Lage* (Becken ist höchster Punkt) und *Anziehen des Sprungbeines;*
- Lattenüberquerung bei *deutlicher Wälzbewegung*, aktivem *Abspreizen des gebeugten Sprungbeines, Verwringung* zwischen Schulter- und Beckenachse.

## Technisches Anforderungsprofil für das Anfängertraining

Im Anfängertraining steht die Ausbildung des Absprungs im Mittelpunkt der Technikschulung. Aufgrund der hohen Anforderungen des Wälzsprung-Absprungs an die koordinativen und konditionellen Voraussetzungen müssen einige deutliche quantitative und qualitative Abweichungen im Anlauf-Absprung-Komplex die Zielstellung einschränken.

Der *Anlauf-Absprung-Komplex* ist zur *Grobkoordination* mit folgenden **Merkmalen** zu führen:

- Anlauflänge und Anlaufgeschwindigkeit noch eingeschränkt (Anlauflänge: 5 lange Schritte), Lauf auf dem Ballen;
- sicheres Treffen der Absprungstelle;
- Absprungvorbereitung durch Einnehmen einer Körperrücklage;
- schneller, in keiner Phase völlig gestreckter Schwungbeineinsatz; Oberschenkel erreicht mindestens die Waagerechte;
- vertikale Absprungrichtung bei aufrechter Körperhaltung (kein Seitwärtsneigen oder Hechten im Absprung);
- völlige, explosive Absprungstreckung;
- Drehimpulse erhalten wegen der kurzen Flugphase und der noch nicht vervollkommneten Schwungbeinbewegung relativ mehr Energie durch Absprung als durch Schwungmasseneinsatz.

Die *Flugphase,* in der Technikschulung an zweiter Stelle rangierend, wird ebenfalls bis zur Grobform mit folgenden Merkmalen erlernt:

- Anflugphase ohne gestrecktes Schwungbein (Schwungbeinknie, -fuß und -schulter erreichen gleichzeitig die Latte);
- parallele Lattenüberquerung mit aktivem Abspreizen des gebeugten Sprungbeines (noch ohne sichtbare Nutzung der Gegendrehung zwischen Schulter- und Beckenachse);
- Drehung nur bis zur Landung auf Hand und Schwungbein.

▶ Aufgaben:

1. Auf welche biomechanischen Prinzipien orientiert sich die Absprungvorbereitung beim Wälzsprung?
2. Wodurch werden die bei der Lattenüberquerung nötigen Drehimpulse erzeugt?
3. Welche Bewegungen beeinflussen die Drehgeschwindigkeit?
4. Durch welche Aktionen wird das Sprungbein (Nachziehbein) aus dem Lattenbereich gebracht?

# Technische Ausbildung

### *Leitlinien des methodischen Vorgehens*

● Der vorwiegend *vertikal gerichtete Absprung* stellt die größte Schwierigkeit dar, sowohl in technischer als auch in konditioneller Hinsicht. Er muß deshalb am Anfang verstärkt geschult werden, aber auch während der gesamten Ausbildung im Mittelpunkt bleiben. *Die Schulung der Flugbewegungen ist der des Absprungs stets untergeordnet.*

● Vertikal gerichtete Absprünge sind zeitig mit der *Einleitung der Drehung* um die Körperlängsachse zu verbinden.

● Da das Erlernen des gestreckten Schwungbeineinsatzes kompliziert und langwierig ist, wird zunächst nur ein leicht *gebeugtes,* aber *schnelles Vorschwingen* gefordert.

● Über den senkrechten Drehsprung und Sprünge über die Schräglatte ist der Anfänger *allmählich zu einer lattenparallelen Wälzbewegung* zu führen.

● Nach dem Erwerb des Grundablaufs des Wälzsprungs wird eine *Anlaufverlängerung* angestrebt.

● In die Ausbildung werden durchgängig gymnastische Übungen zur Entwicklung der *Beweglichkeit* (Spreizfähigkeit des Schwungbeines) und Sprungübungen zur Entwicklung der *koordinativen* Fähigkeiten (Drehsprünge) einbezogen und damit die akzentuierte Schulung des Anlauf-Absprung-Komplexes und des Anlaufrhythmus vorgenommen.

● Bis zu einer vertretbaren Sprunghöhe (1,50 m) sollen die Trainingssprünge oft auf einer Hochsprunganlage mit Sandhügel vorgenommen werden, um einer zu starken Drehung über der Latte entgegenzuwirken. Der danach verwendete Schaumgummihügel soll nur so hoch sein, daß die für die Erlernung der Lattenüberquerung (Verwringung) notwendige Mindestfallhöhe garantiert ist.

### *Reihung der Ausbildungsaufgaben*

**1. Erlernen des vertikalen Absprunges.**
Durch eine Vielzahl spezieller vorbereitender Übungen wird die spezifische Ausführung des Hochsprungabsprungs erlernt. Dabei wird die Entwicklung der nötigen Drehmomente einbezogen.

**2. Schulung der Flugbewegung**
(Wälztechnik).

Nach Vorübungen zum Erfassen des Bewegungsablaufs wird die Wälzbewegung bei allmählichem Übergang von der vertikalen zur horizontalen Lage des Körpers geschult.

3. Vervollkommnung der *Gesamtbewegung*.

Sie schließt insbesondere die Verlängerung und verbesserte rhythmische Gestaltung des Anlaufs sowie spezifische Absprungübungen und die Detailschulung an der Wälzbewegung ein.

### Übungskomplexe und methodische Hinweise zu den Ausbildungsaufgaben

1. Aufgabe: Erlernen des vertikalen Absprungs mit Drehungen

*Ziel: vertikales Absprungvermögen mit Drehung um die Längsachse bei gebeugtem Schwungbein*
*Steigerung: Anlaufverlängerung auf 3 Schritte, Üben in Serien*

| Vorbereiten | Erlernen | Vervollkommnen |
|---|---|---|
| einbeinige vertikale Sprünge über verschiedene Hindernisse unter Beachtung eines relativ langen Absprungschritts; des Erreichens einer Rücklage; des aktiven, relativ „langen" Absprungschrittes; des Schwungbeineinsatzes; des Einleitens von Drehmomenten um die Längsachse | **1. Grundübung**<br>**vertikaler Absprung mit ½-Drehung**<br>**aus 1–3 Anlaufschritten**<br><br>– über niedrige Hindernisse (Latte, Gummiband)<br>– über Schräglatte | serienmäßige Absprünge mit betonter Beachtung der Absprungtechnik |

Abb. 124

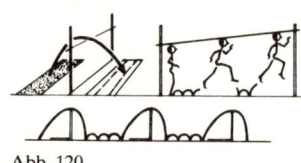

Abb. 120

Pirouetten mit ¾-Drehung in Serien

Sprung mit ¼-Drehung, auch vor der Latte („Anflieger")

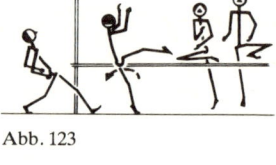

Abb. 123

Abb. 125 Absprünge vor der Latte

Abb. 121

Tischaufsprünge in die Rückenlage, Absprung als Steigsprung

Anläufe mit Betonen des Vorbereitungsrhythmus und nur angedeuteten Absprüngen

Abb. 122. Hocke von vorn und aus dem Winkel

Hocksprünge von vorn und aus schrägem Anlauf

Sprünge nach Gegenständen (Berühren mit der Hand oder dem Fuß des Schwungbeines)

*Beobachtungspunkte:*
– Körperrücklage durch schnelles Nachvornsetzen des Sprungbeines und Vorbringen der Hüfte
– aktiver Absprung nach oben bei aufrechter Körperhaltung
– Doppelarm- und schneller Schwungbeineinsatz mit geöffnetem Kniewinkel, Fußspitze angezogen
– Nachziehbein mit Fußspitze in Nähe der Kniekehle des Schwungbeines – Fußspitze und Knie nach außen drehen
– Landung auf dem Schwungbein

*Methodisch-organisatorische Hinweise:*
– viele Organisationsformen bei Vorübungen wählen (s. Abb. 120)
– Absprung und Landepunkt markieren (Zwang zu steiler Flugkurve)
– Latte oder Gummiband 40–60 cm hoch (dem Leistungsvermögen anpassen)

## 2. Aufgabe: Schulung der Bewegungen der Flugphase

*Ziel: Grobform der Lattenüberquerung*
*Steigerung: Anlaufverlängerung und Lattenerhöhung*

| Vorbereiten | Erlernen | Vervollkommnen |
|---|---|---|
| Übungen zur Verbesserung der Hüftbeweglichkeit | **2. Grundübung** **Wälzsprung aus 3–5 Schritten über die Schräglatte** | Sprünge über Turnpferd – mit Abstützen der Arme – ohne Abstützen |
| Sprünge mit verlängerter Flugphase (Tiefsprünge, Federbrett) mit Drehungen und anderen Bewegungsaufgaben im Flug | Abb. 127 | Wälzsprünge mit Landung auf Bodenorientierer für Hand und Schwungbein |
| Imitation der Lattenüberquerung – am Boden | **3. Grundübung** **Sprünge über horizontale Latte mit allmählicher Steigerung der Höhe** | Sprünge vom Federbrett Pirouetten mit ¾-Drehung und Weiterdrehen |
| Abb. 126 | Abb. 128 | |
| – auf Turnpferd oder Kasten | | |
| Übersteigen der Latte mit Imitation der Nachziehbeinbewegung | | |

*Beobachtungspunkte:*
- Schwungbein schnell nach vorn bis in Lattenhöhe schwingen, spürbare Einleitung von Drehungen
- parallele Lage zur Latte
- Auswinkeln des gebeugten Nachziehbeines
- Landung gleichzeitig auf dem Schwungbein und gleichseitiger Hand
- Abrollen über die Schulter

*Methodisch-organisatorische Hinweise:*
- Latte auf Schwungbeinseite anfangs deutlich tiefer, allmählich die Neigung verringern
- Landung auf Sand oder flacher Matte
- Markieren von Absprung und Landung

## 3. Aufgabe: Vervollkommnung der Gesamtbewegung

*Ziel: Verbesserung der rhythmischen Gestaltung des Anlaufs, des Schwungbeineinsatzes und der Lattenüberquerung*
*Steigerung: Lattenhöhe, Anlaufverlängerung, Qualitätsanforderungen*

| Vorbereiten | Erlernen | Vervollkommnen |
|---|---|---|
| Hochsprünge mit verschiedenen einfacheren Formen der Lattenüberquerung im Wechsel oder in unmittelbarer Folge | **4. Grundübung** **Grundleistungssprünge** – **mit Akzentuierung einzelner Elemente der Technik** – **mit Verlängerung des Anlaufs** – **unter Steigerung der Lattenhöhe** | Wälzsprünge aus verschiedenen Anlauflängen und -geschwindigkeiten im Wechsel Wettkampfsprünge nahe der Leistungsgrenze in Serien Wälzsprünge mit dem schwächeren Bein |

*Beobachtungspunkte:*
- Lauf „ziehend" über die Ferse mit KSP-Senkung
- deutlicher Anlaufrhythmus, verlängerter vorletzter Schritt
- aktiver Fußaufsatz mit Nach-vorn-Schieben der Hüfte bei Einnahme der Sprungauslage, schnelles Abklappen des Fußballens nach Aufsatz über Ferse
- Schwungbeineinsatz schnell, leicht gebeugt und im Ansatz gestreckt
- optimale Lattenüberquerung (parallel, Verlagerungen, gutes Ausdrehen des Nachziehbeines)
- Landung auf dem Schwungbein und gleichseitiger Hand (Abrollen)

*Methodisch-organisatorische Hinweise:*
- Mindestfallhöhe beachten, zuerst Landung auf Sand oder einer flachen Matte
- anfangs Gummileine, später Latte verwenden

253

| Fehler | Korrekturmöglichkeiten |
|---|---|
| Trippeln oder Ziehen der Anlaufschritte | Anlaufkontrollen |
| Geschwindigkeitsverlust vor dem Absprung | langsamer Beginn<br>Beschleunigung der letzten Schritte |
| hoher vorletzter Schritt | „Anschleichen", Senken des KSP im vorletzten Schritt<br>Hocksprünge |
| kein Stemmen | Sprungbein gestreckt über Ferse als Hebel einsetzen<br>Sprunglauslage |
| Springer hechtet | Oberkörper aufrecht, Üben des Steigsprungs, Schwung-beineinsatz betonen, Pirouetten über relativ hohe Leine |
| Hüfte weicht im Absprung nach hinten aus | Üben der Sprungauslage, Hüfte vor<br>„Anflieger" zur Latte |
| Schwungbein schlägt Latte | Drehung mehr durch exzentrischen Kraftstoß erzeugen |
| Nachziehbein gestreckt | Üben von Pirouetten<br>Imitation am Boden oder Pferd |
| Hohlkreuz über der Latte | Sprünge an der Schräglatte, unter der Latte hindurchblikken |
| Landung nicht zuerst auf dem Schwungbein bzw. Schwungbein ist ungenügend nach unten geführt | Sprünge an der Schräglatte<br>Bodenorientierer |

## 7.6. Dreisprung
### (Technik und technische Ausbildung)

## Technik

▶ Aufgabe:

Im Dreisprung ist eine möglichst hohe Horizontalgeschwindigkeit auch für den 3. Sprung nötig. Verfolgen Sie, wie dadurch die Technik der einzelnen Absprünge geprägt wird!

Der Dreisprung stellt hohe Anforderungen an die *koordinativ-technischen* Fähigkeiten. Dabei sind vor allem Rhythmusgefühl, Gleichgewichtsvermögen im Flug und eine gute Absprungkoordination von Bedeutung.
An *konditionellen* Fähigkeiten wird hauptsächlich ein hohes Maß von Kraft (Sprungkraft) verlangt. Dreisprünge selbst stellen aber auch gleichzeitig ein wirkungsvolles Mittel zur Entwicklung der Sprungkraft dar.
Die Leistung im Dreisprung wird in technischer Hinsicht wesentlich bestimmt durch:
– die Gestaltung des *Anlaufs* zur Erreichung einer optimalen Anlaufgeschwindigkeit;

– den betont nach vorn gerichteten *Absprung zum Hop;*
– die Vorbereitung und Durchführung der *Absprünge zum Step und zum Jump,* wobei durch einen aktiven, greifenden Fußaufsatz die nachfolgende vollständige Absprungstreckung begünstigt werden muß;
– die *Beherrschung der Flugphasen* in den drei Einzelsprüngen durch aufrechte Oberkörperhaltung und gutes Gleichgewicht;
– eine rationelle Ausführung der *Landung beim Jump.* (Tab. 75)

### *Anlauf*

Der Anlauf im Dreisprung unterscheidet sich nur geringfügig von dem des Weitsprungs (vgl. 7.3.1.). Auch hier muß
– eine möglichst hohe Anlaufgeschwindigkeit erreicht,
– der Balken genau getroffen und
– der Absprung vorbereitet werden.
Die Länge des Anlaufs schwankt bei Spitzenspringern zwischen 38 und 41 m, wobei 18–20 Schritte ausgeführt werden. Auch im Dreisprung kommt es auf den letzten Schritten zu einer leichten Rhythmusänderung. Die

Schritte werden beschleunigt und etwas verkürzt, jedoch muß ein möglichst hoher Kniehub und eine vollständige Abdruckstreckung beibehalten werden. Das wird nötig, um entsprechend der Spezifik des Dreisprungabsprungs (möglichst geringe Stemmwirkung, flache Flugkurve)

– den Fußaufsatz dicht an der vertikalen Projektion des KSP vorzubereiten und
– ein übermäßiges Senken des KSP in der Absprungvorbereitung zu vermeiden.

### Die Absprünge

Mit dem Absprung zum Hop sind 2 Grundforderungen zu erfüllen:

– Erzeugung einer möglichst weiten Flugkurve des Körperschwerpunktes;
– Erhaltung höchster horizontaler Geschwindigkeit.

Diese beiden Forderungen sind bei ihrer Realisierung so aufeinander abzustimmen, daß ein Maximum an Effektivität, d. h. ein *möglichst weiter Sprung bei geringem Geschwindigkeitsverlust, entsteht.*

Mit der Ausführung des Hop wird das Weitenverhältnis der einzelnen Sprünge zueinander und zur Gesamtweite festgelegt.

Bei der Gestaltung der *Teilweitenverhältnisse* gibt es zwei wesentliche Auffassungen, die sich vor allem in der unterschiedlichen Ausführung des Hop widerspiegeln.

Steilsprungtechnik
1. Sprung 38%
2. Sprung 29%
3. Sprung 33%

Flachsprungtechnik
1. Sprung 35%
2. Sprung 30%
3. Sprung 35%

Die Ursachen für die unterschiedliche Gestaltung der Teilweiten liegen im physischen Niveau der Athleten. Sportler mit ausgeprägter Sprungkraft tendieren zur Steilsprungtechnik, während sprintschnelle Springer der Flachsprungtechnik näherkommen.

*Eine Schlüsselstellung besitzt aber immer der 2. Sprung.* Spitzenathleten erreichen sehr weite 2. Sprünge. Das Verhältnis 1. zu 2. Sprung sollte so gestaltet sein, daß die Weite des 2. Sprunges etwa 80–85% der Weite des 1. Sprunges beträgt.

**1. Sprung – Hop:** Der Hop hat folgende Aufgaben zu erfüllen:

1. bei optimaler Sprungweite den Verlust an Horizontalgeschwindigkeit in minimalen Grenzen zu halten;

2. die Landung und den Absprung zum Step vorzubereiten;

3. das Gleichgewicht zu erhalten.

Im letzten Schritt des Anlaufs wird der Oberschenkel des Sprungbeines nach vorn-oben bis zur Waagerechten gebracht. Mit dem Vorschwingen des Unterschenkels senkt sich der Oberschenkel, und das *fast gestreckte Bein setzt aktiv mit der ganzen Fußsohle auf dem Balken auf.* Dieser aktive Aufsatz vermeidet jede *Stemmbewegung,* **verkürzt die Zeit des Absprungs und hält den Verlust an Horizontalgeschwindigkeit gering.**

Wichtig ist danach eine *vollständige Streckung im Hüft-, Knie- und Fußgelenk in der letzten Phase des Absprungs.*

Das Schwungbein wird bis zur Waagerechten eingesetzt. Die Arme unterstützen wechselseitig die Schwungbewegung. In der Flugphase erfolgt ein *Beinwechsel* (Abb. 129/2–5). Das Sprungbein wird nach vorn oben gebracht – Oberschenkel etwa bis zur Waagerechten –, das Schwungbein wird gleichzeitig zurückgeführt. In dieser Phase beginnt die Vorbereitung des Step.

Bei allen drei Teilsprüngen ist eine *aufrechte Körperhaltung* notwendig. Der Oberkörper darf nicht seitwärts abknicken, weder rückwärts noch vorwärts gedreht werden.

Durch einen gut koordinierten Armeinsatz kann bei allen Sprüngen das Gleichgewicht gesteuert werden. Die Mehrzahl der Weltklassespringer wenden im Hop einen wechselseitigen Armeinsatz an, während im Step und Jump der Doppelarmeinsatz dominiert (Abb. 129).

**2. Sprung – Step:** Beim Step sind generell die gleichen Aufgaben wie beim Hop zu erfüllen. Die Absprunggestaltung unterscheidet sich allerdings von der des Absprunges am Balken. Ebenso wie später zum Jump erfolgt jetzt ein aktiver, *greifender* Absprung.

Nach dem Auspendeln des Unterschenkels (Abb. 129/4) setzt das *fast gestreckte Bein dazu etwa 1–2 Fußlängen vor der senkrechten Projektion des KSP mit ganzer Sohle aktiv greifend auf* (Abb. 129/5). Je höher die horizontale Geschwindigkeit beim Aufsetzen ist, desto weiter vorn kann und muß der Sprungbeinfuß aufgesetzt werden. Nach Dickwach[1] beträgt die horizontale Geschwindigkeit 8,7–9,9 m/s. Je akti-

[1] Dickwach, H., u. a.: Technik der Top-Athlethen – Leichtathletik – Sprung. Sportverlag, Berlin, 1991, S. 37.

| Phase | Anlauf | 1. Absprung zum Hop | Flugphase des Hop |
|---|---|---|---|
| Beginn | erste Bewegung des Anlaufs (Hochstart/Angehen) | Fußaufsatz auf dem Balken | Verlassen des Balkens |
| Ende | Fußaufsatz am Balken | vollständige Absprungstreckung (Fußspitze noch am Balken) | Fußaufsatz zum 2. Absprung |
| Funktion | – Erreichen einer möglichst hohen Geschwindigkeit, besonders unmittelbar vor dem Balken<br>– zweckmäßige Vorbereitung des 1. Absprunges vom Balken | – Erzeugen einer möglichst weiten Flugkurve des KSP<br>– Erhalt höchster horizontaler Geschwindigkeit | – Vorbereitung der Landung und des Absprunges zum Step<br>– Erhaltung des Gleichgewichts |
| Merkmale | – Ballenlauf mit Streckphase bis in die Zehenspitzen bei hohem Kniehub<br>– leichte Schrittverkürzung auf den letzten 3–6 Schritten unter Beibehaltung der Laufqualität | – Fußaufsatz des fast gestreckten Beines mit ganzer Sohle<br>– geringe Amortisationsphase<br>– Absprungstreckung bis in die Zehenspitzen<br>– Schwungbeineinsatz bis in die Waagerechte | – Beinwechsel; Oberschenkel des Sprungbeines wird bis in die Waagerechte nach vorn oben gebracht<br>– Auspendeln des Unterschenkels zur Vorbereitung des aktiven Absprunges<br>– aufrechte Oberkörperhaltung |

ver und schneller die Landung ist, desto geringer ist die Bremswirkung und desto schneller gelangt der KSP über die Vertikale hinweg, so daß die aktive Absprungstreckung beginnt. Wie beim Absprung zum „Hop" müssen die Absprungstreckung und die Schwungbewegungen des Schwungbeines und der Arme zeitlich gut *koordiniert* sein. Der Schwungbeineinsatz erfolgt im Step mit etwas größerem Kniewinkel ebenfalls bis zur Waagerechten.

In der Flugphase nimmt der Athlet die für den Dreispringer charakteristische Step-Haltung ein (Abb. 129/8), aus der wiederum eine besonders aktive Landung möglich wird.

Abb. 129   Bildreihe Dreisprung

| | | | |
|---|---|---|---|
| Absprung zum Step | Flugphase des Step | 3. Absprung zum Jump | Flugphase Jump und Landung |
| ...ste Bodenberührung des ...ßes | Verlassen des Bodens | erste Bodenberührung des Fußes | Verlassen des Bodens |
| ...llständige Absprung- ...reckung | Fußaufsatz zum 3. Absprung | vollständige Absprung- streckung | Landung in der Sprunggrube |
| ...wie Absprung zum Hop | – Vorbereitung der Landung und des Absprunges zum Jump<br>– Erhalten des Gleichgewichts | – Erreichen einer großen Teil- weite bei vergrößertem Ab- flugwinkel<br>– Erzielen einer hohen verti- kalen Geschwindigkeits- komponente bei minimalem Verlust an horizontaler Geschwindigkeit | – Schaffen günstiger Landever- hältnisse<br>– Erhaltung des Gleichgewichts<br>– zweckmäßige Landung |
| ...fast gestrecktes Bein setzt 1–2 Fußlängen vor senk- rechter Projektion des KSP mit ganzer Sohle auf aktive Schlagbewegung des aufsetzenden Beines nach hinten unten<br>Hüfte nach vorn drücken<br>schneller Schwungbeinein- satz bis zur Waagerechten | – Einnahme der typischen Step-Haltung<br>– aufrechter Oberkörper<br>– Hüfte muß vorgedrückt werden | – wie Absprung zum Step | – alle Weitsprungarten sind möglich<br>– Anheben der Beine vor der Landung bis zur Waage- rechten<br>– Körper schnell über Fußauf- satzpunkt schieben |

### 3. Sprung – Jump:

Trotz aller Bemühungen, den Verlust an hori- zontaler Geschwindigkeit im Hop und Step ge- ringzuhalten, muß der 3. Absprung mit relativ niedriger horizontaler Geschwindigkeit ausge- führt werden (7,4–8,3 m/s).
Der aktiv greifende Fußaufsatz erfolgt deshalb nur 1–1½ Fußlängen vor der senkrechten Pro- jektion des KSP.
Um trotzdem eine möglichst große Teilweite zu erreichen, muß der Athlet im Absprung bei vergrößertem Abflugwinkel eine hohe verti- kale Geschwindigkeit entwickeln. Damit ver- größert sich auch die Flughöhe.

| 8 | 9 | 10 | 11 | 12 | 13 |
|---|---|---|---|---|---|

257

Bei der technischen Ausführung des 3. Sprunges sind alle Weitsprungtechniken möglich, wobei die erreichte Flugparabel günstig ausgenutzt werden muß, um den Landeverlust geringzuhalten.

Die Streckphase zum „Jump" (Abb. 129/11) muß ebenfalls durch eine vollständige Streckung im Hüft-, Knie- und Fußgelenk gekennzeichnet sein. Der Oberkörper ist aufrecht, und der Schwungbeineinsatz erfolgt bis zur Waagerechten.

Die Landung erfolgt wie im Weitsprung (7.3.1.) beschrieben.

## Kriterien der Technik

Optimal hohe Anlaufgeschwindigkeit, geringer Verlust an horizontaler Geschwindigkeit in den Teilsprüngen durch

1. aktives Springen mit einer greifenden Bewegung
– der Ausgangspunkt für greifende Bewegung: Oberschenkel in der Waagerechten, Knie spitzwinklig, danach Auspendeln im Unterschenkel,
– Fußaufsatz 1–2 Fußlängen vor senkrechter Projektion des KSP mit ganzer Sohle,
– aktive Schlagbewegung des aufsetzenden Beines nach hinten-unten;
2. effektive Streck- und Schwungbewegungen
– vollständige Absprungstreckung im Hüft-, Knie- und Fußgelenk,
– Schwungbeineinsatz jeweils bis zur Waagerechten und in Sprungrichtung,
– Koordinierung der Schwungbewegungen der Arme und des Schwungbeines mit der Absprungstreckung, Doppelarmschwung bei Step und Jump,
– Hüfte bei jedem Absprung nach vorn drücken;
3. gutes Gleichgewicht in allen Sprüngen
– aufrechte, stabile Körperhaltung,
– Arme steuern das Gleichgewicht.

## Technisches Anforderungsprofil für das Nachwuchstraining

Die anzustrebende Grobform muß folgende **technische Schwerpunkte** beinhalten:
● Bei einer Anlauflänge von 14–16 Laufschritten (28–32 m) soll eine optimale Geschwindigkeit erreicht werden, die den technischen und konditionellen Möglichkeiten entspricht, d. h. mittlere bis submaximale $v = 8,5$–$9,0$ m/s.

● Bis zum Absprungbalken muß mit hohem Kniehub ohne Geschwindigkeitsverlust bei hoher Genauigkeit durchgelaufen werden.
● Es sind günstige Teilweitenverhältnisse im Sinne der Flachsprungtechnik anzustreben (1. Sprung 34–35%; 2. Sprung 30–31%; 3. Sprung 35%). Die Weite des Hop liegt etwa 2,00–2,50 m unter der Bestleistung im Weitsprung.
● Die aktiven Absprünge zum Step und zum Jump sind vorrangig zu entwickeln, wobei beim Fußaufsatz das Vorgreifen vor den KSP mit 15–20 cm etwas geringer als im Spitzenbereich ist.
● Alle Absprünge sind vorwiegend bei Kraftentfaltung in horizontaler Richtung zu schulen.

## Technisches Anforderungsprofil für das Anfängertraining

Von den Sportlern sollte der Dreisprung aus mittlerem, schnellem Anlauf in der richtigen Bewegungsfolge und mit annähernd erfaßtem Sprungrhythmus ausgeführt werden. Folgende technische Elemente sind auszuprägen:
– ständige Steigerung der Geschwindigkeit bei 10–12 Anlaufschritten ($v = 6,5$–$7,5$ m/s)
– keine Frequenzänderung vor dem Balken, aber Aufrichten des Rumpfes
– Überbetonung der Flachsprungtechnik mit besonderer Beachtung des 2. Sprunges (Teilweitenverhältnisse: 1. Sprung 33–35%; 2. Sprung 30–32%; 3. Sprung 35%); die Weite des Hop liegt etwa 2,50 m unter der Bestleistung im Weitsprung
– aktive, greifende Absprünge auf der ganzen Fußsohle in Vorbereitung der Absprünge zum Step und zum Jump
– jeweils nur geringes Absenken des KSP bei jedem Absprung, betontes Nach-vorn-Springen.

▶ Aufgaben:
1. Wodurch unterscheidet sich der Absprung zum „Hop" von den Absprüngen zum „Step" und zum „Jump"?
2. Welche Auffassungen gibt es über die Gestaltung der Teilweitenverhältnisse, und worin sehen Sie deren Ursachen?
3. Begründen Sie, warum beim Step und Jump Doppelarmschwünge günstiger sind!
4. Warum muß beim dritten Absprung ein vergrößerter Abflugwinkel erreicht werden?

# Technische Ausbildung

Dreisprungübungen sind wichtige Mittel im Sinne der vielseitigen Ausbildung. Mit dem Kennenlernen dieser schwierigen leichtathletischen Disziplin werden in hohem Maße koordinative Fähigkeiten angesprochen, vor allem die Rhythmisierungs- und die Gleichgewichtsfähigkeit unter dem Gesichtspunkt der Organisation der Teilkörperbewegungen und das Sprunggefühl als Ausdruck der Differenzierungsfähigkeit. Die reaktiven Lande-Absprung-Bewegungen werden besonders vermittelt, was auch für andere leichtathletische Disziplinen von Bedeutung ist (Hochsprung, Weitsprung, Hürdenlauf). Dreisprünge stellen außerdem ein wirkungsvolles Mittel der Sprungkraftentwicklung dar.

In der Dreisprung-Ausbildung ist ein abgestimmtes Verhältnis zwischen den konditionellen, koordinativen und technischen Voraussetzungen besonders zu beachten. Ein vorzeitiges Belasten vor allem der jungen Sportler im Nachwuchstraining durch viele intensive Trainingssprünge (z. B. in wettkampfnaher Ausführung) kann zu Überforderung, Schäden und Leistungsstagnation führen.

## Leitlinien des methodischen Vorgehens

Zur gründlichen konditionellen und koordinativen Vorbereitung haben im Dreisprung *spezielle vorbereitende Übungen* eine besondere Bedeutung. Folgende *Sprungformen* sind möglich:
- Sprungläufe (li-re-li-re-...),
- Einbeinsprünge (li-li-li... bzw. re-re-re...),
- Wechselsprünge (li-li-re-re-...),
- Sprünge im Dreisprungrhythmus (li-li-re-... bzw. re-re-li...).

Mit diesen Übungen beginnt gleichzeitig das Erlernen der richtigen Technik für den Dreisprung. Dabei stehen die technischen Beobachtungspunkte (siehe 1. Ausbildungsaufgabe) ständig im Mittelpunkt. Die Nutzung der speziellen vorbereitenden Übungen garantiert aber auch die äußerst wichtige Kräftigung des Gelenk- und Bandapparates des Athleten. Insofern kann der Verletzungsgefahr vorgebeugt werden.

● Der wettkampfmäßige Dreisprung wird durch die *Ganzheitsmethode* entwickelt. Zur Verbesserung und Stabilisierung der Technik können alle horizontalen Sprungübungen genutzt werden.

● Die methodische Steigerung erfolgt in erster Linie über die Erschwerung der Anlauf-Absprung- und Lande-Absprung-Koordination durch allmähliche *Geschwindigkeitssteigerung* (verlängerter Anlauf).

● Die Anfänger müssen *systematisch an höhere Belastungen herangeführt* werden, das betrifft sowohl den Umfang als auch die Intensität der Sprungübungen.

● Im Schüler- und Jugendbereich muß das *Hauptkriterium* für eine Leistungsverbesserung *technisch einwandfreies Springen* sein. Erst bei technischer Reife und Stabilität in der Bewegungsausführung kann z. B. das spezielle Sprungkrafttraining im Umfang und in der Intensität wesentlich erhöht werden.

● Zur Vermeidung von Überbelastungen können die Sprünge zunächst auf einer Weichbahn, auf Matten oder ebenem Rasen ausgeführt werden, bevor auf festem Untergrund gesprungen wird.

## Reihung der Ausbildungsaufgaben

### 1. Schulung der aktiven Absprunggestaltung und Vorbereiten der richtigen Sprungfolge

Es sollen wichtige technische Details der Dreisprungtechnik entwickelt werden. Mit der Absprungschulung werden konditionelle und koordinative Fähigkeiten entwickelt. Alle Teilaufgaben zielen auf rationelles Entwickeln der Fertigkeiten des Athleten, wobei gleichzeitig der Verletzungsgefahr bei unsauberem Springen entgegengewirkt wird.

### 2. Erlernen des Grundrhythmus

Mit Hilfe der Ganzheitsmethode soll die Grobform der Technik beherrscht werden, um eine Teilnahme an Wettkämpfen abzusichern bzw. den Dreisprung als wirkungsvolles Trainingsmittel einsetzen zu können.

### 3. Vervollkommnung und Stabilisierung der Technik bei ständiger Verlängerung des Anlaufs

Die technischen Fertigkeiten sollen bis zur Feinstform entwickelt werden, die auch bei größter Schnelligkeitskomponente (langer Anlauf) und höchsten nervlichen Belastungen (Wettkampf) stabil bleibt.

Zur Vervollkommnung der Phasen Anlauf und Landung werden Übungen der Weitsprungausbildung genutzt.

## Übungskomplexe und methodische Hinweise zu den Ausbildungsaufgaben

1. Aufgabe: Schulung der aktiven Absprunggestaltung und Vorbereiten der richtigen Sprungfolge

*Ziel: Erlernen der reaktiven Lande-Absprung-Bewegung*
*Erlernen der richtigen Koordination aller Teilelemente der 'Absprungbewegung*
*Vorbereitung des Rhythmus des Dreisprungs*
*Steigerung: Verwenden/Vergrößern des Anlaufs, Zusatzgeräte, erschwerte äußere Bedingungen*

| Vorbereiten | Erlernen | Vervollkommnen |
|---|---|---|
| Mehrfachsprünge als Sprungläufe, Einbeinsprünge, Wechselsprünge ohne bzw. mit Wettkampfformen<br>– über eine bestimmte Strecke oder Sprunganzahl<br>Beispiel: Wettwanderspringen<br>– als Markierungssprünge über Stäbe, Sprungseile, Gymnastikreifen, Kreidemarkierungen u. ä.<br>Beispiel: Gitterspringen (Abb. 130)<br>Gitterspringen im Dreisprungrhythmus | **1. Grundübung**<br>**aneinandergereihte Dreisprünge**<br>**(li-li-re-li-li-re . . . bzw.**<br>**re-re-li-re-re-li . . .) aus dem**<br>**Gehen** | Ausführung der 4 möglichen Sprungformen unter besonderer Berücksichtigung der Absprungschulung als<br>– Dreiersprünge<br>– Fünfersprünge<br><br>desgl. bei Einbeziehung von flachen Kästen (aktive Landung/Absprung nach Sprung vom Kasten herab)<br>z. B. |

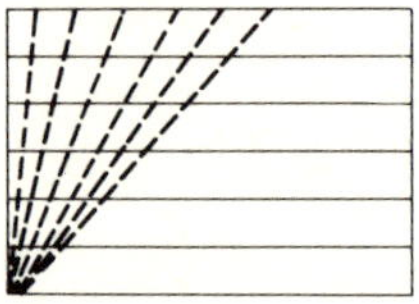

Abb. 130

Abb. 131

2 – 9m

– auf bzw. über Hindernisse
    Sprünge über eine Kastentreppe
    Sprünge auf und über Kastenteile, Pappkartons, Turnbänke
    u. ä.
    Sprünge von Matte zu Matte
– als Treppensprünge an der Stadiontreppe oder am Hang aufwärts

Imitation des greifenden Absprungs
– im Stand
– im Weitergehen
– Hopserlauf betont vorwärts
– beim einbeinigen Rollschuhfahren

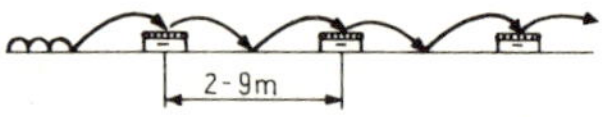

*Beobachtungspunkte:*
– Beachtung der richtigen Sprungfolge li-li-re bzw. re-re-li
– aktive, greifende Absprünge auf der ganzen Fußsohle
– jeweils vollständige Absprungstreckung bis in die Zehenspitzen
– Schwungbeineinsatz bis zur Waagerechten
– aufrechte Oberkörperhaltung
– gleiche Längenverhältnisse der Sprünge

*Methodisch-organisatorische Hinweise:*
– aus dem Stand oder mit einigen Angehschritten beginnen
– viel auf ebenem Rasen oder Filzläufer springen und Wettkampfformen durchführen
– Entfernung der Geräte bzw. Markierungen nach Alter und Leistungsfähigkeit variieren
– erschwerte Bedingungen (z. B. Sand, Schnee, ansteigende Bahn) und Verwendung von Zusatzlasten (z. B. Gewichtsweste) nur bei Spitzenathleten

## 2. Aufgabe: Erlernen des Grundrhythmus

*Ziel:* Einhalten der vorgeschriebenen Sprungfolge
Erreichen günstiger Teilweitenverhältnisse
Entwicklung der Grobform für eine Wettkampfbeteiligung
*Steigerung:* systematische Anlaufverlängerung, Veränderung der Kastenentfernung bzw. Kastenhöhe

| Vorbereiten | Erlernen | Vervollkommnen |
|---|---|---|
| Wettwanderspringen im Dreisprung-rhythmus<br>– Markierungssprünge im Drei-sprungrhythmus<br>– Zweisprünge li-li oder re-re mit Landung in der Grube zur Schulung des „Hop"<br>– Zweiersprünge „Hop-Step" mit Betonung des langen „Step"<br>– Weitsprünge mit dem Absprungbein des „Jump" | **2. Grundübung**<br>**Dreisprung aus dem Angehen in die Sprunggrube**<br><br>**3. Grundübung**<br>**Dreisprung aus kurzem bis mittlerem Anlauf (3–10 Anlaufschritte)** | Kastensprünge zur Unterstützung des Dreisprungrhythmus (vor allem des langen „Step") |

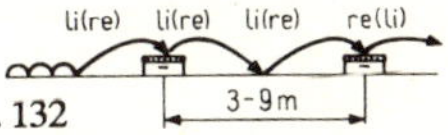

Abb. 132

2-Kasten-Übung „Hop-Step"

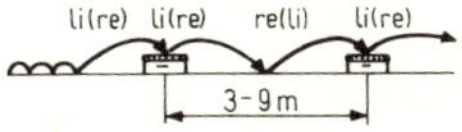

Abb. 133

horizontale Sprungformen im Dreisprungrhythmus unter Beachtung des Grundrhythmus (z. B. 10er-Sprünge)

*Beobachtungspunkte:*
– ständige Steigerung der Geschwindigkeit bis zum 1. Absprung
– Aufrichten des Rumpfes
– günstige Teilweitenverhältnisse (siehe Tabelle) mit besonderer Beachtung des „Step"
– aktives Greifen und vorwärts gerichtete Absprünge
– diagonaler Armeinsatz zum „Hop", Doppelarmeinsatz zum „Step" und „Jump"

*Methodisch-organisatorische Hinweise:*
– Sprünge nach Teilweitenmarkierungen (s. Tabelle)
– akustische Orientierer geben
– oft auf weichem Untergrund, wie Rasen oder Filzläufer, springen
– in ausgeruhtem Zustand durchführen, entsprechend lange Pausen, Entspannungs- und Lockerungsübungen für Sprungmuskulatur
– Anlauflänge je nach Entwicklungsstand und Momentanzustand festlegen
– flache Kastenoberteile (20 cm hoch) verwenden

| Gesamtweite | Notwendige Teilweiten | |
|---|---|---|
| | Hop | Hop + Step |
| 7,00 m | 2,45 m | 4,55 m |
| 7,25 m | 2,55 m | 4,70 m |
| 7,50 m | 2,60 m | 4,90 m |
| 7,75 m | 2,70 m | 5,05 m |
| 8,00 m | 2,80 m | 5,20 m |
| 8,25 m | 2,90 m | 5,35 m |
| 8,50 m | 3,00 m | 5,50 m |
| 8,75 m | 3,10 m | 5,65 m |
| 9,00 m | 3,15 m | 5,85 m |
| 9,25 m | 3,25 m | 6,00 m |
| 9,50 m | 3,35 m | 6,15 m |

### 3. Aufgabe: Vervollkommnung und Stabilisierung der Technik bei ständiger Verlängerung des Anlaufs

*Ziel:* Umsetzen der Anlaufgeschwindigkeit bei optimalen Sprungweiten
Ausnutzen der Sprungkraftpotenzen
*Steigerung:* Anlaufverlängerung, Kastenabstände vergrößern, geringe Zusatzlasten (bis 5 kg)

| Vorbereiten | erlernen | Vervollkommnen |
|---|---|---|
| – Anlaufkontrollen mit Ausführung des „Hop" bei deutlichem Schrittwechsel in der Luft und Weiterlaufen in der Grube | **4. Grundübung**<br>**Dreisprung aus allmählich verlängertem Anlauf (11–16 Anlaufschritte**<br><br>– mit Weitenmarkierungen<br>– mit Messen der Teilweiten | Dreisprünge aus mittlerem bis langem Anlauf unter jeweiliger Beachtung einzelner Technikelemente<br><br>Schulung einzelner technischer Elemente bei horizontalen Sprüngen auf Weite und nach Zeit<br><br>Übungen zur Verbesserung des Anlaufrhythmus und der Anlaufgenauigkeit sowie zur Verbesserung der Landephase (wie beim Weitsprung)<br><br>Dreisprung von einem Kasten aus dem Stand und 1–2 Anlaufschritten (Abb. 134) |

Abb. 134

*Beobachtungspunkte:*
- Erreichen einer dynamischen Anlaufgestaltung bei optimaler Anlauflänge
- aktives Greifen bei allen Sprüngen mit nachfolgender vollständiger Absprungstreckung
- richtiger Einsatz der Schwungelemente (Schwungbeinknie bis zur Waagerechten, Wechselarmschwung im „Hop" und Doppelarmeinsatz im „Step" und „Jump")
- Erhalten des Gleichgewichts bei allen Teilsprüngen
- günstige Teilweitenverhältnisse der einzelnen Sprünge
- geringer Landeverlust

*Methodisch-organisatorische Hinweise:*
- Anlauflänge nach Entwicklungsstand bzw. Trainingszustand festlegen
- Kastenentfernung geht vor Kastenhöhe

## Wesentliche Fehler und Korrekturmöglichkeiten

| Fehler | Korrekturmöglichkeiten |
|---|---|
| *„Hop"*<br>Ausführung des 1. Sprunges ist zu hoch | Beachtung eines zügigen Laufs bis zum Balken Möglichst ohne Geschwindigkeitsverlust ganz flach nach vorn abspringen |
| das Sprungbein wird gestreckt nach vorn gebracht | Üben von horizontalen Sprüngen mit betontem Vorhochbringen des Knies bis in die Waagerechte |
| passives Aufsetzen des Sprungbeines zum „Step"-Absprung | Ausführung von horizontalen Sprüngen auf dem Rasen oder Filzläufer mit hauptsächlichem Orientieren auf ein aktives Greifen |

262

*„Step"*
kein Sprung, sondern nur ein Schritt
sitzende Haltung in der Luft (Gesäß zu weit zurück)

Oberkörper knickt vorwärts oder seitwärts ab

Sprünge mit Teilweitenmarkierungen
Hüfte vordrücken beim Absprung
energischer schneller Schwungbeineinsatz

aufrechte Oberkörperhaltung fordern
geradlinige Beinführung
Arme steuern das Gleichgewicht

*„Jump"*
zu flache Flugkurve

zeitiges Senken der Beine zur Landung (großer Landeverlust)

letzter Sprung über Hindernis oder auf Mattenberg
Sprünge nach Teilweitenmarkierungen

Zweiersprünge Step-Jump mit Anlauf bei aufrechtem
Oberkörper (hoher Schwungbeineinsatz)
Entwicklung der Bauchmuskulatur in Verbindung mit
speziellen Landeübungen

## 7.7. Stabhochsprung
(Technik und technische Ausbildung)

## Technik

Der Stabhochsprung ist eine komplizierte sportliche Bewegung. Er stellt höchste Anforderungen an die konditionellen und koordinativen Voraussetzungen des Sportlers.
Die Schwierigkeit des Bewegungsablaufs liegt vor allem in der effektiven Einbeziehung und Ausnutzung des Sprungstabes begründet.
Beim Stabhochsprung kommt es darauf an, die während des Anlaufs und Absprungs entwickelte kinetische Energie optimal auf den Stab und die Bewegungen am Stab zu übertragen und dessen elastische Eigenschaften in Verbindung mit den eigenen Bemühungen für den Höhengewinn zu nutzen.
Die Leistung wird vor allem von folgenden Faktoren bestimmt:
– von einer möglichst hohen Anlaufgeschwindigkeit;
– von einem technisch zweckmäßigen Einstich-/Absprungkomplex, um eine möglichst große Menge an kinetischer Energie für das Biegen und Aufrichten des Stabes entwickeln zu können;
– von den effektiven Bewegungen des Springers am Stab und den dazu notwendigen konditionellen Voraussetzungen, um zunächst die Biegung des Stabes und dann ein Optimum des Zusammenwirkens der Stab- und Muskelkräfte für die vertikale Beschleunigung des Körpers bis zum Abstoß vom Stab zu gewährleisten;

– von den beherrschten Bewegungen im Flug, die eine rationelle Lattenüberquerung und sichere Landung ermöglichen.

*Anlauf*

> Aufgabe des Anlaufs ist es, eine hohe, aber beherrschbare Geschwindigkeit zu entwickeln und die Einstichbewegung vorzubereiten.

Am Ende des Anlaufs muß trotz großer Geschwindigkeit eine gute Absprung- und Aktionsbereitschaft gewahrt bleiben. Wesentlich dafür ist die Anlaufgestaltung in Länge und Beschleunigung, wobei es auf ökonomischen Krafteinsatz und Absprunggenauigkeit ankommt.
Die *Länge* des Anlaufs hängt hauptsächlich von der Beschleunigungsfähigkeit und dem Gesamtfertigkeitsniveau ab. Als optimale Länge gelten 18–22 Anlaufschritte.
**Griff und Trageweise:** Mit einer *Griffweite* von etwa 80–100 cm je nach Körper- und Griffhöhe wird der Stab zwiegriffs erfaßt. Rechtshänder ergreifen den Stab in der gewünschten Griffweite kammgriffs mit der rechten Hand hinter und ristgriffs mit der linken Hand vor dem Körper. (Abb. 135a) Der Stab wird also auf der rechten Seite des Körpers getragen. Beide Hände fassen den Stab mit betont lockerem Griff. Es ist zu beachten, daß der Stab hauptsächlich auf dem Daumen der linken Hand ruht. Beide Ellbogen sind gebeugt, wobei sich der rechte über dem Stab befinden sollte. (Abb. 135, b und c)
Die Spezifik des Anlaufs besteht darin, einerseits trotz des Stabes eine hohe Geschwindig-

*Tabelle 76: Übersicht über die Phasenstruktur des Stabhochsprungs*

| Phase | Anlauf | Einstich/Absprung | Hang | Aufschwung und Einrollen | Streckung | Drehumstützen und Abstoß | Lattenüberquerung und Landung |
|---|---|---|---|---|---|---|---|
| Beginn | erster Schritt | drittletzter Stütz | Lösen vom Boden | Vorschwung des Sprungbeines | L-Position | I-Position | Lösen der rechten Hand |
| Ende | Fußaufsatz des Sprungbeines | Lösen vom Boden | Vorschwung des Sprungbeines | Erreichen der L-Position | I-Position | Lösen der rechten Hand | Landung auf dem Sprunghügel |
| Funktion | – Entwicklung einer optimalen Anlaufgeschwindigkeit <br> – Vorbereiten von Einstich und Absprung | – Ermöglichen des Übergangs vom Anlauf zum Absprung <br> – Erzeugen einer hohen Abfluggeschwindigkeit und Stabbelastung | – durch Stabbiegung Umwandeln der kinetischen Energie in potentielle <br> – Verkürzen und schnelles Aufrichten der Stabachse <br> – Vorspannung der Muskulatur für Einrollen | – Verkürzen des Pendels und damit Erhöhen der Bewegungsgeschwindigkeit des Aufschwungs <br> – weitere Vergrößerung der Stabbelastung und -biegung | – vertikale Beschleunigung des Körpers durch zweckmäßige Koordination der Teilimpulse, Körperstrekkung, Armzug und Stabstreckung | – Realisieren des Überganges aus der Zug in die Abstoßposition <br> – letzte vertikale Beschleunigung durch den Abstoß vom Stab | – endgültige Erfolgssicherung durch effektives Überqueren der Latte und gefahrloses Landen |

keit zu erreichen und andererseits zur Sicherung einer guten Einstichbewegung den Stab ohne starke vertikale und horizontale Schwingungen zu tragen. Zu Beginn des Anlaufs sollte der Stab nahezu senkrecht getragen werden und anschließend nur nach vorn fallen, weil er so das Sprinten am wenigsten behindert. Jegliche Pendelbewegungen der Stabspitze während des Anlaufs sind überflüssig und können die zunehmende Schrittfrequenz und -länge negativ beeinflussen.

Wenn zu Beginn des *letzten Anlaufdrittels* die Spitze allmählich auf den Einstichkasten gerichtet wird, ist besonders darauf zu achten, daß eine *frontale Lauf- und ruhige Stabhaltung* eingehalten wird.

Die erreichte Geschwindigkeit muß besonders durch Frequenzerhöhung noch gesteigert werden. Beim geführten Senken der Stabspitze bei großen Griffhöhen und den damit verbundenen ungünstigen Hebelverhältnissen besteht die Gefahr einer Körperrücklage, durch die

---

**(Tabellenspalten, gedreht dargestellt)**

*Spalte (oben):*
- Optimierung des Trägheitsmomentes zur Steuerung der Winkelgeschwindigkeit der Drehung um die Breitenachse rückwärts
- Gegenbewegung der Beine für Überquerung des Oberkörpers und der Arme (Hohlkreuz)
- Landung auf großer Körperfläche

*Spalte (oben):*
Längsachse
- Heranführen des Stabes an die Schultern
- Abstoß und Lösen der linken Hand
- Abstoß rechts mit Schultereinsatz links

*Spalte (oben):*
Zug nach hinten oben bewegt
- Vorspannung der Armmuskulatur
- weitere Rückbewegung des Oberkörpers
- Anlegen des linken Unterarms an den Stab

*Spalte:*
gestreckte Sprungbeines
- Rückkippen des Oberkörpers, dadurch Verlagern des Drehpunktes in die Schulterachse mit Verkürzen des Pendels
- Anziehen der Beine
- Auflösen der Fixierung links und Ausdrehen des linken Ellbogens
- Becken wird über die Schulterhöhe angehoben, Knie streben zur oberen Griffstelle
- Unterschenkel sind gebeugt nach oben-hinten gerichtet

*Spalte:*
(umgekehrte C-Position)
- Spannung in Rumpf und Armen (Spannungsdreieck)
- Springer bleibt betont hinter dem Stab durch Druck auf Stab an beiden Griffpunkten (hohe Stabbelastung)
- Schwungbein führt oder fällt locker nach unten

*Spalte:*
- minimale Verwringung des Rumpfes
- vollständige Streckung des rechten Armes
- großer Einstichwinkel und hohe KSP-Lage
- völlige Streckung in Hüft-, Knie- und Fußgelenk
- betonte Belastung des Stabes über den gestreckten rechten und fixierten linken Arm

*Spalte:*
- effektive Anlaufgestaltung mit höchstmöglicher Endgeschwindigkeit, größter Genauigkeit und Einstich- und Absprungbereitschaft

---

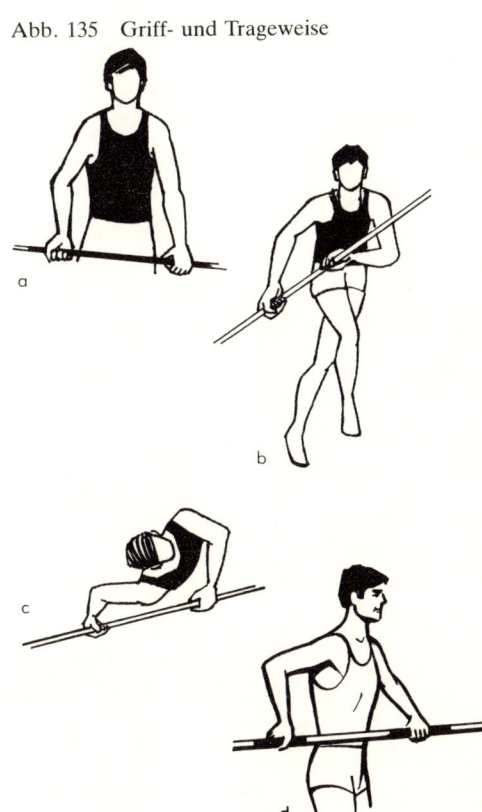

Abb. 135   Griff- und Trageweise

die horizontale Geschwindigkeit, der Absprung und die Belastungsmöglichkeit des Stabes negativ beeinflußt werden. Ihr kann man durch einen relativ weiten Griff entgegenwirken.

Die letzten drei Schritte des Anlaufs, bei denen bereits die Einstichbewegung beginnt, zählen zum Einstich-Absprung-Komplex.

### Einstich-Absprung-Komplex

Mit Hilfe der Einstich-Absprung-Bewegungen wird der Übergang zu den Bewegungen am Stab ermöglicht und dem Springer ein zusätzlicher Impuls erteilt.

Beide Elemente beeinflussen das Resultat deutlich. Deshalb kommt gerade ihrer Ausprägung im Ausbildungsprozeß höchste Bedeutung zu.

*Grundsätzlich gilt,*

– Einstich und Absprung unter möglichst geringem Geschwindigkeitsverlust zu gestalten;
– eine größtmögliche Energieübertragung auf den Stab (Stabbelastung) zu erreichen;
– durch konsequente Beachtung des Prinzips der Geradlinigkeit und Betonung des Vorwärts-aufwärts-Dranges zweckmäßige Geschwindigkeitsverläufe zu sichern.

**Einstichbewegung:** Der Einstich wird vorbereitet, indem spätestens bis zum viertletzten Schritt der Stab in eine horizontale Lage gesenkt wird. Der Einstichvorgang selbst vollzieht sich während der letzten drei Schritte (links-rechts-links).

● Im *drittletzten* Schritt ist die Stabspitze auf den Einstichkasten zu richten, indem die rechte Hand in die Nähe des Beckenkammes geführt wird. Der rechte Ellbogen bleibt noch über dem Stab. Gleichzeitig streckt sich der linke Arm nach vorn (Abb. 136/1).

● Im folgenden *vorletzten* Schritt wird die Stabspitze weiter in Richtung Einstichkasten gesenkt und durch eine Drehung der rechten Hand (Pronation) die Streckung des rechten Armes nach oben-vorn begonnen. Diese Drehung von Hand und Unterarm muß bei lockerem Griff so weit gehen, daß der Handrücken nach außen, die Gabel Zeigefinger-Daumen nach oben zeigt und der Ellbogen sich mit dem Aufsatz des rechten Fußes unter dem Stab befindet. Kommt der KSP vertikal über den rechten Fuß, muß die rechte Hand auf dem kürzesten Wege seitlich dicht am Körper so weit nach vorn-oben gebracht sein, daß der obere Griffpunkt knapp vor dem Rumpf etwa in Kopfhöhe liegt. Die Schulterachse bleibt dabei frontal in Laufrichtung, der linke Arm ist nun fast vollständig gestreckt (Abb. 136/2 u. 3).

● Während des *letzten* Schrittes wird der rechte Arm schnell nach oben gestreckt, so daß die rechte Hand und damit der obere Griffpunkt in maximaler Höhe leicht vor dem Rumpf liegen. Die Längsachse des Sportlers sollte senkrecht stehen, der Blick wird nach vorn gerichtet (Abb. 136/4). Erst kurz nach dem letzten aktiven Fußaufsatz muß der Stab

Abb. 136    Bildreihe Stabhochsprung

im Einstichkasten Widerstand finden. Dadurch wird ein großer Einstichwinkel erzielt und gleichzeitig ein schneller Absprung nach vorn-oben gesichert. Beide Faktoren erleichtern das Aufrichten der Stabachse und eine hohe Stabbelastung für eine rasche Biegung und damit Verkürzung des Abstandes zwischen dem Stützpunkt des Stabes und dem oberen Griffpunkt. Da mit dem Auftreffen der Stabspitze an der Wand des Einstichkastens hohe Reaktionskräfte in Richtung Stabende auftreten, muß sich der Springer durch festen Griff und hohe Muskelspannung in Rumpf und Armen darauf einstellen, um den Rückstoß abfangen zu können. Denn nur wenn er diesen enormen Druck überwindet, ist er in der Lage, die in Anlauf und Absprung erzeugte kinetische Energie zu übertragen (Biegung des Stabes). Er muß bestrebt sein, durch diese hohe Spannung, die sich auch in einem relativ geringen Nachgeben des linken Armes zeigen muß, möglichst lange hinter dem Stab zu bleiben.

**Absprung:** Der Absprung hat die Aufgabe, einen vertikalen Impuls für das Aufrichten des Stabes zu erzeugen, ohne die horizontale Geschwindigkeit wesentlich zu vermindern. Es findet deshalb kaum eine Veränderung des Schrittrhythmus statt, wie wir sie vom Weitsprung kennen, weil der KSP vor dem Absprung nur wenig gesenkt wird. Der vorletzte Schritt wird also nur geringfügig verlängert (10–15 cm), und der letzte wird sehr schnell und aktiv ausgeführt. Typisch für Stabhochspringer ist, daß der Fuß nicht über die Ferse, sondern sofort auf der ganzen Sohle oder sogar auf dem Ballen aufsetzt, um die horizontalen und vertikalen Bremswirkungen möglichst niedrig zu halten. *Problematisch* ist die richtige Wahl der *Absprungstelle*. Spitzenkönner neigen in jüngster Zeit dazu, den Fuß noch leicht vor dem Lot der oberen Griffstelle im Moment des Einstichs aufzusetzen (sogenanntes Hinterlaufen). In diesem Fall kommt es zu einer geringeren Vorbiegung bzw. Vorbelastung des Stabes noch während des Absprungs. Sie ist stärker, wenn sich die Fußspitze senkrecht unter oder in Richtung des Kastens bis 20 cm hinter dem Lot der rechten Hand befindet (sogen. Unterlaufen). Dafür muß bei dieser zweiten Variante mit einem größeren Verlust an horizontaler Geschwindigkeit gerechnet werden, die allerdings als potentielle Energie bereits in die Stabvorbiegung eingeht.

Unabhängig von der Einstichvariante, muß der Stützpunkt des Sprungbeines in Laufrichtung genau auf einer Linie mit dem Einstichpunkt der Stabspitze liegen, um eine optimale Energieübertragung zu gewährleisten.

Die im Vergleich zum Weitsprung stärker vorwärts gerichteten Aktionen im Absprung führen zu verhältnismäßig kurzen Absprungzeiten von 0,10–0,11 s. Deshalb müssen die Streck- und Sprungbewegungen sehr explosiv erfolgen, damit eine völlige Körperstreckung vollzogen werden kann. Sie ist notwendig für die Ausnutzung der ganzen Länge des möglichen Beschleunigungsweges des KSP und die Sicherung eines großen Einstichwinkels.

Da nach neueren Untersuchungen das Maximum der Beschleunigung des Schwungbeines schon deutlich vor dem Erreichen der Waagerechten mit dem Oberschenkel liegt, muß der Oberschenkel nicht unbedingt so hoch wie beim Weitsprung angerissen werden. Abweichungen von der Waagerechten bis zu 30° sind deshalb noch zu akzeptieren. Dabei erfolgt die Hauptbelastung des Stabes über den rechten Arm und die rechte Schulter, unterstützt durch die Vorwärtsbewegung des Rumpfes.

Der linke Arm ist in Druckposition seitlich unter dem Stab und hält ihn vom Rumpf fern. Diese sogenannte Fixierung ist nur aufrechtzuerhalten, wenn ein Ellbogenwinkel von mindestens 90–100° erreicht wird und die Hauptbelastung über den rechten Arm erfolgt. Bis zur Beendigung der Absprungaktion ist der Aufbau einer *Vorspannung der Rumpfmuskulatur* von Bedeutung, die sich in Form einer Bogenspannung von der rechten Hand bis zum linken Fuß erstreckt. Die schnelle Schwungbeinaktion und die Absprungstreckung führen das Becken und den Rumpf nach vorn-oben und erhöhen diesen Effekt.

### Hang

In der Phase nach dem Absprung kommt es darauf an, durch optimale Energieübertragung und ein zweckentsprechendes Bewegungsverhalten am Stab ein großes Energiepotential in Form von Spannungsenergie in Stab und Springer aufzubauen und die Stabachse aufzurichten.

Das ist gewährleistet, wenn

– sich die Körpermasse direkt hinter der Stabachse befindet und diesen optimal belastet (jedes seitliche Abweichen ist ein Energieverlust);

– trotz des Dranges von Brust und Becken nach vorn-oben die Ganzkörperfixierung nicht zu zeitig aufgelöst wird;
– der Springer so lang wie möglich bleibt, um einerseits durch das lange Pendel ein zu schnelles Vorschwingen zu verhindern, was zu schlechteren Bedingungen für die Hauptbelastung des Stabes über die rechte Hand führen würde, und andererseits durch eine möglichst niedrige Lage des KSP des Gesamtsystems Springer/Stab das Aufrichten der Stabachse zu erleichtern;
– das Sprungbein hinter dem Körper bleibt und so eine hohe Vorspannung der Muskulatur der Körpervorderseite erzeugt wird, die das anschließende Einrollen günstig beeinflußt;
– das Schwungbein locker nach unten fällt, um den KSP damit weiter nach unten zu verlagern.

Der Springer befindet sich dadurch in der sog. *C-Position*. Die hohe Belastung des Stabes führt zu seiner gewünschten Biegung. Indem sich dadurch die Stabachse zügig verkürzt, bleibt trotz der hebelnden Wirkung des Stabes nach dem Absprung zunächst eine mehr horizontale Bewegungsrichtung des Springers erhalten.

Zeitlich ist der Hang die kürzeste Teilphase am Stab (0,08–0,1s). Ihr prozentualer Anteil nimmt aber mit steigender Sprunghöhe infolge der größeren Griffhöhen zu.

### Aufschwung und Einrollen

Mit dieser Phase beginnt die eigentliche vertikale Beschleunigung des Springers. In dem Augenblick, wo das lange Pendel mehr nach oben schwingt und dabei durch das Schwerkraftmoment seine Bewegungsgeschwindigkeit verlangsamen würde, muß (ähnlich wie an den Schaukelringen) das Pendel rasch verkürzt werden. Das verkleinert das Trägheitsmoment, und das Pendel wird noch einmal beschleunigt. Damit nimmt die Stabbelastung weiter zu, so daß der Stab seine maximale Biegung erreichen kann, die bei etwa 90 Grad liegen sollte.

Der Aufschwung beginnt, wenn die Brust die Stabachse erreicht. Stab- und Rumpfachse liegen dann etwa parallel. Er wird eingeleitet durch einen energischen Vorschwung des gestreckten Sprungbeines. Sobald beide Beine etwa auf gleicher Höhe sind, werden sie in den

Kniegelenken gebeugt und setzen gemeinsam unter weiterer Verkleinerung der Knie- und Hüftwinkel nun die Bewegung mit dem Einrollen fort. Der zu diesem Zeitpunkt noch immer wirksame Gegendruck der völlig gestreckten Arme verhindert, daß die Schultern diesen Vorwärts-aufwärts-Schwung mitvollziehen können. Sie werden dadurch zum Drehpunkt des Einrollens, was eine zusätzliche Verkürzung des Pendels bedeutet. Das Ergebnis ist eine Art „Rückkippen" des Rumpfes, das der Kopf durch seine achsengerechte Haltung unterstützt. Er darf also nicht mit dem Kinn zur Brust gezogen werden. (Abb. 137)

Abb. 137   L-Position

Im letzten Teil des Einrollens muß der Springer im richtigen Augenblick die Druckfunktion des linken Armes aufgeben und mit einem Auswärtsdrehen des Ellbogens zur Zugspannung übergehen. Das muß geschehen, wenn die Schwungenergie des Pendels durch die Schwerkraft nahezu getilgt ist und die Aufwärtsbewegung zum Stillstand kommen würde. Mit der Zugkraft des linken Armes können aber das Becken und die Beine weiter nach oben gehoben werden, bis die sogenannte *L-Position* erreicht ist. Durch den Armzug weicht der gebogene Stab nun auch nach links aus und gibt Raum für das weitere Einrollen. In der L-Position sollte das Becken höher als die Schultern liegen; die Beine zeigen infolge des nun erreichten kleinsten Hüftwinkels mit den Unterschenkeln mindestens senkrecht nach oben, besser sogar leicht schräg von der Latte weg. Die Knie sind meist leicht geöffnet in der Nähe der rechten Hand. Die Kopfhaltung ist achsengerecht, die Schultern befinden sich (bei waagerechter Schulterachse) unter der Griffstelle der rechten Hand.

In die L-Position muß der Springer kurz vor dem Erreichen der maximalen Stabbiegung gelangen, um die anschließende Streckung des Stabes nicht zu verzögern. Das Einrollen muß deshalb so schnell wie möglich vollzogen werden. Leistungsstarke Springer zeichnen sich gegenüber technisch schwachen dadurch aus, daß der prozentuale Anteil des Einrollens an der Gesamtzeit der Bewegungen am Stab geringer wird. Dennoch dauert diese Teilphase am längsten wegen der hierbei zu vollziehenden Umlenkung der Bewegungsrichtung nach oben (43–46% ≙ 0,4–0,5 s).

## Streckung

In der Phase der Stabstreckung kommt es darauf an, durch die optimale Koordination der Teilimpulse
– Körperstreckung,
– Armzug und
– Streckkraft des Stabes
eine möglichst **große vertikale Beschleunigung und damit Höhengewinn** zu erzielen sowie in eine **zweckmäßige Position für das Drehumstützen** zu gelangen. Die Streckkraft des Stabes ist günstig ausnutzbar, wenn sich der KSP des Springers in Stabnähe nach oben bewegt.
Während der **Streckung des Stabes,** die nach Beenden der Einrollbewegung beginnt, sind die gebeugten Knie nun fast bis über den Kopf und anschließend nahezu parallel zum Stabe (Seitenansicht) nach *hinten-oben* zu führen (Streckung).
Bei der mit einem Hüftaufschwung vergleichbaren Bewegung streckt sich die Hüfte und nähert sich der Griffstelle (Abb. 136/10 u. 11), der KSP verbleibt etwa in der Wirkungslinie der Streckkraft. So löst sich die Körperbeugung allmählich auf, ohne daß die Beine bereits zur Latte streben dürfen. Die Füße bewegen sich vielmehr vorübergehend von der Latte weg noch hinter die obere Griffstelle und garantieren dadurch, daß der KSP des Springers fast genau in der Strecklinie des Stabes liegt und es nicht zu einer vorzeitigen Entlastung des Stabes, sondern zu einer guten, d. h. vollständigen Energieübertragung auf den Körper kommt.
Mit Einnehmen einer Lage ähnlich einem Strecksturzhang dicht am Stab und der Hüfte nahe der rechten Hand – der sog. I-Position – ist die Körperstreckung nahezu beendet. Infolge des längeren Streckweges bei Spitzenathleten nimmt die Dauer dieser Teilphase mit zunehmender Leistungsstärke deutlich zu.

## Drehumstützen und Abstoß

● Wenn die Streckbewegung beendet wird, muß sich die *Zug- und Drehbewegung* schnell anschließen. Wesentlich ist, daß der vertikale Schub der Beine und des Beckens in keiner Weise unterbrochen oder gestört ist. Während sich der Stab in der Endphase der Streckung befindet, ist durch das Anheben der Hüfte und die Rückbewegung des Oberkörpers sowie das zunehmende Beugen des linken Armes die Voraussetzung zu schaffen, daß der linke Ellbogen zwischen den Stab und den Körper gebracht werden kann. Der linke Unterarm legt sich kurz an den sich streckenden Stab an und bietet Widerstand, wodurch dessen seitlicher Schub besser auf den Oberkörper übertragen werden kann (günstigeres Kraftmoment).
● Da gleichzeitig der vertikal beschleunigte Körper durch den rechten Arm und die Schulter nach oben gezogen wird, erfolgt so ein wesentlicher Impuls für die Aufwärtsbewegung und die Drehung zum Stab.
Nun muß der fast gestreckte Körper bei weiterer Aufwärtsbewegung in seiner Gesamtheit die Längsdrehung schnell und mit dosiertem Krafteinsatz fortsetzen, wobei auch jetzt die Beine noch nicht zur Latte streben dürfen.
Während durch die Zugbewegung des rechten Armes die rechte Schulter in Stabnähe gelangt, drückt die linke Hand gegen den Stab. Auf diese Weise wird die Längsdrehung fortgesetzt, bis sich die rechte Schulter über der Hand in Stabnähe befindet. (Abb. 136/12) Je größer dabei die erreichte Aufwärtsgeschwindigkeit ist, um so günstiger kann der Abstand zwischen der rechten Schulter und der rechten Hand und damit der Winkel im Ellbogen sein.
Dieses freie *Drehumstützen* bei steiler Körperhaltung ist *sehr schwierig* und setzt gute und geradlinige Aktionen im Aufschwung voraus.
Während die linke Hand aufgrund der Handentfernung nun bereits den Griff gelöst hat, erfolgt mit dem rechten Arm der letzte Abdruck vom Stab. Dieser ist nur effektiv, wenn genügend Auftrieb vorhanden ist und er in Längsrichtung des aufgerichteten Stabes erfolgt, also die Stabachse trifft. (Abb. 136/13 u. 14)
Durch diesen letzten Impuls, der vorwiegend auf den Oberkörper wirkt, wird das bei der Drehung bereits eingeleitete Drehmoment nun um die Breitenachse verstärkt, welches für die Lattenüberquerung erforderlich ist.

### Lattenüberquerung und Landung

Die letzte Phase des Sprunges ist geprägt von den Bemühungen des Springers, die für die Überhöhung notwendige Flugkurve zweckmäßig auszunutzen und die Latte in einem effektiven Nacheinander der einzelnen Körperteile sicher zu überqueren. (Tab. 77)

*Tabelle 77: Sprungleistung, Griffhöhe und Überhöhung im Aufbau- und Hochleistungstraining*

|  | Aufbautraining | Hochleistungs-training |
| --- | --- | --- |
| Sprungleistung | 4,20–4,50 m | 5,50–5,90 m |
| Griffhöhe (netto) | 4,00–4,20 m | 4,60–4,90 m |
| Überhöhung | 20–40 cm | 90–110 cm |

Die *Überhöhung* (Abstand der Griffstelle der oberen Hand zur Lattenhöhe) ist abhängig von der beim Drehumstützen und Abstoß erreichten Abfluggeschwindigkeit und -richtung. Sie kann um so größer sein, je *explosiver und steiler* die Streckung, das Drehumstützen und der Abstoß vom Stab erfolgen (bei Wahrung des notwendigen Vortriebes).

● Für eine sichere *Lattenüberquerung* ist viel Gefühl und Erfahrung erforderlich, da der Springer die Latte nicht immer sehen kann und dennoch seine Bewegungen steuern muß.
Nach dem Abstoß ist der Körper zunächst nur in der Hüfte leicht gebeugt, die Beine sind gestreckt und nahezu geschlossen. Der Kopf bleibt anfangs nach unten gerichtet und darf nicht sofort angehoben werden. Nachdem die Beine die Latte passiert haben, wölbt sich der gesamte Körper bogenförmig, wobei durch die Annäherung der Massenteile die Drehgeschwindigkeit um die Breitenachse zunimmt und steuerbar ist. Wenn die Hüfte und die Vorderseite des Rumpfes die Latte überflogen haben, ist es zweckmäßig, eine Hohlkreuzhaltung einzunehmen, um den Oberkörper, den Kopf und die Arme gefahrlos von der Latte zu entfernen und die Drehgeschwindigkeit durch Anwinkeln der Unterschenkel zusätzlich zu beschleunigen.

● In gespannter Haltung erfolgt nun noch die *Landevorbereitung.*

Es gilt, mit Hilfe des mehr oder weniger gestreckten Körpers die Drehgeschwindigkeit so zu steuern, daß mit einer möglichst großen Körperoberfläche rücklings auf dem elastischen Mattenhügel gelandet werden kann. Einbeinlandungen oder gar das Abstützen mit den Händen birgt Verletzungsgefahren.

### Kriterien der Technik

*Sicherung einer hohen Anlaufgeschwindigkeit und Sprungbereitschaft;*
– Nutzung eines in Länge und Geschwindigkeitssteigerung optimalen Anlaufs,
– effektive, die Geschwindigkeit möglichst gering beeinflussende Trageweise,
– Vermeidung von vertikalen und horizontalen Schwankungen des Stabes;
*zweckmäßige Übertragung der horizontalen Geschwindigkeit über dem Einstich-Absprung-Komplex:*
– rhythmisch exakter, auf kürzestem Wege erfolgender Einstichvorgang (ohne Verminderung der Anlaufgeschwindigkeit),
– Erreichen einer zweckmäßigen Absprungposition
mit optimaler KSP-Höhe,
großem Einstich-Winkel,
exakter Absprungstelle,
– Biegung des Stabes durch hohe Zugspannung des rechten Armes und Fixierung des gebeugten linken Armes,
– optimale Aktionen des Sprungbeines und betonter Schwungbeineinsatz,
– Geradlinigkeit aller Bewegungen;
*hohe Stabbelastung im Aufschwung durch*
– Vorwärtsdrang im Absprung,
– langes Pendel im 1. Teil,
– rasches Einrollen im 2. Teil des Aufschwungs;
*Ausnutzung der Streckkraft des Stabes durch*
– Annähern des KSP an die Stabachse während des Aufrichtens des Stabes (hohe Position des Beckens, Bewegungsrichtung der Beine);
*zweckmäßige Koordination der Teilimpulse* zum Erreichen einer großen vertikalen Beschleunigung und Überhöhung;
*explosive Streckung* in
– zeitlich richtiger Aufeinanderfolge,
– effektiver Bewegungsrichtung von Armzug und Körperstreckung,
– optimalem Abstoßwinkel;
*räumlich sichere Lattenüberquerung:*

- rechtwinklig im Nacheinander der Körperteile,
- Steuerung der Drehgeschwindigkeit durch Änderung der Massenträgheitsmomente,
- Nutzen des Prinzips der Gegenwirkung beim Überqueren.

### Technisches Anforderungsprofil für das Nachwuchstraining

Ziel der Ausbildung bis zum Beginn des Spezialtrainings ist die Beherrschung geradliniger Sprünge in der *Grobform der Glasfibertechnik* bei einer optimalen Anlauflänge.

In Abhängigkeit vom Fähigkeitsniveau und den damit verbundenen koordinativ-technischen Gestaltungsmöglichkeiten bestehen noch differenzierte *Unterschiede und Abweichungen* vom Technikmodell. In der Griff- und Trageweise, der Anlaufgestaltung, dem Einstich-Absprung-Komplex sowie bei der Stabbiegung dürfen große Mängel nicht mehr auftreten. Besonders ist auf die Geradlinigkeit des Gesamtbewegungsablaufs zu achten. Bezüglich der effektiven Nutzung der im Stab gespeicherten Energie und der Koordination der wesentlichen Impulse für den Höhengewinn wird die Ausprägung meist erst beginnen.

Zu Beginn des Spezialtrainings sollte bereits annähernd technikgerecht ausgeprägt sein:
*optimale Anlaufgestaltung hinsichtlich eines laufökonomisch weiten Griffs,*
- *zweckmäßiger Trageweise ohne übermäßige Pendelbewegungen des Stabes,*
- *höchstmögliche, beherrschbare Geschwindigkeit unmittelbar vor Einstichbeginn;*
*zweckmäßiger Einstich*
- auf kürzestem und bewegungsökonomisch günstigem Wege,
- im richtigen Rhythmus,
- aus weitestgehend frontaler Schulterposition;
*aktiver Absprung „nach vorn-oben";*
*Stabbelastung durch*
- anfänglich langes „Pendel" und Zugbelastung des rechten Armes über die
- Körperspannung,
- fixierten linken Arm;
*schwungbetonte Einrollbewegung bis zur L-Position;*
*sicheres und vollständiges Drehumstützen;*
*Lattenüberquerung:* rechtwinklig zur Latte;
*Überhöhung:* 0–20 cm.
Die Feinformausprägung des 2. Teiles des Sprunges (Nutzung der im Stab gespeicherten Energie) bis hin zum fliegenden Überqueren als der höchsten technischen Anforderung wird vorwiegend dem Hochleistungstraining vorbehalten bleiben.

Es gilt aber, bereits mit Beginn der Spezialisierung die wesentlichsten Voraussetzungen für die kontinuierliche und erfolgreiche Entwicklung zu schaffen.

### Technisches Anforderungsprofil für das Anfängertraining

Am Ende des Anfängertrainings sollten alle Sportler in der Lage sein, Stabsprünge bis zum Stabweitsprung auszuführen. Dazu gehört, daß sie das Tragen des Stabes, den Sprint mit dem Stab, den richtigen Einstich und Absprung in der Grobkoordination beherrschen. Da bei den meisten Zwölfjährigen die körperlichen Voraussetzungen noch nicht ausreichen, den Stab zu biegen, können sie die Bewegungen am Stab nicht richtig erlernen. Um Fehlentwicklungen zu vermeiden, werden deshalb mit ihnen nur ein langes Vorbeipendeln und ein unterschwungähnliches Nachvornschwingen ohne und mit Drehung im Sinne der Stabgewöhnung und der koordinativen Schulung geübt. Diese Sprünge können schließlich auf Weite als Stabweitsprung ausgeführt werden.

Besonders veranlagte Kinder, die bei diesen Übungsformen erkannt werden können (schnelles Erfassen der Bewegungsaufgaben, hohe Risikobereitschaft), sollten in Gruppen mit akzentuierter Ausbildung im Stabhochsprung zusammengefaßt und hier schon langfristig von Trainern mit speziellen methodischen Erfahrungen und Kenntnissen an die schwierigste leichtathletische Technik herangeführt werden. Von ihnen ist dann bereits eine **Grobform der Stabhochsprungtechnik** mit folgenden Anforderungen zu beherrschen:
- Anlauf nicht über 10 Anlaufschritte mit flüssiger Steigerung der Geschwindigkeit bis zum Einstich im Sand und fehlerfreiem Tragen des Stabes, Griffhöhe 50–100 cm über ihrer Reichhöhe,
- rechtzeitiges Senken des Stabes vor Beginn des Einstichs,
- rhythmisch zweckmäßiger Einstich ohne Verlust an Anlaufgeschwindigkeit,
- völlige Streckung des rechten (oberen) Armes und zumindest angedeutet Fixieren

des linken Armes, Spannung im gesamten Rumpf,
- schnellkräftiger Absprung mit vollständiger Körperstreckung nach vorn-oben mit frontaler Rumpfhaltung (kein Ausweichen rechts),
- hohe Stabbelastung durch relativ langen Hang, aber noch ohne Senken des Schwungbeines, kein zu frühes Durchschwingen,
- schnelles Einrollen bis in eine nahezu horizontale Lage des Rumpfes, aber mit relativ zeitig beginnender Streckung noch etwas mehr nach vorn-oben,
- rasche Drehung in unterschwungähnlichem Drehumstützen, um die Latte mit der Körpervorderseite überqueren zu können, aber noch keine volle Ausnutzung der Stabstreckung für die vertikale Beschleunigung,
- Lattenüberquerung etwa in Griffhöhe oder zumindest nicht mehr als 20 cm darunter nach aufeinanderfolgendem Abstoß der Hände vom Stab, so daß der Stab zurückfällt.

▶ Aufgaben:
1. Überlegen Sie, welche Vorteile der „fallende" Stab beim Anlauf bietet!
2. Worauf ist besonders während der Streckphase der Absprungaktion zu achten?
3. Warum soll das Sprungbein sehr schwungvoll beim „Einrollen" eingesetzt werden?
4. Weshalb ist besonderer Wert auf den Vortrieb zu richten?
5. Wie wird der erforderliche Drehimpuls für die Lattenüberquerung erzeugt?
6. Wie kann die Drehung bzw. Drehgeschwindigkeit um die Breitenachse bei der Lattenüberquerung beeinflußt werden?

## Technische Ausbildung

Das Erlernen der Glasfibertechnik ist ein komplizierter Prozeß, der viele Jahre systematischen Trainings erfordert.

Schwierigkeiten ergeben sich zusätzlich dadurch, daß das angestrebte technische Profil kaum *auf direktem Wege* erreichbar ist.

Die moderne Technik setzt die Biegung des Stabes voraus, aber gerade das vermag der Anfänger, besonders im Kindesalter, wegen seines noch geringen Fähigkeits- und Fertigkeitsniveaus nicht. Selbst dann, wenn die Voraussetzungen eine Stabbiegung ermöglichen, bestehen erhebliche Unterschiede zur Feinform,

die sich nicht nur in der Biegungsgröße äußern, sondern auch in der vom Energiepotential und technischen Vermögen des Springers abhängigen dynamischen Struktur der Bewegungen sowie in den Biege- und Streckzeiten des Stabes. Erst mit der Beherrschung eines optimal widerstandsfähigen Stabes wird die Feinform in der dynamischen Struktur erreichbar.

So ergeben sich während des mehrjährigen Trainings vom Anfänger bis zum erfolgreichen Springer eine Reihe *technischer Unterschiede,* die nicht nur das Erlernen erschweren, sondern ein ständiges Vervollkommnen des Bewegungsablaufs erforderlich machen. *Von Beginn des Ausbildungsprozesses an muß jedoch das Bestreben dahin gehen, solche technischen Abweichungen von der Zielvorstellung so gering wie möglich zu halten.*

Unter Berücksichtigung dieser Spezifik ist die Anfängerausbildung kaum komplizierter als jeder anderen technischen Disziplin, so daß bereits im Anfängertraining mit gutem Erfolg der Stabsprung in Form des Stabweitsprungs, d. h. *ohne* Betonung der Elemente der *Stabbiegung,* erreicht werden kann.

Diese ersten, aber nicht minder wichtigen Ausbildungsstufen sind vorwiegend Bestandteil des Anfänger- und ersten Teils des Nachwuchstrainings. Gelingt es dann, allmählich die Stabelastizität auszunutzen, erfolgt der spezielle Lernprozeß der *Glasfibertechnik.*

### *Leitlinien des methodischen Vorgehens*

● Der Anfänger muß zunächst erlernen, den Stab *als Hilfsmittel* zu nutzen. Einfache Hang- und Sprungübungen stehen deshalb im Mittelpunkt.
● Horizontale Sprungformen *(Stabweitsprung)* haben große Bedeutung für die rasche Gewöhnung an das Gerät und die Ausnutzung seiner Trageigenschaften.
● *Einstich- und Absprungschulung* nehmen einen umfangreichen Teil der Ausbildung ein. Die Vervollkommnung dieses Komplexes ist auch später ständige Hauptaufgabe.
● Die Anlaufgeschwindigkeit darf nur so hoch sein, daß der Sportler die Umsetzung in die Bewegungen am Stab bewältigt.
Die Gewährleistung von *Sicherheitsbedingungen* (Landung) ist immer Voraussetzung des Übungsprozesses.

*Reihung der Ausbildungsaufgaben*

## 1. Erlernen von Griff-/Trageweise und der Anlauftechnik

Eine hohe Anlaufgeschwindigkeit ist die wichtigste Voraussetzung für die erfolgreiche Umsetzung großer Griffhöhen. Sie ist nicht allein vom Niveau der Schnelligkeitsfähigkeiten abhängig, sondern auch von der richtigen Trageweise des Stabes während des Sprintlaufs. Der Springer muß so vertraut mit dem Stab sein, daß er ihn kaum noch als Hemmnis beim Laufen empfindet.

Deshalb sollte der Lauf mit dem Stab in allen Geschwindigkeitsbereichen schon lange vor Beginn der eigentlichen Stabhochsprungschulung erlernt werden.

## 2. Erfassen der hebelnden und tragenden Funktion des Stabes durch „natürliche Stabsprünge"

Mit diesen Vorformen des Stabhochsprungs wird die wichtige Phase der Stabgewöhnung fortgesetzt, indem der Anfänger erstmals den Stab als Hilfsmittel zur Überwindung von breiten Hindernissen und Höhenunterschieden benutzt. Er erfühlt damit die tragende und hebelnde Funktion des Gerätes. Die passiven Sprünge sind Tiefsprünge und benötigen noch keinen Einstich, die ersten aktiven Absprünge bei den sogenannten natürlichen Sprüngen werden so gestaltet, daß sie noch ohne Kenntnisse zum eigentlichen Einstichrhythmus aus kurzen Anläufen und entsprechende Fertigkeiten bewältigt werden können.

## 3. Erlernen von Einstich-Absprung und des Stabweitsprunges

Das Gelingen der Gesamtbewegung ist in hohem Maße von einem perfekten Einstich-Absprung-Komplex abhängig. Deshalb gilt diesem Knotenpunkt besonderes Augenmerk in der gesamten Ausbildung eines Stabhochspringers. Dabei wird nicht nur die Schwierigkeit systematisch gesteigert vom Imitieren des Einstichrhythmus über den Knotenpunkt Einstich-Absprung im Sand, im tieferliegenden bis zum normalen Kasten, sondern es werden mit zunehmender Leistungsfähigkeit auch allmählich härtere Stäbe und größere Griffhöhen genutzt. Da mit dem vollzogenen Absprung zwangsläufig erste Bewegungen am Stab auszuführen sind, ist die Verbindung der Schulung von Einstich und Absprung mit dem Erlernen des Stabweitsprungs eine natürliche Fortsetzung des Lehr- und Lernprozesses, die

als zweiter Schwerpunkt dieses Ausbildungskomplexes anzusehen ist. Dadurch werden folgerichtig die wichtigsten Bewegungen am Stab vermittelt, ohne daß schon ausreichende konditionelle Fähigkeiten für den vollständigen Stabhochsprung vorhanden sind. Gleichzeitig werden Einstich und Absprung ständig gefestigt und vervollkommnet.

## 4. Erlernen des Stabhochsprungs unter erleichterten Bedingungen (tiefere Einstichebene, keine Stabbiegung)

Angepaßt an die noch unvollkommenen Voraussetzungen wird der Einstichwinkel durch Tiefsprünge und tieferliegenden Einstichkasten künstlich vergrößert. Es bildet sich ein erster, unter Trainingsbedingungen anwendbarer Bewegungsablauf heraus (Grobform).

## 5. Erlernen des Stabhochsprungs mit Biegung des Stabes (Glasfibertechnik)

Der Übergang zur Glasfibertechnik verlangt nochmals die gezielte Schulung des Einstich-Absprung-Vorganges und der spezifischen Bewegungen am elastischen Stab. Deshalb werden anfangs auch die vereinfachenden Übungsbedingungen des tiefer liegenden Kastens noch verwendet. Schwerpunkte müssen hier aber die dynamischen Bewegungen des Aufschwungs im Zusammenspiel mit der Biegung und Streckung des Stabes sein.

## Übungskomplexe und methodische Hinweise zu den Ausbildungsaufgaben

### 1. Aufgabe: Erlernen der Trageweise des Stabes und der Anlauftechnik

*Ziel: zweckmäßige Lauftechnik mit dem Stab und ihre Anwendung beim Laufen*
*Steigerung: Verlängern des Anlaufs, Erhöhen der Geschwindigkeit*

| Vorbereiten | Erlernen | Vervollkommnen |
|---|---|---|
| Üben der Griff- und Trageweise im Stand und im Gehen | **1. Grundübung**<br>**Steigerungsläufe mit dem Stab**<br>**über 30—40 m** | Steigerungsläufe und Sprints mit dem Stab |
| Traben mit dem Stab im Rahmen des Einlaufprogramms | – unter besonderer Beachtung der ruhigen Lage des Stabes | – mit verschiedenen Griffhöhen und -weiten |
| Übungsformen des Sprint-Abc mit dem Stab (Fußgelenkarbeit, Kniehebelauf, Anfersen, leichte Sprungläufe) | – mit Andeuten des Senkens der Stabspitze im letzten Teil des Anlaufs | – mit verschieden langen und schweren Stäben |
| | | vollständige Anläufe mit dem Stab ohne Absprung |
| | | Bergab- und Bergaufsprints mit dem Stab |
| | | Zugwiderstandsläufe mit dem Stab |

*Beobachtungshinweise:*
– richtiges Greifen des Stabes
– ausgleichende Bewegungen der Arme und Schultern zur Vermeidung von Pendelbewegungen des Stabes
– Schulterachse quer zur Laufrichtung
– Lockerheit beim Lauf auch mit dem Senken des Stabes
– richtige Schwerpunktlage des Stabes in bezug auf den KSP des Springers

*Methodisch-organisatorische Hinweise:*
– anfangs frontal üben, später auch einzeln demonstrieren lassen
– erst nach längerer Vorbereitung im Gehen und Traben zum Sprint mit dem Stab übergehen
– mit relativ steiler Stabhaltung beginnen, erst allmählich Stab stärker senken

### 2. Aufgabe: Erfassen der hebelnden und tragenden Funktion des Stabes durch „natürliche Stabsprünge"

*Ziel: Gewöhnung an den Stab und seine Funktionsweise, Abbau von Hemmungen*
*Steigerung: Vergrößern der Absprung- und Griffhöhen, Anwendung im Gelände*

| Vorbereiten | Erlernen | Vervollkommnen |
|---|---|---|
| Hang- und Schaukelübungen am Tau | **2. Grundübung**<br>**natürliche Stabsprünge mit vor dem**<br>**Körper einstichbereit gehaltenem Stab**<br>**und Vorbeipendeln, Anlauf**<br>**3—5 Schritte (Griffhöhe bis 20 cm über**<br>**Reichhöhe) (Abb. 140)** | |
| passive Tiefsprünge zum Erfühlen der tragenden Funktion des Stabes mit Vorbeipendeln am Stab ohne Drehungen<br>– aus der Schrittstellung<br>– aus 2–3 Gehschritten | – fortlaufend mit Betonen des Aushebelns durch den Stab<br>– mit Betonen der aktiven Absprungstreckung bis zum rechten Arm<br>– mit Betonen des Hängens am rechten Arm | |
| Überwinden eines Grabens bzw. Zwischenraumes zwischen zwei Turngeräten (Pferd – Bock) mit dem Stab | | |
| passiver Absprung mit Partnerhilfe aus der Schrittstellung (Abb. 138) | | |

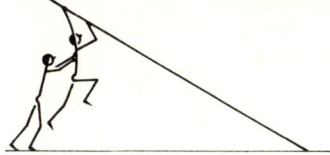

Abb. 138

Anspringen eines schrägstehenden
Stabes, Vorbeipendeln mit langem
rechtem Arm (Stab steckt im Sand,
wird gehalten oder ist in einer Halte-
vorrichtung befestigt – Abb. 139)

Abb. 139

Abb. 140

*Beobachtungshinweise:*
– geradliniges Springen in den Stab hinein
– aktiver Absprung, nicht nur an den Stab hängen
– langer rechter Arm im Hang am Stab, nicht anziehen

*Methodisch-organisatorische Hinweise:*
– Griffhöhe nur allmählich steigern, anfangs nur wenig
  über Reichhöhe
– Einstich im Sand, anfangs auch tieferliegend als Ab-
  sprungpunkt
– auch beim Springen im Gelände die Schwierigkeit
  systematisch steigern, Mißerfolgserlebnisse möglichst
  vermeiden

## 3. Aufgabe: Erlernen von Einstich – Absprung und des Stabweitsprungs

*Ziel: flüssige Verbindung von Einstich und Absprung durch zweckmäßige Gestaltung des Einstichrhythmus und des
Einstichs selbst; richtiges Verhalten am Stab beim Einleiten der Drehung
Steigerung: Erhöhung der Geschwindigkeit und der Griffhöhen*

| Vorbereiten | Erlernen | Vervollkommnen |
|---|---|---|
| fortlaufende Absprünge im Gehen bei reichhohem Griff, Vorbeipendeln mit langem rechtem Arm, Landung auf dem Schwungbein (Abb. 141) <br><br> 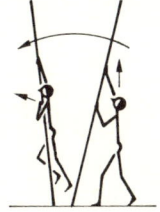 <br> Abb. 141 | **3. Grundübung** <br> **Einstich–Absprung aus 3 Schritten mit am Boden gleitendem Stab zum Erfassen des Rhythmus und der Armbewegungen (Griffhöhe etwa 50 cm über Reichhöhe)** <br><br> **4. Grundübung** <br> **Einstich–Absprung aus kurzem Anlauf von erhöhter Absprungstelle (mehrere Kästen lang, Rampe) und mit Einstichzone im Sand, Vorbeipendeln im Hang (Griffhöhe = Reichhöhe im Stand auf erhöhter Absprungstelle plus 20–50 cm)** | Einstichübung im Gehen in den Kasten oder gegen eine Wand mit Vorbiegung bei sehr hohem Griff, Brust drängt vor, linker Arm in Winkelstellung fixiert <br><br> Stabsprünge im Vorbeipendeln im Hang und mit hoher Stabbelastung durch große Griffhöhen (Passage) <br> – Einstich in Zone im Sand <br> – in beweglichen Einstichkasten |

| Vorbereiten | Erlernen | Vervollkommnen |
| --- | --- | --- |

Imitieren des Einstichs ohne Stab in Schrittstellung, im Gehen und Traben

– aus dem Traben
– aus erhöhter Geschwindigkeit mit allmählich steigender Griffhöhe (Abb. 142)

– in feststehenden Einstichkasten

fortlaufende Einstichübung mit am Boden gleitendem Stab
– mit hohem Griff
– in hoher Geschwindigkeit

Abb. 142

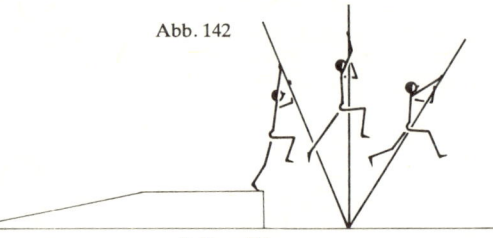

**5. Grundübung**

Stabweitsprünge als Tiefsprünge vom Kasten ohne und mit Drehung
Üben des Drehumstützens am Boden oder sprunghaft
– 1.: Zug
– 2.: Drehung
– 3.: Abstoßen links

**Stabweitsprünge aus 4–6 Schritten Anlauf mit betonter Hangphase**

– mit Vorschwingen der Beine und Hüfte, aber ohne Drehung
– mit Drehung nach Vorschwung der Beine und Hüfte, auch mit Weitenorientierer

Hang und Nach-vorn-oben-Schwingen der Beine mit anschließender Drehung aus dem Ansprung an ein elastisches Tau (sog. „Amortisator")

desgl. mit Lattenüberquerung

Stabweitsprünge aus größeren Anlauflängen und mit höherem Griff

aus kurzem Anlauf Sprung in den Hang nur am rechten Arm, Vorbeipendeln bis zur Landung auf dem Sprungbein

Stabweithochsprung mit Abstoß vom Stab über eine Gummileine oder hingehaltene Latte, Stab wird von Partner aufgefangen

---

*Beobachtungspunkte:*
– Einstich rechtzeitig beginnen, nicht ruckartig
– rechte Führungshand bewegt sich in bequemer Körpernähe auf kürzestem Weg nach *vorn-oben*
– völlig gestreckter rechter Arm, wenn die Oberschenkel parallel sind
– ausgeprägte Spannung in Rumpf und Armen, kein Ausweichen der rechten Schulter
– langer Hang mit zurückbleibendem Sprungbein und gestrecktem rechten Arm
– schnelles aktives Vorschwingen beginnt spät, aber noch vor dem Armzug
– kräftiger Armzug, bis die rechte Hand an der Brust ist
– Ausdrehen des rechten Ellbogens beim Drehen
– am Ende Stab an der rechten Schulter

*Methodisch-organisatorische Hinweise:*
– auf größte Exaktheit des Einstichrhythmus drängen, da weiterer Sprungverlauf davon wesentlich abhängt
– von Einstich ohne Widerstand über Einstich im Sand zum Kasten im Sand und Wettkampfkasten systematisch steigern
– beim Stabweitsprung die Griffhöhe nur allmählich steigern, anfangs mit Reichhöhe plus 30–50 cm mit tieferliegendem Einstich im Sand
– in der Vervollkommnung elastisch aufgehängtes Tau oder Stabstück für langen Hang und schnelles Einrollen verwenden

4. Aufgabe: Erlernen des Stabhochsprungs unter vereinfachten Bedingungen (tieferer Einstichkasten, keine Stabbiegung)

*Ziel: Entwickeln der Grobform des Stabhochsprungs ohne Stabbiegung*
*Steigerung: Abbau der vereinfachenden Bedingungen, Übergang zur Glasfibertechnik*

| Vorbereiten | Erlernen | Vervollkommnen |
| --- | --- | --- |

**Vorbereiten**

Einrollen aus dem Sprung an ein Tau, Griffabstand 40–50 cm

Rolle rückwärts durch den Handstand mit Abdruck vom Boden (auch mit den Füßen über eine niedrige Latte)

Drehumstützen mit Abstoß an einem Tau aus dem Sitz, Füße auf einem Kasten (Abb. 143)

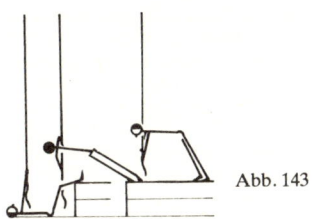

Abb. 143

Unterschwung am Reck mit Ristgriff ohne Drehung, mit Zwiegriff mit ½ Drehung (auch über eine Gummileine)

**Erlernen**

**6. Grundübung**
**Einstich-Absprung aus 6–8 Anlaufschritten mit relativ niedrigem Griff – Einrollen bis in die L-Position**
(Abb. 144)

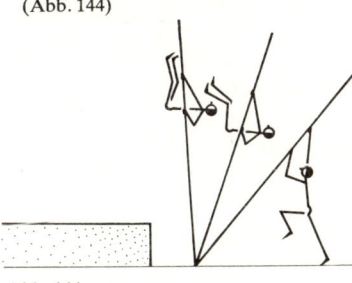

Abb. 144

**7. Grundübung**
**Stabhochsprünge mit Einstich im Sand oder tieferliegenden Kasten ohne und mit Latte aus 8–10 Anlaufschritten**

**Vervollkommnen**

Einrollübung gegen eine Wand aus 3–4 Anlaufschritten (Abb. 145)

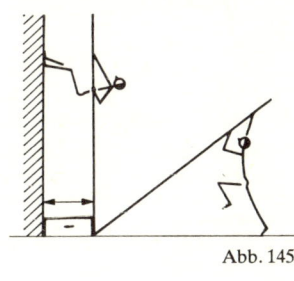

Abb. 145

Einrollen und Strecken mit Landung auf dem Rücken auf der Stabhochsprungmatte aus 4–6 Anlaufschritten (Abb. 146)

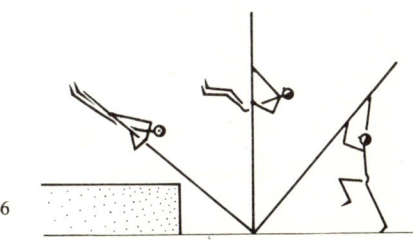

Abb. 146

Gesamtbewegung am Stab mit hohem Griffpunkt als Tiefsprung von hoher Plattform aus 2–3 Gehschritten ohne Latte, aber Landung auf der Stabhochsprungmatte (Abb. 147)

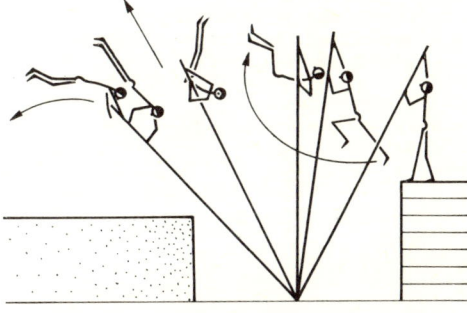

Abb. 147

Drehumstützen aus der Rückenlage auf einem Mattenwagen (Wagen rollt dabei weg, Stab stützt gegen eine Wand)

*Beobachtungspunkte:*
- exakter Einstich, rechter Arm gestreckt, Spannung im gesamten Rumpf
- schwungvoller Bewegungsablauf am Stab, der zu einer möglichst steilen Streckung führt
- Stab nach Drehumstützen in Schulternähe
- Hände stoßen sich nacheinander vom Stab ab

*Methodisch-organisatorische Hinweise:*
- Höhe des Absprungpunktes bei Tiefsprüngen allmählich verringern
- Anlauflänge, Griffhöhe und Lattenhöhe nur allmählich steigern
- wichtigster Bewegungsteil ist bei diesen Übungen der Einstich-/Absprungkomplex, der deshalb konsequent bis zum Beherrschen zu üben ist
- am starren Stab weichen vor allem die Aufschwungbewegungen von der Glasfibertechnik ab. Deshalb die Grobform nicht zu lange üben, damit sie nicht verfestigt wird. Noch keine wettkampfmäßigen Sprünge auf Höhe ausführen, sondern nur Technikwettbewerbe veranstalten!

## 5. Aufgabe: Erlernen des Stabhochsprungs mit Stabbiegung

*Ziel: Entwickeln der Feinform des Stabhochsprungs (Glasfibertechnik)*
*Steigerung: Steigern der Stabbelastung und Griffhöhe; Finden des Stabes mit der individuell günstigsten Flexibilität*

| Vorbereiten | Erlernen | Vervollkommnen |
|---|---|---|
| vielfältige spezielle vorbereitende Übungen für die Kräftigung der Arm- und Rumpfmuskulatur<br>- Klimmzüge, Beugestütze, Liegestütze, Hangeln an Tau und der Kletterstange<br>- Hüftaufzüge und -aufschwünge, Felgaufschwünge, Felgunterschwünge, Felgumschwünge, Aufstemmen, Kippen in den Stütz (an Reck, Ringen)<br>- Hangeln am Tau in der L-Position oder im Strecksturzhang<br><br>Einrollen aus dem Hang am Tau<br><br>Einrollen und Strecken aus dem Ansprung an ein Tau<br><br>aus der Rückenlage unter einem Tau Einrollen und Drehumstützen in den Stand (Abb. 148)<br><br>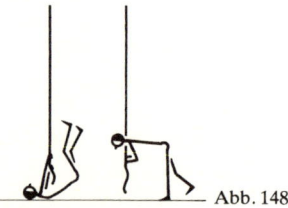<br>Abb. 148<br>Einstich gegen eine Wand aus 3–4 schnellen Gehschritten mit betonter Vorbiegung (hoher Griff) | **8. Grundübung**<br>**Einstich–Absprung von einer Rampe aus kurzem Anlauf und Aufschwung bis in die L-Position am sich biegenden Stab, Landung auf dem Rücken (Abb. 149)**<br><br>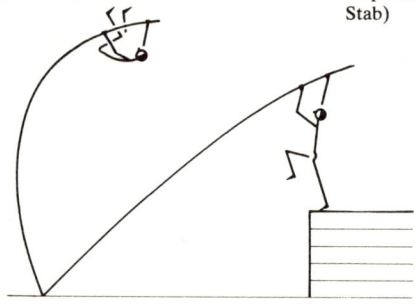<br>Abb. 149<br><br>**9. Grundübung**<br>**Gesamtbewegung mit Stabbiegung**<br><br>- von der Rampe<br>- aus mittlerem Anlauf an der Wettkampfanlage (8–10 Schritte)<br>- aus verlängertem Anlauf als Grundleistungssprünge (10–12 Schritte) | Absprünge in den Hang nur am rechten Arm<br>serienmäßiges Üben des Absprungs mit anschließendem Hang und Vorbeipendeln am Stab (sog. Passage am Stab)<br><br>Grätschpendelsprünge mit betonter Stabbiegung<br><br>Gesamtbewegung am Stab bis zum Abstoß aus dem Absprung an ein elastisches oder elastisch aufgehängtes Tau, auch mit Lattenüberquerung<br><br>Stabhochsprünge mit verschiedenen Stäben (Flexibilität) und wechselnden Griffhöhen<br><br>Stabhochsprünge nach Anlauf auf leicht fallender Anlaufbahn oder mit Zugunterstützung |

*Beobachtungspunkte:*
- Spannung in Rumpf und Armen beim Einstich und Absprung
- Anlaufgenauigkeit
- Geradlinigkeit der Bewegung
- Erreichen einer möglichst hohen „L-Position" als Grundvoraussetzung einer vertikalen Beschleunigung mit Hilfe der Stabstreckung
- Streckung und Drehumstützen in Richtung und Nähe der Stabachse

*Methodisch-organisatorische Hinweise:*
- Wenn auch die Stabbelastung und -biegung zunächst Schwerpunkte sind, darf mit dem Schulen der Gesamtbewegung nicht zu spät begonnen werden, da nur mit ihr die maximale Stabbiegung erreichbar ist.
- Anfangs und später jeweils mit dem Übergang zu härteren Stäben immer erst mit etwas tieferliegendem Kasten springen (15–20 cm). Auch eine etwas höhere Absprungstelle erfüllt diese Forderung und ermöglicht größere Griffhöhen, die das Biegen des Stabes erleichtern.

- energischer aufeinanderfolgender Abstoß links – rechts in Richtung der Stabachse

- Die Stabhärte nie übertreiben. Bei Sprüngen um 4,00–4,50 m sollten die Gewichtsangaben am Stab mit dem Körpergewicht übereinstimmen. Kontrollpunkt ist der Grad der Stabbiegung, der zu einer Verkürzung der Stabachse auf etwa 70% der eigentlichen Stablänge führen sollte.
- Bei Sprüngen von der Rampe können etwas härtere Stäbe benutzt werden. Beim Übergang zu normalen Absprungbedingungen sollten dann aber zunächst etwas weichere Stäbe, als normalerweise anzustreben wären, eingesetzt werden. Erst mit zunehmender Anlauflänge soll sich auch die Stabhärte dem Normalmaß allmählich annähern.
- Weltklassespringer benutzen z. Zt. Stäbe, die für 15% über ihrem Körpergewicht ausgezeichnet sind.

## Wesentliche Fehler und Korrekturmöglichkeiten

| Fehler | Korrekturmöglichkeiten |
| --- | --- |
| Pendelbewegung des Stabes im Anlauf | richtige Tragweise mit ausgleichenden Bewegungen der Ellbogen üben |
| Schulterachse beim Anlauf schräg zur Laufrichtung | rechter Ellbogen genau über dem Stab, rechte Schulter nach vorn |
| Spitze des Stabes zu Beginn des Anlaufs zu tief | Antritte mit betont hoher Stabhaltung |
| Verzögerung der Geschwindigkeit auf den letzten Schritten | Anlauflänge dem Fertigkeitsniveau anpassen; Einstichtechnik vervollkommnen |
| ruckartiges Senken des Stabes vor dem Absprung | Steigerungsläufe mit allmählichem Senken der Stabspitze |
| Einstichrhythmus zu kurz oder zu lang | Schulen des Einstichrhythmus im Gehen, Traben und Sprinten mit gleitendem Stab |
| Absprungpunkt zu weit vor oder hinter dem oberen Griffpunkt (Unter- bzw. Hinterlaufen) | Absprungpunkt markieren, Anlaufschulung mit Kontrolle der Absprunggenauigkeit |
| rechter Arm beim Fußaufsatz zum Absprung nicht gestreckt | Einstich rechtzeitig beginnen – Schulen des Einstichrhythmus |
| zu geringe Spannung in Rumpf und Armen, dadurch keine gute Energieübertragung | stärker auf Absprung konzentrieren, Spannung schon während letzter Anlaufschritte aufbauen |
| keine Bogenspannung im Hang, zu frühes Hineinschwingen in den Stab | Durchschwingen durch Erhalten des Spannungsdreiecks vermeiden, Sprungbein in Absprungposition halten |
| Stab richtet sich nicht auf | Griffhöhe senken oder Einstichkasten niedriger legen; weicheren Stab benutzen |
| kein langer Schwung des Sprungbeines | Hangphase betonen, Einrollen nicht zu früh beginnen |
| Konterschwung beim Einrollen | Schwungbein nicht zu weit senken und Sprungbein aktiver als Schwungelement für das Einrollen nutzen |
| Hüfte in L-Position zu niedrig | Kräftigung der Bauchmuskulatur; rechtzeitiger Übergang zur Zugspannung des linken Armes; Hüft- und Kniewinkel schneller verkleinern |
| Streckung und Drehumstützen schräg nach vorn | Beine in L-Position weiter nach hinten führen und Streckung entlang der Stabachse ausführen; etwas härteren Stab benutzen |
| Abdruck der Hände gleichzeitig | Drehumstützen mehr in Richtung der Stabachse ausführen, um Körper über den Stab zu bringen |
| zu frühes Abwinkeln der Beine schon im Abstoß | Abstoß mehr in Richtung Stabachse ausführen |
| keine rechtwinklige Überquerung | Überprüfen der Geradlinigkeit des Einstichs und Absprungs, Absprungpunkt genau vor dem Einstichpunkt; Stabweitsprünge üben |

## 7.8. Training im Nachwuchsbereich

Die Aufgaben des Nachwuchstrainings in der Disziplingruppe Sprung leiten sich aus den Leistungsfaktoren der Sprungdisziplinen und den Gesetzmäßigkeiten ihrer optimalen langfristigen Entwicklung ab, die im Verlauf des Nachwuchstrainings auch von den Besonderheiten der biologischen Entwicklung des heranwachsenden Organismus mit bestimmt werden.

**Hauptaufgaben für das Nachwuchstraining:**

- *Entwicklung vielseitiger allgemeiner und spezieller Sprungfertigkeiten* (Ausprägung der Technik der Sprungdisziplinen, insbesondere des Anlauf-/Absprungkomplexes sowie der wichtigsten speziellen Trainingsübungen, wie Sprunglauf, Hopserlauf, Steigesprünge, Wechselsprünge und Einbeinsprünge);
- *Entwicklung der Laufschnelligkeit* (maximale Schnelligkeit, Beschleunigungsfähigkeit, Reaktionsfähigkeit);
- *Entwicklung der Kraftfähigkeiten* mit dem Schwerpunkt auf der Schnellkraft im Sinne des Schaffens von Voraussetzungen für die Sprungkraft (Aktionsschnelligkeit, Sprungschnellkraft, Fuß- und Beinstreckkraft);
- *Weiterentwicklung der allgemeinen koordinativen und konditionellen Voraussetzungen* (vielseitige allgemeine Kraftfähigkeiten, die vor allem die ausgewogene Entwicklung von Synergisten und Antagonisten sichern, Beweglichkeit, Ausdauerfähigkeit, grundlegende Fertigkeiten in anderen leichtathletischen Disziplinen und anderen Sportarten, die für die Kompensation der Sprungbelastungen wichtig sind);
- *Ausprägung leistungssportlicher psychischer Verhaltens- und Steuereigenschaften* (Steigerungsfähigkeit, Selbständigkeit, Konzentrationsfähigkeit, Bewußtheit, Willensstoßkraft) auf der Grundlage hoher charakterlicher und moralischer Qualitäten.

Entsprechend dem hohen Belastungsgrad der Sprung- und Schnelligkeitsübungen und der noch nicht vollständigen körperlichen Reife steht im Nachwuchstraining der Springer neben der technischen Ausbildung vor allem die systematische Entwicklung der allgemeinen und speziellen Belastungsverträglichkeit im Mittelpunkt aller Bemühungen. Das spezielle Sprungkraft- und Maximalkrafttraining sowie die gezielte Entwicklung der Sprungkraft- und Schnelligkeitsausdauer beginnen erst gegen Ende des Nachwuchstrainings im Übergang zum Hochleistungstraining.

### Allgemeine Ausbildung

Vervollkommnung allgemeiner konditioneller und koordinativer Voraussetzungen

vgl. Kap. 4.2.3.

### Ausbildung der Schnelligkeitsfähigkeiten

Die maximale Laufschnelligkeit ist für Springer sowohl als Voraussetzung hoher Anlaufgeschwindigkeiten als auch wegen der in ihr enthaltenen Aktionsschnelligkeit, die ebenso Bestandteil der Schnellkraft ist, eine der wichtigsten leistungsbestimmenden Fähigkeiten.
Für ihre Entwicklung bestehen im Nachwuchstraining besonders günstige Bedingungen (vgl. Kap. 4.1.4.2. und 5.4.). Deshalb steht dieser Ausbildungsschwerpunkt neben der vielseitigen springerischen Ausbildung im Mittelpunkt des Nachwuchstrainings. Die Jahressummen von Sprintläufen erreichen deshalb im Aufbautraining die höchsten Werte (zwischen 30 und 40 km).
Zunächst dominieren bei den jüngeren Sportlern Sprints über kurze Distanzen (20–40 m), während mit zunehmendem Alter die Streckenlängen allmählich bis auf etwa 80 m steigen können. Wichtig ist die Einhaltung zweckmäßiger Proportionen zwischen maximalen und submaximalen Läufen, damit auch die Sprinttechnik optimal ausgeprägt werden kann. Bei den kurzen Sprints bis 40 m sollten die maximalen Läufe überwiegen.

### Trainingsmittelkomplexe

- Fliegende Sprints:
  Streckenlängen 20–40 m und 40–80 m mit etwa gleich langen Beschleunigungsabschnitten
- Steigerungsläufe mit submaximalem und maximalem Endabschnitt:
  Streckenlängen 60–100 m

- Beschleunigungsläufe:
  Streckenlängen 15–30 m, Hochstarts überwiegen
- Anläufe:
  ohne und mit angedeutetem Absprung unter verschiedenen Bedingungen (auch Anläufe mit dem Stab)
- Hürdenläufe:
  3–5 Hürden, 4- und 3-Schritt-Rhythmus aus dem Hoch- und Tiefstart

**Einsatz im Makrozyklus und in der TE**
vgl. Kap. 5.4.

*Entwicklung*
*der Kraft-/Schnellkraftfähigkeiten*

Für die leichtathletischen Sprungdisziplinen bedeutet die Ausbildung der speziellen Kraftfähigkeiten in erster Linie Entwicklung der *Voraussetzungen für die spezielle Sprungfähigkeit.*
Das verlangt:
- Entwicklung der Maximalkraft der Beinstrecker sowie der Rumpf- und Armmuskulatur (Stabhochsprung) bei allen drei Arbeitsweisen der Muskulatur (exzentrischer, isometrischer und konzentrischer);
- (vorsichtige) Entwicklung auch der reaktiven Kraftfähigkeit der Fuß- und Beinstrecker;
- Erarbeitung auch eines Grundniveaus der Kraft- und Sprungkraftausdauer im Sinne des Aufbaus der Belastungsverträglichkeit.
Infolge der noch geringen Belastungsverträglichkeit des Bindegewebs-Stützsystems der Nachwuchsspringer ergibt sich ein Problem, dessen Lösung besondere methodische Maßnahmen erfordert. Einerseits ist es erforderlich, die Schnellkraftkomponenten der Sprungkraft zunächst schwerpunktmäßig zu entwickeln; dabei treten andererseits zwangsläufig intensive Belastungen der Gelenke auf. Das geschieht, indem eine folgerichtige Systematik im Einsatz der Übungen beachtet und gleichzeitig die effektivste technische Ausführung der Bewegungen angestrebt werden. Damit wird automatisch dem Umfang solcher Schnellkraftübungen eine Grenze gesetzt. Außerdem müssen im Sinne der systematischen Kräftigung und Anpassung der Gelenke und Bänder die Fuß- und Beinstreckübungen mit relativ großem Umfang, aber noch niedrigen Intensitäten das Sprungtraining vorbereiten

und ergänzen. Daraus leiten sich folgende **methodische Grundsätze** ab:
● Einsatz der beidbeinigen Sprungübungen zur Vorbereitung der einbeinigen Absprünge;
● Anwendung der Fuß- und Beinstreckübungen im Sitzen und Liegen in relativ großen Serien, aber mit niedrigen Intensitäten und geringen Zusatzlasten;
● schwerpunktmäßige Anwendung der vertikalen Sprünge gegenüber den intensiveren horizontalen;
● Vorbereiten der Beinstreckübungen durch Fußstreckübungen;
● Vorlauf von Sprungübungen aus dem Stand und bergauf oder an Treppen gegenüber solchen aus dem Anlauf, in der Ebene und bergab (Tiefsprünge);
● Einsatz von maximal schnellen Schwungübungen für Schwungbein und Arme (Aktionsschnelligkeit), auch in Verbindung mit den typischen Absprungverläufen der einzelnen Sprungdisziplinen;
● Berücksichtigung der richtigen Ausführung aller speziellen Sprungübungen;
das verlangt:
- die frühzeitige Schulung der aktiven Lande-Absprung-Bewegung bei Mehrfachsprüngen,
- die ständige Vervollkommnung des aktivgreifenden Fußaufsatzes bei einzelnen Absprüngen im Zusammenspiel mit dem frühen Einsatz der Schwungelemente,
- die Einhaltung optimaler Fußaufsatzwinkel (Unterschenkel – Boden) und der tiefsten Beugewinkel im Kniegelenk in der Amortisationsphase;
● die ständige Anwendung prophylaktischer Maßnahmen vor, während und nach Sprung- und Sprintbelastungen (intensive Erwärmungs- und Auslaufprogramme, Kompensationsübungen, Entspannungs- und Entlastungsübungen vor allem für Wirbelsäule und Beine, physiotherapeutische Maßnahmen);
● Schnellkrafttraining mit der Hantel nur vorsichtig und erst am Ende des Aufbautrainings mit Serien von 4–6 Wiederholungen und höchstens 60% Zusatzlast.

**Trainingsmittelkomplexe**
- Vertikale Sprungübungen, beid- und einbeinig:
  Strecksprünge, Hürdensprünge, Hockstrecksprünge, Fußgelenksprünge, Sprünge über die Latte als Hock-, Steig- und Scher-

sprünge sowie Techniksprünge im Flop- oder Wälzsprung (links und rechts)

– Fußstreckkraftübungen:
Heben in den Zehenstand, auch Fußballen höher als die Ferse und mit Zusatzlasten, Seilspringen am Ort, Gehen auf den Fußspitzen, federndes Gehen, auch mit Zusatzlasten, Fußstrecker im Sitzen gegen leichten Widerstand

– Beinstreckkraftübungen:
Kniestrecker im Sitzen und Liegen, $1/4$–$1/2$ Kniebeugen ohne und mit leichten Zusatzlasten, Ausfallschrittsprünge

– horizontale Sprungübungen:
Hopserlauf flach, Sprunglauf, Wechselsprünge, Steigesprünge aus kurzen bis mittleren Anläufen

– Grundübungen und spezielle vervollkommnende Übungen der Sprungdisziplinen

– Hantelübungen:
Reißen, Stoßen, Bankdrücken im Liegen, Kniebeugen mit hohen Zusatzlasten (Standardkniebeuge).

## Einsatz im Makrozyklus

Obgleich im Nachwuchstraining die Haupttrainingsmittel ganzjährig eingesetzt werden, unterscheiden sich die einzelnen Mesozyklen durch unterschiedliche Akzentsetzungen. (Tab. 78)

*Tabelle 78: Lage der Ausbildungsschwerpunkte im Trainingsjahr (VP)*

|  | MEZ | | | |
|---|---|---|---|---|
|  | 1. | 2. | 3. | 4.–5. |
| Allgemeine Ausbildung | × × × | × × × | × × | × × |
| Entwicklung der Kraftfähigkeiten | × × | × × × | × × | × × |
| Ausbildung der Laufschnelligkeit | × | × × | × × × | × × × |
| Ausbildung der speziellen Sprungfähigkeiten und -fertigkeiten | × | × × | × × × | × × × |

● In *MEZ der allgemeinen Vorbereitung* werden die Kraftübungen stärker unter dem Aspekt der vielseitigen Kraftentwicklung und der technischen Vervollkommnung der speziellen Sprungübungen eingesetzt. Es überwiegen also allgemeine Kraftübungen, und auch die Sprungübungen tragen allgemeinen Charakter (beidbeinige Sprungformen an und über niedrige Geräte wie Langbank, Kastendeckel, Treppen). Die Entwicklung der Streckkraft wird akzentuiert mittels Fußstreckkraftübungen betrieben. Die speziellen Sprungübungen dienen vorrangig dem Ziel der koordinativen Schulung (Entwicklung der Sprunggewandtheit) und dem Aneignen einer fehlerfreien Technik vor allem der horizontalen Sprünge (Hopserläufe mit greifendem Fußaufsatz, Sprunglauf und Wechselsprünge mit aktiven Landungen).

In den ersten Jahren des Nachwuchstrainings tragen alle Sprünge *Schnellkraftcharakter*, d. h., es wird bei niedrigem Umfang eine hohe Intensität bei jedem einzelnen Sprung angestrebt.

Erst im dritten Trainingsjahr wird begonnen, die im 2. und 3. MEZ angestrebten höheren Umfänge an speziellen Sprüngen durch Sprungkraftausdauerentwicklung im 2. MEZ vorzubereiten. Aber auch hier sollten die Sprungserien nur wenig über 6 Wiederholungen pro Serie hinausgehen, um die Explosivität zu erhalten und nicht unnötig den Bindegewebs-Stützapparat zu belasten.

● In *MEZ der speziell-gerichteten Vorbereitung* setzt die akzentuierte Anwendung höher belastender vertikaler Sprungserien ein, wie Hürdensprünge, Tiefsprünge, Aufsprünge auf höhere Geräte. Die technische Vervollkommnung der schwierigeren horizontalen Mehrfachsprünge wird fortgesetzt (Wechselsprünge, Einbeinsprünge, Markierungssprünge). Zu ihrer Vorbereitung nimmt das Beinstreckkrafttraining zu, das jetzt etwa den gleichen Umfang wie die Fußstreckkraftübungen einnimmt.

Maximalkraftübungen dienen in den ersten Jahren hauptsächlich der Aneignung der Hebetechnik und werden erst am Ende des Nachwuchstrainings als Entwicklungsschwerpunkt in diesem MEZ eingesetzt.

Die vielseitige technische Ausbildung in den Sprungdisziplinen wird über das Üben der wichtigsten Elemente (Anlauf-Absprung) forciert, wobei für bestimmte Zeitabschnitte immer nur eine Sprungdisziplin im Mittelpunkt des bewußten Lernens steht, um rasch einen hohen Grad der Fertigkeiten zu erlangen. Gegen Ende des Nachwuchstrainings konzentriert sich die technische Vorbereitung dann ausschließlich auf die vermutliche Spezialdisziplin, während die anderen Sprungdisziplinen nur noch als ergänzende Belastungen geübt werden.

● In *MEZ der speziellen Vorbereitung* geht es schließlich vor allem um die Umsetzung der erworbenen Fähigkeiten in entsprechende Wettkampfleistungen. Deshalb treten die Übungen zur Entwicklung der Sprung- und Streckkraft etwas zurück zugunsten der technischen Schulung der Gesamtbewegungen der Sprungdisziplinen. Da alle Techniksprünge mit längeren Anläufen auch zugleich mit hoher Intensität verbunden sind, stellen sie höchste spezielle Belastungen dar, die auch der Sprungkraftentwicklung dienlich sind. Solche Sprünge sind deshalb wohldosiert und besonders in den ersten Trainingsjahren vorrangig mit den Methoden der Fertigkeitsentwicklung einzusetzen. Erst mit zunehmender Spezialisierung am Ende des Nachwuchstrainings ist eine stärkere Orientierung auf die Ausbildung spezieller Fähigkeiten am Platze mit dem Ziel, die Leistungsausprägung in der Spezialdisziplin voranzutreiben.

## Einsatz in der TE

Das Krafttraining wird im Nachwuchstraining immer mit anderen Aufgabenstellungen in einer TE gekoppelt. Dabei ist zu beachten:
● Die Schnelligkeitsentwicklung oder das Techniktraining liegt *vor* der Belastung mit Kraftübungen.
● Spiele, Schwimmen oder allgemeine Ausdauerprogramme können im Sinne der Kompensation nach dem Krafttraining folgen.
● Schnellkraftprogramme dürfen nicht mit intensiven Ausdauerläufen in einer TE zusammenliegen.
● Wurf-/Stoßübungen sind in beliebiger Reihenfolge mit dem Sprungkrafttraining kopplungsfähig, nicht aber mit Rumpf- und Armkrafttraining.

Für die Gestaltung der Kraft-/Sprungkraftschulung sind folgende Regeln einzuhalten:
● Die Sprungkraftentwicklung ist in beschränktem Umfang und nicht zu hoher Intensität (im Sinne des „Einspringens") Bestandteil jedes Einlaufprogramms der Springer. Die Belastungshöhe muß sich dabei natürlich der nachfolgenden Hauptbelastung anpassen.
● Die Zahl der Wiederholungen hängt vom Ziel der TE ab. Steht im Vordergrund techni-

sche Vervollkommnung, werden wenige Wiederholungen mit hoher Konzentration ausgeführt. Auch für die Schnellkraftschulung sind relativ niedrige Umfänge (weniger als 6 Wiederholungen pro Serie) mit relativ hoher Intensität zu verbinden. Nur bei der am Ende des Nachwuchstrainings zunehmenden Schnellkraftausdauerentwicklung werden längere und mehr Serien in der TE absolviert (vgl. Tab. 79).

Tabelle 79: *Maximale Umfänge von Kraftübungen pro TE im Nachwuchstraining*

| Übungsformen | bei Schnellkraftentwicklung | bei Schnellkraftausdauerentwicklung |
|---|---|---|
| vertikale Sprungserien | 80 | 150 |
| horizontale Sprungserien | 60 | 120 |
| Grundübungen, vervollkommnende Übg. | 15–25 | – |
| Fußstreckkraftübungen | 60–80 | 250 |
| Beinstreckkraftübungen | 40–60 | 200 |

● Die speziellen Sprungfähigkeiten und -fertigkeiten werden in den ersten Jahren überwiegend mit speziellen Sprüngen bzw. Gesamtbewegungen aus kurzen bis mittleren Anläufen, erst am Ende des Nachwuchstrainings verstärkt auch aus längerem Anlauf entwickelt. Generell sind hier aber noch keine Zusatzlasten einzusetzen, weil zunächst die technische Vervollkommnung im Mittelpunkt stehen muß.

Als maximale Umfänge in einer TE bei Wettkampfsprüngen mit langem Anlauf gelten:

| | |
|---|---|
| Weitsprünge | 8–10 |
| Dreisprünge | 6–8 |
| Hochsprünge | 12–18 |
| Stabhochsprünge | 8–10 |

### Gestaltung von Mikrozyklen

Die planmäßige Gestaltung von Mikrozyklen im Training der Springer basiert hauptsächlich auf den gesetzmäßigen Beziehungen von Belastung und Anpassung, den Ausbildungsschwerpunkten der jeweiligen Trainingsetappe und der Berücksichtigung der Wiederherstellungsdauer jener Organsysteme, die vorrangig belastet wurden.
Dabei sind die zeitlichen Abstände zwischen

den Schwerpunktbelastungen besonders ausschlaggebend für den Belastungsrhythmus in den einzelnen MIZ.

Als solche Schwerpunkt- oder Hauptbelastungen müssen nach Aussagen der Sportmediziner folgende Trainingskomplexe der Springer gelten:
– Techniksprünge und intensive horizontale Einbeinsprünge;
– Sprintläufe und Sprintausdauerläufe mit hoher bis mittlerer Intensität;
– horizontale Sprungserien im Schnellkraft- und Schnellkraftausdauerbereich;

– vertikale Sprungserien im Schnellkraftbereich und
– Serien von Kniebeugen im Schnellkraftbereich.

TE mit hohem Anteil dieser besonders belastenden TM und außerdem solche TE, die Belastungsspitzen des jeweiligen Ausbildungsschwerpunktes des MEZ darstellen (z. B. Maximalkraftentwicklung), dürfen nur wenige innerhalb eines MIZ in angemessenen zeitlichen Abständen auftreten. Außerdem müssen alle Möglichkeiten genutzt werden, die die Wie-

*Tabelle 80: Beispiele für einwöchige Mikrozyklen*
**Einwöchiger Mikrozyklus als „Lernwoche"**

|        | Montag | Dienstag | Mittwoch | Donnerstag | Freitag | Sonnabend |
|--------|--------|----------|----------|------------|---------|-----------|
| 1. TE | Gymnastik/ Einlaufen Kugelstoß (Technikschulung) lockeres Auslaufen | Erholung | Turnen Kugelstoß (Technikschulung) | Erholung | Einlaufen/ Gymnastik Speerwurf (Technikschulung) allgem. Athletik | Einlaufen/ Gymnastik Spiel Sprungkraft mittlere Intensität Auslaufen |
| 2. TE | Einlaufen/ Gymnastik Hochsprung (intens. Technikschulung) Entlastungsübungen | Einlaufen/ Sprint-Abc Hürdenlauf (intens. Technikschulung) lockeres Auslaufen | Einlaufen/ Sprint-Abc Hochsprung (Technikschulung mit mittl. Intens.) Dauerlauf über 5 km | Einlaufen/ Gymnastik Weitsprung (intens. Technikschulung) lockeres Spiel | Einlaufen/ Gymnastik Weitsprung (Technikschulung mit mittl. Intens.) lockeres Auslaufen und Entspannungsübungen | Erholung |

**Einwöchiger Mikrozyklus als „Konditionswoche"**

|        | Montag | Dienstag | Mittwoch | Donnerstag | Freitag | Sonnabend |
|--------|--------|----------|----------|------------|---------|-----------|
| 1. TE | Einlaufen/ Gymnastik Kugelstoß (Technikschulung) Sprungkraft mittl.Intens. | Erholung | Einlaufen/ intens. Gymnastik Hürdenlauf mittl. Int. Spiel | Erholung und Prophylaxe (Entspannungsbad) | Einlaufen/ Sprint-Abc kurze Sprints submax.–max. Turnen und Entlastungsübungen | Einlaufen/ Gymnastik Sprungkraft mittl. Intens. Tempoläufe in mittl. Intens. |
| 2. TE | Einlaufen/ Gymnastik Hochsprung (Technikschulung mit mittl. Intens.) | Einlaufen/ Sprint-Abc fliegende Sprints und Steigerungsläufe bis 50 m submax. allg. Athletik | Einlaufen/ Gymnastik Sprungkraft intensiv Tempoläufe mittl. Intens. Unterwassermassage | Einlaufen/ Gymnastik Speerwurf (Technikschulung) Dauerlauf über 3 km | Schwimmen zur Lockerung und Entspannung | Erholung mit indiv. Prophylaxe (Selbstmassage, Entspannungsbad o.ä.) |

284

derherstellung der Leistungsfähigkeit beschleunigen (Kompensationstraining, allgemeines Training, physiotherapeutische Maßnahmen und Selbstbehandlungen). Bei den Sprungbelastungen sind allerdings bisher noch keine objektiven Diagnoseverfahren bekannt, die uns sichere Anhaltspunkte für die erfolgte Erholung liefern könnten. So sind die Trainer auf äußere Anzeichen, das subjektive Befinden der Athleten und Erfahrungswerte angewiesen. In der Regel sollten zwischen den Schwerpunkt-TE 2–3 Tage liegen, deren Trainingsinhalte die Nachwirkungen der Hauptbelastungen entweder schneller überwinden helfen oder durch andersgeartete und niedrigere Reize die herabgesetzte Leistungsfähigkeit berücksichtigen.

Es ist auch zweckmäßig, innerhalb der Mesozyklen die Belastung durch unterschiedlich akzentuierte Mikrozyklen wellenförmig zu gestalten. Das kann durch die Massierung von Lerntrainingseinheiten oder TE zur akzentuierten Fähigkeitsentwicklung in „Lernwochen" bzw. „Konditionswochen" geschehen. Nachfolgend stellen wir zwei Beispiele solcher akzentuierter MIZ vor (Tab. 80).

# 8. Wurf und Stoß

Die leichtathletischen Wurfdisziplinen sind von ihrem Charakter her *Schnellkraftdiszipli-nen*.

Bedingt durch die in den Wettkampfbestimmungen festgelegten Gerätemaße, -formen und -gewichte sowie die Wettkampfanlagen unterscheiden sich die leichtathletischen Würfe voneinander
– durch die *Art der Abwurfbewegung* (Tab. 81) und
– durch die Gestaltung des *Beschleunigungs-weges* auf translatorische (geradlinige) oder rotatorische Weise (Drehung).

Zu den *olympischen Wettbewerben* gehören 4 Wurf- bzw. Stoßdisziplinen (Tab. 82).

*Tabelle 82: Die olympischen Wurf-/Stoßdisziplinen*

|  | Männer seit | Frauen seit |
|---|---|---|
| Kugelstoß | 1896 | 1948 |
| Diskuswurf | 1896 | 1928 |
| Speerwurf | 1906 | 1932 |
| Hammerwurf | 1900 | – |

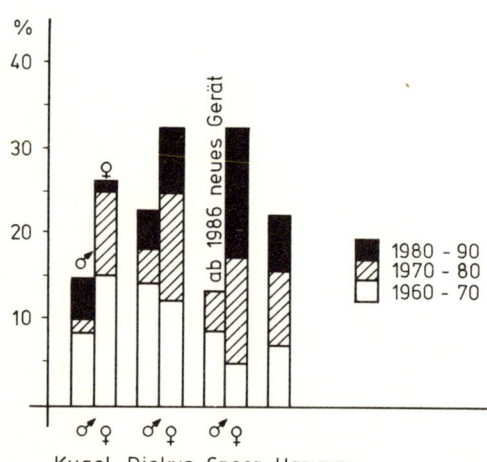

Abb. 150 Entwicklungsraten der Wurf-Weltrekorde 1960–1970, 1970–1980, 1980–1990

Im Wettkampfprogramm für Kinder und Jugendliche bzw. volkssportlicher Wettkämpfe stehen außerdem der *Schlagball- und der Keu-lenwurf*.

▶ Aufgabe:
– Studieren Sie den Abschnitt „Stoß- und Wurf-wettbewerbe" in: Amtliche Leichtathletikbestim-mungen (ALB), herausgegeben vom DLV, Ausgabe 1990.
– Verschaffen Sie sich dabei einen Überblick über die in den Kinder- und Jugendklassen üblichen Gerätegewichte und -maße.

## 8.1. Charakteristik der Leistungsentwicklung

▶ Aufgabe:
Informieren Sie sich über die historische Entwicklung der leichtathletischen Wurfdisziplinen. Beachten Sie dabei besonders die dort angeführten Ursachen der Entwicklung.

Die enorme Leistungsentwicklung in den leichtathletischen Wurfdisziplinen von Beginn der modernen Sportbewegung bis zur Gegenwart wird an der Gegenüberstellung der heutigen *Weltrekorde* mit den ersten durch die IAAF offiziell anerkannten Leistungen deutlich. Die Zuwachsraten der Leistungen von 1960–1990 (Abb. 150) widerspiegeln eine differenzierte Leistungsentwicklung in den Zehnjahresabschnitten.

Deutliche *Unterschiede* sind sowohl in den Entwicklungsraten zwischen den Männer- und Frauendisziplinen, zwischen den einzelnen Disziplinen (Abb. 150) als auch in der Leistungsdichte (Abb. 151/152) nachweisbar.

▶ Aufgabe:
Versuchen Sie Ursachen für die Unterschiede in der Leistungsentwicklung zwischen den Männer- und Frauendisziplinen zu ermitteln.

*Tabelle 81: Übersicht über die Wurf- und Stoßdisziplinen*

|  | Kugelstoß | | Diskuswurf | |
| --- | --- | --- | --- | --- |
|  | Männer | Frauen | Männer | Frauen |
| Wettkampfgeräte Gewicht Maße | 7,26 kg ⌀ 11–13 cm | 4,0 kg ⌀ 9,5–11 cm | 2,0 kg ⌀ 21,9–22,1 cm Dicke 4,4–4,6 cm | 1,0 kg ⌀ 18,0–18,2 cm Dicke 3,7–3,9 cm |
| Wettkampfanlage | Kreis ⌀ 2,13 m | | Kreis ⌀ 2,50 m | |
| Abwurfart | Abstoß einarmig | | Einarmiger Wurf (Schleuderwurf) | |
| Art der Beschleunigung | geradlinig | | rotatorisch | |
| Anteil des Abwurfes (Hauptphase) an der Abfluggeschwindigkeit in % | ca. 80 % | | 70–75 % | |

|  | Speerwurf | | Hammerwurf |
| --- | --- | --- | --- |
|  | Männer | Frauen | Männer |
| Wettkampfgeräte Gewicht Maße | 0,8 kg Länge 260–270 cm ⌀ 2,5–3,0 cm im Zentrum | 0,6 kg Länge 220–230 cm ⌀ 2,0–2,5 cm im Zentrum | 7,26 kg Kopf: ⌀ 11,18 cm Drahtlänge: 117,5–121,5 cm |
| Wettkampfanlage | Anlaufbahn 30–36,50 m | | Kreis ⌀ 2,13 m |
| Abwurfart | Einarmiger Wurf (Schlagwurf) | | Beidarmiger Wurf |
| Art der Beschleunigung | geradlinig | | rotatorisch |
| Anteil des Abwurfes (Hauptphase) an der Abfluggeschwindigkeit in % | 70–80 % | | 10–12 % |

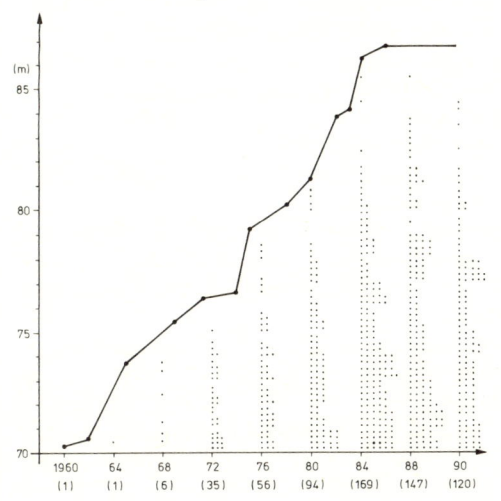

Abb. 151   Leistungsdichte im Hammerwurf

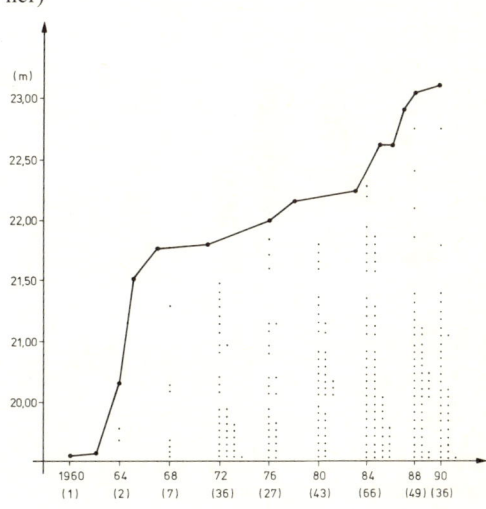

Abb. 152   Leistungsdichte im Kugelstoßen (Männer)

287

*Tabelle 83: Gegenüberstellung des ersten Weltrekordes zu dem von 1991 sowie den Prognoseleistungen*

| Disziplin | | Erste offiziell anerkannte Weltrekorde (m) | WR 31. 12. 91 (m) | Prognose 1996 (m) |
|---|---|---|---|---|
| Kugel | M | 15,54 (1909) | 23,12 | 23,50 |
| | F | 14,32 (1934) | 22,63 | 23,00 |
| Diskus | M | 47,58 (1912) | 74,08 | 75,00 |
| | F | 48,31 (1936) | 76,80 | 77,00 |
| Speer | M | 62,32 (1912) | 89,58 | 95,00 |
| | F | 46,74 (1932) | 80,00 | 77,00* |
| Hammer | | 57,77 (1913) | 86,34 | 88,00 |

\* mit seit 1991 gültigem Speer

Wesentliche *Ursachen* für die Leistungsentwicklung in den leichtathletischen Wurfdisziplinen sind u. a.:

● **Entwicklung der sportlichen Techniken**

Die technischen Veränderungen ergaben sich besonders aus dem Bemühen um Verbesserung der *Geradlinigkeit* sowie *Verlängerung der Beschleunigungswege* stets mit dem Ziel, *höhere Abfluggeschwindigkeiten* der Wurfgeräte zu erreichen (wie z. B. durch Veränderung der Ausgangsstellungen im Kugelstoß und beim Diskuswurf, durch Erhöhung der Anzahl der Umdrehungen sowie Vergrößerung des Drehungsradius im Hammerwurf und Diskuswurf.

● **Verstärkte Entwicklung der Maximalkraftfähigkeit**

Die zielgerichtete Entwicklung der Maximalkraftfähigkeiten gewann in der Trainingsmethodik der Wurf-/Stoßdisziplinen etwa um 1960 zunehmend an Bedeutung.

Typisch für die weitere Entwicklung im Maximalkrafttraining bis gegen Ende der 70er Jahre war die Steigerung der Trainingsumfänge, die in den letzten Jahren durch eine Erhöhung der Spezifik, Intensität und Qualität der Trainingsübungen abgelöst wurde.

● **Zielgerichtete Entwicklung der speziellen Schnellkraftfähigkeiten**

Seit Beginn der achtziger Jahre wird die Leistungsentwicklung zunehmend durch die zielgerichtete Entwicklung der disziplinspezifischen Schnellkraftfähigkeiten mitbestimmt. Grundlage dazu bilden vor allem

– die Herausbildung des speziellen Krafttrainings als eigenständiger, gezielt eingesetzter Trainingskomplex,
– die Erhöhung der Qualität des speziellen Wurftrainings (akzentuierter Einsatz der verschiedenen Wurfgeräte) sowie
– die stärkere Gerichtetheit (auf die Struktur der Wettkampfübung) in allen Trainingsbereichen.

Das moderne Training in den Wurf-/Stoßdisziplinen ist insgesamt auf die Einheit von Fähigkeits- und Fertigkeitsentwicklung orientiert.

● **Gezieltere Auswahl geeigneter Kader**

Die Körperbaumerkmale Spannweite und Körpergröße werden im Nachwuchsbereich als wesentliche Auswahlkriterien angesehen. Im Hochleistungsbereich sind außerdem bestimmte Werte für das Körpergewicht der Spitzenathleten in den einzelnen Wurfdisziplinen typisch (vgl. Leistungsfaktor Konstitution).

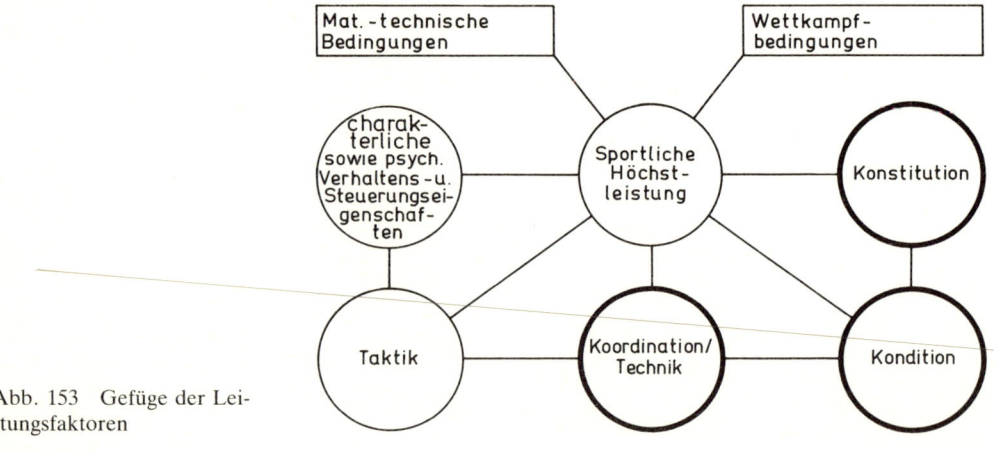

Abb. 153 Gefüge der Leistungsfaktoren

► Aufgabe:
Welche der grundlegenden Ursachen für die Leistungsentwicklung (vgl. Kap. 1) treffen nach Ihrer Auffassung besonders für die Wurf- und Stoßdisziplinen zu?

## 8.2. Leistungsstruktur

Ausgehend von der Spezifik der leichtathletischen Wurfdisziplinen, betrachten wir aus dem Gesamtgefüge der Leistungsfaktoren besonders (Abb. 153)
– den Faktor *Kondition*
– den Faktor *Koordination/Technik*
– den Faktor *Konstitution*.

### Zum Leistungsfaktor Kondition

Für hohe Wettkampfleistungen sind auch in den leichtathletischen Wurfdisziplinen alle drei Grundfähigkeiten von Bedeutung. Eine deutliche Gewichtigkeit ergibt sich dabei jedoch für die *Kraftfähigkeit*. (Abb. 154)
**Kraftfähigkeiten:** Weltspitzenleistungen in den Wurfdisziplinen setzen hohe Abfluggeschwindigkeiten der Geräte voraus (z. B. Hammerwurf über 80 m ca. 28–28,5 m/s; Kugelstoß über 22 m ca. 14 m/s). Diese wiederum erfordern Kraftfähigkeiten zur Beschleuni-

Abb. 154 Leistungsfaktor Kondition aus wurfspezifischer Sicht

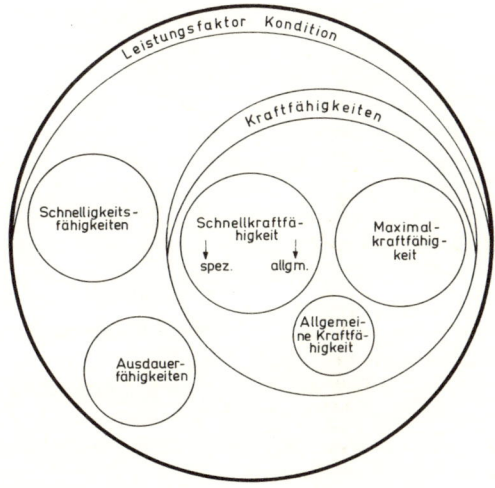

gung der Geräte (vgl. 8.3. Grundlagen der Technik). Die Bedeutung der Kraftfähigkeiten für die Wurfleistungen wird bei der Gegenüberstellung von Wettkampf- und Kraftleistungen deutlich sichtbar.

> Mit steigendem Leistungsvermögen nehmen vor allem die spezielle Schnellkraftfähigkeit und die Maximalkraftfähigkeit Einfluß auf die Leistung.

Zwischen dem Entwicklungsstand der **Schnellkraftfähigkeit** und der Wettkampfleistung sind enge Abhängigkeiten nachweisbar. (Abb. 155)
*Die Zunahme spezifischer Schnellkraft-Testleistungen stimmt mit dem Anwachsen der speziellen Wettkampfleistung überein.*
Zusammenhänge sind auch zwischen der **Maximalkraftfähigkeit** – als Grundlage für die Schnellkraftfähigkeit – und der Wettkampfleistung nachweisbar. (Abb. 156)

► Aufgabe:
Prüfen Sie, ob die in der Abb. 156 dargestellten Bezüge eine ähnliche Aussage zulassen, wie sie zur Schnellkraft getroffen wurde!

> Für hohe Wettkampfleistungen in den Wurf- und Stoßdisziplinen ist die höchstmögliche Ausprägung der speziellen Schnellkraftfähigkeit erforderlich.

**Schnelligkeitsfähigkeiten:** Aus dem Faktorenkomplex der Schnelligkeitsfähigkeiten sind unter wurfspezifischer Sicht besonders die *Aktionsschnelligkeit* und die *Beschleunigungsfähigkeit* bedeutsam. Ihr Einfluß auf die Leistung ergibt sich daraus, daß ein unzureichender Ausbildungsstand dieser Fähigkeiten die *Leistungsentwicklung* in den Wurfdisziplinen *begrenzt.* Weltklassewerfer zeichnen sich durch gute Sprintleistungen aus.
Die Rolle der *Beschleunigungsfähigkeit* für die Wurfdisziplinen erfordert dabei die Orientierung auf möglichst gute Leistungen im Lauf über 30 m fliegend und 30 m aus dem Tiefstart. Als anzustrebende *Zielgrößen* im Hochleistungsbereich gelten:

|  | 30 m fliegend | 30 m Tiefstart |
| --- | --- | --- |
| Männer | 3,1–3,3 | 4,0 |
| Frauen | 3,2–3,4 | 4,1 |

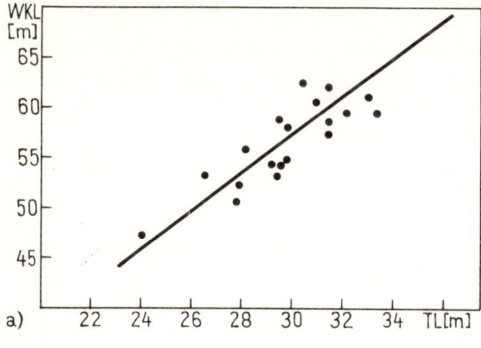

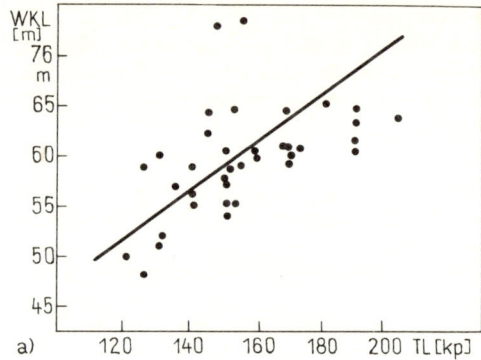

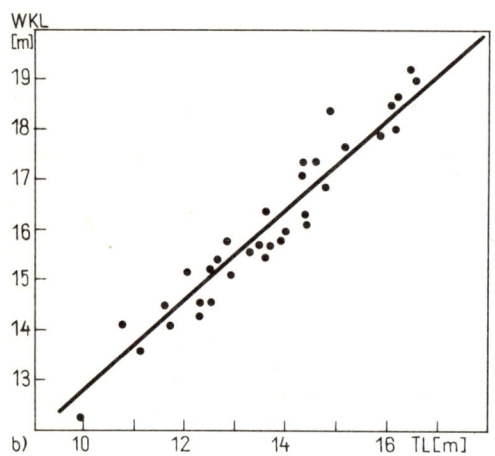

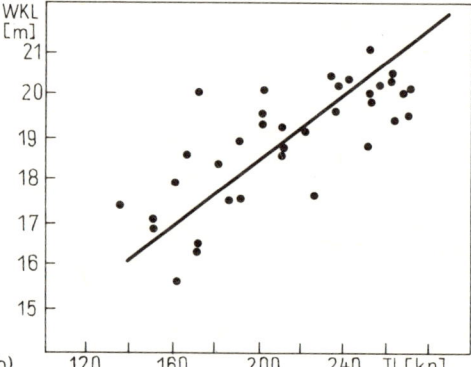

Abb. 155 Abhängigkeiten zwischen der Leistungsfähigkeit in der Wettkampfdisziplin und spezieller Schnellkraft-Tests

Abb. 156 Beziehungen zwischen Wettkampfleistungen und Testleistungen mit der Scheibenhantel

Die Bedeutung der *Aktionsschnelligkeit* ergibt sich aus den Besonderheiten der Bewegungsstruktur der leichtathletischen Wurfdisziplinen (azyklische Bewegung – Kurzzeitigkeit der Wurfbewegung) und erfordert ihre maximale Ausprägung in Zusammenhang mit der Entwicklung der speziellen Kraftfähigkeiten.

**Ausdauerfähigkeit:** Ihre Bedeutung für die direkte Leistung im sportlichen Wettkampf ist relativ gering, da 6 maximale Versuche mit größeren Pausen keine besonderen Ausdauerfähigkeiten voraussetzen. Im *Training* erhält dieser Leistungsfaktor dagegen einen beachtlichen Stellenwert, da er Grundlage und Voraussetzung für die Bewältigung hoher Trainingsbelastungen ist (Belastungsverträglichkeit).

Dabei geht es vor allem um die *Ermüdungswiderstandsfähigkeit* gegenüber den für das Wurftraining spezifischen Belastungen (spezielle Ausdauer) und um die *Unterstützung der beschleunigten Wiederherstellung* (allgemeine Ausdauer).

### *Zum Leistungsfaktor Koordination/Technik*

Die besondere Bedeutung dieses Leistungsfaktors ergibt sich aus der Notwendigkeit, das entwickelte konditionelle Potential des Athleten effektiv zu nutzen.

► Aufgabe:
Welche Möglichkeiten sehen Sie, den Nutzungsgrad des vorhandenen konditionellen Potentials eines Sportlers bei einer Wettkampfleistung zu bestimmen?

Die Notwendigkeit zur Entwicklung maximaler Krafteinsätze in kürzesten Zeiteinheiten setzt einen *Bewegungsablauf von höchster technisch-koordinativer Ausprägung/Güte voraus (technische Fertigkeit).*
Die individuelle Technik muß in ihren wesentlichsten Elementen dem Zielmodell (vgl. 8.3.1.–4. Technikmodell für die Wurfdisziplinen) möglichst nahekommen.
Sie muß einen hohen koordinativen Ausprägungsgrad erreichen (vgl. 3.3.2.2.).
In den Wurfdisziplinen ist die Ausbildung einer Technik in der Feinkoordination eng an den Entwicklungsstand folgender koordinativer Fähigkeiten gebunden:
– **Differenzierungs- und Kopplungsfähigkeit:** Sie sind wesentliche Voraussetzung für die Feinabstimmung der Bewegung sowie die Koordination der einzelnen Teilphasen der Wurfbewegung; z. B. für die optimale Verbindung zwischen den einleitenden Phasen (Anlauf, Angleiten, Drehungen) und der Hauptphase (Wurf/Stoß) sowie den zeitlich richtigen Einsatz der Kräfte besonders in der Abwurfphase. So muß an einer genau bestimmten Stelle des Bewegungsablaufs eine maximale Beschleunigung erfolgen. Nach Gundlach bedeutet das, in dieser Phase der automatisierten Fertigkeit einen maximalschnellen Kraftaufwand zu erbringen. Zur koordinativen Regelung kommt also das Element der Steuerung hinzu.
– **Rhythmisierungsfähigkeit:** Ihre Bedeutung für die Wurfdisziplinen ist vor allem im Zusammenhang mit der *Lösung des dynamischen Zeitprogramms* der Wurfbewegung zu sehen, welches im Prozeß der Fertigkeitsentwicklung besonders beachtet werden muß. Erfahrungsgemäß werden vorzeitig stabilisierte falsche Bewegungsrhythmen zu einem echten Hemmnis der technischen und dadurch der Leistungsentwicklung.
– **Anpassungs-/Umstellungsfähigkeit:** Sie hat in allen Disziplinen – als detailliertes Korrigieren und Variieren des Bewegungsablaufs im Hinblick auf unterschiedliche Wettkampfanlagen und Geräte – Bedeutung für das Erreichen guter Wurfleistungen. Das verstärkt sich in den Disziplinen Diskus- und Speerwerfen, wo

– bedingt durch Form und Gewicht des Gerätes – die Flugweite durch äußere Bedingungen (Luftwiderstand, Wind) in stärkerem Maße beeinflußt werden kann. Der Werfer muß in der Lage sein, durch Veränderung des Abflug- und Anstellwinkels des Gerätes auf diese Bedingungen zu reagieren.

> Um den Entwicklungsstand der konditionellen Fähigkeiten effektiv zu nutzen, ist ein hoher Ausprägungsgrad des technisch-koordinativen Leistungsfaktors erforderlich.

### Zum Leistungsfaktor Konstitution

Die notwendigen hohen Kraftvoraussetzungen für Weltspitzenleistungen, aber auch bestimmte technische Anforderungen in den einzelnen Wurfdisziplinen bedingen besondere körperbauliche Voraussetzungen. So kann der Zusammenhang zwischen *Körperhöhe, Spannweite,* einem optimalen *Körpergewicht* und hohen Wettkampfleistungen im Wurf/ Stoß auf der Grundlage zahlreicher Untersuchungen als gesichert angesehen werden.

Tabelle 84: *Körperhöhe und -gewicht (Ø-Werte der Endkampfteilnehmer der Olympischen Spiele 1980)*

|  | Körperhöhe (cm) | Körpergewicht (kg) |
|---|---|---|
| *Männer* | | |
| Kugel | 194 | 127 |
| Diskus | 193 | 111 |
| Speer | 187 | 96 |
| Hammer | 185 | 107 |
| *Frauen* | | |
| Kugel | 175 | 90 |
| Diskus | 179 | 90 |
| Speer | 171 | 72 |

Die Übersicht der durchschnittlichen Körperhöhen und -gewichte der Endkampfteilnehmer der Olympischen Spiele 1980 (Tab. 84) gibt Orientierungswerte für den Hochleistungsbereich an, die nach wie vor gültig sind.

> Körperhöhe und ein optimales Körpergewicht sind wichtige Voraussetzungen für hohe Leistungen in den Wurf- und Stoßdisziplinen.

► Aufgaben:
Leiten Sie aus den grundsätzlichen Ausführungen (Kapitel 2) sowie den exemplarischen Darlegungen im Kurz- bzw. Mittel- und Langstreckenlauf (Kap. 5.2. und 6.2.) ab, welche psychisch-moralischen Verhaltensweisen für hohe Leistungen in den Wurf- und Stoßdisziplinen erforderlich sind!
Wie beeinflussen konditionelle, koordinativ-technische sowie konstitutionelle Voraussetzungen die Wettkampfleistungen im Wurf?

## 8.3. Technik und technische Ausbildung

► Aufgabe:
Überprüfen Sie, welche biomechanischen Prinzipien für die Wurfdisziplinen von besonderer Bedeutung sind.

## Grundlagen der Technik

Die *Bewegungsaufgabe* bei den leichtathletischen Wurf-/Stoßdisziplinen besteht darin, das Wurfgerät so *weit wie möglich zu werfen oder zu stoßen*. Die Flugweite W der Wurfgeräte ergibt sich aus folgenden physikalischen Größen:

– Abfluggeschwindigkeit   – $v_0$
– Abflughöhe             – $h_0$
– Abflugwinkel           – $\alpha_0$
– Luftwiderstandskraft   – K
– Erdbeschleunigung      – g

Ihr Einfluß wird aus folgender mathematischer Beziehung deutlich (ohne Berücksichtigung der Luftkräfte):

$$W = \frac{v_0^2}{g} \cos \alpha_0 \left( \sin \alpha_0 + \sqrt{\sin^2 \alpha_0 + \frac{2gh_0}{v_0^2}} \right)$$

Hohe Abfluggeschwindigkeiten sind die entscheidenden Voraussetzungen für große Wurfweiten. Zum anderen nehmen auch zweckmäßige Abflugwinkel und -höhen sowie die Ausnutzung der Luftwiderstandskraft Einfluß auf die Flugweite.

● Die Größe der *Erdbeschleunigung* kann für unsere geographischen Verhältnisse als konstant angenommen werden (9,81 m/s²).
● Die Wirkung der *Luftwiderstandskraft* als angreifende äußere Kraft ist in den Disziplinen Kugelstoß und Hammerwurf in ihrer Größe vom Athleten nicht beeinflußbar.
Im Gegensatz dazu ist im Diskus- und Speerwurf eine Verminderung bzw. Erhöhung der angreifenden Luftwiderstandskraft durch *Veränderung des Abflug- und des Anstellwinkels* der Geräte insbesondere bei unterschiedlichen Windbedingungen möglich. (Tab. 85)
● Direkten Einfluß auf die Flugweite nehmen in *allen* Wurfdisziplinen die Faktoren *Abflugwinkel* und *Abflughöhe*. (Tab. 86)
● Aus der mathematischen Beziehung ist ersichtlich, daß von den genannten Faktoren die *Abfluggeschwindigkeit* die Flugweite am entscheidensten beeinflußt (quadratisches Eingehen). (Tab. 87)
Deshalb sind alle Maßnahmen im Bewegungsablauf der Würfe darauf orientiert, eine höchstmögliche Abfluggeschwindigkeit zu erreichen (s. Tab. 88).

Der *Hauptanteil* dieser Geschwindigkeiten wird in den Wurfdisziplinen (mit Ausnahme des Hammerwurfes) in der *Abstoß- bzw. Abwurfphase* erzeugt (vgl. Tab. 81), die aus diesem Grunde in den einzelnen Disziplinen als Hauptphase gekennzeichnet wird.

Aus dem 2. Newtonschen Gesetz

$$dv = \frac{F \cdot dt}{m}$$

ergibt sich, daß die Geschwindigkeit direkt proportional zur Kraft und der Zeitdauer ihrer Einwirkung ist (bei konstantem Gewicht der Geräte). Übertragen auf die leichtathletischen Würfe, bedeutet dies, im Bewegungsablauf eine möglichst große Kraft über einen optimal langen Zeitraum und in einer zweckmäßigen Richtung auf das Gerät einwirken zu lassen. Voraussetzungen dazu sind:

Sicherung einer möglichst langen Dauer der Krafteinwirkung durch einen *optimal langen Beschleunigungsweg* des Gerätes.

Dabei ist eine Verlängerung des Beschleunigungsweges nur so lange effektiv, wie eine aktive Kraftübertragung auf das Gerät gesichert ist.

Tabelle 85: Optimale Abflug- [1] und Anströmwinkel [2] der Geräte bei unterschiedlichen Luftwiderstandskräften (nach Tutewitsch und Bartonietz)

| | Abflugwinkel $a_o$ [1] bei Windstille | Anströmwinkel [1] | Veränderung von $a_o$ bei | |
| --- | --- | --- | --- | --- |
| | | | Gegenwind 5 m/s | Rückenwind 5 m/s |
| Kugel | 38–42° | – | – | – |
| Hammer | 44° | – | – | – |
| Speer | 34–36° | 0° | ca. 5° < $a_o$ | ca. 2° > $a_o$ |
| Diskus | 35–37°* | −10 bis −15° | ca. 5° < $a_o$ | ca. 3–5° > $a_o$ |

[1] Richtung der Abfluggeschwindigkeit
[2] Differenz zwischen Anstellwinkel des Gerätes und Abflugwinkel
* nach Bartonietz

Tabelle 86: Beziehungen zwischen Flugweite und Abflugwinkel (bei konstanter Geschwindigkeit und Abflughöhe ohne Berücksichtigung der Aerodynamik) am Beispiel Kugelstoß (nach Tutewitsch)

| Abflugwinkel | Stoßweite Kugel (13,5 m/s) |
| --- | --- |
| 36° | 20,40 |
| 38° | 20,60 |
| 39° | 20,66 |
| 41° | 20,73 |
| 43° | 20,72 |
| 45° | 20,70 |

Tabelle 87: Beziehung zwischen Flugweite, Abfluggeschwindigkeit und Abflughöhe am Beispiel Kugelstoß bei konstantem Abflugwinkel (nach Tutewitsch)

| Geschwindigkeit m/s | Flugweite | |
| --- | --- | --- |
| | $h_0$ 2,20 | $h_0$ 2,30 |
| 10 | 12,10 | 12,27 |
| 11 | 14,27 | 14,44 |
| 12 | 16,64 | 16,81 |
| 13 | 19,20 | 19,38 |
| 14 | 21,97 | 22,16 |

| Ausnutzung der *Vordehnung der Muskulatur* zur Vergrößerung der Krafteinwirkung.

Vorspannungen werden im Wurf durch Verwringung von Körperteilen zueinander bzw. durch aktives Abbremsen von Körperteilen (z. B. Rumpf beim Aufbau von Bogenspannung) oder Ausholbewegungen erzeugt.

| Richtige *Koordinierung* des Einsatzes aller Teilkräfte.

Dies wird in den Wurfdisziplinen durch drei aufeinanderfolgende *Beschleunigungsetappen* gesichert:
1. Beschleunigung des Gesamtsystems (Athlet–Gerät);
2. Beschleunigung des Oberkörpers mit Stoßarm und Gerät;
3. Beschleunigung der Körperteile, die auf das Gerät unmittelbar wirken (Arm, Hand).

Während der *ersten* Etappe wird das Gesamtsystem Athlet–Gerät hauptsächlich durch die Kraft- und die Schnelligkeitsfähigkeit der Beine beschleunigt.
In der *zweiten* Etappe erfolgt die Beschleunigung des Oberkörpers. Dabei führt das Abbremsen der großen Masse der unteren Kör-

Tabelle 88: Notwendige Abfluggeschwindigkeit ($v_0$) zum Erreichen bestimmter Flugweiten (nach Tutewitsch und Bartonietz)

| Geräte | Weite (m) | $v_0$ (m/s) | Weite (m) | $v_0$ (m/s) |
| --- | --- | --- | --- | --- |
| Kugel | 15,5 | 11,5 | 21,5 | 13,8 |
| Diskus | 54 | 22 | 65 | 24 |
| Speer | 78 | 28 | 95 | 32 |
| Hammer | 55 | 23 | 85 | 29 |

perteile und die Übertragung der Energie auf die kleinere Masse zur Geschwindigkeitssteigerung.

Ein nachfolgendes deutliches Abbremsen der Schulter führt zum Spannungsaufbau in der Rumpfmuskulatur (Bogenspannung) und bildet die Voraussetzung für eine explosive Ausstoß(wurf)bewegung.

Während der *dritten* Etappe erfolgt die Beschleunigung der Körperteile, die unmittelbar auf das Gerät einwirken *(Arm, Hand), sowie des Gerätes* selbst.

Bedingt durch ihre spezifischen Besonderheiten (vgl. Tab. 81), gestaltet sich der zeitliche Ablauf dieser Phasen in jeder Wurfdisziplin differenziert. Die Abbildung 157 zeigt uns den optimalen Geschwindigkeitsverlauf beim Speerwurf, wobei die progressive Geschwindigkeitssteigerung durch den richtigen Einsatz der Teilkräfte in der Wurfbewegung deutlich wird.

| Äußeres Kennzeichen einer zweckmäßigen Bewegungskoordination ist ein in hohem Maße geradliniger Wegverlauf des Gerätes (Kugel, Speer) in Bewegungsrichtung. (Abb. 158)

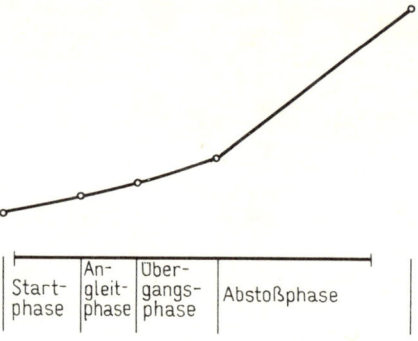

Abb. 158   Wegverlauf Kugelstoß

Bei den Rotationswürfen ist eine kontinuierliche Annäherung der Neigungswinkel der einzelnen Drehebenen an die optimale Abflugrichtung zu fordern. Insbesondere in der Phase der *Endbeschleunigung* (Abwurf) muß die Richtung der Krafteinwirkung das Erreichen eines optimalen Abflugwinkels gewährleisten. (Abb. 159)

Abb. 157   Geschwindigkeit-Zeit-Funktion im Speerwurf

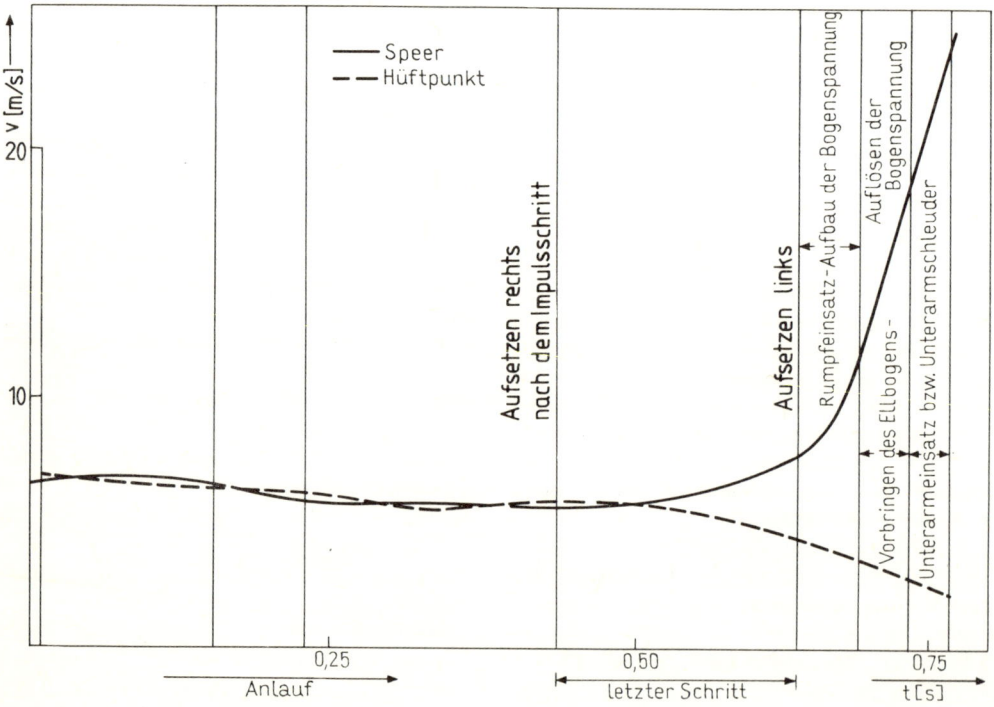

294

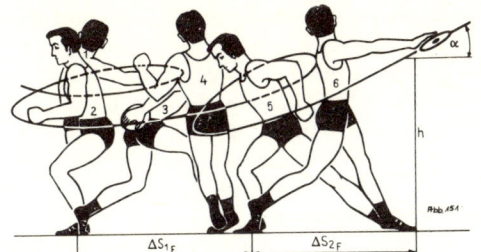

Abb. 159 Wegverlauf Diskuswurf, von der Seite gesehen

# Grundlagen der technischen Ausbildung

▶ Aufgabe:

Welche Ableitungen für den Ausbildungsprozeß ergeben sich aus der in den Abschnitten 8.1. und 8.2. dargestellten Charakteristik der Leistungsentwicklung und der Leistungsstruktur in den Wurfdisziplinen?

Die Ausbildung der technischen Fertigkeiten in den Wurfdisziplinen wird durch einige wesentliche Besonderheiten gekennzeichnet.

● Die im Wurfprozeß notwendige maximale Beschleunigungsleistung in kürzesten Zeiteinheiten auf dem letzten Teil des Beschleunigungsweges (Abwurf) stellt an die Wurfathleten sehr *hohe koordinativ-technische Anforderungen* (Abschn. 8.2.) und begründet die Wichtigkeit der Fertigkeitsausbildung im Wurf/Stoß besonders in den frühen Etappen des Gesamttrainingsprozesses.

● Der *hohe Anteil der Hauptphase* (Abwurf, Abstoß) an der Beschleunigung der Wurfgeräte (vgl. Grundlagen der Technik) bedingt deren *zentrale Stellung* im Ausbildungsprozeß (mit Ausnahme des Hammerwurfes).

● Der enge und direkte Zusammenhang zwischen der Wurfleistung und dem Ausprägungsgrad der physischen Fähigkeiten – insbesondere der Kraftfähigkeiten – (vgl. dazu 8.2. Leistungsfaktor „Konditionelle Fähigkeiten") erfordert die ständige Beachtung der *Einheit zwischen der konditionellen und koordinativ-technischen Ausbildung*.

Aus den genannten Besonderheiten ergeben sich folgende **methodische Grundsätze der technischen Ausbildung**:

│ Sicherung der Einheit zwischen koordinativ-technischer und konditioneller Ausbildung

Das erfordert:

Frühzeitige Ausprägung der Grundstruktur der Wurftechniken. Ständige Anpassung des quantitativen Ausprägungsgrades der einzelnen technischen Elemente an das sich verändernde physische Niveau (z. B. Tiefe der Gelenkbeugewinkel; Bewegungsamplituden usw.).

Besondere Probleme ergeben sich in diesem Zusammenhang in den Kinderklassen. In der Praxis tritt hier oft ein deutliches Mißverhältnis zwischen dem Entwicklungsstand der physischen Fähigkeiten und den Gewichten der Wettkampfgeräte auf.

Entsprechend der langen Zeitdauer der physischen Entwicklung kann die technische Fertigkeit deshalb über viele Jahre nicht stabilisiert werden.

Zahlreiche Untersuchungen (Grigalka, Djatschkow) und Beispiele aus der Praxis belegen, daß die Korrektur falscher bzw. auf einem niedrigen physischen Niveau stabilisierter Bewegungen einen hohen zeitlichen Aufwand erfordert und in vielen Fällen nicht zufriedenstellend gelingt.

│ Die Ausprägung der Hauptbeschleunigungsphasen ist im Ausbildungsprozeß an den Anfang zu stellen.

In den Disziplinen Kugelstoß, Speerwurf und Diskuswurf bildet deshalb die *technikgerechte Ausbildung der Abstoß- bzw. Abwurfphase* bereits im Grundlagentraining den Ausbildungsschwerpunkt.

Im Hammerwurf erfolgt die Hauptbeschleunigung während der Umdrehungen. Aus diesem Grunde steht hier das Erlernen der Anschwünge und der Umdrehungen vor der Schulung des Abwurfes.

*Schwerpunkte bei der Schulung der Hauptphasen* sind dabei:

– Sicherung der Grundrichtung der Bewegungsführung,

– optimale Koordination der Teilkräfte in der Abwurfbewegung.

Dabei sind folgende Elemente besonders auszuprägen:

– Einnehmen der richtigen Abwurfpositionen (Wurfauslage),

– richtige Einsatzfolge Beine–Rumpf–Arme–Hand,

– vollständige Körperstreckung in der Abstoß- bzw. Abwurfphase bei lang dauerndem Bodenkontakt beider Füße.

Das erfordert:

Die Erarbeitung der Grundstruktur der Gesamtbewegung ist möglichst bald in den Mittelpunkt der Ausbildung zu stellen.

Das erfolgt durch eine *kontinuierliche Verlängerung des Beschleunigungsweges*, indem die Hauptbeschleunigungsphase mit allmählich länger werdendem Anlauf, Angleiten bzw. Umdrehungen verbunden wird.

Prinzipiell darf dabei die in den einleitenden Phasen (Drehungen, Anlauf, Angleiten) erzeugte Geschwindigkeit den effektiven Einsatz der Hauptmuskelkräfte in der Hauptphase nicht einschränken.

Schwerpunkte bei der Schulung der Gesamtbewegung sind:

– Erreichen einer optimalen Anfangsgeschwindigkeit in Verbindung mit dem Aufbau von Vorspannung in den einleitenden Bewegungsphasen
– Ausprägung einer optimalen Wurfauslage (insbesondere opt. KSP-Lage)
– Erreichen des Beschleunigungsmaximums in der Hauptphase.

▶ Aufgabe:

Leiten Sie aus den allgemeinen Grundsätzen für die methodische Gestaltung des Ausbildungsprozesses im Wurf/Stoß Besonderheiten für die Ausbildung in den einzelnen Wurfdisziplinen ab.

## 8.4. Kugelstoß
### (Technik und technische Ausbildung)

### 8.4.1. Angleittechnik

## Technik

▶ Aufgaben:
– Wie ist in der Disziplin Kugelstoß das biomechanische Prinzip des langen und geradlinigen Beschleunigungsweges zu realisieren?
– Welche Phasen der Kugelstoßbewegung sind unter der Sicht der Beschleunigung des Gerätes von besonderer Bedeutung?

Die Leistung im Kugelstoß wird in hervorragendem Maße durch hohe Kraftfähigkeiten bestimmt (vgl. 8.1. und 8.2.).

Dafür sind folgende **Charakteristika des Kugelstoßes** entscheidend:
– der relativ kurze Beschleunigungsweg,
– die Notwendigkeit der Entfaltung größter Kraftimpulse in kürzesten Zeiteinheiten, insbesondere in der Abstoßphase (vgl. Tab. 81).

Deshalb ist die technische Entwicklung in den zurückliegenden Jahren besonders gekennzeichnet durch das Bestreben um optimale Verlängerung und Geradlinigkeit des Beschleunigungsweges der Kugel.

Aus technischer Sicht wird die Leistung im Kugelstoß beeinflußt durch (s. Tab. 89)
– eine individuelle optimale Gestaltung der *Auftaktbewegung*, durch die der Athlet in eine biomechanisch *günstige Startposition* gelangt;
– eine *aktive Startphase*, in der eine erste Beschleunigung des Gesamtsystems erfolgt;
– eine *flache und schnelle Angleitbewegung* ohne wesentlichen Geschwindigkeitsverlust bei gleichzeitigem Aufbau von Vorspannung im Körper;
– eine zeitlich möglichst *kurze Übergangsphase* zwischen dem Angleiten und dem Abstoß;
– eine explosive Abstoßbewegung, in der die Hauptbeschleunigung des Gerätes erfolgt.

*Auftaktphase*

Die Auftaktphase ist aus biomechanischer Sicht *ohne direkten Einfluß* auf das Ergebnis, da in dieser Bewegungsphase keine aktive Einwirkung auf das Gerät erfolgt. Sie hat jedoch die Aufgabe, den Stoßer in eine *optimale Startposition* für einen biomechanisch günstigen Beschleunigungsweg zu bringen. Voraussetzung dazu ist eine lockere Auftaktbewegung.

**Ausgangsstellung:** Der Athlet steht aufrecht, Rücken in Stoßrichtung, am hinteren Kreisrand. (Abb. 160/1)

Die Kugel ruht dabei auf den Fingerwurzeln der Stoßhand – Daumen und kleiner Finger seitlich leicht abgespreizt – und wird an der Schlüsselbeingrube rechts des Kinns an den Hals gelegt.

Die Ausführung der **Auftaktbewegung** ist unterschiedlich (mit extrem hohem Schwungbeineinsatz, mit minimalem Schwungbeinein-

| | Auftaktphase | Startphase | Angleitphase | Übergangsphase | Abstoßphase |
|---|---|---|---|---|---|
| Beginn | Ausgangsstellung | Startposition (tiefste Lage der Kugel) | letzter Abdruck des rechten Fußes vor dem Angleiten | Aufsetzen des rechten Beines nach dem Angleiten | Aufsetzen des linken Beines nach dem Angleiten |
| Ende | Startposition (tiefste Lage der Kugel) | Abdruck des rechten Beines zum Angleiten | Aufsetzen des rechten Beines nach dem Angleiten | Aufsetzen des linken Beines nach dem Angleiten | Abstoß |
| Funktion | – Überwinden der Beharrung des Gerätes<br>– Einnehmen einer günstigen Auslage für einen optimalen Beschleunigungsweg | erste Beschleunigung des Gesamtsystems | – schnelles Überwinden der stützlosen Phase zur Vermeidung eines Geschwindigkeitsabfalls<br>– Aufbau von Vorspannung durch Einleiten einer Verwringung | – koordinative Bewältigung des Überganges zwischen Angleitbewegung und Abstoßbewegung<br>– einbeinige Amortisation des Bremsstoßes rechts<br>– Beginn der 2. Beschleunigung des Gesamtsystems | – Fortsetzung des 2. Beschleunigungskraftstoßes re<br>– Gegenstemmen und Abbremsen des Gesamtsystems durch das li Bein<br>– nachfolgendes Beschleunigen von Oberkörper, Arm und Hand (Gerät) |
| Merkmale | – aufrechte Ausgangsstellung (Rücken in Stoßrichtung)<br>– lockeres, entspanntes Erreichen der individuell optimalen Startposition | Startposition (tiefste Lage der Kugel) mit optimalen Beugewinkeln<br>– flacher Abdruck rechts bei weitgehend gestrecktem Bein<br>– aktive, flache Schwungbeinbewegung in Richtung Stoßbalken | – flaches, schnelles Angleiten mit minimalem Bodenkontakt<br>– schnelles Einbeugen und Nachziehen des Abdruckbeines<br>– Aufbau einer Verwringung durch leichtes Nach-vorn-Drehen des rechten Fußes und der rechten Hüftseite und weitgehende Beibehaltung der Oberkörperposition<br>– aktives Nach-unten-Führen des Schwungbeines | – Aufsetzen rechts mit gebeugtem Bein<br>– Landung auf dem Fußballen<br>– Aufsetzen links unmittelbar nach dem rechten Bein<br>– weitgehendes Aufrechterhalten der Verwringung | – fixiertes Gegenstemmen des linken Beines<br>– Aufrichten des Körpers durch explosive Streckdrehbewegung aus dem rechten Bein beginnend mit Nach-vorn-Drücken des Knies und der rechten Hüftseite<br>– allmähliche Auflösung der Verwringung zwischen Hüft- und Schulterachse und Beschleunigung des Oberkörpers<br>– Lösen der Kugel vom Hals, wenn die Hüftachse fast frontal zur Stoßrichtung steht (größte Spannung)<br>– Abstoß bei völliger Körper und Armstreckung |

satz, ohne Schwungbeineinsatz). Für den Anfänger wird die 2. Variante empfohlen, da der Athlet hierbei locker und im allgemeinen ohne Gleichgewichtsschwierigkeiten in die Startposition gelangt:

Aus der aufrechten Körperhaltung wird der Oberkörper bei waagerecht gehaltener Schulterachse nach vorn geneigt. Parallel dazu erfolgt das Beugen des Standbeines (re) in Verbindung mit einem leichten Rückschwung (nicht über Hüfthöhe) des linken Beines, das sogleich wieder in Richtung des Standbeines herangeführt und ca. eine Fußlänge hinter dem Standbein leicht abgesetzt wird.

Das Körpergewicht wird deutlich auf das rechte Bein verlagert. Der Blick des Stoßers ist schräg nach hinten-unten gerichtet; der linke Arm zeigt entgegen der Stoßrichtung.

In der somit erreichten **Startposition** am Ende der Auftaktbewegung *nimmt die Kugel die tiefste Lage der Bewegungsbahn ein.* Dabei sind optimale Winkel zwischen Oberkörper und Oberschenkel (Hüftwinkel) im Bereich von <50° sowie im Kniegelenk des Standbeines um ca. 100° und darunter anzustreben (Abb. 160/2).

### Startphase

In dieser Phase erfolgt die erste Beschleunigung des Gesamtsystems Werfer/Gerät durch die *Druckbewegung des rechten Beines* in Verbindung mit dem aktiven Einsatz des Schwungbeines. Die in dieser Phase erreichte Geschwindigkeit liegt bei ≈15–20% der Abfluggeschwindigkeit ($v_0$).

● Der **Schwungbeineinsatz** wird durch eine aktive Streckbewegung des Kniegelenks eingeleitet. Das Bein wird dabei *flach und schwunghaft* in Richtung des Stoßbalkens (Abb. 160/3) geführt.

Der seitlich nach außen geführte Fuß sollte nicht über Kniehöhe geführt werden, um ein zu starkes Anheben des KSP zu vermeiden.

● Die **Druckbewegung des rechten Beines** erfolgt ebenfalls *flach in Stoßrichtung* (optimaler Abdruckwinkel ≤60°). Der Fußabdruck kann sowohl über den Fußballen als auch über den Hacken ausgeführt werden. Letztgenannte Variante bietet günstigere Voraussetzungen, um den KSP tief zu halten.

● Die **Oberkörperhaltung** bleibt gegenüber der Startposition unverändert. Infolge des Beinabdrucks sowie des Schwungbeineinsatzes wird der Rumpf jedoch insgesamt leicht angehoben, was zu einem geringfügigen Anstieg der Bewegungsbahn der Kugel führt. (Abb. 160/4)

### Angleitphase

In der Angleitphase bewegt sich das Gesamtsystem Athlet/Gerät *ohne Bodenkontakt* – es erfolgt *keine positive Beschleunigung.* Um möglichst schnell wieder aktiv auf das Gerät einwirken zu können, ist es notwendig, diese Phase *so schnell wie möglich zu überwinden.* Daraus ergibt sich die Forderung nach einer *flachen* und *schnellen* Angleitbewegung.

Aufgabe der Angleitphase ist der *Aufbau von Vorspannung* im Körper, indem das Gerät während des Angleitens von den Beinen überholt und eine *Verwringung zwischen Hüft- und Schulterachse* erzeugt wird. Dazu erfolgt nach dem flachen Abdruck rechts ein schnelles Einbeugen des rechten Beines im Kniegelenk so-

Abb. 160   Bildreihe Kugelstoß – Angleittechnik

1      2      3      4      5      6      7      8

wie das leichte Eindrehen des Gleitbeines und der rechten Hüftseite im Verlaufe der Gleitbewegung. (Abb. 160/5)

Parallel dazu wird das Schwungbein aktiv zu Boden geführt. Infolge der Bein- und Hüftdrehung nach vorn wird der Oberkörper – bei unveränderter Schulterstellung rechtwinklig zur Stoßrichtung – leicht angehoben; die Bewegungsbahn der Kugel steigt dadurch weiter geringfügig an. (Abb. 160/5)

Ein aktives Aufrichten des Oberkörpers ist unbedingt zu vermeiden!

> Der Werfer muß das Gerät so weit wie möglich entgegen der Stoßrichtung „zurückhalten", um einen langen Beschleunigungsweg in der Abstoßphase zu sichern.

### Übergangsphase

In der Übergangsphase muß die Überleitung der Angleitbewegung in eine effektive Abstoßbewegung koordinativ bewältigt werden.

● Mit dem *rechten Bein* muß zunächst der bei der Landung auftretende *Bremsstoß* amortisiert werden.

Das rechte Bein soll deshalb mit einem Kniewinkel von <120° gebeugt auf dem Fußballen aufgesetzt werden (Abb. 160/5). Die Fußspitze zeigt ca. 110–120° entgegen der Stoßrichtung. Von der Größe der vorher erreichten Geschwindigkeit und den Kraftfähigkeiten des Athleten ist es abhängig, wie schnell die Streckbewegung des rechten Beines und damit der Beginn des 2. positiven Beschleunigungskraftstoßes erfolgen kann.

● Die *Übergangsphase* – zwischen dem Aufsetzen des rechten und des linken Beines nach dem Angleiten – sollte *zeitlich möglichst kurz* sein.

Das *Aufsetzen des linken Beines* muß deshalb *aktiv* erfolgen, wobei die Fußinnenkante unmittelbar am Stoßbalken und ca. $1/2$ Fußlänge nach hinten versetzt aufsetzt. Um einen langen effektiven Beschleunigungsweg im beidbeinigen Stütz in der Hauptphase zu erhalten, sollte *das Gerät* in der Übergangsphase einen *möglichst geringen Weg* zurücklegen. Daraus folgt, daß die *Oberkörperposition* im Verlaufe der Phase *nicht wesentlich verändert* werden darf, um das Gerät noch weit „zurückzuhalten".

● Im Moment des Aufsetzens des rechten Beines befindet sich die *Schulterachse* – rechtwinklig zur Stoßrichtung zeigend und zur Hüftquerachse verwrungen – noch deutlich über dem rechten Bein. Auch beim Aufsetzen links sollten sich der Oberkörper und die Kugel noch weitgehend über dem rechten Bein befinden. Die Schulterachse darf nur so weit gedreht werden, daß der linke Arm in der Tendenz noch nach hinten zeigt und – von der Seite gesehen – die linke Schulter noch nicht überholt hat. (Abb. 160/6)

### Abstoßphase

In der Abstoßphase erfolgt die Hauptbeschleunigung des Gerätes. Etwa 80% der Abfluggeschwindigkeit ($v_0$) werden in dieser Phase erzeugt. Notwendige Voraussetzung dafür ist

– ein möglichst großer Kraftstoß
– auf einem optimal langen Weg (angestrebt wird ein Kugelweg von über 1,60 m für Männer und 1,50 m für Frauen)
– in kürzester Zeiteinheit (unter 0,2 s).

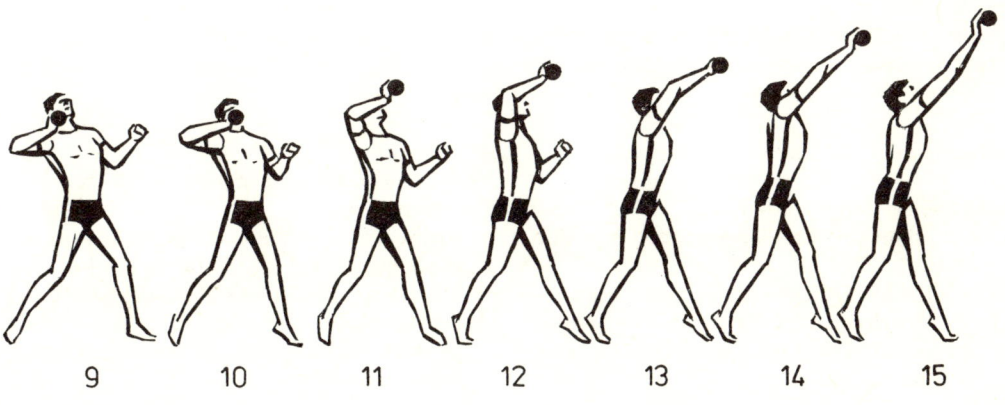

9   10   11   12   13   14   15

Nach dem Aufsetzen des linken Beines (der Kugelstoßer befindet sich in diesem Moment in der *Stoßauslage*) beginnt die *explosive Streck- und Schwenkbewegung* um die fixierte linke Körperseite. (Abb. 160/5) In Verbindung mit dem Strecken des rechten Beines nach vorn-oben werden der rechte Fuß, nachfolgend das Knie und die rechte Hüftseite in Stoßrichtung gedreht, bis die *Hüftquerachse rechtwinklig* zur Stoßrichtung steht. Parallel dazu wird der *Oberkörper weiter aufgerichtet*.

Eine wirksame Impulsübertragung auf den Oberkörper hängt dabei von der ausgeprägten Stemm- bzw. Bremswirkung des linken Beines ab.

Ein leichtes Anheben des Ellbogens des Stoßarmes (der Ellbogen befindet sich nun in Stoßrichtung hinter dem Gerät) trägt zur Verbesserung der Stoßbereitschaft bei. (Abb. 160/9)

Die Zugbewegung des linken Armes unterstützt die Schulterdrehung. Diese wird abgebremst, wenn Hüft- und Schulterachse parallel und annähernd rechtwinklig zur Stoßrichtung stehen.

Die Kugel wird vom Hals gelöst, wenn die Hüftquerachse fast rechtwinklig zur Stoßrichtung zeigt. (Moment der größten Spannung; Abb. 160/10)

Danach erfolgt die Beschleunigung des Stoßarmes und der Hand.

Der *Abstoß* erfolgt bei *völliger Körper- und Armstreckung* und sprunghaftem Lösen des hinteren bzw. beider Beine (in Abhängigkeit vom Beinabstand in der Stoßauslage) unter einem optimalen Winkel von 38°–42°.

Abstoßgeschwindigkeiten von über 14 m/s sind Voraussetzung für Stoßweiten im Bereich von 22 m und darüber.

▶ Aufgabe:
Beschreiben Sie die Stoßauslage, und begründen Sie deren Bedeutung als wesentlicher Knotenpunkt der Technik!

## Kriterien der Technik

– optimale Länge und
– Geradlinigkeit des Kugelweges (vgl. Abb. 159)
– progressive Geschwindigkeitssteigerung
Sie werden durch folgende *Kriterien* gesichert:
– Ausgangsstellung mit dem Rücken zur Stoßrichtung;

– optimal tiefe Startposition;
– gleichmäßiges minimales Öffnen des Hüftwinkels von Position zu Position bis in die Stoßauslage;
– geringfügige, jedoch kontinuierliche Zunahme der Kugelhöhe von der Startposition bis zum Aufsetzen links;
– geringe Kugelwege in der Angleit- und Übergangsphase;
– langer Kugelweg in der Abstoßphase (Abstoß bei völliger Bein- und Körperstreckung sowie sprunghaftem Lösen der Beine);
– zeitlich optimal kurze Angleit- und Übergangsphase;
– relativ geringe, jedoch progressive Geschwindigkeitszunahme bis zu Beginn der Abstoßphase;
– deutliches fixiertes Gegenstemmen des linken Beines;
– maximale Beschleunigung in der Abstoßbewegung durch optimale Koordination der Teilkräfte.

## Technisches Anforderungsprofil für das Nachwuchstraining

Nach Abschluß der 1. Phase des Aufbautrainings sollte folgendes **Ziel in der Fertigkeitsentwicklung** erreicht werden:

● Die Gesamtbewegungen aller 4 Wurfdisziplinen werden in der Grobkoordination beherrscht. Bei sich abzeichnender Eignung für das Kugelstoßen ist mit der Ausprägung der Feinkoordination zu beginnen.

● Das Technikmodell des Hochleistungsbereichs ist die anzustrebende Zielvorstellung, wobei sich *entsprechend dem geringeren physischen Niveau Abstufungen in der Ausprägung einzelner Bewegungsphasen bzw. technischer Elemente ergeben.*

● Die einzelnen Bewegungsphasen sollten durch folgende *Merkmale* gekennzeichnet sein:

*Startposition*
– sichtbare Verlagerung des KSP auf das rechte Bein;
– Erreichen optimaler Beugewinkel: Kniewinkel ca. 110–120°, Hüftwinkel (zwischen Oberkörper und Oberschenkel) 50–60°;
– Schwungbein nach leichtem Anschwung deutlich hinter dem Standbein abgesetzt (in Stoßrichtung).

*Angleitbewegung*
- Einleitung durch deutlichen Schwungbeineinsatz, nicht über Kniehöhe;
- aktiver flacher Abdruck rechts (Abdruckwinkel 60°, Hüftwinkel 75–80°) über die Ferse bei weitgehend gestrecktem Bein;
- kein aktives Aufrichten des Oberkörpers („Geschlossenhalten der Schulter");
- flaches Angleiten mit deutlichem Eindrehen des Gleitbeines und der rechten Hüftseite;
- Angleitweg ca. 70–80 cm;
- linker Arm zeigt entgegen der Stoßrichtung.

*Aufsetzen rechts*
- Fußspitze des Standbeines ca. 120° entgegen der Stoßrichtung;
- gebeugtes rechtes Bein (Kniewinkel ca. 120–130°);
- deutlich erkennbare Verwringung zwischen Hüft- und Schulterachse; Rücken zeigt noch sichtbar in Stoßrichtung;
- linker Arm noch entgegen der Stoßrichtung nach hinten gestreckt.

*Aufsetzen links*
- zeitlich unmittelbar nach dem rechten Bein;
- linkes Bein annähernd gestreckt und in den Gelenken fixiert (Kniewinkel 160°);
- rechte Schulter weitgehend über dem rechten Bein;
- linke Hand noch hinter der linken Schulter;
- deutliche Verwringung.

*Abstoßbewegung*
- aktive Streckbewegung aus dem rechten Bein;
- sichtbares Nacheinander im Einsatz von Bein, Hüfte, Oberkörper, Arm;
- weitgehendes Fixieren der linken Körperseite;
- Lösen der Kugel vom Hals, wenn die Hüftquerachse rechtwinklig zur Stoßrichtung zeigt;
- Abstoß bei deutlicher Körper- und Armstreckung (kein sprunghaftes Lösen fordern).

**Technisches Anforderungsprofil für das Grundlagentraining**

Die technikgerechte Ausbildung der Abstoßphase als Hauptbeschleunigungsphase ist wesentlichstes Anliegen der Technikausbildung im Grundlagentraining.

Deshalb ist der **Standstoß** im Rahmen des Grundlagentrainings bis zu einer *feinkoordinierten* Ausprägung zu führen, die sich in folgenden **Qualitätsmerkmalen** äußert:
- techniknahes Einnehmen der *Stoßauslage*
  · Schulterachse weitgehend über dem rechten Bein;
  · Hüftquerachse in Stoßrichtung;
  · optimale Gelenkwinkel (Hüftwinkel ca. 100°; Kniewinkel ca. 130°) als Voraussetzung für einen optimalen Kugelweg in der Abstoßphase;
  · Gegenstemmen des fixierten linken Beines;
- richtige Koordination der Teilkräfte in der Abstoßbewegung: deutliches Nacheinander im Einsatz von Bein, Hüfte, Oberkörper und Arm;
- erkennbares Fixieren der linken Körperseite;
- deutliche Stoßbewegung – Ellbogen bleibt hinter dem Gerät;
- Abstoß bei weitgehender Frontalstellung mit erkennbarer Bein- und Körperstrekkung ohne Lösen der Füße.

Die Ausprägung der **Gesamtbewegung** erfolgt in der *Grobkoordination*. Hauptaugenmerk ist darauf zu richten, daß die Geschwindigkeit der Startphase der Abstoßbewegung untergeordnet wird, d. h., entscheidend bleibt die exakte und effektive Ausführung der Abstoßbewegung.

Im einzelnen sind folgende technische *Elemente der Gesamtbewegung* auszubilden:
- Ausgangsposition mit dem Rücken in Stoßrichtung;
- Startposition mit optimalen Gelenkwinkeln bei stärkerer Beugung im Hüftgelenk (Kniewinkel ca. 120°, Hüftwinkel ca. 60°);
- Angleitbewegung mit deutlichem Abdruck rechts, aber noch relativ uneffektiver Schwungbeinbewegung ohne wesentliches Anheben des Gesamtsystems, Angleitweg ca. 2 Fußlängen;
- Aufbau von Vorspannung durch Erzeugen einer sichtbaren Verwringung zwischen Becken- und Schulterachse;
- Erfassen der Koordination zwischen Angleiten und Abstoßbewegung bei noch relativ uneffektiver Gestaltung der Übergangsphase (zeitliche Länge, Verlust an Beschleunigungsweg);
- optimaler Einsatz der Teilkräfte in der Abstoßbewegung mit Einschränkungen in

Bein- und Rumpfeinsatz (bedingt durch relativ große Hüft- und Kniewinkel);
- Abstoß bei sichtbarer Körper- und Armstreckung ohne Lösen der Füße.

▶ Aufgaben:
1. Welche Bedeutung hat die Startposition für die Gestaltung eines optimalen Beschleunigungsweges?
2. Durch welche Teilbewegungen erfolgt der Aufbau von Vorspannung in der Angleitphase?
3. Welche Funktion besitzt das rechte Bein (Rechtsstoßer) in der Übergangsphase?
4. Begründen Sie die Funktion des linken Beines in der Abstoßphase!
5. Weshalb ist im Kugelstoß ein sprunghaftes Lösen der Beine in der Abstoßphase vorteilhaft?
6. Welche technischen Elemente der Kugelstoßbewegung sind entscheidend für die Sicherung eines geradlinigen Wegverlaufs des Gerätes?

## Technische Ausbildung

### Leitlinien des methodischen Vorgehens

● Die zielgerichtete Ausbildung der Kugelstoßtechnik sollte durch *vielfältige allgemeine Wurf- und Stoßübungen* koordinativ und konditionell vorbereitet werden.
Dabei steht die Schulung der Stoß- sowie der ganzkörperlichen Streckbewegung im Vordergrund.
● Ausgehend von der stark differenzierten Bedeutung der einzelnen Bewegungsphasen für das Stoßergebnis erfolgt die Ausbildung der Kugelstoßbewegung nach der *Teillernmethode*.
● Die sichere *Ausprägung des Standstoßes* aus der Stoßauslage steht *am Anfang* der technischen Ausbildung und nimmt insgesamt eine zentrale Stellung im Lernprozeß ein.
● Beim Übergang zur Erlernung der Gesamtbewegung ist darauf zu achten, daß die in den einleitenden Phasen erzeugte Geschwindigkeit den effektiven Einsatz der Hauptmuskelkräfte in der Hauptphase (Abstoß) nicht einschränkt, d. h., es ist eine *progressive Geschwindigkeitssteigerung* bis zum Abstoß zu sichern.
● Die technische Vervollkommnung der Gesamtbewegung ist besonders auf die *Verlängerung und Geradlinigkeit des Beschleunigungsweges* sowie die Ausprägung des optimalen *dynamischen Zeitprogramms* der Bewegung gerichtet. In Übereinstimmung mit dem wachsenden physischen Niveau des Athleten erfolgt eine allmähliche Veränderung (Verringerung) der Gelenkbeugewinkel in den charakteristischen Positionen der einzelnen Bewegungsphasen, die Verlängerung der Kugelwege in der Start- und Ausstoßphase (bei gleichzeitiger Tendenz der Zeitverkürzung in allen Bewegungsphasen) sowie die Ausprägung eines effektiven Grundrhythmus „kurz-lang" im Verhältnis zwischen der Länge des Angleitweges und der Stoßauslage.

### Reihung der Ausbildungsaufgaben

**1. Schulung der Streck- und Stoßbewegung**
Durch vielfältige Stoßübungen mit verschiedenen Geräten und aus verschiedenen Ausgangsstellungen soll die *ganzkörperliche Streckbewegung*, aus den Beinen beginnend, geschult werden. Das wird verbunden mit der Schulung der *Abstoßbewegung* nach vorn-oben unter Berücksichtigung der *richtigen Armführung* (Ellbogen hinter dem Gerät).
Diese Übungen sollten als *Spiel- und Wettkampfformen* gestaltet werden, um sie für die jungen Athleten attraktiver zu machen.
**2. Erlernen des Standstoßes aus der Stoßauslage**
Die Ausprägung der technikgerechten Abstoßbewegung steht im Vordergrund. Dazu ist zunächst das Einnehmen der *richtigen Abstoßposition* (Stoßauslage) zu erlernen, die die Voraussetzung für einen optimalen Beschleunigungsweg in der Hauptphase darstellt. Bei der Schulung des Standstoßes muß die Aufmerksamkeit besonders auf die richtige *Koordination* des Einsatzes der einzelnen *Teilkräfte* (Fuß, Knie, Hüfte, Rumpf, Arm), die *Stemmfunktion des linken Beines* sowie die *deutliche Stoßbewegung* des Armes gerichtet sein.
**3. Erlernen der Angleitbewegung**
Unter schwerpunktmäßiger Konzentration auf den *differenzierten Einsatz des Schwung- und Abdruckbeines* sowie das Zurücklegen eines *Angleitweges* von mindestens 2 Fußlängen ist zunächst die Angleitbewegung nur aus der tiefen Startposition (vgl. Phasenstruktur) zu üben. Ist die individuell optimale Startposition erfaßt, wird die Angleitbewegung mit der Auftaktbewegung verbunden.
**4. Erlernen und Vervollkommnung der Gesamtbewegung**
Die isoliert erlernten Einzelelemente der Bewegung werden so bald als möglich zur Ge-

## Übungskomplexe und methodische Hinweise zu den Ausbildungsaufgaben

### 1. Aufgabe: Schulung der Streck-Stoß-Bewegung

*Ziel:* koordinative Vorbereitung des Kugelstoßens, Entwicklung der allgemeinen Wurfkraftfähigkeit, Erlernen der ganzkörperlichen Streckung in Verbindung mit der Abstoßbewegung
*Steigerung:* Veränderung der Ausgangsposition, der Geräte sowie der Stoßrichtung (Höhenorientierer)

| Vorbereiten | Erlernen | Vervollkommnen |
|---|---|---|
| | **1. Grundübung** | |
| Staffelspiele mit Medizinball | **Frontalstöße** | Medizinball- bzw. Kugelstöße aus |
| – gegenseitiges Zustoßen (Wettwanderball Abb. 161, Abdruckball Abb. 162) | | verschiedenen Ausgangsstellungen und mit unterschiedlichen Gerätegewichten |
| – Stöße über Höhenorientierer (Abb. 163) | – beidhändig<br>– einhändig (re + li)<br>– aus verschiedenen Ausgangsstellungen | |
| | Grätschstand<br>Schrittstellung | – Stöße aus leichter Beinbeuge nach vorn oben (a)<br>– Stöße aus der Hockstellung (b)<br>– Stöße wie a und b mit Sprungabstoß (c)<br>– wie a–c, aber nach oben mit anschließendem Auffangen des Gerätes<br>– Stöße aus dem Sitz bzw. nach Rumpfaufrichten aus Rückenlage<br>– Stöße aus dem Kniestand<br>– Stöße über Höhenorientierer |

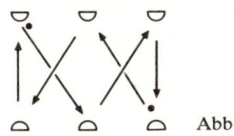

Abb. 161

Abb. 164

Stöße mit dem Medizinball aus verschiedenen Ausgangsstellungen
– nach oben
– nach vorn oben

Hockstrecksprünge mit Zusatzlast

Würfe rückwärts über den Kopf

Abb. 162

Abb. 163

*Beobachtungspunkte:*
– bei den beidhändigen Stößen liegt der Schwerpunkt auf dem Erfassen der ganzkörperlichen Streckung – aus den Beinen beginnend – in Verbindung mit dem beidhändigen Abstoß
– bei den Würfen rückwärts ist auf eine kräftige Beinstreckung zu orientieren
– bei Stößen aus der Schrittstellung Fixieren des vorderen Beines und Stoßbeginn aus dem leicht gebeugten hinteren Bein

*Methodisch-organisatorische Hinweis:*
– bei den einhändigen Stößen jeweils links und rechts stoßen
– bei Staffelspielen mit partnerweisem Zustoßen nur Medizinbälle verwenden
– Höhenorientierer nur minimal über Kopfhöhe
– bei Stößen nach oben auf Blickverbindung mit dem Gerät achten (Unfallgefahr)
– im Stadium der Vorbereitung viele verschiedene Spiel- und Wettkampfformen (Zonenstoßen, Zielstoßen, u.a.m.) anwenden
– vervollkommnende Übungen in Serien und unter Beachtung technischer Details ausführen

samtbewegung verbunden, wobei die schnelle Bewältigung der *Übergangsphase* (vgl. Phasenstruktur) zunächst vorrangig berücksichtigt werden sollte. Das Finden der *optimalen Geschwindigkeit* in der Startphase ist wichtige Voraussetzung, um von Anfang an die richtige Geschwindigkeitsstruktur (Erreichen des Be-

schleunigungsmaximums in der Hauptphase) der Gesamtbewegung auszuprägen. Die Vervollkommnung der Gesamtbewegung erfolgt in Übereinstimmung mit der Verbesserung des physischen Niveaus des Athleten unter Berücksichtigung der im Kap. 8.3. genannten Schwerpunkte (letzter Grundsatz).

## 2. Aufgabe: Erlernen und Vervollkommnen des Standstoßes aus der Stoßauslage

*Ziel:* technikgerechte Ausführung der Abstoßbewegung aus optimaler Stoßauslage
*Steigerung:* Veränderung der Gelenkbeugewinkel in der Stoßauslage (tiefer Hüft- und Kniewinkel), Verlängerung des Ausstoßweges durch sprunghaften Abstoß

| Vorbereiten | Erlernen | Vervollkommnen |
|---|---|---|
| Kugelgewöhnungsübungen | **2. Grundübung**<br>**Einnehmen der Stoßauslage** | Imitation der Abstoßbewegung gegen Partnerwiderstand |
| <br>Abb. 165 | – aus der Seitgrätschstellung, linke Seite in Stoßrichtung zeigend, Verlagerung des KSP auf das rechte Bein (Ballendruck)<br>– Drehung des Rumpfes um 90° nach rechts<br>– Abbeugen des Oberkörpers, bis linke Körperseite eine Gerade bildet | – Partner drückt gegen die Stoßhand (zum Erfühlen der Stoßrichtung und Führen des Stoßarmes)<br>– Partner drückt gegen die linke Hüftseite (zur Verhinderung der Gewichtsverlagerung auf das linke Bein) |
| richtiges Erfassen des Gerätes und Anlegen an den Hals | **3. Grundübung**<br>**Standstöße aus der Stoßauslage** | Standstoßimitation mit Zugseil<br>Stöße über Höhenorientierer zur Erfassung der richtigen Abstoßrichtung bzw. mit bewußt schnellkräftigem Sprungabstoß |
| Stöße aus der Stoßauslage mit dem Medizinball | – ohne Auftakt<br>– mit Auftakt | Standstöße mit leichten und schweren Geräten zur Festigung der Technik |
| | | Imitation der Abstoßbewegung (Bein-Rumpf-Einsatz) mit Sandsack oder Hantelbelastung |
| | | Standstöße mit Bewegungssperre am linken (Stemm-) Bein |

*Beobachtungspunkte:*
– Einnehmen der technikgerechten Stoßauslage (KSP auf dem rechten Bein, Ballendruckstellung, Kniewinkel ca. 120°, Hüftwinkel ca. 90°, Rücken zeigt in Stoßrichtung, Verwringung zwischen Hüft- und Schulterachse 90°)
– Beginn der Abstoßbewegung aus dem rechten Bein
– deutliches Nacheinander im Einsatz von Bein, Hüfte, Schulter, Arm
– Abstoß bei deutlicher Körperstreckung mit gleichmäßiger Gewichtsverteilung auf beide Beine (Aufgabe des Bodenkontaktes erst bei Feinformentwicklung)
– linke Körperseite bildet eine Gerade

*Methodisch-organisatorische Hinweise:*
– Erfassen des Gerätes und Einnehmen der Stoßauslage einige Male isoliert üben, danach in Verbindung mit der Abstoßbewegung
– oftmalige Imitation der Standstoßbewegung mit und ohne Bewegungsführung zum Erfassen der Bewegungsdetails (Armführung, Stemmarbeit li Bein u.am.)
– Standstöße mit Auftakt erst nach Beherrschung der Grobform, sonst Gefahr der unexakten Stoßauslage und frühzeitigen Gewichtsverlagerung nach links
– Gegenstemmen des fixierten linken Beines (Stemm- und Hebelfunktion) Beinabstand re-li ca. 80 cm, li. Bein ½ Fußlänge nach hinten versetzt

## 3. Aufgabe: Erlernen und Vervollkommnen der Angleitbewegung

*Ziel:* Erlernen der technikgerechten Angleitbewegung aus der Ausgangsstellung in die optimale Stoßauslage
*Steigerung:* Verlängerung des Antriebsweges der Geräte durch tiefere Beugewinkel, längeren Angleitweg, Erhöhung der Angleitgeschwindigkeit

| Vorbereiten | Erlernen | Vervollkommnen |
|---|---|---|

**Vorbereiten**

Angleitübungen in Spiel- und Wettkampfform mit differenzierter Beachtung des Abdruck- bzw. Schwungbeines
– Angleiten mit Partner (mit Handfassung bzw. Seil)
– Angleiten auf einer Geraden, über Gasse
– Angleiten mit Wegstoßen eines leichten Medizinballes (Abb. 166)

Abb. 166

Hüpfen beidbeinig rückwärts aus der Hocke (Abb. 167)
– ohne und mit Handfassung durch den Partner
– im Wettbewerb

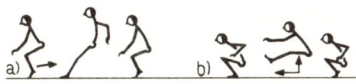
a)        b)
Abb. 167

**Erlernen**

**4. Grundübung**
**Angleiten bis zur Stoßauslage mit Konzentration auf den differenzierten Einsatz des Schwung- und Abdruckbeines**

– aus der tiefen Startposition (ohne Auftakt)
– mit Auftaktbewegung aus der aufrechten Ausgangsstellung in die tiefe Startposition

**Vervollkommnen**

Imitation der Angleitbewegung über eine Gasse
Imitation der Angleitbewegung mit Partnerhilfe (Handfassung, Abb. 168)

Abb. 168

oder mit Zurückhalten des Rumpfes durch ein vom Partner gehaltenes bzw. befestigtes Seil

Imitation der Angleitbewegung mit Sandsackbelastung

fortlaufendes Angleiten mit aktiver Schwungbeinführung und Landung

Eindrehbewegung des Druckbeines unter erhöhtem Widerstand (Gewichtsmanschette oder schrägaufwärts)

---

*Beobachtungspunkte:*
– Beginn der Angleitbewegung aus einer optimalen Startposition (KSP auf dem rechten Bein, Rücken in Stoßrichtung, Schultern parallel und über dem rechten Bein, optimale Beugewinkel) in eine stabile Stoßauslage
– aktive, flache Schwungbeinbewegung (aktive Streckung des Kniegelenks), nicht über Hüfthöhe
– deutlicher, aber flacher Abdruck rechts über den Hacken
– Zurückhalten der Kugel und keine aktive Veränderung der Rumpfposition im Angleiten, Blick nach hinten unten
– flaches Gleiten, kein Sprung
– während des Angleitens Fuß, Knie und Hüfte in Stoßrichtung drehen, Schulterachse bleibt unverändert (Verwringung)
– schnelles fixiertes Aufsetzen des linken Beines
– bei Verbindung von Auftakt und Angleiten auf Einnahme einer exakten Startposition achten

*Methodisch-organisatorische Hinweise:*
– Angleitübungen zunächst aus der tiefen Startposition beginnen
– erst nach sicherer Beherrschung der richtigen Startposition Auftaktbewegung aus der aufrechten Körperhaltung
– Geschwindigkeit anfangs relativ gering halten (Steigerung in Anpassung an Gesamtbewegung)
– Landerhythmus re-li (kurzzeitig) bei jeder Übung beachten
– Angleiten nicht zu lange isoliert üben (Gefahr der Festigung einer Pause zwischen Angleiten und Abstoß)

## 4. Aufgabe: Erlernen und Vervollkommnen der Gesamtbewegung

*Ziel:* Verbinden der isoliert erlernten Teilelemente zur Gesamtbewegung unter besonderer Berücksichtigung der richtigen Geschwindigkeitsstruktur

*Steigerung:* Verlängerung und Verbesserung der Geradlinigkeit des Beschleunigungsweges durch kleinere Gelenkbeugewinkel in der Startposition und Stoßauslage; Erhöhung der Geschwindigkeit (unter Berücksichtigung der optimalen Geschwindigkeitsstruktur)

| Vorbereiten | Erlernen | Vervollkommnen |
|---|---|---|
| | **5. Grundübung**<br>**Stöße aus der Gesamtbewegung**<br><br>– unter dem Aspekt der Ganzheitlichkeit der Bewegung (räumliche und zeitliche Struktur)<br>– mit Konzentration auf Detail der Bewegung | Stöße mit dem Wettkampfgerät zur Festigung der Gesamtbewegung unter Wettkampfbedingungen<br><br>Stöße mit leichtem Gerät zur Erhöhung der Geschwindigkeit der Gesamtbewegung (Verbesserung der Zeitstruktur)<br><br>Stöße mit schwerem Gerät, insbesondere unter dem Aspekt der Erarbeitung des Stoßempfindens sowie der Entwicklung spezieller konditioneller Fähigkeiten<br><br>Imitation der Gesamtbewegung zur Festigung der räumlichen Bewegungsstruktur<br><br>Stöße mit unterschiedlich schweren Geräten<br><br>Stöße aus der Gesamtbewegung auf verschiedenen Anlagen (unterschiedliche äußere Bedingungen) |

*Beobachtungspunkte:*
– optimale Gestaltung der Geschwindigkeitsstruktur der Bewegung (relativ geringe, aber stetige Geschwindigkeitssteigerung bis zum letzten Abdruck rechts, explosive Geschwindigkeitssteigerung nach Erreichen der Stoßauslage)
– Verbinden des Angleitens mit dem Abstoß ohne Pause
– Abstoß bei völliger Körperstreckung
– sprunghaftes Lösen der Beine erst nach völliger Beinstreckung

*Methodisch-organisatorische Hinweise:*
– Angleitweg von 2 Fußlängen bis ca. 80 cm steigern
– erzeugte Geschwindigkeit in der Startphase darf effektiven Krafteinsatz in der Hauptphase nicht einschränken
– progressive Geschwindigkeitszunahme
– Verlängerung des Beschleunigungsweges durch allmählich kleiner werdende Beugewinkel in Abhängigkeit vom physischen Niveau

## Wesentliche Fehler und Korrekturmöglichkeiten

| Fehler | Korrekturmöglichkeiten |
|---|---|
| seitliche Ausgangsstellung | falsche Bewegungsvorstellung korrigieren<br>Fußstellung markieren |
| Körpergewicht ruht nach dem Auftakt nicht auf dem rechten Bein | Beginn der Angleitbewegung ohne Auftakt aus der tiefen Startposition<br>Auftaktbewegung mit Handfassung durch Partner (geringer Gegenzug), Blickorientierer nach hinten unten |
| ungenügender Schwungbeineinsatz zur Einleitung des Angleitens | betonter Schwungbeineinsatz gegen Widerstand (Gummiseil oder -manschette am Schwungbein; SVÜ Angleiten) |

| Fehler | Korrekturmöglichkeiten |
|---|---|
| sprunghafte Angleitbewegung | Angleiten in Serien mit betontem Bodenkontakt des Gleitbeines<br>Angleiten gegen Partnerwiderstand (Partner drückt von hinten gegen den Rücken und verhindert das Aufrichten des Oberkörpers)<br>betont flache Schwungbeinführung beachten |
| Oberkörper wird beim Angleiten in Stoßrichtung aufgedreht | Angleiten mit Handfassung eines Partners (vgl. Abb. 168)<br>Einsatz optischer Orientierer hinter dem Ring<br>Angleiten mit Gewichtsbelastung auf der Schulter (Hantel, Sandsack) |
| rechtes Bein wird beim Angleiten nicht in Stoßrichtung eingedreht, KSP kommt in der Stoßauslage nicht auf das rechte Bein | richtige Bewegungsvorstellung entwickeln (Bodenmarkierung für Fußstellung)<br>im Grätschstand Abdruck rechts und rechtes Bein unter den KSP ziehen, Oberkörper bleibt unverändert<br>Angleiten mit Partnerunterstützung (siehe oben) |
| linkes Bein setzt nach dem Angleiten zu spät auf | Angleiten und Fußaufsetzen mit akustischen Signalen, ggf. Korrektur der Anschwungrichtung des linkes Beines beim Angleiten<br>Angleiten auf schräger Ebene nach unten |
| Angleitweg zu kurz | Angleiten über Markierungen<br>SVÜ zur Verstärkung des Abdruckes rechts |
| ungenügende Streckbewegung der Beine im Abstoß | SVÜ zur Schulung der Stoß- und Streckbewegung<br>Klarheit über richtigen zeitlichen Einsatz der Teilkräfte im Abstoß verschaffen<br>Imitation der Streckbewegung mit Sandsack oder Hantelstange auf der Schulter |
| linke Körperseite wirkt nicht als Hebel (keine Schwenkbewegung) | Schaffen von richtigen Bewegungsvorstellungen<br>Streckbewegung rechts gegen Partnerwiderstand (Partner drückt gegen die linke Hüftseite)<br>Stöße über Höhenorientierer<br>Stöße mit Bewegungssperre am linken Bein (Beinschiene) |
| Kugel löst sich zu früh vom Hals (Wurfbewegung) | Schaffen eindeutiger Bewegungsvorstellungen<br>Stöße mit schweren Geräten<br>Partnerübung (Druck gegen Stoßarm) |

## 8.4.2.  Drehstoßtechnik

# Technik

▶ Aufgaben:
– Leiten Sie aus den biomechanischen Grundlagen der Diskuswurftechnik Grundanforderungen an eine effektive Drehstoßtechnik ab.
– Vergleichen Sie die Vor- und Nachteile der beiden Kugelstoßtechniken aus der Sicht der koordinativen Bewältigung der Bewegungsaufgabe.

Im Vergleich zur Angleittechnik kann bei der Drehstoßvariante, bedingt durch den längeren Beschleunigungsweg, die Kugel bis zum Beginn der Hauptphase stärker vorbeschleunigt

werden. Daraus ergeben sich weitere **Besonderheiten für die Gestaltung der Hauptphase:**
– geringere kräftemäßige Anforderungen an die Hubarbeit (Beine/Körper) durch die aufrechtere Körperhaltung,
– Notwendigkeit einer höheren Beschleunigungsleistung aufgrund des größeren Bremsstoßes nach dem Umsprung,
– stärkere Zunahme der Kugelgeschwindigkeit bedingt durch größere Vorspannung und längeren Beschleunigungsweg.
Der Grund für die noch relativ geringe Anwendung der Drehstoßvariante liegt in der Schwierigkeit, die Gesamtbewegung koordinativ zu bewältigen.

307

Aus sporttechnischer Sicht wird die Leistung im Drehstoß mit bestimmt durch

- eine harmonische *Anschwung- und Andrehbewegung* zur Gewährleistung optimaler Bedingungen für eine hohe Vorbeschleunigung des Systems Sportler/Gerät,
- flaches Führen des Schwungbeines in der Umsprungphase mit ausgeprägter *„Schnepperbewegung"* des rechten Unterschenkels,
- Erzeugen eines effektiven Spannungsaufbaus durch eine explosive *Druck-Dreh-Bewegung* des rechten Beines gegen die Hüfte und durch das schnelle Setzen des im Kniegelenk fixierten linken Beines in der Übergangsphase,
- eine *explosive Abstoßbewegung* bei gut fixierter linker Körperseite und Sichern der Gültigkeit des Versuches.

### Anschwungphase

**Ausgangsstellung:** Der Athlet steht mit dem Rücken zur Stoßrichtung am hinteren Kreisrand, wobei der Fußabstand etwas geringer als bei der Diskuswurftechnik ist. Bei annähernd waagerechter Ellbogenhaltung wird die Kugel fest, aber nicht verkrampft unterhalb des rechten Unterkiefers an den Hals gedrückt.

**Rückdrehung:** Die fließend auszuführende Rückdrehbewegung dient dem Aufbau der notwendigen Vorspannung vor dem eigentlichen Andrehen; sie endet, wenn der rechte Ellbogen annähernd in Stoßrichtung zeigt. Unterschiede werden bei Spitzenathleten hinsichtlich eines mehr oder weniger abgebeugten Oberkörpers und eines unterschiedlichen Grades der Beinbeugung in der Ausgangsstellung bzw. bei der Rückdrehung deutlich. Der Anfänger sollte diese Elemente entsprechend seinen physischen Fähigkeiten graduiert gestalten.

### Umdrehung

**Andrehen:** Nach Beendigung der Anschwungbewegung beginnt die Umdrehung mit dem *Andrehen des linken Fußes* auf dem Ballen. (Abb. 169/3,4)
Das Körpergewicht wird dabei fließend auf das linke Bein verlagert. Da das rechte Bein zu diesem Zeitpunkt noch weitgehend in der Ausgangsstellung verharrt, entsteht zwischen bei-

den Beinen eine *Spreizbewegung*, die günstige muskuläre Voraussetzungen (Vorspannung) für den folgenden Schwungbeineinsatz schafft. (Phasen 2 u. 3) Die mit der Rückdrehung des Oberkörpers eingegangene Körperverwringung darf dabei nur so weit aufgelöst werden, daß die Schulterachse noch geringfügig hinter der Beckenachse zurückbleibt. Wenn der linke Fuß bis auf ca. 90° zur Stoßrichtung eingedreht worden ist (Phase 4), erfolgt der im Vergleich zum Diskuswurf mit geringerer Amplitude jedoch impulshaft (schnepperartig) ausgeführte Schwungbeineinsatz. Die flach gehaltene Schwungbeinbewegung in Verbindung mit flachem Abdruck aus dem linken Fußgelenk (Phase 5) gewährleistet einen effektiven niedrigen KSP-Verlauf beim Umsprung.
**Umsprung:** Wenn die linke Fußspitze in Wurfrichtung zeigt, beginnt der Umsprung. (Phasen 6 u. 7) In dieser Phase fällt die vorher erreichte Geschwindigkeit (bis zu 4 m/s) auf etwa 1–1,5 m/s ab.
Bedeutsam für den Spannungsaufbau ist das Vorauseilen des Unterkörpers vor den Schulterbereich. (Phasen 8 u. 9)

### Übergangsphase

Mit dem aktiven *Aufsetzen des rechten Fußes* auf dem Ballen – die Fußspitze sollte dabei einen Winkel von ca. 250° zur Stoßrichtung aufweisen – wird die Umsprungphase beendet und die Übergangsphase eingeleitet. (Phase 9) Das Aufsetzen des rechten Fußes mit optimal vorgespannter Muskulatur gewährleistet eine schnelle Amortisation des Bremskraftstoßes und das sofortige aktive Weiterdrehen auf dem Ballen. Um den individuell optimalen Beschleunigungsweg in der Abstoßphase nutzen zu können, sollte sich der nur leicht geneigte Oberkörper zu diesem Zeitpunkt über dem rechten Bein befinden. Im weiteren Bewegungsverlauf muß der Athlet bemüht sein, durch aktives Weiterdrehen des rechten Beines die rechte Hüftseite nach vorn zu drücken, um in Verbindung mit dem bewußten Zurückhalten der Stoßschulter einen weiteren Spannungsaufbau zu sichern. Gleichzeitig ist das linke Bein schnell in Richtung des Stoßbalkens zu führen. Dadurch wird unmittelbar vor dem Setzen links die *größte Körperverwringung* erreicht. (Phase 11) In diesem Moment beginnt bereits – durch die weitere Druckarbeit des rechten Beines und das einsetzende

*Tabelle 90: Übersicht über die Phasenstruktur des Kugelstoßes (Drehstoßtechnik)*

| Phase | Anschwungphase | Umdrehungsphase | | Übergangsphase | Abstoßphase | Abflugphase |
| --- | --- | --- | --- | --- | --- | --- |
| | | Andrehen | Umsprung | | | |
| Beginn | Ausgangsstellung | Abschluß der Rückdrehung | Abdruck links zum Umsprung | Aufsetzen rechts nach dem Umsprung | Aufsetzen links | Kugel verläßt die Hand |
| Ende | Abschluß der Rückdrehung | Abdruck links zum Umsprung | Aufsetzen rechts nach dem Umsprung | Aufsetzen links | Abstoß (Kugel verläßt die Hand) | Ende des Ausrotierens |
| Funktion | – Einnehmen einer günstigen Auslage für einen langen Beschleunigungsweg<br>– Aufbau von Vorspannung | – Anfangsbeschleunigung des Gesamtsystems<br>– weiterer Aufbau von Vorspannung | – weiterer Aufbau von Vorspannung zwischen Becken- und Schulterachse<br>– Erreichen einer hohen Drehgeschwindigkeit | – Amortisation des Bremskraftstoßes<br>– Beginn der Beschleunigung des Gesamtsystems Werfer/Gerät | – maximale finale Beschleunigung des Gerätes | – Abbremsen der noch vorhandenen Körpergeschwindigkeit<br>– Vermeiden des Übertretens |
| Technische Knotenpunkte | – Ausgangsstellung in leichter Grätschstellung, Rücken zur Stoßrichtung<br>– leichte Beinbeugung und Überkörperneigung<br>– Kugelhaltung mit annähernd waagerechter Ellbogenführung<br>– Rückdrehung, bis Ellbogen des Stoßarmes in Stoßrichtung zeigt | – aktives Andrehen links auf dem Ballen<br>– Gewichtsverlagerung auf linkes Bein<br>– breite Spreizbewegung der Beine<br>– flache, impulshafte Schwungbeinbewegung<br>– Schulterachse bleibt hinter Beckenachse zurück | – flacher Abdruck links aus dem Fußgelenk<br>– Beckenbereich überholt Schulterbereich<br>– aktives Zubodenführen des rechten Beines | – aktives Aufsetzen rechts auf dem Ballen (Fußspitze ca. 250° zur Stoßrichtung)<br>– schnelles Weiterdrehen auf dem rechten Fußballen<br>– Zurückhalten der Schulterachse<br>– schnelles Vorführen des Stemmbeines (links) zum Stoßbalken | – aktives Setzen des Stemmbeines<br>– Fixieren der linken Körperseite<br>– schnellkräftige Dreharbeit des rechten Beines<br>– Spannungsaufbau durch Verzögerung des Schulter-Arm-Einsatzes<br>– Abstoßbewegung in Verbindung mit explosiver, sprunghafter Streckung beider Beine | – sprunghafter Beinwechsel<br>– Beinbeugung und KSP-Absenkung<br>– „Ausrotieren" auf dem vorderen Bein (rechts) |

Abb. 169   Bildreihe Drehstoßtechnik

Auflösen der Körperverwringung – die finale Beschleunigung. (Phase 12) Damit wird ein fließender Übergang zur folgenden Hauptbeschleunigungsphase gewährleistet.

### Abstoßphase

Mit dem stabilen Setzen des linken Beines (Stemmbein) gelangt der Athlet in die **Stoßauslage**, die sich im Vergleich zur Angleittechnik durch folgende **Merkmale** unterscheidet:
– aufrechtere Position des Oberkörpers,
– geringere Beugung des Kniegelenks rechts,
– engerer Beinabstand.
Damit steht dem Drehstoßtechniker ein vergleichsweise kürzerer Beschleunigungsweg für die Abstoßphase zur Verfügung, d. h., er muß eine höhere Beschleunigungsleistung erbringen.
Hauptvoraussetzung für das Gelingen einer technikgerechten **Abstoßphase** ist der wirkungsvolle Einsatz des Stemmbeines, an den infolge der stärkeren Vorbeschleunigung des Gesamtsystems im Vergleich zur Angleittechnik erhöhte Anforderungen gestellt werden.
Mit einer schnellkräftigen *Druck- und Drehbewegung des rechten Beines* zur Beschleunigung der rechten Hüftseite gegen die stabil fixierte linke Körperseite ist bei Verzögerung des Armeinsatzes im Bereich des Schultergürtels ein hocheffektiver Spannungsaufbau zu gewährleisten.
Wesentliche Bedeutung beim *Fixieren der linken Körperseite* sowie beim Spannungsaufbau ist dem Einsatz des linken Armes in der Endphase beizumessen. Der bis zum Aufsetzen des Stemmbeines zurückgehaltene Arm (ca. 90° zur Stoßrichtung – B. 11) eilt im weiteren Verlauf der Schulterachse voraus und unterstützt damit den Spannungsaufbau im Brust-Schulter-Bereich. (B. 12–14)
Mit Einsetzen der *Stoßbewegung des rechten Armes*, bei noch nicht vollständig frontaler Hüftquerachse, wird der nun stark gebeugte linke Arm deutlich abgebremst und fixiert, wodurch das unerwünschte Abdrehen der linken Körperseite in der Ausstoßphase verhindert wird.
Im Ergebnis einer explosiven *Streckung beider Beine* (B. 15) erfolgt der Abstoß im allgemeinen im stützlosen Zustand.
In der abschließenden Abfangphase muß der Athlet seine noch vorhandene Restgeschwindigkeit abbremsen, indem er über einen sprunghaften Beinwechsel und das Absenken des KSP „ausrotiert".

▶ Aufgabe:
Verdeutlichen Sie die Unterschiede in der Stoßauslage zwischen der Angleit- und Drehstoßtechnik; leiten Sie daraus Folgerungen für die technische Gestaltung der Abstoßphase ab.

### Kriterien der Technik
– Optimal tiefe Ausgangsstellung mit dem Rücken zur Stoßrichtung
– Vorbeschleunigung des Gesamtsystems Werfer/Gerät und Beginn des Aufbaus von Vorspannung

durch:
. Rückdrehung des Oberkörpers mit waagerechter Unterarmführung, bis der Ellbogen in Wurfrichtung zeigt
. aktives Andrehen des linken Fußes auf dem Ballen und fließende Gewichtsverlagerung auf links zu Drehbeginn
. flaches, impulshaftes Führen („Schnepperbewegung" des Unterschenkels) des Schwungbeines in Verbindung mit flachem Abdruck links aus dem Fußgelenk
. aktives Aufsetzen des rechten Beines auf dem Ballen und sofortiges Weiterdrehen in der Übergangsphase

– weiterer Spannungsaufbau und nachfolgende maximale finale Beschleunigung des Gerätes in der Abstoßphase durch:

. explosive Druck- und Dreharbeit des rechten Beines
. stabiles Fixieren des linken Beines und der linken Körperseite
. aktive Zugarbeit des linken Armes mit nachfolgend deutlichem Fixieren bei frontaler Schulterstellung
. Stoßarmstreckung in Verbindung mit explosiver Beinstreckung und sprunghaftem Lösen der Beine.

### Technisches Anforderungsprofil für das Nachwuchstraining (Aufbautraining, 1. Etappe)

Das erfolgreiche Erlernen der Drehstoßtechnik setzt einen hohen Ausprägungsgrad koordinativer sowie konditioneller Fähigkeiten voraus. Im Nachwuchstraining sollte deshalb die *feinkoordinierte Ausprägung der Standstoßbewegung* sowie eine *vielfältige technisch-*

*koordinative Ausbildung* in den Grundlernschritten der Angleittechnik sowie der Diskuswurftechnik der gezielten Ausbildung der Drehstoßtechnik vorausgegangen sein. Bei sich abzeichnender *Eignung* für die Drehstoßvariante sollte die Ausprägung folgender technischer Elemente angestrebt werden:

– *Ausgangsstellung* mit relativ aufrechter Rumpfhaltung, optimalem Kniebeugewinkel (ca. 130°) und sicherem Stand (Gewicht gleichmäßig auf beide Beine verteilt),
– *erkennbares Rückdrehen* des Oberkörpers zu Beginn der Bewegung ohne wesentliche Veränderung der Beinstellung,
– *aktives Andrehen* mit dem linken Bein auf dem Fußballen und erkennbare Gewichtsverlagerung auf links zu Drehbeginn,
– *flacher Schwungbeineinsatz* mit relativ geringer Bewegungsamplitude,
– *flacher Abdruck links* zum Umsprung ohne Kniestreckung,
– *gebeugtes Aufsetzen* rechts auf dem Fußballen (Fußspitze über 180° zur Stoßrichtung) und erkennbares Zurückhalten der Stoßschulter,
– schnelles *Weiterdrehen auf dem rechten Fußballen* ohne sichtbares Auflösen der Oberkörperverwringung,
– schnelles, möglichst *fixiertes Setzen* des leicht gebeugten *linken Beines*,
– erkennbare *Zugbewegung des linken Armes* und Fixieren der Schulter bei Frontalstellung,
– explosive *Beinstreckung* in Verbindung mit der Stoßarmstreckung,
– sprunghaftes Lösen nur nach völliger Beinstreckung.

## Technische Ausbildung

### Leitlinien des methodischen Vorgehens

● Aufgrund der motorischen Kompliziertheit des Drehstoßes ist eine *umfassende koordinativ-technische sowie konditionelle Vorbereitung* auf die gezielte Ausbildung der Drehstoßtechnik notwendig.

In Einheit mit der *Entwicklung komplexer Kraft- und Schnellkraftfähigkeiten* sollten vor allem die *Stoß- und Streckbewegung, Drehungen* und *Drehumsprünge* in Verbindung mit rhythmischen Vorgaben in vielfältiger Weise geschult werden. (Vgl. dazu spezielle vorbereitende Übungen für Kugelstoß und Diskuswurf.)

● Zu Beginn der Ausbildung ist ein *gefahrloses Üben* unter Nutzung von *günstigen Aufstellungsformen* und ungefährlichen *Hilfsgeräten* zu sichern.

● Die Kompliziertheit der Drehstoßtechnik erfordert eine gezielte Ausbildung nach der *Teillernmethode*.

● Wie bei der Angleittechnik steht das *sichere Ausprägen der Standstoßbewegung* am Anfang der Ausbildung.

● Parallel zur vielfältigen Vorbereitung der Drehstoßgesamtbewegung sollte auch die Angleittechnik erlernt werden, um die für den Athleten günstigste Technikvariante herauszufinden.

● Bei Entscheidung für den Drehstoß sollte nach der technikgerechten Beherrschung des Standstoßes die *Schulung der Umsprungphase* (⁴/₄-Drehung) – aus dem Stand und aus dem Angehen – mit der Zielstellung erfolgen, die *Anfangsbeschleunigung des Gesamtsystems* mit dem *Spannungsaufbau* und Erreichen einer *optimalen Stoßauslage* zu verbinden.

● Die Weiterführung zur ⁶/₄-Drehung erfordert zunächst das *isolierte Erlernen des Andrehens* bis zum Lösen links, das nachfolgend mit der ⁴/₄-Drehung verbunden wird.

● Bei der *Schulung der Gesamtbewegung* ist der Einhaltung der *optimalen Bewegungsrichtung* sowie der Erarbeitung eines *zweckmäßigen Bewegungsrhythmus* große Aufmerksamkeit zu widmen.

### Reihung der Ausbildungsaufgaben

Die bei der Drehstoßtechnik augenscheinliche Verbindung von Elementen der Kugelstoß-Angleittechnik und der Diskuswurftechnik spiegelt sich in der Reihenfolge der notwendigen Ausbildungsaufgaben wider:
1. *Schulung der Stoß- und Streckbewegung* (vgl. Kugelstoß-Angleittechnik, 1. Aufgabe)
2. *Erlernen des Standstoßes* aus der Stoßauslage (vgl. Kugelstoß-Angleittechnik, 2. Aufgabe)
3. *Erlernen der Umsprungphase* (⁴/₄-Drehung) (vgl. Diskuswurf, 2. Aufgabe)
4. *Erlernen der Gesamtbewegung* (⁶/₄-Drehung) (vgl. Diskuswurf, 3. Aufgabe)

## 8.5. Diskuswurf
### (Technik und technische Ausbildung)

## Technik

▶ Aufgabe:
Die lineare Geschwindigkeit $v_0$, mit der der Diskus die Hand des Werfers verläßt, ergibt sich als Produkt der Winkelgeschwindigkeit w und des Drehungsradius r (Abstand des Gerätes zum Drehpunkt des Gesamtsystems).
Leiten Sie daraus Grundforderungen für eine effektive Technik des Diskuswurfs ab!

Der Diskuswurf gehört zu den leichtathletischen Rotationswürfen. (Abb. 170)
Bedingt durch die Form und das Gewicht des Gerätes (vgl. Tab. 81) sowie den infolge der Umdrehung *relativ langen Beschleunigungsweg* ist die Erzeugung hoher Geschwindigkeiten möglich. Ihre effektive Übertragung auf das Gerät setzt gute *koordinative* Fähigkeiten voraus. Gleichzeitig sind jedoch hohe *Kraft*fähigkeiten notwendig, da der Werfer – neben der Kraft zur Beschleunigung des Gerätes – zusätzliche Kraft aufwenden muß, um der durch die Umdrehung entstehenden Zentrifugalkraft entgegenzuwirken.

Aus technischer Sicht wird die Leistung im Diskuswurf mitbestimmt durch:
– eine *weite Anschwungbewegung*, die eine erste Verwringung zwischen Hüfte, Schulter und Wurfarm einleitet und die Voraussetzung für einen weiten Beschleunigungsweg schafft;
– eine *wirkungsvolle Startphase* zur Einleitung der Umdrehung, in der die Anfangsbeschleunigung des Systems Werfer/Gerät erfolgt und die Umsprungphase kräftemäßig vorbereitet wird;
– einen *flachen, raumgreifenden* und *zeitlich* möglichst *kurzen Umsprung*, in dessen Verlauf Vorspannung im Körper aufgebaut wird;
– eine effektive *Übergangsphase* mit minimaler Verzögerung zwischen dem Aufsetzen des rechten und des linken Beines;
– eine *explosive Abwurfbewegung*, in der die Hauptbeschleunigung des Gerätes erfolgt.

Abb. 170   Bildreihe Diskuswurf

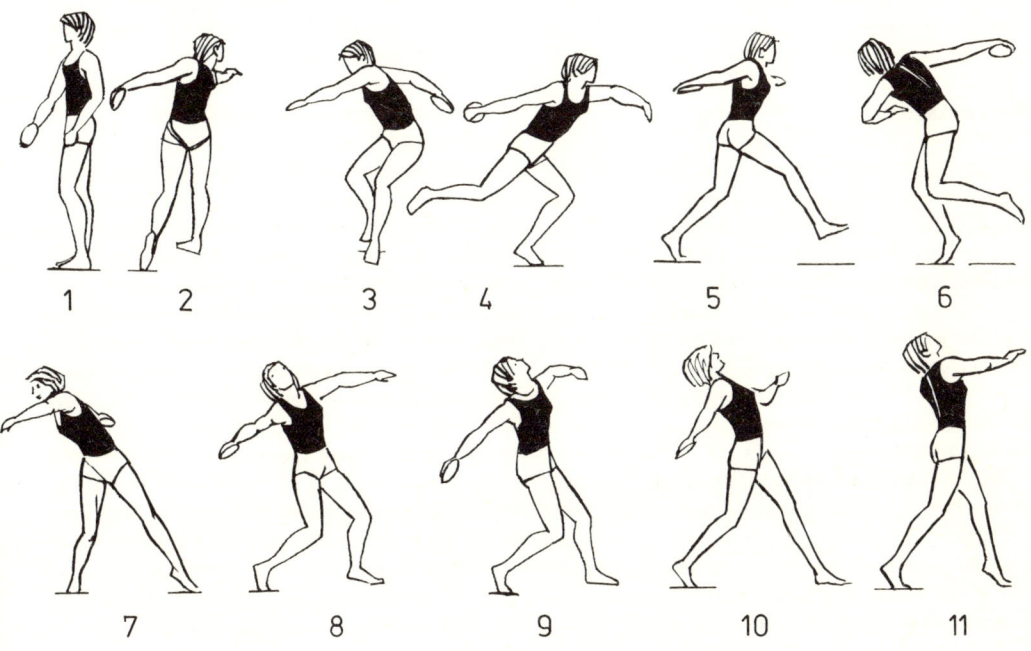

1    2    3    4    5    6

7    8    9    10    11

## Ausgangsstellung

Der Werfer steht aufrecht oder leicht gebeugt mit dem Rücken in Wurfrichtung am hinteren Kreisrand. Die Fußstellung ist etwas über schulterbreit.

Das Gerät wird so gehalten, daß die unteren Fingerglieder der Wurfhand den unteren Rand des Diskus umfassen. Der Daumen ist etwas abgespreizt und liegt auf dem Diskus. (Abb. 171)

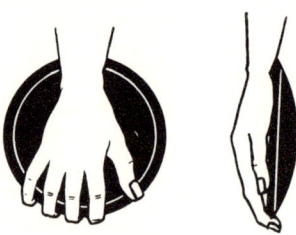

Abb. 171 Handhaltung

Der obere Rand des Diskus wird leicht an den Unterarm angelehnt, so daß der Handrücken nach außen zeigt. Dabei darf das Handgelenk nicht abgewinkelt werden.

Die *Handhaltung soll entspannt* sein, darf *keine Verkrampfung* der Hand- und Armmuskulatur hervorrufen und muß eine freie Armbewegung mit großer Bewegungsamplitude ermöglichen.

## Anschwung

Durch den Anschwung soll das Gerät in eine *Ausgangsposition* gebracht werden, *aus der ein langer Beschleunigungsweg möglich ist.*

Dazu wird nach einem lockeren Hin- und Herpendeln des Wurfarmes an der rechten Körperseite oder nach ein- bis mehrmaligen Anschwüngen nach links der *Wurfarm in Schulterhöhe weit nach rechts-hinten-oben* geführt. Dabei erfolgt eine Gewichtsverlagerung auf das leicht gebeugte rechte Bein. Kopf und rechte Hüftseite werden nur wenig mit nach rechts gedreht, so daß eine starke *Verwringung zwischen Schulter- und Hüftachse* entsteht. (Abb. 170/2)

Zur Unterstützung des weiten Anschwunges wird der *linke Fuß* mit angehobener Ferse ebenfalls in Anschwungrichtung *gedreht.*

## Drehung

● Die Drehung wird mit der **beidbeinigen Startphase** eingeleitet, in der durch die aktive Arbeit beider Beine die *Anfangsbeschleunigung des Systems Werfer/Gerät* erfolgt. Die Drehbewegung beginnt mit einem *Senken des KSP* durch das Beugen beider Beine. Parallel dazu erfolgt das *Eindrehen* der Füße nach links.

Wichtig ist dabei das aktive Andrehen des linken Fußes auf dem Ballen mit nachfolgender deutlicher Gewichtsverlagerung auf das gebeugte linke Bein.

Währenddessen wird das Gerät weit zurückgehalten und sollte nur wenig von der Horizontalen abweichen. Voraussetzung für eine weite *Verwringung* ist gegeben, wenn sich am Ende der beidbeinigen Startphase die linke Schulter noch hinter dem linken Knie befindet. (Abb. 170/3)

Ein geringfügig verzögertes Abheben des rechten Fußes zur Einleitung der einbeinigen Startphase – Erreichen einer breiten Spreizbewegung der Beine – ermöglicht den Aufbau von Spannung in der Hüftmuskulatur und schafft die Voraussetzung für eine nachfolgende kraftvolle Schwungbewegung des rechten Beines.

● Mit dem Lösen des rechten Beines vom Boden beginnt die **einbeinige Startphase**. Sie dient der *weiteren Beschleunigung des Gesamtsystems* sowie der *kräftemäßigen Vorbereitung des* nachfolgenden *Umsprunges.*

Zur Aufrechterhaltung einer *weiten Verwringung* sollte im Moment des Lösens des rechten Beines der Diskus von der Seite gesehen noch hinter dem Körper des Werfers sichtbar sein. (Abb. 170/3).

Der Oberkörper bleibt dabei aufrecht bis leicht nach vorn geneigt. Das Körpergewicht ruht in dieser Phase voll auf dem stark gebeugten (ca. 120°) linken Bein, das ohne wesentliches Öffnen des Kniewinkels weiter in Wurfrichtung eingedreht wird. Zur Erzeugung eines hohen Drehimpulses wird das *rechte Bein in einer weiten, aber flachen Schwungbewegung* um das linke Bein herumgeschwungen. (Abb. 170/4) Dabei führt zunächst das Knie des rechten Beines die Bewegung an. Nach dem Überholen des linken Beines wird der Unterschenkel mit in Drehrichtung einwärts gedrehtem Fuß in einer aktiven greifenden Bewegung nach vorn-unten geführt.

314

● Ist die Drehbewegung auf dem linken Bein so weit erfolgt, daß der Werfer mit dem Gesicht in Wurfrichtung zeigt, beginnt mit dem flachen Abdruck vom linken Bein (ohne völlige Kniestreckung) die **Umsprungphase**. (Abb. 170/5) Sie dient dem weiteren *Aufbau von Vorspannung* zwischen Unterkörper, Rumpf und Wurfarm als Grundlage für explosive Abwurfbewegung.

Voraussetzung dazu ist ein weites *Überholen des Gerätes durch den Unterkörper*. Der Wurfarm soll deshalb während der Umsprungphase deutlich entgegen der Wurfrichtung zurückgehalten werden (Abb. 170/5), während das rechte Bein in Verbindung mit einer Einwärtsdrehung des Fußes aktiv nach vorn zu Boden geführt wird.

Die *schnellstmögliche Überwindung* der *stütz- und damit beschleunigungslosen Umsprungphase* soll durch eine optimal hohe Umdrehungsgeschwindigkeit des Unterkörpers erreicht werden. Dazu dient das schnelle Heranführen des linken Beines an den Körper, was eine Herabsetzung des Massenträgheitsmoments des Unterkörpers und damit Erhöhung der Winkelgeschwindigkeit zur Folge hat. (Abb. 170/6)

Als optimal ist anzusehen, wenn sich das linke Bein bei der Landung des rechten Beines (Stützbein) nach dem Umsprung bereits auf dessen Höhe befindet bzw. es schon überholt hat. (Abb. 170/6)

### Übergangsphase

Mit dem Aufsetzen des stark gebeugten rechten Beines beginnt die Übergangsphase (Abb. 170/6), in der nach der *Amortisation des Bremsstoßes* der *2. Beschleunigungsstoß* erfolgt. Dazu wird das rechte Bein nach dem Aufsetzen auf dem Fußballen (ca. 180° entgegen der Wurfrichtung) sofort aktiv in Wurfrichtung weitergedreht. Der Wurfarm wird bewußt „zurückgehalten", so daß die starke *Verwringung* zwischen dem „vorauseilenden" Unterkörper und dem Rumpf bzw. Wurfarm *aufrechterhalten* bleibt. Die Verwringung wird durch den linken Arm unterstützt, der – bewußt entgegen der Wurfrichtung gehalten – den „Gegenpol" zur in Wurfrichtung wirkenden Drehstreckbewegung des rechten Beines bildet.

Das *Aufsetzen des* im Kniegelenk fixierten *linken Beines* muß zeitlich *unmittelbar nach dem*

*rechten Bein* erfolgen, um eine schnelle Überleitung in die Abwurfphase zu sichern.

### Abwurfphase

In der Abwurfphase erfolgt die *maximale Endbeschleunigung* des Gerätes auf einem Winkelweg von mindestens 270° (vgl. Abb. 170/7). Dies erfordert, daß sich beim *Aufsetzen des linken Beines (Wurfauslage)* der Schultergürtel noch senkrecht über dem rechten Bein befindet. Der Wurfarm soll dabei von der Seite gesehen noch hinter dem Körper sichtbar sein (vgl. Abb. 170/7) und nur minimal unter Schulterhöhe gehalten werden.

● Die **Endbeschleunigung** erfolgt durch eine *explosive Dreh-Schwenk-Streck-Bewegung* um die fixierte linke Körperseite, die aus dem Fuß beginnt und sich im *Nacheinander über Knie, Hüfte, Schulter zum Wurfarm* fortsetzt. (Abb. 170/7–11) Die Verwringung soll dabei so lange wie möglich aufrechterhalten werden (Wurfverzögerung). Wenn das rechte Knie in Wurfrichtung zeigt und die Beckenquerachse fast rechtwinklig zur Wurfrichtung steht, soll der *Wurfarm* noch entgegen der Wurfrichtung zeigen und den *tiefsten Punkt der Bewegungsbahn des Gerätes* erreichen. (Abb. 170/9) Der Neigungswinkel der Bewegungsbahn des Gerätes soll dabei dem angestrebten Abflugwinkel entsprechen. Das *linke Bein* hat zunächst *Stemmfunktion*. Seine Aufwärtsstreckung beginnt erst, wenn das rechte Knie in Wurfrichtung zeigt. (Abb. 170/9–11) Der linke Arm bremst die Drehbewegung der Schulter ab, wenn Hüft- und Schulterachse parallel und rechtwinklig zur Abwurfrichtung stehen. (Abb. 170/10) ● Der **Abwurf des Gerätes** erfolgt in *Schulterhöhe* bei völliger Beinstreckung unter einem optimalen Abflugwinkel von 36° (bei Windstille). (Abb. 170/11)

Für den Anfänger ist das Aufrechterhalten des Bodenkontaktes beider Beine bis zum Moment des Abwurfes zu empfehlen (günstige Bedingungen für einen langen Beschleunigungsweg).

Im Hochleistungsbereich ist neben dem Standabwurf (mit Bodenkontakt) auch die Variante des sogenannten Sprungabwurfs (Lösen der Beine nach explosiver Beinstreckung im Abwurf) anzutreffen.

Abfluggeschwindigkeiten von 24–27 m/s sind Voraussetzung für Wettkampfleistungen im Weltspitzenbereich.

*Tabelle 91:  Übersicht über die Phasenstruktur des Diskuswurfs*

| Phase | Anschwungphase | Umdrehung | | | Übergangsphase | Abwurfphase |
|---|---|---|---|---|---|---|
| | | Startphase | | Umsprungphase | | |
| | | beidbeinig | einbeinig | | | |
| Beginn | Ausgangsstellung | Umkehrpunkt der Bewegungsbahn des Diskus | rechtes Bein verläßt den Boden | letzter Abdruck links | Aufsetzen rechts nach dem Umsprung | Aufsetzen links (Wurfauslage) |
| Ende | Umkehrpunkt der Bewegungsbahn des Diskus | rechtes Bein verläßt den Boden | Abdruck links zum Umsprung | Aufsetzen rechts nach dem Umsprung | Aufsetzen links | Diskus verläßt die Hand |
| Funktion | – Einnehmen einer optimalen Auslage für einen langen Beschleunigungsweg<br>– Einleiten einer weiten Verwringung zwischen Becken-Schulterachse-Arm | – Anfangsbeschleunigung des Gesamtsystems<br>– kräftemäßige Vorbereitung der Umsprungphase (Erzeugung eines Drehmomentes) | | – Aufbau von Vorspannung für eine effektive Abwurfbewegung<br>– Erreichen einer hohen Drehgeschwindigkeit des Becken-/Unterkörperbereiches zum weiten Überholen des Gerätes und zur schnellstmöglichen Überwindung der beschleunigungslosen Phase | – Amortisation des Bremsstoßes rechts<br>– Beginn des 2. positiven Beschleunigungsstoßes<br>– weitmögliches Aufrechterhalten der Verwringung | – maximale Endbeschleunigung des Gerätes auf einer weiten Umlaufbahn (Winkelweg opt. 270°) |

in Wurfrichtung
- weiter Anschwung bis zur Verbindungslinie beider Füße bei geringer Beinbeugung
- Arm schulterhoch

Beinbeugung
- aktives Eindrehen des gebeugten linken Beines auf dem Fußballen in Drehrichtung und Gewichtsverlagerung auf links
- deutliches Zurückhalten der Schulter (linke Schulter darf nicht vor das linke Knie) Diskus muß bei Abdruck rechts von der Seite hinter dem Körper sichtbar sein
- flache weite Schwungbewegung des rechten Beines zur Erhöhung des Drehimpulses

richtung zeigt
- flacher Abdruck aus dem Fußgelenk ohne Kniestreckung
- Wurfarm bei Abdruck links mindestens hüfthoch und deutlich hinter dem Körper
- deutliches aktives Nach-unten-Führen des rechten Beines mit einwärts gedrehtem Fuß

dem Fußballen
- linkes Bein soll Stützbein bereits überholt haben
- sofortiges aktives Weiterdrehen des rechten Beines
- linker Arm zeigt entgegen der Wurfrichtung
- Aufsetzen des linken Beines zeitlich unmittelbar nach dem rechten Bein

ten Bein
Schulterachse deutlich über dem rechten Bein
fixiertes Gegenstemmen des linken Beines unmittelbar am inneren Wurfkreisrand ca. ½ Fußlänge zum rechten Bein nach hinten versetzt
- deutliche Verwringung zwischen Hüft-, Schulterachse und Wurfarm
- explosive Dreh-Schwenk-Streck-Bewegung um fixierte linke Körperseite bei deutlichem Nacheinander im Einsatz Fuß, Knie, Hüfte, Rumpf, Arm
- Beinstreckung rechts nach vorn-oben; links nach oben
- Abwurf in Schulterhöhe (waagrechte Schulterhaltung)

---

● Das **Abfangen** der in Bewegung befindlichen Körpermasse wird durch sprunghaften Beinwechsel, starkes Beugen des Standbeines (rechts) und damit Senken des KSP erreicht.

*Kriterien der Technik*

**Sicherung eines optimalen Beschleunigungsweges** durch:

- *weiten Anschwung* des Gerätes entgegen der Bewegungsrichtung und *Aufbau einer weiten Verwringung* zwischen Hüft- und Schulterachse sowie Wurfarm, die im gesamten Bewegungsablauf bis zur Auflösung im Abwurf aufrechtzuerhalten ist;
- günstige *Relationen der Beschleunigungswege* des Gerätes in den einzelnen Bewegungsphasen: lange Beschleunigungswege in den Stützphasen, insbesondere in den beidbeinigen Stützphasen (beidbeinige Startphase und Abwurfphase); geringe Wege des Gerätes in der einstützigen (Übergangsphase) sowie in der stützlosen Phase (Umsprung);
- Erreichen eines *optimalen Drehungsradius* (Abstand zwischen Gerät und Drehpunkt in der linken Schulter) durch weites Nach-außen-Führen des Wurfarmes, besonders in der Hauptbeschleunigungsphase (Abwurfphase);
- zweckmäßiger Verlauf der *KSP-Kurve* in der Tendenz *von links-unten nach rechts-oben*. Voraussetzung dazu ist das starke Beugen der Beine (ca. 120°) in der Startphase, flacher Abdruck nach vorn in der Umsprungphase, gebeugtes Aufsetzen des rechten Beines nach dem Umsprung und deutliche Druck-Dreh-Streck-Bewegung des rechten Beines in der Abwurfphase;
- *Übereinstimmung* des Neigungswinkels der Bewegungsbahn *des Gerätes* in der 2. Drehung (Abwurfbewegung) mit der angestrebten Abflugrichtung (opt. Abflugwinkel)

**Sicherung einer optimalen Geschwindigkeitsstruktur der Bewegung** durch:

- *günstige Relationen* zwischen der Geschwindigkeit in den *Startphasen* (beidbeinig und einbeinig) und in der *Hauptphase*, wobei der effektive Einsatz der Hauptmuskelgruppen in der Abwurfphase zu sichern ist;
- Nutzen des *großen Drehungsradius* in den Stützphasen zur Erhöhung der Bahngeschwindigkeit des Gerätes;
- Herabsetzung des Massenträgheitsmoments

(vgl. Bewegungsbeschreibung) zur *Erhöhung der Winkelgeschwindigkeit* in der stützlosen Phase;
– effektive *Koordination der Teilkräfte* in der Abwurfphase.

### Technisches Anforderungsprofil für das Aufbautraining

Nach Abschluß der 1. Etappe des Aufbautrainings sollte die Ausbildung der *Grobkoordination* der Diskuswurfbewegung abgeschlossen und der Übergang zur *Ausprägung der Feinkoordination* vollzogen sein.
In Ableitung vom Technikmodell des Hochleistungsbereiches sollte das technische Niveau der einzelnen Bewegungsphasen durch folgende **Kriterien** gekennzeichnet sein:

### Beidbeinige Anschwungphase

– Ausgangsstellung in aufrechter bis leicht gebeugter Haltung,
– Anschwung in Schulterhöhe (bis leicht darunter) entgegen der Bewegungsrichtung bis zum Erreichen einer deutlichen Verwringung,
– Handflächen nach unten zeigend.

### Startphase (beidbeinig und einbeinig)

– Deutliche Beinbeugung und KSP-Senkung,
– aktives Eindrehen des linken Beines auf dem Ballen und KSP-Verlagerung auf das linke Bein (Kniewinkel ca. 120°),
– Aufrechterhalten der Verwringung (Gerät bei Lösen rechts zur einbeinigen Startphase von der Seite gesehen noch hinter dem Körper),
– gebeugtes Weiterdrehen auf dem linken Bein,
– aktive Schwungbeinbewegung mit weitem Radius.

### Umsprungphase

– Flacher Abdruck links aus dem Fußgelenk (Abdruckwinkel unter 50°) ohne Kniestreckung,
– aufrechte Körperhaltung und Blick in Wurfrichtung bei Abdruck links,
– Wurfarm hinter dem Körper über Hüfthöhe,
– raumgreifender, geradliniger Umsprung (ca.

60° der Gesamtlänge Wurfauslage/Umsprunglänge),
– aktives Nach-vorn-unten-Führen des rechten Beines mit einwärts gedrehtem Fuß.

### Übergangsphase

– Deutlich gebeugtes Aufsetzen des rechten Beines auf dem Ballen mit einwärts gedrehtem Fuß (ca. 180° entgegen der Wurfrichtung),
– linkes Bein hat bei Aufsetzen rechts das rechte Bein bereits überholt,
– KSP und Schulterachse über dem rechten Bein,
– schnelles, fixiertes Aufsetzen des linken Beines,
– deutliche Verwringung Hüfte, Schulter, Wurfarm (Wurfarm von der Seite gesehen noch hinter dem Körper).

### Abwurfphase

– Deutliche Dreh-Streck-Bewegung, aus dem rechten Bein beginnend, mit deutlichem Nacheinander von Bein, Hüfte, Schulter, Arm,
– waagerechte Schulter- und Armführung auf weitem Kreisbogen (großer Radius),
– erkennbarer Spannungsaufbau (wenn rechtes Knie in Wurfrichtung zeigt, Wurfarm noch deutlich entgegen der Wurfrichtung hinter dem Körper),
– sichtbares Fixieren des linken Beines,
– Abwurf in Schulterhöhe bei deutlicher Streckung beider Beine ohne Aufgabe des Bodenkontaktes.

### Technisches Anforderungsprofil für das Grundlagentraining

Schwerpunkt der technischen Ausbildung des Diskuswurfes im Grundlagentraining ist die Entwicklung des **Standwurfes** aus der Wurfauslage. Die Ausprägung der Fertigkeit dieser für die Gesamtbeschleunigung des Gerätes wesentlichen Bewegungsphase sollte am Ende des Grundlagentrainings bereits Merkmale der *Feinkoordination* aufweisen.

### Standwurf
1. Techniknahe Wurfauslage.
– Fußstellung (re. Fuß) ca. 110° entgegen der Wurfrichtung,

- Kniewinkel um 100°,
- deutliche Gewichtsverlagerung auf das rechte Bein,
- Hüftquerachse in Wurfrichtung,
- Schulterachse rechtwinklig zur Wurfrichtung, deutlich über dem rechten Bein,
- Wurfhand von der Seite nicht sichtbar (d. h. Winkelweg des Gerätes ca. 270°) und deutlich über Hüfthöhe gehalten;
2. aktive Dreh-Streck-Bewegung der rechten Körperseite um die fixierte linke Seite bei erkennbarer Reihenfolge Fuß, Knie, Hüfte, Schulter, Arm,
3. Schulterführung waagerecht,
4. Abwurf bei völliger Beinstreckung (rechtsvorwärts; links-aufwärts) und Aufrechterhaltung des Bodenkontaktes,
5. Sicherung einer stabilen Fluglage des Gerätes durch richtige Handhaltung.

### Gesamtbewegung

- Ausprägung der **Grundstruktur** (Grobkoordination) der $^6/_4$-Drehung bei Beachtung der frühzeitigen Ausformung des Grundrhythmus der Bewegung:
  · relativ lange Startphase
  · kurze Umsprungphase
  · kurze Übergangsphase
  · Aufbau einer Vorspannung
  · explosiver Abwurf;
- dabei eindeutige Einordnung der Geschwindigkeit der Startphase in die Gesamtgeschwindigkeitsstruktur der Bewegung, Sicherung einer progressiven Geschwindigkeitssteigerung;
- Erreichen einer annähernd optimalen Wurfauslage nach erfolgter Umdrehung:
  · Kniewinkel ca. 120°,
  · deutliche Verwringung,
  · Schulter über dem rechten Bein;
- Anstreben eines großen Bewegungsradius; ausgeprägte Dreh-Schwenk-Streck-Bewegung mit deutlichem Nacheinander der Teilkräfte.

▶ Aufgaben:
1. Welche Bedeutung besitzen die Winkelgeschwindigkeit und der Drehungsradius für das Erzeugen einer hohen Geschwindigkeit des Gerätes im Diskuswurf.
2. Welche Grundforderungen ergeben sich aus der genannten Sicht für die Gestaltung der Umsprungphase?
3. Beschreiben Sie die technikgerechte Ausführung der Hauptbeschleunigungsphasen.

4. Begründen Sie entscheidende Merkmale der Technik des Diskuswurfes!

# Technische Ausbildung

### *Grundzüge des methodischen Vorgehens*

● Die technische Ausbildung ist durch eine *vielseitige allgemeine athletische Ausbildung* konditionell und koordinativ vorzubereiten.
● Die *ständige konditionelle und koordinative Vervollkommnung* ist auch im weiteren Prozeß der technischen Ausbildung Voraussetzung für die Aneignung einer wettkampfstabilen Technik.
● Die Ausbildung der Diskuswurftechnik vollzieht sich nach der *Teillernmethode*. Die Beschränkung der Ausbildungsetappen auf *wesentliche*, unbedingt notwendige Zwischenstufen und das *rasche Zusammenfügen* der Teileelemente zur Gesamtbewegung ist dabei tragendes Prinzip.
● Die technikgerechte Ausprägung der *Abwurfphase* (Standwurf aus der $^1/_4$-Drehung als für die Beschleunigung des Gerätes wesentlichste Bewegungsphase) steht in der Ausbildung der technischen Elemente *am Anfang* und bildet ein *wichtiges Kernstück des Ausbildungsprozesses*.
● Die Schulung des Wurfes aus der $^4/_4$-Drehung – als *einzige Zwischenstufe* zwischen Standwurf und Gesamtbewegung – dient der Ausprägung der Umsprungphase in Verbindung mit dem Abwurf, wobei die koordinative Bewältigung des Übergangs zum Abwurf den technischen Schwerpunkt darstellt.
● Die Zusammenführung der isoliert erlernten Teileelemente der Gesamtbewegung in Verbindung mit einer optimalen Anschwungbewegung sollte so *bald* als möglich erfolgen, um die *dynamische Gesamtstruktur der Bewegung* zu erfassen.
Die Geschwindigkeit der Startphase ist dabei so zu gestalten, daß der effektive Einsatz der Hauptmuskelkräfte (richtige Koordination der Teilkräfte (richtige Koordination der Teilkräfte) in der Abwurfphase nicht reduziert wird.
● Im gesamten Ausbildungsprozeß ist die Einhaltung der notwendigen Sicherheitsmaßnahmen zu beachten. Das betrifft vor allem die Auswahl günstiger Aufstellungsformen für das Üben in der Gruppe, die Festlegung entspre-

chender Sicherheitsabstände, das Werfen auf Kommando u. a. m.

● Die gründliche Vorbereitung der technischen Ausbildung durch vielfältig *spezielle vorbereitende Übungen mit einfachen und gefahrlosen Geräten* (Schleuderbälle, Gummiringe u. ä.) sowie die Nutzung von Behelfsgeräten in den ersten Etappen der technischen Ausbildung sind dazu geeignet, die Unfallgefahr herabzusetzen sowie eine kindgemäße Gestaltung des Ausbildungsprozesses (Spiel- und Wettkampfformen) zu ermöglichen.

● Nach der Ausprägung der Grobform der Gesamtbewegung erfolgt die *Vervollkommnung und Stabilisierung* der Bewegung *durch Würfe mit unterschiedlichen Geräten* (Kugeln, Eisenringe, Eisenstäbe), die *Veränderung der äußeren Wurfbedingungen* (unterschiedliche Windrichtungen, verschiedene Bodenverhältnisse usw.) sowie durch *Imitation der Gesamtbewegung bzw.* einzelner Elemente.

### Reihung der Ausbildungsaufgaben

**1. Entwicklung der technikgerechten Abwurfbewegung** (Standwurf aus der $^1/_4$-Drehung).
Durch Anwendung vielfältiger vorbereitender Übungen (gymn. Übungen mit dem Diskus, Abrollübungen, Frontalwürfe u. a. m.) wird zunächst das *richtige Halten* des Gerätes während der Anschwungbewegung, das Abrollen aus der Hand sowie das Erreichen einer *optimalen Fluglage* des Gerätes erarbeitet. Als wesentliche technische Elemente sind das Einnehmen einer *optimalen Abwurfposition*, das Erreichen eines möglichst *großen Drehungsradius* sowie die richtige *Koordination der Teilkräfte* in der Abwurfbewegung schwerpunktmäßig auszuprägen.

**2. Erlernen der Umsprungphase** (Wurf aus der $^4/_4$-Drehung).
Durch Verlängerung des Beschleunigungsweges und Aufbau von Vorspannung im Verlaufe der Umsprungphase wird die Abwurfbewegung mit größerer Geschwindigkeit geschult. Das Erreichen einer *optimalen Wurfauslage nach raumgreifendem Umsprung* sowie der *optimale Übergang* in die Abwurfbewegung sind hierbei Ausbildungsschwerpunkte.

**3. Erlernen und Vervollkommnen der Gesamtbewegung** (Wurf aus der $^6/_4$-Drehung).
In dieser Phase der Ausbildung erfolgt das Zusammenführen der vorher erlernten Teilbewe-

gungen unter besonderer Berücksichtigung der optimalen Geschwindigkeitsstruktur der Gesamtbewegung.
Durch Veränderung der äußeren Bedingungen (Geräte, Anlagen, Wind u. ä.), besondere Konzentration auf Details der Bewegung sowie Schaffen von Wettkampfsituationen können die technischen Anforderungen erhöht werden.

## Übungskomplexe und methodische Hinweise zu den Ausbildungsaufgaben

### 1. Aufgabe: Erlernen und Vervollkommnen des Standwurfes aus der Wurfauslage

*Ziel:* technikgerechte Ausführung der Abwurfbewegung aus optimaler Abwurfposition (Wurfauslage); Erreichen einer stabilen Fluglage des Gerätes

*Steigerung:* Veränderung der Geräte: Würfe bei verschiedenen Windbedingungen

| Vorbereiten | Erlernen | Vervollkommnen |
|---|---|---|
| Übungen zur Gewöhnung an das Gerät<br>– Armkreis- und Schwungübungen, (vgl. Abb. 172)<br>Pendeln seitlich und vor dem Körper<br>Armkreisschwünge seitlich und vor dem Körper<br><br>Abb. 172 | **1. Grundübung**<br>**Standwurf aus der Wurfauslage**<br><br>mit Konzentration auf<br>– Beginn der Bewegung aus der optimalen Abwurfposition<br>– technikgerechte Ausführung der Abwurfbewegung sowie<br>– Erreichen einer stabilen Fluglage des Geräts | Imitation der Abwurfbewegung mit Bewegungsführung durch einen Partner<br><br>Abb. 175<br><br>Standwürfe mit verschiedenen Geräten (Veränderung der Geschwindigkeit der Abwurfbewegung)<br>– leichte und schwere Wettkampfgeräte<br>– Kugeln<br>– Stäbe<br>– Eisen- oder Gummiringe |

Abb. 174

– Abrollübungen, vgl. Abb. 173
Aus dem Armpendeln seitlich neben dem Körper
Abrollen nach oben
Abrollen nach vorn

Abb. 173

Imitation der Abwurfbewegung mit Eisenstäben, Schlaufendisken oder Rutenbündel am Seilzuggerät bzw. Gummiseil
– Würfe aus der Wurfauslage mit Bewegungssperre am linken Knie
– Würfe aus der Wurfauslage mit Auftaktbewegung des linken Beines und sofortiger Fixierung nach dem Aufsetzen

– Wettkampfformen:
Wer rollt den Diskus am weitesten geradeaus?
Rollen in eine Gasse
Zielrollen u.a.m.

Frontalwürfe (Schockwürfe aus der Frontalstellung)
– mit verschiedenen Geräten (Gummiringe, Vollbälle, Schleuderbälle, Stäbe, Rutenbündel u.a.m.)
– als Weit- und Zielwürfe (Gasse, Kreis, Zone)
– in Wettbewerbsform

Schockwürfe aus der seitlichen Ausgangsposition (Schrittstellung)
– Variationen siehe Frontalwürfe

---

*Beobachtungspunkte:*
– richtiges Erfassen des Gerätes (vgl. Technik)
– lockere Armhaltung
– Abknicken des Handgelenks vermeiden
– optimale Wurfauslage (vgl. Technik)
– Beginn der Bewegung aus dem rechten Fuß
– richtige Koordination des Einsatzes der Teilkräfte in der Abwurfbewegung
– langes Aufrechthalten der Verwringung (Spannungsaufbau)
– Schwenkbewegung um die fixierte linke Körperseite (erst schwenken, dann strecken) KSP bleibt lange über dem rechten Bein
– Erreichen eines optimalen Drehungsradius durch weites Nach-außen-Führen des Wurfarmes
– Abwurf in Schulterhöhe bei waagerechter Schulterhaltung, Streckung beider Beine und vollem Bodenkontakt
– Abrollen aus der waagerecht gestellten Hand über das letzte Fingerglied des Zeigefingers in Drehrichtung nach außen

– Abwurfbewegung zunächst imitieren
– ganzheitliches Erfassen der Abwurfbewegung und weitgehendes Einhalten der Wurfrichtung zuerst durch Üben mit gefahrlosen Behelfsgeräten erreichen, danach Benutzung des Wettkampfgerätes
– Standwürfe aus der ¼-Drehung mit dem Wettkampfgerät durch Frontalwürfe vorbereiten, Abwurfrichtung ist dadurch leichter einzuhalten und Konzentration auf Schleuderbewegung des Armes möglich
– bei allen Würfen mit WKG auf stabile Fluglage des Gerätes achten

## 2. Aufgabe: Erlernen und Vervollkommnen des Wurfes aus der ⁴/₄-Drehung

*Ziel:* Abwurf aus größerer Geschwindigkeit durch Verlängerung des Beschleunigungsweges; Erlernen der Umsprung-phase; Aufbau von Vorspannung durch Einleiten einer Verwringung
*Steigerung:* höhere Drehgeschwindigkeit, Qualität der Ausführung

| Vorbereiten | Erlernen | Vervollkommnen |
| --- | --- | --- |
| Drehumsprünge ohne und mit Hand-gerät (Stäbe, Rutenbündel, Schleuder-bälle)<br>– am Ort mit ½ bis 1/1 Umdrehung<br>– aus der leichten Schrittstellung<br>– aus dem Stand oder Angehen nach vorwärts<br>Variationen:<br>– über eine Gasse<br>– über flache Hindernisse (Bank, Kastenteil, Stäbe, o.ä.)<br>– aneinandergereihte Drehsprünge auf einer Linie | **2. Grundübung**<br>**Wurf aus der 4er-Drehung**<br><br><br>Abb. 176 | Imitation der Umsprungphase über eine Gasse mit und ohne Handgerät (Eisenstab, Schlaufendiskus, Schleu-derball)<br><br>Imitation der Schwenkbewegung des rechten Beines und Aufbau der Verwringung aus ¼-, ½- und ¾-Dre-hung<br>– mit Handgerät<br>– mit Partnerführung<br><br>Imitation der Schwenkbewegung um das rechte Bein |
| Schrittsprünge mit anschließen-dem Abwurf leichter Wurfgeräte (Schleuderbälle, Gummiringe, Kro-kettbälle)<br>Wettkampfformen:<br>– Zielwurf<br>– Weitwurf | | 1/1 Drehung mit Handgerät<br><br>Würfe aus der ¾- und 4er-Drehung mit Wettkampfgerät und anderen Ge-räten (Schleuderbälle, Stäbe, Rutenbündel, Gummiringe usw.) |

*Beobachtungspunkte:*
– Abdruck links aus dem Fußgelenk flach nach vorn (45°), ohne völlige Kniestreckung
– bewußtes Zurückhalten des Wurfarmes hinter dem Körper bis zum Aufsetzen links in der Wurfauslage
– flacher Umsprung mit deutlichem Raumgewinn (60–80 cm)
– nach Abdruck links aktives Nach-vorn-Führen des rechten Beines mit leicht in Wurfrichtung einwärts gedrehtem Fuß
– bei Aufsetzen rechts nach erfolgtem Umsprung sofortiges aktives Weiterdrehen des rechten Fußes in Wurfrichtung
– Erreichen einer optimalen Wurfauslage nach erfolgter Umdrehung
– Geradlinigkeit des Umsprunges und optimale Abflugrichtung

*Methodisch-organisatorische Hinweise:*
– Würfe aus der ganzen Drehung zunächst imitieren und Erreichen einer optimalen Wurfauslage kontrollieren
– Wurfrichtung durch Markierung auf dem Boden kennzeichnen
– zur Vermeidung von Unfällen zunächst ungefährliche Behelfsgeräte verwenden
– beim Üben in Gruppen zweckmäßige Aufstellungsformen beachten
– Raumgewinn beim Umsprung durch Markierung erzwingen

## 3. Aufgabe: Erlernen und Vervollkommnen des Wurfes aus der ⁶/₄-Drehung

*Ziel:* Verbindung der isoliert erlernten Teilelemente der Gesamtbewegung unter besonderer Berücksichtigung der optimalen Geschwindigkeitsstruktur;
weitere Erhöhung der Abfluggeschwindigkeit durch Verlängerung des Beschleunigungsweges
*Steigerung:* Qualität der Ausführung

| Vorbereiten | Erlernen | Vervollkommnen |
|---|---|---|
| Würfe aus der 5/4-Drehung mit Behelfsgeräten Abb. 177 | **3. Grundübung**<br>**Wurf aus der Gesamtbewegung (6/4-Drehung)**<br><br>mit verstärkter Konzentration auf die optimale Geschwindigkeitsstruktur | Imitation der Gesamtbewegung mit Behelfsgeräten (Schlaufendisken, Stäbe, Schleuderbälle)<br><br>Imitation der Gesamtbewegung vor dem Spiegel<br><br>Imitation der Startphase mit besonderer Konzentration auf Anschwung und Andrehen links<br><br>Imitation der Gesamtbewegung unter besonderer Sicht der optimalen Bewegungsrichtung<br>– Markierung der Bewegungsrichtung (Strich)<br>– Markierung einer Gasse<br><br>Würfe aus verschiedenen Kreisen bzw. von verschiedenen Bodenbedingungen<br><br>Würfe in verschiedene Windrichtungen |

*Beobachtungspunkte:*
– progressive Geschwindigkeitssteigerung bis zum Abwurf (anfänglich langsamer Beginn der Bewegung)
– Geradlinigkeit der Bewegungsrichtung
– Erreichen eines optimalen Abflugwinkels
– optimale koordinative Bewältigung der Verbindung Umdrehung und Abwurfbewegung

*Methodisch-organisatorische Hinweise:*
– Würfe anfänglich langsam beginnen, optimale Ausprägung der Abwurfphase garantieren
– Aufstellungsformen und Sicherheitsmaßnahmen beachten
– anfänglich Bewegungsrichtung und Abwurfrichtung markieren
– Behelfsgeräte nutzen, bis Abwurfrichtung annähernd getroffen wird

## Wesentliche Fehler und Korrekturmöglichkeiten

| Fehler | Korrekturmöglichkeiten |
|---|---|
| Rücksetzen des linken Beines zu Beginn der Umdrehung bzw. ungenügende Gewichtsverlagerung auf das gebeugte linke Bein („Stürzen in die Drehung") | Schaffen richtiger Bewegungsvorstellung<br>Markieren der Fußstellung<br>serienmäßiges Üben des Andrehens mit deutlicher Gewichtsverlagerung auf das linke Bein zu Beginn der Eindrehbewegung |
| Auflösen der Verwringung im Verlaufe der Umdrehung | Zurückhalten des Wurfarmes durch einen Partner zur Einleitung der Umdrehung<br>Imitation der Umdrehung mit Schlaufendisken oder Eisenstäben unter besonderer Beachtung der Verwringung<br>„Zuhalten der linken Seite", bis Stemmbein steht |
| zu starkes Anheben des KSP in der Umdrehung durch falsche Abdruckrichtung des linken Beines | betont flaches Vorführen des Unterschenkels zur Einleitung der Umdrehung<br>Umsprung über eine markierte Gasse (ca. 80 cm) |
| Umdrehung am Ort (kein Raumgewinn durch den Umsprung)<br>unvollständige Drehung | 4/4 Drehung über eine Gasse<br>fortlaufende Drehumsprünge über Markierungen<br>4/4 und 6/4-Drehungen bis in die Wurfauslage mit Bodenmarkierung für den Fußaufsatz |
| KSP kommt in der Wurfauslage nicht auf das rechte Bein (zu weites Aufdrehen nach links) | Standwürfe aus der Wurfauslage<br>4/4 und 6/4-Drehungen bis in die Wurfauslage mit Korrektur der KSP-Lage<br>wie oben, jedoch mit Druck des Partners gegen die linke Hüftseite in der Wurfauslage<br>Korrektur der Rumpfhaltung in der Wurfauslage durch Orientierung der Blickrichtung |
| ungenügende Dreh-Schwenk-Streck-Bewegung in der Abwurfphase (falsche Koordination des Einsatzes der Teilkräfte) | Imitation der Dreh-Schwenk-Streck-Bewegung mit Schlaufendiskus, Eisenstab bzw. Partnerwiderstand<br>Imitation der Schwenk-Streck-Bewegung mit Hantel- oder Sandsackbelastung<br>spez. vorber. Übungen für Abwurf |
| Vorauseilen des Wurfarmes in der Abwurfbewegung | Imitation der Abwurfbewegung mit Partner (Zurückhalten des Wurfarmes)<br>Würfe aus dem Anpendeln<br>Imitation der Abwurfbewegung mit Schlaufendiskus oder Eisenstab<br>spez. vorber. Übungen für Abwurf |
| falsche Armführung (Verkürzung des Drehungsradius) in der Abwurfbewegung | Imitation der Abwurfbewegung mit Bewegungsführung durch den Partner<br>Imitation der weiten Armführung mit Hilfsgeräten<br>lockere Würfe mit betont weitem „Nach-außen-Führen" des Wurfarmes |
| KSP wird im Abwurf nach links verschoben (ungenügendes Fixieren der linken Körperseite) | Imitation der Abwurfbewegung mit bewußtem Fixieren links<br>wie oben, aber mit künstlicher Bewegungssperre am linken Bein bzw. Partnerdruck gegen linke Seite<br>Standwurf mit Auftakt – linke Seite nach Aufsetzen sofort fixieren |
| zu steiler Anstellwinkel des Gerätes | Schaffen richtiger Bewegungsvorstellung (lockere Handhaltung, Handstellung)<br>Abrollübungen (SVÜ)<br>Frontalwürfe |

▶ Aufgaben:
1. Welche Grundprinzipien bestimmen die Grundübungsreihe zum Erlernen des Diskuswurfes?
2. Welche Hauptgruppen von speziellen vorbereitenden Übungen werden zur Vorbereitung der Diskuswurftechnik herangezogen?
3. Welche Geräte eignen sich besonders für die spezielle Vorbereitung und Schulung des Diskuswurfes?

## 8.6. Speerwurf
(Technik und technische Ausbildung)

## Technik

▶ Aufgaben:
– Durch welche Besonderheiten zeichnet sich die Leistungsstruktur des Speerwurfs gegenüber den anderen Wurfdisziplinen aus?
– Welche technischen Anforderungen an die Schlagwurfdisziplinen Schlagball- und Keulenwurf ergeben sich aus dem Aspekt der gezielten Vorbereitung der Speerwurftechnik?

Der Speerwurf ist die wesentlichste Wettkampfdisziplin aus der Gruppe der Schlagwürfe, zu der neben dem Speerwurf der Keulenwurf und Schlagballwurf gehören.
Alle *3 Disziplinen* werden durch die *Schlagbewegung des Armes* im Abwurf gekennzeichnet. Die Technik des Speerwurfs als anzustrebende Zielgröße bestimmt die technische Ausführung der beiden übrigen Schlagwurfdisziplinen.
Bedingt durch das leichte Gerät sowie die Länge des Anlaufs werden im Speerwurf sehr hohe Abfluggeschwindigkeiten (30–35 m/s) erreicht.
Diese hohen Geschwindigkeiten sowie die kurze Zeitdauer der Kraftübertragung auf das Gerät heben – neben den erforderlichen Schnellkraftqualitäten – auch die Bedeutung der Technik als wesentlichen leistungsbestimmenden Faktor hervor.
In technischer Hinsicht wird die Leistung im Speerwurf bestimmt durch:

– einen optimal langen *zyklischen Anlaufteil*, in dem durch einen zügigen Steigerungslauf die Beschleunigung des Gesamtsystems Werfer/Gerät erfolgt;
– die zweckmäßige Gestaltung des *azyklischen Anlaufteils* (5-Schritt-Rhythmus), in dessen Verlauf bei weiterer Beschleunigung des Gesamtsystems mit Hilfe von Teilkörperbewegungen (Rückführung des Gerätes, Überholen des Rumpfes durch die Beine) der Abwurf vorbereitet wird;
– eine optimale Abwurfbewegung, in der durch die zweckmäßige Koordination der Teilkräfte ein hoher Spannungsaufbau im Bereich der Wurfschulter und durch Lösen

der Bogenspannung und Einsatz der Unterarmschleuder eine maximale Endbeschleunigung des Gerätes erfolgt.

Die Bewegungsbeschreibung in Tabelle 92 bezieht sich auf einen Rechtshänder.

### *Anlaufphase*

*Ausgangsstellung:* Der Anlauf beginnt aus einer Grundstellung mit aufrechter Körperhaltung. (Abb. 178) Das Gerät wird am hinteren Ende der Wicklung mit Daumen und Zeigefinger bzw. Daumen und Mittelfinger umfaßt und in Stirnhöhe über der Schulter gehalten. Entscheidend ist eine lockere Handhaltung (mit dem Handrücken nach außen), die eine vorzeitige Anspannung des Unterarmes ausschließt. (Abb. 179) Einige Geh- oder Wechselschritte können den Anlauf einleiten.

Aus dynamischer Sicht werden deutlich **2 Teile des Anlaufs** unterschieden:

*Zyklischer Teil:* Er dient ausschließlich der **Beschleunigung des Gesamtsystems Werfer/Gerät**. Dies erfolgt durch einen *lockeren Steigerungslauf* von 8–12 Schritten, bei dem der Speer mit geringer Spitzenneigung über der Schulter getragen wird. Um den Laufrhythmus

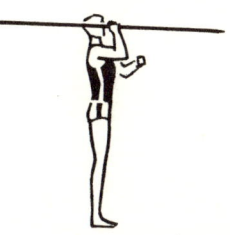

Abb. 178  Ausgangsstellung

Abb. 179  Griffmöglichkeiten

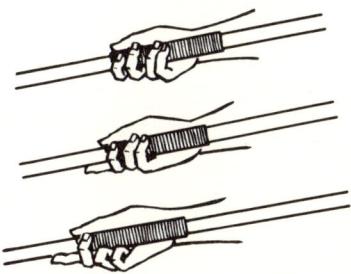

*Tabelle 92: Übersicht über die Phasenstruktur des Speerwurfs*

| | Anlaufphase | | Abwurfphase | | | | Bremsphase |
|---|---|---|---|---|---|---|---|
| **Phase** | zyklischer Teil | azyklischer Teil, Schritt 1–4 des 5-Schritt-Rhythmus | 1. Teil | 2. Teil | 3. Teil | 4. Teil | |
| **Beginn** | Ausgangsstellung | 1. Schritt des 5-Schritt-Rhythmus | Aufsetzen rechts nach dem Impulsschritt (4. Schritt) | Aufsetzen links nach dem letzten Schritt | Moment der größten Bogenspannung | Beginn des Unterarmeinsatzes | Gerät verläßt die Hand |
| **Ende** | Beginn des azyklischen Teils | Aufsetzen rechts nach dem Impulsschritt (Wurfauslage) | Aufsetzen links nach dem letzten Schritt (5. Schritt) | Moment der größten Bogenspannung | Beginn des Unterarmeinsatzes | Gerät verläßt die Hand | Umsprung |
| **Funktion** | Beschleunigung des Gesamtsystems Werfer/Gerät | – weitere Beschleunigung des Gesamtsystems<br>– optimale Vorbereitung des Abwurfs durch Aufbau von Vorspannung<br>– Erreichen einer optimalen Abwurfposition als Voraussetzung für eine maximale Energieübertragung im Abwurf | – weitere Beschleunigung des Gesamtsystems<br>– Abbremsen der Geschwindigkeit des Unterkörpers<br>– Beginn des Spannungsaufbaus | – Ausbau der Bogenspannung<br>– Abbremsen der Geschwindigkeit der Schulter<br>– Erreichen der maximalen Bogenspannung | – Auflösen der Bogenspannung<br>– Beschleunigung des Wurfarmes<br>– Erreichen der $v_{max}$ des Ellenbogens | – Einsatz der Unterarmschleuder<br>– Übertragung der Geschwindigkeit auf das Gerät | – Amortisation des Abwurfimpulses<br>– Abfangen des Körpergewichts |

nicht zu stören, erfolgt kein betontes Vor- bzw. Rückführen des Wurfarmes. Die Schultern geben der Laufbewegung nur locker nach. Weltspitzenathleten (Männer und Frauen) erreichen Anlaufgeschwindigkeiten zwischen 6 und 7 m/s.

*Azyklischer Anlaufteil: (5-Schritt-Rhythmus)*
Er soll eine *weitere Beschleunigung* des Gesamtsystems Werfer/Gerät sichern. Gleichzeitig wird mit Hilfe von Teilkörperbewegungen die *Voraussetzung für einen optimalen Abwurf* geschaffen. Diese Aufgabe wird im Verlaufe der Schritte 1–4 des 5-Schritt-Rhythmus vollzogen. Der 5. und letzte Schritt wird exakterweise zur Abwurfphase gezählt, da im Verlaufe dieses Schrittes die Abwurfbewegung bereits aus den Beinen aufgebaut wird.

● Der **1. Schritt** der letzten 5 Schritte ist der längste Schritt dieses Anlaufteils. Betont, auch als leichter Hopser ausgeführt, mit gleichzeitigem widergleichem Vorführen des Wurfarmes, dient er *als Auftakt* für die nachfolgende Speerrückführung. (Abb. 180/2)

● Im Verlaufe des **2. Schrittes** erfolgt die *Speerrückführung*. Dabei soll gleichzeitig eine Rumpf- und Speerhaltung eingenommen werden, die weitgehend der Haltung in der Wurfauslage entspricht. Dadurch ist es möglich, die letzten Anlaufschritte noch voll für die weitere Beschleunigung zu nutzen. Die angestrebte *Körperhaltung am Ende des 2. Schrittes* ist gekennzeichnet durch:
– Drehung der Wurfschulter um 90° nach hinten;
– aktive Rückwärtsstreckung des Wurfarmes etwas über Schulterhöhe, so daß sich die Speerspitze etwa in Kinnhöhe befindet und ein rechter Winkel zwischen Speer- und Körperlängsachse erreicht wird (Abb. 180/3),
– Rumpfrücklage ca. 30° zur Senkrechten. Dadurch gelangt der Speer in eine Richtung, die dem späteren Abflugwinkel entspricht (Abb. 181).

● Im **3. Schritt** bleibt die Oberkörperposition unverändert. Für die weitere Beschleunigung ist der *aktive, impulsgebende Fußaufsatz* sowie der *kurzzeitige Bodenkontakt* der Füße wesentlich.
Deshalb sollte sich beim Abdruck links zum 4. Schritt – unmittelbar nachdem der KSP die

---

**8–12 Schritte**
– Speerhaltung: über der Schulter in Stirnhöhe mit leichter Spitzenneigung
– kein betontes Vor- und Rückführen des Wurfarmes

– 1. Schritt: leicht betonte Ausführung – Auftakthopser
– 2. Schritt: Rückführung des Speeres; in Verlängerung der Schulterachse
– 3. Schritt: Beibehaltung der Oberkörperposition, aktive Beschleunigung
– 4. Schritt: Impulsschritt, verlängert, sprunghaft, flach
– Anheben der KSP-Bahn vermeiden
– Einnahme der optimalen Abwurfposition mit anzustrebender Parallelität der Achsen: Schulter, Speer, Hüfte, Körperrückneigung

**5 Schritte**
– aktive, flache Druckbewegung des rechten Fußes in Wurfrichtung
– aktives Vordrücken des rechten Knies und der rechten Hüftseite
– aktive, flache Aufsetzbewegung des linken Beines mit fixiertem Kniegelenk über die Ferse
– gestrecktes Zurückhalten des Wurfarmes

...nes, Stabilisieren der linken Körperseite
– Aufrichten des Oberkörpers und Schwenken des Rumpfes um die fixierte linke Körperseite
– Abbremsen der Schulter
– Beginn der Eindrehbewegung des nach hinten gestreckten Wurfarmes (Ellbogen drückt gegen den Speerschaft)
– Pronation des rechten Fußes und Stabilisieren der Hüftachse frontal zur Wurfrichtung

– Drehung des Oberkörpers um die Breitenachse des Hüftgelenks
– Streckung des linken Beines
– Abbremsen des Ellbogens

...gewichts durch starkes Beugen des Standbeines

– Streckung des linken Beines
– Abwurf mit minimaler seitlicher Abweichung von der Bewegungsebene des Gesamtsystems

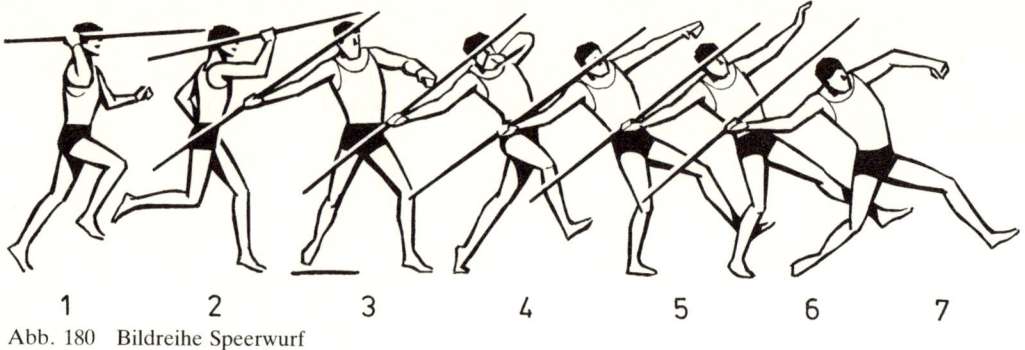

1     2     3     4     5     6     7

Abb. 180   Bildreihe Speerwurf

Senkrechte über dem linken Bein erreicht hat – das rechte Bein bereits deutlich *vor* dem linken Bein befinden. (Abb. 180/4)

● Der **4. Schritt** – auch als Impulsschritt bezeichnet – ist ein *verlängerter*, jedoch *flacher* Schritt, mit dem der Werfer **in die Abwurfposition** gelangt. (Abb. 180/6)
Voraussetzung für einen langen Beschleunigungsweg in der Abwurfphase sowie die Möglichkeit einer sofortigen weiteren Beschleunigung des Gesamtsystems nach dem Aufsetzen rechts sind dabei folgende technische Elemente:
– optimale Ausprägung der bereits mit dem 2. Schritt eingeleiteten Rumpf- und Speerposition (Schulter- und Hüftdrehung, gestreckter Wurfarm, Rücklage, Parallelität von Speer, Schulter- und Hüftachse)
– aktives, flaches Aufsetzen des rechten Fußes über die Fußaußenkante mit schräg nach außen (max. 45°) gerichteter Fußspitze;
– Fixierung des stark gebeugt (ca. 120°) aufsetzenden rechten Beines;

Abb. 181   Rumpfposition am Ende der Rückführung

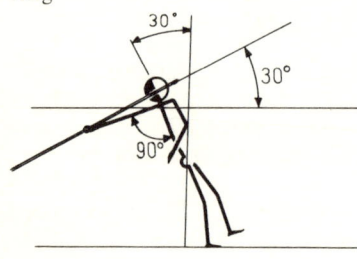

– doppelter Beinwechsel im Verlaufe des Impulsschrittes (Abb. 180/4 und 5), wodurch beim Aufsetzen rechts das linke Bein das Stützbein bereits überholt hat.

*Abwurfphase*

In der Abwurfphase erfolgt die **Hauptbeschleunigung des Gerätes:** ca. ²/₃ der Abfluggeschwindigkeit werden in dieser Phase erzeugt.
● Die Abwurfphase beginnt in dem Moment *(Wurfauslage)*, in dem der KSP des Werfers im Verlaufe des 5. und letzten Anlaufschrittes über die Unterstützungsfläche des rechten Beines gelangt. (Abb. 180/6 u. 7) Bis zum Aufsetzen des linken Beines erfolgt zunächst noch eine *gemeinsame Beschleunigung des Gesamtsystems Werfer/Gerät.* (Abb. 182) Die Geschwindigkeitskurve des Hüftpunktes und des Speeres sollten bis zu diesem Zeitpunkt weitgehend parallel verlaufen (vgl. Abb. 157).
Voraussetzungen dazu sind:
– eine aktive, flache Druckbewegung des rechten Fußes in Wurfrichtung bei einem optimalen Abdruckwinkel unter 30°;
– Eindrehen des rechten Fußes in Wurfrichtung (Ferse nach außen) und aktives Drücken des rechten Knies in Wurfrichtung;
– nachfolgend aktives Nach-vorn-Schlagen der rechten Hüftseite (Abb. 180/7–9);
– gestrecktes Zurückhalten des Wurfarmes.
● Parallel dazu erfolgt das aktive, flache **Aufsetzen (Gegenstemmen)** des möglichst *gestreckten und fixierten* linken Beines (Abb. 180/10) über die Ferse.
Dadurch wird die Geschwindigkeit des Unterkörpers (Beine, Hüfte) abgebremst, was eine *Impulsübertragung* auf die oberen Körperteile

328

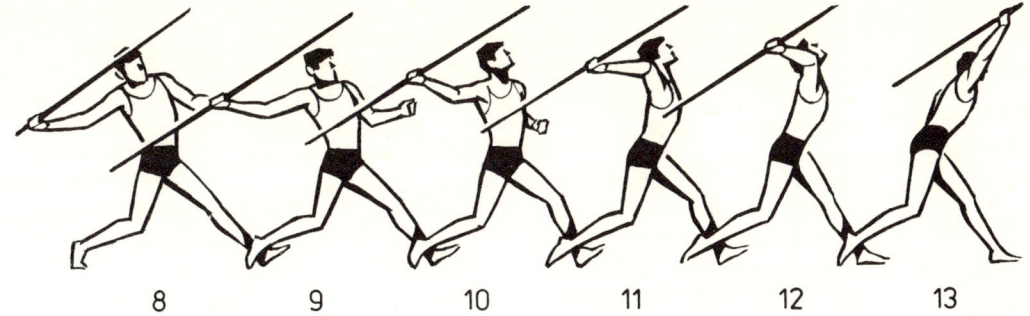

(Oberkörper, Arm) bewirkt. Die Verringerung der Masse der zu beschleunigenden Körperteile führt dabei zur Geschwindigkeitssteigerung.

● Bei vollem Bodenkontakt des linken Beines
beginnt das Aufrichten des Körpers über das
gestreckte und fixierte linke Bein bei gleichzeitiger Schwenkbewegung des Rumpfes um die
linke Körperseite.

In Verbindung mit einer Eindrehbewegung
des nach hinten gestreckten Wurfarmes (Ellbogen in Richtung Speerschaft gedrückt) wird
die Wurfschulter dabei nach vorn gebracht.

Durch Muskelkräfte (besonders der Antagonisten) soll der schnellen Beschleunigung des
Wurfarmes zunächst entgegengewirkt werden
**(Wurfverzögerung)**, um eine hohe Vordehnung in der Brust-, Schulter- und Armmuskulatur **(Bogenspannung)** zu erreichen.

Der Ausbau der Bogenspannung wird unterstützt durch das Aufrechterhalten der Stemmfunktion des linken Beines (nur minimales
Einbeugen, wenn der KSP auf das linke Bein
gelangt) sowie die Pronation des rechten
Fußes zur Stabilisierung der Hüftachse.

Abb. 182   Geradlinigkeit des Beschleunigungsweges im Speerwurf

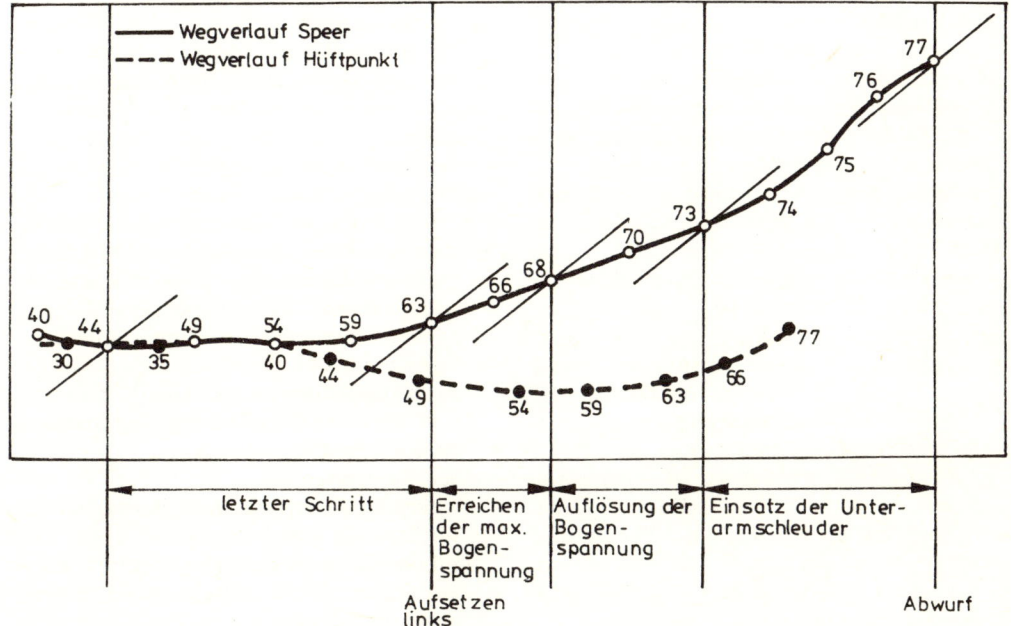

Eine hohe Bogenspannung ist Voraussetzung für eine explosive Endbeschleunigung des Speeres.

● Nach dem Abbremsen der Wurfschulter wird durch das *Nach-vorn-Schlagen des Ellbogens* und eine beginnende *Drehung des Oberkörpers* um die Breitenachse des Hüftgelenks die **Bogenspannung aufgelöst**. (Abb. 180/12) Die Impulsübertragung vom Rumpf auf den Arm führt zu einer starken Geschwindigkeitszunahme in dieser Bewegungsphase.

● Nach dem Erreichen des Geschwindigkeitsmaximums des Oberarmes (Ellbogen) wird im letzten Teil der Abwurfbewegung durch den *Einsatz der Unterarmschleuder* eine weitere intensive Beschleunigung des Gerätes erreicht. Die Streckbewegung des linken Beines unterstützt die Impulsübertragung und wirkt positiv auf die Höhe des Abwurfes ($h_0$) ein.

● **Der Abwurf** und damit die **Übertragung der Geschwindigkeit auf das Gerät** sollte bei *möglichst geringer seitlicher Abweichung* von der Bewegungsebene des Gesamtsystems unter optimalem Abflug erfolgen. (Abb. 180/13)

### Kriterien der Technik

– Optimale Länge und
– Geradlinigkeit des Beschleunigungsweges in Bewegungsrichtung
– progressive Geschwindigkeitssteigerung (vgl. Abb. 157).

Sie werden gesichert durch
– optimale Länge und Geschwindigkeit des zyklischen Anlaufs entsprechend den individuellen Voraussetzungen des Athleten
– weitere Steigerung der Geschwindigkeit im azyklischen Anlaufteil (5-Schritt-Rhythmus)
– weite geradlinige Zurückführung des Gerätes (Speer in Augenhöhe)
– frühzeitige Einnahme der optimalen Rumpfposition (Schulterdrehung, Rücklage, Parallelität Speer-Schulterachse) nach Schritt 2 des 5-Schritt-Rhythmus
– flacher raumgreifender Impulsschritt mit maximaler Ausprägung der Abwurfposition beim Aufsetzen rechts (Beinbewegung, Rumpfrücklage, Hüfte und Schulterdrehung – Parallelität der 3 Achsen)
– flaches, gestrecktes Aufsetzen und Fixieren des Stemmbeines

– zweckmäßige Bewegungskoordination (Bein-, Hüft-, Schulter-, Oberarm-, Unterarmeinsatz) in den Teilphasen der Abwurfbewegung zur Sicherung eines optimalen Spannungsaufbaus durch Wurfverzögerung sowie einer explosiven Beschleunigung des Gerätes durch Lösen der Bogenspannung und Unterarmschleuder
– explosive Endbeschleunigung des Gerätes durch Lösen der Bogenspannung und Einsatz der Unterarmschleuder
– Abwurf bei minimaler seitlicher Abweichung von der Bewegungsebene des Gesamtsystems
– optimale Übereinstimmung des Abflug- und Anstellwinkels des Gerätes (Treffen des Gerätes).

### Technisches Anforderungsprofil für das Aufbautraining (1. Etappe)

Nach Abschluß der 1. Etappe des Aufbautrainings sollte die beginnende *Ausprägung der Feinkoordination der Speerwurftechnik* durch das Erreichen folgender **technischer Kriterien** gekennzeichnet sein:

#### Anlaufphase

*Zyklischer Teil*
– Lockerer Steigerungslauf in aufrechter Körperhaltung, mindestens 6 Schritte, Anlaufgeschwindigkeit ca. 5–6 m/s,
– Tragen des Gerätes über der Schulter ca. in Stirnhöhe mit leichter Spitzenneigung,
– Schultern geben der Laufbewegung locker nach.

*Azyklischer Anlaufteil*
(5-Schritt-Rhythmus, 1.–4. Schritt)
– Harmonischer Übergang vom zyklischen zum azyklischen Teil ohne Störung des Laufrhythmus
– weitere Steigerung der Geschwindigkeit
– Schritt 1: leicht betont und etwas verlängert als Auftakt für die Rückführung (ausgeprägten Sprungschritt vermeiden)
– Schritte 2 + 3: · geradlinige Rückführung des Gerätes bis zur Streckung des Wurfarmes etwas über Schulterhöhe (Speerspitze in Stirnhöhe) in Verbindung mit Rückdrehung der Schulterachse um 90°

• Erreichen einer erkennbaren Rumpfrücklage und Parallelität zwischen Speer und Schulterachse
• Beschleunigung durch aktiven Fußaufsatz und impulsgebenden Beinabdruck
– Schritt 4:
• deutlich verlängerter Schritt ohne wesentliches Anheben des KSP
• aktiver Fußaufsatz über die Fußaußenkante (Fußspitze ca. 30–45° nach außen zeigend)
• impulsgebender Fußabdruck und doppelter Beinwechsel (bei Abdruck links rechtes Knie deutlich vor dem linken Bein; bei Aufsetzen rechts mit linkem Bein bereits vor dem Stützbein)
• Erreichen einer optimalen Abwurfposition (deutliche Beinbeugung, Rückdrehung der Schulter- und Hüftachse um 90°, Rumpfrücklage 30–36°, Wurfarmstreckung, Parallelität von Hüft-, Schulter- und Speerachse)

## Abwurfphase
– Schritt 5:
• etwas verkürzter Schritt
aktives Eindrehen des rechten Fußes und rechten Knies in Verbindung mit flacher Streckbewegung des rechten Beines in Wurfrichtung (Abdruckwinkel ca. 30°)
• aktives, flaches Aufsetzen und Gegenstemmen des im Kniegelenk fixierten linken Beines über die Ferse
• aktives Nach-vorn-Drücken („Schlagen") der rechten Hüftseite
– Erreichen einer sichtbaren Bogenspannung durch aktives Abbremsen der Wurfschulter in Verbindung mit Eindrehen des zurückgehaltenen Wurfarmes, Pronation des rechten Fußes und weitgehendem Beibehalten der Stemmfunktion des linken Beines
– deutliche explosive, finale Beschleunigung des Gerätes durch Auflösen der Bogenspannung (Vorbringen des Ellbogens und Drehen des Oberkörpers um die Breitenachse des Hüftgelenks) und aktiven Unterarmeinsatz sowie erkennbare Beinstreckung
– Abwurf bei möglichst geringer seitlicher Abweichung von der Bewegungsrichtung sowie optimalem Abflugwinkel (vgl. 8.3.)
– weitgehende Übereinstimmung von Abflug- und Anstellwinkel des Gerätes (Anströmwinkel nicht über 5°).

## Technisches Anforderungsprofil für das Grundlagentraining

Die Skizzierung des technischen Anforderungsniveaus in den Schlagwurfdisziplinen erfolgt am Beispiel der Disziplin Speerwurf, da sie die entscheidende Wettkampfdisziplin und damit die Zielgröße der gesamten Ausbildung in den Schlagwürfen darstellt.

Die technischen Anforderungen im *Schlagballwurf und Keulenwurf* ordnen sich in dieses Anforderungsprofil ein, da beide Disziplinen im Grundlagentraining zur **Ausbildung von Teilelementen der Speerwurftechnik unter erleichterten Bedingungen** (leichtere, handlichere, gefahrlosere Geräte) genutzt werden sollten.

Die Techniken des Schlagball- und Keulenwurfes sind somit auch als Teilziele im Ausbildungsprozeß der Speerwurftechnik anzusehen.

Im 1. Jahr des Grundlagentrainings erfolgt die *Ausbildung der Abwurfbewegung* (Schlagwurf) sowie der Abwurf aus 3 Schritten unter hauptsächlicher Nutzung des Schlagball- und Keulenwurfes. Gleichzeitig wird mit Hilfe des Keulenwurfes das Erlernen des 5-Schritt-Rhythmus vorbereitet.

Im 2. Jahr des Grundlagentrainings kann deshalb relativ schnell mit der Schulung der Gesamtbewegung des Speerwurfs begonnen werden. Ziel ist die Ausbildung der *Grobkoordination der Gesamtbewegung*.

Folgende *Merkmale* der Speerwurftechnik, die gleichzeitig auch als technische Anforderung für die Disziplinen Schlagball- und Keulenwurf gelten, sollten bis zum Abschluß des Grundlagentrainings ausgeprägt werden:

**Anlaufphase** (Speer- und Keulenwurf):
– Erzeugung einer optimalen horizontalen Geschwindigkeit durch einen Anlauf mit 2 deutlich ausgeprägten Teilen
• zyklischer Anlaufteil: 3–5 Schritte mit verhaltenem, sich steigerndem Tempo,
• azyklischer Anlaufteil (5 Schritte) mit weiterer Geschwindigkeitssteigerung, jedoch noch nicht kontinuierlich (in der Regel noch Abfall bei Rückführung und Impulsschritt);
– Griff und Trageweise entsprechen der Zielvorstellung;
– Übergang zum azyklischen Teil harmonisch ohne Trippeln oder Ziehen der Schritte;

– zeitlich richtiger Beginn der Rückführung und weitgehender Abschluß nach dem 2. Schritt;
– Rumpfposition nach der Rückführung gekennzeichnet durch gestreckten Wurfarm, erkennbare Rücklage, Schulterdrehung 90°, leichte Hüftdrehung;
– weitgehendes Beibehalten der Rumpfposition über die Schritte 3 und 4;
– Impulsschritt als verlängerter flacher Schritt erkennbar, an dessen Ende deutliche Ausprägung der Abwurfposition (sichtbare Beinbeugung, Schulter- und Armhaltung wie nach Schritt 2, Hüftdrehung gegen 45°);

**Abwurfphase** (Schlagball-, Keulen-, Speerwurf):
– flache Streckbewegung des rechten Beines nach vorn;
– flaches Aufsetzen des linken Beines minimal gebeugt, jedoch im Kniegelenk fixiert;
– erkennbares Nacheinander im Einsatz von Bein, Hüfte, Schulter, Arm;
– Wurfarm bis kurz vor Aufsetzen links gestreckt;
– Bogenspannung erkennbar durch Verzögerung im Einsatz von Rumpf und Arm;
– sichtbares Stemmen des linken Beines bei Tendenz der Streckung im Moment des Abwurfs;
– Pronation des rechten Beines im Abwurf;
– erkennbare Schlagbewegung des Unterarmes.

▶ Aufgaben:
1. Begründen Sie die Bedeutung einer optimalen Wurfauslage für die Leistung im Speerwurf!
2. Welche Bedeutung besitzt der zyklische Anlaufteil für eine hohe Wettkampfleistung?
3. Begründen Sie die richtige Reihenfolge des Einsatzes der Teilkräfte in der Abwurfbewegung unter der Sicht der progressiven Geschwindigkeitssteigerung!

## Technische Ausbildung

▶ Aufgabe:
Leiten Sie aus den Gemeinsamkeiten und Besonderheiten der Schlagwurfdisziplinen Schlagball-, Keulen- und Speerwurf Schlußfolgerungen für die Gestaltung des Ausbildungsprozesses ab!

Die Ausbildung der technischen Fertigkeiten in den Schlagwurfdisziplinen ist als einheitlicher Prozeß zu sehen. Die feinkoordinierte

*Ausprägung der Gesamtbewegung des Speerwurfes* stellt dabei das **Ausbildungsziel** dar.
Die Techniken des *Schlagball- und Keulenwurfes* als **Teilziele** in diesem Prozeß dienen einerseits der Ausbildung einzelner Elemente bzw. Bewegungsphasen der Speerwurftechnik und schaffen andererseits die koordinativtechnischen Voraussetzungen für die Teilnahme an Kinder- und Jugendwettkämpfen in beiden Schlagwurfdisziplinen.
Die Fixierung der technischen Anforderungsprofile für die einzelnen Etappen des Ausbildungsprozesses hat beide Zielaspekte zu berücksichtigen.

### Grundzüge des methodischen Vorgehens

● Voraussetzung für die erfolgreiche Aneignung der Techniken in den Schlagwurfdisziplinen ist die *ständige allgemeine und spezielle konditionelle sowie koordinative Vervollkommnung* der Athleten.
● Die Ausbildung der Techniken aller 3 Schlagwurfdisziplinen sollte durch *vielfältige spezielle vorbereitende Übungen* mit einfachen Geräten (Vollbälle, Krocketbälle, Stäbe, Schneebälle u. a.) vorbereitet werden.
Spezielle vorbereitende Würfe erfolgen grundsätzlich aus gebeugtem Wurfarm.
*Beidhändige Schlagwürfe* über den Kopf mit Einsatz der Beine und des Rumpfes sind als besonders wertvoll anzusehen.
● Auch in den Schlagwurfdisziplinen vollzieht sich die technische Ausbildung nach der *Teillernmethode*. Die Besonderheit gegenüber den anderen Wurfdisziplinen besteht jedoch darin, daß *Würfe aus dem Stand* relativ wenig ausgeprägt werden und schnell zu Würfen aus der Bewegung übergegangen wird.
● Die *Ausprägung der Schlagwurfbewegung* aus gestrecktem Wurfarm steht am Anfang der zielgerichteten technischen Ausbildung. Mit Hilfe von *Würfen aus dem Stand* (links vor rechts) ist der ganzkörperliche Einsatz (aus den Beinen beginnend) in Verbindung mit der typischen Schlagwurfbewegung zu entwickeln. Da mit dieser Übung jedoch die Dynamik der technikgerechten Abwurfbewegung (Beginn bereits vor Aufsetzen links) nicht geschult werden kann, sollte nach dem Erfassen der o. a. Elemente bald zu Würfen aus der Bewegung übergegangen werden.
● Bei der Ausbildung der Abwurfbewegung mit Hilfe von *Würfen aus einem Auftaktschritt*

steht das Erfassen des zeitlich richtigen Beginns der Abwurfbewegung (wenn der KSP beim letzten Schritt in den Druckbereich des rechten Beines gelangt) sowie ein optimaler Spannungsaufbau im Vordergrund.

● In Verbindung mit der *allmählichen Verlängerung* des Beschleunigungsweges (3 bzw. 5 Anlaufschritte) werden die technischen Elemente zur Abwurfvorbereitung (Impulsschritt und Rückführung des Gerätes) entwickelt. Trotz der Überlagerung der Anlaufschritte durch die Teilkörperbewegungen zur Vorbereitung des Abwurfs ist der aktiven Beschleunigung zum Abwurf hin Hauptaugenmerk zu schenken.

● Die weitere Verlängerung des Anlaufs durch einen *zyklischen Anlaufteil* muß schrittweise so erfolgen, daß die in diesem Anlaufabschnitt entwickelte Geschwindigkeit eine weitere Beschleunigung im azyklischen Teil (5-Schritt-Rhythmus) ermöglicht.

● Im Ausbildungsprozeß der Schlagwürfe, besonders bei der Anwendung von Keulen bzw. Speeren, ist die *Einhaltung von Sicherheitsmaßnahmen* unbedingt erforderlich (Festlegung der Wurfrichtung, Sicherheitsabstände, Wurf auf Kommando usw.). Partnerweises Zuwerfen ist dabei grundsätzlich auszuschließen.

● Die *technische Vervollkommnung* richtet sich besonders auf die *optimale Ausprägung der entscheidenden technischen Elemente* (vgl. 8.3.3.) in Übereinstimmung mit dem wachsenden physischen Niveau der Athleten. Im Vordergrund steht dabei die Ausbildung der optimalen *räumlich-zeitlichen und dynamischen Struktur der Bewegung*, die auf das Erreichen höchstmöglicher Abfluggeschwindigkeiten orientiert ist.

### Reihung der Ausbildungsaufgaben

### 1. Erlernen der Schlagwurfbewegung mit gebeugtem und gestrecktem Wurfarm

Durch vielfältige Wurfübungen mit unterschiedlichen Geräten und aus verschiedenen Ausgangspositionen (parallele Fußstellung und Schrittstellung links vor rechts) ist die Schlagwurfbewegung zunächst aus gebeugtem Wurfarm zu schulen. Einarmig sollten dabei nur leichte Geräte geworfen werden (Krocket- und Schlagbälle, Schneebälle, Stäbe u. a.). Technische Schwerpunkte sind das Erfassen des ganzkörperlichen Einsatzes beim Wurf

(Beginn aus den Beinen) sowie die Schlagbewegung des Unterarmes. Die typische Armführung (Ellbogen vor der Wurfhand) ist durch beidarmige Würfe über dem Kopf besonders günstig zu entwickeln.

Bei einarmigen Schlagwürfen mit gestrecktem Wurfarm aus der Schrittstellung links vor rechts liegt der Schwerpunkt auf dem Erreichen einer Bogenspannung durch deutliches Nacheinander des Rumpf- und Armeinsatzes.

### 2. Erlernen und Vervollkommnen der Abwurfbewegung aus der Wurfauslage (Wurf aus 1 Schritt)

Die Ausbildung der technikgerechten Abwurfbewegung steht im Vordergrund. Voraussetzung dazu bildet das Einnehmen der richtigen *Abwurfposition* als Grundlage für einen langen Beschleunigungsweg. Technische Schwerpunkte sind:

– der zeitlich richtige Beginn der Abwurfbewegung im Verlaufe des letzten Schrittes,
– die richtige Koordination der Teilkräfte in der Abwurfbewegung (Aufbau und Auflösung der Bogenspannung) als Voraussetzung für das Erreichen der optimalen räumlich-zeitlichen und dynamischen Struktur der Abwurfbewegung.

### 3. Erlernen und Vervollkommnen der Würfe aus 2 bzw. 3 Schritten

Mit der Verlängerung des Beschleunigungsweges ist das Hauptaugenmerk auf die Schulung des *Impulsschrittes* zu richten.

Würfe aus 2 Schritten erleichtern zunächst die Konzentration auf das Erreichen der optimalen Abwurfposition am Ende des Impulsschrittes. Bei den Würfen aus 3 Schritten ermöglicht der hinzugefügte Auftaktschritt eine stärkere Orientierung auf den impulsgebenden schlagenden Fußaufsatz sowie die Ausführung des sogenannten „Doppelwechsels" im Verlaufe des Impulsschrittes. Bei diesem Ausbildungsschritt sollte die technische Schulung mit dem Schlagball abgeschlossen werden. Die weitere Verlängerung des Anlaufs bzw. die Erlernung der Rückführung sollte unter der Sicht der Vermeidung von Fehlern (falsche Rückführung, frühzeitiges Anziehen des Wurfarmes u. a.) mit der Keule bzw. dem Speer erfolgen.

### 4. Erlernen und Vervollkommnen der Würfe aus dem 5-Schritt-Rhythmus

Nach anfänglicher Konzentration auf das Erreichen der optimalen Körperpositionen am Ende der Rückführung sowie nach dem Impulsschritt sollte der 5-Schritt-Rhythmus bald unter der Sicht der aktiven Beschleunigung im Verlaufe dieses azyklischen Anlaufteils geübt werden.

**5. Erlernen und Vervollkommnen der Gesamtbewegung**

Die Verlängerung des Anlaufs durch Hinzufügen eines zyklischen Anlaufteils erfolgt schrittweise unter der Sicht der allmählichen Erhöhung der horizontalen Geschwindigkeit. Die gute koordinative Bewältigung des Übergangs vom zyklischen zum azyklischen Anlaufteil sowie die Sicherung einer kontinuierlichen Geschwindigkeitssteigerung von Beginn des Anlaufs bis zum Abwurf sind wesentliche Ausbildungsschwerpunkte.

Die technische Vervollkommnung der Gesamtbewegung geschieht in Übereinstimmung mit der Verbesserung der physischen Entwicklung der Athleten. Schwerpunkte sind dabei die weitere Erhöhung der horizontalen Geschwindigkeit, die Vervollkommnung entscheidender räumlicher Positionen (Rückführung, Wurfauslage), die Verbesserung des Spannungsaufbaus durch Wurfverzögerung sowie die explosive finale Beschleunigung des Gerätes.

**Übungskomplexe und methodische Hinweise zu den Ausbildungsaufgaben**

1. Aufgabe: Erlernen und Vervollkommnen der Schlagwurfbewegung mit gebeugtem und gestrecktem Wurfarm

*Ziel:* koordinative Vorbereitung der Ausbildung der Speerwurftechnik
Schulung technischer Elemente der Abwurfbewegung (Erlernen der Schlagwurfbewegung in Verbindung mit dem Bein- und Rumpfeinsatz)
*Steigerung:* Veränderung der Geräte, der Abwurfpositionen, der Wurfweiten bzw. Wurfrichtungen (Höhen- bzw. Weitenorientierer)

| Vorbereiten | Erlernen | Vervollkommnen |
|---|---|---|
| Spezielle vorbereitende Übungen als<br>– Wurfspiele:<br>  Jägerball<br>  Treibball<br>  Turmball<br>  Wettwanderball u.a.<br>– Weitwürfe<br>  mit verschiedenen Geräten auf verschiedene Ziele (Zonen, Linie, Kreise u.a.)<br>  aus verschiedenen Ausgangsstellungen (Stand, Kniestand, aus der Bewegung u.a.) rechts und links<br>– Zielwürfe:<br>  Variationen wie unter Weitwürfen | **1. Grundübung**<br>**Standwürfe frontal**<br>**– Erlernen von Griff- und Trageweise (vgl. Abb. 184)**<br>**– Würfe mit gebeugtem Wurfarm**<br><br>**2. Grundübung**<br>**Standwürfe aus der Schrittstellung (links vor rechts) mit gestrecktem Wurfarm** | serienmäßiges Üben beidhändiger Würfe über den Kopf aus gebeugtem Wurfarm mit Medizinball<br><br>serienmäßiges Üben einhändiger Schlagwürfe aus gebeugtem Wurfarm nach vorn unten<br><br>serienmäßiges Üben von Schlagwürfen aus verschiedenen Ausgangsstellungen (Sitz, Schrittstellung, Grätschstand, Kniestand, Ausfallschritt, Rückenlage mit Rumpfaufrichten) |

Abb. 184

Partnerübungen mit Medizinbällen: beidhändige Würfe aus dem Stand, der leichten Schrittstellung, aus 1–3 Schritten

gymnastische Übungen mit dem Speer (vgl. Abb. 183)

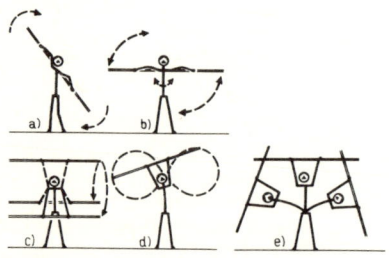
Abb. 183   Speergymnastik

Abwurfimitation mit und ohne Partnerhilfe oder gegen Zugseil

Abb. 185

serienmäßiges Üben der Eindrehbewegung des Wurfarmes gegen Widerstand

Abb. 186

spezielle Gymnastikübungen mit dem Speer zur Dehnung und Lockerung des Schultergelenks

Würfe aus tiefer Beinbeugung oder
weiter Oberkörperrücklage, auch
über Höhenorientierer
Würfe aus gestrecktem Wurfarm,
rechtes Knie auf Medizinball
(Abb. 187)

Abb. 187

*Beobachtungspunkte:*
– ausgeprägte Schlagwurfbewegung (Ellbogen führt)
– Wurfarmführung (Ellbogen) dicht neben dem Kopf
– Schlagbewegung des Unterarmes (Unterarmschleuder)
– bei Würfen aus der Schrittstellung
  Fixieren des vorderen Beines
  flache Druckbewegung des hinteren Beines in Wurfrichtung
– bei Würfen aus gestrecktem Wurfarm deutliche Bogenspannung ausprägen
– Abwurf mit möglichst geringer seitlicher Abweichung von der Bewegungsrichtung und opt. Anflugwinkel
– bei Würfen mit dem Speer Handgelenk nicht abkippen (fixieren!)

*Methodisch-organisatorische Hinweise:*
– Spiel- und Partnerübungen nur mit leichten bzw. gefahrlosen Geräten (niemals Keulen oder Speer) durchführen
– mit gefahrlosen Geräten auch beidseitig üben
– beim Üben mit Keulen oder Speer Aufstellungsformen bzw. Sicherheitsabstände beachten
– Geräte auf Kommando zurückholen
– Orientierung auf bewußtes Ausschleudern des Gerätes geben, dabei Nutzung leichter Geräte (Kricketbälle, Tennis-bälle)
– bei Abwurfimitation aus gestrecktem Wurfarm Eindrehbewegung des Armes mit Partnerführung üben

## 2. Aufgabe: Erlernen und Vervollkommnen des Wurfes aus der Wurfauslage

*Ziel:* Erlernen der Abwurfbewegung aus der technikgerechten Abwurfposition
Erfassen des richtigen Zeitpunktes des Beginns der Abwurfbewegung,
optimale Koordination der Teilkräfte in der Abwurfbewegung
*Steigerung:* Verlängerung des Beschleunigungsweges durch Vergrößerung der Rücklage der Körperlängsachse und weiteres Rückdrehen der rechten Hüftseite sowie stärkere Beugung im Kniegelenk; Ausbau der Bogenspannung durch Wurfverzögerung

| Vorbereiten | Erlernen | Vervollkommnen |
|---|---|---|
| Schlagwürfe aus 1 Schritt mit gestrecktem Wurfarm<br>– mit leichten Hilfsgeräten<br>  Vollbälle<br>  Schlagball, Stäbe usw. in Spiel-<br>  bzw. Wettkampfform<br>– als Ziel- und Weitwurf | **3. Grundübung**<br>**Würfe aus der Wurfauslage**<br><br>– Einnehmen der optimalen Wurfauslage<br>– Würfe aus 1 Schritt<br><br><br>Abb. 188 | Imitation der Abwurfbewegung aus der Wurfauslage<br>– mit und ohne Bewegungsführung des Wurfarmes durch den Partner<br>– Konzentration auf Details der Bewegung<br>  flaches Nach-vorn-Drücken des rechten Beines<br>  schnelles Nach-vorn-Schlagen der rechten Hüftseite<br>  fixiertes, stemmendes Aufsetzen des linken Beines über die Ferse<br><br>Serienwürfe aus der Wurfauslage mit verschiedenen Geräten unter der Sicht der Veränderung der dynamischen Struktur der Bewegung und Ausprägung von verschiedenen Details der Bewegung |

*Beobachtungspunkte:*
- Einnehmen der optimalen Körperposition in der Wurfauslage (vgl. Technik)
- Beginn der Abwurfbewegung, wenn KSP über das rechte Bein gelangt
- deutliches Nacheinander im Einsatz von Bein, Hüfte, Schulter, Wurfarm
  aktives, flaches Drücken des rechten Beines in Wurfrichtung
  kräftiges Nach-vorn-Schlagen der rechten Hüfte
  deutlicher Spannungsaufbau durch Verzögerung zwischen Hüft- und Schultereinsatz und langes Zurückhalten des Gerätes
  maximale Beschleunigung nach Abbremsen der Schulter durch Oberarm- und Unterarmeinsatz
- ausgeprägte Stemm- und Hebelfunktion des linken Beines (Kniegelenk fixiert)
- kein seitliches Abweichen von der Bewegungsrichtung im Abwurf

*Methodisch-organisatorische Hinweise:*
- Einnehmen der Abwurfposition und Abwurfschritt zunächst einige Male isoliert üben, danach Verbindung mit dem Abwurf
- Wurfintensität anfangs gering, erst wenn Details der Bewegung erfaßt sind, zunehmend Intensität erhöhen

## 3. Aufgabe: Erlernen und Vervollkommnen der Würfe aus 2 bzw. 3 Schritten (Ziel der Ausbildung im Schlagballwurf)

*Ziel:* Erlernen des Impulsschrittes (Doppelwechsel)
Verlängerung des Beschleunigungsweges und Erhöhung der Abfluggeschwindigkeit
*Steigerung:* Verlängerung auf 3 Anlaufschritte
Vergrößerung der Schrittlänge, Verlängerung des Beschleunigungsweges des Gerätes durch Vergrößerung der Körperrücklage, weitere Körperverwringung sowie tiefere Beinbeugung in der Wurfauslage
Ausbau der Bogenspannung

| Vorbereiten | Erlernen | Vervollkommnen |
| --- | --- | --- |

beidhändige Schlagwürfe mit dem Medizinball aus 2 bzw. 3 Schritten

Abb. 189

einarmige Schlagwürfe mit gestrecktem Wurfarm mit Hilfsgeräten (Voll- und Kricketbälle, Stäbe usw.) aus 2−3 Schritten

**4. Grundübung**
**Würfe aus 2−3 Schritten mit gestrecktem Wurfarm**

Würfe aus 2 Schritten mit gestrecktem Wurfarm

- Konzentration auf flachen, weiten Impulsschritt und Erreichen der optimalen Abwurfposition

- Würfe aus 3 Schritten mit gestrecktem Wurfarm

- Konzentration auf aktiven greifenden Fußaufsatz und doppelten Beinwechsel während des Impulsschrittes

Abb. 190

Schlagwürfe beidarmig aus 2−3 Schritten mit Ausholbewegung rechts rückwärts

Abb. 191

isoliertes Üben des Impulsschrittes mit Konzentration auf doppelten Beinwechsel

- Doppelwechsel über flache Hindernisse mit aktivem Setzen hinter dem Bodenorientierer

- flache Impulsschritte über eine Gasse oder auf schräger Ebene aufwärts

- aneinandergereihte Impulsschritte mit Hantelstange auf den Schultern

Abb. 192

- Impulsschrittläufe (aneinandergereihte Impulsschritte mit Zwischenschritt)

Abb. 193

– Imitation der letzten 3 Schritte
  mit akustischer Signalsetzung (Impulsschritt – letzter Schritt)

– Imitation des 3-Schritt-Rhythmus
  mit Bewegungsführung unter
  Aspekt Aufbau und Lösen der
  Spannung

– Würfe aus 3 Schritten unter dem
  Aspekt der kontinuierlichen Geschwindigkeitssteigerung

*Beobachtungspunkte:*
– langer, flacher Impulsschritt ohne sichtbares Anheben des KSP
– Erreichen der optimalen Körperposition am Ende des Impulsschritts (vgl. Technik)
– aktiver, flacher Fußaufsatz über die Außenkante
– doppelter Beinwechsel bei Impulsschritt (beim Abdruck links – rechtes Bein vorn, bei Setzen rechts linkes Bein vorn)
– Längenverhältnis Impulsschritt zu letztem Schritt (3:2,5)
– flaches Aufsetzen (Gegenstemmen) über die Ferse (nicht von oben aufsetzen) und Fixieren des linken Beines
– langes Zurückhalten des Wurfarmes (Wurfverzögerung)

*Methodisch-organisatorische Hinweise:*
– anfangs Bewegungsablauf imitieren (ohne Abwurf) mit Kontrolle der Körperpositionen und Nutzung von Hilfsgerä-
  ten
– Nutzung von Bodenorientierern und akustischer Signalgebung
– Geschwindigkeit allmählich steigern (aus dem Gehen, aus dem leichten Traben)
– Würfe aus 2 Schritten erleichtern zunächst Konzentration auf Details des Impulsschrittes
– Würfe aus 3 Schritten besonders unter dem Aspekt des Bewegungsrhythmus (Setzen rechts–links) durchführen

## 4. Aufgabe: Erlernen und Vervollkommnen des 5-Schritt-Rhythmus (Keule und Speer)

*Ziel:* Erlernen und Rückführung des Gerätes
Schulung des azyklischen Anlaufteils (Verbindung von Rückführung und Abwurf)
Verlängerung des Beschleunigungsweges und damit Erhöhung der Abfluggeschwindigkeit
*Steigerung:* Verlängerung des Beschleunigungsweges durch stärkere Ausprägung der entscheidenden Körperpositionen
(Rückführung, Abwurfposition)
Erhöhung der Geschwindigkeit des Anlaufs bei optimaler Bewegungskoordination in der Abwurfbewegung (Aufbau und
Lösen der Spannung)

| Vorbereiten | Erlernen | Vervollkommnen |
|---|---|---|
| | **5. Grundübung** | |
| isoliertes Üben der Rückführung | **Würfe aus dem 5-Schritt-Rhythmus** | Imitation der Rückführung mit und |
| – ohne Gerät | | ohne Bewegungsführung durch den |
| – mit Hilfsgeräten | – aus dem Gehen | Partner |
| – mit dem Wettkampfgerät | – aus dem leichten Traben | |
|   aus dem Stand | – aus dem lockeren Lauf | Imitation Rückführung vor dem |
|   auf 2–3 Schritte im Gehen | | Spiegel |
|   mit Zählzeiten | | |
|   im Traben mit akkustischer Unter- | | Würfe aus dem 5-Schritt-Rhythmus |
|   malung | | unter Konzentration auf Details der |
|   „vor"-„zu"-„rück" | | Bewegung |

Würfe aus dem 5-Schritt-Rhythmus mit verschiedenen Geräten unter dem Aspekt der Veränderung der Geschwindigkeitsstruktur

Würfe aus dem 5-Schritt-Rhythmus unter veränderten äußeren Bedingungen (Wind, verschiedene Anlagen usw.)

Läufe mit dem Speer mit mehrmaliger Rückführung (bei Schritt rechts) und Zurückführen in Ausgangshaltung

Imitation des 5-Schritt-Rhythmus mit Bodenorientierer

Imitation des 5-Schritt-Rhythmus bergan und bergab

---

*Beobachtungspunkte:*
- zeitlich richtiger Beginn der Rückführung
- geradlinige Rückführung
- Handgelenk der Wurfhand nach Rückführung fixieren (nicht abknicken)
- Einnehmen der optimalen Körperposition am Ende der Rückführung (vgl. Technik) möglichst nach dem 2. Schritt (Speerspitze in Augenhöhe)
- Beibehalten der eingenommenen Körperposition im Verlauf der Schritte 3 und 4 und vollständige Ausprägung der Abwurfposition nach dem 4. Schritt
- aktive Beschleunigung im Verlauf des azyklischen Anlaufs durch schlagenden, impulsgebenden Fußaufsatz und kurzzeitigen Bodenkontakt der Füße
- Geschwindigkeitssteigerung bis zum Abwurf mit opt. Bewegungskoordination in der Abwurfbewegung

*Methodisch-organisatorische Hinweise:*
- zunächst isoliertes Üben der Rückführung mit Kontrolle der richtigen Körperposition an dessen Ende (Parallelität Speer-Schulterachse, Rücklage)
- baldmöglichstes Verbinden der Einzelelemente des azyklischen Anlaufteils bei geringem Anlauftempo
- zunehmende Geschwindigkeit beim Üben des Gesamtablaufes des 5-Schritt-Rhythmus von Gehen über Traben zum Lauf
- Nutzung von Bodenmarkierungen und akustischer Untermalung (Zählzeiten)

## 5. Aufgabe: Erlernen und Vervollkommnen der Gesamtbewegung (Speer)

*Ziel:* Verlängerung des Anlaufs
Erzeugen höherer horizontaler Geschwindigkeit durch einen zyklischen Anlaufteil
Verbinden aller Einzelelemente zur Gesamtbewegung unter dem Aspekt des Erreichens der optimalen Geschwindigkeitsstruktur
*Steigerung:* Erhöhung der Geschwindigkeit durch Verlängerung des zyklischen Anlaufteils
Stärkere Ausprägung der charekteristischen Körperpositionen durch Vergrößerung der Verwringung, der Körperrücklage nach der Rückführung, stärkere Beugung der Gelenkwinkel
Verbesserung des Spannungsaufbaus durch Wurfverzögerung und Vergrößerung der finalen Beschleunigung durch optimales Lösen der Spannung (Ober- und Unterarmeinsatz)
Erreichen opt. Abflugwinkel; weitgehende Übereinstimmung von Anstell- und Abflugwinkel des Gerätes („Treffen" des Speeres)

| Vorbereiten | Erlernen | Vervollkommnen |
|---|---|---|
| zyklische Anläufe mit festgelegter Schrittanzahl zur Festlegung von Ablauf- und Zwischenmarken | **6. Grundübung**<br>**Würfe aus der Gesamtbewegung** | Sprintläufe mit dem Speer |
| | – mit Konzentration auf Details der Bewegung | Läufe mit dem Speer mit Tempowechsel |
| zyklische Anläufe zur Erzeugung einer optimalen Anlaufgeschwindigkeit mit Speerführung | – unter dem Aspekt der Ganzheitlichkeit der Bewegung<br>– unter dem Aspekt der zunehmenden | Imitation der Gesamtbewegung zum Erfassen der räumlichen Struktur der Bewegung ohne Abwurf |
| | Geschwindigkeit | |
| isoliertes Üben des zyklischen Anlaufteils mit Übergang zum zyklischen Teil (Übergangshopser, Rückführung) | – Anwendung unter veränderten äußeren Bedingungen | Würfe mit dem Wettkampfgerät zur Festigung der Gesamtbewegung |
| | | Würfe mit leichteren Geräten (leichte Speere, kleine Eisenkugeln) zur Erhöhung der Geschwindigkeit |
| | | Würfe mit zunehmend schwereren Geräten (schwere Speere, Kugeln, verschiedene Gewichte) unter dem Aspekt des verstärkten Spannungsaufbaus sowie der Entwicklung spezieller Fähigkeiten |
| | | Würfe aus der Gesamtbewegung unter verschiedenen äußeren Bedingungen (unterschiedliche Anlagen, verschiedene Wetter- und Windbedingungen) |

*Beobachtungspunkte:*
– optimale Griff- und Trageweise des Gerätes ohne Störung des Laufrhythmus
– harmonischer Übergang aus dem zyklischen in den azyklischen Anlaufteil
– zeitlich richtiger Beginn der Rückführung
– optimale Schrittlänge im azyklischen Teil
– kontinuierliche Geschwindigkeitssteigerung vom Start bis zum Abwurf durch optimale Bewegungskoordination

*Methodisch-organisatorische Hinweise:*
– zunächst isoliertes Üben des azyklischen Anlaufteils und Festlegung der Ablaufmarke bzw. des genauen Schrittmaßes bis zum Beginn des 5-Schritt-Rhythmus
– beim Festlegen von Zwischenmarken so schnell wie bei vollen Würfen laufen
– Üben des Gesamtanlaufs (zyklischer und azyklischer Teil) zunächst ohne Abwurf, danach mit lockerem Abwurf
– Geschwindigkeit des Anlaufs allmählich steigern bei Konzentration auf das Finden des harmonischen Überganges vom zyklischen zum azyklischen Anlaufteil und Erreichen des Beschleunigungsmaximums in der Abwurfphase

## Wesentliche Fehler und Korrekturmöglichkeiten

| Fehler | Korrekturmöglichkeiten |
|---|---|
| falsches Halten des Speeres bzw. Abknicken des Handgelenks | Erläuterung<br>Üben von Griff und Trageweise |
| betontes Vor- und Rückführen des Wurfarmes im zyklischen Anlaufteil | serienmäßiges Üben des zyklischen Anlaufs mit Konzentration auf richtige Schulterhaltung |
| ungenügende Geschwindigkeitssteigerung im zyklischen Anlaufteil | Steigerungsläufe mit dem Speer<br>Festlegen der optimalen Anlauflänge |
| bogenförmige Rückführung des Wurfarmes und fehlende Rumpfdrehung | Entwicklung der Beweglichkeit<br>Imitation der Rückführung im Stand und aus der Bewegung<br>Schaffen der richtigen Bewegungsvorstellung<br>Imitation vor dem Spiegel<br>Dehnungsübungen |
| falsche Arm- und Speerhaltung am Ende der Rückführung (gebeugter Wurfarm, Speer zu hoch bzw. zu tief) Abknicken im Handgelenk | Imitation der Rückführung im Stand und aus der Bewegung<br>Rückführung mit Bewegungsführung durch einen Partner<br>Imitation mit Fixieren des Handgelenks durch einen starren Gegenstand |
| ungenügende Körperrücklage | Imitation mit Partnerführung oder Zugseil<br>Imitation der Rückführung mit betontem Überholen des Gerätes<br>Läufe mit zurückgeführtem Speer mit betonter Rücklage |
| vorzeitiges Anziehen bzw. Einbeugen des Wurfarmes im Anlauf | Imitation des 3- und 5-Schritt-Rhythmus mit betont langem Zurückhalten des Wurfarmes<br>serienmäßiges Üben von Läufen mit gestrecktem Wurfarm |
| zu hoher, sprunghafter Impulsschritt, evtl. auch Nachstellhopser | aneinandergereihte flache Impulsschritte (Impulsschrittläufe)<br>Imitation des 3-Schritt-Rhythmus |
| Impulsschritt zu kurz<br>ohne Doppelwechsel der Beine | Imitation des 3-Schritt-Rhythmus über eine Gasse<br>Impulsschritte mit betontem Beinwechsel |
| vorzeitiger Einsatz des Oberkörpers und Wurfarmes | Imitation der Abwurfbewegung unter dem Aspekt des Nacheinander im Einsatz Bein, Hüfte, Schulter, Arm gegen Gummiseilwiderstand<br>mit oder ohne Bewegungsführung durch Partner, gegen Zugseil oder mit Hantelbelastung |
| ungenügende Eindrehbewegung des rechten Beines zu Beginn der Abwurfbewegung | Imitation der Druck-Bewegung des rechten Beines aus dem Stand<br>Standwürfe mit besonderer Beachtung des Beginns aus dem Bein |
| fehlende Bogenspannung | Imitation der Abwurfbewegung unter Konzentration auf Eindrehbewegung des Wurfarmes sowie der Wurfschulter<br>– gegen Partnerwiderstand<br>– gegen Gummiseilwiderstand |
| „Fallen" auf das linke Bein | Geschwindigkeit des Anlaufs optimieren<br>Korrektur des Fußaufsatzes links über die Ferse (nicht von oben) sowie der Schrittlänge Impulsschritt – Stemmschritt<br>Imitation des 3- und 5-Schritt-Rhythmus mit deutlichem Überholen des Gerätes auch über Bodenorientierer |

| Fehler | Korrekturmöglichkeiten |
|---|---|
| ungenügende Hebelwirkung des linken Beines | Frontalwürfe aus der leichten Schrittstellung über hohe Hindernisse |
| starkes Abknicken nach links im Abwurf | Standwürfe mit Fixierung des linken Beines u. der linken Körperseite<br>Imitation der Abwurfbewegung mit Konzentration auf Hebelarbeit des linken Beines<br>Verkürzung des 5. Schrittes |
| mangelnde Geschwindigkeitssteigerung im azyklischen Anlaufteil | Korrektur der Gesamtanlaufgestaltung (evtl. Reduzierung der Geschwindigkeit im zyklischen Teil)<br>Schulung des Übergangs vom zyklischen zum azyklischen Anlaufteil<br>Steigerungsläufe mit betont impulsgebendem Beinabdruck |
| zu steiler Abflug- bzw. Anstellwinkel des Gerätes | aktive Druckbewegung des rechten Beines flach nach vorn in der Abwurfbewegung<br>Stabilisierung der linken Seite im Abwurf<br>Imitation 3- und 5-Schritt-Rhythmus mit optimaler Armhaltung und flachem Impulsschritt<br>Fixierung des Handgelenks |

## 8.7. Hammerwurf
### (Technik und technische Ausbildung)

## Technik

▶ Aufgabe:
Überdenken Sie, welche Forderungen bei Rotationswürfen aus dem Zusammenhang von Radius, Winkelgeschwindigkeit und Abfluggeschwindigkeit an die Wurftechnik entstehen!

Die Leistungsentwicklung im Hammerwurf wurde in den letzten 20 Jahren durch folgende tragende sporttechnische Leitlinien positiv beeinflußt:
– weitere Verlängerung der Zweibeinstützphasen zwecks zeitlich längerer aktiver Einwirkung auf das Gerät;
– effektivere Nutzung des individuell optimalen Hammerradius durch veränderte Raumstellungen der Teile innerhalb des Systems Sportler/Hammer (z. B. annähernde Parallelität von Schulter- und Beckenachse);
– bewußte Ausnutzung der Trägheitskräfte des aufsteigenden Hammers in der Übergangsphase sowie in den Einbeinstützphasen;
– wirksamere Übertragung der Beschleunigungskräfte auf das Gerät;
– Dominanz der Vier-Drehungen-Variante

Grundlegend wird die Leistung im Hammerwurf aus technischer Sicht mit bestimmt durch
– rhythmisch ausgeführte Armkreisschwünge auf möglichst weiter Hammerumlaufbahn,
– einen harmonischen Übergang in die erste Drehung,
– biomechanisch zweckmäßig gestaltete Drehungen zur Entwicklung der individuell maximalen Drehgeschwindigkeit,
– einen technikgerechten und kraftvollen Abwurf zum Erreichen der maximalen Abfluggeschwindigkeit

Unter biomechanischer Sicht sind zwei wesentliche Charakteristika hervorzuheben, die als Besonderheiten der Hammerwurftechnik anzusehen sind:
1. Die Beschleunigung des Systems Werfer/Hammer erfolgt ausschließlich in Drehbewegungen, das heißt, der Hammerwurf ist ein typischer Rotationswurf.
2. Der Hauptanteil der zu realisierenden Abfluggeschwindigkeit wird dem Gerät nicht in der Abwurfphase, sondern in den Drehungen vermittelt.

Diese o. g. Besonderheiten determinieren die Phasenstruktur der Hammerwurftechnik (s. Abb. 194 u. Tab. 93).

### Ausgangsstellung und Fassen des Gerätes[1]

Der Werfer steht mit dem Rücken zur Wurfrichtung an der hinteren Begrenzung des Wurfringes; der linke Fuß steht in unmittelbarer Nähe der gedachten Kreismittellinie. Beide Fußspitzen sind geringfügig nach außen gerichtet. Die Breite der Fußstellung sollte nicht wesentlich über den Betrag der Schulterbreite des Übenden hinausgehen. Die Ablage des Hammerkopfes kann rechts hinter dem Werfer oder vor dem Werfer im Kreis erfolgen. Beim Fassen des Gerätes ist der Hammergriff in die Krümmung der Fingermittel- und Nagelglieder der linken Hand zu legen. Danach werden die vier Finger der rechten Hand auf die Fingermittel- sowie die Oberteile der Hauptfingerglieder der linken Hand gelegt. (Abb. 195)
Der Hammer muß fest, jedoch nicht verkrampft gehalten werden.

### Anriß und Armkreisschwünge

Biomechanisch zweckmäßig ausgeführte Armkreisschwünge schaffen günstige Vorausset-

---

[1] Die Ausführungen zur Technik beziehen sich auf Rechtshänder, die linksherum drehen, sowie schwerpunktmäßig auf die Wurftechnik aus drei Drehungen. Auf Besonderheiten der Wurftechnik aus vier Drehungen wird im notwendigen Maße eingegangen.

zungen für die maximale Beschleunigung des Gesamtsystems und bestimmen demzufolge in hohem Maße die Qualität der nachfolgenden Phasen der Bewegungshandlung.
Unter biomechanischer Sicht verlangt das:
– Anstreben einer relativ flachen und optimal weiten Hammerumlaufbahn durch eine möglichst gestreckte Armführung;
– rechtzeitiges Beschleunigen des Gerätes jeweils nach Durchlaufen des Hochpunktes der Hammerumlaufbahn.
Mit dem **Anriß** zum ersten Armkreisschwung muß der Werfer möglichst kraftsparend den Übergang des Gerätes aus der Ruhe in eine kreisende Bewegung realisieren. Dementsprechend sollen die Bewegungen des Sportlers recht ungezwungen und locker ausgeführt werden. Die Knie sollten in der Startposition nur geringfügig eingebeugt werden. Nach erfolgtem Anriß wird der Hammer auf möglichst weiter Umlaufbahn nach links-oben geführt. Unmittelbar vor Durchlaufen des Hochpunktes der Umlaufbahn wird die Schulter weit nach rechts verdreht, wodurch das Gerät zeitig „angenommen" und beschleunigt werden kann (vgl. Abb. 194/1). Aus diesem Grunde muß das betonte Wenden des Oberkörpers unmittelbar nach Passieren des **Hochpunktes** abgeschlossen sein. In diesem Moment werden in den Ellbogengelenken die größten Beugewinkel erreicht (rechter Arm leicht spitzwinklig gebeugt, Beugung des linken Armes ca. 90°); das Gerät sollte sich in dieser Teilphase bei der Drei-Drehungen-Variante in Kopfhöhe bzw. nur leicht über Kopfhöhe befinden, bei der Vier-Drehungen-Variante geringfügig unter

Abb. 194   Bildreihe Hammerwurf

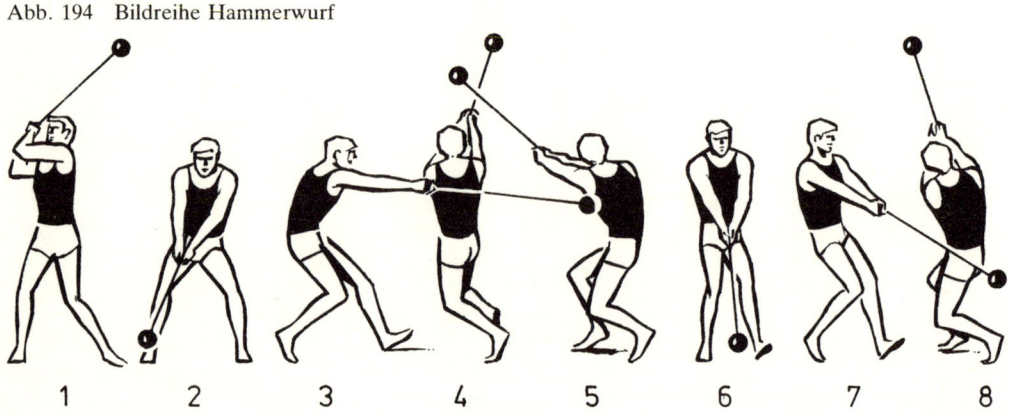

1     2     3     4     5     6     7     8

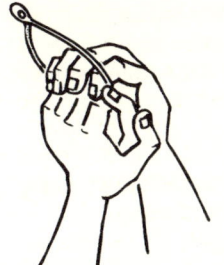

Abb. 195    Fassen des Gerätes

Mit dem zweiten Armkreisschwung soll durch optimales Beschleunigen des Gerätes auf weiter Umlaufbahn sowie durch die Einnahme günstiger Körperpositionen die Übergangsphase in die erste Drehung erleichtert und so flüssig wie möglich gestaltet werden. Aus diesem Grunde werden die Bewegungen des zweiten Armkreisschwunges insgesamt ausgeprägter realisiert, wobei die Position des Werfers auch hier relativ stabil bleiben sollte.

Der Kopf ist während der Ausführung der Armkreisschwünge möglichst achsengerecht zu halten und darf der Verwringung nicht entgegenwirken.

Der **Tiefpunkt** der Hammerumlaufbahn sollte bei einem Drehwinkel von ca. 300° liegen; der Neigungswinkel der Umlaufbahn sollte bei der Drei-Drehungen-Variante 20–25° und bei der Vier-Drehungen-Variante 15–20° betragen.

Kopfhöhe. Auf dem Wege nach vorn-unten wird das Gerät durch aktives Auflösen der vorher erreichten Körperverwringung wirksam beschleunigt, wobei die Arme wieder zügig gestreckt werden müssen.

Unmittelbar nach Durchlaufen des Vorderpunktes der Hammerumlaufbahn muß das Körpergewicht des Werfers zur Aufrechterhaltung eines stabilen Gleichgewichts auf das leicht gebeugte rechte Bein (Umlaufbein) verlagert werden.

Die Beine unterstützen die rhythmische Ausführung der Armkreisschwünge durch geringfügige Beuge- und Streckbewegungen aus Fuß- und Kniegelenken. Auf dem Weg des Hammers zum Hochpunkt wird der rechte Fuß geringfügig gestreckt und leicht mitgedreht. Nach Durchlaufen des Hochpunktes erfolgt wieder das Aufsetzen des rechten Fußes mit der ganzen Sohle; die anschließende Streck-Dreh-Bewegung des linken Fußes unterstützt die Drehung des Oberkörpers nach rechts.

### Übergang in die erste Drehung

Die in den Armkreisschwüngen realisierte Beschleunigung des Teilsystems Hammer muß während der Übergangsphase zur ersten Drehung effektiv auf die Beschleunigung des Gesamtsystems Werfer/Hammer übertragen werden. Dazu muß der Werfer in dieser Phase

– weiterhin bei optimalem Beschleunigungsweg auf das Gerät einwirken, um Geschwindigkeitsverluste zu vermeiden,
– die unter Berücksichtigung der nachfolgenden Phasen biomechanisch zweckmäßigste Körperposition einnehmen und sich
– rechtzeitig auf die in der Folgephase veränderten äußerst labilen Gleichgewichtsbedingungen einstellen.

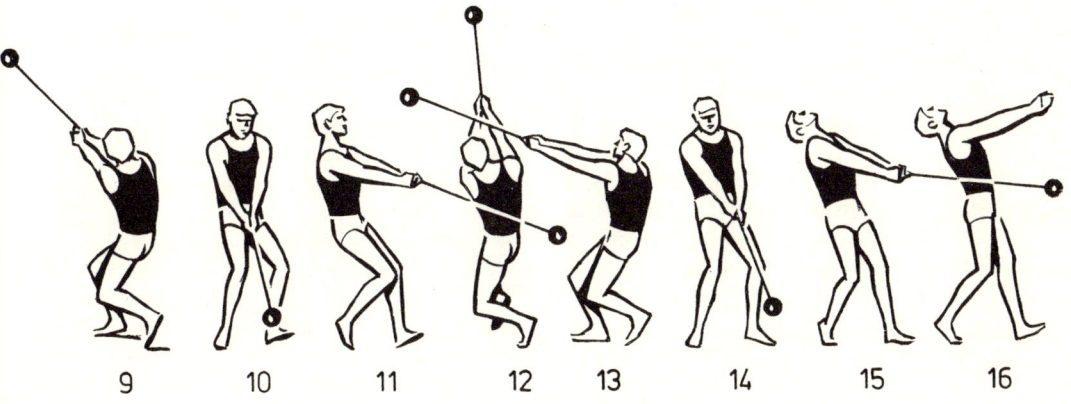

9    10    11    12    13    14    15    16

Nachdem der Hammerkopf im zweiten Armkreisschwung die Position $H_0$ durchlaufen hat, wird das aktive Auflösen der vorher erzeugten Körperverwringung verbunden mit
– einem erkennbaren Senken des KSP,
– einer harmonisch ausgeführten Gewichtsverlagerung auf das linke Bein,
– aktivem und rechtzeitigem Andrehen beider Füße, wenn das Gerät den Tiefpunkt der Hammerbahn erreicht hat.

Der Drehpunkt des linken Fußes sollte in der Mitte des hinteren belasteten Fersenteils liegen. Der Druck beider Beine und der gesamten rechten Körperseite muß in kreisförmiger Bewegung nach links-vorn-oben unter Ausnutzung der Trägheitskräfte des aufsteigenden Hammers fortgesetzt werden. Der Werfer darf dabei dem Gerät weder voraus- noch hintereilen.

Äußerst wichtig in dieser Phase ist das Bemühen des Werfers, das Gerät auf einer möglichst weiten Bahn, d. h. mit einem individuellen größtmöglichen Radius, laufen zu lassen. Die hierzu notwendige Annäherung des Oberkörpers an die Systemachse[1] wird durch betontes Vorschieben der Schultern sowie durch ein optimales Vorbeugen des Oberkörpers realisiert. Dabei sollte die Abweichung des Oberkörpers von der Vertikalen nicht mehr als 30° betragen.

Am Ende der Übergangsphase muß der rechte Fuß eine kraftvolle, jedoch harmonische, in die Drehung hineindrückende Bewegung ausführen, die mit dem aktiven Lösen des rechten Fußes zu einer vollständigen Gewichtsverlagerung auf das linke Bein führt. Ein wesentliches technisches Merkmal des letzten Teiles der Übergangsphase ist in der Parallelität von Schulter- und Beckenachse zu sehen. Der Blick des Werfers ist auf das Gerät gerichtet. Das Lösen des rechten Fußes erfolgt bei einem Drehwinkel von ca. 90° (vgl. Abb. 194/3).

Hinsichtlich der technikgerechten Gestaltung der Übergangsphase sind bei der Vier-Drehungen-Variante einige Besonderheiten zu beachten, da die erste Drehung hierbei in der Regel aus Gründen der Platzersparnis als reine Ballendrehung ausgeführt wird. Neben der langsameren Ausführung der Ballendrehung (und damit auch der Übergangsphase) sowie

der flacher gestalteten Hammerumlaufbahn werden die Trägheitskräfte des aufsteigenden Hammers in noch stärkerem Maße als bei der Drei-Drehungen-Variante genutzt.

Der Werfer läßt sich vom Hammer regelrecht in die Drehung ziehen und beginnt erst in dem Moment mit dem Mitdrehen auf beiden Ballen, wenn sich das Gerät dem Vorderpunkt der Umlaufbahn angenähert hat.

### Drehungen

Die Drehungen dienen der Beschleunigung des Gesamtsystems Werfer/Hammer. Aufgrund des hohen Anteils der Drehungen an der Beschleunigung des Gerätes stellen diese neben dem Abwurf eine weitere Hauptphase dar (nach Beendigung der Drehungen werden ca. 90–93 % der zu erreichenden Abfluggeschwindigkeit des Gerätes realisiert).

An den Werfer werden folgende Forderungen gestellt:
– Anstreben eines optimalen Beschleunigungsweges,
– progressiver Geschwindigkeitsverlauf bis zum Abwurf,
– Bemühen um einen optimalen Drehrhythmus,
– Aufrechterhaltung einer stabilen Gleichgewichtslage des Systems Werfer/Hammer,
– Herabminderung der Trägheitsmomente und Ausschalten unerwünschter Kraftmomente.

**Einbeinstützphase:** *Hauptmerkmal* der Einbeinstützphase ist das Erzeugen der notwendigen Körpervorspannung durch *optimales Überholen des Gerätes* am Ende dieser Phase. Damit ist die notwendige Voraussetzung für die anschließende Beschleunigung des Gerätes in der folgenden Zweibeinstützphase gegeben. Nach erfolgtem Lösen des rechten Beines durch einen dosierten Abdruck über den Fußballen muß sich der Werfer auf ein schnelles Umsteigen auf den Ballen des linken Fußes orientieren, um ein unzweckmäßiges Vorlaufen des Gerätes zu vermeiden.

Dieser Wechsel von der Hacken- zur Ballendrehung sollte im Gegensatz zu früheren Technikauffassungen bereits nach erfolgter Fersendrehung von ca. 90–100° vorgenommen werden. Daraus ergibt sich ein zickzackförmiger Verlauf der Fußspur des Drehbeinfußes (vgl. Abb. 197). Dieser Wechsel, der auf jeden Fall noch vor Erreichen des Hochpunktes der

---

[1] Drehzentrum des Systems Werfer/Hammer; verläuft als gedachte Senkrechte zum belasteten Teil des Drehbeinfußes.

Hammerumlaufbahn erfolgen muß, ist mit einem Absenken des Körperschwerpunktes durch aktives, drehendes Beugen („Hineinschrauben") des Drehbeines zu verbinden. Dadurch werden vom Werfer günstige Voraussetzungen für die optimale Übertragung der tangential gerichteten Beschleunigungskräfte auf das Gerät in der nachfolgenden Zweibeinstützphase sowie für das optimale Überholen des Gerätes am Ende der Einbeinstützphase geschaffen. Zugleich wird hierdurch das weiträumige Durchlaufen des Gerätes durch den Hochpunkt der Umlaufbahn wirksam unterstützt. Der linke Unterschenkel verläuft in dieser Phase annähernd parallel zur Unterstützungsfläche; der Werfer hat seine tiefste Position in der Drehung erreicht (vgl. Abb. 194/8). Das Dreieck Arme-Schulterachse ist bei annähernder Parallelität von Schulter- und Beckenachse zur Gewährleistung eines optimalen Hammerradius unbedingt aufrechtzuerhalten; das Gerät darf weder vorauseilen noch zurückbleiben (d. h., die Hammerachse muß senkrecht zur Schulter- und Beckenachse verlaufen).
Der geringfügig zur Hammerumlaufbahn geneigte Oberkörper begünstigt den weiträumigen Lauf des Gerätes (vgl. Abb. 194/8).
Um unerwünschte Trägheitsmomente zu vermeiden, sollte der rechte Fuß dem unteren Teil des Drehbeines weitgehend angenähert werden.
Unmittelbar vor Beendigung der Einbeinstützphase muß der Werfer das Gerät mit den unteren Gliedern der kinematischen Kette, vor allem mit dem rechten Fuß und dem rechten Knie, so weit überholt haben, daß ein zeitiges Setzen des Umlaufbeines erfolgen kann.
Das *optimale Überholen* des Gerätes im letzten Teil der Einbeinstützphase wird gewährleistet durch
- erkennbares Absenken des KSP vor Passieren des Hochpunktes der Hammerumlaufbahn,
- verstärkte Kraftwirkung des linken Beines in Drehrichtung sowie
- eine kräftige, in Drehrichtung wirkende Steuerbewegung des rechten Beines (Fuß, Knie) bei stabiler Rumpfposition.

**Zweibeinstützphase:** Die Zweibeinstützphasen bilden die Hauptbeschleunigungsphasen, wobei die Beschleunigung des Gerätes durch effektives Nutzen der in der jeweils vorangegangenen Einbeinstützphase aufgebauten

Vorspannung sowie durch weiteres „Antreiben" des Gerätes über den Vorderpunkt der Hammerumlaufbahn hinaus bis zum Lösen bei ca. 90° erreicht wird. Die Länge der Beschleunigungsstrecke wird nicht nur durch den Betrag des Hammerradius und die Anzahl der Drehungen bestimmt; sie ist vor allem auch abhängig vom Zeitpunkt des Aufsetzens (Beginn der Zweibeinstützphase) des rechten Beines und des Lösens des rechten Beines (Ende der Zweibeinstützphase; vgl. Abb. 196).

Die Länge der Beschleunigungsstrecke in den einzelnen Drehungen und die Lage dieser Strecke in räumlicher Beziehung zum Werfer und zur Wurfrichtung sind als wesentliche Kriterien der modernen Hammerwurftechnik anzusehen.

Damit kommt dem rechtzeitigen Setzen des rechten Beines eine große Bedeutung zu. Diese Forderung wird durch energisches Vorschnellen des rechten Unterschenkels realisiert, nachdem das Gerät den Hochpunkt der Umlaufbahn passiert hat. Das bedeutet, daß das rechte Bein im letzten Teil der Einbeinstützphase im Gegensatz zu früheren Technikauffassungen nicht mehr bis zur parallelen Fußstellung um das linke Bein herumgeführt wird, sondern annähernd geradlinig quer zur Wurfrichtung und geringfügig zum linken Bein in Wurfrichtung versetzt zum Boden geführt wird (vgl. Abb. 197).
Das Aufsetzen des rechten Fußes muß mit maximal schneller und greifender Bewegung auf dem Fußballen erfolgen, um das sofortige aktive Weiterdrehen des rechten Beines zu gewährleisten. Der Hammer befindet sich zu diesem Zeitpunkt noch weit rechts-oben im Bereich der Drehwinkel von 250–225° (vgl. Abb. 194, Bild 9). Das Körpergewicht muß in diesem Moment noch weitgehend über dem linken Bein lagern, damit das rechte Bein nicht als „Stütze" zur Erhaltung des Gleichgewichts, sondern zur sofortigen Beschleunigung des Gesamtsystems genutzt werden kann.
Das Einleiten der Beschleunigung des Gerätes erfolgt mit dem Aufsetzen und Weiterdrehen des rechten Fußes in Verbindung mit dem sofortigen „Nach-innen-Drücken" der linken Ferse unter den Körper auf den Boden. Das Beschleunigen des Gerätes auf weitem Kreisbogen nach vorn-unten zum Tiefpunkt ist mit einem gefühlvollen und dosierten Gegenstrek-

*Tabelle 93:  Übersicht über die Phasenstruktur des Hammerwurfs*

| Phase | Vorbereitungsphase Armkreisschwünge | Hauptphase I | | | Hauptphase II Abwurfphase |
| --- | --- | --- | --- | --- | --- |
| | | Übergangsphase in die 1. Drehung | Drehungen | | |
| | | | Einbeinstützphase | Zweibeinstützphase | |
| Beginn | Anriß | Hochpunkt des Hammers | Lösen des rechten Fußes | Aufsetzen des rechten Fußes | Aufsetzen des rechten Fußes nach Beendigung der letzten Drehung |
| Ende | Hammerkopf unmittelbar nach Durchlaufen des Hochpunktes im 2. Armkreisschwung | Lösen des rechten Beines zur 1. Drehung | Aufsetzen des rechten Fußes | Lösen des rechten Fußes | Lösen des Hammers von der Hand |
| Funktion | Schaffen der notwendigen Startgeschwindigkeit des Hammers zur optimalen Vorbereitung der Beschleunigung des Gesamtsystems Werfer–Hammer | Überleiten der Beschleunigung des Hammers zur Beschleunigung des Gesamtsystems | Erzeugen der notwendigen Körpervorspannung durch optimales Überholen des Gerätes | Hauptbeschleunigungsphase durch Ausnutzen der in den Einbeinstützphasen erzeugten Körpervorspannung sowie durch aktives „Antreiben" des Gerätes bis zur Beendigung der Zweibeinstützphase | Vermitteln der Endbeschleunigung des Gerätes bei zu realisierendem Abflugwinkel von 38–40° |

optimal weiter Hammerumlaufbahn
- Einleiten einer ausgeprägten Rechtsverwringung des Körpers nach Durchlaufen des Vorderpunktes der Hammerumlaufbahn bei relativ stabiler aufrechter Position des Oberkörpers
- rechtzeitiges Einwirken auf das Gerät nach Durchlaufen des Hochpunktes der Hammerumlaufbahn
- Neigungswinkel der Anschwungebene:
bei der Drei-Drehungsvariante 20–25°
bei der Vier-Drehungsvariante 15–20°

Armkreisschwung
- golfschlagartiges Antreiben des Gerätes zum Tiefpunkt bei optimalem Hammerradius
- betontes Nachvornschieben der Schultern und leichtes Vorbeugen des Oberkörpers
- geringfügiges Absenken des KSP bei gleichzeitiger Gewichtsverlagerung auf das linke Bein bis zum Erreichen des Tiefpunktes
- aktives Andrehen beider Füße
- Abheben des rechten Fußes bei erreichtem Drehwinkel des Hammers von etwa 90°
- achsengerechte Kopfhaltung

Ballen-Gehen" links zu Beginn der Einbeinstützphase
- Nutzen der Trägheitskräfte des aufsteigenden Hammers
- Kraftwirkung des linken Beines in Drehrichtung aktive, in Drehrichtung wirkende Steuerbewegung des rechten Beines
- annähernde Parallelität von Schulter- und Beckenachse
- Aufrechterhalten des Dreiecks Arme–Schulterachse
- Anstreben eines optimalen Hammerradius durch langes, weiträumiges Führen des Hammers durch den Hochpunkt bei „freiem" Rumpf
- Blickrichtung zum Gerät

erreichtem Drehwinkel von minimal 250°, wobei die rechte Fußspitze bis zu 90° nach außen gerichtet ist
- schnelles „Unter-den-Körper-Drehen" und Setzen der linken Ferse nach Aufsetzen des rechten Fußes
- Einleiten der Beschleunigung nach Aufsetzen des rechten Fußes in Verbindung mit dem „Nach-innen-Drücken" der linken Ferse unter dem Körper
- Weiterdrehen des rechten Fußes und Erzeugen eines Druckes über die rechte Körperseite in Drehrichtung
- Übertragung der tangential gerichteten Beschleunigungskräfte über Arme und Hände an das Gerät
- optimaler Hammerradius

winkel von maximal 220°
- impulsartiges, in Drehrichtung unter den Körper führendes Aufsetzen der linken Ferse sowie aktives Vordrücken der rechten Körperseite über Fuß, Knie, Hüfte und Schulter zur Beschleunigung des Gerätes auf weitem Bogen nach vorn unten
- Beginn der Beinstreckung unmittelbar vor Erreichen des Tiefpunktes
- Fortsetzung des aus dem rechten Bein erzeugten Druckes gegen die fixierte linke Körperseite
- Abbremsen der schlagenden Drehbewegung der rechten Hüftseite, Beendigung des Abwurfes mit peitschenartigem Armschlag sowie Streckung der linken Körperseite

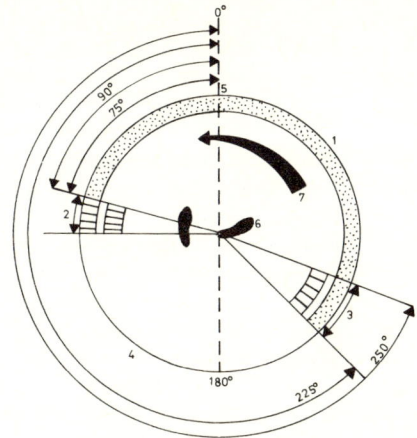

Abb. 196  Schema der Beschleunigungsstrecke im Hammerwurf
1 – optimale Beschleunigungsstrecke in der Drehung
2 – frühes Abheben des rechten Fußes
3 – frühes Aufsetzen des rechten Fußes
4 – Einbeinstützphase
5 – Vorderpunkt der Hammerumlaufbahn
6 – Stellung der Füße
7 – Drehrichtung

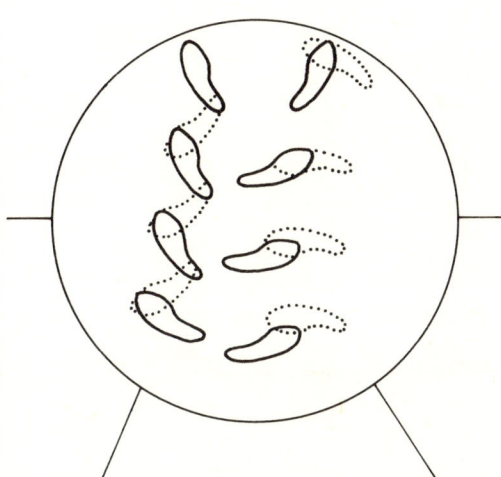

Abb. 197  Schema der Fußstellungen in den einzelnen Drehungen (Drei-Drehungs-Variante)

347

ken beider Beine zu verbinden. Diese Forderung ist darin begründet, daß der Betrag der vom Werfer entwickelten Tangentialkraft der Größe der Stützreaktion direkt proportional ist.

Das aktive Weiterdrehen mit beiden Füßen sowie das in Drehrichtung wirkende Vordrücken der gesamten rechten Körperseite bei stabiler Rumpfposition und Aufrechterhaltung des Dreiecks Arme-Schulterachse gewährleistet das Beschleunigen des Gesamtsystems über den Vorderpunkt der Hammerbahn hinaus bis zum Lösen des rechten Beines.

*Veränderung der räumlich-zeitlichen und der dynamischen Charakteristika:*
Hauptursache für die Veränderung räumlich-zeitlicher und dynamischer Charakteristika der folgenden Drehungen ist die bis zum Abwurf zunehmende und dort ihren maximalen Wert erreichende Beschleunigung des Hammers.

● Das Abheben des rechten Fußes muß von Drehung zu Drehung rechtzeitiger erfolgen, um das zunehmend schnellere Umsteigen auf den Ballen zu gewährleisten und das immer frühere Setzen des rechten Beines zu sichern. Der Toleranzbereich für das Lösen des rechten Fußes liegt im Bereich der Drehwinkel von 90° (erste Drehung) bis ca. 75° (letzte Drehung). Das zunehmend frühere Aufsetzen des rechten Beines sollte bei Drehwinkeln zwischen 250° (erste Drehung) und ca. 225° (letzte Drehung) erfolgen.

● Die Tiefpunktlage des Hammerkopfes darf von Drehung zu Drehung nicht mehr als 10° in Drehrichtung wandern; in der letzten Drehung sollte der Tiefpunkt des Gerätes den Vorderpunkt (360°) nicht überschreiten, um noch einen wirkungsvollen Abwurf zu ermöglichen.
● Die Fußstellung sollte sich von der Ausgangsstellung bis zur vorletzten Drehung geringfügig verengen.
● Der Neigungswinkel der Hammerumlaufbahn sollte von Drehung zu Drehung nicht mehr als 4–5° ansteigen und in der letzten Drehung 38–40° betragen.
● Die Veränderungen der Geschwindigkeitscharakteristik der einzelnen Drehungen widerspiegeln sich in der zunehmenden Verkürzung der zeitlichen Dauer der Zweibeinstützphasen bei relativ hoher zeitlicher Stabilität der Einbeinstützphasen.
Der Kennlinienverlauf (Abb. 198) verdeutlicht die Geschwindigkeitszunahme des Gerätes in der Zweibeinstützphase und den Geschwindigkeitsverlust in der Einbeinstützphase (besonders während der letzten Drehungen aufgrund der zunehmenden Trägheitsmomente). Da sich dieser Wechsel von Drehung zu Drehung vollzieht, entsteht als Kennlinie eine periodisch annähernd gleichmäßig steigende Geschwindigkeits-Zeit-Kurve.
● Der Hammerradius sollte sich bis zur letzten Drehung im Vergleich zur ersten Drehung nicht mehr als 10% verkürzen.
● Weitere Veränderungen ergeben sich von Drehung zu Drehung im

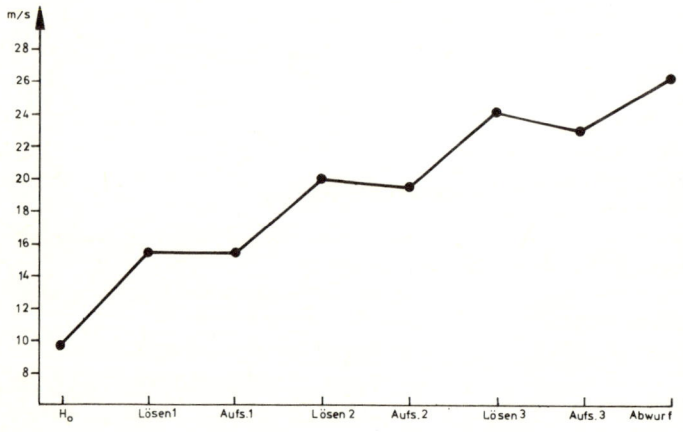

Abb. 198 Schematische Darstellung des Geschwindigkeits-Zeit-Verlaufs

$H_0$ = Hochpunkt der Hammerumlaufbahn im 2. Armkreisschwung
Lösen 1, 2, 3 = Lösen des rechten Beines während der einzelnen Drehungen
Aufs. 1, 2, 3 = Aufsetzen des rechten Beines während der einzelnen Drehungen

348

- zunehmenden Abbau der Oberkörpervorlage,
- zeitigeren Umsteigen auf den linken Ballen sowie im aktiveren und schnelleren Drehen des linken Beines in der Einbeinstützphase,
- zunehmend stärkeren Absenken des KSP,
- größer werdenden Kopfradius.

## Abwurf

Die Abwurfphase dient der Endbeschleunigung des Hammers; sie muß sich harmonisch in die Gesamtbewegung einfügen. Die Effektivität dieser bedeutenden Phase ist in hohem Maße abhängig von der Qualität der vorangegangenen Phasen und der Position, die der Werfer nach Beendigung der Einbeinstützphase der letzten Drehung einnimmt. Anzustreben ist das frühzeitige Setzen des rechten Beines, so daß der Sportler das Gerät weit rechts-hinten-oben fassen und beschleunigen kann (vgl. Abb. 194, Bild 13). In dieser Position ist das linke Bein stark belastet. Die wirksame Beschleunigung des Gerätes auf weitem Bogen nach vorn-unten zum Tiefpunkt wird ermöglicht durch ein impulsartiges, in Drehrichtung unter den Körper führendes Aufsetzen der linken Ferse sowie durch Vordrücken der rechten Körperseite über Fuß, Knie, Hüfte und Schulter. Die so erzeugte Kraftwirkung wird über das aktive Schlagen der Arme nach vorn-außen-unten auf das Gerät übertragen. Zur Bewältigung dieser schweren Arbeitsphase muß die Beinstreckung rechtzeitig, bereits nach erfolgtem Aufsetzen der linken Ferse, eingeleitet werden. Durchläuft der Hammer den Tiefpunkt, der frontal vor dem Werfer liegen sollte, muß die Streckung des linken Beines bis zu einem Kniebeugewinkel von ca. 135° erfolgt sein. Kopf und linke Schulter beginnen gleichzeitig mit dem energischen Zug in Wurfrichtung.

Unmittelbar nach Passieren des Tiefpunktes erfolgt das vollständige Strecken und Fixieren des linken Beines. Dabei muß der Werfer das Gefühl haben, daß er die gesamte rechte Körperseite durch den Druck des rechten Beines um die völlig gestreckte und fixierte linke Seite herumdrückt. Erst wenn die Beckenachse annähernd in Wurfrichtung zeigt, wird die schlagende Drehbewegung der rechten Hüftseite jäh abgebremst, wodurch die kinetische Energie der unteren Glieder der kinematischen Kette auf Rumpf und Arme übertragen wird.

Die aktive Abwurfbewegung endet mit einem peitschenartigen Armschlag nach links-oben. Im Moment des Lösens des Gerätes muß der Werfer eine relativ stabile Position haben:
● Die linke Körperseite zeigt in Wurfrichtung.
● Der Sportler steht auf der Außenkante des linken Fußes (und nicht, wie früher üblich, auf dem Ballen).
● Die senkrechte Projektion des Kopfes sollte nicht wesentlich über die rechte Ferse hinausgehen (vgl. Abb. 194/16).
Um ein Übertreten zu vermeiden, sollte sich der Werfer abschließend abfangen, indem er einen Beinwechsel vornimmt und den Körperschwerpunkt dabei senkt.

## Zur Zweckmäßigkeit des Wurfes aus vier Drehungen

Aufgrund der sich herauskristallisierten Dominanz der Vier-Drehungen-Variante bei Weltklassewerfern ist diese Wurftechnik nicht mehr als technische Besonderheit zu betrachten. Die im Vergleich zum Drei-Drehungen-Wurf zusätzliche, zwischen Armkreisschwüngen und eigentlicher erster Drehung eingefügte Ballen-Drehung dient vor allem dem Aufbau einer stabilen Position zum Hammer und damit einer effektiveren Gestaltung der folgenden Drehungen. Die zusätzliche vierte Drehung ermöglicht neben der Verlängerung des Beschleunigungsweges auch eine zeitlich längere Einwirkung der Beschleunigungskräfte auf das Gerät.
Diese o. g. Vorteile führten zur enormen Verbreitung dieser Technik.
Die Anwendung der Wurftechnik aus vier Drehungen ist jedoch nur dann sinnvoll, wenn hierbei bis zur letzten Drehung eine weitere Geschwindigkeitszunahme des Hammers erreicht werden kann und wenn der Werfer in der Lage ist, während der Abwurfphase die Kraftfähigkeiten seiner stärksten Muskelgruppen relativ gut zu nutzen.

## Kriterien der Technik

*Optimale Länge des Beschleunigungsweges,* realisierbar durch:
- Anstreben eines optimalen Hammerradius:
  · gestreckte Armführung,
  · Herausschieben der Schultern,
  · Annähern des Oberkörpers an die Systemachse,

- weitgehende Stabilität von Schulter- und Beckenachse auch in der Einbeinstützphase bei Aufrechterhaltung des Dreiecks Arme-Schulterachse,
- optimale Lage der Drehebene der Hammerumlaufbahn (bei der Drei-Drehungen-Variante von 20–25° und bei der Vier-Drehungen-Variante von 15–20° bei den Armkreisschwüngen auf 38–40° in der letzten Drehung anwachsend);
– Abheben des rechten Fußes in den einzelnen Drehungen bei erreichten Drehwinkeln von 90–75° und zeitiges Aufsetzen des rechten Fußes bei Drehwinkeln von 250–225°;
– tiefste KSP-Lage des Werfers im Hochpunkt der letzten Drehung (langer Weg der Beinstreckung in der Abwurfphase);
– Abwurf nach völliger Körperstreckung der linken Seite bei stabilem Bodenkontakt.

*Progressiver Geschwindigkeitsverlauf*, charakterisiert durch:
– Anstreben eines optimalen Wurfrhythmus durch zeitlich längere Dauer der Zweibeinstützphasen (um ca. 10 bis 20%) gegenüber den Einbeinstützphasen;
– optimale Geschwindigkeitszunahme in den jeweiligen Zweibeinstützphasen;
– Vermeiden von zu hohen Geschwindigkeitsverlusten in den jeweiligen Einbeinstützphasen; Geschwindigkeitsverlust in der Einbeinstützphase der letzten Drehung nicht über 8% der zu erreichenden $v_0$ ansteigend;
– Kennlinienverlauf als periodisch annähernd gleichmäßig steigende Geschwindigkeits-Zeit-Kurve;
– Schaffen günstiger Voraussetzungen für das Übertragen der tangential gerichteten Beschleunigungskräfte auf das Gerät durch optimales Absenken des KSP vor Erreichen des Hochpunktes der Hammerbahn und gefühlvolles Gegenstrecken der Beine vom Zeitpunkt des Aufsetzens rechts bis zum Erreichen des Tiefpunktes;
– Herabmindern der Trägheitskräfte (kein Trichtern in den letzten Drehungen, enges Führen des rechten Fußes um das Drehbein; jedoch Ausnutzen der Massenträgheit des aufsteigenden Hammers in den Einbeinstützphasen);
– Ausschalten unerwünschter Kraftmomente (Vermeiden von Streckbewegungen bei aufsteigendem Hammer während der Drehungen sowie plötzlicher Radiusverkürzung bzw. -verlängerung).

## Technisches Anforderungsprofil für das Aufbautraining (erste Etappe)

● Die stürmische Leistungsentwicklung, insbesondere der 80er Jahre, im Hammerwurf erfordert, bereits bei der Erlernung dieser komplizierten Technik dem immer deutlicher hervortretenden Trend der rechtzeitigen Orientierung auf die Zieltechnik von Anfang an verstärkt zu folgen. Dementsprechend ist im Verlauf des Aufbautrainings der Übergang zur Entwicklung der Feinkoordination rechtzeitig abzusichern. Die Zielstellung hierbei kann jedoch nur im Erreichen des jeweiligen Optimums der später zu realisierenden Technik liegen, das innerhalb zulässiger Toleranzgrenzen vor allem konditionell bedingte Abweichungen einschließt.

● Dies betrifft insbesondere
– die Realisierung größerer Gelenkbeugewinkel in ausgewiesenen Positionen,
– teilweise geringere Bewegungsamplituden,
– ein niedrigeres Niveau der speziellen Bewegungsschnelligkeit und der Abfluggeschwindigkeit,
– einen geringeren Ausprägungsgrad der variablen Verfügbarkeit (noch relativ hohe Unbeständigkeit gegenüber ungünstigen inneren und äußeren Einflüssen).

● Zu realisierende Gelenkbeugewinkel ausgewiesener Positionen:
– Neigungswinkel des Oberkörpers in Position $T_0$ ca. 20–25°,
– Kniewinkel des linken Beines unmittelbar vor Aufsetzen des rechten Beines in der letzten Drehung ca. 95–100°;

● Ausprägen einer der Zieltechnik adäquaten rhythmischen Grundstruktur der Gesamtbewegung bei noch erkennbarer Tendenz zur zeitlich längeren Dauer der Zweibeinstützphasen gegenüber den Einbeinstützphasen;

● noch erkennbares Absenken des KSP vor Erreichen des Hochpunktes der Hammerumlaufbahn und gefühlvolles Gegenstrecken der Beine bei der Beschleunigung des Gerätes zum Tiefpunkt;

● Aufsetzen des rechten Fußes nach Beendigung der Zweibeinstützphasen zumindest bei einem Drehwinkel des Hammers von ca. 250°;

● Geschwindigkeitsverlust in den Einbeinstützphasen nicht über 10% der zu erreichenden $v_0$;

● Betrag der Radiusverkürzung von der ersten zur letzten Drehung unter 8%.

## Technisches Anforderungsprofil für das Grundlagentraining

Im Grundlagentraining ist das Hammerwerfen vorrangig im Sinne der *vielseitigen Ausbildung* als Mittel zur Entwicklung der koordinativen Fähigkeiten und des motorischen Systems zu nutzen.

Aufgrund des noch zu geringen physischen Vermögens der Kinder kann die Zielvorstellung für diese Ausbildungsetappe nur im Erreichen einer *vereinfachten Grundform* der Gesamtbewegung bestehen (Hammerwurf aus einer Drehung).

Das technische Anforderungsprofil an einen solchen vereinfachten Hammerwurf sollte folgende Merkmale beinhalten:

- **Anschwung** des Gerätes mit *zweifachem Armkreisschwung* bei entsprechender Lage des Hoch- und Tiefpunktes der Hammerumlaufbahn bei möglichst *großem Hammerradius, stabilem Stand* sowie mit *unterstützendem* und *ausgleichendem Hüfteinsatz.*
- **eine Fersen-Ballen-Drehung** von **ca. 360°**, in der das Gerät *beherrscht* und mit *langen* Armen geführt wird und die in *sicherem* Stand endet;
- **Abwurf** mit *deutlicher* Dreh-Streck-Bewegung der Beine und des Rumpfes, wobei die gewünschte Wurfrichtung weitgehend eingehalten wird;
- im **Gesamtablauf** *erkennbare Beschleunigung* des Gerätes vom Anriß bis zum Abwurf. Bei entsprechenden individuellen Voraussetzungen sollte auch aus 2 bis 3 Drehungen geworfen werden.

▶ Aufgaben:
Kontrollieren Sie, ob Sie wichtige Elemente der Hammerwurftechnik **begründen** können!
1. Welche biomechanischen Gesichtspunkte muß der Werfer beachten, um eine hohe Drehgeschwindigkeit zu erreichen?
2. Welche Möglichkeiten hat der Werfer, um einen optimal langen Beschleunigungsweg bei den Armkreisschwüngen, dem Übergang in die erste Drehung, den Drehungen und beim Abwurf zu erreichen?
3. Wodurch entsteht der charakteristische Geschwindigkeitsverlauf des Hammers im Wurfprozeß?
4. Begründen Sie unter biomechanischer Sicht die zweckmäßige Bewegungsausführung der Abwurfphase, um eine hohe Abfluggeschwindigkeit des Gerätes zu erreichen!

5. Fassen Sie die wesentlichsten Veränderungen der modernen Hammerwurftechnik zusammen, und begründen Sie diese im Vergleich zu früheren Technikorientierungen für diese Disziplin!

## Technische Ausbildung

### Leitlinien des methodischen Vorgehens

● Erste Voraussetzung für das Erlernen dieser relativ unfallgefährdeten Disziplin ist die **unbedingte** Gewährleistung eines *unfallfreien Übens*. Hierzu sind besondere organisatorisch-methodische Gesichtspunkte zu beachten.

● Der Prozeß der technischen Ausbildung ist in hohem Maße von der Ausprägung spezieller Wurffähigkeiten überlagert. Dies erfordert
- eine langfristige Vorbereitung auf die Erlernung der Technik durch allgemeine und spezielle vorbereitende Übungen;
- eine ständige Vervollkommnung der speziellen Wurffähigkeiten parallel zum Erlernen der Technik bzw. zu deren weiterer Vervollkommnung;
- besonders zu Beginn der technischen Ausbildung die Anwendung leichterer und kürzerer Hämmer bzw. Behelfsgeräte.

● Ausgehend von der Besonderheit des Hammerwurfs, wonach der Hauptanteil der zu erreichenden Abfluggeschwindigkeit in den ersten Phasen des Bewegungsablaufs (Armkreisschwünge, Drehungen) erzeugt wird, ist zunächst die Ausprägung dieser Elemente zu schulen.

● Der Prozeß der Anfängerausbildung ist nur dann effektiv, wenn dieser mit der Schulung der Beinarbeit als zentralem Kettenglied der modernen Hammerwurftechnik beginnt.

● Infolge der fehlenden Dynamik bei Würfen aus dem Stand mit dem Standardgerät bzw. Behelfsgerät mit Standardlänge sollten Standwürfe nur mit entsprechenden Kurzgeräten (Medizinball, Kugeln, Rundgewicht) ausgeführt werden.

● Die Wurftechnik aus einer und aus zwei Drehungen bei Verwendung des Standardgerätes darf **nicht bis zur Automatisation** entwickelt werden.

● Durch rechtzeitige Entwicklung der speziellen Beweglichkeit (insbesondere des Schultergürtels und Verwringungsfähigkeit der Wirbelsäule) sowie durch gezielten Einsatz von

Imitationsübungen ist die Vervollkommnung der Hammerwurftechnik zu unterstützen.

### Reihung der Ausbildungsaufgaben

**1. Erlernen technikgerechter Drehungen ohne Hammer bzw. mit Hilfsgerät** unter besonderer Beachtung der räumlichen Bewegungsstruktur. Mit zunehmender Beherrschung dieser Bewegungsaufgabe kann zur Formierung der dynamischen Struktur der Drehungen übergegangen werden.

**2. Schulung rhythmisch ausgeführter Armkreisschwünge mit optimalem Hammerradius** sowie bei größerer Lockerheit in den Schultergelenken. Die Armkreisschwünge sind eine notwendige Voraussetzung für das Erlernen des Übergangs in die erste Drehung sowie für das Erlernen und Vervollkommnen der Drehungen mit dem Hammer.

Über Varianten des ein- und beidarmigen Schwingens wird die grundsätzliche Lage der Hammerbahn und das notwendige Körperverhalten entwickelt.

**3. Erlernen eines harmonischen und folgerichtigen Übergangs in die erste Drehung.** Bei dieser Ausbildungsaufgabe werden zugleich die Drehungen weiter gefestigt.

Da diese Übungsaufgabe hohe Ansprüche an das motorische System des Sportlers stellt, sollten bei Bedarf in verstärktem Maße Hilfs- und Imitationsübungen einbezogen werden.

**4. Erlernen der technikgerechten Ausführung des Abwurfs aus einer bis zwei Drehungen** mit *verkürztem* Standard- bzw. Behelfsgerät unter Berücksichtigung der räumlichen **und** dynamischen Struktur der Abwurfbewegung.

**5. Erfassen und Vervollkommnen der Gesamtbewegung.** Das Zusammenfügen der bereits erlernten technischen Elemente zur harmonischen Gesamtbewegung (Wurf aus drei Drehungen) bildet die fünfte Ausbildungsaufgabe, wobei mit dem relativ sicheren Beherrschen wettkampfnaher Würfe aus der Gesamtbewegung (Grundform) das Nahziel der Grundausbildung erreicht ist.

In der technischen Ausbildung ist von Beginn des Lernprozesses bis zum Beherrschen der Grobform der Hammerwurftechnik im wesentlichen ein ständig wiederkehrender Aufbau erforderlich, indem die einzelnen Ausbildungsaufgaben mit ständig verkürztem Zeitaufwand in jeder Trainingsstunde durchlaufen werden.

### Sicherheitsbestimmungen

Der Übungsleiter hat während des gesamten Trainingsbetriebes mit besonderer organisatorisch-methodischer Sorgfalt ein *unfallfreies Üben* zu gewährleisten. Dabei sind im einzelnen *unbedingt* folgende **Sicherheitsbestimmungen** zu beachten:

- Gründliche Einweisung der Sportler vor jedem Üben in die entsprechenden *Ausbildungsformen, Übungsorganisation* sowie *Sicherheitsvorkehrungen!*
- Üben in der Gruppe *nur* auf Anweisung des Übungsleiters!
- Seite der aufsteigenden Hammerbahn *grundsätzlich freihalten* von anderen Personen (Abb. 199).
- Bei Nichtvorhandensein von Schutzgittern Würfe aus der Drehung nur *einzeln* ausführen lassen! (vgl. 199)
- Beachtung *besonderer* Aufstellungsformen für *Linkshänder* (Drehungen erfolgen nach rechts; Abb. 200).
- *Ständige Überprüfung* der Geräte (z. B. Knickungen im Draht, Seilzustand oder Verknotungen bei Behelfsgeräten)!
- Regelmäßiges Auswechseln auch von intakten Hammerdrähten zum Erhalt der Schutzgüte (nach ca. 150 Würfen).
- *Kein unkontrolliertes Loslassen* des Gerätes bei Gleichgewichtsverlust bzw. Sturz!
- Sauberhalten des Untergrundes (besonders bei ungünstigen Witterungsbedingungen).
- Ständige Überprüfung des funktionsgerechten Zustandes der *Schutzgitter!*
- Sicherheit geht **vor** Übungshäufigkeit!

Abb. 199   Aufstellungsform

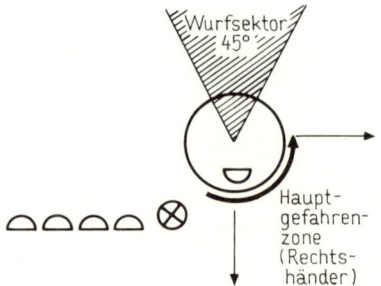

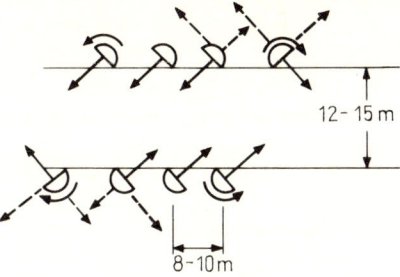

12-15 m

8-10 m

Abb. 200  Aufstellungsform beim Erlernen der Armkreisschwünge und Drehungen

## Übungskomplexe und methodische Hinweise zu den Ausbildungsaufgaben

### 1. Aufgabe: Schulung der Drehung

*Ziel:* technikgerechte Ausführung mehrerer Drehungen ohne und mit verschiedenen Handgeräten unter besonderer Beachtung der räumlichen Bewegungsstruktur; Schaffen der Bewegungsvorstellung und Vertrautmachen mit den Sicherheitsbestimmungen
*Steigerung:* Drehungen unter erschwerten Gleichgewichtsbedingungen mit Zusatzaufgaben bei zunehmender Beachtung der dynamischen Struktur der Bewegungshandlung

| Vorbereiten | Erlernen | Vervollkommnen |
|---|---|---|
| verschiedene Trabformen mit ein- und beidbeinigen Drehsprüngen | **1. Grundübung** **Ferse-Ballen-Drehung** | gegliedertes Drehen in vier Zeiten Ausführung mehrerer Drehungen am Pendel (vgl. Abb. 202) |
| beidbeinige Drehsprünge am Ort (180–360° ohne und mit Handgerät) (Kugel, Med.-ball) | – ohne Gerät | |

Partnerübung „Windmühle" in beiden Richtungen mit Nachstellschritten und Hüpfen (vgl. Abb. 201)

Abb. 202

„Windmühle"

Abb. 201

seitliches „Fußwandern" beidbeinig (synchrones Drehen beider Füße nach links bzw. nach rechts fortlaufend im Wechsel auf beiden Fersen und beiden Ballen

wie vorangegangene Übung, jedoch nur auf einem Bein

Imitation des Andrehens beider Füße um ca. 90–100°
Verbinden des Andrehens mit Umsteigen auf Ballendrehung des linken Fußes
Hacken-Ballen-Drehung in zwei Takten
Hacken-Ballen-Drehung in einem Zug mit betontem Aufsetzen des rechten Fußes auf dem Ballen
mehrere Hacken-Ballen-Drehungen in einer Serie entlang einer Linie
– mit Handgerät
 Hacken-Ballen-Drehung in zwei Takten mit Gymnastikstab, Med.-ball bzw. Kugel unter Beachtung der Hoch- und Tiefpunktlage
 mehrere Hacken-Ballen-Drehungen mit o.g. Handgeräten

einbeinige Hacken-Ballen-Drehungen mit dem Drehbein (rechter Fuß wird hinter linker Wade verschränkt)

einbeinige Drehungen mit Zusatzlast auf den Schultern (Sandsack, Scheibenhantel)

einbeinige Drehung, Wegschieben einer Hantelscheibe mit Ferse des Drehbeins bei Beendigung der Drehung (vgl. Abb. 203)

Abb. 203

*Beobachtungspunkte:*
- Einnehmen einer stabilen und aufrechten Oberkörperposition
- achsengerechte Kopfhaltung (kein Vorauseilen des Kopfes)
- betontes Senken des Drehbeinknies in der Einbeinstützphase (noch vor Hochpunkt)
- technikgerechte, aktive Arbeit des Drehbeinfußes
- rechtzeitiges Aufsetzen des Umlaufbeines auf dem Ballen

*Methodisch-organisatorische Hinweise:*
- Zunächst volle Konzentration des Übenden auf die Beinarbeit
- Neben der Nutzung audiovisueller Hilfsmittel Einbeziehen vieler Orientierungshilfen entsprechend der Art der Analysatoren (Boden- und Raumorientierer, akustische Signale, unterschiedliche Handgeräte, kurzzeitiges Ausschalten des optischen Analysators)
- Anstreben einer weitgehenden Annäherung an die räumliche Struktur der späteren Zieltechnik

## 2. Aufgabe: Schulung der Armkreisschwünge

*Ziel:* technikgerechte Ausführung der Armkreisschwünge auf weiter Hammerumlaufbahn
Vertrautmachen mit Gewöhnungsübungen
*Steigerung:* Armkreisschwünge unter erschwerten Bedingungen

| Vorbereiten | Erlernen | Vervollkommnen |
|---|---|---|
| kraftgymnastische Übungen mit verschiedenen Handgeräten (Kugel, Stein, Hantelscheibe, Hammerkopf u.ä.), z.B.: | **2. Grundübung**<br>**Armkreisschwünge**<br><br>– in ruhigem Tempo<br>– mit geringfügiger Beschleunigung | Armkreisschwünge mit Beugen und Strecken der Beine |
| – Wenden des Oberkörpers im Wechsel nach links und rechts<br>– „Achterschwingen"<br>– Armkreisschwünge nach links und nach rechts (Abb. 204) | *Hilfsübungen:*<br>– Bewegungsführung durch ÜL<br>– Blick durch das „Fenster" vor Erreichen des Hochpunktes,<br>Blick durch die hochgeführten Arme („Fenster") auf den rechts vom Übenden stehenden Trainer<br>– Armkreisschwünge mit Besen | Armkreisschwünge mit geschlossenen Augen<br><br>Armkreisschwünge im Gehen<br>– vorwärts<br>– nach rechts seitwärts<br>– rückwärts<br><br>Armkreisschwünge mit akzentuiert beschleunigter Bewegungsausführung<br><br>Armkreisschwünge mit *zwei* Hämmern bzw. Behelfsgeräten |

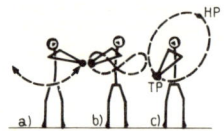

Abb. 204

Fassen des Gerätes und Einnehmen der Ausgangsstellung

Gewöhnungsübungen
- wechselseitiges Pendeln des Hammers nach vorn sowie nach links und nach rechts hinten
- Schrittdrehung mit kleinen Nachstellschritten

einarmig ausgeführte Armkreisschwünge in verschiedenen Variationen
- links- und rechtshändig in beiden Richtungen sowie mit Tiefpunktverlagerung nach hinten
- linkshändig nach links und lockeres Auflegen der rechten Hand auf den Hammergriff

Abb. 205

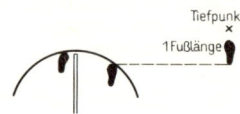

Abb. 206

354

- Langlassen der Arme
- flache Hammerumlaufbahn
- rechtzeitiges Wenden des Oberkörpers nach rechts, wenn der Hammerkopf den Vorderpunkt erreicht hat
- Beschleunigung zum Tiefpunkt bei entsprechender Tiefpunktlage
- rechtzeitiges „Greifen" des Hammers nach dem Durchlaufen des Hochpunktes

*Methodisch-organisatorische Hinweise:*
- Beachtung der Aufstellungsform (vgl. Abb. 200) und der Markierung der Tiefpunktlage (Abb. 206)
- akustisch-rhythmische Unterstützung
- Verwendung leichter Geräte
- bei einarmigen Schwüngen freie Hand zum anderen Knie, wenn das Gerät vor dem Werfer ist (vgl. Abb. 205)

3. Aufgabe: Schulung des Überganges in die 1. Drehung nach vorausgegangenen Armkreisschwüngen; Festigung der Drehungen mit dem Hammer

*Ziel:* technikgerechte Ausführung eines folgerichtigen Überganges in die 1. Drehung
Beherrschen der Drehungen mit Hammer
*Steigerung:* Ausführung des Überganges in die 1. Drehung sowie der Drehungen mit dem Standardgerät unter Beachtung zusätzlicher Aufgabenstellungen sowie mit erhöhter Geschwindigkeit

| Vorbereiten | Erlernen | Vervollkommnen |
|---|---|---|
| Hammer im Wechsel von einhändigem Fassen des Griffes um den Körper herumreichen, nach Passieren des Vorderpunktes beidhändiges Fassen und Beginn der Hacken-Ballen-Drehung<br><br>„Golfschlag mit Besen, Stab u.a." von rechts hinten oben zum Tiefpunkt mit anschließender Hacken-Ballen-Drehung<br><br>Schrittdrehung mit kleinen Wechselschritten unter Verwendung eines Behelfsgerätes (Sandsack – vgl. Abb. 207)  Abb. 207 | **3. Grundübung**<br>**zwei Armkreisschwünge mit anschließender Drehung**<br><br>- Ausführung des Überganges mit Kugel bzw. Med.-ball<br>- Übergang in die 1. Drehung nach zwei vorangegangenen Armkreisschwüngen<br>- Kombinationsfolge von Armkreisschwüngen und jeweils einer Drehung<br>- Kombinationsfolge von Armkreisschwüngen und jeweils zwei Drehungen<br>- Kombinationsfolge von Armkreisschwüngen und mehr als zwei Drehungen | Imitation des Andrehens an der Sprossenwand (aus dem Stand vorlings vor der Sprossenwand erfassen einer Sprosse in Brusthöhe bei gestreckter Armhaltung)<br><br>Kombinationen von linksarmig ausgeführten Armkreisschwüngen und Drehungen (zur Schulung einer räumlich weiten Übergangsbewegung mit langen Armen), Ausführen beliebig gestalteter Kombinationen von beidarmigen Armkreisschwüngen und Drehungen |

*Beobachtungspunkte:*
- rechtzeitiges „Greifen" des Gerätes nach Beendigung des zweiten Armkreisschwunges
- harmonische Verbindung des Auflösens der Körperverwringung mit Gewichtsverlagerung auf links und Senken des Körperschwerpunktes
- aktives Andrehen beider Füße nach Passieren des Tiefpunktes bei stabiler linker Körperseite
- betontes Vorschieben der Schultern und weites Laufenlassen des Gerätes nach links-oben
- Blick zum Gerät, Lösen des rechten Beines bei Drehwinkel von ca. 90°

*Methodisch-organisatorische Hinweise:*
- Sicherung einer hohen Bewußtheit des Übenden im motorischen Lernprozeß
- Ermnöglichen der Sofortinformationen durch Üben vor dem Spiegel
- Nutzen leichter Hämmer sowie geeigneter Hilfsgeräte

## 4. Aufgabe: Schulung des Abwurfes

*Ziel:* technikgerechte Ausführung der Abwurfbewegung aus der verkürzten Gesamtbewegung (Wurf aus einer bzw. zwei Drehungen)
*Steigerung:* Schulung des Abwurfes aus der Gesamtbewegung unter Beachtung spezifischer Aufgabenstellungen

| Vorbereiten | Erlernen | Vervollkommnen |
|---|---|---|
| Würfe rückwärts über den Kopf (Medizinball, Kugel, Rundgewicht u.ä.) | **4. Grundübung**<br>**Abwurf aus verkürzter Gesamtbewegung** | Würfe aus der Gesamtbewegung mit betonter letzter Drehung und aktivem Beineinsatz in der Abwurfphase |
| Würfe nach vorn (nach vorangegangenem Rückpendeln des Gerätes durch die leicht gegrätschten Beine) | – Imitation der Abwurfbewegung unter besonderer Beachtung der Beinarbeit | Würfe aus mehr als drei Drehungen mit voller Beschleunigung |
| hammerwurfspezifischer Standabwurf (mit o.g. Geräten) | – Standabwurf mit betontem Nach-innen-Führen und aktivem Aufsetzen der linken Ferse sowie bei fixierter linker Körperseite | Würfe mit unterschiedlichen Geräten (Länge und Gewicht) unter besonderer Beachtung führender koordinativ-technischer Elemente |
| <br>Abb. 208 | – Abwurf aus einer Drehung mit Kurzgeräten (Rundgewicht, Kurzhammer)<br>– Abwurf aus zwei Drehungen mit leichtem Hammer | |

*Beobachtungspunkte:*
– technikgerechte Körperposition nach Aufsetzen des rechten Beines
– aktive Drehstreckbewegung des rechten Beines gegen die fixierte linke Körperseite
– Einleiten der Beinstreckung nach Aufsetzen der linken Ferse
– kein vorzeitiges Wegziehen der linken Schulter in Wurfrichtung
– Nacheinander von Beinstreckung, Rumpf- und Armeinsatz
– völlige Streckung des linken Beines bei stabilem Bodenkontakt
– sicherer Stand nach dem Abwurf

*Methodisch-organisatorische Hinweise:*
– strikte Einhaltung der Aufstellungsformen und Sicherheitsbestimmungen
– für sich spezialisierende Sportler schwerpunktmäßige Abwurfschulung aus der Gesamtbewegung
– Würfe aus mehr als einer Drehung zunächst langsam beginnen, optimale Ausprägung der Abwurfphase gewährleisten
– anfänglich Wurfsektor und Weitenzonen markieren (Zielwürfe)

## 5. Aufgabe: Erfassen und Vervollkommnen der Gesamtbewegung

*Ziel:* Zusammenfügen der bereits erlernten technischen Elemente zur harmonischen Gesamtbewegung (Wurf aus drei Drehungen)
*Steigerung:* wettkampfnahe Würfe aus der Gesamtbewegung unter erhöhten technischen Anforderungen und wechselnden äußeren Bedingungen

| Vorbereiten | Erlernen | Vervollkommnen |
|---|---|---|
| Schrittdrehung mit Partner (zur Gewöhnung an höhere Zentrifugalkräfte, Abb. 209) <br><br><br>Abb. 209 | **5. Grundübung**<br>**Würfe aus der Gesamtbewegung**<br><br>– bei mittlerem Anstrengungsgrad<br>– bei betonter Beachtung des Drehrhythmus | Würfe aus verschiedenen Kombinationen von Armkreisschwüngen und Drehungen<br><br>Würfe mit leichterem bzw. längerem Hammer<br><br>Würfe mit geschlossenen Augen<br><br>Würfe im Wechsel von rauhem und glattem Untergrund<br><br>Würfe aus Drehungen nach rechts<br><br>Wegschlagen leichter und ungefährlicher Bodenorientierer (Schaumgummiflocken u.ä.) mit der Ferse des Drehbeines unmittelbar nach Aufsetzen des Umlaufbeines (vgl. Abb. 210) 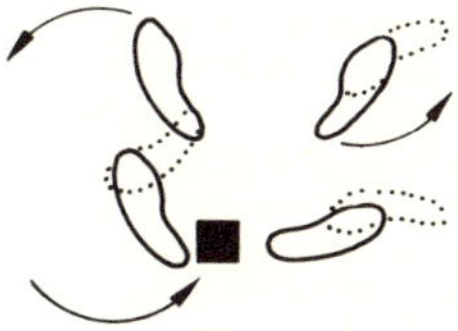<br><br> |

Abb. 210

*Beobachtungspunkte:*
– langsamer Beginn und gleichmäßige Beschleunigung bis zum Abwurf
– harmonische Verbindung der Teilphasen bei effektivem Wurfrhythmus und optimalem Hammerradius
– Stabilität von Schulter- und Hüftachse sowie Aufrechterhaltung des Dreiecks „Arme–Schulterachse"
– frühzeitiges Aufsetzen des Umlaufbeines
– technikgerechte, aktive Beinarbeit, Gleichgewichtserhalt
– effektive Abwurfphase

*Methodisch-organisatorische Hinweise:*
– Steigerung der Anforderungen an die bewußte Mitarbeit des Übenden
– Anstreben einer hohen Annäherung an die räumliche Struktur der späteren Zieltechnik
– besondere Schwerpunktlegung auf die koordinativ-technisch sichere Beherrschung der Drehungen
– zielgerichtete Vervollkommnung der dynamischen Struktur der Gesamtbewegung durch allmähliche Erhöhung des Anteils intensiver Würfe

## Wesentliche Fehler und Korrekturmöglichkeiten

| Fehler | Korrekturmöglichkeiten |
|---|---|
| *Armkreisschwünge* Arme werden angezogen | einarmiges Schwingen, bewußte Orientierung auf lange Arme bei langsamer Bewegungsausführung Führen der Arme durch Übungsleiter |
| Tiefpunkt ist zu weit vorn | einarmiges Schwingen des rechten Armes nach links – bei Passieren des Vorderpunktes energische Rechtswendung des Oberkörpers durch Schlagen der linken Hand auf rechte Hüft- bzw. Oberschenkelseite, beidarmiges Schwingen – Blick durch die Arme nach rechts (Übungsleiter) nach Passieren des Tiefpunktes Bodenorientierer |
| Hammer fällt nach Passieren des Hochpunktes stark ab | einarmiges Schwingen rechts und linkshändig nach links bei betont flacher und weiter Hammerumlaufbahn Armkreisschwünge mit verlängertem Hammer bzw. Behelfsgeräten (Besen, Maisbirne u. ä.) |
| *Übergang in die 1. Drehung und Drehungen* Gegenstrecken des linken Beines Fallen auf das rechte Bein | Imitation des Überganges in die 1. Drehung mit – Handgerät, betonte Gewichtsverlagerung auf das linke Bein – Zusatzlast auf den Schultern (Sandsack, Hantelstange) |
| Einleiten der Drehung mit dem Oberkörper (Reinziehen der linken Schulter) | Kombinationen von linksarmig ausgeführten Armkreisschwüngen und Drehungen Imitation des Übergangs mit Handgerät bei stabiler Position des Oberkörpers nach Auflösen der Verwringung Blickrichtung zum Gerät |
| zu zeitiges Lösen des rechten Beines | Kombinationen von Armkreisschwüngen und Drehungen unter Nutzung eines Orientierers bei Drehwinkel von 90° (in Brusthöhe am Netz befestigen); Beachten der Parallelität von Schulter und Hüftachse, Aufrechterhaltung des Dreiecks Arme–Schulterachse (kein „Schleppen" des Hammers) |
| Anziehen der Arme | Drehungen am Pendel Kombinationsfolgen von ein- und beidhändig ausgeführten Kombinationen von Armkreisschwüngen und Drehungen Imitation ausgewählter Positionen der Ein- und Zweibeinstützphase an der Sprossenwand |
| Strecken des linken Beines bei aufsteigender Hammerumlaufbahn | Imitation der Drehungen mit Hantelstange bzw. Sandsack auf dem Rücken einbeinige Drehungen auf dem linken Bein (rechter Fuß wird hinter linker Wade verschränkt) |
| *Abwurf* ungenügendes Fixieren der linken Körperseite, Verlust des Gleichgewichts | Üben des Abwurfes aus dem Stand und aus einer Drehung unter Verwendung verschiedener Handgeräte mit betontem Nach-innen-Führen und Aufsetzen der linken Ferse sowie mit aktiver Dreh-Streck-Bewegung des rechten Beines gegen die fixierte linke Körperseite |
| Überziehen des Wurfes (in Wurfrichtung gesehen zu weit nach links) | Korrektur der Drehungen, Sicherung der technikgerechten Tiefpunktlage des Gerätes, des rechtzeitigen Aufsetzens rechts und der Gewichtsverlagerung über das Drehbein |

## 8.8. Training im Nachwuchsbereich

▶ Aufgabe:
Studieren Sie nochmals die Abschnitte 3.2. und 3.4.2. (Grundlagen des leichtathletischen Trainings), um hieraus die wichtigsten Grundprinzipien für den langfristigen Leistungsaufbau im Wurf/Stoß abzuleiten!

Die vielschichtige Leistungsstruktur der leichtathletischen Wurf- und Stoßdisziplinen bedingt in hohem Maße die *Komplexität* des Trainings in dieser Disziplingruppe. Dabei sind im Nachwuchstraining folgende **Hauptaufgaben** zu realisieren, die sich aus der *Leistungsstruktur* der Wurf- und Stoßdisziplinen, aus den Anforderungen des *langfristigen Leistungsaufbaus* sowie aus den *Besonderheiten* der *biologischen Entwicklung* ableiten:

– zielgerichtete Entwicklung der **allgemeinen konditionellen und koordinativen Fähigkeiten** (komplexe allgemeine Kraftfähigkeit, Grundlagenausdauer, vielfältige koordinative Fähigkeiten und Bewegungsfertigkeiten in anderen leichtathletischen Disziplinen und Sportarten);
– Entwicklung der **Schnelligkeitsfähigkeiten** sowie **der allgemeinen** und **zielgerichteten Schnellkraftfähigkeiten** (Sprungkraftfähigkeit, Beschleunigungsfähigkeit, Aktionsschnelligkeit, allgemeine Wurfkraft);
– Entwicklung breiter **allgemeiner Kraftgrundlagen** und **Vorbereitung der zielgerichteten Maximalkraftentwicklung** (schwerpunktmäßige Entwicklung der komplexen allgemeinen Kraftfähigkeit; Vorbereitung und Beginn der zielgerichteten Entwicklung der Maximalkraftfähigkeit; Erlernen der Techniken des Scheibenhanteltrainings);
– Entwicklung der **speziellen Wurffähigkeiten und -fertigkeiten** (spezielle Wurfkraftfähigkeiten, insbesondere die Wurfexplosivität, spezielle koordinative Fähigkeiten, vor allem Differenzierungsfähigkeit, Anpassungs- und Umstellungsfähigkeit, Kopplungsfähigkeit, Rhythmisierungsfähigkeit und Gleichgewichtsfähigkeit; **schwerpunktmäßige Ausbildung der Techniken** in den 3 bzw. 4 Wurfdisziplinen. Ausprägung der Grobkoordination in allen Wurfdisziplinen

sowie der Feinkoordination in der Spezialdisziplin);
– Ausbildung **disziplingruppenspezifischer psychischer Verhaltens- und Steuerungseigenschaften** (Mobilisationsfähigkeit, Konzentrationsfähigkeit, Steigerungsfähigkeit, Entspannungsfähigkeit, Selbständigkeit) auf der Grundlage hoher allgemeiner charakterlicher und moralischer Qualitäten.

### Allgemeine Ausbildung
Siehe Kapitel 4.2.

### Ausbildung der Schnelligkeitsfähigkeiten und der allgemeinen und zielgerichteten Schnellkraftfähigkeiten

Ziel dieses Trainingsmittelkomplexes ist die weitere Vervollkommnung der Schnelligkeitsfähigkeit und der allgemeinen und zielgerichteten Schnellkraftfähigkeiten auf der Grundlage eines hohen Umfanges an Sprint-, Sprung- und allgemeinen Wurfübungen.
Das allgemeine Schnellkraft- und Schnelligkeitstraining bildet neben dem allgemeinen Training einen *Hauptausbildungsschwerpunkt* im Nachwuchstraining, insbesondere im Hinblick auf die *unterstützende Wirkung* bei der Herausbildung disziplingruppenspezifischer spezieller Voraussetzungen wie:
– spezielle Schnellkraftfähigkeit,
– Explosivkraft,
– spezielle Bewegungsschnelligkeit,
– Rhythmusempfinden.
Dieser Ausbildungskomplex bleibt auch im weiteren Entwicklungsverlauf von grundlegender Bedeutung, indem er den *Erhalt* eines hohen Niveaus der Schnelligkeitsfähigkeit und der allgemeinen und zielgerichteten Schnellkraftfähigkeit sichert.

### Trainingsmittelkomplexe
– Starts, Sprint- und Hürdenläufe, Steigerungs- und Tempoläufe
– Reihensprünge ein- und beidbeinig, vertikal und horizontal in verschiedenen Variationen
– Einzelsprünge ein- und beidbeinig, vertikal und horizontal in verschiedenen Variationen
– allgemeine Wurf- und Stoßübungen mit verschiedenen Geräten und vielfältigen Abwurfarten aus unterschiedlichen Ausgangsstellungen.

### Einsatz im Makrozyklus

Entsprechend seiner unterstützenden Wirkung bei der Herausbildung wurfspezifischer Fähigkeiten wird dieser Trainingsmittelkomplex *ganzjährig* mit relativ *hohem Umfang* eingesetzt; *Schwerpunktlegungen* in der Vorbereitungsperiode erfolgen für den Sprungkomplex in den MEZ des Krafttrainings und für den Sprint in den MEZ des speziellen Trainings.

Im Verlaufe des Makrozyklus wird bei der Anwendung dieser Trainingsübungen von umfangsorientierten zu intensiveren Trainingsformen übergegangen.

● In den *Mesozyklen der allgemeinen Vorbereitung* dient der Ausbildungsschwerpunkt der Entwicklung und Verbesserung der allgemeinen Schnellkraftfähigkeiten bei breiter Übungsauswahl (vorwiegend horizontale und vertikale Reihensprünge, Tempoläufe, allgemeine Wurf-/Stoßübungen in hohen Serien). Die allgemeinen Wurf-/Stoßübungen finden hier ihren schwerpunktmäßigen Einsatz.

● In den *MEZ der speziell-gerichteten Vorbereitung* erfolgt eine vorrangige Orientierung auf die weitere *Entwicklung der Sprungkraftfähigkeit* (fördernde Wirkung auf die Entwicklung der Kraftfähigkeit der Beinstrecker); die *Übungsbreite* im allgemeinen Wurf-/Stoßtraining engt sich bei zunehmender Verwendung von etwas schwereren *Geräten* allmählich ein.

● *Die MEZ der speziellen Vorbereitung* sind durch die Anwendung *intensiver Formen* des Sprint-Sprung- und allgemeinen Wurf-/Stoßtrainings bei *reduziertem Umfang* (Sprints, Einzelsprünge sowie allgemeine Wurf-/Stoßübungen mit maximaler Intensität) geprägt. Diese Übungsformen haben zugleich unterstützende Wirkung für die Entwicklung disziplinspezifischer Schnellkraftfähigkeiten (allgemeine Wurf-/Stoßübungen bei reduzierter Intensität auch als Mittel der Kompensation einsetzbar).

### Einsatz in der TE

- **Sprungkraftübungen:** (Vergleiche 7.4., Entwicklung der Sprungkraftfähigkeit).
- **Sprintläufe:** (Vergleiche 5.4., Abschnitt Entwicklung der Schnelligkeits- und Beschleunigungsfähigkeit).
- **Allgemeine Wurf-/Stoßübungen:**
  · *Gute Verträglichkeit* mit allen anderen Trainingsmittelkomplexen, jedoch **nicht** nach Ausdauerlauf und Schwimmen;

· in der Regel Einsatz als *TE-Teil* 3 oder 4;
· neben entwickelndem Charakter auch ausgleichende Wirkung;
· maximale Umfänge pro TE beachten (Tab. 94)

*Tabelle 94:*   *Maximale Umfänge pro Trainingseinheit*

| Sprung | – submaximale bis maximale Intensität | 50 – 80 W |
|---|---|---|
| | – niedrige bis mittlere Intensität | 100 – 200 W |
| Sprint | – Sprints submaximaler bis maximaler Intensität | 0,3 – 0,35 km |
| | – Tempoläufe bis 200 m | 1,4 – 1,8 km |
| allg. Wurf/ Stoß | – submaximale bis maximale Intensität | 30 – 50 W |
| | – niedrige bis mittlere Intensität | 150 – 200 W |

### Kontrolle

- Tests zur Ermittlung der Sprungfähigkeit – vergleiche 7.4.
- Tests zur Entwicklung der Beschleunigungsfähigkeit – vergleiche 5.4.
- Tests zur Entwicklung der allgemeinen Wurf-/Stoßfähigkeit:
  · Kugelwurf vorwärts mit WKG
  · Kugelwurf rückwärts mit WKG.

▶ Aufgabe:

Begründen Sie den hohen Stellenwert des allgemeinen Schnellkraft- und Schnelligkeitstrainings für die Disziplingruppe Wurf/Stoß im Nachwuchstraining (Aufbautraining).

### Ausbildung der Kraftfähigkeiten

Im Nachwuchstraining bildet die breite Entwicklung der **komplexen allgemeinen Kraftfähigkeiten** (als Grundlage und Voraussetzung für zielgerichtete Maximalkraftentwicklung) einen Ausbildungsschwerpunkt. Dies wird vorwiegend mit Hilfe einer *breiten Palette* von *allgemeinen Kraftübungen* mit und ohne leichte Zusatzlasten sowie durch allmählich zunehmenden Einsatz von *Kraftübungen mit der Scheibenhantel* in vorherrschend niedrigen bis mittleren Intensitätsbereichen entwickelt. Die Anwendung der Maximalkraftübungen an der Scheibenhantel erfolgt anfänglich *schwerpunktmäßig* unter dem Aspekt der *Erlernung* und *Verbesserung* der Hebetechniken.

Im Zusammenhang mit der zunehmenden Spezialisierung auf eine Wurfdisziplin wird entsprechend den disziplinspezifischen Erfordernissen mit der gezielten Entwicklung der **Maximalkraftfähigkeiten** begonnen.

Entsprechend der Aufgabenstellung des Krafttrainings als basissichernde Leistungsvoraussetzung für die Wurf-/Stoßdisziplinen sollte die Ausführung aller Kraftübungen der Dynamik der Wettkampfbewegung weitgehend angenähert werden.

### Trainingsmittelkomplexe

– Allgemeine Kraftübungen unter Verwendung leichter Zusatzlasten und mit Überwindung des eigenen Körpergewichts.
– Kraftgymnastische Übungen
– Kraftübungen am Krafttrainingsgerät
– Kraftübungen mit der Scheibenhantel.

### Einsatz im Makrozyklus

● In den *MEZ der allgemeinen Vorbereitung* werden vorrangig allgemeine Kraftübungen ohne und mit leichten Zusatzlasten kraftausdauerorientiert eingesetzt. Gleichzeitig sollte in diesen Abschnitten an der Erlernung bzw. Vervollkommnung der Techniken der Scheibenhantelübungen gearbeitet werden.

● In den *MEZ der speziell-gerichteten Vorbereitung* wird das Krafttraining *akzentuiert*. Neben den allgemeinen Kraftübungen werden zunehmend Kraftübungen mit der Scheibenhantel einbezogen.

● In den *MEZ der speziellen Vorbereitung* wird der Umfang des Krafttrainings etwas reduziert und erhält neben der Weiterentwicklung der Kraftfähigkeiten auch eine niveauerhaltende Funktion.

### Einsatz in der TE

Das Krafttraining bildet im Wurf-/Stoßbereich mit zunehmendem Entwicklungsverlauf eine *relativ selbständige TE*.

● Im Nachwuchsbereich sind folgende *Kopplungsmöglichkeiten* zu empfehlen:
– Gymnastik und Spiel (bis zu mittlerem Umfang) **vor und nach** dem Krafttraining,
– Techniktraining vor dem Krafttraining,
– Sprung in Verbindung **mit** dem Krafttraining,

– allgemeine Wurf-/Stoßübungen **nach** dem Krafttraining.
– Schwimmen **nach** dem Krafttraining (ausgleichende Wirkung),
– Krafttraining **nicht** in Verbindung mit Ausdauerschulung.

● Infolge der hohen psychophysischen Nachwirkung des Krafttrainings ist ein **optimaler** zeitlicher Abstand zum folgenden Techniktraining bzw. zu intensiven TE einzuhalten.

● Maximale Umfänge pro TE liegen am Ende des Aufbautrainings bei ca. 100 bis 125 Wiederholungen mit der Scheibenhantel.

● Die Festlegung der Wiederholungsanzahl pro Serie wird durch die *Höhe der Intensität* bestimmt (Tab. 95).

*Tabelle 95: Wiederholungsanzahl bei Kraftübungen pro Serie*

| Intensität | Wiederholungszahl pro Serie |
|---|---|
| 50 % | 12 – 15 |
| 60 % | 10 – 12 |
| 70 % | 4 – 5 |
| 80 % | 2 – 3 |
| 90 % | 1 – 2 |
| 100 % | 1 |

● *Hauptmethode* des Krafttrainings mit der Scheibenhantel in diesem Entwicklungsabschnitt ist die Anwendung *steigender Lasten* („Pyramidensystem") bei den einzelnen Übungen in der TE, wie

Reißen:   10 × 50 %
          8 × 60 %
          5 × 65 %
          4 × 70 %
          3 × 75 %
          2 × 80 %

### Kontrolle

– *Testübungen mit der Scheibenhantel*
  1/2 Kniebeuge
  Bankdrücken
  Reißen
  Umsetzen
– Allgemeine Kraftübungen – *Kreistraining*
– siehe „Kontrolle" im Abschnitt 4.2.3.

▶ Aufgabe:
Welche methodischen Grundsätze sind im Aufbautraining bei der Entwicklung der Maximalkraftfähigkeit im Verlauf eines Makrozyklus zu beachten?

### Ausbildung der speziellen Wurffähigkeiten und -fertigkeiten

Das spezielle Wurf- und Stoßtraining beinhaltet im Nachwuchstraining die Entwicklung der speziellen Wurfkraftfähigkeiten, insbesondere der Wurfexplosivität. Ausbildungsschwerpunkt dieses Trainingskomplexes ist die Erlernung und Vervollkommnung der Wurftechniken, die sich auf die Ausprägung der Grobkoordination aller 4 Wurfdisziplinen sowie die Entwicklung der Feinkoordination der sich abzeichnenden Spezialdisziplin erstreckt.

Die hohe Abhängigkeit optimaler Wettkampfleistungen vom Beherrschen einer effektiven Wurf-/Stoßtechnik sowie ein ständig notwendiger optimaler Ausschöpfungsgrad des physischen Potentials erfordern eine zielgerichtete Technikschulung während des gesamten Nachwuchstrainings.

Daraus ergibt sich, daß zu Beginn des Nachwuchstrainings die koordinativ-technische Ausbildung im Rahmen des speziellen Wurf-/Stoßtrainings dominiert, während in späteren Ausbildungsetappen die Entwicklung der speziellen Wurfkraftfähigkeiten in Einheit mit der technischen Ausbildung erfolgen sollte.
Die Arbeit an der Technik erfolgt ganzjährig. Die einzelnen Trainingsmittel des speziellen Wurf-/Stoßtrainings werden jedoch in Übereinstimmung mit den Aufgabenstellungen der einzelnen Mesozyklen akzentuiert eingesetzt.

#### Trainingsmittelkomplexe
– Imitationsübungen
– Würfe mit dem WKG
– Würfe mit leichterem als dem WKG
– Würfe mit schwererem als dem WKG
– Würfe mit speziellen Geräten in verschiedenen Gewichtskategorien

#### Einsatz im Makrozyklus
● In den *MEZ der allgemeinen Vorbereitung* steht die Schulung der Technik – insbesondere der **räumlichen Struktur** – sowie die Ausbildung der *allgemeinen Wurffähigkeiten* und -fertigkeiten im Vordergrund.
Dies erfolgt vorrangig mit Imitationsübungen, Würfen mit dem WKG sowie mit vielfältigen allgemeinen Würfen und Stößen.
Die forcierte Anwendung von *allgemeinen*

Tabelle 96: *Lage der Ausbildungsschwerpunkte im Trainingsjahr*

| | 1.+2. MEZ | 3.+4. MEZ | 5.+6. MEZ | 7.+8. MEZ |
|---|---|---|---|---|
| Allgemeine Ausbildung | ××× | ×× | ×× | × |
| Ausbildung der allgemeinen und vielseitig zielgerichteten Schnellkraft- und Schnelligkeitsfähigkeit | ××× | ×× | ×× | ××× |
| Ausbildung der allgemeinen Kraftfähigkeiten | ××× | ××× | × | × |
| Ausbildung der Maximalkraftfähigkeit | × | ×× | ××× | ×× |
| Ausbildung der speziellen Schnellkraftfähigkeit und Technik | ×× | ×× | ××× | ××× |

*Würfen und* Stößen in dieser Etappe dient der schwerpunktmäßigen Entwicklung der allgemeinen Wurffähigkeiten und -fertigkeiten.
● In den *MEZ der speziell-gerichteten Vorbereitung* wird parallel zum akzentuierten Krafttraining durch den Einsatz spezieller Geräte (auch geringfügig schwerere als Wettkampfgeräte) ein nahtloser Übergang zum folgenden Schwerpunkt des speziellen Wurf-/Stoßtrainings geschaffen. Die Weiterentwicklung der technischen Fertigkeiten erfolgt vorwiegend durch vervollkommnende Technikübungen, Würfe mit dem Wettkampfgerät und mit speziellen Wurfgeräten.
● Als vorrangige Aufgabe der *MEZ der speziellen Vorbereitung* steht die Ausbildung der *speziellen Wurfkraftfähigkeiten* in Einheit mit der *weiteren technischen Vervollkommnung*. Bei ansteigender Wurfintensität vollzieht sich der Übergang vom Werfen/Stoßen in Serien zum intensiven Wurf-/Stoßtraining unter Einbeziehung *wettkampfnaher Einzelversuche*. Im Gegensatz zu vorangegangenen MEZ **dominiert** hier das **Wettkampfgerät** neben einem vertretbaren Umfang von Würfen bzw. Stößen mit Geräten unterschiedlicher Massen. Gegen Ende dieses Abschnitts werden akzentuiert leichtere Geräte zur Verbesserung der Wurfexplosivität und der intermuskulären Koordination eingesetzt.

#### Einsatz in der TE
– Einsatz **grundsätzlich als 1. Schwerpunkt**

der jeweiligen TE nach intensiver allgemeiner und spezieller Erwärmung;
- Einbeziehung von Technikimitationen bzw. Technikübungen vorrangig zu Beginn der speziellen Wurf-/Stoß-TE;
- Anwendung *unterschiedlicher Intensitäten* bei Würfen mit dem Wettkampfgerät;
- Wurf-/Stoßübungen mit unterschiedlichen Gerätemassen (Verbesserung der intermuskulären Koordination, Erhöhung der speziellen Schnellkraftfähigkeit);
- *Kopplungsmöglichkeiten* mit anderen Teil-TE:
  · Sprung **nach** dem speziellen Training,
  · umfangreiche Sprintprogramme gleichfalls **danach**, jedoch mit geringerem Umfang (z. B. 5–8mal aus dem Hochstart bzw. fliegend), auch **davor** als Abschluß der Erwärmung möglich,
  · allgemeines und Maximalkrafttraining bei mittlerem Umfang **danach**,
  · Spiel **nach** dem speziellen Training.
- Maximale Umfänge pro TE im Aufbautraining

| | |
|---|---|
| Kugelstoß | 30–60 Stöße |
| Diskuswurf | 30–50 Würfe |
| Speerwurf | 25–50 Würfe |
| Hammerwurf | 15–25 Würfe. |

## Kontrolle

Zur Überprüfung der speziellen Wurf-/Stoßkraftfähigkeit sowie des Standes der Technik sind folgende Tests bzw. Leistungskontrollen zu empfehlen:
- Würfe mit dem WKG,
- Würfe mit leichteren Geräten als dem WKG,
- Würfe mit schwereren Geräten als dem WKG,
- Würfe mit speziellen Geräten,
- Film- und Videoanalysen nach feststehenden Bewertungskriterien.

▶ Aufgaben:
- Weisen Sie nach, wie im Aufbautraining der Wurf-/Stoßdisziplinen die Einheit von allgemeiner und spezieller Vervollkommnung (vgl. 3.2. Grundprinzipien des Trainings) realisiert wird.
- Nennen Sie die Haupttrainingsmittelkomplexe im Wurf/Stoß. Ordnen Sie diesen Komplexen (Darstellung am Beispiel einer Wurfdisziplin) einzelne Trainingsmittel zu.
- Wie und mit welcher Aufgabenstellung erfolgt der Einsatz der Haupttrainingsmittelkomplexe im Makrozyklus?

### Gestaltung von Mikrozyklen

Auch in den Wurf-/Stoßdisziplinen unterliegt die Struktur der Mikrozyklen gesetzmäßig bedingten Veränderungen entsprechend der Hauptzielstellung des jeweiligen Mesozyklus. Demzufolge sind die Trainingseinheiten mit grundlegendem Charakter (Haupttrainingseinheiten) inhaltlich auf die Lösung der Schwerpunktaufgaben des entsprechenden Trainingsabschnittes bzw. Mesozyklus auszurichten, wobei die TE mit ergänzendem Charakter sowie TE mit erholendem oder ausgleichendem Charakter den Haupttrainingseinheiten zweckmäßig zuzuordnen sind.
● Solche Schwerpunkttrainingseinheiten beinhalten:
- in *MEZ der allgemeinen Vorbereitung* vor allem die Ausbildung komplexer allgemeiner Kraftfähigkeiten, allgemeiner Schnellkraftfähigkeiten, Schnelligkeitsfähigkeiten, die Entwicklung von Bewegungsfertigkeiten in anderen Sportarten und Disziplinen sowie die Ausbildung von koordinativen Fähigkeiten;
- in *MEZ der speziell-gerichteten Vorbereitung* die Entwicklung allgemeiner und Maximalkraftfähigkeiten sowie die technische Ausbildung in den Wurfdisziplinen, insbesondere in der Spezialdisziplin;
- in *MEZ der speziellen Vorbereitung* die Ausbildung der vielseitig-zielgerichteten Schnellkraft- und Schnelligkeitsfähigkeit sowie die Ausprägung der speziellen Wurfkraftfähigkeit und der Technik in der Spezialdisziplin (s. Tab. 97);
- in den *MEZ der Wettkampfperiode* zur Ausprägung und Stabilisierung der sportlichen Form, die Ausbildung der speziellen Schnellkraftfähigkeit und Technik.
● Unter Berücksichtigung der Gesetzmäßigkeiten von Belastung und Erholung sowie lerntheoretischer Gesichtspunkte sind in den MIZ Hauptbelastungstage mit Schwerpunkttrainingsinhalten entsprechend der Aufgabenstellung des jeweiligen MEZ zur kontinuierlichen und zielgerichteten Entwicklung leistungsbestimmender Fähigkeiten und Fertigkeiten zu planen (z. B. Mo., Mi., Fr.).
Dabei sind die Haupttrainingsschwerpunkte mit paßfähigen, ergänzenden und kompensierenden Teil-TE zu kombinieren.
● An den dazwischenliegenden Tagen sind vor allem Trainingseinheiten des allgemein-

*Tabelle 97:* *Beispiel eines MIZ in den MEZ zur Entwicklung und Vervollkommnung spezieller Leistungsgrundlagen im Nachwuchstraining*

| Montag | Dienstag | Mittwoch | Donnerstag | Freitag | Sonnabend |
|---|---|---|---|---|---|
| **Vormittag** | | | | | |
| Sprint-Abc | – | Te-Imitation u. | – | Würfe in der Spe- | Tu/Gymn. |
| Te-Imitation | | Würfe in d. Spe- | | zialdisziplin | allg. Würfe |
| Hürden | | zialdisziplin | | Sprint | TL |
| Spiel | | Sprint | | Spiel | |
| | | Spiel | | | |
| **Nachmittag** | | | | | |
| Würfe in d. Spe- | Gymnastik | Max.-Krafttrai- | Technik | Schnellkraftent- | |
| zieldisziplin | Technik | ning | anderer Wurf- | wicklung ohne | |
| allg. Krafttraining | anderer Wurf- | Kraftgymn. | disziplinen | und mit der | |
| ohne und mit | disziplinen | Sprung | rhythm. Gymna- | Scheibenhantel | |
| Scheibenhantel | allg. Würfe | Schwimmen | stik | Sprung | |
| Sprung | | Spiel | | | |

entwickelnden und kompensierenden sowie TE zur Schulung der koordinativen Fähigkeiten und der Fertigkeiten in den anderen Sportarten und leichtathletischen Disziplinen zu gruppieren.

● Zur erfolgreichen Bewältigung der Gesamtbelastung im MIZ sind im Zusammenhang mit den o. a. Gesetzmäßigkeiten zielgerichtete prophylaktische Maßnahmen sowie ausreichende zeitliche Abstände zwischen den Schwerpunkttrainingseinheiten in den Hauptbelastungstagen einzuplanen.

● Schwerpunkttrainingseinheiten des speziellen Wurf/Stoß- und Techniktrainings der jeweiligen Spezialdisziplin sollten möglichst bei optimalem psychophysischem Zustand des Sportlers absolviert werden.

# 9.   Mehrkampf

Der leichtathletische Mehrkampf vereint in sich *Lauf-, Sprung- und Wurfwettbewerbe*, die in einer festgelegten Reihenfolge ausgetragen werden. Das Ergebnis wird über eine Punkttabelle in Form einer Punktsumme zum Ausdruck gebracht.

Das Zusammenführen verschiedener leichtathletischer Disziplinen zu einem Wettbewerb ergibt eine *Vielseitigkeitsprüfung*, die eine umfassende technisch-koordinative und konditionelle Ausbildung erfordert.

Mehrkämpfe unterstützen eine solide Grundausbildung der Nachwuchssportler. Sie sichern die Entwicklung wesentlicher Voraussetzungen für das Training in einer Spezialdisziplin, fördern vielseitig die Persönlichkeitsentwicklung und vermitteln ein gutes Grundkönnen in der Leichtathletik.

Seit 1912 ist der Zehnkampf der Männer und seit 1964 der Fünfkampf der Frauen Bestandteil des olympischen Programms. Letzterer wurde 1981 durch den Siebenkampf abgelöst.

## 9.1.   Charakteristik der Leistungsentwicklung

▶ Aufgabe:
Aus der Kenntnis der in den vergangenen Kapiteln behandelten Ursachen für die Leistungsentwicklung sind Sie in der Lage, diese auch für den Mehrkampf zu bestimmen. Lesen Sie erst dann die folgenden Ausführungen!

Um die **Entwicklung** im Mehrkampf einschätzen zu können, müssen die Ergebnisse aus unterschiedlichen Jahren nach den derzeitig gültigen Punktwertungen umgerechnet werden. Da jede Punktwertung relativ ist, werden zusätzlich die Einzelleistungen angeführt, weil an ihnen die Leistungsentwicklung besonders deutlich wird. (Tab. 98)

In den letzten 5 Jahren wurde der Weltrekord im Zehnkampf der Männer und im Fünfkampf bzw. Siebenkampf der Frauen 9mal bzw. 12mal verbessert. Die Verdichtung der Leistung im Zehnkampf wird durch die in Tabelle 99 angegebenen Durchschnittswerte noch einmal verdeutlicht.

Im genannten Zeitraum hat sich die Anzahl der Sportler, die in einem Jahr über 8000 Punkte erreichten, mehr als verdoppelt.

Die Anzahl der Sportler mit Leistungen zwischen 8100 und 8300 Punkten erhöhte sich um etwa ein Drittel.

Diese Entwicklung in der Welt läßt für die kommenden Jahre eine *perspektivische Leistung* von 9000 Punkten erwarten.

*Tabelle 98:   Entwicklung der Weltrekordleistungen (Männer)*

|  | 1912 | 1964 | 1992 |
|---|---|---|---|
|  | Thorpe (USA) | Yang-Chuan-kwang (Taiwan) | O'Brian (USA) |
|  | 6649 P. | 8079 P. | 8891 P. |
| 100-m-Lauf | 11,2 s | 10,7 s | 10,43 s |
| Weitsprung | 6,79 m | 7,16 m | 8,08 m |
| Kugelstoß | 12,84 m | 13,21 m | 16,69 m |
| Hochsprung | 1,87 m | 1,91 m | 2,07 m |
| 400-m-Lauf | 52,2 s | 47,7 s | 48,51 s |
| 110-m-Hü-Lauf | 15,6 s | 14,0 s | 13,98 s |
| Diskuswurf | 36,98 m | 40,99 m | 48,56 m |
| Stabhochsprung | 3,25 m | 4,83 m | 5,00 m |
| Speerwurf | 45,70 m | 71,74 m | 62,58 m |
| 1500-m-Lauf | 4:40,1 min | 5:02,4 min | 4:42,10 min |

(alle Resultate werden nach der seit 1985 gültigen Punktewertung angegeben)

*Tabelle 99:   Leistungsentwicklung im Zehnkampf in Punkten am Beispiel des 1., 10. und 50. der jeweiligen Weltjahresbestenliste*

|  | 1. Platz | 10. Platz | 50. Platz |
|---|---|---|---|
| 1964 | 8 075 | 7 521 | 6 929 |
| 1968 | 8 193 | 7 846 | 7 298 |
| 1972 | 8 465 | 7 978 | 7 608 |
| 1976 | 8 634 | 8 076 | 7 721 |
| 1980 | 8 668 | 8 190 | 7 770 |
| 1984 | 8 847 | 8 476 | 7 884 |
| 1988 | 8 512 | 8 387 | 7 976 |

Im Siebenkampf der Frauen sind in den nächsten Jahren Leistungen von mehr als 7 400 Punkten möglich.

▶ Aufgabe:

Vergleichen Sie die für eine gleiche Punktzahl notwendigen Leistungen. Was bedeutet das voraussichtlich für die Leistungsentwicklung im Siebenkampf der Frauen?

| Weitsprung | Punkte | Speerwurf |
|---|---|---|
| 7,00 m | 1 172 | 65,98 m |
| 6,50 m | 1 007 | 57,54 m |
| 6,00 m | 850 | 49,46 m |
| 5,50 m | 700 | 41,68 m |

Aus der Fülle der **Ursachen** für die Leistungsentwicklung im Mehrkampf werden besonders hervorgehoben:

● **Übertragung von Erkenntnissen aus anderen Disziplinen**

Die Erkenntnisse und Erfahrungen aus den Einzeldisziplinen wurden mehrkampfspezifisch genutzt und führten besonders in den technischen Disziplinen zu einer erheblichen Leistungssteigerung.
Im Zehnkampf konnten besonders die Leistungen des 2. Tages (Punktsumme) verbessert werden.

● **Entwicklung der Trainingsmethodik**

Die Kompliziertheit, mehrere sich nicht nur positiv beeinflussende Disziplinen entwickeln zu müssen, führte zur Herausbildung einer *eigenen Trainingsmethodik* im Mehrkampf. Dabei war die ständig klarere Übertragung allgemeiner Trainingsgrundsätze und -prinzipien auf das Mehrkampftraining eine wesentliche Entwicklungsursache.

● **Vielseitige Ausbildung im Nachwuchstraining**

In Deutschland, aber auch in anderen Ländern hat sich immer stärker eine vielseitige Grundausbildung für junge Mehrkämpfer durchgesetzt. Über ein vielseitiges Training werden mehrkampfspezifische Voraussetzungen entwickelt.

Diese *mehrkampfspezifische Ausbildung im Kindes- und Jugendalter* führte besonders im Mehrkampf der Frauen zu einer positiven Entwicklung.
Die vielseitige Ausbildung im Nachwuchsbereich hat sich außerdem auch für die Spezialisten als sehr zweckmäßig erwiesen. Zahlreiche Weltspitzenathleten waren gleichzeitig auch gute Mehrkämpfer (z. B. Nordwig – Olympiasieger Stabhoch; Drut – OS 110-m-Hürden; Gummel – OS Kugel (Frauen); Fuchs – OS Speer (F); Voigt – OS Weit (F); Wessig – OS Hoch).

● **Erweiterung des internationalen Wettkampfangebotes**

Leistungsfördernd wirkte sich die Erweiterung des internationalen Wettkampfkalenders durch die Einführung des *Europa-Pokals* für Männer und Frauen und durch gesonderte *Länderkämpfe im Mehrkampf* aus.
Das bewirkte, daß sich mehr Länder verstärkt auch dem Mehrkampf zuwandten. Außerdem steht dadurch in den Jahren ohne internationale Meisterschaften (OS, EM) ein höheres Wettkampfangebot zur Verfügung. Dadurch vollzieht sich die Leistungsentwicklung kontinuierlicher.

▶ Aufgabe:

Fertigen Sie sich eine Tabelle an, in der Sie die einzelnen Entwicklungsursachen durch Beispiele für die einzelnen Disziplingruppen ergänzen. Ziehen Sie dabei die Abhandlungen in den Disziplingruppen sowie im Kap. 1 heran!

*Zum Beispiel:*

| Ursache | Sprint | Sprung | Wurf | Lauf |
|---|---|---|---|---|
| mat.-techn. Verbess. | Tartan-bahn | Sprung-stäbe Hoch-sprung-anlage | . . . | . . . |
| . . . | . . . | . . . | . . . | . . . |

## 9.2. Leistungsstruktur

Die Objektivierung der Leistungsstruktur im Mehrkampf wird durch die 7 bzw. 10 Einzeldisziplinen und die sich daraus ergebende Vielfalt von Relationen und Abhängigkeiten der einzelnen Faktoren wesentlich erschwert.

Noch ist nicht eindeutig zu bestimmen, ob nur eine Struktur der Höchstleistung oder mehrere Zielstrukturen vorhanden sind bzw. sein müssen.

Tabelle 100 verdeutlicht, daß Gesamtpunktzahlen mit nur 15 Punkten Differenz durch erheblich abweichende Einzelleistungen erreicht werden können. Analysen weisen außerdem nach, daß dieses Profil der Einzelleistungen von Mehrkämpfern sich auch im Verlaufe ihrer Entwicklung nicht grundsätzlich verändert. Eine bestimmte Gesamtleistung kann also auf unterschiedliche Weise angestrebt werden.

Von den im folgenden betrachteten Leistungsfaktoren (Abb. 211)
– psychische *Verhaltens- und Steuerungseigenschaften*,
– *Konstitution*,
– *Kondition*,
– *Technik/Koordination*

zeigen das besonders die Konstitution und die Kondition.

### Zum Leistungsfaktor
### psychische *Verhaltens- und Steuerungseigenschaften*

Das Training im Mehrkampf und die Teilnahme an Wettkämpfen fördert und fordert in hohem Maße die Entwicklung von *Persönlichkeitseigenschaften*.

Die Besonderheiten, die sich vor allem im Trainingsprozeß herausbilden, unterscheiden sich im Mehrkampf nicht qualitativ von denen, die durch die leichtathletischen Spezialdisziplinen entwickelt werden. Die Auseinandersetzung mit mehreren Disziplinen führt zu vielfältigen und komplexen Einwirkungen auf den Sportler und damit zu günstigen Voraussetzungen für seine Persönlichkeitsentwicklung. Die Entwicklung seiner Verhaltenseigenschaften wird durch die vielseitige Tätigkeit und Auseinandersetzung des Sportlers gefördert. Die Anforderungen im Trainingsprozeß erfordern sowohl ein weitgehend gleichartiges als auch differenziertes Reagieren. Das mehrkampfgemäße Training unterstützt diesen Prozeß.

Der Mehrkampfwettbewerb verlangt
– Willensspann- und -stoßkraft,
– Konzentrationsvermögen,

Tabelle 100:  *Die Leistungen der besten Zehnkämpfer der Welt*

|  | O'Brian (USA) | Thompson (GB) | Hingsen (Deutschl.) |
|---|---|---|---|
| 100-m-Lauf | 10,43 s | 10,44 s | 10,70 s |
| Weitsprung | 8,08 m | 8,01 m | 7,76 m |
| Kugelstoß | 16,69 m | 15,72 m | 16,42 m |
| Hochsprung | 2,07 m | 2,03 m | 2,07 m |
| 400-m-Lauf | 48,51 s | 46,97 s | 48,05 s |
| 110-m-Hü-Lauf | 13,98 s | 14,34 s | 14,07 s |
| Diskuswurf | 48,56 m | 46,56 m | 49,36 m |
| Stabhochsprung | 5,00 m | 5,00 m | 4,90 m |
| Speerwurf | 62,58 m | 65,24 m | 59,86 m |
| 1500-m-Lauf | 4:42,10 min | 4:35,00 min | 4:19,75 min |
| Punktesumme | 8891 | 8847 | 8832 |

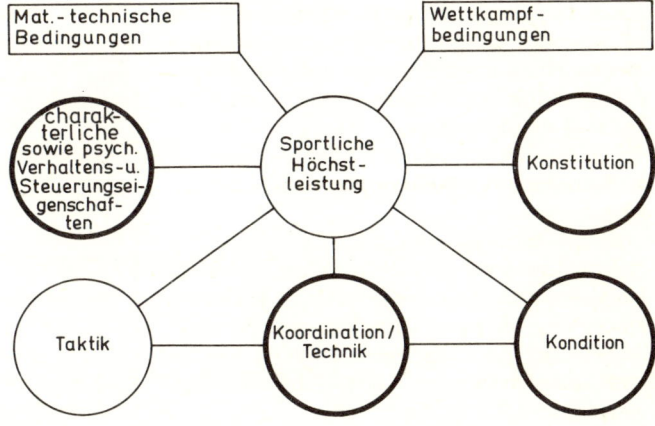

Abb. 211   Gefüge der Leistungsfaktoren

– Selbständigkeit,
– Risikobereitschaft.

Die Bedeutung dieser Verhaltenseigenschaften zeigt sich besonders darin, daß der Sportler an zwei Tagen einer relativ hohen psychischen und physischen Belastung ausgesetzt ist. Er muß die Fähigkeit besitzen, über mehrere Stunden – im Zehnkampf etwa 10 pro Wettkampftag – in unregelmäßigen Abständen seine *Willensstoßkraft* und das *Konzentrationsvermögen* ohne qualitativen Verlust einzusetzen.

Seine *Selbständigkeit* wird durchgängig gefordert, da mehrmals in einem Wettkampf kurzfristig und ohne fremde Hilfe Entscheidungen zu treffen sind.

▶ Aufgabe:
Nennen Sie Beispiele für selbständige Entscheidungen im Mehrkampfwettkampf, und vergleichen Sie diese mit solchen in den Einzeldisziplinen!

Die *Risikobereitschaft* kommt besonders im Hoch- und Stabhochsprung zum Ausdruck. Es ist wichtig, in diesen Disziplinen nicht mehr als 12 Sprünge in einem Wettkampf zu absolvieren.

Grundsätzlich sollte ein Mehrkämpfer nicht mehr als 20 cm unter seiner Bestleistung im Hoch- bzw. 50 cm unter seiner Bestleistung im Stabhochsprung beginnen.

| Die Komplexität der Leistungsanforderungen verlangt allseitige Persönlichkeitseigenschaften.

## Zum Leistungsfaktor Konstitution

Weltspitzenleistungen im Mehrkampf wurden bisher in relativ unterschiedlicher Zusammensetzung der Leistungen in den einzelnen Disziplinen erreicht.

Durch die stärkere Ausprägung einzelner Disziplingruppen ergibt sich eine Differenzierung der Mehrkämpfer in bestimmte Grundtypen:
– Lauf-Sprung-Typ
– Sprung-Wurf-Typ
– Lauf-Wurf-Typ
– Universal-Typ

| Alle Grundtypen sind heute in der Weltspitze vertreten, wobei der Lauf-Sprung-Typ und der Universal-Typ überwiegen.

Tabelle 101:  Die Leistungen der weltbesten Mehrkämpferinnen

| | Joyner-Kersee (USA) | Nikitina (GUS) | Braun (Deutschl.) |
|---|---|---|---|
| 100 m Hürden | 12,69 s | 13,40 s | 13,11 s |
| Hochsprung | 1,86 m | 1,89 m | 1,93 m |
| Kugelstoß | 15,80 m | 16,45 m | 14,84 m |
| 200-m-Lauf | 22,56 s | 23,97 s | 23,65 s |
| Weitsprung | 7,27 m | 6,73 m | 6,63 m |
| Speerwurf | 45,66 m | 53,94 m | 51,82 m |
| 800-m-Lauf | 2:08,51 min | 2:15,31 min | 2:12,67 min |
| Punktesumme | 7291 | 7007 | 6985 |

In Abhängigkeit vom Grundtyp eines Sportlers ist eine leichte Akzentuierung der *konstitutionellen* Voraussetzungen in Richtung jener Spezialdisziplinen zu erkennen, die den jeweiligen Grundtyp vorrangig bestimmen.

Mehrkämpfer bzw. Mehrkämpferinnen sind relativ groß und besitzen in bezug zur Körperhöhe ein *mittleres Körpergewicht*. (Tab. 102)

Tabelle 102:  Orientierungswerte für Körpergewicht und -höhe

| | Zehnkampf | Fünfkampf |
|---|---|---|
| Körpergewicht | 90 kg | 69 kg |
| Körperhöhe | 1,90 m | 1,75 m |

▶ Aufgabe:
Ordnen Sie die in den Tabellen 98 und 101 genannten Zehnkämpfer und Siebenkämpferinnen in die zuvor aufgeführten *Grundtypen* ein.

## Zum Leistungsfaktor Kondition

| Obwohl hohe sportliche Resultate im Mehrkampf von allen konditionellen Fähigkeiten beeinflußt werden, ist eine eindeutige *Dominanz der Schnellkraftfähigkeit* nachweisbar. Der Mehrkampf unterliegt deshalb im wesentlichen auch den Gesetzmäßigkeiten zur Entwicklung der leichtathletischen Schnellkraftdisziplinen.

Der Mehrkampf fordert einen hohen Entwicklungsstand der koordinativen Fähigkeiten und einen stabilen Entwicklungsstand der technischen Fertigkeiten.

Deshalb ist im Mehrkampf besonders folgendes zu beachten:

● In den einzelnen Disziplinen ist das *Technik-Modell* der jeweiligen Spezialdisziplin anzustreben.

● Von Bedeutung ist die *Umstellungsfähigkeit* von Disziplin zu Disziplin entsprechend der Reihenfolge des Mehrkampfes. Schwierige Disziplinfolgen sind Sprint–Weitsprung und Hürdenlauf–Diskuswurf.

● Eine besondere Stellung nehmen die Disziplinen *Stabhochsprung* und *Hürdenlauf* durch ihre hohen koordinativen Forderungen und den nachgewiesenen Einfluß auf andere leichtathletische Disziplinen ein.

● Durch die zunehmende Ermüdung während des Zehnkampfes hat die *Stabilität* der Technik der Disziplinen Stabhochsprung und Speerwurf (8. und 9. Disziplin des Zehnkampfes) eine besondere Bedeutung.

● Im Mehrkampf hat sich im Hochsprung die „Flop"-Technik durchgesetzt. Sowohl bei den Männern als auch bei den Frauen wird diese Technik seit 1979 fast ausnahmslos demonstriert.

Analysen gestatten, die konditionellen Fähigkeiten und ihre *Wertigkeit* für den Mehrkampf wie folgt einzuordnen:

1. Schnellkraft mit besonders gut ausgeprägter Sprungkraft
2. Schnelligkeit
3. Maximalkraft
4. Schnelligkeitsausdauer
5. Kraftausdauer
6. Grundlagenausdauer.

Individuelle Verschiebungen in dieser Reihenfolge sind weniger in den Positionen 1 bis 4, sondern mehr in den Positionen 5 und 6 nachweisbar.

Interessant ist in diesem Zusammenhang, daß das Profil der Einzelleistungen in den 7 bzw. 10 Disziplinen nahezu aller Mehrkämpfer vom Anfänger bis zum Spitzenkönner in seinen Relationen annähernd erhalten bleibt.

Abbildung 212 verdeutlicht dies am Beispiel von Thompson (GB).

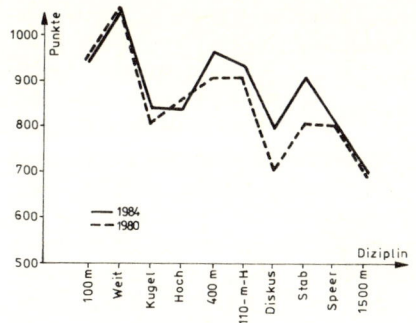

Abb. 212   Leistungsprofil von D. Thompson 1980 und 1984

***Zum Leistungsfaktor Koordination/Technik***

Es gibt für den Mehrkampf keine gesonderten oder spezifischen *Techniken.*

Grundsätzlich wird in jeder Disziplin die rationellste Technik der Einzeldisziplin angestrebt. Da der Zehnkampf sieben und der Siebenkampf fünf Technikdisziplinen enthält, ist der Einfluß koordinativer Faktoren relativ groß.

## 9.3.   Technik und technische Ausbildung

Ebenso, wie sich die Anforderungen an die Ausprägung der Bewegungsabläufe gleichen, liegen auch in der Methodik ihrer Erlernung und Vervollkommnung keine Unterschiede zwischen Mehrkämpfer und Spezialist der Disziplin vor.

Es ergeben sich lediglich einige *Besonderheiten* daraus, daß der Mehrkämpfer

– bestimmte *positive Zusammenhänge*, die in technischer Hinsicht zwischen den Disziplinen vorliegen, im Techniktraining bewußt ausnutzen bzw.

– bestimmte *Widersprüchlichkeiten* zwischen den Disziplinen so gering wie möglich halten muß.

Wir fassen diese Besonderheiten der technischen Ausbildung zu drei Problemkreisen zusammen:

1. technische Schlüsseldisziplinen;
2. die Sprungbeinwahl;
3. die Reihenfolge bei der Erlernung bzw. Vervollkommnung der Techniken.

369

● **Besondere Berücksichtigung der technischen Schlüsseldisziplinen in der Mehrkampfausbildung.**

Analysiert man den Einfluß einzelner Techniken des Mehrkampfes auf die Gesamtkoordination des Sportlers, kann festgestellt werden, daß für den *Zehnkampf* der Hürdenlauf, der Stabhochsprung, der Speerwurf und für den *Siebenkampf* der Weitsprung und der Hürdenlauf sowie der Speerwurf besondere Bedeutung besitzen. Ihr Übertragungseffekt (Transfereffekt) auf alle anderen Disziplinen ist nachgewiesen.

Damit ergibt sich, daß diese Disziplinen besonderer Aufmerksamkeit bedürfen und bei ihrer technischen Schulung sehr sorgfältig zu arbeiten ist.

● **Rationalität der Ausbildung durch entsprechende Sprungbeinwahl**

In den Sprungdisziplinen des Zehnkampfes der Männer (Weit-, Hoch-, Stabhochsprung) sowie des Siebenkampfes der Frauen (Weit- und Hochsprung) ist es für Training und Wettkampf nicht ohne Bedeutung, mit welchem Absprungbein die einzelnen Sprünge ausgeführt werden.

Das wird durch die *Absprungstruktur* der verschiedenen Techniken bestimmt:

Relative *Übereinstimmung* liegt in der Absprungstruktur zwischen dem Weitsprung, dem Stabhochsprung und dem Flopsprung vor.

Daraus ergeben sich für die Rationalität der Ausbildung folgende Überlegungen:

● Es ist günstig, wenn Mehrkämpfer den Flopsprung erlernen.

● Zwischen den 3 Sprungdisziplinen ergeben sich positive Übertragungseffekte, wodurch es zu einer Zeitersparnis in der Ausbildung kommen kann; Widersprüche werden geringgehalten.

● Die Sportler sollten in allen drei Disziplinen mit dem gleichen Bein abspringen.

Auch das erhöht die Rentabilität der Ausbildung. Die zum Teil in der Literatur vertretene Auffassung, daß die Belastung für das Sprungbein dabei zu groß sei, kann nicht geteilt werden. Weder aus Training noch Wettkampf sind Fälle bekannt, die von einer solchen Überbelastung bei einer solchen Sprungbeinwahl sprechen.

Es kommt in der Regel das linke Bein in Betracht.

Das wird dadurch entschieden, daß die meisten Springer (85–90% aller Zehnkämpfer) beim Stabhochsprung den Stab auf der rechten Seite tragen (Rechtshändigkeit) und dementsprechend links abspringen müssen.

Diese Entscheidungen bei der Sprungbeinwahl schließen nicht aus, daß im Grundlagentraining zunächst prinzipiell auf eine *beidseitige* Ausbildung orientiert wird. Neben der kontinuierlichen Entwicklung der Sprungkraft beider Beine fördert das Üben mit dem schwächeren Bein die koordinative Entwicklung der Sportler. Auch werden eventuelle Umstellungen in der Sprungbeinwahl erleichtert, die aus unterschiedlichen Gründen (z. B. Verletzungen) später im Mehrkampftraining notwendig werden können.

● **Erlernen bzw. Vervollkommnung der Techniken im Mehrkampftraining in einer bestimmten Kopplung und Reihenfolge**

Das ergibt sich daraus, daß
– sich einzelne Techniken in der Ausbildung günstig ergänzen (in technischer und konditioneller Hinsicht, vgl. Abschn. 1.2.);
– sie im Wettkampf unmittelbar aufeinanderfolgen und deshalb in dieser Verbindung trainiert werden müssen.

Es bietet sich aus Effektivitätsgründen dazu ein *akzentuiertes Training* von jeweils 2 Disziplinen an.

Folgende Reihenfolge hat sich beim Erlernen bewährt:

*Zehnkampf:*
1. Weitsprung und Speerwurf
2. Hürdenlauf und Stabhochsprung
3. Hochsprung und Diskuswurf
4. Kugelstoß

*Siebenkampf:*
1. Weitsprung und Hürdenlauf
2. Hochsprung und Speerwurf
3. Kugelstoß

## 9.4. Training im Nachwuchsbereich

▶ Aufgabe:

Versuchen Sie auf der Grundlage des Studiums der Leistungsstruktur im Mehrkampf (9.2.) den Einfluß und die Bedeutung der einzelnen Faktoren in einem langfristigen Leistungsaufbau einzuordnen. Berücksichtigen Sie dabei Erkenntnisse aus anderen Disziplingruppen der Leichtathletik (Kap. 7.4.; 8.4.).

Im Nachwuchstraining des Mehrkampfes sind folgende **Hauptaufgaben** zu realisieren:
- Entwicklung der **speziellen Leistungsfähigkeit in den einzelnen Disziplinen** des Mehrkampfes bei *akzentuierter technisch-koordinativer Ausbildung;*
- Entwicklung der **Schnellkraftfähigkeit** im Sinne einer komplexen Fähigkeit unter Berücksichtigung der *Sprungkraft;*
- Entwicklung der **Schnelligkeitsfähigkeit**, besonders der **Reaktions- und Beschleunigungsfähigkeit;**
- einsetzende Entwicklung der **Maximalkraftfähigkeit** (siehe Kap. 8.4.);
- Entwicklung der **Ausdauerfähigkeiten** unter besonderer Berücksichtigung der *Grundlagenausdauer;*
- Vervollkommnung der **allgemeinen konditionellen und koordinativen Fähigkeiten;**
- Ausbildung von **mehrkampfspezifischen Merkmalen**, Einstellungen, Verhaltens- und Steuerungseigenschaften.

*Allgemeine Ausbildung*

▶ Aufgabe:
Werten Sie hierzu den Abschnitt 4.2.3. aus.

*Entwicklung der speziellen Leistungsfähigkeit in den einzelnen Disziplinen des Mehrkampfes vorrangig auf der Grundlage einer akzentuierten technisch-koordinativen Ausbildung.*

Die sporttechnische Ausbildung ist im Aufbautraining des Mehrkampfes ein ganzjähriger *Schwerpunkt*, der von MEZ zu MEZ an Bedeutung und damit an Umfang zunimmt. Bis zum Ende des Aufbautrainings muß erreicht werden, daß die Bewegungsabläufe (von Hauptfehlern frei) beherrscht werden und im Stabhochsprung, Speerwurf und Hürdenlauf der Übergang zur Feinform erreicht ist.

Die Entwicklung der Wettkampfleistungen erfolgt vorrangig durch die technische *Vervollkommnung.*
Die *Grundanforderungen* an den angestrebten Entwicklungsstand entsprechen im grundsätzlichen den Anforderungen in den leichtathletischen Einzeldisziplinen für diese Ausbildungsetappe.

**Trainingsmittelkomplexe**
Im Vordergrund stehen die *lehrmethodischen Reihen* für die technische Ausbildung in den Disziplinen (siehe Kap. Technische Ausbildung in den einzelnen Disziplingruppen).

**Einsatz im Makrozyklus**
Das Training in den Disziplinen wird durch zwei entscheidende methodische Formen bestimmt:
- das *Schwerpunkttraining* und
- das *gekoppelte* oder *Kombinationstraining.*
*Im* **Schwerpunkttraining** erfolgt vorrangig die *Entwicklung von 1–3 Disziplinen* des jeweiligen Mehrkampfes über einen bestimmten *Zeitraum*. Handelt es sich um Disziplinen wie Hürdenlauf, Weit-, Hoch-, Stabhochsprung oder Kugelstoß, Diskus- und Speerwurf, dann beträgt der Zeitaufwand zur Ausbildung mindestens 50% vom Gesamtaufwand.
Bei der *Auswahl* von Schwerpunktdisziplinen sind zu berücksichtigen:
- der *Leistungsstand* besonders in den 7 Technikdisziplinen des Zehnkampfes bzw. den 5 Technikdisziplinen des Siebenkampfes der Frauen;
- die *Entwicklungsmöglichkeiten* aufgrund der individuellen Voraussetzungen;
- der Einfluß der *Punktwertung* auf die Entwicklung in den einzelnen Disziplinen; hierbei ist einzuschätzen, welche Leistungsentwicklung den entsprechenden Punktzuwachs bringt.
Das Schwerpunkttraining wird im wesentlichen in der Vorbereitungsperiode angewandt. Beim **gekoppelten** oder **Kombinationstraining** wird die Reihenfolge der Disziplinen im jeweiligen Mehrkampf berücksichtigt.

**Beispiele:**
*Männer*
- Sprint – Weitsprung – Kugelstoß
- Hochsprung – Schnelligkeitsausdauer
- Hürdenlauf – Diskuswurf
- Stabhochsprung – Speerwurf – Ausdauer

*Frauen*
- Hürdenlauf – Hochsprung
- Hürdenlauf – Hochsprung – Kugelstoß

– Weitsprung – Speerwurf
– Weitsprung – Speerwurf – Ausdauer

Das gekoppelte Training wird vorwiegend in der Wettkampfperiode angewandt. Es dient besonders der Schulung der Umstellungsfähigkeit.

Im Aufbautraining des Mehrkampfes bildet die technische Ausbildung einen immanenten Bestandteil des gesamten MAZ.

● Im MEZ der allgemeinen Vorbereitung umfaßt die sporttechnische Ausbildung etwa 30–40% des Trainingsumfanges. Dabei stehen spezielle vorbereitende und Grundübungen im Vordergrund.

● Im MEZ der speziell-gerichteten Vorbereitung nimmt der Umfang der technischen Ausbildung zu und liegt bei mindestens 50% des Trainingsumfanges. Es erfolgt eine Konzentration auf Schwerpunktdisziplinen.

● Im MEZ der speziellen Vorbereitung wird vorwiegend die Gesamtbewegung der technischen Disziplinen geschult.

### Einsatz in der TE

Die technische Schulung wird vorrangig nach dem Aufwärmen *zu Beginn* der TE durchgeführt.

Sie sollte 45 min nicht überschreiten. In Vorbereitung auf einen Mehrkampf (Wettkampfperiode) kann sie auch in die Mitte oder an das Ende einer TE gelegt werden, um den technischen Stand nach vorangegangener Belastung zu überprüfen. Besonders trifft das für den Stabhochsprung und den Speerwurf zu, weil diese Disziplinen gegen Ende des 2. Wettkampftages unter Ermüdungserscheinungen ausgetragen werden.

### Kontrolle:

– Technikkontrollen unter den Bedingungen von Grundanforderungen in den Sprung- und Wurf-/Stoßdisziplinen;
– Teilnahme an Einzelwettkämpfen mit spezieller technischer Aufgabenstellung.

▶ Aufgabe:

Begründen Sie zusammenfassend die Bedeutung der sporttechnischen Ausbildung im Aufbautraining des Mehrkampfes als einen durchgängigen Prozeß.

### *Die Entwicklung der Schnellkraftfähigkeit unter besonderer Berücksichtigung der Sprungkraft*

Die Schnellkraftfähigkeit wird in der Leistungsstruktur des Mehrkampfes als wesentlicher konditioneller Leistungsfaktor ausgewiesen. Dementsprechend ist sie bereits im Nachwuchstraining vorrangig zu entwickeln.

Besondere Aufmerksamkeit gilt in dieser Ausbildungsphase einer zielgerichteten Ausbildung der *Sprungkraft*.

### Trainingsmittelkomplexe

– Einzel- und Reihensprünge *horizontal* bis zu 10 in einer Serie;
– Einzel- und Reihensprünge *vertikal* bis zu 10 in einer Serie;
– Hangeln am Tau (4,5 m);
– allgemeine Sprintkraftübungen;
– allgemeine Wurfkraftübungen;
– *Übungen mit der Scheibenhantel* bei Zusatzlasten bis zu 50% des individuellen Leistungsvermögens; bei gut entwickelter Technik ist auf ein zügiges Ausführungstempo zu achten. Es wird in Serien mit vier bis sechs Wiederholungen trainiert.

Des weiteren dienen der Schnellkraftentwicklung alle *Einzelversuche* in den Sprung- und Wurf-/Stoßdisziplinen, die in ihrem Einfluß nicht zu unterschätzen sind.

### Einsatz im Makrozyklus

Die Entwicklung der Schnellkraft ist im Mehrkampf ein ganzjähriges Anliegen.

● Im MEZ der allgemeinen Vorbereitung wird ihre Ausbildung vorrangig durch die Einzelversuche in den technischen Disziplinen des jeweiligen Mehrkampfes abgesichert.

Sie ist kein Ausbildungsschwerpunkt in diesem Zeitabschnitt.

● Am Ende des MEZ der speziell-gerichteten und des MEZ der speziellen Vorbereitung kommt es zu einer akzentuierten Schnellkraftausbildung.

Sie geht damit der Schnelligkeitsausbildung etwas voraus und später mit dieser parallel.

### Einsatz in der TE

Trainingsmittelkomplexe zur Schnellkraftentwicklung sind mit mehreren anderen Aufgaben in einer TE kopplungsfähig. Zu vermeiden ist eine Kombination mit der Ausdauerentwicklung, besonders mit der Grundlagenausdauer.

Folgende *Kopplungen* kommen in Betracht:
- Technische Schulung – Schnellkraftentwicklung
- Schnellkraftentwicklung – Schnelligkeitsentwicklung
- Schnellkraftentwicklung – allgemeine athletische Ausbildung
- Schnellkraftentwicklung – Spiel als Kompensation
- Schnellkraftentwicklung – Schwimmen als Kompensation
- Schnellkraftentwicklung – Schnelligkeitsausdauer

## Kontrolle:

Tests, z. B.
- 3er- und 5er-Hop rechts und links;
- Hangeln auf Zeit;
- Mehrfachversuche auf Zeit, wie
  6 Strecksprünge (aus 90° Kniebeugewinkel);
  6 × Stoßen der Hantel von der Brust.

### *Ausbildung der Schnelligkeitsfähigkeiten, besonders der Reaktions- und der Beschleunigungsfähigkeit*

> Die Entwicklung der Schnelligkeit gehört zu den wichtigsten Aufgaben des Aufbautrainings im Mehrkampf.
> Sie ist für fast alle Disziplinen des Sieben- und Zehnkampfes ein dominierender Leistungsfaktor.

Beim Schnelligkeitstraining ist zu beachten, daß der Trainingsumfang außer von den spezifischen Trainingsmitteln auch durch alle Anlaufversuche im Weit- und Stabhochsprung sowie den Hürdenlauf (als schnelligkeitsfördernde Elemente) beeinflußt wird.

## Trainingsmittelkomplexe

- *Hoch- und Tiefstarts* nach Kommando;
- *Steigerungsläufe;*
- *Sprintläufe* bis zu 60 m aus dem Hoch- und Tiefstart;
- *Anläufe* im Weit- und Stabhochsprung;
- *Hürdenlauf.*

## Einsatz im Makrozyklus

● Im MEZ der allgemeinen Vorbereitung wird die Schnelligkeitsfähigkeit *nicht* vorrangig entwickelt; das Niveau ist durch die technische Schulung der Sprungdisziplinen bzw. durch den Hürdenlauf zu erhalten.

● Im MEZ der speziell-gerichteten Vorbereitung nimmt die Bedeutung zu, wird jedoch noch vorwiegend durch das Training in den Sprungdisziplinen mit längeren Anläufen und den intensiver durchgeführten Hürdenlauf realisiert.

Zur Entwicklung der Reaktionsschnelligkeit gelangen Hoch- und Tiefstarts nach Kommando zum Einsatz.

Die Beschleunigungsfähigkeit wird mit Steigerungen bis zu 80 m entwickelt.

● Im MEZ der speziellen Vorbereitung bildet das Schnelligkeitstraining einen *Schwerpunkt.* Es gelangen sprintspezifische Trainingsmittel zur Anwendung, im wesentlichen maximale und submaximale Läufe zwischen 30 und 60 m sowie Hürdenläufe aus dem Tiefstart über drei und fünf Hürden.

## Einsatz in der TE

Prinzipiell werden die Trainingsmittelkomplexe zur Entwicklung der Schnelligkeit in jeder TE mit anderen Trainingsmittelkomplexen gekoppelt. Ein Schnelligkeitstraining sollte nur nach ausreichender allgemeiner und spezieller Erwärmung durchgeführt werden. Der Sportler sollte vor einer solchen Teil-TE psychisch und physisch relativ erholt sein. Das bedeutet, die *Schnelligkeitsentwicklung an den Anfang einer TE* zu setzen oder nach einer technischen Schulung (z. B. einer Wurf-/Stoßdisziplin) durchzuführen.

Eine Kopplung mit Trainingsmittelkomplexen zur Entwicklung der Ausdauer ist nicht empfehlenswert.

## Kontrolle:

*Tests in folgenden Übungen:*
- 30 m aus dem Hochstart (Lichtschranke);
- 30 m aus dem Tiefstart nach Kommando (Lichtschranke);
- 60 m aus dem Tiefstart;
- 3 und 5 Hürden aus dem Tiefstart;
- Anlaufkontrolle im Weit- und Stabhochsprung.

### Ausbildung der Maximalkraftfähigkeit

Um mit der Entwicklung der Maximalkraft *beginnen* zu können, müssen *zwei Voraussetzungen* erfüllt sein:
1. die Erlernung der Hebetechniken im Stoßen, Reißen, Bankdrücken und der Halbkniebeuge;
2. der Einsatz einer Vielzahl verschiedener allgemeiner Kraftübungen, die neben den Übungen mit der Scheibenhantel auszuführen sind. Die allgemeinen Kraftübungen sollten ca. 50% des Krafttrainings umfassen.

**Trainingsmittelkomplexe**
– *Hangeln* am Tau mit und ohne Zusatzlast;
– *Trainingsübungen* bei Überwinden des eigenen Körpergewichts bzw. mit leichten bis mittleren Zusatzlasten wie Sandsack, Partner oder gegen leicht nachgebende Widerstände;
– *Kraftübungen* mit der *Scheibenhantel*; besonders werden das Stoßen von der Brust, das Bankdrücken und bei entsprechender Technik das Reißen bevorzugt; die Zusatzlasten bewegen sich zwischen 50 und 70% des individuellen Leistungsvermögens.
Weitere Trainingsmittelkomplexe bzw. Übungen sind dem Kapitel Wurf/Stoß zu entnehmen.

**Einsatz im Makrozyklus**
● Im MEZ der allgemeinen Vorbereitung kommen vorrangig allgemeine Kraftübungen zum Einsatz. Am Ende dieses Zyklus bereitet die Erlernung bzw. Vervollkommnung der einzelnen Hebetechniken das einsetzende Scheibenhanteltraining vor.
● Der MEZ der speziell-gerichteten Vorbereitung bildet einen *Schwerpunkt* hinsichtlich der Ausbildung der Maximalkraftfähigkeit mit der Scheibenhantel.
● Im MEZ der speziellen Vorbereitung wird der Umfang der Trainingsmittel zur Entwicklung der Maximalkraft *reduziert* und besitzt lediglich noch erhaltenden Charakter.

**Einsatz in der TE**
Im Nachwuchsbereich sollte noch auf selbständige TE zur Entwicklung der Maximalkraftfähigkeit verzichtet werden.
Es ist zweckmäßiger, sie in einer TE mit anderen Aufgaben zu koppeln. Folgende Kombinationen haben sich bewährt:

– Techniktraining – Maximalkrafttraining
– Maximalkrafttraining – Spiel als Kompensation
– Maximalkrafttraining – Schwimmen als Kompensation
– Gymnastik – Maximalkrafttraining – Gymnastik
– Maximalkrafttraining – Steigerungsläufe mit extensivem Charakter.

**Kontrolle:**
Tests im Stoßen, Reißen und Bankdrücken, Hangeln am Tau mit Zusatzlast.

### Ausbildung der Ausdauerfähigkeiten unter besonderer Berücksichtigung der Grundlagenausdauer

> Es wird auf der im Grundlagentraining geschaffenen Basis aufgebaut. Die Bedeutung der Ausdauerentwicklung ist vorrangig unter dem Aspekt der Steigerung des Trainingsumfanges und der Belastungsverträglichkeit zu sehen.

**Trainingsmittelkomplexe**
– *Läufe* über 5 bis 10 km nach der *Dauerleistungsmethode* im individuellen Entwicklungsbereich;
– *Tempoläufe* zwischen 800 und 2000 m nach der extensiven Intervallmethode;
– *Kreistraining* nach extensiven und intensiven Methoden;
– *Schwimmen* über 100 m bis 400 m nach individuellen Zeitvorgaben;
– *Skilanglauf* über 10 bis 25 km;
– *Sprungreihen* mit mehr als 20 Einzelsprüngen.

**Einsatz im Makrozyklus** (s. Tab. 103)
● Im MEZ der allgemeinen Vorbereitung bildet die Entwicklung der Ausdauer einen Ausbildungsschwerpunkt. Es gelangen besonders der Dauerlauf, das Kreistraining und das Schwimmen als Trainingsmittel zum Einsatz. Sie besitzen in diesem MEZ *entwickelnden Charakter*.
● Im MEZ der speziell-gerichteten Vorbereitung wird der Anteil von Trainingsmitteln zur Entwicklung der Ausdauerfähigkeiten reduziert.
Das Kreistraining und Tempoläufe in niedriger Intensität stehen im Vordergrund.
● Der MEZ der speziellen Vorbereitung bein-

*Tabelle 103:  Lage der Ausbildungsschwerpunkte im Trainingsjahr*

|  | 1. MEZ | 2. MEZ | 3. MEZ | 4./5. MEZ |
|---|---|---|---|---|
| allgemein-athletische Ausbildung | ××× | ××× | ×× | ×× |
| Ausbildung der Ausdauerfähigkeit | ××× | ×× | × | × |
| Ausbildung der Maximalkraftfähigkeit | × | ××× | ×× | × |
| Ausbildung der Schnelligkeitsfähigkeit | × | ×× | ××× | ××× |
| Ausbildung der Schnellkraftfähigkeit | × | ×× | ××× | ××× |
| Ausbildung der sporttechnischen Fertigkeiten | × | ×× | ××× | ××× |

haltet vorwiegend Tempoläufe, die gleichzeitig entwickelnden und kompensierenden Charakter haben und die Entwicklung der Schnelligkeitsausdauerfähigkeit vorbereiten.

**Einsatz in der TE**

Trainingsmittelkomplexe zur Entwicklung der Ausdauerfähigkeit werden grundsätzlich bei Kopplung mit anderen Aufgaben im letzten Teil einer TE eingesetzt. Außerdem können sie eine selbständige und in sich geschlossene TE bilden.

**Kontrolle:**
– *Tests* in Läufen zwischen 800 und 3000 m;
– Teilnahme an *Skiwettkämpfen* im Langlauf;
– Tests im Sportschwimmen, Streckenlänge 100–200 m Brust und 100–400 m Freistil.

# Trainingsmittel-Übersichten

## Schnelligkeitsfähigkeiten

**Komponenten**

| Reaktionsschnelligkeit | Beschleunigungsfähigkeit |
|---|---|
| Aktionsschnelligkeit | maximale Schnelligkeit |

Die Besonderheiten der Schnelligkeitsentwicklung bei azyklischen Bewegungen werden in den Übersichten zur Entwicklung von Sprung- und Wurfkraft dargestellt

**Trainingsmittel Leichtathletik**

| Ziel | Trainingsübungen | Strecke/ Belastung | relative Intensität | Methode |
|---|---|---|---|---|
| **Reaktions- und Aktions- schnelligkeit** | — Antritte aus der Bewegung | 8—12 m | max | WM |
| | — Antritte aus der Bewegung mit Richtungswechsel | 8—12 m | max | WM |
| | — Fall-, Hoch- und Tiefstarts auf Kommando | 10—15 m | max | WM |
| | — Abläufe zum Stabwechsel | 15—20 m | max | WM |
| | — Fußgelenkarbeit mit Signal zum Frequenzwechsel | 6—8 maximal schnelle Schritte | max | iJM |
| **Beschleunigungsfähigkeit** | — Hoch- und Tiefstarts | 15—50 m | max | WM/WkM |
| | — Sprints bergan oder gegen den Wind | 15—30 m | max | WM |
| | — Starts bergan oder gegen den Wind | 15—30 m | max | WM |
| | — Abläufe zum Stabwechsel | 15—30 m | max | WM/WkM |
| | — Sprint-ABC (Streckkraftformen) | 10—20 m | sub/max | iJM |
| **Maximale Schnelligkeit und Frequenzschnelligkeit** | — fliegende Sprints | 20— 60 m | max | WM |
| | — Steigerungsläufe | 60—120 m | submaximal | WM/iJM |
| | — Hoch- und Tiefstarts | 30— 50 m | max | WM/WkM |
| | — Kontroll- und Wettkampfläufe | 30— 60 m | max | WkM |
| | — Sprint-ABC (Frequenzformen) | 5— 10 m | max | iJM |
| | — Sprint- und Steigerungsläufe mit Wind oder leicht bergab | 30— 60 m | max | WM |

**Grundsätze der Entwicklung**

- Haupt*mittel* sind Läufe über kürzeste und kurze Strecken im maximalen bis submaximalen Tempo.
- Zwischen den Reizen liegen vollständige, aber aktive *Pausen* von 2–8 min Dauer mit Entspannungsübungen.
- Vor der Schnelligkeitsentwicklung ist eine gute Erwärmung und Auflockerung der Muskulatur durchzuführen.
- Das Schnelligkeitstraining liegt möglichst in der *ersten Hälfte* der TE, damit das Zentralnervensystem noch nicht ermüdet ist.
- Alle Läufe sind technisch exakt auszuführen, sehr locker und mit betonter Nutzung der Entspannungsphasen.
- Nach dem Schnelligkeitstraining sollten Trainingsteile mit beruhigendem Charakter liegen; hohe Konzentrationsleistungen sind nicht mehr zu fordern.
- Nach relativ niedrigem Reizumfang sind noch hohe allgemeine Belastungen zur Kraftentwicklung von Rumpf und Armen möglich.

**Andere Sportarten**

| Sportart | Trainingsübung | Belastungshinweise |
| --- | --- | --- |
| − Kleine Spiele | Platzwechsel, Nummernwettlauf, Tigerball, Turmball, Staffelspiele, Haschspiele usw. | Laufstrecken 10–15 m |
| − Hand-/Fußball | Torwarttraining, Freilaufen − Decken | in Spielformen einkleiden (Torball) |
| − Volleyball | Abwehr von Schmetterbällen, ganzes Spiel | häufiger Rollenwechsel |
| − Federball, Tischtennis | ganzes Spiel mit Netz | als Freizeitspiele nutzen |
| − Kleine Spiele | Staffelspiele, Hasche im Wechselraum, Zielläufe | Laufstrecken 15–30 m |
| − Handball, Basketball, Fußball | Zuspiel mit Vorgabe, Erlaufen von in den freien Raum gespielten Bällen | Laufstrecken 20–40 m, häufiger Rollenwechsel |
| − Kleine Spiele | Haschspiele, Brennball | große Spielfelder (30–50 m Seitenlänge) |
| − Hand-/Fußball | Wettkämpfe nach Zuspielen in den freien Raum (Konterangriffe) | |

# Kraftfähigkeiten I

**Komponente**

**Allgemeine komplexe
Kraftfähigkeit**

**Grundsätze der Entwicklung**

— Trainings*übungen* = hauptsächlich vielfältige Kraft-
übungen mit Überwindung des eigenen Körpergewichts
oder/und zusätzlicher äußerer Widerstände ohne, an
und mit Geräten
— Trainings*methoden* = Intervallmethode intensiv und
extensiv, Dauerleistungsmethode
— Organisationsformen = Kreistraining, frontales Üben,
Riegenbetrieb
— Schwerpunkte der Trainingsprogramme sind:
  · Überwindung niedriger und mittlerer Widerstände
    bei mittlerem und niedrigem Übungstempo mit hohem
    Umfang (extensive Belastungsformen) zur Entwick-
    lung der *Kraftausdauer*fähigkeiten
  · Überwindung mittlerer und hoher Widerstände bei
    hohem und mittlerem Übungstempo mit mittlerem
    Umfang (intensive Belastungsformen) zur Entwick-
    lung allgemeiner Schnellkraftfähigkeiten
— *Einsatz in der TE je nach Zielstellung im Teil 2, 3 und 4
möglich*

**Trainingsmittel Leichtathletik**

| Ziel | Trainingsübung | Serie/Belastung | Intensität | Trainings methode |
|------|----------------|-----------------|------------|-------------------|
| **Komplexe allgemeine Kraftfähigkeit** | — Lauf-, Sprung- und Wurfübungen unter dem Aspekt der allgemeinen Schnellkraftentwicklung<br>· Sprint-ABC<br>· Sprungübungen einbeinig (Weit-, Drei-, Hoch-, Stabweit- und Stabhochsprünge rechts und links, aus dem Stand und 3—5 Anlaufschritten)<br>· Würfe und Stöße aus verschiedenen Ausgangsstellungen mit unterschiedlichen Geräten | 1—3 × 20—100 m<br>3—5 Versuche pro Serie/1—10 Serien | hoch-mittel | Intervallmethode intensiv extensiv |

**Andere Sportarten**

| Sportart | Trainingsübung | Belastungshinweise |
|---|---|---|
| — Allgemeine Kraftübungen | — Kniebeuge, Liegestütze, Klimm-züge, Bauchmuskel- und Rumpf-muskelübungen | — Überwinden des eigenen Körper-gewichts<br>— Schwerpunkte: Entwicklung Schnellkraft = explosiver Krafteinsatz, 4—10 W/S, 1—5 Serien |
| | — Sprungübungen beidbeinig<br>· am Ort, in der Vorwärts- und Seitwärtsbewegung<br>· an, auf und über Hindernisse | Kraftausdauer = 10—20 W/S, 1—3 Serien<br>Kreistraining = MT, $\dfrac{MW}{2}$, 3—6 Serien |
| — Sportspiele<br>· Handball<br>· Fußball<br>· Volleyball<br>· Basketball | – Spielelemente mit Wurf-, Stoß- und Sprungbewegungen | |
| — Kleine Spiele | — Raufball, Sprung-, Wurfspiele | — 5—15 min |
| — Skilauf | — Doppelstockschub in der Ebene und leicht bergan<br>— Diagonalschritte bergan<br>— Sprungschritte<br>— Ski-Sprung | — 30—100 m<br>— Üben im Schwedengitter, Rund-spur, profiliertem Gelände, 3—10 km<br>— Sprünge von Kleinstschanzen |
| — Rudern | — Einer-Vierer-Skull<br>— Kastenrudern | |
| — Schwimmen | — Brust, Kraul, Rückenkraul | — 25—400 m mit hoher Geschwin-digkeit<br>— 600—2000 m mit hoher, mittlerer und niedriger Geschwindigkeit |

## Kraftfähigkeiten II

**Komponente**

**Schnellkraftfähigkeit**

— Sprungkraftfähigkeit

— Wurf-Stoßkraftfähigkeit

**Grundsätze der Entwicklung**

— Trainingsübungen
  1. Übungen mit der Scheibenhantel (s. o.)
  2. Wurf-, Stoß- und Sprungübungen
— Trainings*methoden*
  Intervallmethode intensiv, Wiederholungsmethode
— Schwerpunkt der Trainingsprogramme liegt auf *explosivem Krafteinsatz*

**Trainingsmittel Leichtathletik**

| Ziel | Trainingsübung | Strecke/Zeit/ Anzahl | relative Intensität | Trainings methode |
|---|---|---|---|---|
| **Schnellkraftfähigkeiten** | — Wettkampfübung<br>· Weitsprünge<br>· Dreisprünge<br>· Stabhochsprünge<br>· Hochsprünge | mit vollem (3–8) und verkürztem Anlauf 8–20mal | maximal und submax. , etwa 90–95 % der Wettkampf- leistung | WM<br><br>iJM |
| | — horizontale Sprünge<br>· Sprunglauf<br>· Hopserlauf<br>· Wechselsprünge<br>· Einbeinsprünge<br>· Dreisprung-Rhythmussprünge (li-li-re-re; li-li-re; re-re-li)<br>· Tscherbakis in Vorwärtsbewegung | 3er, 5er, 10er Sprünge oder 3–4 × 30–50 m 3–5 × 50–100 m | maximal und submax.<br><br>submax. mittel | iJM eJM |
| | — vertikale Sprünge<br>· Hochsprünge von vorn<br>· Standflop<br>· Tscherbakis im Stand | 3–5 Schritte Anlauf 3–10 Sprünge je Höhe | submax. max. | iJM |
| **Wurf-, Stoßkraftfähigkeiten** | — allgemeine Wurf- und Stoßübungen mit verschiedenen Wurfgeräten wie Kugeln (500 g, 1–10 kg), Medizin- bälle, Eisenstäbe, Rundgewichte, Bälle (Schlagbälle, Hohlbälle, Voll- bälle), Schleuderbälle, Keulen, Wurfgranate, Sandsack | 6–12 Übungen zu je 8–10 Wdhg. 1–5 Serien | mittel | eJM/iJM |
| | — Wettkampfübung<br>· Kugelstoß<br>· Diskuswurf<br>· Hammerwurf<br>· Speerwurf (mit Wettkampfgerät; leichterem oder schwererem als Wettkampf- gerät | <br><br><br><br>Gesamtbewegung oder Hauptphase 10–60mal in Serien zu 2 bis 4 Wdhg. | maximal 90–100 % der Wettkampf- leistung<br>maximal submax. | WM<br><br><br>WM<br><br>iJM |
| | — Würfe mit speziellen Geräten in verschiedenen Gewichtskategorien (Rundgewichte, Eisenstäbe, Kugeln, kurze schwere Hämmer usw.) | 20–50 Einzelver- suche in Serien zu 2–5 Wiederholun- gen | submax. bis maximal | iJM/WM |

– *Relative Intensitätsbereiche*
1. *50–75 %* der ind. Maximalleistung bei Übungen mit der Scheibenhantel
2. etwa *90–95 %* der Wettkampfleistung bei Wurf-, Stoß- und Sprungübungen (unter wettkampfnahen, erleichterten und erschwerten Bedingungen)
– *Anzahl* der Wiederholungen pro Serie 2–4, 4–8, 6–10 bzw. 10–20 Einzelversuche bei Sprung-, 10–60 Wurf- und Stoßübungen
– *Pause* zwischen den Serien 2–3 min, zwischen den Einzelversuchen 1–3 min
– Konzentration auf *Qualität* der Übungsausführung
– Einsatz in TE = nach gründlicher Erwärmung in *Teil 2 und 3*

## Andere Sportarten

| Sportart | Trainingsübung | Belastungshinweise |
|---|---|---|
| – *Gewichtheben* (Scheibenhantel, Herkules- gerät, Sandsack, Gewichtsweite) | – Beinstreckkraftübungen Kniebeugen beidbeinig     einbeinig  · mit Heben in den Zehenstand  · mit explosivem Absprung | – explosiver Krafteinsatz – Üben gegen die Uhr – exakte Übungsausführung – 4–10 Wiederholungen pro Serie,   1–3 Serien |
| – Zweckgymnastik | – vertikale Sprünge  · Hockstrecksprünge   ohne und mit Zusatzlast  · auf und über Geräte (Hürden-   sprünge bzw. Sprungbahn)  · Tiefsprünge | 5 × 5 = 25 Sprünge pro Serie, 1–5 Serien |
| | – Ausfallschritte ohne und mit Zusatz- last; mit Nachfedern; mit Absprung – Seilspringen (viele Varianten) | 10–15 Durchschläge pro Serie/ 1–10 Serien |
| | – horizontale Sprünge, Schlußstreck- und Hockstrecksprünge beidbeinig in fließender Vorwärtsbewegung | 5–10 Sprünge hintereinander, 1–5 Serien |
| – Gerätturnen | – Bock-, Pferd-Tischsprünge (Grätsche, Hocke, Bücke) | 10–20 Einzelversuche |
| – Akrobatik | – Sprungreihen – Salti, Araber, Flick-Flack | |
| – Volleyball | – Trainingselemente – Block, Schmetterschlag | |
| – Skilauf | – Skisprung, Alpiner Skilauf | |
| – *Spiele*  · Handball  · Volleyball | – Schlagwürfe als Zuspiel, Torwürfe – Schmetterschläge | Turnierform und 10–60 Einzel- wiederholungen |
| – Kleine Spiele | – Zweifelderball usw. | 5–20 min |

# Kraftfähigkeiten III

## Komponente

### Maximalkraftfähigkeit

### Grundsätze der Entwicklung

— Trainings*übungen* = hauptsächlich Übungen mit der Scheibenhantel
— Trainings*methoden* = Wiederholungsmethode, Intervallmethode intensiv
— Schwerpunkt der Trainingsprogramme liegt auf der Steigerung der *Intensität* bzw. der zu überwindenden äußeren Widerstände
— *Anzahl* der Wiederholungen = mit steigenden Lasten sinkend
— *Pause* zwischen den Serien 2—5 min, zwischen den Einzelhebungen 30—90 s
— Pausengestaltung = Lockerung und Dehnung

— Entwicklungswirksamer *Intensität*sbereich = 80—95, gelegentlich 100 % der ind. Maximalleistung im Stoßen, Reißen, Kniebeugen, Bankdrücken bzw. bei Jugendlichen $^1/_2$ bis $^2/_3$ des Körpergewichts
— Einsatz in TE = nach gründlicher Erwärmung in *Teil 2 und 3* (etwa 40 min);
Abschluß der TE durch Lockerungsgymnastik, Spiele, Schwimmen
— Maximalkrafttraining ist *langfristig* durch umfangreiches *allgemeines* Krafttraining und durch Erlernen der *Hebetechnik mit leichten Gewichten* vorzubereiten!
Bei allen Scheibenhantelübungen ist auf *gerade Rückenhaltung* zu achten!

## Trainingsmittel Leichtathletik

| Ziel | Trainingsübung | Strecke/Zeit/ Anzahl | relative Intensität | Train meth |
|---|---|---|---|---|
| **Maximalkraftfähigkeit** | — | — | — | — |

**Andere Sportarten**

| Sportart | Trainingsübung | Belastungshinweise |
|---|---|---|
| — Scheibenhantelübungen | · Stoßen<br>· Reißen<br>· Kniebeugen<br>· Bankdrücken<br>· Standreißen<br>· Umsetzen<br>· Hantelschwingen<br>· Armbeugeübungen usw. | 60% = 10–12 pro Serie<br>70% = 5–6 pro Serie<br>80% = 3–4 pro Serie<br>90% = 1–2 pro Serie<br>100% = 1 pro Serie |
| — Allgemeine Kraftübungen | — Übungen mit Entfaltung maximaler Muskelzugspannungen durch Überwinden des eigenen Körpergewichts und zusätzlicher äußerer Widerstände<br>(z. B. Hangeln, Klimmzüge mit Belastung u. ä.) | 1–3 Wiederholungen |

# Ausdauerfähigkeiten I

| Komponenten | Grundsätze der Entwicklung: |
|---|---|
| Grundlagenausdauer | – Trainingsmittel<br>Dauerläufe (DL) im *individuell stabilen* Geschwindigkeitsbereich,<br>Tempoläufe (TL) in niedriger Geschwindigkeit und vielen Wiederholungen |
| Allgemeine Ausdauer | – Trainings*übungen* anderer Sportarten mit Kurz-, Mittel- und Langzeitausdauerbelastunge■<br>der Wiederholungsmethode, intensiven und extensiven Intervallmethode, Dauerleistungsm■<br>– Schwerpunkt liegt auf Erhöhung des *Umfanges* |
| Kraftausdauer | – Einsatz in TE im Teil 1 und 2, 4 bei niedriger Belastung, im Teil 3 und 4 bei mittlerer und<br>Belastung |

**Trainingsmittel Leichtathletik**

| Ziel | Trainingsübung | Strecke/Zeit | relative Intensität | Trainings■ methode |
|---|---|---|---|---|
| Grundlagenausdauer | – Dauerläufe<br>· im flachen Gelände<br>· im profilierten Gelände<br>· mit relativ gleichmäßiger Geschwindigkeit<br>· mit kurzen Antritten | 15–30 bzw. 40 min oder 1–8 km | mittel/niedrig | DLM |
| | – Fahrtspiel (wechselnde Geschwindigkeit vom Gehen bis zum schnellen Lauf in individueller Entscheidung | wie oben Tempoeinlagen 30–200 m | | |
| | – Führungswechsel | | | |
| | – Verfolgungsjagd | | | |
| | – Fuchsjagd | | | |
| | – Tempoläufe | 100–400 m | niedrig | eIM |
| Kraftausdauer (speziell) Lauf | – Sprint-ABC (3–4 Übungen hintereinander) | 3–5 × 30–50 m<br>1–2 × 80–100 m | hoch<br>mittel | iIM<br>WM |
| | – Berganläufe | 3–6 × 30–80 m | | WM |
| | – Zugwiderstandsläufe | 1–3 × 60–100 m<br>4–10 × 30–100 m | hoch<br>mittel | WM<br>iIM |

**Andere Sportarten**

| Sportart | Trainingsübung | Belastungshinweise |
|---|---|---|
| **Allg. Ausdauer:** | | |
| — Sportspiele | — Turnierformen | 3—5 × 3—10 min |
| · Fußball | — Wettkampfspiel | volle Spielzeit |
| · Handball | — Spielelemente | 4—5 × 30—60 m |
| · Basketball | | |
| · Schlagball | | |
| · Hockey | | |
| — Kleine Spiele | | |
| — Kreistraining | — Maximaltest | 10—12 Stationen |
| | | 15—30″ Ü/30″ P od. 30″/30″ P |
| | | MW/2 · 3—6 eIM od. DLM |
| — Schwimmen | — Leistungskontrollen | 100 m auf Zeit |
| | — Technik Kraul, Brust, Rücken | 5 × 100 m  iIM |
| | | od. 10 × 50 m |
| | | od. 10 × 100—200 m  eIM |
| | | od. 5 × 40 m |
| | | od. 20—40 min  DLM |
| — Ski | — Technik | 10—20 × 100—200 m  eIM |
| · Langlauf | Diagonalschritt | |
| · Rollerlauf | Doppelstockschub | |
| | — Wettkämpfe | 3—10 km |
| | — Wanderungen | Halbtags- bzw. Tageswanderungen |
| — Radfahren | — Straßenfahren | 30—90 min |
| | — Radwandern | |
| — allgemeine Konditionsprogramme | — allgemeine Sprung- bzw. Wurf-übungen | 10—30 min ohne Pause |
| | — Rumpfkraftübungen an Geräten | |
| **Kraftausdauer (allgemein)** | | |
| — allgemeine Konditionsprogramme (Zweckgymnastik) | — allgemeine Kraftübungen, Sprung-übungen, Wurfübungen | 10—30 Wiederholungen pro Übung |
| — Kreistraining | | iIM, eIM (MW/2 · 3—6) |
| — Skilanglauf | — Springschritte bergan | — Lauf im profilierten Gelände, Rundspur |
| — Ski-Alpin | — Abfahrten | — ansteigendes Schwedengitter, |
| | — Slalom-Technikschulung | Anstiege auf Zeit, ohne Lift |

# Ausdauerfähigkeiten II

| Komponente | Grundsätze der Entwicklung |
|---|---|
| **Spezielle Ausdauer** | – Trainings*übungen* = Tempoläufe (TL) auf Strecken von 100–3 000 m |
| | – Trainings*methoden* = Wiederholungsmethode, |
| | – *Schwerpunkt* der Trainingsprogramme liegt auf der *Intensität* |
| – Sprintschnelligkeitsausdauer | – *optimale Pausen, Voraussetzung zur wiederholbaren Intensität* |
| – Schnelligkeitsausdauer | – *Strecken werden länger, Geschwindigkeit bleibt relativ konstant oder Strecken* |
| – Kurzzeitausdauer | *werden kürzer und Geschwindigkeit höher* |
| – Mittelzeitausdauer | – *Geschwindigkeit* wird erhöht |
| – Langzeitausdauer I | – *Anzahl* der Wiederholungen bleibt relativ konstant |
| | – Einsatz in der TE im Teil 2, 3 und 4 |
| – Langzeitausdauer II/III | – Trainings*übungen* |
| | Dauerläufe (DL) |
| | – Trainings*methode* |
| | Dauerleistungsmethode |
| | – Steigerungsformen |
| | 1. Verlängerung der Strecke bei relativ konstanter Geschwindigkeit |
| | 2. Erhöhung der Geschwindigkeit bei relativ kurzer Strecke |

## Trainingsmittel aus der Leichtathletik

| Ziel | Trainingsübungen | Strecke/Zeit | relative Intensität | Methode |
|---|---|---|---|---|
| **Sprintschnelligkeitsausdauer** | – STL | 60–100 | max. | WM |
| | – TL | 60–100 | bis | |
| | – TWL | 60–120 | submax. | |
| | – Dreiecks- bzw. Vierecksläufe | Seitenlinie 20–30 | | |
| **Schnelligkeitsausdauer** | – TL | 80–300 | submax. | WM |
| | – TWL | 120–200 | bis | |
| | – Handicap- bzw. Vorgabeläufe | 100–300 | max. | iJM |
| | – Paarlaufen | $4–6 \times 0{:}15'–0{:}20'$ | | |
| | – Staffelläufe – Endlose Staffel | (80–120) | | |
| | – Umlaufstaffeln | $4–6 \times 50–60$ | | |
| **Kurzzeitausdauer** | – TL | 100–600 | submax. | WM |
| | – TWL | 200–400 | bis | |
| | – Handicap- bzw. Vorgabeläufe | 300–600 | hoch | |
| | – Paarlaufen | $3–4 \times 0{:}30'–0{:}60'$ | | |
| | | (150–300) | | |
| **Mittelzeitausdauer** | – TL | 400–600 | hoch | WM |
| | – Handicap- bzw. Vorgabeläufe | 600–800 | bis | |
| | – Läufe mit Aufgabenstellung | 800–1 000 | submax. | |
| | (Endspurt – Zwischenspurt) | 1 000–1 200 | mittel | iJM |
| | – Gruppenläufe | 1 600–2 000 | | |
| | – Platzwechsel | $4–6 \times 0{:}30'–0{:}60'$ | | |
| **Langzeitausdauer** | – DL | $5'–10'–15'$ | hoch | |
| | · im flachen Gelände | $20'–30'–40'$ | mittel | DLM |
| | · im profilierten Gelände | oder | Geschw. | |
| | · mit relativ gleichmäßiger | 1 km–2–3–4 | 2,6–3,5 m/s | |
| | Geschwindigkeit | 5–6–8 | und | |
| | · mit kurzen Antritten | | individuell | |
| | – Fahrtspiel | Tempoeinlagen | | |
| | · wechselnde Geschwindigkeit vom | 30–200 m | | |
| | Gehen bis schnellen Lauf | 100 m | | |
| | – Führungswechsel | zw. 500 m | | |
| | – Verfolgungslauf | 1 km–5 km | | |
| | – Fuchsjagd | bis 60' | | |

# Literatur- und Quellenverzeichnis

### Grundsatzliteratur

BERNSTEIN, N. A.: Bewegungsphysiologie. Leipzig: Barth, 1988

DJATSCHKOW, W. M.: Die Vervollkommnung der Technik der Sportler. Theorie und Praxis der Körperkultur, Berlin 22 (1973) Beiheft 1

DONSKOI, D. D.: Grundlagen der Biomechanik. Berlin: Sportverlag, 1975

FARFEL, W. S.: Bewegungssteuerung im Sport. Berlin: Sportverlag, 1983

FINDEISEN, D. G. R.; LINKE, P.-G.; PICKENHAIN, L.: Grundlagen der Sportmedizin für Studenten, Sportlehrer und Trainer. Leipzig: J. A. Barth, 1980

HARRE, D., u. a.: Trainingslehre. Berlin: Sportverlag, 1986

HOCHMUTH, G.: Biomechanik sportlicher Bewegungen. Berlin: Sportverlag, 1983

HOLLMANN, W.; HETTINGER, T.: Sportmedizin – Arbeits- und Trainingsgrundlagen. Stuttgart/New York, 1980

JAKOVLEV, N. N.: Sportbiochemie. Leipzig, 1977

MARTIN, D.; CARL, K.; LEHNERTZ, K.: Handbuch Trainingslehre. Schorndorf: Hofmann, 1991

MATWEJEW, L. P.: Grundlagen des sportlichen Trainings. Berlin: Sportverlag, 1981

MEINEL, K.; SCHNABEL, G.: Bewegungslehre. Berlin: Volk und Wissen, 1987

SCHAFRIK, J., u. a.: Leichtathletik in Vergangenheit und Gegenwart (Bd. 1 u. 2). Berlin: Sportverlag, 1972

SCHMOLINSKY, G., u. a.: Leichtathletik. Berlin: Sportverlag, 1980

TITTEL, K.: Beschreibende und funktionelle Anatomie des Menschen. Jena: Fischer, 1985

Training von A bis Z. Berlin: Sportverlag, 1990

WERCHOSCHANSKI, J. W.: Effektiv trainieren: Neue Wege zur Planung und Organisation des Trainingsprozesses. Berlin: Sportverlag, 1988

### Weiterführende Literatur

Ausbildungsprogramm für das Grundlagentraining in den Trainingszentren des DVfL. Berlin/Inst. Leichtathletik DHfK, Leipzig, 1989

BERGER, J.; MINOW, H.-J.: Der Mesozyklus in der Trainingsmethodik. Theorie und Praxis der Körperkultur, Berlin 33 (1984) 5, S. 373–381

BERGER, J.; MINOW, H.-J.: Der Mikrozyklus in der Trainingsmethodik. Theorie und Praxis der Körperkultur, Berlin 33 (1984) 2, S. 133–140

Biomechanik der Sportarten (Leichtathletik). (Hrsg. Ballreich/Kuhlow). Stuttgart: Enke, 1986

BLUME, D.-D.: Zu einigen wesentlichen Grundpositionen für die Untersuchung von koordinativen Fähigkeiten. Theorie und Praxis der Körperkultur, Berlin 27 (1978) 1, S. 29–36

BÜHRLE, M. (Hrsg.): Grundlagen des Maximal- und Schnellkrafttrainings. Schorndorf: Hofmann, 1985

DICKWACH, M., u. a.: Leichtathletik Sprung. Technik der Top-Athleten, Band 1. Berlin: Sportverlag, 1991

EHLENZ, H.; GROSSER, M.; ZIMMERMANN, E.: Krafttraining. München: BLV, 1983

Forschungsmethoden in den sportmedizinischen Wissenschaftsdisziplinen. Wiss. Zeitschr. DHfK, Leipzig 1987, Sonderheft

FREY, G.: Training im Schulsport. Schorndorf: Hofmann, 1981

FRÖHLICH, H.-J.: Methodisches Handbuch zur Entwicklung der Kraftfähigkeiten im Aufbautraining. DHfK Leipzig/DVfL Berlin, 1987

GROSSER, M.: Schnelligkeitstraining. München: BLV, 1991

GROSSER, M.; NEUMAIER, A.: Techniktraining. München: BLV, 1982

GROSSER, M.; STARISCHKA, S.; ZIMMERMANN, E.: Konditionstraining. München, 1987

HAHN, E.: Kindertraining. München: BLV, 1982

HARRE, D.: Zu den Beziehungen zwischen Belastung und Erholung im mikrozyklischen Aufbau des Trainings der Ausdauersportarten. In: Theorie u. Praxis d. Körperkultur, Berlin 33 (1984) 10, S. 767–772

HARTMANN, J.; TÜNNEMANN, H.: Modernes Krafttraining. Berlin: Sportverlag, 1988

HEMPEL, K.; LOHMANN, W.: Leichtathletik – Trainingsprogramme Sprung. (Hrsg. G. Schröter). Berlin: Sportverlag, 1992

HESS, W.-D.: Sprint – Lauf – Gehen. (Hrsg. G. Gundlach). Berlin: Sportverlag, 1991

HINZ, L., u. a.: Leichtathletik Wurf und Stoß. Technik der Top-Athleten, Band 2. Berlin: Sportverlag, 1991

HIRTZ, P.: Koordinative Fähigkeiten – Begriffs- und Fundamentalitätsbestimmung. Koordinative Fähigkeiten. Greifswald, 1980

HOLLMANN, W.: Training, Grundlagen und Anpassungsprozesse. Studienbrief 9 der Trainerakademie Köln. Schorndorf, 1990

KOSSAKOWSKI, A.: Handlungspsychologische Aspekte der Persönlichkeitsentwicklung. Beiträge zur Psychologie. Bd. 5. Berlin: Volk und Wissen, 1980

KURZ, D.: Pädagogische Grundlagen des Trainings. Studienbrief der Trainerakademie Köln des Deutschen Sportbundes. Schorndorf: Hofmann, 1988

LENZ, G.; LOSCH, M.: Leichtathletik – Trainingsprogramme Wurf/Stoß (Hrsg. G. Schröter). Berlin: Sportverlag, 1991

LETZELTER, M.: Trainingsgrundlagen. Reinbek, 1978, 1985

LOHMANN, W., u. a.: Leichtathletik – Trainingsprogramme Grundlagentraining. Berlin: Sportverlag, 1985

MARTIN, D.: Grundlagen der Trainingslehre, Schorndorf: Hofmann, 1977

MARTIN, D.: Training im Kindes- und Jugendalter. Studienbrief 23 der Trainerakademie Köln. Schorndorf, 1988

Rahmenplan für das Grundlagentraining. DLV. Aachen: Meyer & Meyer, 1991

ROLF, U.; STÖRMER, I.: Lehr- und Lernhilfen Leichtathletik. Emden: OBW, 1987

SCHELLENBERGER, B.: Die Bedeutung der kognitiven und sensomotorischen Ebene in der psychischen Regulation sportlicher Handlungen. Wiss. Z. DHfK, Leipzig XXI (1980) 1, S. 43–52

SCHMIDTBLEICHER, D.: Klassifizierung der Trainingsmethoden im Krafttraining. Leichtathletik, Berlin-W 36 (1985) S. 1–2, S. 25–30

SCHNABEL, G.: Die Bewegungskoordination und ihre Widerspiegelung im Verhalten des Sportlers. Studienmaterial zur ATMT, DHfK Leipzig, 1973

SCHOLICH, M.: Circle-Training. Berlin: Sportverlag, 1991

SCHOLICH, M.; LÖFFLER, H.-P.; HENDEL, H.: Zur Entwicklung der Ausdauerfähigkeit im leichtathletischen Grundlagentraining. Der Leichtathlet, Berlin (1975) 36/37/41

SCHRÖTER, G.: Entwicklung koordinativer Voraussetzungen – ein Leitgedanke im Grundlagentraining. Der Leichtathlet, Berlin (1976) 44, S. 7–9

SCHRÖTER, G.: Methodische Grundfragen der Fertigkeitsentwicklung. Der Leichtathlet, Berlin (1975) 21, S. 5–8

STARISCHKA, S.: Trainingsplanung. Studienbrief 19 der Trainerakademie Köln. Schorndorf: Hofmann, 1988

THIESS, G.; SCHNABEL, G. (Autorenkollektiv): Grundbegriffe des Trainings. Berlin, 1986

TORRÉ, C.: Energiegrenzen beim Laufen – Berechnung der Weltbestzeiten. Leichtathletik, Berlin-W (1973) 48

Trainingsmethodische Grundkonzeptionen des DVfL 1989–1992. Teile Sprint – Lauf/Gehen – Sprung/Mehrkampf – Wurf/Stoß. Berlin: Deutscher Verband für Leichtathletik der DDR, 1989

Trainingsmethodische Konzeptionen für das Aufbautraining – Teile Sprint – Lauf – Sprung/Mehr-

kampf – Wurf/Stoß. Deutscher Verband für Leichtathletik der DDR Berlin / Inst. Leichtathletik DHfK
Leipzig, 1989

VERCHOŠANSKIJ, I. V.: Schnellkraftstruktur und spezifische Besonderheiten der sportlichen Sprungkraft. Teor. i prakt. fiz. kul't., Moskva (1970) 10

VERCHOŠANSKIJ, I. V.; TATJAN, V. V.: Komponenten und funktionelle Struktur der Explosivkraft des
Menschen. Teor. i prakt. fiz. kul't., Moskva (1973) 6

WILLIMCZIK, K.; ROTH, K.: Bewegungslehre:
Grundlagen, Methoden, Analysen. Reinbek: Ro-
wohlt, 1983

WYSOTSCHIN, J.: Die Entspannungsfähigkeit der
Muskeln bei Sprintern. Der Leichtathlet, Berlin
(1976) 43, S. 9/10

ZACIORSKIJ, V. M.; ALESINSKIJ, S. J.; JAKUNIN,
N. A.: Biomechanische Grundlagen der Ausdauer.
Berlin: Sportverlag, 1989

ZIMMERMANN, K.: Zur Weiterentwicklung der Theorie der koordinativen Fähigkeiten. Wiss. Z. DHfK,
Leipzig XXIV (1983) 3, S. 33–43

ZINTL, F.: Ausdauertraining. München: BLV, 1988

# Register

**SPORTVERLAGBÜCHER**
KOMPETENZ MIT TRADITION

Frigga Dickwach
Eva Mainka

# TRAINIEREN MACHT SPASS

## 140 tolle Ideen

*160 Seiten, reich illustriert · ISBN 3-328-00278-1*

Jeder Übungsleiter und Sportlehrer braucht Übungen, die das Training auflockern, Abwechslung und manchmal auch Ausgelassenheit in den Alltag des Übens bringen; und jeder hat dafür sein Repertoire. Aber mit der Zeit laufen selbst alte Hasen Gefahr, sich zu wiederholen. Wer hat schon Dutzende Übungen parat – und zwar passend zur jeweiligen Altersgruppe und Leistungsstufe –, die gemeinschaftliches Sporttreiben zum Gaudi werden lassen?
Frigga Dickwach und Eva Mainka, beide neben ihrer sportwissenschaftlichen Tätigkeit mit Begeisterung Übungsleiter im Freizeitsport, haben 140 Übungen, Spiele und Staffeln erprobt und zusammengestellt. Wer sie anwendet, wird feststellen: Der Leistungsgedanke tritt in den Hintergrund, der fröhliche Kontakt, das soziale und partnerschaftliche Miteinander, die Kreativität und die Freude am Spiel dominieren.
Oder ganz einfach: Trainieren macht Spaß!

 **SPORTVERLAG BERLIN**

Wolfgang Lohmann / Klaus-Jürgen Hempel / Gerd Schröter

# Leichtathletik
## Trainingsprogramme SPRUNG

Der Weg zur exzellenten Technik

246 Seiten, 34 Fotos und 115 Zeichnungen
ISBN 3-328-00466-1

Für die technische Ausbildung der jungen Leichtathleten im
– Weitsprung,
– Hochsprung,
– Dreisprung,
– Stabhochsprung
muß der Trainer sein ganzes Können einsetzen. Neben der ohnehin geforderten fachlichen Kompetenz ist dazu ein hohes Maß an planerischen Fähigkeiten gefragt. Die „Trainingsprogramme Sprung" stellen das Beste dar, was es auf diesem Gebiet gibt. Sie wurden bisher ausschließlich von Trainern und Nachwuchstrainern in Trainingszentren und in den Sportklubs der früheren DDR genutzt – als Rahmen und methodische Hilfe für das Techniktraining im Sprungbereich. Erarbeitet von kompetenten Fachleuten.
Die Programmkarten sind auch als Material für den Aktiven konzipiert, denn wer technisch perfekt sein will, muß viel von seiner Disziplin verstehen.

 **SPORTVERLAG BERLIN**

**SPORTVERLAGBÜCHER**
KOMPETENZ
MIT TRADITION

Siegwart Karbe

# Warm up – Fitneß- und Krafttraining
## Mehr Leistung – weniger Risiko – mehr Spaß
### Reihe Fundus Sport

112 Seiten, 90 Fotos und 3 Zeichnungen · ISBN 3-328-00500-5

Qualifiziertes Warm-up ist ein Leistungsfaktor. Wer darauf verzichtet, verschenkt Leistung und erhöht sein Verletzungsrisiko beträchtlich. Fitneßtraining und Krafttraining haben vieles gemeinsam, es gibt jedoch auch gravierende Unterschiede, die sich auf die Art und Weise des Aufwärmens auswirken müssen. Der Verfasser geht auf diese Besonderheiten ein und gibt dem Sportler mit seinen Aufwärm-Tips ausgezeichnete Karten in die Hand. Die Trümpfe heißen
– mehr Leistungssteigerung
– bessere Belastungsverarbeitung
– minimales Verletzungsrisiko und
– mehr Freude dank reichhaltiger Übungsauswahl, die keine Monotonie aufkommen läßt.

**SPORTVERLAG BERLIN**